Manfred A. Pahlmann

Anfänge des städtischen Parlamentarismus in Deutschland

Publikationen der Historischen Kommission zu Berlin

Manfred A. Pahlmann

Anfänge des städtischen Parlamentarismus in Deutschland

Die Wahlen zur Berliner Stadtverordnetenversammlung unter der Preußischen Städteordnung von 1808

Akademie Verlag

Die Deutsche Bibliothek – CIP-Einheitsaufnahme

Pahlmann, Manfred A.:
Anfänge des städtischen Parlamentarismus in Deutschland : die Wahlen zur Berliner Stadtverordnetenversammlung unter der Preussischen Städteordnung von 1808 / Manfred A. Pahlmann. – Berlin : Akad. Verl., 1997
(Publikationen der Historischen Kommission zu Berlin)
Zugl.: Berlin, Freie Univ., Diss., 1994 u.d.T.: Pahlmann, Manfred A.:
Wahlen zur Berliner Stadtverordnetenversammlung unter der
Steinschen Städteordnung 1808–1850
ISBN 3-05-003041-0

Der Akademie Verlag ist ein Unternehmen der VCH-Verlagsgruppe.

Gedruckt auf chlorfrei gebleichtem Papier.
Das eingesetzte Papier entspricht der amerikanischen Norm ANSI Z.39.48 – 1984
bzw. der europäischen Norm ISO TC 46.

Druck: GAM Media GmbH, Berlin
Bindung: Verlagsbuchbinderei Mikolai GmbH, Berlin

Printed in the Federal Republic of Germany

Meinem Bruder Ernst-Dieter

Inhalt

Vorwort

Vorliegende Arbeit wurde 1994 unter dem Titel „Wahlen zur Berliner Stadtverordnetenversammlung unter der Steinschen Städteordnung 1808–1850“ vom Fachbereich Geschichtswissenschaften der Freien Universität Berlin als Inaugural-Dissertation angenommen.

Mein herzlicher Dank für Themenstellung und Betreuung der Dissertation gilt Herrn Univ.-Prof. Dr. Wolfgang Ribbe. Wichtige Anregungen verdanke ich dem Gutachter, Herrn Univ.-Prof. Dr. Ilja Mieck.

Die Lage der Quellen, die für den größten Teil der Studie herangezogen wurden, hat sich inzwischen durch die Öffnung der Grenze verändert. Die Archivalien des ehemaligen Zentralen Staatsarchivs, Dienststelle Merseburg, sind an ihren ursprünglichen Standort, das Geheime Staatsarchiv Preußischer Kulturbesitz zurückgekehrt. Das ehemalige Staatsarchiv Potsdam trägt wieder seinen früheren Namen Brandenburgisches Landeshauptarchiv, das ehemalige Stadtarchiv im Ostteil der Stadt Berlin ist jetzt Bestandteil des Landesarchivs Berlin. Den Mitarbeiterinnen und Mitarbeitern dieser Archive möchte ich meinen herzlichen Dank aussprechen.

Danken möchte ich auch all denen, die mich bei zahlreichen Einzelfragen berieten und mir wertvolle Hinweise gaben; besonders erwähnt seien Dr. Elfi Bendikat, Dr. Felix Escher, Dr. Rüdiger Hachtmann, Dr. Ragnhild Münch und Dr. Eva Schrage. Herrn Robert Violet vom Archiv der Französischen Kirche zu Berlin verdanke ich die Zusammenstellung der hugenottischen Stadtverordneten. Mit Rat und Tat stand mir Friedrich-Wilhelm Wagner zur Seite. Ihm gilt mein ganz besonderer Dank.

Berlin-Schmargendorf,
im Oktober 1996

Manfred A. Pahlmann

Einleitung

Die Preußische Städteordnung vom 19. November 1808, durch den Minister Stein initiiert, brachte eine grundsätzliche Neugestaltung der Berliner Stadtverwaltung. Diese Kommunalordnung ebnete den Weg zur Selbstverwaltung in der preußischen Haupt- und Residenzstadt wie auch in den anderen Stadtgemeinden des Landes und verwirklichte partiell die neuen Ideen einer bürgerlichen Gesellschaft, die sich auf bürgerlicher Freiheit und rechtlicher Gleichheit aufbaute. Erklärtes Ziel der Städteordnung war, der Bürgerschaft „eine thätige Einwirkung auf die Verwaltung des Gemeinwesens beizulegen und durch diese Teilnahme Gemeinsinn zu erregen und zu erhalten."[1] Die Bürger erhielten den Auftrag zur kommunalpolitischen Mitgestaltung, die Chance der Partizipation in der städtischen Verwaltung, die künftig in den Händen von gewählten Gremien, Stadtverordnetenversammlung und Magistrat, liegen sollte. Um ihre Teilhabe zu verwirklichen, waren die Bürger nun aufgefordert, aus ihren Reihen die zukünftigen Vertreter der Kommune, die Stadtverordneten, selbst durch Wahl zu bestimmen. Damit „drang zum ersten Mal das Repräsentativsystem, die politische Organisierung von unten nach oben in den preußischen Staatsbau ein ... Die Stadtverordneten waren in der Tat die ersten Volksvertreter in Preußen"[2], so das treffende Urteil des 1890 zum Stadtverordneten gewählten Staatsrechtlers Hugo Preuss.

Die Wahlen zur Berliner Stadtverordnetenversammlung in der ersten Hälfte des 19. Jahrhunderts stellten ein epochales Ereignis für die künftige demokratische Entwicklung der Stadt dar. Erste Erfahrungen eines durch die Bürgerschaft legitimierten städtischen Parlamentarismus konnten hierbei gesammelt werden. Dieser politisch einschneidende Sachverhalt ist jedoch bislang von der Berliner Stadtgeschichtsforschung gänzlich ausgespart worden. Zumeist liegen kurze Darstellungen über die erste Wahl von 1809 vor, umfassende statistische Aussagen über den gesamten Zeitraum der Städteordnung fehlen aber. In seiner Festschrift zur hundertjährigen Gedenkfeier zur Einführung der Städteordnung widmete Paul

1 August Krebsbach, *Die Preußische Städteordnung von 1808*, 2. Aufl., Stuttgart 1970, Einleitung, S. 49.

2 Hugo Preuss, *Die Entwicklung des deutschen Städtewesens,* Leipzig 1906, S. 237.

Clauswitz den Wahlen zur ersten Stadtverordnetenversammlung nur eine knappe Beschreibung.[3] Er konnte sich lediglich von der Vermutung leiten lassen, daß die Wahlen „unter großer Teilnahme“[4] stattgefunden hatten und bedauerte, daß das Aktenmaterial über die Stimmberechtigten und die Beteiligung fehle. Im 19. Jahrhundert hatten zuvor Magnus Friedrich von Bassewitz und Adolph Streckfuß im Rahmen ihrer Berliner Stadtgeschichts-Monographien eine kurze Skizze der ersten Wahlen gegeben.[5] Spätere Autoren, die das Thema auch nur marginal behandelten, brachten keine neuen Ergebnisse, sondern beriefen sich auf die Aussagen von P. Clauswitz. Erst die grundlegende Studie zur Berliner Verwaltung von Kurt Schrader, die auf neu erschlossenen Quellen fußt, ließ erkennen, daß zu dem Thema Wahlen doch Aktenmaterial existierte.[6] Dabei hatte K. Schrader lediglich die Verwaltungsakten der Königlichen Regierung Potsdam und des Ministeriums des Innern ausgewertet. Die Magistratsakten, die P. Clauswitz bearbeitet hatte, standen K. Schrader nicht zur Verfügung, da sie zu jenem Zeitpunkt noch ausgelagert waren.

Eine erste Sichtung der Findbücher in den entsprechenden Archiven zeigte nun, daß eine Auseinandersetzung mit der Thematik nicht an einem Mangel an Quellen zu leiden hat. Denn es bot sich ein Reichtum an unerschlossenem Aktenmaterial, wenn auch mit partiellen Lücken in den Beständen. So konnten für diese Untersuchung als maßgebliches und bisher unveröffentlichtes Quellenmaterial im Landesarchiv Berlin die Verwaltungsakten der Stadtverordnetenversammlung und des Magistrats herangezogen werden. Ferner wurden dort die umfangreichen Bestände des Generalbüros benutzt. Im Brandenburgischen Landeshauptarchiv Potsdam erfolgte die Bearbeitung der Verwaltungsakten der Regierung Potsdam und des Polizeidirektoriums Berlin. Schließlich standen im Geheimen Staatsarchiv Preußischer Kulturbesitz Berlin die Akten des Ministeriums des Innern zur Verfügung. Die Untersuchung basiert auf dem Schriftverkehr und den internen Aktenvorgängen der Instanzen Stadtverordnetenversammlung, Magistrat, Regierung und Ministerium des Innern. Als sehr aussagekräftig erwiesen sich Sitzungsprotokolle der Stadtverordnetenversammlung, Wahlprotokolle, Wahlberichte, Bestallungsurkunden, Bekanntmachungen, Einlaßkarten, Entschuldigungen der Bürger, Verzeichnisse und Listen der gewählten Stadtverordneten, Bürgerrollen, Bürgerlisten, Maueranschläge. Nicht weniger bedeutend waren Veröffentlichungen und Bekanntmachungen in den Zeitungen.

---

3 Paul Clauswitz, *Die Städteordnung von 1808 und die Stadt Berlin – Festschrift zur hundertjährigen Gedenkfeier der Einführung der Städteordnung,* Berlin 1908, S. 103 f.

4 *A. a. O.,* S. 104.

5 Magnus Friedrich von Bassewitz, *Die Kurmark Brandenburg im Zusammenhang der Jahre 1809 und 1810,* hrsg. v. Karl von Reinhard, Leipzig 1860, S. 212 ff; Adolph Streckfuß, *Berlin im neunzehnten Jahrhundert,* Berlin 1867, S. 240 ff.

6 Kurt Schrader, *Verwaltung Berlins von der Residenzstadt des Kurfürsten Friedrich Wilhelm bis zur Reichshauptstadt unter besonderer Berücksichtigung der Stellung der Stadtverwaltung zu den oberen preussischen Staatsbehörden mit einem Abriß der Behördengeschichte der Berliner Regierung*, Phil. Diss., Berlin (Ost) 1963, (Maschschr.), S. 28 f., besonders Anmerkung 111.

Die Fragestellung der vorliegenden Studie erstreckt sich auf den Zeitraum von 1808 bis 1850. Den Anfang der Untersuchung bildet die Einführung der Städteordnung, ihre Aufhebung 1850 das Ende. Die Gliederung folgt den Sachzusammenhängen, wobei innerhalb der einzelnen Problemfelder der Gegenstand chronologisch dargestellt wird.

Aus methodischen Gründen bot sich als Einstieg der Arbeit ein Abriß über die Entstehung der Städteordnung an. Ausgangspunkt ist die politische Situation des deutschen Städtewesens vor Einführung der Städteordnung. Die Grundgedanken des Steinschen Selbstverwaltungsprogramms (Nassauer Denkschrift), die Konzeptionen zum Repräsentativsystem und die wesentlichen Ideen des Königsberger Polizeipräsidenten Johann Gottfried Frey zum Wahlverfahren werden danach dargelegt. Im Zusammenhang mit der Einführung des neuen Kommunalgesetzes in Berlin werden zunächst das damals bestehende städtische Verfassungsrecht Preußens und die lokalen politischen Verhältnisse in der preußischen Hauptstadt analysiert. Anschließend werden die erforderlichen organisatorischen Maßnahmen zur Einführung der Städteordnung sowie Durchführung und Ergebnisse der ersten Wahlen zur Stadtverordnetenversammlung im Frühjahr 1809 beschrieben. Die während der Einführungsphase des Gesetzes auftretenden Reaktionen und Widerstände von Magistratsbehörden und Bürgerschaft werden ebenfalls aufgezeigt. Ein abschließender Exkurs hat die Entwicklung des preußischen Stadtrechts nach 1808 unter besonderer Berücksichtigung der Wahlrechtsbestimmungen zum Gegenstand.

Einen zentralen Punkt der Studie nimmt die Darstellung des unter der Städteordnung durchgeführten Wahlverfahrens ein. Dabei werden die konkrete Umsetzung der Wahlrechtsbestimmungen, die umfangreichen Wahlvorbereitungen, der verfahrensmäßige Ablauf der alljährlich stattfindenden Wahlen in ihrer gesamten Komplexität behandelt. Auch besondere Vorkommnisse bei den Wahlen, Mandatsverweigerungen durch die Kommunalbehörden sowie die Besonderheiten der Neuwahlen von 1848 finden in diesem Kapitel Berücksichtigung. Schließlich wird der über Jahrzehnte geführte „Federkrieg" zwischen Kommunalbehörden und übergeordneten staatlichen Instanzen um die Einführung eines getrennten Wahlverfahrens (zweiter Wahlgang) für die Stellvertreter aufgezeigt.

Das Wahlverhalten der Bürger, ihre wahrgenommene Partizipation, ist in dem darauffolgenden Kapitel Gegenstand der Arbeit. Dabei bilden die unterschiedlichen Wahlbeteiligungen Grundlage für Erkenntnisse und Interpretationen. Die Fragestellung ist darüber hinaus auf das Wahlverhalten unterschiedlicher Berufsgruppen und Stadtviertel Berlins ausgerichtet; die häufige Wiederwahl von Stadtverordneten wird ebenfalls berücksichtigt. Abschließend werden aber auch Reaktionen und Maßnahmen der Kommunalbehörden zum „Ausbleiben" herausgearbeitet, wie die Nicht-Beteiligung an den Wahlen genannt wurde.

Ein weiterer Schwerpunkt der Untersuchung ist den sozialen Zusammensetzungen der Stadtverordnetenversammlungen gewidmet. Damit können erstmals in der deutschen Stadtgeschichtsforschung detaillierte Aussagen über das wechselnde soziale Gefüge des Stadtparlaments einer Kommune unter der Preußischen Städteordnung von 1808 getroffen werden. Die Darlegungen basieren auf den im Anhang aufgeführten Daten von vierzig Wahljahren, in denen rund 1 500 Mandate von der Bürgerschaft vergeben wurden. Dabei werden die Anteile unterschiedlicher Berufsgruppen und deren Schwankungen in den Stadtverordnetenversammlungen Berlins untersucht und analysiert. Die vorliegende Arbeit zeigt außerdem gemeinsame soziale Merkmale der über siebenhundert Mandatsträger auf. Das Verhältnis religiöser Minderheiten (Hugenotten und Juden) in den Bürgervertretungen wird gesondert behandelt.

KAPITEL 1

Die Städteordnung vom 19. November 1808

1. Die Entstehung der Städteordnung

Der fürstliche Absolutismus hatte die politische Selbständigkeit in den ihm untertänig gewordenen Städten eingeengt oder erstickt. Im friderizianischen Preußen war die Städtepolitik darauf ausgerichtet, die seit Friedrich Wilhelm I. errungene Staatsvormundschaft gegenüber den Stadtgemeinden nach Kräften weiterzuführen; zur Durchsetzung dieses Ziels verfügte der Landesherr über eine alles reglementierende Bürokratie. So waren in der Staats-Strategie Friedrichs II. die nach innen extrem oligarchisch verfaßten preußischen Kommunen nichts anderes als Wirtschafts-, Finanzierungs- und Bau-Objekte.[1] Die städtische Verwaltung lag in den Händen von Kammern, eingesetzten Magistraturen und Steuerräten (commissarii loci), welche eine stark wirtschaftspolitisch orientierte Aufsicht über die Gemeinden führten[2]; eine Mitwirkung der städtischen Bürgerschaft an der Gestaltung der öffentlichen Angelegenheiten hielt sich in sehr engen Grenzen, der Bürger war zum Untertan geschrumpft.

---

1 Vgl. Gerd Heinrich, *Staatsaufsicht und Stadtfreiheit in Brandenburg-Preußen unter dem Absolutismus (1600–1806)*, in: Wilhelm Rausch (Hrsg.), *Die Städte Mitteleuropas im 17. und 18. Jahrhundert* (Beiträge zur Geschichte Mitteleuropas 5), Linz 1981, S. 155–172, hier S. 157; Ders., *Geschichte Preußens. Staat und Dynastie,* Frankfurt a. M. 1981, S. 239. Zur Lage der deutschen Städte vor 1800 vgl. Ernst von Meier, *Die Reform der Verwaltungsorganisation unter Stein und Hardenberg,* 2. Auflage, München – Leipzig 1912, S. 61–83; Kurt von Raumer, *Deutschland um 1800 – Krise und Neugestaltung 1789–1815,* in: Leo Just (Hrsg.), *Handbuch der Deutschen Geschichte,* Bd. 3/I, Teil 1, Wiesbaden 1980, S. 398–400. Neueste Zusammenfassung: Ilja Mieck, *Die verschlungenen Wege der Städtereform in Preußen (1806* bis *1856),* in: *Forschungen zur Brandenburgischen und Preußischen Geschichte*, N. F. Beiheft 2 (1993), S. 53–84, hier zum Stadtregiment in Preußen vor 1808, S. 57–64.

2 Zum Institut der Steuerräte vgl. G. Heinrich, *Staatsaufsicht* ..., S. 164 f.; E. von Meier, *Die Reform der Verwaltungsorganisation* ..., S. 80 f.; P. Clauswitz, *Städteordnung* ..., S. 19 ff.

Das Preußische Allgemeine Landrecht von 1794 gliederte die Städte wie auch die Landgemeinden in ein einheitliches Rechtssystem des souveränen Staates.[3] Dieses Rechtssystem, das der preußischen Gesellschaft die Grundlage bot, vereinte allerdings beides: „die Bestimmungen aufgeklärter Staatsplanung und ständisches Herkommen."[4] Es „hatte noch nicht den Schritt zu einer in Freiheit und Gleichheit erneuerten Sozialordnung vollzogen, den wenige Jahre vor seinem Erlaß die Französische Revolution getan hatte,"[5] sondern hielt am altständischen Gesellschaftsaufbau fest und fächerte die städtischen Einwohner auf in Stadtbürger, Eximierte und Schutzverwandte.

Nach der Definition dieses Gesetzes verstand man unter Bürger „zum einen den Inhaber stadtbürgerlicher Rechte, zum anderen den Einwohner des Staates, der weder zum Adel noch zum Bauernstand gehörte, und drittens das Mitglied der dem Staat entgegenstehenden societas civilis, der Gesellschaft der Untertanen oder (später) der Staatsbürger."[6] Mit dem Erwerb des Bürgerrechts wurde die Mitgliedschaft in der städtischen Gesamtkorporation erlangt. Zur Aufnahme in den Kreis der Bürger berechtigte die Fähigkeit zum Betrieb „bürgerlicher Gewerbe", verpflichtete deren praktische Ausübung. Nur in einem Teil der Städte genügte schon bloßer städtischer Grundbesitz zum Erwerb des Bürgerechts, nirgends die bloße Ansässigkeit. Praktisch bestand demnach die „Bürgerschaft" so gut wie ausschließlich aus Gewerbetreibenden, Mitgliedern der kaufmännischen Innungen und der Handwerkszünfte. Das Städtewesen lag in den Händen derer, die ein „bürgerliches Gewerbe" betrieben, weil nur sie zum Erwerb des Bürgerrechts verpflichtet waren. In dieser „Bürgergemeinde" waren die Eximierten ebenso vom Bürgerrecht ausgeschlossen wie die Schutzverwandten. Die Eximierten gehörten in der Regel zu den höheren gesellschaftlichen Schichten der Stadt: die gesamte Beamtenschaft, Mitglieder des Adels, Geistliche, Gymnasiallehrer, Berufsoffiziere, Angehörige der Französischen Kolonie und Künstler. Sie wohnten zwar innerhalb der Stadtmauern, hatten jedoch an den Rechten und Pflichten des städtischen Gemeinwesens keinen Anteil; dieser Personenkreis war der städtischen Gerichtsbarkeit nicht unterworfen, sondern unterstand den staatlichen Obergerichten. Zu den Schutzverwandten gehörten alle wirtschaftlich

---

3 Hierzu siehe Hermann Conrad, *Das Allgemeine Landrecht von 1794 als Grundgesetz des friderizianischen Staates,* in: Otto Büsch und Wolfgang Neugebauer (Hrsg.) *Moderne Preußische Geschichte 1648–1947. Eine Anthologie* (= Veröffentlichungen der Historischen Kommission zu Berlin 52), Bd. 2, Berlin – New York 1981, S. 598–621; K. von Raumer, *Deutschland um 1800* ..., S. 357–359 und 405 bis 406.

4 Reinhart Koselleck, *Preußen zwischen Reform und Revolution. Allgemeines Landrecht, Verwaltung und soziale Bewegung von 1791 bis 1848* (= „Industrielle Welt", Schriftenreihe des Arbeitskreises für moderne Sozialgeschichte, hrsg. von Werner Conze, Bd. 7), Stuttgart 1967, 3. Aufl. 1981, S. 24.

5 Ulrich Scheuner, Der Staatsgedanke Preußens, in: Otto Büsch und Wolfgang Neugebauer (Hrsg.) *Moderne Preußische Geschichte 1648–1947. Eine Anthologie* (= Veröffentlichungen der Historischen Kommission zu Berlin 52), Bd. 1, Berlin – New York 1981, S. 57.

6 Zitiert nach Wolfgang R. Krabbe, *Die deutsche Stadt im 19. und 20. Jahrhundert. Eine Einführung,* Göttingen 1989, S. 52 f.

nicht selbständigen Einwohner wie Tagelöhner, Gesinde, Armengeldempfänger. Sie besaßen das Recht auf ständigen Aufenthalt in der Gemeinde, den Schutz durch die Gemeinde und ein Anrecht auf Unterstützung im Fall der Bedürftigkeit. Im Gegensatz zu den Stadtbürgern war es ihnen aber verwehrt, ein zünftiges Gewerbe auszuüben. Außerdem verfügten sie nicht über Haus- und Grundbesitz in der Stadt. Die Schutzverwandten waren vom Bürgerrecht ausgeschlossen, unterstanden jedoch der Steuerhoheit, der Polizei und der Gerichtsbarkeit.

Obwohl im ausgehenden 18. Jahrhundert diese strukturellen Schwächen im sozialen Gefüge der Städte und deren Verwaltung immer stärker zutage traten, hatte keiner der Reformversuche des alten Régimes eine Verbesserung der städtischen Verhältnisse zum Gegenstand. Erst nach der ruinösen Niederlage von Jena und Auerstedt und in der Zeit der französischen Besetzung sammelten sich jene Kräfte, die versuchten, das Staatsgebäude wieder aufzurichten. Durch die preußische Reformgesetzgebung der Minister Stein und Hardenberg wurden die Voraussetzungen geschaffen, dem zusammengebrochenen Staat eine grundlegende Veränderung im Gesellschaftsgefüge und in der Staatsorganisation zu geben.[7]

Im Rahmen der Neugliederung der preußischen Staatsverwaltung wurde am 19. November 1808 die Städteordnung, die vorerst jedoch nur ein Stück der administrativen Gesamtreform bildete, erlassen.[8] Diese neue Kommunalordnung, getragen vom Prinzip der Selbstverwaltung, war auf eine Neubelebung der Städte ausgerichtet. Als „bürgerliche Selbstregierung“[9] gründete die Städteordnung auf bürgerlicher Freiheit und Teilhabe der Bürger an den öffentlichen Angelegenheiten. Sie befreite die Städte von staatlicher Bevormundung und einer mächtig gewordenen Bürokratie. Die unter Friedrich Wilhelm I. und Friedrich II. erlassenen Munizipalgesetze wurden aufgehoben, alle der Städteordnung von 1808 zuwiderlaufenden Gesetze und Vorschriften, namentlich die auf die Städte bezogenen Stellen des Allgemeinen Landrechts, verloren an Gültigkeit.[10]

---

7 Zur Übersicht mit ausführlichen Literaturangaben über die Reformperiode: Ernst Rudolf Huber, *Deutsche Verfassungsgeschichte seit 1789*, Bd. 1, Stuttgart 1957, S. 95–313; Walter Hubatsch, *Die Stein-Hardenbergschen Reformen* (= Erträge der Forschung, 65), Darmstadt 1977; Ilja Mieck, *Zielsetzung und Ertrag der preußischen Reformen*, in: *Preußen. Beiträge zu einer politischen Kultur* (Katalog der Ausstellung), Bd. 2, Berlin 1981, S. 181–196.

8 Nach den Absichten der Reformer hätte eine geschriebene Verfassung mit einer „Nationalrepräsentation“, also mit einer gesamtstaatlichen Volksvertretung, den Abschluß des Reformwerks bilden sollen. Zur Gesamtproblematik und zur Forschungsdiskussion vgl. I. Mieck, *Die verschlungenen Wege* ..., S. 53–57 und 65–74.

9 H. Preuss, *Entwicklung des deutschen Städtewesens* ..., S. 235.

10 Vgl. *Allgemeines Landrecht für die Preußischen Staaten 1794* (Ausstellungskatalog des Geheimen Staatsarchivs Preußischer Kulturbesitz), Berlin 1994, S. 98.

a) Die Nassauer Denkschrift

Reichsfreiherr Karl vom und zum Stein[11] hatte die Grundgedanken seines Reformwerks[12] bereits im Frühjahr 1807, in der erzwungenen Muße der Zeit zwischen seiner ersten Entlassung und der Wiederberufung als leitender Minister, in der Denkschrift „*Über die zweckmäßige Bildung der obersten- und der Provinzial-, Finanz- und Polizei-Behörden in der preußischen Monarchie*“ (*Nassauer Denkschrift*)[13] niedergelegt. Hierin entwickelte Stein das Programm für die Neugestaltung der preußischen Staatsverwaltung. Neben der Umbildung der Zentralbehörden forderte er auch eine grundlegende Neuordnung der Provinzialbehörden unter Heranziehung der „Klasse der Eigentümer“ zur Erledigung der Aufgaben der Provinzial- und Lokalverwaltung. Indem er für eine stärkere Beteiligung der „Eigentümer“ an der Verwaltung der Provinzen, Kreise und Städte plädierte, entstand hier die Idee der Selbstverwaltung – ohne daß dieser Begriff von ihm selbst geprägt oder zu seiner Zeit überhaupt benutzt worden wäre. Erreichen wollte er dadurch – neben der Einsparung von Verwaltungskosten – ein stärkeres Engagement der Einwohner Preußens für ihren Staat. „Meine Diensterfahrung überzeugt mich innig und lebhaft von der Vortrefflichkeit zweckmäßig gebildeter Stände, und ich sehe sie als ein kräftiges Mittel an, die Regierung durch die Kenntnisse und das Ansehen aller gebildeten Klassen zu verstärken, sie alle durch Überzeugung, Teilnahme

---

11 Über Stein aus der älteren Forschung: Georg Heinrich Pertz, *Das Leben des Ministers Freiherrn vom Stein,* 6 Bde., Berlin 1849–1855; Max Lehmann, *Freiherr vom Stein,* 3 Bde., Leipzig 1902–1905. Die Neuausgabe der Stein-Edition von Walter Hubatsch (Hrsg.), *Freiherr vom Stein. Briefe und amtliche Schriften*, 10 Bde., Stuttgart 1957–1974, enthält die einschlägigen Dokumente zur Städtereform von 1808 im Band II/2. – Aus der grundlegenden Studie von Gerhard Ritter, *Stein. Eine politische Biographie,* 4. Aufl., Stuttgart 1981, sind wichtige Anregungen in die vorliegende Darstellung (zum Reformprogramm von Nassau und dem Freyschen Entwurf) eingeflossen.

12 Die Städteordnung hatte ihre Vorgeschichte in der sogenannten Vorreform. Vgl. dazu: Erich Botzenhart/Gunther Ipsen (Hrsg.), *Freiherr vom Stein. Ausgewählte politische Briefe und Denkschriften,* Stuttgart – Berlin 1956, Nr. 26, S. 44 ff. und Nr. 28, S. 56 ff.; Richard Dietrich, *Verfassung und Verwaltung,* in: Hans Herzfeld (Hrsg.), *Berlin und die Provinz Brandenburg im 19. Jahrhundert* (= Veröffentlichungen der Historischen Kommission zu Berlin 3), Berlin 1968, S. 181–308, hier S. 209. Siehe auch Max Lehmann, *Der Ursprung der Städteordnung von 1808, in: Preußische Jahrbücher* 93 (1898), S. 471 bis 514; Erich Joachim, *Zur Vorgeschichte der Preußischen Städteordnung vom 19. November 1808,* in: *Historische Zeitschrift* 68 (1892), S. 84–89; insbesondere die äußerst gründliche Darstellung der Entstehungsgeschichte des Gesetzes bei P. Clauswitz, *Städteordnung* ..., S. 54–94.

13 Die *Nassauer Denkschrift* Steins ist abgedruckt bei Erich Botzenhart (Hrsg.)/Walter Hubatsch (neu hrsg.)/Peter G. Thielen (neu bearb.), *Freiherr vom Stein. Briefe und amtliche Schriften,* Bd. 2, Teil 1, Stuttgart 1959, S. 380 ff. – Vgl. dazu besonders die gründliche Analyse bei G. Ritter, *Stein* ..., S. 181 ff.

und Mitwirkung bei den National-Angelegenheiten an den Staat zu knüpfen, den Kräften der Nation eine freie Tätigkeit und eine Richtung auf das Gemeinnützige zu geben".[14]

Zwar widmete sich Stein in seiner Denkschrift nur beiläufig dem Städtewesen, doch sollten die wenigen Reformgedanken der wichtigste Punkt seines Selbstverwaltungsprogrammes werden. Stein stellte zwei Forderungen auf, die für den weiteren Verlauf von Bedeutung werden sollten und ein neues Prinzip städtischer Verwaltung begründeten: Wahl der Stadtmagistrate durch die Bürgerschaft und selbständige Verwaltung des städtischen Kämmerei- und Armenwesens, Kirchen- und Gemeindevermögens. Im Rahmen der geforderten Teilnahme der „Eigentümer" hatte für Stein die Ersparung an Verwaltungskosten jedoch nur sekundäre Bedeutung, weit wichtiger war ihm „die Belebung des Gemeingeistes und Bürgersinns, die Benutzung der schlafenden und falsch geleiteten Kräfte und der zerstreut liegenden Kenntnisse, der Einklang zwischen dem Geist der Nation, ihren Ansichten und Bedürfnissen, und denen der Staatsbehörden, die Wiederbelebung der Gefühle für Vaterland, Selbständigkeit und Nationalehre. Der Formenkram und Dienst-Mechanismus in den Kollegien wird durch Aufnahme von Menschen aus dem Gewirre des praktischen Lebens zertrümmert, und an seine Stelle tritt ein lebendiger, fortstrebender, schaffender Geist und ein aus der Fülle der Natur genommener Reichtum von Ansichten und Gefühlen."[15]

Nach Steins Vorstellung sollten in den Stadtgemeinden nicht mehr, wie im 18. Jahrhundert üblich, Deputierte der Zünfte oder anderer Korporationen den Magistrat wählen, sondern die „mit Häusern und Eigentum angesessene Bürgerschaft"[16] schlechthin, jeweils für sechs Jahre (in der ersten Niederschrift drei Jahre) und ohne Gehalt.[17] In den preußischen Kommunen war zwar das alte Recht dieser Bürgerschaften, ihre Magistrate selbst zu wählen, prinzipiell noch in Geltung, doch in Wirklichkeit ergänzten sich die lebenslänglich eingesetzten und besoldeten Magistratsmitglieder durch Kooptation selbst. In den seltenen Fällen, wo noch ein wirkliches Wahlrecht der Bürgerschaft existierte, wurde es durch Deputierte der Innungen oder der Stadtviertel ausgeübt, nirgends jedoch durch die Bürgerschaft der Städte. Aber auch diese verkümmerten Formen der Selbstregierung täuschten über die wahren Verhältnisse hinweg: die staatlichen Aufsichtsorgane nutzten ihr Bestätigungsrecht für die Magistratswahlen zu einer rücksichtslosen Ämterpatronage.[18] Stein wollte mit seiner Forderung an altdeutsche, mittelalterliche Verhältnisse anknüpfen und eine Erneuerung städtischer Freiheiten einleiten. Jedoch bildete die von ihm geforderte Ratswahl durch die gesamte „mit Häusern

---

14 *Nassauer Denkschrift*, S. 391. – Die Quellen werden unter Beibehaltung der damaligen Rechtschreibung zitiert.

15 *A. a. O.*, S. 394 f.

16 *A. a. O.*, S. 391. – Zum Eigentumbegriff Steins vgl. K. von Raumer, *Deutschland um 1800 ...*, S. 392.

17 „Nur der Rendant erhielte eine Besoldung und bliebe für die Lebenszeit. Die gewählten Magistratspersonen erhielten ihre Bestätigung vom Staat, der in den großen, über 3 000 Seelen habenden Städten zu besoldeten Stadt-Direktoren aus drei von der Bürgerschaft präsentierten Subjekten wählte", in: *Nassauer Denkschrift*, S. 391.

18 Vgl. G. Ritter, *Stein ...*, S. 190; E. von Meier, *Reform der Verwaltungsorganisation ...*, S. 63 f.

und Eigentum angesessene Bürgerschaft" und damit die Gründung der Selbstverwaltung auf die „Klasse der Eigentümer" eine absolute Neuerung auch gegenüber dem altdeutschen Herkommen.[19] Weder in irgendeiner der alten reichsunmittelbaren Städte der frühen Neuzeit, noch im mittelalterlichen Städtewesen hatte es jemals eine solche Verfassung gegeben. Die mittelalterlichen Ratsversammlungen bestanden aus Vertretern städtischer Patrizierfamilien, die sich immer wieder selbst ergänzten. Oder die Ratskollegien waren als Standesvertretung der verschiedenen Gilden, Zünfte und Innungen – häufig auf recht komplizierte Weise – zustandegekommen. Durch Steins zweite Reformforderung sollte die Öffentlichkeit der städtischen Rechnungslegung gewährleistet werden und die bisherige staatliche Rechnungskontrolle überflüssig gemacht werden. Es wurde damit eine größere Selbständigkeit und Selbstverantwortung der Stadtverwaltungen von Stein angestrebt. Nach der Aussage seines Biographen Gerhard Ritter berief sich Stein in diesen beiden Punkten auf keine bestimmten Vorbilder, sondern entwarf seine Reform „aus folgerechter Anwendung seiner ständischen Ideale auf das Städtewesen".[20] Letztendlich sollte mit der Vergabe von politischen Rechten an die Bürgerschaft einem revolutionären Umbruch, wie vorher in Frankreich erlebt, vorgebeugt werden. Vielmehr wurde als Ziel angestrebt, so wie es Hardenberg in seiner Rigaer Denkschrift von 1807 formulierte: „eine Revolution im guten Sinne, geradehin führend zu dem großen Zwecke der Veredelung der Menschheit, durch Weisheit der Regierung und nicht durch gewaltsame Impulsion von innen nach außen ... Demokratische Grundsätze in einer monarchischen Regierung."[21]

b) Der Freysche Entwurf

Auf Steins Vorstellungen haben auch die Ideen anderer patriotischer Reformer ihren Einfluß gehabt.[22] Zu diesem Kreis gehörte der Königsberger[23] Polizeidirektor Johann Gottfried

---

19 Vgl. zur Gründung der Selbstverwaltung auf die Klasse der „Eigentümer" G. Ritter, *Stein* ..., S. 191; K. von Raumer, *Deutschland um 1800* ..., S. 391 f.

20 Vgl. G. Ritter, *Stein* ..., S. 191.

21 *Rigaer Denkschrift*, in: Georg Winter (Hrsg.), *Die Reorganisation des Preußischen Staates unter Stein und Hardenberg*, 1. Teil: *Allgemeine Verwaltungs- und Behördenreform*, Bd. 1 (Publikationen aus den Preußischen Staatsarchiven 93), Leipzig 1931, S. 306.

22 Vgl. W. Hubatsch, *Stein-Hardenbergschen Reformen* ..., hierin werden mehr als 40 der reformfreudigen Beamten in kurzen Biographien vorgestellt. Dieser verhältnismäßig kleine Kreis hoher Beamter, der sich innerhalb der preußischen Verwaltung seit langem in regem Austausch befunden hatte, war nach der Staatszertrümmerung mit der Ausarbeitung eines umfangreichen Reformkonzepts betraut worden.

23 Königsberg war bereits vor 1806 ein Zentrum liberaler Bestrebungen geworden. Die Stadt bildete nach der Flucht des Königspaares den vorläufigen Regierungssitz. Hier herrschte unter den Mitarbeitern Steins, die an der Ausarbeitung und Durchführung der verschiedenen Reformprojekte beteiligt waren, der Beamtenliberalismus aus der Kantschen Schule.

Frey[24]. Von diesem in der städtischen Verwaltung erfahrenen Berater Steins stammen die im Juli 1807 abgelieferten „*Vorschläge zur Organisierung der Munizipalverfassungen*“[25], die dann eine wesentliche Grundlage der künftigen Städteordnung bildeten.[26] Frey leitete seinen Entwurf mit dem häufig zitierten Postulat ein: „Zutrauen veredelt den Menschen, ewige Vormundschaft hemmt sein Reifen, Anteil an den öffentlichen Angelegenheiten gibt politische Wichtigkeit, und je mehr diese an Umfang gewinnt, wächst das Interesse für Gemeinwohl und der Reiz zur öffentlichen Tätigkeit, welche den Geist der Nation erhebt, zur Erwerbung gemeinnütziger Kenntnisse, ja, selbst eines unbescholtenen Rufs anfeuert und dadurch den Egoismus und die Frivolität zügelt.“[27] Bereits in diesen Eingangsworten kommt seine gesinnungsmäßige Übereinstimmung mit den Ideen des Ministers Stein zum Ausdruck.[28] Ganz wie in der *Nassauer Denkschrift* Steins empfahl Frey die Konstituierung einer in eigener Verantwortung handelnden Bürgerschaft, auch er befürwortete die Einführung der Selbstverwaltung in den Städten: „Es ist kein Akt der Güte, sondern der Gerechtigkeit, der Bürgerschaft die usurpierten Rechte wieder zu geben, ihr die Verwaltung ihres Privateigentums und sämtlicher Kommunalangelegenheiten nach einem wohlgeordneten Plan selbst zu überlassen, die Teilnahme an den öffentlichen Geschäften und mit dieser das Interesse am Gemeinwohl zu wecken und dadurch die Liebe zum Vaterlande und jene warme Anhänglichkeit an den Vater desselben zu fesseln, die für Bürgertum und Staaten gleich beglückend ist.“[29] Der Polizei-

---

24 Siehe Theodor Winkler, *Johann Gottfried Frey und die Entwicklung der preußischen Selbstverwaltung*, Stuttgart – Berlin 1936; vgl. auch die Charakterisierung Freys durch: G. Ritter, *Stein* ..., S. 253; K. von Raumer, *Deutschland um 1800* ..., S. 405; W. Hubatsch, *Die Stein-Hardenbergschen Reformen* ..., S. 106 f. – Frey, vom Geist freimaurerischer Aufklärung geprägt und zumindest antiabsolutistisch gesonnen, galt als ein überzeugter Anhänger Kants.

25 „*Vorschläge zur Organisierung der Munizipalverfassungen*“. Aufsatz des Geheimen Kriegsrats und Polizeidirektors Frey. Undatiert (Vor dem 17. Juli 1808). Abgedruckt in: Heinrich Scheel (Hrsg.)/Doris Schmidt (bearb.), *Das Reformministerium Stein. Akten zur Verfassungs- und Verwaltungsgeschichte aus den Jahren 1807/08* (= Schriften des Instituts für Geschichte, Reihe I: Allgemeine und deutsche Geschichte, Bd. 31/B), Berlin 1967, S. 657–670.

26 Zuvor hatten die Kammerpräsidenten Hans Jakob von Auerswald und Ludwig Freiherr von Vincke Vorschläge zur Kommunalreform unterbreitet. Siehe zum Gutachten Auerswalds vom 28.1.1808: Th. Winkler, *Johann Gottfried Frey* ..., (Anm. 68), S. 123–125; zur Denkschrift Vinckes vom 24.3.1808: Heinrich Scheel (Hrsg.)/Doris Schmidt (bearb.), *Das Reformministerium Stein* ..., (Anm. 72), Bd. 2, Nr. 136, S. 430–452.

27 „*Vorschläge* ...“, S. 657.

28 Stein wohnte während seines Königsberger Aufenthalts im Hause des Polizeidirektors. Aus diesem engen Kontakt ergaben sich vermutlich auch manche in mündlicher Unterredung geäußerte Anregungen Steins, die in den Entwurf aufgenommen wurden. Vgl. die gründlichen Analysen des Freyschen Entwurfs bei G. Ritter, *Stein* ..., S. 254 ff.; P. Clauswitz, Städteordnung ..., S. 68 ff.; Th. Winkler, *Johann Gottfried Frey* ..., S. 125 ff; E. von Meier, *Reform der Verwaltungsorganisation* ..., S. 263 ff.

29 „*Vorschläge* ...“, S. 659.

direktor legte es Grundstücksbesitzern und Gewerbetreibenden (mit einem Mindesteinkommen) zur Pflicht auf, das Bürgerrecht zu erwerben. Allerdings stellte er dem folgenden Personenkreis, der sich überwiegend aus den Eximierten rekrutierte, den Erwerb des Bürgerrechts frei: „Personen, welche, ohne ein Grundstück im Polizeibezirke der Stadt zu besitzen, von dem Ertrage ihrer zinsbar belegten Kapitalien, jedoch ohne das Gewerbe eines Pfandleihers zu betreiben, von dem Einkommen aus Immobilien außer der Stadt, von Leibrenten oder Pensionen leben oder bloß von dem Ertrage solcher Arbeiten nähren, die unbedenklich zum Fache der Wissenschaften oder schönen Künste gehören, oder endlich allein von den Besoldungen unterhalten, welche sie als Staatsdiener beziehen“[30]. Frey wollte das Bürgerrecht auch auf jene Gruppen ausdehnen, die davon bisher gänzlich ausgeschlossen waren: Juden, Erbuntertänige und Kantonisten. Die Juden könnten es nur insofern erlangen, „als ihnen der Staat überhaupt seinen Schutz zur Ansiedelung in den Städten verliehen hat“[31].

Freys Entwurf ist besonders geprägt von praktischen Bestimmungen, die er für die geplante Selbstverwaltung verwirklicht sehen wollte. In den technischen Einzelheiten lehnte er sich häufig an das französische Vorbild der Munizipalgesetze[32] an, ohne jedoch die französischen Revolutionsgesetze unmittelbar nachzuahmen, was ihm häufig nachgesagt wurde. Auch Frey wollte nur die Bürgerschaft als Korporation an der Bildung der staatlichen Repräsentativorgane beteiligen. Das entsprach keinesfalls den städtischen Verhältnissen im nachrevolutionären Frankreich, das „Bürgerschaften“ nicht mehr kannte, sondern allen Stadtbewohnern unterschiedslos kommunale Rechte zugebilligt hatte.[33] Frey hielt in dieser Hinsicht weiter am altdeutschen Herkommen fest: jede Stadtgemeinde bilde eine eigene Korporation, deren Mitglieder förmlich durch Leistung des Bürgereids darin aufgenommen werden sollten. Nichtmitglieder dieser Korporation sollten, wie vorher auch, als bloße Schutzverwandte, also nicht als „wirkliche Bürger“, in der Stadt wohnen. Sie sollten weiter von den Rechten der Bürger ausgegrenzt sein und zu den städtischen Lasten nur teilweise herangezogen werden können.

In dem Entwurf erscheinen zum erstenmal konkrete Vorstellungen zum Repräsentativsystem, wobei Frey auch das konstitutionelle Schema der neueren westeuropäischen Staatsverfassungen zum Vorbild nahm, in denen sich die Exekutive nicht aus allgemeinen Volkswahlen, sondern aus der Legislative, aus der Volksvertretung, konstituierte. Er plante ein Nebeneinander von zwei städtischen Behörden, dem Magistrat und den Repräsentanten. Die Bürgerschaft, die sich aus sämtlichen Grundbesitzern und Gewerbetreibenden mit einem bestimmten Einkommen rekrutiert, wählt die Repräsentanten selbst aus ihrer Mitte. Diese

---

30 *A. a. O.,* S. 602.

31 *Ebda.*

32 Vgl. zu den französischen Einflüssen auf die Reform: Ernst von Meier, *Französische Einflüsse auf die Staats- und Rechtsentwicklung Preußens im 19. Jahrhundert,* 2. Bde., Leipzig 1908; Heinrich Heffter, *Die deutsche Selbstverwaltung im 19. Jahrhundert. Geschichte der Ideen und Institutionen,* Stuttgart 1950, S. 93; K. von Raumer, Deutschland um 1800 ..., S. 400 f.

33 Vgl. G. Ritter, *Stein* ..., S. 255 f.

Repräsentanten sollten die Bürgerschaft vertreten. Wenigstens für die größeren Städte plante er, im Gegensatz zur *Nassauer Denkschrift*, die Wahl der Magistratsmitglieder durch diese Repräsentantenversammlung, nicht von der Gesamtbürgerschaft unmittelbar; da deren Anzahl zu groß sei und „sehr viele nicht den Grad von Kultur haben, welcher zur fruchtbaren Erwägung öffentlicher Angelegenheiten erfordert wird.“[34] Die Repräsentantenversammlung habe sich aus eigenem Recht ohne Leitung eines Magistratsmitglieds zu konstituieren und dürfe die Exekutivorgane laufend kontrollieren, außerdem verfüge sie über das Recht zu Beschwerden und Verbesserungsvorschlägen. Frey betonte die Unparteilichkeit und Eigenverantwortlichkeit der Repräsentanten, denn „die gewählten Personen, wes Standes, Religion oder Gewerbes sie auch sein mögen, sind keineswegs Repräsentanten ihres Standes, Sekte, Zunft oder Stadtviertels, sondern bloß Repräsentanten der gesamten Bürgerschaft und in Rücksicht alles dessen, was sie in der Versammlung vortragen und beschließen, nur ihrem Gewissen Rechenschaft schuldig.“[35] Diese Forderung Freys, in freier und unabhängiger Wahl abzustimmen, stand ganz im Gegensatz zum mittelalterlichen und altständischen Herkommen, wo partikulare Interessen der städtischen Oligarchien (Gilden und Zünften) zu berücksichtigen waren. Die geplante Amtsdauer der Repräsentanten sollte drei Jahre betragen, wobei jedes Jahr ein Drittel ausscheidet. Wer zum Repräsentanten gewählt werde, sei auch verpflichtet, das Amt anzunehmen. Bei Amtsverweigerung könne den Bürgern das Bürgerrecht abgesprochen werden. Die Repräsentanten sollten ihr Amt unentgeltlich ausüben. Frey unterbreitete noch etliche andere Vorschläge, nahm jedoch nicht Stellung zu dem Verhältnis von Repräsentanten und Magistrat. Es lag ihm nur daran, daß die Repräsentanten über den Magistrat eine Kontrollfunktion ausüben sollten.

Die Wahl der städtischen Repräsentanten nach Wahlbezirken („Distrikte“) durch die gesamte wahlfähige Bürgerschaft bildet das eigentliche Novum des Freyschen Entwurfs. Die Anwendung dieses bezirklichen Vertretungsprinzips war allerdings nicht ohne Vorbild auf deutschem Boden: in etlichen preußischen Städten spielten die Stadtviertel („Distrikte“), nach denen jetzt gewählt werden sollte, u. a. auch in Berlin und Königsberg, in der Verwaltung eine bedeutende Rolle. Da es bis zu diesem Zeitpunkt für ein öffentliches Wahlverfahren keinen Anhalt im bestehenden Recht gegeben hatte, ließ Frey hierzu detaillierte Vorschläge in den Entwurf einfließen. Die verschiedenen Distrikte einer Stadt sollten sich in der ersten Hälfte des Novembers zur Wahl versammeln. Der Magistrat sollte Tag, Stunde und Ort der Versammlung bestimmen, auch sollte für jeden Distrikt ein „Commissarium“ aus seiner Mitte ernannt werden, der die Wahl auch leiten sollte. Die Einladung zur Wahl erfolgt durch „Kurrenden“, welche jedem Bürger des Distrikts 14 Tage vor dem Wahltage zur Unterschrift vorgelegt werden müssen. In der Wahlversammlung werden zunächst die anwesenden Bürger namentlich aufgezeichnet und mit der Bürgerrolle verglichen. Damit durch Todesfälle, langwierige Krankeiten und lange Geschäftsreisen die Anzahl der Repräsentanten nicht während des dreijährigen Turnus vermindert werden könne, sollten in den Wahlversamm-

34 „*Vorschläge ...*“, S. 663.

35 *Ebda.*

lungen noch zusätzlich Suppleanten[36] (Stellvertreter) der Repräsentanten gewählt werden; auf 100 stimmfähige Bürger sollte ein Stellvertreter kommen. Nach den Vorstellungen Freys sollte die Anzahl der Repräsentanten in großen Städten nicht mehr als 100 und nicht weniger als 50 betragen, in mittleren Städten nicht mehr als 50 und weniger als 30. In Städten, wo die Anzahl der Bürger nicht mehr als 100 sei, sollte keine Wahl stattfinden, sondern in diesen Kommunen sollte die gesamte Bürgerschaft ihre Rechte selbst ausüben.

Frey brachte für das öffentliche Wahlverfahren folgenden Modus in Vorschlag: Die eigentliche Wahl beginne „in der Art, daß der Magistratscommissarius das Kapitel von den Wahlversammlungen aus der Konstitution laut und deutlich vorliest und sodann bekanntmacht, wieviel Personen überhaupt zu wählen sind."[37] Jedem Bürger sollte es freistehen, einen Kandidaten vorzuschlagen; über jeden Kandidaten sollte einzeln abgestimmt werden. Frey schlug geheime Wahl vor, durch Ballotieren[38] „um den Einfluß der Reichen und Mächtigen auf die Wahl zu hemmen"[39]. Jeder Wähler sollte eine „Marke" bekommen, „es zirkuliert sodann ein Gefäß mit einer weißen und schwarzen Abteilung, welches so eingerichtet ist, daß man nicht bemerken kann, in welche Abteilung der Votant seine Marke steckt. Dies Gefäß wird nach der Zirkulation vor der Versammlung von dem Magistratscommissario geöffnet und die Wahl für richtig erklärt, wenn soviel Marken in beiden Abteilungen vorgefunden werden, als Wähler gegenwärtig sind, und der Vorgeschlagene gilt als gewählt, wenn mehr Marken in der weißen als in der schwarzen Abteilung vorhanden sind, und im Gegenteil für die diesjährige Wahl für abgewiesen. So wird fortgefahren, bis die volle Anzahl gewählt ist."[40] Ab-

---

36 Diesen Ausdruck hatte Frey aus der französischen Gesetzgebung entnommen. Zur Bezeichnung der Stellvertreter als Suppléants vgl. M. Lehmann, *Ursprung der Städteordnung* ..., S. 498.

37 „*Vorschläge* ...", S. 664.

38 G. Ritter, *Stein* ..., S. 257, bezeichnet das Ballotieren als Abstimmung „nach freimaurerischem Muster". Die Ballotage bildete eine übliche Form des Wählens u.a. in Ständeversammlungen, Ratskollegien, Konventen und auch in Freimaurerlogen. Frey war als Meister der Freimaurerloge „Zu den Drei Kronen", die im geistigen Leben seiner Heimatstadt Königsberg eine große Rolle spielte, mit der Ballotage vertraut, vgl. dazu G. Ritter, *Stein* ..., S. 253, Anmerkung 8; überhaupt unterhielten Stein und die führenden Reformbeamten engen Kontakt zu Freimaurerkreisen.
Die Ballotage als geheime Abstimmung durch verdeckte Abgabe weißer oder schwarzer Kugeln fand schon in der Antike Anwendung. Mit Kugeln wählten die Athener an den Volksgerichten und Volksversammlungen bereits im 5. Jahrhundert vor Christi. Auch in den Volksversammlungen und im Senat von Rom wurde mit Kugeln gewählt. Die weißen und schwarzen Kugeln wurden in verschiedenen Urnen oder Behälter geworfen, um eine Ja- oder Neinstimme anzuzeigen. In der Neuzeit fand in den ersten unabhängigen Verfassungsstaaten Nordamerikas ebenfalls eine Abstimmung mit Kugeln statt. In verschiedenen christlichen Orden werden die Oberen heute noch mit Kugeln gewählt.

39 „*Vorschläge* ...", S. 665. Nach der Aussage G. Ritters, *Stein* ..., S. 257, wäre Stein öffentliche Stimmabgabe besser erschienen; doch habe er schließlich, der Mehrheit des Generaldepartements folgend, dem Freyschen Vorschlag zugestimmt.

40 „*Vorschläge* ...", S. 664 f.

schließend führte Frey noch an, daß die Repräsentanten in allem, was sie in der Versammlung vortragen und beschließen, nur ihrem Gewissen Rechenschaft schuldig seien: „Sie sind Repräsentanten im vollsten Sinn des Worts, dahero haben sie nicht nötig, sich nach Instruktionen, welche ihnen ihre Wähler etwa geben möchten, zu achten. Noch weniger können die Korporationen der Zünfte, zu welchen sie zufällig gehören, verlangen, daß sie ihre Interessen in den Versammlungen der Repräsentanten wahrnehmen. Ihre Pflicht ist, allein zum Besten der Stadtgemeine nach ihrer individuellen Überzeugung zu sprechen und zu stimmen.“[41]

Neben Polizeidirektor Frey hatten auch die „Ältesten der Königsberger Bürgerschaft“[42] einen Plan zu einer neuen Verfassung ihrer Stadt am 15. Juli 1808 eingereicht[43]. Dieser von Kriminalrat Friedrich Brand bereits am 29. Dezember 1807 entworfene Plan sah eine Reorganisation der Stadtverwaltung unter stärkerer Heranziehung der Bürgerschaft vor.[44] G. Ritter mißt dem Brandschen Entwurf keine große Bedeutung bei, da er „kaum mehr als ein einzelnes, auslösendes Moment“ für die spätere Städteordnung bilde und „höchstens in Einzelheiten das Reformgesetz mitbestimmt“[45] habe. Ohne die Verdienste Steins und seines Reformerkreises schmälern zu wollen, sollte jedoch auf die frühe Entstehung dieses Plans hingewiesen werden und auf die zahlreichen Bestimmungen daraus, die wenig später Einlaß in die Städteordnung fanden.[46] Da Stein mit vielen Vorschlägen des Freyschen Entwurfs einverstanden

---

41 *A. a. O.,* S. 666.

42 Auch in diesem Falle ging ein Reformplan von Königsberg aus. Offensichtlich ließ der Druck der großen Besatzungs- und Kontributionslasten die hergebrachte Bürgerschaftsverfassung dieser zweiten Residenz- und Hauptstadt Preußens, die jetzt vorübergehend zur ersten und einzigen geworden war, als veraltet und nicht mehr länger tragbar erscheinen. Eine gerechte Verteilung der Lasten auf alle Einwohner rief hier die Reformer auf den Plan. Neben Königsberg ist als einzige Stadt Preußens lediglich Danzig mit einem Reformversuch hervorgetreten. Die alte Hansestadt hatte bereits vor 1806 eine Neubelebung kommunaler Selbstverwaltung durch das preußische Provinzialdepartement versucht. Vgl. dazu G. Ritter, *Stein ...,* S. 569, Anmerkung 24.

43 „*Entwurf zu einer neuen Verfassung der Königsberger Bürgerschaft*“, Königsberg, 15. Juli 1808, und die dazugehörige „*Immediatvorstellung der Ältesten der Königsberger Bürgerschaft*“, Königsberg, den 15. Juli 1808, sind abgedruckt in: H. Scheel (Hrsg.)/D. Schmidt (bearb.), *Das Reformministerium Stein ...,* S. 647–656.

44 Vgl. zur Analyse der beiden Brandschen Entwürfe: E. Joachim, *Vorgeschichte der preußischen Städteordnung ...,* S. 84–89; P. Clauswitz, *Städteordnung ...,* S. 57–60; Gertrud Nicolaus, *Die Einführung der Städteordnung vom 19. November 1808 in Königsberg i. Pr.,* Dissertation Königsberg 1930, Minden 1931, S. 23–42; G. Ritter, *Stein ...,* S. 252 und besonders Anmerkung 4, S. 587; K. von Raumer, *Deutschland um 1800 ...,* S. 404. – Der zweite Verfassungsentwurf Brands vom 24. 8. 1808 konnte aufgrund der fortgeschrittenen Verhandlungen nicht mehr berücksichtigt werden.

45 G. Ritter, *Stein ...,* S. 252.

46 Besonders die im Brandschen Entwurf aufgeführten Wahlbestimmungen wurden in die Städteordnung aufgenommen: Grundeigentümer müssen das Bürgerrecht erwerben, Unterteilung der Stadt in Distrikte, die Zahl der Repräsentanten wird auf 102 Bürger festgelegt, die Zahl der Substituten (Stellvertreter) be-

war, forcierte er den Fortgang der gesetzgeberischen Vorarbeiten.[47] Es folgte eine weitere Ausarbeitung des Entwurfs durch das ostpreußische Provinzialdepartement sowie das Generaldepartement. Den weiteren Beratungen wurde der vom Geheimen Rat Heinrich Albert Wilckens beim Provinzialdepartement erstellte Entwurf der „Konstitution für sämtliche Städte in Ostpreußen, Litauen und Westpreußen" zugrunde gelegt.[48] Schließlich konnten am 9. November 1808 die Verhandlungen zum neuen Gesetz beendet werden, so daß die Städteordnung bereits durch die Kabinettsordre vom 19. November 1808 in Kraft trat.[49] Der Geltungsbereich der Städteordnung umfaßte nur die Kernlande des preußischen Königreichs östlich der Elbe, nämlich Brandenburg, Pommern, Schlesien und Teile von Preußen, da nach dem schmählichen Frieden von Tilsit 1807 mehr als die Hälfte des Staatsgebietes verloren gegangen war.[50]

c) Ziele und Inhalte der Städteordnung

Über der neuen Städteordnung stand der große politische Grundgedanke, die Mitverantwortung der Bürger zu wecken, den „Gemeinsinn zu erregen und zu erhalten."[51] Die Stadt

---

trägt ein Drittel der Repräsentanten, zweimalige Bekanntmachung der Wahlen in den Zeitungen, Wahl der Repräsentanten und Substituten auf drei Jahre, jedes Jahr scheidet ein Drittel der Repräsentanten aus und wird durch eine neue Wahl ersetzt, die ausgeschiedenen Repräsentanten sind wieder wählbar, das Ausscheiden von zwei Drittel der Repräsentanten der ersten Wahl wird durch das Los bestimmt.

47 Siehe dazu die *Bemerkungen Steins zum Freyschen Entwurf an Minister Friedrich Leopold Freiherr von Schroetter*, Königsberg, 17. 7. 1808. Abgedruckt in: E. Botzenhart (Hrsg.)/W. Hubatsch (neu herausg.)/P. G. Thielen (neu bearb.), *Freiherr vom Stein ...*, S. 769 ff. – Schroetter, am 25. Juli 1808 vom König mit der Ausarbeitung beauftragt, war bei den Vorarbeiten zur Städtereform maßgeblich beteiligt, vgl. E. R. Huber, *Deutsche Verfassungsgeschichte seit 1789,* Bd. 1, S. 173 f.

48 Vgl. die gründliche Analyse und den weiteren Verlauf der Beratungen bei P. Clauswitz, *Städteordnung ...*, S. 82–93.

49 Der dazugehörige *Immediat-Bericht der Minister Schroetter und Stein* vom 9. 11. 1808 ist abgedruckt in: E. Botzenhart/G. Ipsen (Hrsg.), *Stein ...*, S. 173; mit diesem gemeinsam erstellten *Immediat-Bericht* überreichten die beiden Minister dem König den Entwurf der Städteordnung.

50 Die Erweiterung des preußischen Königreichs nach 1815 um die Provinzen Sachsen, Westfalen und Rheinland führte jedoch nicht zu einer entsprechenden Ausdehnung des Geltungsbereichs der Städteordnung von 1808. Da inzwischen sehr viel Kritik gegen das Gesetz geäußert worden war, wollte man eine Vereinheitlichung des Stadtverfassungsrechts in Preußen erst unter einer verbesserten, „revidierten" Städteordnung durchführen.

51 Der Text der Städteordnung ist abgedruckt in: Ludwig von Rönne/Heinrich Simon, *Die Gemeinde-Verfassung des Preußischen Staates. Erste Abteilung. Die Städte-Ordnungen vom 19. November 1808 und 17. März 1831,* Breslau 1843; A. Krebsbach, *Städteordnung ...*, S. 49–100; Christian Engeli/Wolfgang Haus (Bearb.), *Quellen zum modernen Gemeindeverfassungsrecht in Deutschland* (= Schriften des

sollte als vom Staate unabhängiger, eigener Verwaltungskörper ihre Angelegenheiten durch ihre Bürger selbst regeln.

Die Städteordnung von 1808 brachte die folgenden neuen wegweisenden Bestimmungen[52]:

1. Die Wahl der Stadtverordneten erfolgt unmittelbar durch die „wahlfähigen" Mitglieder der Bürgerschaft.
2. Der kollegialisch organisierte Magistrat wird von der Stadtverordnetenversammlung gewählt. Die Verwaltung der Stadt obliegt der Stadtverordnetenversammlung, deren Beschlüsse für den nur exekutiven Magistrat als bindend gelten.
3. Zur Beaufsichtigung und Leitung laufender Geschäfte werden Deputationen eingesetzt, die aus Magistratsmitgliedern, Stadtverordneten und Bürgervertretern bestehen.
4. Gerichtsbarkeit und Polizei fallen an den Staat, wobei letztere mit Ausnahme der größeren Städte auftragsweise vom Magistrat verwaltet wird.
5. Es gibt keine Mediatstädte, d. h. keine städtische Abhängigkeit von patrimonialer Herrschaft mehr.
6. Die „sozial restriktive Unterscheidung"[53] zwischen Bürgern und Schutzverwandten bleibt weiterhin bestehen, wobei die ständerechtlichen Unterschiede zwischen (privilegierten) Großbürgern und (benachteiligten) Kleinbürgern beseitigt werden. Das Bürgerrecht umfaßt gegenüber dem Allgemeinen Landrecht nun aber auch das politische Gemeinderecht der aktiven und passiven Wahlfähigkeit zu den städtischen Organen.

In Bezug auf das Bürgerrecht ruhte die neue Kommunalordnung auf einer modifizierten Form der Institution Bürgergemeinde, wie sie das Allgemeine Landrecht für die preußischen Städte verbindlich gemacht hatte. Damit war die Bürgergemeinde eigentlicher Träger der Stadtregierung und noch nicht sämtliche Einwohner der Stadt. Den bisherigen Eximierten[54] wurde kein Zwang zum Erwerb des Bürgerrechts auferlegt; der blieb nicht mehr nur im wesentlichen auf die Gewerbetreibenden beschränkt, sondern wurde auf die Hausbesitzer

---

Deutschen Instituts für Urbanistik, Bd. 45), Berlin 1975, S. 105–134. Diese neue Edition enthält auch einen knappen, aber gründlichen Kommentar zur Städteordnung, S. 101–104.

Die Städteordnung wurde 1810 in der von Hardenberg gegründeten „*Gesetz-Sammlung für die Königlichen Preußischen Staaten*" veröffentlicht. Diese „*Sammlung*", im handlichen Quartformat erschienen, enthält alle in der Zeit von 1806 bis zum 27. Oktober 1810 verkündeten Gesetze und Verordnungen. Eine erneute Veröffentlichung der Städteordnung als „*Anhang*" zu der „*Sammlung*" erfolgte 1822. Vgl. A. Krebsbach, *Städteordnung* ..., S. 27.

52 Vgl. die Darstellung bei K. von Raumer, *Deutschland um 1800* ..., S. 406 ff.

53 Barbara Vogel (Hrsg.), *Preußische Reformen 1807–1820* (Neue Wissenschaftliche Bibliothek 96, Geschichte), Königstein/Ts. 1980, S. 12.

54 Der frühere Unterschied zwischen „Schutzverwandten" und „Eximierten" fiel weg, da die Gerichtsbarkeit künftig staatlich werden sollte, es also keine „Exemtionen" vom Stadtgericht mehr gab.

ausgedehnt. Die gebildeten Schichten also, sofern sie nicht mit Grundbesitz ansässig waren, wurden auch jetzt nicht unter das Joch der gemeinbürgerlichen Lasten und Pflichten gezwungen. Sie lebten weiterhin ohne politische Rechte, jetzt als Schutzverwandte, in den Städten. Aufgrund dieser Situation zeichnete sich vorerst eine Entwicklung zur Einwohnergemeinde, die sich in fast allen deutschen Städten erst im zweiten Drittel des 19. Jahrhunderts vollziehen sollte, noch nicht ab. Im Zuge der eingeleiteten Demokratisierung gab die Städteordnung den Bürgern als grundlegende Neuerung das Recht, aus ihren Reihen in Wahlen die Vertreter der Bürgerschaft selbst zu bestimmen. Die Bürger waren aufgefordert, selbst am politischen Leben ihrer Stadt teilzunehmen, Mitverantwortung zu tragen und aus ihren Reihen die Stadtverordneten und den Magistrat zu wählen, in deren Händen die Verwaltung der Kommune liegen sollte. Damit war allerdings, wie es Reinhart Koselleck formulierte, „das verfassungstechnische Prinzip der neuen Stadtordnung so modern wie den Bürgern ungewohnt.“[55]

Der Begriff der „Stadtgemeine“

Sämtliche Bürger der Stadt bilden die „Stadtgemeine“ oder „Bürgerschaft“.[56] Die Bürgerschaft wird in allen Angelegenheiten der Stadt durch Stadtverordnete vertreten. Die Stadtverordneten werden aus der Bürgerschaft gewählt.[57]

Einteilung der Städte

Nach der Einwohnerzahl unterscheidet die Städteordnung zwischen großen (mit mehr als 10 000 Einwohnern), mittleren (3 500 bis 10 000 Einwohner) und kleinen Städten (weniger als 3 500 Einwohner), wobei das Militär nicht mitzählte.[58] Jede Stadt mit mehr als 800 Einwohnern wird in Bezirke geteilt. In großen Städten darf ein Bezirk nicht mehr als 1 500 Einwohner und weniger als 1 000 Einwohner umfassen.[59] Jedem Bezirk ist ein Bezirksvorsteher vorgesetzt.[60]

Das Stadtgebiet

Zum städtischen „Gemeinebezirk“ (Stadtgebiet) gehören sämtliche Grundstücke der Stadt und der Vorstädte und alle Einwohner, welche im Stadtgebiet ihren Wohnsitz haben. „Gemeinebezirk“ und Einwohner unterliegen dem Stadtrecht, dessen Geltungsbereich somit räumlich und persönlich festgelegt ist.[61]

---

55 R. Koselleck, *Preußen zwischen Reform und Revolution* ..., S. 565.

56 StO § 46. Im folgenden werden nur die entsprechenden §§ ohne Seitenangaben der Städteordnung zitiert. Benutzt wurde die kommentierte Ausgabe der Städteordnung von August Krebsbach, abgekürzt: StO.

57 StO § 48.

58 StO §§ 9 und 10.

59 StO §§ 11 und 12.

60 StO § 13.

61 StO §§ 3 und 4.

Die Einwohner

Einwohner sind alle, die im „Gemeinebezirk" ihren Wohnsitz haben. Die Einwohner sind unterteilt in Bürger und Schutzverwandte.[62]

Bürger

Bürger der „Stadtgemeine" ist nur, wer das Bürgerrecht besitzt.[63] Das Bürgerrecht wird auf Antrag vom Magistrat jedem gewährt, der sich häuslich niedergelassen hat und unbescholten ist.[64] Wer in der Stadt ein Gewerbe betreiben und ein Grundstück besitzen will, muß das Bürgerrecht erwerben.[65] Der Inhaber des Bürgerrechts ist befugt, Gewerbe zu treiben und Grundstücke zu besitzen. Der stimmfähige Bürger hat das Recht an der Wahl von Stadtverordneten teilzunehmen, er ist zu öffentlichen Stadtämtern wählbar und kann dadurch an der städtischen Verwaltung teilnehmen.[66] Das Bürgerrecht verpflichtet dazu, „alle städtischen Lasten verhältnismäßig zu tragen,"[67] öffentliche Stadtämter[68] und andere persönliche Dienste zur Sicherheit der Stadt zu übernehmen.[69]

Schutzverwandte

Schutzverwandte sind Einwohner, die das Bürgerrecht nicht besitzen.[70] Sie sind ebenso wie die Bürger dem Stadtrecht unterworfen,[71] dürfen aber nur solche Gewerbe treiben, wozu das Bürgerrecht nach dem Ortsstatut nicht erforderlich ist.[72] Die Schutzverwandten sind verpflichtet, im Rahmen ihres Gewerbes und ihrer Vermögensverhältnisse, in einem angemessenen Verhältnis mit den Bürgern, städtische Lasten mitzutragen.[73]

Ehrenamtliche Tätigkeit

Jeder Bürger ist verpflichtet, öffentliche Stadtämter zu übernehmen und unentgeltlich zu verrichten.[74] Hiervon sind besonders die durch Wahl erlangten Ämter der Stadtverordneten, Stellvertreter und Magistratsmitglieder gemeint. Aber auch Bürger sind aufgefordert, spe-

---

62 StO § 5.

63 StO § 14.

64 StO §§ 17 und 24.

65 StO § 23.

66 StO § 15.

67 StO § 26.

68 StO § 27.

69 StO § 28.

70 StO § 40.

71 StO § 41.

72 StO § 42.

73 StO § 44.

74 StO § 191.

zielle Aufträge des Magistrats zu übernehmen.[75] Die Übernahme eines städtischen Amtes kann bei fortdauernder Krankheit, einer längeren Abwesenheit, bei einem Alter von über 60 Jahren oder bei starker Belastung durch drei andere öffentliche Ämter abgelehnt werden.[76] Beamte, Geistliche, Professoren, Lehrer und Ärzte sind nicht verpflichtet, eine ehrenamtliche Tätigkeit zu übernehmen, wenn die Ausübung ihres Berufes dadurch behindert wird.[77] Wer sich ohne Angabe von Gründen weigert, ein Ehrenamt anzunehmen, verliert das Stimmrecht zu den Stadtverordnetenwahlen und wird „verhältnismäßig stärker zu anderen Gemeinelasten" herangezogen.[78] Jedem kann ein öffentliches Stadtamt wieder entzogen werden, sobald er in Konkurs gerät, unter Kuratel gestellt wird oder wegen eines Verbrechens angeklagt ist.[79]

Die Stadtverordnetenversammlung

Die gewählten Stadtverordneten bilden die Stadtverordnetenversammlung. Die Zahl der Stadtverordneten richtet sich nach der Größe der Stadt und beträgt zwischen 24 und 102.[80] Neben den Stadtverordneten werden auch Stellvertreter gewählt, deren Zahl ein Drittel der Gesamtzahl der Stadtverordneten ausmacht.[81] Wenigstens zwei Drittel der zu wählenden Stadtverordneten und Stellvertreter müssen „mit Häusern in der Stadt angesessen sein."[82] Die Stadtverordneten und Stellvertreter werden auf drei Jahre gewählt. Im ersten Jahr der Städteordnung wird die Gesamtzahl der Stadtverordneten gewählt. In den folgenden Jahren wird jeweils nur ein Drittel neu gewählt, wobei in den beiden ersten Jahren nach Einführung der Städteordnung die ausscheidenden Stadtverordneten (in jedem Jahr ein Drittel) durch das Los bestimmt werden.[83]

Das aktive Wahlrecht

Das aktive Wahlrecht (Stimmfähigkeit) „steht zwar in der Regel jedem Bürger zu", soweit er jedoch keinen Grundbesitz in der Stadt hat nur, wenn er über ein bestimmtes Mindesteinkommen verfügt.[84] Der stimmfähige Bürger darf nur in dem Bezirk wählen, in dem er eingetragen ist.[85] Die Stimmfähigkeit ist in der vom Magistrat nach Bezirken getrennt zu führen-

---

75 StO § 194.

76 StO § 199.

77 StO § 200.

78 StO § 202.

79 StO § 207.

80 StO § 70.

81 StO § 71.

82 StO § 85.

83 StO § 86.

84 Sto §§ 74, 76, und 78; das Mindesteinkommen lag in Berlin bei 200 Talern.

85 StO § 84.

den Bürgerrolle zu vermerken.[86] Die Bürgerrolle ist hinsichtlich der Stimmfähigkeit jährlich vor der Wahl von der Stadtverordnetenversammlung zu prüfen. Sollte das Mindesteinkommen eines nichtansässigen Bürgers nicht mehr erreicht werden, so verliert dieser die Stimmfähigkeit.[87]

Zu dem Kreis der „nicht-wahlfähigen" Bürger gehören in erster Linie: Magistratsmitglieder (während der Dauer ihres Amtes),[88] „Bürger weiblichen Geschlechts"[89] und Personen, welchen als Strafe das Stimmrecht entzogen ist.[90] Ferner „jeder, der wegen eines Verbrechens zur Festung oder zum Zuchthause auf drei Jahre oder zu einer härteren Strafe verurtheilt ist und diese Strafe erlitten, oder noch zu erleiden hat."[91] „Auch im Konkurs befangene, wegen Verbrechen in Kriminaluntersuchung begriffene und unter Kuratel gesetzte Personen, sind bis zu Ende des Konkurses, der Untersuchung und der Kuratel, unfähig das Bürgerrecht zu gewinnen"[92] und somit nicht wahlfähig.

Das passive Wahlrecht

Passives Wahlrecht (Wählbarkeit) besitzt jeder stimmfähige Bürger. Er darf jedoch nur in dem Bezirk, in dem er verzeichnet ist, gewählt werden.[93]

2. Die Einführung der Städteordnung in Berlin

a) Magistrale Maßnahmen

Mit der Schaffung einer Einheitsgemeinde Berlin (1709) hatte der Landesherr die alten Stadtfreiheiten seiner Haupt- und Residenzstadt endgültig beseitigt, eine rechtliche Eigenständigkeit und eine städtische Selbstverwaltung existierten nicht mehr.[94] Die Kurmärkische Kriegs- und Domänenkammer war mit der Aufsicht über die Verwaltung der Stadt betraut

---

86 StO § 79.

87 StO § 80.

88 StO § 74.

89 *Ebda.*

90 *Ebda.*

91 StO § 20.

92 StO § 22.

93 StO § 84. Das passive Wahlrecht erhielt durch die Hausbesitzerklausel (zwei Drittel der Gewählten müssen Hausbesitzer sein) eine Beschränkung.

94 Über diesen Abschnitt im Überblick mit ausführlichen Literaturangaben: Felix Escher, *Die brandenburgisch-preußische Residenz und Hauptstadt Berlin im 17. und 18. Jahrhundert,* in: Wolfgang Ribbe (Hrsg.), *Geschichte Berlins. Von der Frühgeschichte bis zur Industrialisierung* (= Veröffentlichung der Historischen Kommission zu Berlin), Bd. 1, 2. Aufl., München 1988, S. 343–403, hier S. 370–376.

und kontrollierte den Magistrat, in dessen Händen die eigentliche Stadtverwaltung lag. Seit der Verkündung des „Rathäuslichen Reglements der Königlichen Residenz von Berlin“ im Jahre 1747 stand an der Spitze des Magistrats der Königliche Polizeidirektor mit dem Titel „Stadtpräsident“, der zugleich das Amt des Vorsitzenden der Kurmärkischen Kriegs- und Domänenkammer innehatte und als Beauftragter des Königs in der Stadt fungierte.[95] Durch diese Ämterkoppelung war die Stadtverwaltung vollständig in die Staatsverwaltung integriert. Der Magistrat als leitende Stadtbehörde – dem Einfluß der Bürger völlig entzogen – ergänzte sich durch Kooptation sowie stellenweise gestatteten Anwartschaften, die landesherrlicher Bestätigung bedurften. Für eine Mitwirkung der Bürgerschaft oder ihrer Vertreter bei der Wahl der Magistratsmitglieder läßt sich zumindest in den Reglements kein Nachweis erbringen.[96] Die früheren Interessenvertreter der Bürgerschaft, die Stadtverordneten, leisteten nach der Aussage Friedrich Nicolais nur noch bedeutungslose Dienste als ehrenamtliche Helfer des Magistrats: „die Verordnungen des Magistrats der Bürgerschaft bekannt zu machen, auf den öffentlichen Märkten gute Ordnung zu halten, bei gerichtlichen Haustaxen vom Zustand des Hauses Bericht zu geben, bei Feuersgefahr bei Besorgung der Sprützen zu assistieren usw. Aus ihnen werden einige gewählt, um bei der Serviskommission die Bürgerschaft zu repräsentieren; auch werden aus ihnen die Gerichtsschöppen gewählt.“[97] Diese spärlichen Kompetenzen der Bürgervertreter Berlins im ausgehenden 18. Jahrhundert sollten erst durch den politischen Druck der napoleonischen Ära wesentlich geändert und ausgeweitet werden.

Die Niederlage von 1806 hatte nicht nur für Preußen, insbesondere aber für seine Hauptstadt eine neue Epoche eingeleitet.[98] Nur wenige Tage nach dem Einzug Napoleons war es

---

95 Vgl. F. Escher, *Die brandenburgisch-preußische Residenz ...*, S. 375 f.; K. Schrader, *Verwaltung ...*, S. 74 ff.; P. Clauswitz, *Städteordnung ...*, S. 24 ff.; Berthold Schulze, *200 Jahre staatlicher Verwaltungsbezirk Berlin,* in: *Jahrbuch für brandenburgische Landesgeschichte* 3 (1952), S. 1–8, hier S. 1. – Text des „*Rathäuslichen Reglements der Königlichen Residenz von Berlin*“ abgedruckt bei Wilhelm Altmann, *Ausgewählte Urkunden zur brandenburgisch-preußischen Verfassungs- und Verwaltungsgeschichte,* Teil 1, 2. Aufl., Berlin 1914, S. 371 ff.

96 Vgl. G. Heinrich, *Staatsaufsicht ...*, S. 163; P. Clauswitz, *Städteordnung ...*, S. 24.

97 Friedrich Nicolai, *Beschreibung der Königlichen Residenzstädte Berlin und Potsdam,* Bd. 3, 3. Aufl., Berlin 1786, Neudruck Berlin 1968, S. 300; vgl. auch G. Heinrich, *Staatsaufsicht ...*, S. 164; K. Schrader, *Verwaltung ...*, S. 99.

98 Über diesen Abschnitt im Überblick mit ausführlichen Literaturangaben: Ilja Mieck, *Von der Reformzeit zur Revolution (1806–1847). Die Zeit der französischen Besetzung (1806–1808)*, in: Wolfgang Ribbe (Hrsg.), *Geschichte Berlins. Von der Frühgeschichte bis zur Industrialisierung* (= Veröffentlichung der Historischen Kommission zu Berlin), Bd. 1, 2. Aufl., München 1988, S. 422–444.
Die preußische Hauptstadt wurde sogleich im Oktober 1806 durch Napoleon aus dem Zuständigkeitsbereich der Kurmärkischen Kammer in polizeilichen, militärischen und kommunalen Angelegenheiten herausgelöst. Zur Situation orientiert: Magnus Friedrich von Bassewitz, *Die Kurmark Brandenburg im*

durch Eingriffe in die alte friderizianische Verwaltungsorganisation der Stadt zu tiefgreifenden politischen Veränderungen gekommen. Am 30. Oktober 1806 hatten auf kaiserlichen Befehl in der Petrikirche 2 000 der wohlhabendsten Bürger Berlins 60 Personen aus ihrer Mitte als den „großen Rat" zu wählen. Aus diesem Kreis, der ein zweites Mal nicht mehr zusammentrat, wurde gleich danach der siebenköpfige „engere Rat", das „Comité administratif" genannt, gewählt. Dieses Comité, das eine Vorstufe auf dem Weg zur späteren Selbstverwaltung darstellte, sollte bis zum Abzug der Franzosen die nominelle Stadtobrigkeit Berlins bleiben und den einzelnen Magistratsabteilungen (Büros) vorstehen. Da es seinen sieben Mitgliedern[99] an den notwendigen Erfahrungen in der Verwaltung fehlte, wurden die bisherigen Beamten des alten Magistrats in ihren Ämtern belassen; in ihren Händen lag die wirkliche Führung der Stadt. Aufgrund dieser napoleonischen Zwangsmaßnahme unterstand das Stadtgebiet und alle Einwohner ohne Unterschied nun zum ersten Mal einer Institution, deren Führungsspitze von der vermögenden Bürgerschicht gewählt worden war.[100] Die Wahl in der Petrikirche stellte für die damalige Bürgerschaft ein absolutes Novum dar, denn eine gesetzliche Teilnahme der Bürger oder gewählter Vertreter an den städtischen Angelegenheiten hatte es bis zum Jahre 1806 nicht mehr gegeben.[101] Bedeutend für die weitere verfassungsrechtliche Entwicklung ist auch, daß die Wähler sich aus den Kreisen der Bürger und Eximierten rekrutierten. Insofern waren durch diesen Eingriff in die alte friderizianische Ordnung die ständischen Schranken der überkommenen Gesellschaft aufgelockert und der erste Schritt zu einer Bürgerbeteiligung an der Stadtverwaltung getan.[102]

Zusammenhang mit den Schicksalen des Gesamtstaats Preußen während der Zeit vom 22. Oktober 1806 bis zu Ende des Jahres 1808, 2 Bde., Leipzig 1851–1852, hier Bd. 1, S. 178 f. und 278.

99 Der Buchhändler Delagarde, der Teppichfabrikant Hotho, die Maurermeister Zelter und Meyer sowie die Kaufleute Nitze, Wibeau und Béringuier. Eine Darstellung der Magistratsabteilungen (Büros) mit den nominellen Leitern aus dem Comité und den faktischen Leitern aus der Verwaltung befindet sich bei I. Mieck, *Reformzeit* ..., S. 425; vgl. auch Gerhard Kutzsch, *Der Staat und die Stadt Berlin. Skizzierung ihres Verhältnisses zueinander im 19. Jhdt.,* in: *Der Bär von Berlin* 17 (1968), S. 7–21, hier S. 9 f.

100 Über die möglichen Beweggründe, die Napoleon zu diesem Eingriff in die alte Stadtverfassung führten, orientieren: P. Clauswitz, *Städteordnung* ..., S. 43; M. F. von Bassewitz, *Kurmark* ..., S. 278 f.; B. Schulze, *200 Jahre* ..., S. 2. – Wahrscheinlich versprach er sich von einer neuen Stadtverwaltung einen gefügigen Unterhändler, der größere Bereitschaft zeigte, seine Ausbeutungspolitik zu unterstützen und die immense Kontribution aufzubringen. Diese Einschätzung gibt Herman Granier, *Die Franzosen in Berlin 1806–1808*, in: *Hohenzollern-Jahrbuch* 9 (1905), S. 1–43, hier S. 12.

101 Vgl. P. Clauswitz, *Städteordnung* ..., S. 10 f.; M. F. von Bassewitz, *Kurmark* ..., S. 278, nennt leider nicht das Wahlverfahren. Vermutlich stimmten die Beteiligten per Akklamation ab, da dieses Verfahren, im Gegensatz zur Ballotage oder zur Wahl durch Stimmzettel, ohne Vorbereitungen leicht durchzuführen ist.

102 Vgl. R. Dietrich, *Verfassung und Verwaltung* ..., S. 213.

Noch stärker änderten sich jedoch bald die politischen und gesellschaftlichen Verhältnisse in der Stadt durch die in Königsberg verkündete Städteordnung. Die Einführung dieser mit ihrem vollen Titel genannten „*Ordnung für sämtliche Städte der Preußischen Monarchie mit dazugehöriger Instruktion, Behuf der Geschäftsführung der Stadtverordneten bei ihren ordnungsmäßigen Versammlungen*" stieß in der Hauptstadt Berlin auf erheblichen Widerstand und war mit organisatorischen Schwierigkeiten verbunden.[103] Nach ihrer Inkraftsetzung am 19. November 1808 wurde in der ersten Dezemberhälfte des Jahres 1808 der Text in dreimaliger Folge als Zeitungsbeilage abgedruckt.[104] Zugleich gaben die Behörden in den Zeitungen bekannt, „daß im Königreich Preußen mit der angeordneten neuen Einrichtung sogleich in den großen Städten der Anfang gemacht, und in den übrigen Städten fortgefahren werden wird. Solange bis diese neue Einrichtung wirklich erfolgt ist, bleibt es jedoch bei der jetzigen Verwaltungs-Art."[105] Wie sehr die Not den damaligen Alltag bestimmte, zeigt die Art ihrer Publikation: um Druckkosten zu sparen, erhielten im Januar 1809 die Domänenkammern als Aufsichtsbehörden der Magistrate den Gesamttext in Heften, die aus den Zeitungsbeilagen zusammengefügt waren. Die Kurmärkische Kammer[106] ordnete die Einführung der Städteordnung für Berlin am 26. Januar an.[107] Die Verwaltungsorgane erhielten zwei Exemplare der

103 Die Städteordnung war bereits in Elbing eingeführt worden; hier hatten die Wahlen der Stadtverordneten am 18. 12. 1808 stattgefunden. In Königsberg wählten die Bürger am 1. 2. 1809 erstmals nach der neuen Ordnung eine Stadtverordnetenversammlung. Somit wurde Berlin die dritte Stadt in Preußen, in der das Gesetz zur Einführung kam. Innerhalb eines Zeitraums von zwei Jahren folgten die meisten brandenburgischen Städte mit der Einführung.

104 Der Text der Städteordnung wurde in der *Spenerschen Zeitung* abgedruckt. Die §§ 1–68 erschienen in der „*Außerordentlichen Beilage zum 146sten Stück der Königl. priviligierten Zeitung*" vom 6. Dezember 1808. Die §§ 69–139 in der „*Außerordentlichen Beilage zum 147sten Stück*" vom 8. 12. 1808. Die §§ 140–208 in der „*Außerordentlichen Beilage zum 149sten Stück*" vom 13.12.1808. Ein Exemplar der obengenannten Ausgabe vom 8. 12. 1808 befindet sich in: BLHA, Pr. Br. Rep. 30 Berlin A, Polizeidirektorium Berlin, Nr. 69, fol. 1 ff. Der Text der Städteordnung wurde jedoch auch in billigen Einzeldrucken veröffentlicht. – P. Clauswitz, *Städteordnung* ..., S. 95, datiert fälschlicherweise die Veröffentlichung der Städteordnung auf den Januar.

105 „*Publikandum auf Sr. Königl. Majestät allergnädigsten Spezial-Befehl*", Königsberg, den 28. November 1808, gez. v. Schrötter. Veröffentlicht in: *Spenersche Zeitung* Nr. 149 vom 13. 12. 1808.

106 Nach dem Abzug der französischen Truppen aus Berlin am 3. Dezember 1808 wurde die Berliner Stadtverwaltung wieder der Kurmärkischen Kriegs- und Domänenkammer unterstellt. Der Bezirk für die Kurmark umfaßte zugleich die Neumark, Pommern und den westlichen Teil, der bis zur Elbe gehörte. Zum Oberpräsidenten der Kurmark wurde Johann August Sack ernannt.

107 Geheimes Staatsarchiv Preußischer Kulturbesitz (künftig: GStA PK), Rep. 83, C, VI, Nr. 1007, *Verfügung der Kurmärkischen Kammer an den Magistrat vom 26. 1. 1809*, fol. 12 ff. – Das Comité administratif blieb auch nach dem Abzug der Besatzungsmacht am Ende des Jahres 1808 die leitende städtische Behörde; (nannte sich aber seit dem 5. 3. 1809 „Stadtverwaltungsbehörde"). Die Kammer hätte daher eigentlich ihre *Verfügung* an das noch bestehende Comité richten müssen. Da aber die

Städteordnung; die Einführung sollte bis zum 1. April völlig abgeschlossen sein. Weiter wurde in dieser Verfügung mitgeteilt, daß Berlin nach § 10 der Städteordnung zur „ersten Klasse der Städte“ gehöre. Die „zweckmäßige Einteilung der Stadt in Bezirke“ sei vorzunehmen, die „Gewinnung des Bürgerrechts“ durchzuführen. Die Verfügung enthielt die Anweisung, Bürgerrollen anzufertigen, die Stadtverordnetenzahl und deren Verteilung auf die einzelnen Wahlbezirke zu bestimmen und schließlich die Wahlen der Stadtverordneten durchzuführen.

Das Ministerium des Innern bestimmte, daß für die Stadt Berlin die Einführung der Städteordnung durch eine besondere Kommission unter dem Oberpräsidenten der Kurmark, Johann August Sack, vorzunehmen sei.[108] Die eigentliche Hauptaufgabe der Einführung vor Ort wurde jedoch Kammerdirektor Justus Gruner übertragen, der bei Kriegsbeginn Direktor der Posener und zuletzt auch der Pommerschen Kammer gewesen war und somit als erfahrener Verwaltungsbeamter gelten konnte.[109] Gruner, nunmehr „Königlicher Kommissar für die Einführung der Städteordnung“, erhielt zu seiner Unterstützung und Hilfe den Kammergerichtsrat A. F. Eichhorn, den Kriegsrat Schulz und den Syndikus J. G. F. Koels.[110]

Inzwischen hatte sich der Magistrat am 6. Februar in einer Sitzung mit den Vorbereitungen zur Einführung der Städteordnung beschäftigt. Es ergaben sich Schwierigkeiten aus einigen unklaren Bestimmungen des Gesetzes, und verschiedene Bedenken veranlaßten den Magistrat, die ganze Angelegenheit überhaupt in Frage zu stellen. Es galt, für die bevorstehenden Wahlen der Stadtverordneten die stimmberechtigten Bürger zu ermitteln und die Einteilung der Stadt in 102 Wahlbezirke vorzunehmen. Der Magistrat sah sich hier vor eine große und komplizierte Aufgabe gestellt. Die größte Schwierigkeit lag darin, die beiden Be-

---

Städteordnung dem Magistrat die vorbereitenden Aufgaben zuwies, wurden die Verfügungen zur Einführung des Gesetzes an den Magistrat gerichtet. Siehe P. Clauswitz, *Städteordnung* ..., S. 96 f.
Zur Einführung der Städteordnung: Ernst Fidicin, *Historisch-diplomatische Beiträge zur Geschichte Berlins,* Berlin 1842, 5. Teil, S. 160; P. Clauswitz, *Städteordnung* ..., S. 95 ff; Berthold Schulze, *Die Einführung der Städteordnung in Berlin und der Mark 1808–1809,* in: *Jahrbuch für brandenburgische Landesgeschichte* 10 (1959), S. 11 ff; K. Schrader, *Verwaltung Berlins* ..., S. 15 ff.; R. Dietrich, *Verfassung und Verwaltung* ..., S. 214 f.

108 Die Berichte J. A. Sacks geben einen anschaulichen Überblick über diesen Zeitabschnitt. Sie wurden veröffentlicht in der Quellenedition von Herman Granier (Hrsg.), *Berichte aus der Berliner Franzosenzeit 1807–1809. Nach den Akten des Berliner Geheimen Staatsarchivs und des Pariser Kriegsarchivs.* (= Publikationen aus den Preußischen Staatsarchiven, Bd. 88), Leipzig 1913. Hierin befindet sich auch eine knappe Schilderung von Sacks erfolgreicher Amtslaufbahn, Vorwort.

109 Siehe zu Gruner: W. Hubatsch, *Die Stein-Hardenbergschen Reformen* ..., S. 110; Kurt Zeisler, *Justus von Gruner. Eine biographische Skizze,* in: *Berlin in Geschichte und Gegenwart. Jahrbuch des Landesarchivs* 13 (1994), S. 81–105, hier S. 84.

110 GStA PK, Rep. 77, Tit. 227 A, Nr. 6, Bd. 1, *Anordnung des Staatsministers Graf Dohna an Sack vom 2. 2. 1809,* (Konzept), fol. 1 ff.; die Ausfertigung dieses Schreibens befindet sich in: GStA PK, Rep. 83, C, VI, Nr. 1007, fol. 1 ff. – Vgl. P. Clauswitz, *Städteordnung* ..., S. 97.

völkerungsgruppen zu ermitteln, die das Bürgerrecht erwerben mußten, nämlich: Hauseigentümer und Gewerbetreibende.[111] Die Städteordnung erlegte diesem Personenkreis als Pflicht auf, Bürger zu werden.[112] Zur Erfassung aller Hauseigentümer und Gewerbetreibenden fehlten dem Magistrat die nötigen Unterlagen, da während der Besetzung der Stadt keinerlei Erhebungen über die Bevölkerung angestellt worden waren. Mit der Auflistung der Bürgerrollen hatte der Magistrat den Stadtsekretär Chr. G. Raspe beauftragt, ihm zur Seite gestellt waren „die Herren Policey Commissarien und die Herren Stadtverordneten."[113]

Zu den bevorstehenden Wahlen legte die Städteordnung ausdrücklich fest: „Die Wahl der Stadtverordneten nach Ordnungen, Zünften und Korporationen in den Bürgerschaften, wird dagegen hierdurch völlig aufgehoben. Es nehmen an den Wahlen alle stimmfähigen Bürger Antheil und es wirkt jeder lediglich als Mitglied der Stadtgemeine ohne alle Beziehung auf Zünfte, Stand, Korporation und Sekte."[114] Diese Regelung, auf Vorschlag Freys in die Städteordnung aufgenommen, brachte den Bürgern das Recht, in eigener Verantwortung, frei zu wählen. Die Ausübung des aktiven Wahlrechts hingegen war an eine materielle Voraussetzung gebunden: Hauseigentum oder – für „unangesessene Bürger" – ein Jahreseinkommen von mindestens 200 Talern.[115] So mußte nun bei den „unangesessenen Bürgern", d.h. den nicht mit einem eigenen Haus ansässigen Bürgern, geprüft werden, ob sie über das vorge-

---

111 StO § 15: „Das Bürgerrecht besteht in der Befugniß, städtische Gewerbe zu treiben und Grundstücke im städtischen Polizeibezirk zu besitzen. – Wenn der Bürger stimmfähig ist, erhält er zugleich das Recht, an der Wahl der Stadtverordneten Theil zu nehmen, zu öffentlichen Stadtämtern wahlfähig zu sein, und in deren Besitze die damit verbundenen Theilnahme an der öffentlichen Verwaltung, nebst Ehrenrechten zu genießen." – Eine weitere Ausführung dazu gibt folgende Deklaration der Städteordnung: „Die den Eigenthümern im städtischen Gemeine-Bezirk aufgelegte Verpflichtung zur Gewinnung des Bürgerrechts kann nur gegen die Eigenthümer bewohnter Grundstücke, nicht aber gegen die Eigenthümer der nicht mit Wohnhäusern bebauten Parzellen in Anspruch genommen werden. Gewerbetreibende, welche nur vorübergehend in der Stadt Geschäfte treiben, ohne in derselben ihren Wohnsitz, im rechtlichen Sinne, zu nehmen, können nicht zur Gewinnung des Bürgerrechts angehalten werden."

112 StO § 23: „Wer bis jetzt zum Bürgerthum gehörige städtische Gewerbe betrieben, oder Grundstücke in einer Stadt erworben haben sollte, ohne das Bürgerrecht besessen zu haben, muß letzteres sogleich nach Publikation dieser Ordnung nachsuchen und erlangen, oder beziehungsweise das betriebene städtische Gewerbe niederlegen und das erworbene Grundstück veräußern."

113 Landesarchiv Berlin (künftig: LAB), Rep. O1-02, Generalbüro, Nr. 2569, Bürgerrollen zu den Stadtverordnetenwahlen, Bd. 1, 1809–1843, *Schreiben des Stadtsekretärs Raspe an den Magistrat vom 7. 2. 1809,* fol. 1. – Das Institut der vereidigten „Stadtverordneten" existierte zwar noch in den friderizianischen Stadtverfassungen; diese Bürgervertreter wurden jedoch im unter stärkster Staatsaufsicht stehenden Berlin nur noch zu untergeordneten Hilfsdiensten herangezogen. Vgl. dazu G. Heinrich, *Staatsaufsicht* ..., S. 164.

114 StO § 73.

115 StO § 74.

schriebene Mindesteinkommen verfügten und somit wählen durften. Deshalb bat Stadtsekretär Raspe den Magistrat um nähere Erläuterung des Begriffes „Einkommen". Bedeute es „überhaupt eine Einnahme von 200 Rthl. oder eine Einnahme von 200 Rthl. nach Abzug der baaren Auslagen für Materialien, Diener, Gesellen Lohn etc., so daß diese 200 Rthl. reiner Ertrag zum Unterhalte des Bürgers und seiner Familie übrigbleiben verstanden werden soll."[116] Raspe rechnete auch mit Schwierigkeiten bei der Gruppe der vormaligen Bürger, da diese ihre Bürgerbriefe nicht mehr besäßen. Nach seiner Ansicht würden sie auch nicht in der Lage sein, das Datum, an dem sie das Bürgerrecht erlangt hatten, anzugeben.[117] Obgleich der relativ geringe Zensus[118] nunmehr auch dem gewerbetreibenden Kleinbürgertum das Wahlrecht bescherte, schloß die Städteordnung das Heer der Schutzverwandten, darunter vor allem die Schicht der Bildungsbürger, vom Wahlakt und von politischer Teilhabe ganz aus. Mit dieser Regelung war die Städteordnung von den demokratischen Grundsätzen des 20. Jahrhunderts noch weit entfernt, da nur ein Bruchteil der Einwohnerschaft über das Stimmrecht zu den Wahlen verfügte. Dieser politischen Privilegierung der Besitzbürger lag die Vorstellung zugrunde, „daß nur wirklich Ortsansässige mit dem Gemeinwesen so vertraut, mit ihrer eigenen Existenz und ihren Interessen ihm so verbunden sind, daß von ihnen das Maß an Mitarbeit und Aufopferung zu erwarten ist, ohne welche keinerlei ‚Selbstverantwortung' bestehen kann."[119]

Entsprechend den patriarchalischen Anschauungen der Zeit waren Frauen, die das Bürgerrecht besaßen[120], jedoch nicht „wahlfähig". Dieser Regelung lag die Vorstellung zugrunde, daß unverheiratete Frauen unter der elterlichen Obhut und Vormundschaft standen, die verheirateten aber unter der des Mannes. Das Wahlrecht für Frauen war zu diesem Zeitpunkt in

---

116 LAB, Rep. O1-02, Generalbüro, Nr. 2569, *Schreiben des Stadtsekretärs Raspe an den Magistrat vom 7. 2. 1809,* fol. 1.

117 Da sich hierüber in den Akten kein schriftliche Stellungnahme des Magistrats befindet, kann angenommen werden, daß darüber mündlich verhandelt wurde. Die Städteordnung § 76 legte fest: „In der Regel genügt die Wissenschaft der prüfenden Stadtverordneten, daß der Bürger das geordnete reine Einkommen wirklich besitze."

118 Der Zensus war für die damaligen Lebensverhältnisse nicht hoch bemessen. Um 1800 lag der Durchschnittsverdienst eines vollbeschäftigten Webers bei weniger als zwei Rtlr.; der Mindestfinanzbedarf für eine vierköpfige Arbeiterfamilie betrug etwa vier Rtlr. 1 Gr. 1 1/2 Pf. Diese Angaben in: Ilja Mieck, *Reformzeit ...*, S. 419. – Ein Jahreseinkommen von 200 Talern reichte in den zwanziger Jahren für den Unterhalt einer Tagelöhnerfamilie, vgl. Ernst v. Meier, *Reform der Verwaltungsorganisation unter Stein und Hardenberg,* 2. Aufl., München – Leipzig 1912, S. 288.

119 K. von Raumer, *Deutschland um 1800 ...*, S. 408.

120 StO § 74. Es sollte sich später zeigen, daß Frauen in der Regel das Bürgerrecht selten erwarben. Nur wenn sie über Hausbesitz verfügten oder zu den Gewerbetreibenden gehörten, z.B. durch Witwenschaft, waren auch sie verpflichtet, das Bürgerrecht zu erwerben.

Preußen noch nicht gefordert. Weder in der allgemeinen Diskussion noch in der zeitgenössischen Literatur ließ sich eine Forderung nach einem Wahlrecht für Frauen ermitteln.[121]

Da die Städteordnung ausdrücklich bestimmte, daß „Stand, Geburt, Religion und überhaupt persönliche Verhältnisse"[122] bei der Gewinnung des Bürgerrechts keine Rolle mehr spielen, konnte jetzt der Kreis der Eximierten und Juden diesen Status erreichen. Das Innenministerium hatte bezüglich der Juden folgende Verfügung verfaßt: „Schutzjuden sind eben so gut, als andere Bewohner der Städte, zur Erlangung des Bürgerrechts berechtigt, und unter den im 23 §. der Städteordnung aufgestellten Bedingungen sogar dazu verpflichtet, indem das Gesetz hier nicht auf die staatsbürgerlichen, sondern lediglich auf die Kommunalverhältnisse der städtischen Bewohner Rücksicht nimmt. – Sie nehmen indeß, nach Erlangung des Bürgerrechts, an den Rechten und Befugnissen der Bürger nur soweit Antheil, als solches die Beschränknisse ihres staatsbürgerlichen Verhältnisses gestatten; d.h. diese werden in keinem Falle durch das Bürgerrecht einer Stadt aufgehoben oder modificirt. – Den Bürgereid müssen sie in ihren Synagogen unter der Beobachtung der gewöhnlichen Förmlichkeiten ihrer Religion ableisten."[123]

---

121 Erstmals haben Frauen in der Revolution von 1848 die Forderung erhoben, ihre eigenen Vertreterinnen zu den verfassunggebenden Versammlungen entsenden zu dürfen. Dieser Anspruch fand jedoch nur wenig Anklang bei den männlichen Revolutionären gefunden. Zum Teil wurden sie nicht einmal als Zuschauerinnen in den revolutionären Clubs geduldet. Ihre eigenen Vereine, die sie daraufhin gründeten, wurden nach dem Scheitern der Revolution von 1848 verboten. Erst am 30. November 1918 wurde ein neues Wahlgesetz in Kraft gesetzt. Wahlberechtigt waren danach alle Frauen und Männer ab zwanzig Jahren.

122 StO § 19: „Auch hergebrachte Vorzüge der Bürgerkinder und besondere Arten von Verpflichtungen der Unverheiratheten etc. hören völlig auf, Kantonnisten, Soldaten, Minderjährigen und Juden kann das Bürgerrecht aber nur unter den vorschriftsmäßigen Bedingungen zugestanden werden." – Jeder bekam die Möglichkeit, auf Antrag und bei Zahlung einer Gebühr das Bürgerrecht vom Magistrat zu erwerben, sofern er sich häuslich niedergelassen hatte und unbescholten war. Doch die beträchtliche Höhe dieser Gebühr, sie betrug 1809 schon zehn Taler (vgl. M. F. v. Bassewitz, *Kurmark* ..., S. 211) und stieg bis zum Jahre 1848 auf 30 Taler, sowie die Tatsache, daß das Bürgerrecht kaum einen Vorteil bot, hielten die Schutzverwandten in den folgenden Jahren von der Inanspruchnahme ihres Rechts ab. Es sollte sich zeigen, daß die bloße Berechtigung – ohne die ausdrückliche Verpflichtung dazu – offensichtlich nicht ausreichte. P. Clauswitz, *Städteordnung* ..., S. 197, kam nach Durchsicht der Bürgerrollen zu dem Ergebnis, „daß nur solche Einwohner Bürger wurden ..., die städtische Gewerbe betreiben oder Grundstücke in der Stadt erwerben wollten. Das Recht, an den städtischen Wahlen teilzunehmen und städtische Ämter zu bekleiden, bildete offenbar nicht den Beweggrund dazu. Das Bürgerrecht war also nicht zu der Schätzung gelangt, die der Gesetzgeber erstrebt hatte."

123 *Reskript des Ministeriums des Innern vom 27. 2. 1809.* Abgedruckt in: Ludwig von Rönne, *Die preußischen Städteordnungen vom 19. November 1808 und vom 17. März 1831 mit ihren Ergänzungen und Erläuterungen durch Gesetzgebung und Wissenschaft,* Breslau 1840, S. 52.

Es gab noch eine Reihe von ungeklärten Punkten in der neuen Kommunalordnung bezüglich der bisher von den königlichen Behörden und der Polizei verwalteten Angelegenheiten der Stadt. Darüber hinaus hatten sich überhaupt generelle Bedenken über die Nützlichkeit der Städteordnung entwickelt. Zu sehr fürchtete der Magistrat, daß aus der Übernahme neuer Zuständigkeiten[124] größere finanzielle Lasten entstehen könnten. Die Städteordnung war in Königsberg im engen Umfeld der Staatsbehörden unter der Federführung des Ministers vom Stein zustandegekommen, und beim Berliner Magistrat wußte niemand, welche leitenden Gedanken und Absichten mit der Realisation des Gesetzes verbunden waren. Man konnte sich wegen des Grundgedankens nur auf die Worte der Einleitung beziehen, die von dem Bedürfnis einer Teilnahme der Bürgerschaft an der Verwaltung ausging, mit dem Ziel, „den Gemeinsinn zu erregen.“[125] So wurde die vorgesehene Reform „von den meisten ohne Teilnahme, von vielen mit Mißtrauen, von manchen sogar mit Widerwillen aufgenommen“, wie sich Gustav Parthey später erinnerte.[126]

Am 11. Februar wurde in der *Vossische(n) Zeitung* ein Aufsatz mit dem Titel *„Aus welchem Gesichtspunkte muß die neue Städteordnung betrachtet werden?“* verbreitet, um die allgemeine Skepsis der Bürgerschaft gegenüber der Städteordnung zu verringern. Sack hatte den Aufsatz als eine „besondere Beylage“ auf Veranlassung des Ministers des Innern veröffentlicht und wahrscheinlich auch selbst verfaßt.[127] Zu den Bedenken gegenüber der neuen Kommunalordnung hatte Sack kurz vorher noch folgendes Urteil gegeben: „Auf die Veränderungen in der Verfassung ist das Publicum, so wie auf die dadurch nothwendig gewordenen Einrichtungen, sehr gespannt. Vorzüglich beschäftigt die Einführung der Städte-Ordnung die allgemeine Aufmerksamkeit. Das Publikum glaubte noch vor Kurzem allgemein, daß dieses Gesetz suspendirt werden würde, und auch jetzt scheint dies die Ueberzeugumg einiger zu seyn, die sich in diese Verfassung nicht heineinzudenken vermögen, oft auch das Neue im Allgemeinen nicht lieben, weil es neu, das Alte aber deshalb schätzen, weil es alt ist.“[128]

---

124 Die Städteordnung, wie es § 179 als Aufgabenbereiche für die Deputationen und Kommissionen festlegt, verpflichtete die Stadt zur Übernahme neuer Zuständigkeiten: Kirchliche Angelegenheiten, Schulsachen, Armenwesen, Feuersozietätsangelegenheiten, Sicherungsanstalten, Anstalten der Sanitätspolizei, Baudeputation, Kuratel über Kämmereikassen, Ajustieramt der Maße und Gewichte, Beleuchtung, Gefängnisse u. ä., Serviswesen. Der Servisbereich, das Einquartierungswesen, fielen erst seit 1817 in die Zuständigkeit der städtischen Selbstverwaltung. Gerichtsbarkeit und Polizeiwesen wurden zwar vom Staat übernommen, die Kosten mußten allerdings von der Stadt aufgebracht werden.

125 A. Krebsbach, *Städteordnung* ..., Einleitung, S. 49.

126 Gustav Parthey, *Jugenderinnerungen,* neu hrsg. von Ernst Friedel, Bd. 1, Berlin 1907, S. 81.

127 Vgl. dazu: P. Clauswitz, *Städteordnung* ..., S. 100 f; Adolph Streckfuß, *Berlin im neunzehnten Jahrhundert,* Bd. 1, Berlin 1867, S. 97 ff.

128 *Immediat-Zeitungs-Bericht des Oberpräsidenten Sack vom 9. 2. 1809.* Abgedruckt in: H. Granier, *Berichte* ..., Nr. 156, S. 350.

Der Magistrat richtete am 16. Februar an Oberpräsident Sack ein „*Promemoria*“, in dem er seine Bedenken mitteilte.[129] In dieser Eingabe betonte der Magistrat, daß der „Gemeinsinn“ und das Interesse der Bürger ebenso durch eine Modifikation der alten Verfassung erlangt werden könne. Große Unklarheit herrschte über den Erwerb des Bürgerrechts und die Stellung der Eximierten. Besonders wurde bemängelt, daß durch die bevorstehenden Wahlen ungeeignete Personen Stadtverordnete werden könnten, da sich Bürger mit geringerer Bildung zu leicht beeinflussen ließen. Auch wurde in Frage gestellt, ob die Mehrzahl der Stadtverordneten in der Lage wäre, die richtigen Männer für den Magistrat zu wählen. Man wollte jedenfalls nicht auf die Mitarbeit der jetzigen Mitglieder des Magistrats verzichten, die sich während der Zeit des Comité durch ihre zuverlässige Arbeit ausgezeichnet hatten. Ohne sie hätte das Comité nicht arbeiten können, und es wäre nicht imstande gewesen, die Berliner Stadtverwaltung allein zu führen. Ferner wurde der Zwang zur Annahme eines unbesoldeten Amtes kritisiert, welches dazu beitrage, daß Gewerbetreibende ihr Geschäft vernachlässigen müßten. Zum Schluß führte der Magistrat noch als Haupteinwand die anstehenden Ausgaben und Kosten an, die früher der Fiskus getragen hatte und die nun die Stadt übernehmen sollte.

Aus den Einwänden des alten Magistrats „sprach der Hochmut und die Verärgerung der bisher allein führenden Schicht, die die erzieherische Absicht des Gesetzgebers nicht sehen wollte.“[130] Außerdem bedienten sich die Räte dieser Verzögerungstaktik aus Furcht, ihre Ämter zu verlieren. Oberpräsident Sack berichtete über die allgemeine Lage und versuchte Erklärungen für die Handlungsweise der Betroffenen zu finden: „In den Städten belebt die Reform die Gemüther; der Bürger erwartet von der neuen Verfassung viel und mehr Gutes als es der Stand der Eximierten thut, und daher greift er mit Ungeduld nach der Veränderung, während die Magistrate seufzen, daß sie meist um ihr Ansehen und ihren Posten kommen sollen.“[131]

---

129 GStA PK, Rep. 77, Tit. 227 A, Nr. 6, Bd. 1. Hierin befindet sich eine Abschrift des „*Promemoria(s)*“, außerdem der *Bericht J. A. Sacks an das Ministerium des Innern vom 7. 3. 1809,* fol. 4 ff.; GStA PK, Rep. 83, C, VI, Nr. 1007. Hierin befindet sich das Konzept dazu und eine bezügliche Mitteilung an Gruner und Koels, fol. 14 ff. Vgl. dazu: P. Clauswitz, *Städteordnung* ..., S. 101 ff; B. Schulze, *Die Einführung der Städteordnung* ..., S. 13; Konrad Kettig, *Berlin im 19. und 20. Jahrhundert (1806 bis 1945),* Köln 1962, S. 357.

Auch in Königsberg hatte sich die Bürgerschaft zuvor mittels einer Eingabe gegen die Einführung der Städteordnung zur Wehr gesetzt; sie hielt aber an ihrer dem König am 15. 7. 1808 (also dem ersten Brandschen Entwurf) eingereichten Vorlage und deren Vorschläge fest. Die Bürgerschaft forderte die Beibehaltung der Wahl nach Ständen und schlug die Erhöhung der Einkommensgrenze für die Stimmberechtigung auf 500 Reichstaler vor. Minister Graf Dohna erteilte der Königsberger Bürgerschaft am 29. 12. 1808 einen negativen Bescheid und gab die Anweisung, unverzüglich mit der Einführung der Städteordnung zu beginnen. Vgl. G. Nicolaus, *Die Einführung* ..., (Anm. 67), S. 44 f.

130 B. Schulze, *Die Einführung der Städteordnung* ..., S. 13.

131 *Immediat-Zeitungs-Bericht des Ober-Präsidenten Sack vom 21. 2. 1809.* Abgedruckt in: H. Granier, *Berichte* ..., Nr. 159, S. 362.

Am 14. März hatte es zwischen Gruner und dem Magistrat wegen der aufgestellten Bedenken eine Besprechung gegeben.[132] Gruner schob alle vorgebrachten Einwände rigoros beiseite und verfügte die umgehende Ausführung der erforderlichen Maßnahmen gemäß den Bestimmungen der Städteordnung. Die Unklarheiten wegen der Eximierten behob er durch die Aufforderung, das Bürgerrecht zu erwerben. Besonders diese Gruppe fürchtete, durch den neuen Status ihre früheren Sonderrechte zu verlieren und verzögerte die Einführung des Gesetzes. Da der Magistrat noch nichts unternommen hatte, die Eximierten zur Einholung des Bürgerrechts aufzufordern und sie in die Bürgerrollen einzutragen, mußte Gruner den Wahltermin auf den 20. April verschieben.

Bestehende Unsicherheiten in Bezug auf die Wählbarkeit der Juden wurden durch das Reskript des Innenministeriums vom 14. März behoben: „Es ist ganz unbedenklich, daß jüdische Bürger Stadtverordnete und selbst Magistratsmitglieder werden können. Jedoch, so lange noch die Juden, besonders in den kleinen Städten, rücksichtlich ihrer Bildung[133] usw. in der Unvollkommenheit bleiben, worin sie sich mit wenigen Ausnahmen jetzt befinden, ist mit Vorsicht und Schonung dahin zu wirken, daß sie weder in den Stadtverordnetenversammlungen, noch in den städtischen Verwaltungsbehörden, der Anzahl nach, irgendwo die Mehrheit ausmachen. Die unangemessene Protestation christlicher Bürger gegen deren Aufnahme, habt Ihr unter Anführung des Beispiels zurückzuweisen, daß bereits bei der Königsberger Magistratur, auf die Wahl der Stadtverordneten, ein jüdischer Kaufmann[134] als unbesoldeter Stadtrath angestellt worden.“[135]

Am 16. März gab der Magistrat eine Aufforderung in den Zeitungen bekannt. Grundstückbesitzer und Gewerbetreibende wurden darin angewiesen, das Bürgerrecht nach § 23 der Städteordnung bis spätestens zum 10. April zu erwerben, „widrigenfalls sie zu gewärtigen haben, daß ihnen beziehungsweise das betriebene städtische Gewerbe gelegt, und sie angehalten werden sollen, das erworbene Grundstück zu veräußern.“[136]

---

132 GStA PK, Rep. 77, Tit. 227 A, Nr. 6, Bd. 1, *Bericht Justus Gruners an das Ministerium des Innern vom 15. 3. 1809,* fol. 9 ff.; GStA PK, Rep. 83, C, VI, Nr. 1007, *Bericht Gruners an den Oberpräsidenten Sack vom 15. 3. 1809,* fol. 17 ff.; vgl. dazu auch: P. Clauswitz, *Städteordnung* ..., S. 102.

133 Dieses Argument ist mit Sicherheit vorgeschoben. Die Juden besuchten genauso wie die übrigen Bewohner die städtischen Bildungseinrichtungen und verfügten außerdem über eigene Schulen, sogenannte Freischulen. Innerhalb der Jüdischen Gemeinde mit breiter Mittel- und Unterschicht und schmaler Oberschicht ergab sich, wie in der übrigen Gesellschaft auch, ein unterschiedliches Bildungsniveau.

134 Bei der ersten Wahl nach der neuen Städteordnung in Königsberg hatte in seinem Wahlbezirk Samuel Wulff Friedländer die Majorität der Stimmen erhalten. Sein Neffe, David Friedländer (1750–1834), sollte wenig später zum ersten jüdischen Stadtrat von Berlin gewählt werden; er amtierte von 1809 bis 1814.

135 *Reskript rücksichtlich der Wählbarkeit der Juden vom 14. 3. 1809,* abgedruckt in: L. v. Rönne, *Die preußischen Städteordnungen* ..., S. 135.

136 Aufruf in: *Vossische Zeitung* vom 16. 3. 1809.

Die Maßnahmen des Oberpräsidenten Sack wurden vom Ministerium des Innern gebilligt und unterstützt. Das Ministerium betonte besonders die Stellung Berlins, die für die anderen Städte ein gutes Beispiel geben sollte, jedoch durch die zögernde Haltung des Magistrats ein schlechtes Vorbild darstelle.[137]

Für die Stadtverordnetenwahlen mußten erst Wahlbezirke geschaffen werden; die Zahl der zu wählenden Stadtverordneten richtete sich nach der Einwohnerzahl der Stadt. Für Berlin galt die höchste in der Städteordnung vorgesehene Zahl von 102 Stadtverordneten. Am 29. März war die Einteilung der Stadt in 102 Wahlbezirke abgeschlossen. Bei der Erstellung dieser 102 Bezirke hatte der Magistrat sich an den bestehenden 25 Polizeirevieren der Stadt ausgerichtet.[138] In jedem Wahlbezirk sollte ein Stadtverordneter und in 34 Wahlbezirken zusätzlich noch ein Stellvertreter gewählt werden.

Wesentlich länger und komplizierter gestaltete sich die Aufstellung der Bürgerrollen. Vom 6. bis 16. April erwarben 277 Juden das Bürgerrecht.[139] Selbst königliche Prinzen, sofern sie über Hausbesitz in der Stadt verfügten oder ein Gewerbe betrieben hätten, waren nunmehr aufgefordert, Bürger zu werden. Diese Bestimmung betraf den jüngsten und einzigen noch

---

137 GStA PK, Rep. 77, Tit. 227 A, Nr. 6, Bd. 1. *Erlaß des Ministeriums des Innern an Oberpräsident Sack vom 17. 3. 1809* (Konzept), fol. 7 ff.; GStA PK, Rep. 83, C, VI, Nr. 1007, Ausfertigung zu obigem *Erlaß*, fol. 21 ff.

138 Die Polizeireviere mit den Namen des jeweiligen „Polizey-Commissarius" wurden veröffentlicht in: *Berliner Intelligenzblatt* Nr. 80 vom 4. April 1808; die Bekanntmachung der Einteilung der Stadt in 102 Bezirke vom 29. März 1809 in: *Spenersche Zeitung* Nr. 39 und 40 (Fortsetzung) vom 1. beziehungsweise 4. 4. 1809 und „*Publicandum*" der Einteilung der Stadt in 102 Bezirke vom 29. 3. 1809 in: *Berliner Intelligenz Blatt* Nr. 80 vom 4. April 1809. Die Akten geben allerdings über die genaue Verfahrensweise des Magistrats keine Auskunft. Auch in Königsberg hatten zuvor die Behörden sich dieser Praxis bedient und die Bürgerrollen nach den alten Polizeidistrikten aufgestellt, vgl. G. Nicolaus, *Die Einführung* ..., S. 48.

Die Städteordnung § 4 bestimmte, daß alle Einwohner und Grundstücke einer Stadt und ihrer Vorstädte den städtischen Polizei- und Gemeindebezirk bilden. Die Regierung gab dem Magistrat den Bescheid, daß unter der Stadtgemeinde nur die „Stadt innerhalb der Mauer mit kleinen, dichtbebauten Gebieten vor der Stadt zu verstehen sei." Siehe P. Clauswitz, *Städteordnung* ..., S. 166.

139 Namentliche Aufstellung in: Jacob Jacobson, *Die Judenbürgerbücher der Stadt Berlin* (= Veröffentlichungen der Historischen Kommission zu Berlin, Bd. 4), Berlin 1962, S. 55–91. Hierin befindet sich auch die Beschreibung der feierlichen Leistung des Bürgereides der ersten Berliner Juden in ihrer Synagoge in der Heidereutergasse, S. 9 f.

GStA PK, Rep. 77, Tit. 227 A, Nr. 6, Bd. 1, *Erlaß des Ministeriums des Innern an Justus Gruner vom 20. 3. 1809* (Konzept), fol. 10. Hierin wurde Gruner mitgeteilt, daß die ansässigen Juden verpflichtet seien, das Bürgerrecht zu erwerben. GStA PK, Rep. 83, C, VII, Nr. 1007, fol. 22, enthält die Ausfertigung zu obigem Erlaß. Vgl. P. Clauswitz, *Städteordnung* ..., S. 103. Im *Bericht des Oberpräsidenten Sack an den Minister des Innern Graf Dohna vom 20. 5. 1809* sind für die Stadt Berlin 2 913 Juden angegeben. Abgedruckt in: H. Granier, *Berichte* ..., Nr. 211, S. 453.

lebenden Bruder Friedrichs II., Prinz Ferdinand, dem in der Stadt zwei „Privathäuser" und das „St. Johanniter-Ordens-Palais" gehörten. Zu ihm waren der Stadtsyndikus und ein Protokollführer gekommen. In ihrer Gegenwart unterschrieb und besiegelte der Prinz, Vertreter einer vergangenen Epoche, „die Verpflichtung zum Bürgerthum, anstatt körperlichen Eides."[140] Da jedoch selbst der ärmste Flickschuster als Gewerbetreibender und jeder noch so verschuldete Eigner einer kleinen Lehmhütte als Hausbesitzer das Bürgerrecht erwerben mußten, wurde es weit in die unteren sozialen Schichten hinein ausgedehnt. Dadurch erhielt innerhalb der Bürgerschaft das Kleinbürgertum infolge seines höheren Bevökerungsanteils jetzt mehr Gewicht.

Oberpräsident Sack berichtete recht optimistisch an den Innenminister, Friedrich Ferdinand Alexander Graf zu Dohna, über den weiteren Verlauf der Einführung: „Die Urtheile, welche man im Allgemeinen über die Städte-Ordnung hier hört, sind nicht mehr so verschieden, im Gegentheil überzeugen sich viele, wie viel Gutes darin liegt und wie vorzüglich wichtig die ersten Wahlen der Stadt-Verordneten sind ... Am öftersten hört man noch klagen, daß die Städte-Ordnung der Bürgerschaft viel Geld kosten würde, weit mehr als die alte Einrichtung."[141] Am 7. April hatte Sack in *Der Freymüthige* einen Aufsatz über die Bedeutung der Städteordnung veröffentlichen lassen, der nach seiner Überzeugung in der Bevölkerung gut angekommen war: „Ich werde in ähnlicher Art fortfahren, die Stimmung des Publikums zu heben und es der neuen Ordnung der Dinge dadurch empfänglicher zu machen."[142] In der *Spenersche(n) Zeitung* erschien am 15. April der „*Auszug eines Schreibens aus Leipzig*".[143] Dieser Artikel sollte offensichtlich die Stimmungslage in der Bevölkerung und das Interesse an den bevorstehenden Wahlen heben: „Es ist ein glücklicher Gedanke, die Betreibung der gemeinschaftlichen Angelegenheiten jeder Stadt, einem von der Bürgerschaft aus ihrer Mitte gewählten Ausschuß, unter Leitung des Magistrats zu übergeben. Das Geschäft ist wichtig und ehrenvoll. Das Vertrauen, welches die Regierung der Bürgerschaft bezeigt, ist eine Aufforderung mehr, das Wohl der Stadt nach allen Kräften zu befördern, und das Zusammenwirken so vieler Männer von Kenntniß und Erfahrung läßt den heilsamsten Erfolg erwarten. Die Stadtverordneten werden für Kirchen, Schulen und Armenanstalten für die Ordnung im Gewerbe, für das Kämmerei Vermögen, die Servis-Einrichtung und die Feuer-An-

---

140 *Bericht des Oberpräsidenten Sack an den Minister des Inneren Graf Dohna vom 22. 4. 1809.* Abgedruckt in: H. Granier, *Berichte* ..., Nr. 180, S. 408. Wohl mit Rücksicht auf die Herkunft des Prinzen hatte man hier eine Ausnahme gemacht: das Bürgerrecht mußte durch persönliches Erscheinen auf dem Rathaus erworben werden.

141 *Bericht des Oberpräsidenten Sack an den Minister des Innern Graf zu Dohna vom 5. 4. 1809.* Abgedruckt in: H. Granier, *Berichte* ..., Nr. 171, S. 390.

142 *Bericht des Oberpräsidenten Sack an den Minister des Innern Graf Dohna vom 8. 4. 1809.* Abgedruckt in: H. Granier, *Berichte* ..., Nr. 173, S. 396. Der erwähnte „*Freymüthige*" zeichnete sich durch seine ausgesprochen antinapoleonische Tendenz aus; vgl. über dieses Blatt: I. Mieck, *Reformzeit* ..., S. 440.

143 *Spenersche Zeitung* Nr. 45 vom 15. April 1809. Der Autor dieses vom 8. April datierten Schreibens könnte ebenfalls Oberpräsident J. A. Sack gewesen sein.

stalten, für Reinlichkeit, Bequemlichkeit, Gesundheit u.v.m. mit anhaltendem Eifer sorgen. Sie werden auch die Einwohner nicht mit unnöthigen Abgaben und Lasten zu den öffentlichen Bedürfnissen der Stadt beschweren, und wenn sie gleich zu keiner Rücksprache mit der Bürgerschaft, und zu keiner Rechenschaft über ihre Beschlüsse verbunden sind, doch stets eingedenk seyn, daß alle Verständigen sie beobachten und richten. Abschließend sprach der Autor des Artikels seine Hoffnung darüber aus, daß die Bürgerschaft „nur solche Personen zu Stadtverordneten wählen (werde), die durchaus rechtliche Männer sind, frei von allen Nebenabsichten, thätig und verständig; die stets mit weiser Vorsicht handeln, ohne Übereilung, Neuerungssucht, oder Eigensinn, immer mit reinem Sinne für das ihnen anvertraute gemeinschaftliche Wohl der Stadt."[144]

Auch die Bürgerschaft, von den Reformern als die eigentliche politische Trägerschicht vorgesehen, empfing diese verfassungsrechtliche Neuerung nicht mit offenen Armen, sondern reagierte mit Mißtrauen, Skepsis und Zurückhaltung.[145] Die künftige rechtliche Gleichstellung aller Bürger führte insbesondere bei den Eximierten, darunter Adligen, königlichen Beamten und Mitgliedern der Französischen Kolonie zu Klagen über den Verlust ihrer bisherigen Sonderrechte.[146] Schließlich mußte sich jedoch auch dieser ehemals privilegierte Personenkreis den Bestimmungen des neuen Gesetzes unterwerfen und das Bürgerrecht erwerben.[147] Die gleichgültige Haltung der Bürger ist im wesentlichen durch die Kriegs- und Besatzungszeiten und deren wirtschaftlichen Auswirkungen auf das tägliche Leben begründet. Darüber hinaus hatte sich in Berlin noch nicht ein selbstbewußtes Bürgertum entwickelt, das nach einer politischen Partizipation rief. Die vom Minister Stein initiierte Städtereform war über die Köpfe der Bevölkerung hinweg entstanden und blieb mit ihren Zielsetzungen dem einzelnen Bewohner der preußischen Staaten fremd, wenn nicht gar überwiegend unbekannt. Nur ein elitärer Kreis von liberalen Beamten im fernen Königsberg befand sich in Einklang mit den Ideen des Reformkonzepts.

In direktem Zusammenhang mit der Einführung der Städteordnung stand die Aktion von vier- bis fünfhundert Bürgern, die sich am 11. April im Schützenhaus in der Linienstraße 5 versammelt hatten, um „über mehrere Puncte" zu beratschlagen, „welche man des Königs

---

144 *Ebda.*

145 Vgl. dazu: P. Clauswitz, *Städteordnung* ..., S. 104; A. Streckfuß, *Berlin* ..., S. 96 f.

146 Das Konsistorium der Französischen Kolonie in Berlin richtete am 25. 1. 1809 an den König eine Eingabe zum Erhalt ihrer Sonderrechte; der königliche Bescheid an das Konsistorium und der Kabinettsbefehl an die Minister Karl Friedrich (von) Beyme und Graf Dohna abgedruckt in: Edouard Muret, *Geschichte der Französischen Kolonie in Brandenburg-Preußen, unter besonderer Berücksichtigung der Berliner Gemeinde. Aus Veranlasssung der 200jährigen Jubelfeier am 29. Okt. 1885,* Berlin 1885, S. 73.

147 Vgl. B. Schulze, *Die Einführung der Städteordnung* ..., S. 13.

Majestät vortragen wolle."[148] Gruner ließ kurz danach einige Mitglieder der Versammlung vernehmen, um „die Anführer und den Erfinder einer angeblich von dem Polizey-Präsidenten selbst ertheilten Autorisation auszumitteln."[149] Sack sah den Hauptgrund der Versammlung, „in welcher es zwar nicht ganz ruhig hergegangen, aber doch gegen Staat und König nichts geäußert, wohl aber heftig gegen mehrere Personen geredet ist, ... wohl in der falschen Ansicht, daß solche Zusammenkünfte jetzt für priviligirt (sic) anzusehen sind."[150] Schon kurz vorher hatten Einwohner der Friedrichstadt, „unter Anführung" des Kaufmanns Dori,[151] der Stadtverwaltungsbehörde ihre Beschwerden vorgetragen, die nun auch in anderen Stadtteilen nachgeahmt wurden. Nach den Angaben Sacks handelte es sich dabei meistens um verschuldete Hauseigentümer mit der Forderung, daß alle Abgaben von „Capitalisten" zu tragen wären. Sack hielt auch seitens der Polizei sorgfältige Vorkehrungen für notwendig, um ähnliche Vorfälle bei den bevorstehenden Wahlen zu verhindern. Polizeipräsident Gruner wollte deshalb eine polizeiliche Bekanntmachung wegen unbefugter Zusammenkünfte ergehen lassen. Sack dagegen erschien „eine sorgfältigere Vigilanz" angemessener, so daß derartige Versammlungen gar nicht erst gehalten werden könnten.

In dem Schreiben an den Staatsminister Graf zu Dohna betonte Gruner, daß er die Versammlung im Schützenhause „für Spiel der Kabale, welche theils persönlich gegen mich, theils gegen die Städte-Ordnung gerichtet war"[152], hielt. Er wies außerdem darauf hin, daß es künftig 102 Stadtverordnete geben werde, die oft mit anderen Bürgern zusammentreffen werden, woraus sich eine Versammlung von einigen hundert Personen ergeben könne. „Dabei kann nichts zu besorgen seyn, wenn der Geist der Bürger gut ist und dieses ist gottlob! – mit wenigen Ausnahmen – hier der Fall. Der böse Geist stekt (sic) in anderen Klaßen (sic) und weil er seine Austreibung fürchtet, so sucht er ihn dahin zu übertragen, woher seine

148 *Bericht des Oberpräsidenten Sack an den Minister des Innern Graf Dohna vom 15. 4. 1809,* abgedruckt in: H. Granier, *Berichte* ..., Nr. 175, S. 400. – P. Clauswitz, *Städteordnung* ..., ansonsten in seiner Darstellung zur Einführung recht akribisch, erwähnt diesen Vorgang nicht.

149 *Bericht des Oberpräsidenten Sack an den Minister des Innern Graf zu Dohna vom 15. 4. 1809,* abgedruckt in: H. Granier, *Berichte* ..., Nr. 175, S. 400. Kammerdirektor Justus Gruner war zwischenzeitlich zum Polizeipräsidenten ernannt worden. Gruner erhielt ein Jahresgehalt von 3 000 Talern und zwei Reitpferde beigestellt. Die Ernennung erfolgte durch die *Kabinetts-Ordre an den Staats-Minister Alexander Graf zu Dohna vom 25. 3. 1809,* abgedruckt in: H. Garnier, *Berichte* ..., Nr. 167, S. 382. – Brandenburgisches Landeshauptarchiv Potsdam (künftig: BLHA), Pr. Br. Rep. 30 Berlin A, Polizeidirektorium Berlin, Nr. 69, *Verfügung des Ministeriums des Innern an die Kurmärkische Regierung vom 27. März 1809,* fol. 76. – Vgl. M. F. v. Bassewitz, *Kurmark* ..., S. 212.

150 *A. a. O.*, S. 400 f.

151 Kaufmann Carl Wilhelm Dori, Eigentümer des Hauses Markgrafenstr. 17, sollte dann bei der ersten Wahl im Ersten Markgrafenstraßen-Bezirk zum Stadtverordneten gewählt werden. Er hatte dieses Amt bis zum Jahre 1814 inne.

152 *Schreiben des Polizei-Präsidenten Gruner an den Staats-Minister Graf zu Dohna vom 15. 4. 1809;* abgedruckt in: H. Granier, *Berichte* ..., Nr. 176, S. 403.

Existenz bedrohet wird."[153] Die Beschwerden der „Versammlung" lagen vor allem in der schlechten wirtschaftlichen Lage der Bevölkerung begründet und ergaben sich aus einer Atmosphäre allgemeiner Unsicherheit gegenüber der künftigen Stadtverwaltung. Obwohl die noch wenig politisierten Bürger zunächst in der Städteordnung mit Sicherheit noch kein Angebot an Freiheit sahen und sich wohl kaum nach einer Erneuerung alter Stadtfreiheiten sehnten, vollzog sich die Einführung der neuen Kommunalordnung „nach anfänglichen Reibungsverlusten doch noch relativ problemlos"[154].

b) Die ersten Wahlen vom April 1809

Die Städteordnung bestimmte, daß jede Stadt in Bezirke geteilt werden sollte. Die Größe der Bezirke richtete sich nach der Zahl der dort lebenden Seelen. Für Berlin als „große Stadt" galt, daß nicht mehr als 1 500 und nicht weniger als 1 000 Seelen in einem Bezirk leben sollten.[155] Die Wahlen für die Stadtverordneten und Stellvertreter sollten in diesen Bezirken erfolgen. Die zu wählenden 102 Stadtverordneten mußten daher auf die Bezirke „nach Verhältnis der darin vorhandenen stimmfähigen Bürger vertheilt werden."[156] Jeder Bezirk werde „durch einen Beinamen nach der darin belegenen Hauptstraße oder einem Hauptplatz etc. etc. von den übrigen unterschieden."[157] Für jeden dieser Wahlbezirke mußte eine „zuverlässige Bürgerrolle" – auch Incoln genannt – angelegt werden.[158] Die Namen der Bürger wurden in diesen Listen alphabetisch aufgeführt. Sie enthielten auch Angaben über „Stand oder Gewerbe" des Bürgers, die Adresse, ob Eigentümer oder Mieter und eine Spalte für „Bemerkungen".[159] Am 31. März verkündete der Magistrat, daß die Wahlen für die Stadtver-

---

153 *Ebda.*

154 I. Mieck, *Die verschlungenen Wege* ..., S. 71.

155 StO §§ 11, 70 und 72. – Diese Vorgabe konnte wahrscheinlich nur in den ersten beiden Jahren der Städteordnung eingehalten werden, da schon bald mehr als 1 500 Einwohner in einem Wahlbezirk lebten. Als in den späten dreißiger Jahren durch die sprunghaft steigende Bevölkerung (I. Mieck, *Reformzeit* ..., S. 480, nennt eine Bevölkerungszahl von 328 692 für das Jahr 1840) über 3 000 Einwohner in einem Bezirk lebten, teilte der Magistrat im Jahre 1839 zwei bevölkerungsreiche Bezirke, den Leipziger Platz- und den Tierarzneischul-Bezirk, in zwei Abteilungen. Die damit verbundenen verwaltungstechnischen Vorteile blieben jedoch für die Wahlen ohne Bedeutung: die Bürgerschaft beider Abteilungen wählte weiterhin geschlossen einen gemeinsamen Stadtverordneten. Die zunehmende Bürgerzahl in den Wahlversammlungen hatte zur Folge, daß sich das „Wahlgeschäft" verlängerte, da mehr Kugeln ausgezählt werden mußten.

156 StO § 72.

157 StO § 12.

158 StO § 79.

159 Von den ursprünglich 102 Handakten der Bezirksvorsteher befinden sich heute noch 42 Stück im Landesarchiv Berlin. Hierin sind die jeweiligen Bürgerrollen enthalten. Sie wurden jährlich vor der neuen

ordnetenversammlung in der Zeit vom 18. bis 22. April stattfänden.[160] Die Einteilung der 102 Wahlbezirke mit Angabe der Straßennamen wurde in der ersten Aprilwoche in den Zeitungen bekanntgegeben.[161]

Als Wahllokale sollten 22 Kirchen der Stadt dienen.[162] In der zweiten Aprilwoche wurde eine Aufstellung in den Zeitungen veröffentlicht, die sämtliche Wahlbezirke und die entsprechenden Kirchen, in denen gewählt werden sollte, sowie die jeweiligen Tage der Wahlen, enthielt.[163] Außerdem wurden in allen Wahlbezirken Maueranschläge, Avertissements genannt, verbreitet.[164] Sie waren an den Kirchentüren und „anderen schicklichen Orten"[165] des Bezirks angebracht, so daß das bevorstehende Ereignis niemanden unbekannt bleiben konnte. In diesen Anschlägen waren die Namen der Straßen mit den Hausnummern des Wahlbezirks angegeben. Es wurde darin bekanntgegeben, an welchem Tag, zu welcher Zeit[166] und in welcher Kirche sich die Bürger zur Wahl einzufinden hatten.

Neben den Stadtverordneten sollten auch Stellvertreter gewählt werden; bei „Todesfällen, langwierigen Krankheiten und langen Geschäftsreisen" der Stadtverordneten sollten dann

---

Wahl von der Stadtverordnetenversammlung auf Stimmfähigkeit der Bürger überprüft. Die nichtansässigen Bürger, die erstmals das erforderliche Einkommen nachweisen konnten, wurden in die Bürgerrolle aufgenommen. Während die Bürger, „deren Vermögen so abgenommen hat, daß sie das vorschriftsmäßige reine Einkommen nicht mehr besitzen", aus der Bürgerrolle gestrichen wurden, gemäß StO § 80. Außerdem enthalten diese Akten: Instruktionen für die Wahlkommissare des Magistrats und die Bezirksvorsteher, Wahlprotokolle, Wahlbekanntmachungen, Maueranschläge, die gedruckten Wahlbezirkseinteilungen aus den Zeitungen. Vieles davon allerdings nur lückenhaft vorhanden. Siehe im Anhang unter: *Ungedruckte Quellen*, Landesarchiv Berlin, Rep. 01-02, Magistrat der Stadt, Generalbüro, Stadtverordnetenwahlen, Handakten der Bezirksvorsteher, Nr. 2526–2605; dort sind die Namen der 42 Wahlbezirke angegeben.

160 Die Bekanntgabe des Wahltermins erfolgte in: *Spenersche Zeitung* Nr. 40 vom 4. 4. 1809.

161 Bekanntmachung der Einteilung der Stadt in 102 Bezirke vom 29. März 1809 in: *Spenersche Zeitung* Nr. 39 und 40 (Fortsetzung) vom 1. bzw. 4. 4. 1809 und *„Publicandum"* der Einteilung der Stadt in 102 Bezirke vom 29. 3. 1809 in: *Berliner Intelligenz Blatt* Nr. 80 vom 4. 4. 1809.

162 Nur in der katholischen Hedwigskathedrale und der Garnisonskirche wurde nicht gewählt. K. Schrader, *Verwaltung Berlins* ..., S. 26, gibt fälschlicherweise 21 Kirchen an. – Siehe im Anhang das *Verzeichnis der 22 Kirchen mit den Wahlbezirken von 1809.*

163 Zweimalige Veröffentlichung in: *Spenersche Zeitung* Nr. 43 und Nr. 44 vom 11. bzw. 13. 4. 1809. Außerdem in: *Intelligenz Blatt* Nr. 88 vom 13. 4. 1809. Siehe im Anhang *Die Wahltage mit den Wahlbezirken von 1809*.

164 Für jeden Bezirk wurden in der Regel 10 Anschläge gedruckt. Von der ersten Wahl von 1809 befinden sich noch einige Exemplare in den Handakten der Bezirksvorsteher im Landesarchiv.

165 LAB, Rep. 01-02, Generalbüro, Nr. 2541, Behrenstraßen-Bezirk, *Wahlprotokoll vom 18. 4. 1809*, nicht foliiert.

166 Alle Wahlen begannen um 9.00 Uhr.

diese Stellvertreter deren Aufgaben übernehmen.[167] Von den in jedem Bezirk zu wählenden Stadtverordneten und Stellvertretern mußten wenigstens zwei Drittel Hauseigentümer sein, das letzte Drittel konnte sich aus Mietern rekrutieren.[168] Damit wollte man verhindern, daß „besitzlose ‚Aventuriers' in die Bürgerschaftsvertretung sich eindrängen und deren moralisches Ansehen zerstören könnten."[169] So befanden sich in der Liste mit den Wahlbezirken und Kirchen auch zwei Spalten „Eigentümer" und „Mieter". Die Wähler konnten hieraus entnehmen, ob der zu wählende Kandidat Hauseigentümer oder Mieter sein mußte.

Der Magistrat gab am 7. April bekannt, daß die stimmfähigen Bürger „sämmtlicher hiesiger Bezirke", zu ihrer Legitimation zum Einlaß in die Kirchen besondere „Stimmfähigkeits-Atteste" erhalten würden.[170] Die Bürger wurden aufgefordert, sich an den jeweiligen Tagen in den für sie bestimmten Kirchen morgens um 9.00 Uhr einzufinden. Sie würden an jedem dieser Tage durch zweimaliges Läuten der Glocken um 8.30 Uhr und 9.00 Uhr daran erinnert, an den Wahlen teilzunehmen. Die Wahlen fänden „im Beysein und unter dem Vorsitz des für den Bezirk-Deputirten-Commissarii des Magistrats"[171] statt. Besonders wurde noch darauf hingewiesen: „Wenn es gleich nicht zu erwarten ist, daß irgend einer, mit Gemeinsinn erfüllter Bürger sich freywillig der Theilnahme an diesem so ehrenvollen als wichtigen Wahlgeschäft entziehen wird, so darf hier doch die Bekanntmachung nicht fehlen, daß die bey der Wahl-Versammlung ausgebliebenen Bürger durch den Beschluß der Erschiene-

---

167 StO § 71. Die 34 Bezirke, die einen Stellvertreter zu wählen hatten, waren zuvor ausgelost worden. Hier hatte man gegen die Bestimmung der Städteordnung verstoßen, daß sowohl die Stadtverordneten als auch die Stellvertreter „bei der ersten Wahl mit der vollen Anzahl" gewählt werden sollten, siehe Städteordnung § 86. Für die folgenden Jahre legte die Städteordnung § 86 fest: Es „scheidet jährlich ein Drittel aus und dieses Drittel wird am Ende des ersten und zweiten Jahres durchs Los, hiernächst aber jederzeit durch das Dienstalter bestimmt. Im zweiten Jahr kann aber nur unter denen geloset werden, welche schon zwei Jahre Stadtverordnete gewesen sind, und dasselbe gilt von den Stellvertretern." In der Regel wurden ab 1810 jährlich 11 oder 12 Stellvertreter gewählt.

168 Die Bezirke, die einen Hausbesitzer zu wählen hatten, waren zuvor durch das Los bestimmt worden.

169 G. Ritter, *Stein* ..., S. 263. Diese Bestimmung der Städteordnung und der Nachweis eines Mindesteinkommens von bescheidener Höhe (150–200 Taler) für das aktive Wahlrecht gingen auf Finanzrat Gustav Ferdinand Wilckens zurück, *ebda.*

170 *Bekanntmachung* vom 7. 4. 1809 in: *Spenersche Zeitung* Nr. 43 vom 11. 4. 1809, bzw. Nr. 44 vom 13. 4. 1809 und in: *Berliner Intelligenz Blatt* Nr. 88 vom 13. 4. 1809.
So enthielt das „*Stimmfähigkeits-Attest*" für den Bauhof-Bezirk folgenden gedruckten Text: „Der Bauhoffs-Bezirk wählt den 22sten April in der französischen Kirche auf dem Werder, und wird solches dem ... hierdurch bekannt gemacht. Berlin, den 18. April 1809." – In dem freigelassenen Raum wurde der Name des Bürgers handschriftlich eingesetzt; bei über 9 000 Einlaßkarten eine zeitraubende und mühselige Arbeit! – Obiges „*Stimmfähigkeits-Attest*" vorhanden in: LAB, Rep. 01-02, Magistrat der Stadt Berlin, Generalbüro, Nr. 2571, fol. 83.

171 *Spenersche Zeitung* Nr. 43 vom 11. 4. 1809 und *Berliner Intelligenz Blatt* Nr. 88 vom 13. 4. 1809.

nen verbunden werden, und daß die Absendung eines Bevollmächtigten nicht statt findet."[172] Außerdem enthielten die Maueranschläge den Vermerk, ob der zu wählende Stadtverordnete bzw. Stellvertreter Eigentümer oder Mieter sein müsse.

In fieberhafter Eile hatte der Magistrat in dieser kurzen Zeit eine erstaunliche organisatorische Leistung vollbringen müssen, galt es doch, die Maueranschläge für die 102 Wahlbezirke, die Stimmfähigkeits-Atteste, Einlaßkarten für die Magistrats-Commissarii und die Formulare der „*Instruction und Authorisation für den Herrn Commissarius des Magistrats*" zu konzipieren und termingerecht drucken zu lassen.[173] Auch mußten für die bevorstehenden Wahlen 44 Wahlurnen angefertigt werden. Nach den Tischlerarbeiten mußten diese „hölzerne(n) Gefäße beschlagen, jedes mit ein(em) Schloß im Scharnierband und zwei blechernen Trüchter(n)"[174] versehen werden, wie die Rechnung des Schlossers dazu auswies. Schließlich bestellte der Magistrat 7 100 Kugeln, die zur Stimmenabgabe benötigt wurden.[175]

Am 11. April erteilte Gruner „an die Herren Policey Commissarien und an die Herren Policey Agenten" die Aufforderung, am 16. April auf dem Berliner Rathaus beim Stadtsekretär Raspe zu erscheinen; dort sollten an sie die „Stimmfähigkeits-Atteste" ausgegeben werden, deren Verteilung an die stimmfähigen Bürger „so schleunig als möglich" zu geschehen habe.[176] Notfalls sollten ihnen noch Polizeidiener zur Unterstützung beigegeben werden. Den „stimmfähigen Bürgern" wurde auch in den Zeitungen mitgeteilt, daß ihnen die „Stimmfähigkeits-Atteste" rechtzeitig zum Wahltermin gebracht würden.[177] Außerdem wurde darauf hingewiesen, „daß zu den Wahlversammlungen in den Kirchen durchaus niemand eingelassen wird, der sich nicht durch ein Stimmfähigkeits-Attest zum Einlaß legitimieren kann. Alle Zuschauer oder Zuhörer müssen entfernt bleiben. Zur Erhaltung der Ruhe und Ordnung, und zur Vermeidung aller Störung ist diese Vorschrift durchaus nöthig."[178]

---

172 *Ebda.*

173 LAB, Rep. 01-02, Magistrat der Stadt Berlin, Generalbüro, Nr. 2571, fol. 77. Hierin befindet sich eine „*Rechnung für Papier und Druck*" *vom 13. 5. 1809,* gez. Kölz. Folgende Positionen sind hier aufgeführt: Bekanntmachungen, Instruction und Authorisation, Verzeichnisse der gewählten Stadtverordneten und Stellvertreter, Schreiben an die Bürgerschaft. Die Gesamtkosten beliefen sich auf 21 Taler.

174 LAB, Rep. 01-02, Magistrat der Stadt Berlin, Generalbüro, Nr. 2601, „*Nota über Schlosser Arbeit welche zu den hölzernen Gefäße zur Wahl der Stadtverordneten erfordert werden*" *vom 26. 4. 1809*, nicht foliiert.

175 *A. a. O.*, „*Rechnung für 7 100 Stück Kugeln und 44 Stück großen Urnen*" *vom 17. 4. 1809*, nicht foliiert.

176 BLHA, Pr. Br. 30 Berlin A, Polizeidirektorium, Nr. 69, *Schreiben Gruners vom 11. 4. 1809,* fol. 14 f. Entsprechend der *Notiz des Referendarius Falkenberg an Polizeimeister Oberhauser vom 14. 4. 1809* waren sämtliche Polizeidiener aufgefordert, sich ebenfalls am 16. April auf dem Rathaus bei Stadtsekretär Raspe zu melden. *A. a. O.*, fol. 19.

177 *Bekanntmachung vom 14. 4. 1809.* Veröffentlicht in: *Spenersche Zeitung* Nr. 45 vom 15. 4. 1809.

178 *Ebda.*

Die ersten Wahlen zur Stadtverordnetenversammlung fanden in der Zeit vom 18. bis 22. April 1809 statt. Am Sonntag zuvor, dem 16. April, hatten die Geistlichen „in sehr gefüllten Kirchen"[179] Vorbereitungspredigten für die Wahlen der Stadtverordneten gehalten und so schon auf die Wichtigkeit des Ereignisses hingewiesen. Auch die katholische Gemeinde erhielt durch ihren Propst die Aufforderung, an der Wahl teilzunehmen. Eine entsprechende Feier fand auch in der Synagoge statt. Nach der Aussage von P. Clauswitz hatten 45 Geistliche ihre Teilnahme an den Gottesdiensten zugesagt.[180] „Die heute in den Kirchen gehaltenen Predigten haben die Gemüther der Bürger schon zu dem wichtigen Wahl-Geschäfte gestimmt und vorbereitet, welches übermorgen beginnen wird", berichtete Sack dazu an den Minister Graf zu Dohna.[181]

Die Bürger wählten dann an den folgenden fünf Tagen, von Dienstag bis Sonnabend.[182] In diesem Zeitraum fanden in den 22 Kirchen insgesamt 102 Einzelwahlen statt. Schon zeitig vor dem eigentlichen Beginn um neun Uhr läuteten die Glocken wie zum Gottesdienst und riefen die Bürger zur Teilnahme auf. An den Eingangsportalen der Kirchen hatte man vier Gardisten und einen Unteroffizier der Bürgergarde postiert.[183] Sie hatten für Ruhe und Ordnung zu sorgen. Jeder Bürger mußte ihnen das Stimmfähigkeitsattest vorweisen, das zwischenzeitlich an die Wähler ausgeteilt worden war; erst danach erhielt der Bürger Einlaß in die Kirche.

Nachdem sich die Bürger in der Kirche eingefunden hatten, wurden die Wahlen mit dem Gesang eines Liedes eröffnet. Danach hielt der dazu bestimmte Geistliche eine kurze Predigt[184] von der Kanzel, um die Anwesenden auf die „feierliche Handlung" vorzubereiten. Nach beendigter Predigt beschloß der Gesang eines Liedes den Gottesdienst. Diese Zeremonie, auf ausdrücklichen Wunsch Steins in die Städteordnung aufgenommen, sollte als ein integrierender Teil des ganzen Wahlverfahrens angesehen und ihm einen feierlichen Charakter verleihen.[185] Dieser Gottesdienst offenbart auch „den tiefen Ernst, mit dem Stein die

---

179 Nach der Aussage von M. F. v. Bassewitz, *Kurmark* ..., S. 213, wurden die Texte der Vorbereitungspredigten gedruckt, besonders erwähnt er diejenigen des Propstes Ribbeck und des Predigers Ancillon.

180 P. Clauswitz, *Städteordnung* ..., S. 104.

181 *Bericht des Ober-Präsidenten Sack an den Minister des Inneren Graf zu Dohna vom 18. 4. 1809.* Abgedruckt in: H. Granier, *Berichte* ..., Nr. 177, S. 404.

182 Sonntags wurde nie gewählt!

183 BLHA, Rep. 30 A, Polizeidirektorium Berlin, Nr. 69, fol. 30 ff; hierin sind die Namen der Polizeidiener, die in den Kirchen Dienst hatten, aufgeführt.

184 LAB, Rep. 01-02, Generalbüro, Nr. 2557, Luisenstädtischer Kirch-Bezirk. Das *Wahlprotokoll vom 18. 4. 1809* dieses Bezirks vermerkt dazu, „der Herr Prediger Hermes bereitete das Geschäft durch eine zweckmäßige Predigt vor", nicht foliiert.

185 StO § 87. Vgl. dazu die: *„Bemerkungen Steins zum Freyschen Entwurf an Minister Schroetter"*, Königsberg, 17.1.1808, „Die Wahlversammlung würde nach vorhergegangener gottesdienstlicher Handlung gehalten werden." Abgedruckt in: E. Botzenhart (Hrsg.)/W. Hubatsch (neu hrsg.)/P. G. Thielen (neu bearb.), *Freiherr vom Stein* ..., S. 780.

Wahlhandlung ansah, und mit dem er sie vor allem auch von den Wählern aufgefaßt wissen wollte."[186] Wie solch eine „gottesdienstliche Handlung" konkret abgelaufen ist, beschreibt der Domainen- und Ordens-Kammerrat Giesecke: „Zuerst wurde das Lied ‚Es wolle uns Gott gnädig sein' gesungen. Dann hielt der Prediger Stegemann, einer der vorzüglichsten Kanzel-Redner Berlins, über die Worte: im 2ten Buch Mose Capitel 18, Vers 21, ‚Siehe Dich um unter allem Volck nach redlichen Leuten, die Gott fürchten, wahrhaftig, und dem Geiz Feind sind', eine sehr passende Rede. Endlich wurden die beiden letzten Verse aus dem Liede ‚Nun dancket alle Gott' gesungen."[187]

Die von Propst Hanstein am 18. April in der Nikolaikirche für den Cöllnischen Fischmarkt-Bezirk gehaltene Predigt wurde in Gänze abgedruckt. Mit huldvollen Worten führte er an, daß Gesang und Gebet die Begründung der neuen Stadtordnung heiligen sollen; „es soll gleichsam die Hand der Religion selbst den ersten Grundstein legen zu dem neuen Gebäude des Bürgerthums und Bürgerglücks, das auf den Ruinen des zertrümmerten Glücks der Nation emporsteigen soll, gleich einer Stadt Gottes, an welcher Erde und Himmel Freude hat!"[188] Weiter appellierte er an seine Gemeinde: „Suchet der Stadt Bestes, auch durch die Erwählung des Mannes aus Euerer Mitte, der für Euch und Euere Mitbürger sprechen, rathen, wählen, und dem gemeinen Wesen unter allen Umständen soll vorstehen helfen in Euerem Namen und an Euerer Statt."[189]

Dem Magistrats-Commissarius, der den Vorsitz der Wahl führte, war angetragen, sich vor dem Altar aufzuhalten.[190] Von hier eröffnete er die Wahl durch das laute und deutliche

---

186 B. Schulze, *Die Einführung der Städteordnung* ..., S. 13.

187 *„Unterthänigste Anzeige" des Domainen- und Ordens-Kammerrat Giesecke für S. K. H. Prinz Ferdinand von Preußen vom 20. 4. 1809.* Abgedruckt in: H. Granier, *Berichte* ..., Nr. 180, S. 409. – Giesecke nahm in Vertretung seines königlichen Dienstherrn, des greisen Prinzen Ferdinand, an der Stadtverordnetenwahl für den Ordenspalais-Bezirk am 20. April 1809 teil. Er legitimierte sich mit der *„Stimmfähigkeitskarte S. K. H. des Prinzen Ferdinand von Preußen, Heermeisters des St. Johanniter-Ritter-Ordens"* um Einlaß in die Deutsche Kirche auf dem Gendarmenmarkt zu bekommen. Zu der Wahl hatten sich, nach seiner Aussage, von 59 wahlfähigen Bürgern des Bezirks 49 eingefunden. Mit Rücksicht auf die Herkunft des Prinzen und wohl auch wegen seines hohen Alters hatte man geflissentlich die Vorschrift der Städteordnung ignoriert, daß jeder „in Person zu erscheinen" habe, „noch durch einen Bevollmächtigten das Wahlrecht ausüben" dürfe, siehe dazu § 81 der Städteordnung.

188 Walter Hoffmann-Axthelm/Gerhard Kutzsch (Hrsg.), *Suchet der Stadt Bestes ... Abdruck einer Anrede an die Bürgerversammlung vor der Wahl der Stadtverordneten im Jahre 1809. Gehalten von Propst Hanstein,* in: *Der Bär von Berlin. Jahrbuch des Vereins für die Geschichte Berlins* 26 (1977), S. 9.

189 *Ebda.* Grundlage der Predigt bildete Jeremias' Brief an die Gefangenen in Babel aus dem Alten Testament; Jeremias, 29. 7: „Suchet der Stadt Bestes, ... und betet für sie zum Herrn; denn wenn's ihr wohl geht, so geht's euch auch wohl."

190 Mitglieder des alten Magistrats und fast alle Richter des Stadtgerichts agierten als „Magistrats-Commissarii" (in der Funktion eines Wahlvorsitzenden) bei den Wahlen.

Vorlesen der Paragraphen 79 bis 104 der neuen Städteordnung.[191] In 34 Bezirken mußte 1809 bekanntgegeben werden, daß neben dem Stadtverordneten noch ein Stellvertreter zu wählen sei und ob der zu wählende Stadtverordnete Hausbesitzer oder Mieter sein müsse. Die nicht erschienenen stimmfähigen Bürger waren an die Beschlüsse der Anwesenden gebunden. Vor Durchführung der eigentlichen Wahl wurden vom Magistrats-Commissarius die Anwesenden durch namentlichen Aufruf mit der Bürgerrolle des Bezirks verglichen. Sollte irrtümlicherweise jemand erschienen sein, der nicht zu dem Wahlbezirk gehörte oder nicht stimmfähig war, so mußte der Betreffende sich entfernen.[192] Sodann schritten die Versammelten zur Wahl eines Wahlaufsehers und von drei Beisitzern aus ihrer Mitte, „auf kürzestem Weg, durch Aufhebung der Hände."[193] Ihre Aufgabe bestand darin, „auf den ordnungsgemäßen Gang der Wahl zu achten ... und die dabei vorkommenden speziellen Geschäfte zu besorgen."[194] Ein Beisitzer führte das Wahlprotokoll, ein zweiter Beisitzer überwachte die Kandidatenliste und der dritte war für das Einsammeln der Stimmen verantwortlich.[195]

Jeder Bürger durfte in der Versammlung einen Kandidaten laut vorschlagen und seine Wahl begründen; der Name wurde dann auf der Kandidatenliste vermerkt.[196] Es wurde in

---

191 Sie beinhalten folgende Bestimmungen: Stimmfähigkeit; Führung der Bürgerrollen nach den Bezirken; Erscheinen der Stimmfähigen in der Wahlversammlung ihres Bezirks; Nachteilige Folgen des Ausbleibens; Wahlfähigkeit; Zeitraum, für welchen die Subjekte gewählt werden und deren Wechsel; Wahlversammlung und deren Regulierung; Einladung und Eröffnung; Wahl eines Wahlaufsehers nebst Beisitzer und deren Geschäfte; Vorschlag der Kandidaten; Stimmensammlung; Nähere Bestimmung der Stadtverordneten und Stellvertreter; die Fassung des Wahlprotokolls.

192 StO 82. Zur Erleichterung ihrer Arbeit hatte der Magistrat eine „*Instruction und Authorisation für den Herrn Commissarius des Magistrats*" in gedruckter Form herausgebracht. Hierin waren die Wahlbestimmungen der Städteordnung vermerkt, so daß der Magistrats-Commissarius den Ablauf der Wahl danach ausrichten konnte.

193 StO § 91. Bei Stimmengleichheit entschied die Stimme des Magistrats-Commissarius. Die Betreffenden hätten eigentlich vom Bezirksvorsteher vorgeschlagen werden müssen. Da dieser von den künftigen Stadtverordneten noch zu wählen war, wurden die Personen vom Magistrats-Commissarius bei dieser Wahl vorgeschlagen.

194 StO § 92.

195 StO § 92. Der Wahlaufseher hatte die Wahlurne zu öffnen.

196 Wurden nichtwahlfähige Kandidaten vorgeschlagen, so mußte der Wahlkommissar seine Ablehnung begründen, gemäß § 93. Jeder, der selbst zum Kandidaten vorgeschlagen war, durfte über die übrigen Kandidaten nicht mitstimmen; gemäß einer späteren Bestimmung wurde diese Regelung jedoch abgeschafft: „Da dieser Grundsatz gesetzlich nicht begründet ist, auch viele andere Schwierigkeiten mit sich führt, so wird, auf Grund eines Ministerial-Erlasses vom 6. Mai 1844 verordnet, daß fortan bei Stadtverordneten-Wahlen diejenigen Wähler, welche selbst zu Candidaten vorgeschlagen worden, von der Theilnahme an der Wahlhandlung und an der Abstimmung über die übrigen Candidaten um (sic) deshalb nicht auszuschließen sind." Bekanntmachung vom 17. 8. 1844 veröffentlicht in: *Spenersche Zeitung* Nr. 192 vom 17. 8. 1844.

geheimer und freier Wahl – nach Freys vorgeschlagenem Verfahren – durch Ballotage[197] abgestimmt. Dazu erhielt jeder Wähler eine weiße und eine schwarze Kugel, wovon die weiße Kugel für den Kandidaten und die schwarze gegen ihn galt.[198] Der Wähler mußte dann eine dieser Kugeln in die Wahlurne, die herumgereicht wurde, werfen. Die zweite Kugel gab man in einer anderen Urne[199] zurück. Der Wahlaufseher öffnete vor der Versammlung die erste Urne, in der die Stimmen gesammelt worden waren. Stimmte die Zahl der weißen und schwarzen Kugeln mit der Zahl der Wähler überein, so war die Wahl gültig. Der Beisitzer vermerkte auf der Kandidatenliste die Anzahl der Ja-Stimmen und die Anzahl der Nein-Stimmen hinter dem Namen des Kandidaten. Sodann schritt man zur Wahl des nächsten Kandidaten und verfuhr dabei in der gleichen Weise. Nachdem über sämtliche verzeichnete Kandidaten ballotiert worden war, verglich das Wahlgremium die Anzahl der Stimmen, die die Kandidaten erhalten hatten. Wer die meisten Ja-Stimmen auf sich vereinigte, erhielt das Stadtverordnetenmandat, und wer nach ihm die meisten Stimmen hatte, wurde Stellvertreter.[200] Bei Stimmengleichheit eines Hausbesitzers und eines Mieters, hatte immer der ansässige Hausbesitzer den Vorrang, in Zweifelsfällen entschied das Los.[201]

Während der Wahl führte ein Beisitzer das Wahlprotokoll.[202] In diesem mußte die Zahl der beteiligten Bürger aufgeführt werden. Von den fehlenden stimmfähigen Bürgern fertigte man eine namentliche Liste an. Außerdem schrieb der Beisitzer in dem Protokoll den gesamten Ablauf der Wahl nieder. Vor allem vermerkte er die vorgeschlagenen Kandidaten und ihre Stimmenzahl. Auch verzeichnete er die besonderen Vorkommnisse. Schließlich erfolgte der Eintrag des Stadtverordneten und des Stellvertreters mit „ihrem Karakter, Gewerbe, Vor- und Familiennamen“[203]; außerdem mußte besonders vermerkt sein, ob die Gewählten Hausbesitzer waren oder nicht. Nachdem das Wahlprotokoll der Wahlversammlung von dem Wahlaufseher laut vorgelesen worden war, unterschrieben der Magistrats-Commissarius, der Wahlaufseher, die drei Beisitzer und sechs andere Mitglieder der Versammlung, zu denen

---

197 Die deutschen Begriffe „Kugelwahl“ und „Kugelung“ wurden selten benutzt; in den Akten ist der Ausdruck „Ballotage“ die übliche Bezeichnung.

198 Die Städteordnung schreibt ein „weißes und ein schwarzes Zeichen“ vor, gemäß § 94.

199 In der Städteordnung als „verdecktes Gefäß“ bezeichnet. Die erste Urne war grün und die zweite schwarz angestrichen. – Es ist möglich, daß man in späteren Jahren von dem Gebrauch einer einzigen Urne für die Ja- und Nein-Stimmen abwich. Der Stadtverordnete Kochhann berichtete im Jahre 1839 über die Verwendung einer grünen Urne für die Ja-Stimmen und einer schwarzen für die Nein-Stimmen. Bei diesem Verfahren wären die Wahlen allerdings nicht mehr geheim gewesen, da die Abgabe öffentlich erfolgte. Vgl. Heinrich Eduard Kochhann, *Tagebücher*, hrsg. v. Albert Kochhann, Teil 1–5, Berlin 1905–1908, Teil 3, *Mitteilungen aus den Jahren 1839–1848*, hrsg. 1906, S. 1.

200 StO § 98.

201 StO § 101.

202 StO §§ 102–107.

203 StO § 103.

nicht der gewählte Stadtverordnete und der Stellvertreter gehören durften, das Dokument.[204] Nach beendigter Wahl übergab der Magistrats-Commissarius sofort der Stadtverordnetenversammlung das Wahlprotokoll. Dann wurde eine Liste der Gewählten angefertigt. Bei der ersten Wahl von 1809 erstellte der Magistrat eine gedruckte Liste der 102 Stadtverordneten und der 34 Stellvertreter. Schon wenige Tage nach den Wahlen ließ der Magistrat ihre Namen in den Zeitungen veröffentlichen.[205]

Die ersten Wahlen unter der Städteordnung zeichnen sich durch eine hohe Kandidatenzahl aus. In etlichen Versammlungen wurden bis zu acht Kandidaten vorgeschlagen, deren Wahl sich über mehrere Stunden hinzog. Auffällig ist, daß in den Protokollen immer wieder die „Ruhe und Ordnung" hervorgehoben werden, die bei der Wahl von 1809 geherrscht haben sollen. So verzeichnet das Protokoll des Landsberger Tor-Bezirks unter dem Vorsitz des Justizrats A. F. Schumann: „Um 1 Uhr Mittags ist die Wahl beendet gewesen, wobei ich noch bemerke, daß der ganz Wahl Actus in der größten Ruhe und Ordnung zugetragen und beendet worden."[206]

Lediglich im Akademie-Bezirk „herrschte einige Unruhe vor, indem der anwesende Bürger und Schneidermeister P. A. Brück erklärte, daß kein Bäcker, Schlächter oder Brauer zugelassen werden könnte."[207] Nachdem ein anderer Bürger den Criminal Commissarius Nau genannt hatte, erklärte Brück ebenfalls, daß C. Nau als Kandidat nicht in Frage käme. Daraufhin bemerkte der Wahlkommissar, daß „dies sehr unschicklich wäre, und ihm für seine Person nicht zustände für oder gegen einen vorgeschlagenen Candidaten zu stimmen."[208] Danach wurde die Ordnung wiederhergestellt und zur Wahl geschritten, wobei der Schlossermeister Jean Pierre Violet die Mehrheit der Stimmen erhielt. Im Parochialkirch-Bezirk hatten die 83 anwesenden Bürger mehrere Kandidaten vorgeschlagen. Allen voran den Waffenschmiedemeister Johann Christian Ritze, der 76 weiße Kugeln erhielt. Der zweite Kandidat, Destillateur Steinmetz, erhielt nur acht weiße Kugeln. Danach beschlossen

---

204 StO § 105.

205 GStA PK, Rep. 77, Tit. 227 A, Nr. 6, Bd. 1, *Namen der Stadtverordneten und Stellvertreter,* fol. 27 ff. und 39 ff.; GStA PK, Rep. 83, C, VI, Nr. 1007, *Namen der Stadtverordneten und Stellvertreter,* fol. 62 ff., fol. 75 ff. und 89 ff.; LAB, Rep. 00-02/1, Nr. 47, Bd. 1, *Verzeichnis der Stadtverordneten,* fol. 3 ff. u. 29 ff.; *Verzeichnis der Stellvertreter* (gedruckt), fol. 8 ff.; LAB, Rep. 01-02, Generalbüro, Nr. 2571, „*Verzeichnis der in den verschiedenen Bezirken der hiesigen Residenz von ihren Mitbürgern gewählten Herren Stadtverordneten*" (gedruckt), fol. 84 ff., hierin sind die Adressen der Gewählten handschriftlich eingetragen. – Namen und Stand der Stadtverordneten wurden veröffentlicht in: *Berliner Intelligenz Blatt* vom 26. 4. 1809, *Spenersche Zeitung* Nr. 49 und *Vossische Zeitung* vom 25. 4. 1809. Die Namen der Stellvertreter sind darin allerdings nicht enthalten. *Spenersche Zeitung* Nr. 52 vom 2. 5. 1809 enthält ein *Verzeichnis der Stellvertreter.*

206 BLHA, Pr. Br. 30 Berlin A, Polizeidirektorium Berlin, Nr. 69, *Protokoll des Landsberger Tor-Bezirks vom 18. 4. 1809,* gez. Döpke, fol. 21.

207 *A. a. O., Wahlprotokoll des Akademie-Bezirks vom 22. 4. 1809,* gez. Eberhardt, fol. 61.

208 *Ebda.*

sämtliche Bürger einstimmig, daß es völlig überflüssig sei, über die noch folgenden Kandidaten abzustimmen, womit die anderen Kandidaten einverstanden waren.[209] Der Kammmacher George Ernst Remmin vom Grauen Kloster-Bezirk wurde von allen 78 Anwesenden gewählt, so daß über einen weiteren Kandidaten keine Abstimmung mehr stattfand.[210]

J. A. Sack berichtete, daß die Wahlen „ruhig und still" abgelaufen seien.[211] „Die Leute, die gewählt worden, sind mehrenteils Kaufleute und Meister, meist Männer von gutem Ruf."[212] Der einzige Adlige und bisherige Eximierte sei in der Person des früheren Kammerpräsidenten Leopold von Gerlach durch die Bürger des Gendarmenmarkt-Bezirks zum Stadtverordneten gewählt worden und habe die Wahl auch angenommen.[213] Unter den Gewählten befanden sich auch einige Bürger, die sich einige Tage zuvor unerlaubterweise im Schützenhause versammelt hatten. Gruner bemerkte dazu: „Ihr Einfluß wird indeß nicht nachtheilig seyn und ihre Sache (nur nicht deren Form) hat Manches für sich, das von den Stadt-Verordneten näher erwogen zu werden verdient. Uebrigens ist das Resultat der angestellten Untersuchung hinreichend gewesen zu beweisen, daß die ganze Sache unbedeutend war, und es soll dabei nur ein junger unstäter Mensch, Namens Schober gravirt seyn, der sich zum Sprecher aufwarf, ohne – da er nicht Bürger ist – der Versammlung anzugehören."[214] Polizeipräsident Gruner berichtete abschließend am 25. April, daß „die Wahl der neuen Stadtverordneten und

---

209 LAB, Rep. 01-02, Generalbüro, Nr. 2527, Parochialkirch-Bezirk, *Wahlprotokoll vom 20. 4. 1809,* nicht foliiert. – Dieses Verhalten zeigt, daß die Bürger daran interessiert waren, die Wahlen möglichst schnell, zu Ende zu bringen. Die Ballotage war eine zeitraubende Form der Wahl, wenig geeignet für die großen Wahlversammlungen Berlins. Dieser Sachverhalt war von den Initiatoren der Städteordnung wenig realistisch eingeschätzt worden; in den Kleinstädten mit geringer Bürgerzahl mochte dieses Verfahren eher berechtigt gewesen sein. Die Tendenz, die Wahldauer möglichst kurz zu halten, verstärkte sich in den folgenden Jahren. So kam es häufiger vor, daß statt des vorgeschriebenen Verfahrens der Ballotage per Akklamation gewählt wurde. Gelegentlich wurde sogar nach der Abstimmung über einen favorisierten Kandidaten auf weitere Wahlgänge verzichtet. Diese Mißachtung von Wahlvorschriften der Städteordnung hätte eigentlich eine Neuwahl zur Folge haben müssen. Doch blieb es in der Regel bei einem mahnenden Verweis an den Wahlvorsitzenden im Wahlbericht der Stadtverordnetenversammlung.

210 LAB, Rep. 01-02, Generalbüro, Nr. 2528, Graue Kloster-Bezirk, *Wahlprotokoll vom 18. 4. 1809,* nicht foliiert.

211 *Bericht des Oberpräsidenten Sack an den Minister des Inneren Dohna vom 22. 4. 1809.* Abgedruckt in: H. Granier, *Berichte* ..., Nr. 180, S. 408.

212 *Ebda.* Vgl. auch: M. F. v. Bassewitz, *Kurmark* ..., S. 213 f.

213 *Bericht des Oberpräsidenten Sack an den Minister des Inneren Dohna vom 25. 4. 1809.* Abgedruckt in: H. Granier, *Berichte* ..., Nr. 182, S. 410.

214 *Auszug aus einem Schreiben des Polizei-Präsidenten Gruner an den Staats-Minister Graf Dohna vom 25. 4. 1809.* Abgedruckt in: H. Granier, *Berichte* ..., Nr. 183, S. 412.

deren Stellvertreter in den dazu bestimmt gewesenen Tagen mit Ruhe, Ordnung und der Wichtigkeit des Gegenstandes angemessenen Würde vollendet ist."[215]

Dem gewählten Bürger wurde schon bald nach Überprüfung der Wahlprotokolle eine Bestallungsurkunde vom Magistrat zugeschickt. Sie war auf den Namen des Gewählten ausgestellt und enthielt den gedruckten Text: „Sie sind mit der Gnade unseres geliebten Königs sehr geehrt; Ihre Rechenschaft, Ihre guten Eigenschaften, Ihr treuer Bürgersinn haben Ihnen diesen Ehren-Posten erworben ... Treten Sie demnach Ihr ehrenvolles Amt an, führen Sie es zum gemeinsamen Besten, verwalten Sie es mit Gewissenhaftigkeit und Treue und rechtfertigen Sie in allem Ihren ganzen Thun und Benehmen das Vertrauen der Bürgerschaft, welches Sie dazu berufen hat. Unser Glückwunsch begleitet Ihre Handlungen."[216] Nunmehr galt der Bürger als Stadtverordneter und war als Mandatsträger verpflichtet, den Sitzungen der Stadtverordnetenversammlung beizuwohnen und die Interessen seiner Mitbürger zu vertreten.

Von den 102 Stadtverordneten waren 89 Gewerbetreibende, fünf Rentiers bzw. Eigentümer, drei Polizeibeamte, zwei Bauinspektoren und ein Arzt. Dazu kamen noch der frühere Kammerpräsident Leopold von Gerlach und der Oberst der Bürgerwehr, Paul André Jordan[217], gewählt. Gerlach gehörte als einziger dem höheren Beamtentum und zugleich dem Adel an. Unter den Gewerbetreibenden hatten die Kaufleute (38) und die handwerklichen Berufe (33) das Übergewicht; dazu kamen noch Fabrikanten (9), Apotheker (4), Gärtner (4) und ein Ackerbürger.[218] Nur sechs der 102 Stadtverordneten wohnten zur Miete.[219] Damit bildeten Grundbesitz und Gewerbe die Majorität in der zukünftigen Stadtverordnetenversammlung. Die abschließenden Bemerkungen Gruners[220], die er mit Hilfe des ehemaligen Syndikus Koels für das Innenministerium zusammenstellte, zeugen von den überschaubaren Verhältnissen in der Stadt. Ein Großteil der Bürgervertreter muß ihnen persönlich bekannt gewesen sein, sonst hätten sie die stichwortartigen Erklärungen nicht abfassen können. Die Gewählten wurden nach ihrer Politikfähigkeit und Ehrenhaftigkeit beurteilt. Dabei sollte der Bürger aufgeschlossen, interessiert und geeignet für die Verwaltungsarbeit in der Versammlung sein. Einen hohen Stellenwert hatte für Gruner vor allem der unbescholtene Ruf und das allgemeine Ansehen des Bürgers.

---

215 GStA PK, Rep. 77, Tit 227 A, Nr. 6, Bd. 1, *Schreiben Justus Gruners an das Ministerium des Innern vom 25. 4. 1809,* fol. 25.

216 LAB, Rep. 01-02, Magistrat der Stadt Berlin, Generalbüro, Nr. 2571, *Bestallungsurkunde,* fol. 82.

217 Vgl. P. Clauswitz, *Städteordnung* ..., S. 46; Gustav von Jordan/Louis Jordan (Hrsg.), *Chronik der Familie Jordan,* Zossen – Berlin 1902, S. 83 f. – Der Oberst, Eigentümer des Hauses Französische Straße 20a, wurde am 19. 4. 1809 in der Deutschen Kirche auf dem Gendarmenmarkt von den Bürgern des Französischen Straßen-Bezirks gewählt. Jordan war Ritter des Roten Adlerordens, Dritter Klasse.

218 P. Clauswitz, *Städteordnung* ..., gibt eine leicht divergierende Aufstellung der Berufe, S. 104 f.

219 J. F. Neumann, Haack, Carl Heinrich Ulrici, Jean Sabatier, Dan. Fr. Schmeel, Philipp Weiß.

220 Die Bemerkungen Justus Gruners befinden sich im Verzeichnis der Stadtverordneten und Stellvertreter der Wahlen von 1809 (s. Anhang).

Soziale Zusammensetzung der Stadtverordnetenversammlung 1809

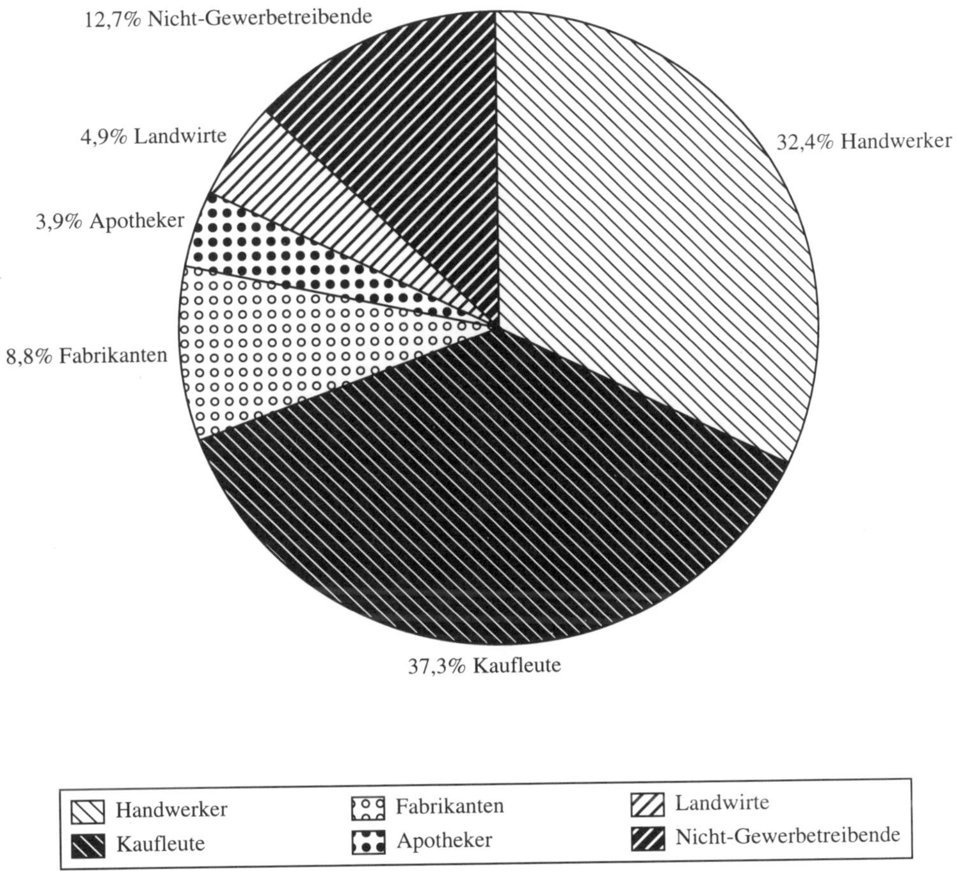

Am 25. April versammelten sich die Stadtverordneten zum ersten Mal.[221] Polizeipräsident Gruner, der die Sitzung leitete, beschrieb die Atmosphäre als „ernst und feierlich."[222] „Die Gemüther schienen tief gerührt, als ich ihnen vom Herzen zu Herzen redete und mit schöner Bewegung äußerten sich nachmals Viele in dankbarer Ergebenheit gegen die Regierung."[223] Die Stadtverordneten wählten durch Ballotage einstimmig Leopold von Gerlach zum Stadtverordnetenvorsteher und den Kaufmann Jean Paul Humbert mit 89 gegen 10 Stimmen zu seinem Stellvertreter.[224] Der Kaufmann Philipp Ferdinand Westphalen wurde Protokollführer. Am 28. April bestimmten die Stadtverordneten die jährlichen Gehälter der zehn besoldeten Magistratsmitglieder.[225]

---

221 Die Versammlung fand im ehemaligen Palais des Prinzen Heinrich, dem jetzigen Universitätsgebäude Unter den Linden, statt.
GStA PK, Rep. 77, 227 A, Nr. 6, Bd. 1, *Bericht Justus Gruners über den Verlauf der Versammlung an das Ministerium des Innern vom 25. 4. 1809,* fol. 25 ff.; GStA PK, Rep. 83, C, VI, Nr. 1007, *Bericht Justus Gruners darüber an Oberpräsident Johann August Sack vom 26. 4. 1809,* fol. 77 ff.; außerdem: M. F. v. Bassewitz, *Kurmark* ..., S. 214; P. Clauswitz, *Städteordnung* ..., S. 106 ff; E. Fidicin, *Historisch-diplomatische Beiträge* ..., Teil 5, S. 161 ff.

222 *Auszug aus einem Schreiben des Polizei-Präsidenten Gruner an den Staats-Minister Graf Dohna vom 25. 4. 1809.* Abgedruckt in: H. Granier, *Berichte* ..., Nr. 183, S. 412.

223 *Ebda.*

224 Zu Leopold von Gerlach siehe: M. F. v. Bassewitz, *Kurmark* ..., S. 214 f.; P. Clauswitz, *Städteordnung* ..., S. 105 f.; Ernst Kaeber, *Die Oberbürgermeister Berlins seit der Steinschen Städteordnung,* in: *Jahrbuch für die Geschichte Berlins* 2 (1952), S. 54 ff.; Jürgen von Gerlach, *Leopold von Gerlach 1757–1813. Leben und Gestalt des ersten Oberbürgermeisters von Berlin und vormaligen kurmärkischen Kammerpräsidenten,* Berlin 1987; Gunther Hildebrandt, *Carl Friedrich Leopold von Gerlach,* in: Wolfgang Ribbe (Hrsg.), *Stadtoberhäupter. Biographien Berliner Bürgermeister im 19. und 20. Jahrhundert* (Berlinische Lebensbilder 7), Berlin 1992, S. 35–50. – Zu Jean Paul Humbert siehe: P. Clauswitz, *Städteordnung* ..., S. 106. Humbert führte die in der Brüderstraße 29 gelegene Tuch- und Seidenwarenhandlung Humbert & Labry. Dieses Mitglied der durch die Städteordnung aufgelösten Französischen Kolonie wurde von den Bürgern des Brüderstraßen-Bezirks in den Jahren 1812, 1815 und 1818 wiedergewählt.

225 Die Gehälter waren folgendermaßen dotiert:

der Oberbürgermeister	4 000 Taler,
der Bürgermeister	2 500 Taler,
die beiden Syndici jeweils	1 800 Taler,
der Kämmerer	1 800 Taler,
der Baurat	1 400 Taler,
die vier Ratsherren jeweils	1 200 Taler.

Diese Angaben in: GStA PK, Rep. 77, Tit. 227 A, Nr. 6, Bd. 1, *Bericht der Kurmärkischen Regierung vom 30. Mai 1809 an das Ministerium des Innern,* fol. 44. – Vgl. auch M. F. v. Bassewitz, *Kurmark* ..., S. 214. Er gibt irrtümlicherweise 1 500 Taler als Gehalt für den Kämmerer an.

In der Versammlung vom 1. Mai wurde der Oberbürgermeister gewählt. Nach der Städteordnung mußten dem König drei Kandidaten zur Bestätigung vorgeschlagen werden.[226] Die Stadtverordneten wählten ebenfalls durch Ballotage Leopold von Gerlach mit 98 von 99 gültigen Stimmen, den früheren Stadtpräsidenten Büsching mit 54 gegen 45 Stimmen, den Stadtrat Laspeyres mit 50 gegen 49 Stimmen. Die Stadtverordneten unterrichteten den König über die Wahl und brachten „den sachkundigen und verdienstvollen vormaligen Kurmärkischen Kammer-Presidenten von Gerlach" in Vorschlag.[227] Als Empfehlung führten sie weiter an: „Schwerlich könnten wir zur Besetzung der Ober-Bürgermeister-Stelle irgend jemand presentieren, der in einem höhern Grade das Vertrauen aller Bürger Berlins besäße und alle erforderliche Eigenschaften in sich vereinigte. Das Collegium der Stadtverordneten der Residenz gehet zugleich allen übrigen Städten der Preußischen Monarchie mit dem Beyspiele voran, daß es frei von allen Vorurtheilen – die – zum offenbaren Nachtheile des allgemeinen Besten durch eine zu große Absonderung der verschiedenen Stände, aus welchen die Bewohner des Landes bestehen – bisher stattgefunden haben – seine Wahl getroffen und nur den würdigern, einsichtsvollern, rechtschaffenen ohne alle weitere Rücksicht als den Vater, Verweser, Verpfleger der Stadt in Vorschlag gebracht hat."[228] Die Wahl Gerlachs zum Oberbürgermeister wurde von Friedrich Wilhelm III. durch Kabinettsorder vom 8. Mai 1809 bestätigt.[229] Der König schrieb Gerlach am 23. Mai aus Königsberg, „Eure am 16. Mai Mir

---

Die Städteordnung unterscheidet zwischen besoldeten und unbesoldeten Magistratsmitgliedern; in großen Städten setzt sich der Magistrat aus 16 bis 21 Mitgliedern zusammen. Eine Besoldung erhalten neben dem Oberbürgermeister, der den Vorsitz des Magistratskollegiums führt, ein bis zwei „gelehrte Stadträte" (gesetz- und verfassungskundige Männer), wo erforderlich ein Stadtrat für das Baufach, ein Stadtrat als Syndikus und der Kämmerer. Durch Beschluß der Stadtverordnetenversammlung kann mit Genehmigung der Aufsichtsbehörde die Zahl der besoldeten Magistratsmitglieder erhöht werden (§§ 142–145). Das Diensteinkommen der besoldeten Magistratsmitglieder wird durch die Stadtverordnetenversammlung festgelegt; den auf zwölf Jahre gewählten Magistratsmitgliedern steht nach abgelaufener Amtsperiode ein im Gesetz bestimmter Mindestanspruch an Pension zu, der sich bei einer Wiederwahl nach 24jähriger Dienstzeit erhöht. In diesem Falle sind höhere Pensionsbewilligungen durch die Stadtverordnetenversammlung nicht ausgeschlossen, insbesondere bei wiederholter Wiederwahl (§§ 158, 159). Den nur auf sechs Jahre angestellten Magistratsmitgliedern ist es erlaubt, neben ihrem Amt zugleich als Bürger ihre Gewerbe betreiben zu dürfen (§ 151). Die Unterbedienten des Magistrats mit Beamtenstatus werden, falls die Stadtverordneten keine erheblichen Beanstandungen zu erheben haben, vom Magistrat auf Lebenszeit gewählt (§ 157).

226 StO § 153.

227 *Immediat-Bericht der Stadtverordneten zu Berlin vom 1. 5. 1809.* Abgedruckt in: H. Granier, *Berichte* ..., Nr. 189, S. 421.

228 *Ebda.*

229 GStA PK, Rep. 77, Tit. 227 A, Nr. 6, Bd. 1, Konzept der *Kabinettsorder*, fol. 33; die Abschrift der *Kabinettsorder*, fol. 34; GStA PK, Rep. 83, C, VI, Nr. 1007, Abschrift der *Kabinettsorder*, fol. 98;

angezeigte Bereitwilligkeit bei der auf Euch gefallenen Wahl als Oberbürgermeister, dem Vertrauen der Regierung und der Bürgerschaft zu entsprechen, ist mir besonders werth, und Ich werde Euch Meinerseits das Zutrauen Eurer Mitbürger stets gern zu sichern suchen."[230] Gerlach nahm die Wahl zum Oberbürgermeister trotz der schwierigen Lage der Stadt an.[231] Er berichtete dem König, daß er bemüht sein werde, das Beste des Staates mit dem Wohl seiner Mitbürger zu verbinden. Den König bat er darum „billige Anträge auf Erleichterung der unglücklichen, meiner Fürsorge anvertrauten Stadt nicht zurückweisen und mir dadurch das mir so nöthige Zutrauen ihrer Bewohner (zu) sichern."[232] Gruner begrüßte die Wahl Gerlachs, „da er ein Mann von anerkannter Rechtlichkeit, ausgebreiteter Geschäftskenntniß und großer Ruhe ist. Sein Einfluß wird daher allen Misbrauch der neuen Gewalt beseitigen."[233] Gerlach, altständisch und konservativ, galt zwar als Gegner der Reform, genoß jedoch wegen seines entschiedenen Auftretens gegen die Franzosen hohes Ansehen.[234] Die Stadtverordneten mögen diesen langjährigen Verwaltungsbeamten, der als Kammerpräsident zehn Jahre lang die Aufsicht über Berlin geführt hatte und daher eine hervorragende Kenntnis ihrer Verhältnisse besaß, wegen der eigenen Unerfahrenheit in Stadtgeschäften ihre Stimmen gegeben haben.[235] Nach der Übernahme des Oberbürgermeisteramtes durch Gerlach hatte man Gruner von den Arbeiten zur Einführung der Städteordnung befreit und die Kurmärkische Regierung mit der weiteren Durchführung betraut. Es oblag nun der Kurmärkischen Regierung, die Wahl und Bestätigung der anderen Magistratsmitglieder durchzuführen.[236]

BLHA, Pr. Br. Rep. 2 A, Abt. I, Kom. Nr. 3167, Bd. 1, Abschrift der Kabinettsorder, fol. 13; außerdem abgedruckt in: M. F. v. Bassewitz, *Kurmark ...*, S. 215.

230 Abgedruckt in: M. F. v. Bassewitz, *Kurmark ...*, S. 215; GStA PK, Rep. 83, C, VI, Nr. 1007, *Bericht J. Gruners an A. Sack vom 2. 5. 1809 über die Wahl des Oberbürgermeisters*, fol. 87 ff.; GStA PK, Rep. 77, Tit. 227 A, Nr. 6, Bd. 1, *Bericht Gruners an Sack* (Abschrift), fol. 37 ff. *Bericht Sacks an das Ministerium des Innern vom 3. 5. 1809,* fol. 35 ff.; GStA PK, Rep. 83, C, VI, Nr. 1007, enthält das Konzept zu dem Bericht des Oberpräsidenten Sack an das Ministerium des Innern, fol. 91 ff.; BLHA, Pr. Br. Rep. 2 A, Abt. I, Kom. Nr. 3167, *Mitteilung des Ministeriums des Innern an die Regierung in Potsdam über die Wahl,* fol. 12 ff.

231 *Immediat-Schreiben des Oberbürgermeisters von Gerlach vom 16. 5. 1809.* Abgedruckt in: H. Granier, *Berichte ...*, Nr. 208, S. 449.

232 *Ebda.*

233 *Auszug aus einem Schreiben des Polizei-Präsidenten Gruner an den Staats-Minister Graf Dohna vom 25. 5. 1809.* Abgedruckt in: H. Granier, *Berichte ...*, Nr. 183, S. 412.

234 Vgl. P. Clauswitz, *Städteordnung ...*, S. 105 f.

235 Vgl. B. Schulze, *Die Einführung ...*, S. 13.

236 GStA PK, Rep. 77, Tit. 227 A, Nr. 6, Bd. 1, *Verfügung des Ministeriums des Innern vom 9. 5. 1809 an Gruner und die Kurmärkische Regierung* (Konzept), fol. 32; BLHA, Pr. Br. Rep. 2 A, Abt. I, Kom. Nr. 3167, Ausfertigung obiger Verfügung; sowie das *Schreiben an Gruner vom 15. Mai 1809* (Konzept), fol. 9 ff.; GStA PK, Rep. 77, Tit. 227 A, *Verfügung des Ministeriums des Innern an August Sack*

Am 16. Mai wurden die 15 unbesoldeten, am 17. Mai die acht besoldeten Magistratsmitglieder gewählt.[237] Sämtliche Mitglieder des neuen Magistrats hatten bereits dem alten Magistrat von 1806 angehört. Die unbesoldeten Räte, der vermögenden Bürgerschaft zugehörig, standen ihren besoldeten Kollegen im Rang gleich. Die Versammlung hatte die folgenden Bürger zu unbesoldeten Stadträten bestimmt: Kaufmann Heinrich Ferdinand Becker, Zimmermeister J. G. Oertel, Knopfmachermeister J. E. Meinhoff, Bankbuchhalter J. F. A. Pieper, Kriegsrat Spener, die Bäckermeister D. Witte und Joh. G. Schulze, Buchhändler F. Maurer, Maurermeister M. Schülzky, Kaufmann C. W. Jury, Assessor David Friedländer, Mitglied des königlichen Manufaktur- und Kommerzkollegiums und Bankier Wilhelm Christian Beneke. Einige Monate später wurde das Kollegium durch drei noch fehlende Räte ergänzt: den Sekretär der Französischen Kolonie H. Barthelemy, den königlichen Bankbuchhalter Natorp und Bankier Ferdinand Moritz Delmar.[238] Der frühere Stadtpräsident und Polizeidirektor Johann Gottfried Büsching[239] wurde zum Bürgermeister und ersten Stadtrat gewählt; der bishe-

---

vom 10. 5. 1809 (Konzept), fol. 41 ff.; GStA PK, Rep. 83, C, VI, Nr. 1007, Ausfertigung der *Verfügung des Ministeriums des Innern an Oberpräsident Sack*, fol. 95.

237 BLHA, Pr. Br. Rep. 2 A, Abt. I, Kom. Nr. 3167, *Bericht der Stadtverordneten über die Wahl der unbesoldeten Stadträte an Polizeipräsident Gruner,* fol. 16 ff.; hierin befindet sich auch die „*Liste der Gewählten*“ (Abschrift), eine zweite „*Liste der gewählten Stadtverordneten*“, fol. 101 ff. – Die Namen der unbesoldeten Stadträte sind ebenfalls aufgeführt in dem: *Bericht des Oberpräsidenten Sack an den Minister des Inneren Graf Dohna vom 16. 5. 1809.* Abgedruckt in: H. Granier, *Berichte* ..., Nr. 209, S. 416; P. Clauswitz, *Städteordnung* ..., S. 107 f. – Nach der Städteordnung besitzt jedes Mitglied der Bürgerschaft die Wählbarkeit zum Magistrat; ein zum Magistragsmitglied gewählter und bestätigter Bürger ist zum Erwerb des Bürgerrechts verpflichtet (§§ 141, 155). Die Amtszeit aller besoldeten und unbesoldeten Magistratsmitgleider beträgt sechs Jahre, nur die Syndici sowie die gelehrten Stadträte und der Stadtbaurat bleiben auf 12 Jahre im Amt. Unbesoldete Magistratsmitglieder können nach drei Jahren ihr Amt niederlegen (§§ 146, 147). Die Bestellung zum Magistratsmitglied setzt ein Mindestalter von 26 Jahren voraus. Zu Magistratsmitgliedern bzw. zu Oberbürgermeistern sollen nur geachtete, rechtliche, einsichtsvolle und geschäftskundige Männer gewählt und vorgeschlagen werden, wobei Oberbürgermeister, Bürgermeister und Kämmerer diese Eigenschaften in einem vorzüglichen Grade besitzen müssen, der Kämmerer muß sogar ein bemittelter Mann sein. Personen, die die genannten Eigenschaften nicht besitzen („unqualifizierte Subjekte“) werden nicht bestätigt, so daß die Wahl bzw. der Vorschlag wiederholt werden müssen (§§ 148, 154). Auf zwölf Jahre anzustellende Magistratsmitglieder müssen zusätzlich zum Nachweis der für ihr Fach erforderlichen gründlichen Kenntnisse verschiedener Prüfungen absolvieren (§ 149).

238 Diese Angaben nach P. Clauswitz, *Städteordnung* ..., S. 107 f. – Der zum Christentum konvertierte Del(l)mar hieß vor seiner Taufe Salomon Moses Levy.

239 Näheres über J. G. Büsching, der 1804 von der litauischen Kriegs- und Domänenkammer zu Gumbinnen nach Berlin gekommen war und dessen Amtsführung durch den vom König beauftragen Minister von Angern überwacht wurde, in: P. Clauswitz, *Städteordnung* ..., S. 36 f; Gerhard Kutzsch, *Berlins Bürgermeister 1808 bis 1933. Die „Zweiten Männer“ der Stadt,* in: *Der Bär von Berlin* 25

rige Syndikus J. S. Wernitz zum ersten Syndikus, der bisherige Kämmerer F. H. Oeding zum Stadtrat und Kämmerer, der bisherige Baurat F. W. Langerhans zum Stadtbaurat, die früheren Stadträte Johann Ernst Laspeyres, Chr. C. Drake, E. F. Carow und J. W. Rück wiederum zu Stadträten.[240]

Am 6. Juli 1809, einem bedeutungsvollen Tag in der Geschichte Berlins, konnte Oberpräsident Sack die feierliche Amtseinführung der neuen Stadtbehörden und die Vereidigung des Magistrats vornehmen.[241] Das noch formell bestehende Comité administratif oder die Stadtverwaltungsbehörde, wie das Comité nach dem Abzug der Franzosen genannt wurde, und der alte Magistrat wurden im Berlinischen Rathaus, wo sich alle Beteiligten versammelt hatten, verabschiedet und ihrer Ämter entbunden. Danach bewegte sich die ganze Versammlung unter Glockengeläut in die nahe gelegene Nikolaikirche. Die Bürgergarde stand Spalier und in der Kirche erwarteten den Zug „die ersten Autoritäten der Stadt ... und eine sehr große Anzahl Zuschauer."[242] Nachdem Propst Ribbeck eine Predigt gehalten hatte, vereidigte der Oberpräsident den neuen Magistrat. Den Abschluß dieser Feier bildete ein Gebet und Tedeum. Anschließend zogen die Stadtverordneten und der Magistrat wieder ins Rathaus zurück; dort setzte Oberpräsident Sack den Magistrat förmlich in sein Amt ein. Der Oberbürgermeister übernahm seine Amtsgeschäfte und dankte den Stadtverordneten für ihr Vertrauen. In der nächsten Sitzung der ersten repräsentativen Bürgervertretung Berlins am 10. Juli trat an die Stelle Gerlachs als Stadtverordnetenvorsteher sein bisheriger Stellvertreter Humbert.

Die erste Versammlung der Stadtverordnetenversammlung war vom Polizeipräsidenten Gruner in das Palais des Prinzen Heinrich berufen worden. Aber hier konnten die Sitzungen nicht weiter abgehalten werden, weil das repräsentative Palais anderen Zwecken zu dienen hatte. In einer einfachen Mietwohnung in der Kurstraße 50, Ecke Holzgartenstraße, fand man eine eigene Unterkunft. Im Jahre 1810 übernahmen die Stadtverordneten in einer anderen Mietwohnung, in der Niederlagstraße 7, neue Sitzungsräume, bis sie im Jahre 1814 eine neue

(1976), S. 7 ff; Gunther Hildebrandt, *Johann Stephan Gottfried Büsching,* in: Wolfgang Ribbe (Hrsg.), *Stadtoberhäupter. Biographien Berliner Bürgermeister im 19. und 20. Jahrhundert* (Berlinische Lebensbilder 7), Berlin 1992, S. 51–65.

240 BLHA, Pr. Br. Rep. 2 A, Abt. I, Kom. Nr. 3167, *Mitteilung der Stadtverordneten über die Wahl an die Kurmärkische Regierung vom 23. 5. 1809,* fol. 23 ff.; GStA PK, Rep. 77, Tit. 227 A, Nr. 6, Bd. 1, *Bericht der Kurmärkischen Regierung an das Ministerium des Innern vom 30. 5. 1809 über die Wahlen zum Magistrat,* fol. 44 ff.

241 GStA PK, Rep. 77, 227 A, Nr. 6, Bd. 1, *Bericht Sacks vom 8. 7. 1809 an das Ministerium des Innern* mit ausführlicher Beschreibung des gesamten Vorgangs der Feier vom 6. 7. 1809, fol. 65 ff.; *Abdruck der Liedertexte,* die bei dem Gottesdienst in der Nikolaikirche gesungen wurden, fol. 72 ff.; BLHA, Pr. Br. Rep. 2 A, Abt. I, Kom. Nr. 3167, Abschrift obigen *Berichts*, fol. 92 ff.; vgl. M. F. v. Bassewitz, *Kurmark* ..., S. 217; P. Clauswitz, *Städteordnung* ..., S. 108 f; *Spenersche Zeitung* Nr. 81 vom 8. 7. 1809.

242 *Spenersche Zeitung* Nr. 81 vom 8. 7. 1809.

Bleibe in der alten Börse am Lustgarten fanden. Erst am 1. Oktober 1822 bezogen sie ein städtisches Gebäude, das Cöllnische Rathaus an der Ecke Breiten und Gertraudenstraße.[243]

Als höchstem Verwaltungs- und Kontrollorgan der Kommune oblagen der Stadtverordnetenversammlung im wesentlichen folgende Aufgaben[244]:

1. Vertretung der Bürgerschaft in allen Angelegenheiten des Gemeinwesens;
2. Ausführung sämtlicher Gemeindeangelegenheiten;
3. Abgabe rechtsverbindlicher Erklärungen hinsichtlich des Vermögens und sonstiger Rechte und Verbindlichkeiten der Stadt.

Alle inneren und äußeren Angelegenheiten wurden durch Beratung und Beschlußfassung der Bürgervertreter geregelt.[245] Obwohl die Städteordnung den Magistrat als „ausführende Behörde"[246] bezeichnet, oblag ihm nur die „allgemeine Leitung" der gesamten Verwaltung und der gemeindlichen Aufgaben. Damit verlor der Magistrat die alte Stellung als Stadtobrigkeit, da die Stadtverordneten ein eindeutiges Übergewicht über ihn erhielten. Gerade aus dieser Regelung sollten sich schon bald Kompetenzüberschreitungen entwickeln, die zu einem fortwährenden Antagonismus von Magistrat und Stadtverordnetenversammlung führten. Den Bezirksvorstehern, für jeden Bezirk aus dem Kreise der in dem Bezirk ansässigen Hausbesitzer auf die Dauer von sechs Jahren gewählt, war als „Unterbehörde des Magistrats" die Besorgung „kleinerer Angelegenheiten" und die Kontrolle der Einhaltung der Polizeianordnungen übertragen.[247] Die Deputationen besorgten alle Angelegenheiten, welche mit echter Verwaltungstätigkeit verbunden waren oder wenigstens einer dauernden Kontrolle oder Mitwirkung an Ort und Stelle bedurften. Die Verwaltungstätigkeiten, die zur Erledigung in den Deputationen behandelt wurden, waren in der Städteordnung festgelegt.[248]

3. Exkurs: Das preußische Städterecht nach 1808

a) Die Revidierte Städteordnung vom 17. März 1831

Schon bald nach Bekanntmachung der Städteordnung ergingen zunehmend Bestimmungen, die durch „Deklarationen" den ursprünglichen Sinn der Städteordnung umdeuteten und abänderten. Schließlich wurde eine Revision des Gesetzes in Erwägung gezogen, als den

243 Diese Angaben nach P. Clauswitz, *Städteordnung* ..., S. 144.

244 In Anlehnung an A. Krebsbach, *Städteordnung* ..., S. 42.

245 StO § 68.

246 StO § 174.

247 Eine Besoldung ist mit diesem Amte nicht verbunden StO §§ 163, 182.

248 StO §§ 175, 179.

Städten in den 1815 zurück- bzw. neu erworbenen preußischen Gebietsteilen eine Verfassung gegeben werden sollte. Eine „Zusammenstellung“ aller seit 1808 erlassenen „Deklarationen“ wurde als „Bekanntmachung des Ministers des Innern und der Polizei“ am 14. Juli 1832 verkündet, nachdem dieses Werk zuvor durch eine Kabinettsorder vom 4. Juli 1832 genehmigt worden war. In etlichen Ministerialreskripten, die neben diesen „Deklarationen“ erschienen, wurden ursprüngliche Inhalte und Absichten des Gesetzes modifiziert, „wobei die Heranziehung der Bestimmungen des Preußischen Allgemeinen Landrechts in weitem Umfange erfolgte, trotz der völligen Unvereinbarkeit der Rechtsgedanken der beiden Gesetze. Gegner der neuen Städteordnung versuchten damit, das Gesetz im Wege der Auslegung stückweise aufzuheben.“[249] Die tiefere Ursache für die ablehnende Haltung der staatstragenden Kräfte gegenüber der Städteordnung lag darin, daß die hochgesteckten Reformpläne, die die Umformung des gesamten Staatsaufbaus gebracht hätten, nur ein Teilstück geblieben waren. In der späteren restaurativen Phase wurden die Städte mit ihrer modernen Verfassung bis zur Revolution als „Fremdkörper inmitten der Institutionen des alten Obrigkeitsstaates“[250] empfunden.

Zu den ernsthaften Reformern gehörte aber auch der alternde Stein selbst, der die Beratungen zu einer anstehenden Revision[251] mit lebhaftem Interesse begleitete und sich an den Vorbereitungen des künftigen Gesetzgebungswerks auch als Gutachter beteiligte. In seinem Schreiben vom 15. März 1829 an den entschieden konservativ gesinnten preußischen Staatsmann Kaspar Friedrich von Schuckmann äußerte sich Stein kritisch über die von ihm initiierte Städteordnung: „Die wesentlichen Unvollkommenheiten der Städte-Ordnung von 1808 sind die Unbestimmtheit der Grenzen der Befugnisse des Magistrats und der Stadtverordneten, der Mangel einer Institution zur Ausgleichung der Meinungsverschiedenheiten unter ihnen, die Erhaltung geistiger und sittlicher Tüchtigkeit bei Stadtverordneten und Magistraten und Entfernung der Roheit und Unsittlichkeit aus der Bürgerschaft ... Höchst bedenklich ist es, die Befugnis, das Gemeindevermögen zu veräußern, Schulden zu machen, den Stadtverordneten allein anzuvertrauen, das Schicksal zukünftiger Geschlechter von der Raschheit, der Übereilung, dem Leichtsinn einer vielleicht durch selbstsüchtige Bewegungsgründe verleiteten Versammlung der Stadtverordneten abhängig zu machen ... Ich halte es daher für unerläßlich zur Sicherstellung des Wohlstandes der Gemeinden, daß zur Veräußerung ihres Eigentums und zur Eingehung der Schulden die Einwilligung des Magistrats und der Staatsbehörden erforderlich sei. Man könnte eine Summe festsetzen, wo die Zustimmung der Regierung, und eine höhere, wo die Genehmigung der obersten Behörde nachgesucht werden müßte.“[252]

Zweifellos wollte Stein die Stellung des Magistrats so weit verstärken, daß aus dem 1808 festgelegten Übergewicht der Stadtverordneten ein Gleichgewicht der beiden kommunalen

---

249 A. Krebsbach, *Städteordnung* ..., S. 27.

250 G. Ritter, *Stein* ..., S. 270.

251 Vgl. dazu besonders G. Ritter, *Stein* ..., S. 267 ff.

252 *Schreiben Steins an Schuckmann vom 15. 3. 1829*, abgedruckt in: Erich Botzenhart (Hrsg.)/Walter Hubatsch (neu hrsg.)/Alfred Hartlieb von Wallthor (neu bearb.), *Freiherr vom Stein. Briefe und amtliche Schriften,* Bd. 7, Stuttgart 1969, S. 539 f.

Organe würde, außerdem wünschte er die Klärung der beiderseitigen Zuständigkeiten; er favorisierte die indirekte Wahl und dazu einen höheren Zensus. Der ständisch geprägte Reichsfreiherr trat weiterhin für das besondere Bürgerrecht ein und wollte damit das alte korporative Moment der städtischen Verfassung unbedingt beibehalten.[253] In diesem Punkte konnte er sich niemals von den Traditionen des 18. Jahrhunderts lösen. Nach der Aussage seines Biographen Gerhard Ritter habe er sich im Alter erst recht darin versteift. „Hatte er bei den Beratungen von 1808 schlechthin jedem ehrbaren Einwohner den Erwerb des Bürgerrechts ermöglichen wollen, so schlug er am Ende seines Lebens vor, daß neu Aufzunehmende sich über ein angemessenes Vermögen, Gewerbetüchtigkeit, eine gewisse Fertigkeit im schriftlichen Ausdruck und Rechnen auszuweisen hätten, daß ihre sittliche Eignung von der Bürgerschaft zu prüfen sei und daß sie schließlich noch eine Art Kaution in die städtische Sparkasse einzulegen hätten.“[254] Auch beklagte er, daß die Städteordnung das aktive und passive Wahlrecht einseitig an Hausbesitz, Gewerbe und Grundeigentum binde, „räume aber der Intelligenz keine angemessene Stelle ein, befördere ihren Einfluß auf öffentliche Geschäfte nicht, sondern erschwere ihn.“[255] Das „Wählen nach Classen“ erklärte er in späteren Jahren besser als das „Wählen nach Bezirken.“[256] Als besonders schwerwiegend empfand Stein die häufig unüberlegte Veräußerung von Gemeindevermögen. Sein Tadel richtete sich dabei an die zahlreichen unerfahrenen Vertreter in den Stadtverordnetenversammlungen und in den Verwaltungsdeputationen, die die Grundsätze zweckmäßiger und sparsamer Verwaltungsführung nicht immer befolgt hatten. Es zeigte sich auch, daß es vielfach an geeigneten Persönlichkeiten für die städtischen Verwaltungskörper fehlte.

Neben diesen Punkten hatte die Preußische Städteordnung von 1808 vermehrte Ausgaben durch die Übernahme erhöhter Schul- und Armenlasten für die Gemeinden gebracht. Höhere Gehälter für die nicht mehr auf Lebenszeit angestellten Magistratsbeamten und Pensionszahlungen an die nicht wiedergewählten Beamten führten zu weiteren Ausgaben. In den großen Städten wirkten sich die Bestimmungen über den Erwerb des Bürgerrechts besonders aus: die gebildeten Schichten hielten sich fern, das Bürgerrecht eröffnete den kleinen Leuten, allen Handwerkern, aber auch dem städtischen Proletariat mit dem geringwertigsten Grundbesitz die Möglichkeit, in die Stadtverordnetenversammlungen aufgenommen zu werden. Andererseits hatten die Städte nach den Kriegswirren der napoleonischen Zeit einen außerordentlichen Aufschwung nehmen können. Im Unterrichts- und Armenwesen waren Verbesserungen erreicht, ein Teil der Schuldenlasten abgetragen worden, und eine geordnete Haushaltsführung hatte in den Rathäusern ihren Einzug gehalten.

---

253 Vgl. G. Ritter, *Stein* ..., S. 269; H. Heffter, *Selbstverwaltung* ..., S. 213.

254 G. Ritter, *Stein* ..., S. 269.

255 *Schreiben Steins an Schuckmann vom 15. 3. 1829,* abgedruckt in: Erich Botzenhart (Hrsg.)/Walter Hubatsch (neu hrsg.)/Alfred Hartlieb von Wallthor (neu bearb.), *Freiherr vom Stein. Briefe und amtliche Schriften,* Bd. 7, Stuttgart 1969, S. 541.

256 Zitiert nach G. Ritter, *Stein* ..., S. 257.

Die Beratungen über verschiedene Entwürfe zu einer neuen Städteordnung in den staatlichen und provinzialen Organen, unter denen der Preußische Staatsrat[257] eine bedeutende Rolle spielte, zogen sich lange hin. Daneben wurde eine heftige literarische Fehde zwischen liberalen und konservativen Beamten in zahlreichen Schriften geführt. Die Diskussion zeigte, daß es hier nicht nur um die Praktikabilität technischer Einzelheiten der Städteordnung von 1808 ging, sondern daß im Rahmen der reaktionären Phase in Preußen die eingeräumten Selbstverwaltungsrechte erheblich beschnitten werden sollten.[258]

Schließlich konnte nach langwierigen Verhandlungen am 17. März 1831 die Revidierte Städteordnung verkündet werden.[259] In der Präambel des Gesetzes heißt es, daß die Revision der Städteordnung von 1808 ohne Einwirkung auf die Grundlage des Gesetzes sich auf solche Abänderungen beschränkt habe, die „infolge mehrjähriger Wahrnehmungen dem Interesse des Stadthaushalts und einer zweckmäßigen Verwaltung im Allgemeinen günstiger gefunden worden sind.“ Tatsächlich wurde aber doch die Stellung des Staates gegenüber den Städten verstärkt. Dabei wurden die Rechte der Aufsichtsbehörde auf unmittelbares Eingreifen in die Städteverwaltung erweitert (z.B. Recht auf Auflösung der Stadtverodnetenversammlung und auf kommissarische Besetzung der Magistratsstellen) und die aufsichtsrechtlichen Genehmigungen auf wichtige Angelegenheiten ausgedehnt. Das Übergewicht der Stadtverordnetenversammlung vor dem Magistrat hob sie auf[260]; der Magistrat erhielt als Stadtobrigkeit eine verstärkte Stellung. Die Stadtverordnetenversammlung besaß außer den Wahlen zum Magistrat nur noch Beschlußrechte bezüglich des Gemeindehaushaltes und des kommunalen Vermögens. Konnte zwischen Magistrat und Stadtverordnetenversammlung keine Einigung erzielt werden, so führte die übergeordnete Staatsbehörde die Entscheidung

---

257 Zur Entstehung vgl. Franz Schlarmann, *Die Einflußnahme des Preußischen Staatsrates auf die Gemeindegesetzgebung im 19. Jahrhundert,* Diss. jur., Göttingen 1935, S. 10 ff.

258 Zu den bekanntesten gehörten die Schriften von Friedrich von Raumer, *Zur Rechtfertigung und Berichtigung meiner Schrift über die preußische Städteordnung,* Leipzig 1828 und die von Karl Streckfuß, *Über die Preußische Städteordnung. Beleuchtung der Schrift des Herrn von Raumer,* Berlin 1828; zum „Federkrieg“ über die Städteordnung vgl. P. Clauswitz, *Städteordnung* ..., S. 145 f.; H. Heffter, *Selbstverwaltung* ..., S. 213 f.; Zusammenstellungen der Streitschriften bei E. von Meier, *Reform der Verwaltungsorganisation* ..., S. 471 f., Anm. 144; L. von Rönne, *Die Preußischen Städtordnungen* ..., S. 28 f.

259 Der Text der Revidierten Städteordnung abgedruckt in: „*Gesetzsammlung 1831*“, S. 9 (Kabinettsorder zur Einführung), S. 10–37 (Text), S. 37–40 (Einführungsverordnung), bei allen Datierung vom 17. 3. 1831; Ch. Engeli/W. Haus (Bearb.),*Quellen zum modernen Gemeindeverfassungsrecht in Deutschland* ..., S. 184–204, der knappe, aber gründliche Kommentar dieser Ausgabe gibt eine gute Übersicht, S. 180–184.

260 Die Anzahl der Stadtverordneten sollte für jede Stadt nach Verhältnis ihrer Größe, der Wichtigkeit der Gewerbe, und des Umfanges der städtischen Angelegenheiten, durch das Statut bestimmt werden. Sie sollte jedoch nicht unter neun und nicht über 60 Mitglieder betragen (§ 46). Die Städteordnung von 1808 bestimmte zwischen 24 und 102 Stadtverordnete.

durch. Dies galt auch bei der Veräußerung von Gemeindevermögen. Die Kompetenzen der Städte gestaltete die Revidierte Städteordnung aus, indem sie den Stadtverordnetenversammlungen das Recht zum Erlaß von Ortsstatuten verlieh. Die Polizeigewalt wurde nicht mehr auf den Magistrat, sondern auf den Bürgermeister delegiert.

In einem Punkt jedoch leitete die Revision eine verfassungsrechtliche Entwicklung ein: Das Bürgerrecht bildete nicht mehr die Voraussetzung für Grundbesitz oder Gewerbebetrieb in der Stadt. Damit war das Bürgerrecht aus den traditionellen Standesbindungen gelöst und für die Gesamt-Einwohnerschaft der Stadt geöffnet worden. Heinrich Heffter begründete diesen entscheidenden verfassungsrechtlichen Schritt, das Prinzip der Einwohnergemeinde zu verwirklichen, folgendermaßen: „Aber das korporative Wesen der älteren Zeit war nicht mehr zu halten, da die Seßhaftigkeit und Abgeschlossenheit des Gemeindelebens, in der es wurzelte, sich zu verlieren begann, teilweise schon jetzt, dann im Nachmärz immer mehr. Die ummauerten Städte hatten bisher wie Inseln im Meer des flachen Landes gelegen; bald wurde durch die stürmische Ausdehnung von Industrie und Verkehr der Mauerring gesprengt, die alten Stadtkerne verschmolzen mit den neuen Vororten, und darüber hinaus wuchsen vielfach Stadt und Land ganz miteinander. Freizügigkeit und Binnenwanderung, für die Bildungsschicht schon lange eine wesentliche Tatsache, wurden allmählich zur Massenerscheinung.“[261]

Nunmehr mußte nur noch die Hälfte der Stadtverordnetenversammlung aus Grundbesitzern bestehen.[262] Die Stellvertreter brauchten allerdings nicht mehr über Grundbesitz zu verfügen (§ 49). In dem Statut[263] wurde festgelegt, ob die Bürger nach Bezirken bzw. Klassen getrennt oder (in kleinen Gemeinden) gemeinschaftlich zu wählen hatten (§§ 51, 53). Die Einteilung nach Klassen sollte sich „aus der Beschäftigung oder Lebensweise“ der Bürger ergeben (§ 52). Passives und aktives Wahlrecht waren an einen stark erhöhten Zensus gebunden (§ 56). Mit der gleichzeitigen Erhöhung des Zensus sowohl für den Erwerb des Bürgerrechts wie auch für die Wahrnehmung des Wahlrechts wurde allerdings erkennbar, daß man damit nicht eine Demokratisierung des Bürger- und Wahlrechts beabsichtigte. In effectu wurde in dieser politischen Hinsicht der Kreis der Bevorzugten nun enger gezogen.[264] Eine Neuerung bildete die Möglichkeit der Wählerschaft eines Bezirks oder einer Klasse, auch solche Bürger zu Stadtverordneten zu ernennen, welche nicht zu ihrem Bezirke oder ihrer

---

261 H. Heffter, *Selbstverwaltung* ..., S. 218.

262 Die Städteordnung von 1808 bestimmte, daß zwei Drittel der Stadtverordneten mit Häusern angesessen sein mußten.

263 Vgl. Ch. Engeli/W. Haus (Bearb.), *Quellen zum modernen Gemeindeverfassungsrecht* ..., S. 181: „So machte etwa die den Städten eingeräumte Befugnis, ihre Verwaltungsorganisation durch Statute individuell zu regeln – was als lebendige, vielfältige Fortbildung alten Rechts und höhere Form der Selbständigkeit gepriesen wurde – in ihrer Tendenz den Weg frei für eine Rückkehr zu staatlicher Lokalgesetzgebung. Denn da die örtlichen Statute genehmigungspflichtig waren, bedeutete dies gleichzeitig, daß der Staat auf ihre Ausgestaltung Einfluß nehmen konnte.“

264 Vgl. auch H. Heffter, *Selbstverwaltung* ..., S. 215.

Klasse gehörten (§ 55). Auch minder vermögende Bürger konnten durch übereinstimmenden Beschluß des Magistrats und der Stadtverordnetenversammlung unter die Wählbaren aufgenommen werden, wenn sie ein völlig unbescholtenes Leben geführt und sich das öffentliche Vertrauen erworben hatten (§ 59).

In den technischen Einzelheiten der Durchführung der Wahlen ging die Revidierte Städteordnung allerdings neue, in die Zukunft weisende Wege. Erstmalig hatte der Magistrat vier Wochen vor jeder Wahl sowohl die Bürgerrolle, als auch ein Verzeichnis der wählbaren Bürger auf dem Rathause öffentlich auszulegen (§ 63). Zusätzlich verteilte der Wahlvorsteher wenigstens vierzehn Tage vor der Wahl an die Bürger eine Liste der Wählbaren; hierin waren auch Wahltag und die Anzahl der zu Wählenden vermerkt (§ 66). Außerdem wurde jetzt nur noch an einem Sonntag gewählt. Der „feierliche Gottesdienst mit besonderer Beziehung auf das Wahlgeschäft" blieb allerdings weiterhin ein Bestandteil des Wahlaktes (§ 67). Die Revidierte Städteordnung schaffte die Ballotage ab und ersetzte dieses komplizierte und wenig bewährte Wahlverfahren durch die Einführung des Stimmzettels (§ 71). Damit blieben die Wahlen weiterhin geheim. Auch wählten die Bürger nunmehr die Stellvertreter in einem zweiten Wahlgang (§ 72). Die Wahlprotokolle wurden jetzt allerdings dem Magistrate zuerst zur Prüfung eingereicht; erst danach erhielt sie die Stadtverordenetenversammlung (§ 73).

Die Revidierte Städteordnung hatte die bürgerliche Selbstverwaltung der Städte durch eine verschärfte Staatsaufsicht drastisch eingeschränkt und eine deutliche Veränderung grundlegender Bestimmungen, insbesondere eine Erhöhung der Zensusschwelle, gebracht.[265] Da sie liberale Forderungen mißachtete und dem Zeitgeist widersprach, verweigerten die Städte ihre Einführung. Deshalb nahm die Regierung auch davon Abstand, dieses Gesetz in ganz Preußen einheitlich in Kraft zu setzen. Von der Möglichkeit, die bereits geltende Städteordnung von 1808 gegen die Revidierte Städteordnung von 1831 zu tauschen, machten nur drei Städte, nämlich Königsberg in der Neumark, Wendisch-Buchholz und Kremmen Gebrauch, während sich die übrigen Städte der Provinzen Preußen, Schlesien, Pommern und Brandenburg für die Städteordnung von 1808 entschieden.[266] So beschränkte sich die Ausdehnung der neuen Städteordnung zunächst auf die vormals sächsischen Gebietsteile der Provinz Brandenburg (u. a. Niederlausitz) sowie auf Teile der 1815 neugeschaffenen Provinz Sachsen; bis 1841 kamen die Provinzen Posen und Westfalen hinzu.[267] Berlin blieb bei der alten Städteordnung von 1808.[268]

---

265 G. Ritter, *Stein* ..., S. 269.

266 Vgl. Conrad Bornhak, *Preußische Staats- und Rechtsgeschichte,* Berlin 1903, S. 383 f.; R. Koselleck, *Preußen zwischen Reform und Revolution* ..., S. 576 ff; H. Preuß, Entwicklung des deutschen Städtewesens ..., S. 320; A. Krebsbach, *Städteordung* ..., S. 30.

267 Zum Verbreitungsgebiet im einzelnen L. von Rönne, *Die Preußischen Städteordnungen* ..., S. 22 ff., und Paul Schön, *Das Recht der Kommunalverbände,* Leipzig 1897, (Ergänzungsband zu Ludwig von Rönne, Das Staatsrecht der Preußischen Monarchie), S. 31 f.

268 Vgl. P. Clauswitz, *Städteordnung* ..., S. 147.

b) Die Gemeindeordnung vom 11. März 1850

Unter dem Druck der Ereignisse des Jahres 1848, die einen verstärkten Einfluß liberaler Kräfte vorübergehend in ganz Preußen brachten, wurde unter Aufhebung aller vorhandenen Städteverfassungen für Stadt und Land die Gemeindeordnung vom 11. März 1850[269] in Kraft gesetzt. Bereits die Frankfurter Nationalversammlung hatte in der Reichsverfassung in den §§ 184 und 185 hinsichtlich der Gemeindeorganisation Forderungen aufgestellt, die einen Ausbau der Selbstverwaltung in den einzelnen Ländern verwirklichen sollte.[270] Auch in Preußen wurde die unterschiedliche Ausgestaltung des Gemeindeverfassungsrechts in den einzelnen Gebietsteilen als veränderungswürdig angesehen, so daß sich das Verlangen nach einem neuen einheitlichen Gemeinderecht 1848 in allen Provinzen regte.[271] Die veränderte innenpolitische Situation nach dem Staatsstreich und der oktroyierten Verfassung vom Dezember 1848 konnte diese Entwicklung nicht aufhalten. Die Beratungen über die Neugestaltung der Gemeindeverfassung nahmen ihren Fortgang. Einen weiteren Schritt bildete das durch den zweiten preußischen Staatsstreich dem ganzen Land auferlegte Dreiklassenwahlrecht, das auch im kommunalen Bereich übernommen werden sollte.[272]

Obwohl die Preußische Gemeindeordnung von 1850 nur kurze Zeit in Kraft blieb, war sie für die Entwicklung des Kommunalverfassungsrechts von entscheidender Bedeutung. Dieses Gesetz ebnete den Weg für seit langem bestehende politische Tendenzen.[273] Die Gemeindeordnung[274] faßte zum ersten Male das kommunale Verfassungsrecht des Gesamtstaates einheitlich zusammen. Dadurch verwirklichte sie das Prinzip der Gleichmäßigkeit, das zu den Grundlagen rechtsstaatlicher Verwaltungsorganisation gehört.[275]

---

269 Der Text der Gemeindeordnung abgedruckt in: „*Gesetzsammlung 1850*“, S. 213–251; Ch. Engeli/W. Haus (Bearb.), *Quellen zum modernen Gemeindeverfassungsrecht* ..., S. 314–344; diese Edition enthält auch eine knappe, aber gründliche Charakterisierung der Gemeindeordnung, S. 310–313.

270 Zur Rolle der Selbstverwaltung in der Bewegung von 1848 vgl. H. Heffter, *Selbstverwaltung* ..., S. 291 ff.; Rudolf Stadelmann, *Soziale und politische Geschichte der Revolution von 1848*, München 1962, S. 32 ff. und S. 187 ff.

271 Hierzu ausführlich Kurt Utermann, *Der Kampf um die preußische Selbstverwaltung im Jahre 1848*, Berlin 1937, S. 34 ff.

272 Vgl. hierzu Ernst Rudolf Huber, *Deutsche Verfassungsgeschichte seit 1789*, Bd. 3, Stuttgart 1963, S. 49 ff.

273 Vgl. H. Heffter, *Selbstverwaltung* ..., S. 316; H. Preuß, *Entwicklung des deutschen Städtewesens* ..., S. 342 ff., und K. Utermann, *Kampf um die preußische Selbstverwaltung* ..., S. 184 f.

274 Siehe die ausführliche Beschreibung der Gemeindeordnung bei C. Bornhak, *Geschichte des preußischen Verwaltungsrechts* ..., Bd. 3, S. 232 ff., und P. Schön, *Recht der Kommunalverbände* ..., S. 35 ff.

275 Siehe auch Ch. Engeli/W. Haus (Bearb.), *Quellen zum modernen Gemeindeverfassungsrecht* ..., S. 312.

Die wesentlichsten Unterschiede zur Städteordnung von 1808 lagen zunächst in der Umbenennung der Stadtverordnetenversammlung in Gemeinderat, von Oberbürgermeister in Bürgermeister[276], von Magistrat in Gemeindevorstand. Der Bürgermeister sowie sein Stellvertreter bedurften noch königlicher Bestätigung. Die Wahlperiode des Gemeinderats wurde auf sechs Jahre erhöht; seine Versammlungen, denen Vertreter des Gemeindevorstands beiwohnen durften, wurden öffentlich[277]; seine Geschäftsordnung durfte der Gemeinderat sich selbst geben. Die Mitglieder des Gemeinderats unterstanden streng der Autorität des Bürgermeisters. Dieser konnte mit einem Einspruchsrecht ihre Beschlüsse, sofern sie ihm im Widerspruch zum Gemeinwohl zu stehen schienen, zurückweisen. Außerdem konnte das Innenministerium bei Auseinandersetzungen eingreifen und den Gemeinderat sogar für eine begrenzte Zeit suspendieren. Da es in der Vergangenheit häufig zu ungerechtfertigten Veräußerungen von Gemeindevermögen gekommen war, wurden einige Kompetenzen der Selbstverwaltung völlig entzogen: das Anleihewesen der Stadt sowie ihre Grundstücksverkäufe und Besteuerungsbeschlüsse, sofern sie eine bestimmte Größenordnung überstiegen.

Der politisch untragbare Unterschied von Bürgern und Schutzverwandten wurde nun endlich durch die Gemeindeordnung aufgehoben (§ 2). Damit bildeten alle Einwohner die politische Bürgerschaft; die Gemeindeordnung verwirklichte dadurch das Prinzip der ausschließlich am Wohnsitz orientierten „Einwohnergemeinde“. Diese stadtrechtliche Egalisierung aller Gemeindebürger wurde indes durch die Einführung des Dreiklassenwahlrechts wieder erheblich eingeschränkt. Hierbei reduzierte ein Zensus die Zahl der Wahlberechtigten, und deren Stimmen erhielten entsprechend ihrer finanziellen Leistungsfähigkeit eine unterschiedliche Gewichtung. Insofern konnte von einer Demokratisierung im egalitären Sinne nicht die Rede sein.[278] Außerdem blieb das Wahlrecht abhängig vom einjährigen Wohnsitz in der Gemeinde. Die Hälfte der von jeder Abteilung zu wählenden Gemeindeverordneten mußte über Grundbesitz verfügen (§ 14).[279] Die Mitglieder des Gemeinderats wurden nunmehr auf sechs Jahre gewählt (§ 16)[280], die Wahl der Stellvertreter wurde abgeschafft. Von der Revidierten Städte-

---

276 Der am 5. 11. 1850 erneut zum Stadtoberhaupt Berlins gewählte Heinrich Wilhelm Krausnick erhielt allerdings den Titel „Oberbürgermeister“, den er bereits während seiner Amtszeit von 1834–1848 getragen hatte, durch einen *Allerhöchsten Erlaß vom 16. 11. 1850* erneut verliehen.

277 In Berlin waren die Sitzungen der Stadtverordnetenversammlung seit 1847 öffentlich.

278 In Berlin betrug der Zensus für das aktive Wahlrecht 300 Taler. Dadurch blieb die Masse der Bevölkerung vom Wahlrecht ausgeschlossen. So besaßen bei den Berliner Gemeindewahlen vom September 1850 nur noch 21 000 Bürger das Wahlrecht. Trotz gestiegener Bevölkerungszahl waren das 6 000 weniger als 1847, vgl. Günther Richter, *Zwischen Revolution und Reichsgründung (1848–1870). Berlin 1848,* in: Wolfgang Ribbe (Hrsg.), *Geschichte Berlins. Von der Märzrevolution bis zur Gegenwart* (= Veröffentlichung der Historischen Kommission zu Berlin), Bd. 2, 2. Aufl., München 1988, S. 605–687, hier S. 646.

279 Aus der Städteordnung von 1831 wurde die Vorschrift übernommen, daß mindestens die Hälfte aller Gemeindevertreter Grundbesitzer sein mußten.

280 Die Städteordnung von 1808 sah eine Amtsdauer von drei Jahren vor.

ordnung übernahmen die Schöpfer des Gesetzes die Bestimmung, daß eine Liste der Gemeindewähler zu veröffentlichen sei (§ 18). Die Wahlen zur regelmäßigen Ergänzung des Gemeinderates sollten alle zwei Jahre im November stattfinden (§ 19). Als eine Beeinträchtigung des Wahlrechts wurde die Vorschrift empfunden, daß jeder Wähler dem Wahlvorstand mündlich zu Protokoll erklären mußte, wem er seine Stimme geben wollte. Er hatte so viele Personen zu benennen, wie zu wählen waren (§ 23). Damit wurde das 1808 gegebene geheime Wahlrecht durchbrochen. Diese öffentliche Stimmabgabe[281] bedeutete eine zusätzliche Begünstigung des Besitzbürgertums angesichts der wirtschaftlichen Abhängigkeit breiter Schichten der Bevölkerung.

Die Gemeindeordnung bildete im Gegensatz zur Steinschen Städteordnung einen politischen Rückschritt, da sie die Aufsichtsrechte des Staates weiter ausdehnte und den Zensus für das aktive Wahlrecht erhöhte; ein Teil der 1808 zugebilligten Verfassungsrechte mußten zur Angleichung an das neue Gesetz aufgegeben werden. Insofern ist es begreiflich, daß Berlins Magistrat und Stadtverordnetenversammlung mit Eingaben und Petitionen die Regierung um die Beibehaltung der alten Städteordnung, diesem „unschätzbaren Kleinod bürgerlicher Freiheit", baten. Deshalb soll an dieser Stelle eine bisher unveröffentlichte Petition[282] der beiden Gremien ausführlicher vorgestellt werden, die die Auffassungen in den Kernfragen aufzeigt. Die Stadtväter wollten „Erprobtes und Besseres nicht aufgeben um einer äußeren Gleichförmigkeit willen, welche nicht das höchste Ziel ist, und welche bei der großen Verschiedenheit dennoch innerlich ungleich bleiben müßte."[283]

Magistrat und Stadtverordnetenversammlung traten für die Aufrechterhaltung des alten Bürgerrechts ein und erklärten zu der geplanten Ausweitung des Bürgerrechts auf die Schutzverwandten: „Unverkennbar würde der Kreis der Bürgerschaft dadurch äußerlich erweitert werden. Wir können darauf jedoch kein besonderes Gewicht legen. Schon jetzt gehört z.B. in Berlin etwa die Hälfte der großjährigen Männer zur Bürgerschaft. Die übrig bleibende Hälfte wird dem bei Weitem größeren Theile nach den Handwerks-, Handlungsgehülfen, dienenden Klassen und andern im Sinne des Gesetzes nicht selbständigen Männern angehören. Die zugedachte Begünstigung würde daher eine verhältnismäßig geringe Zahl wohlhabender Männer treffen, welche bisher nicht geneigt gewesen sind das Bürgerrecht zu erwerben, – sei es aus Mangel an Interesse für die Communal-Angelegenheiten, oder weil sie die Bürgergelder nicht zahlen wollten. So sehr wir eine Erweiterung des Kreises der Bürgerschaft nur wünschen können: so scheint es doch nicht nothwendig, jenen Personen wider Willen aufzu-

---

281 Das komplizierte Wahlverfahren der Ballotage war damit abgeschafft.

282 GStA PK, Rep. 77, 227 A, Nr. 4, „*Petition der Kommunalbehörden zu Berlin wegen Beibehaltung der Städte-Ordnung vom 19. November 1808*", *Berlin 1849.* Vorstehende Petition wurde vom Magistrat in der Sitzung vom 20. November 1849 genehmigt, und in der Sitzung der Stadtverordnetenversammlung vom 22. November einstimmig angenommen, fol. 163 ff.

283 *A. a. O.,* fol. 165

dringen und ohne Beitrag zu gewähren, was bisher der ärmere Gewerbetreibende nicht ohne Opfer erwerben mußte.“[284]

Auch die Einführung des Dreiklassenwahlrechts wurde von den beiden Gremien abgelehnt: „Jedenfalls sind wir nicht einverstanden mit der Eintheilung der Bürgerschaft in 3 Klassen nach Maaßgabe der Communalsteuerlast. Etwa 700 höchst Besteuerte würden danach in Berlin die erste Klasse bilden. Die zweite Klasse würde einige Tausend nächst hoch Besteuerte, die dritte Klasse die große Mehrzahl der Uebrigen (über 30 000) umfassen. Diese große Mehrzahl auf eine Minorität von 1/3 der Stimmen herabzusetzen, das Stimmrecht der zweiten und dritten Bürgerklasse thatsächlich auf 1/4, 1/20, 1/40 usw. Stimme zu reduciren, widerspricht deutschem Herkommen und den bei uns gemachten Erfahrungen, nach welchen unser bisheriges Stimmrecht sich vollkommen, in allen Umständen und Zeiten, bewährt hat. Wenn das Gesetz den selbständigen ehrenhaften Mann einmal zum Gemeinde-Bürger beruft: so gehört die Gleichheit unter den Bürgern zu den ersten Erfordernissen einer deutschen Stadtgemeinde.“[285]

Eine öffentliche Abstimmung bei den Wahlen, „bei welchen es sich so sehr um örtliche und nachhaltliche Interessen handelt“, würde „nur mit großem Widerstreben durchzuführen sein.“[286] Auch bestehe zu einer Änderung der dreijährigen Wahlperiode keine Veranlassung. Ein Oberaufsichtsrecht des Staates „in einem andern als in dem Sinne unserer Städteordnung“ würde „nicht für wünschenswerth“[287] erachtet. „Eine Aufsichtsinstanz im Sinne der revidierten Städteordnung dagegen widerstrebt dem innersten Wesen der Selbstverwaltung. Die Ehre der Selbständigkeit ist davon schon deshalb untrennbar, weil sich sonst nicht die rechten Personen mit Gemeindeämtern befassen. Soll größere Selbständigkeit gegeben werden, so muß sie den größeren Körperschaften ganz gegeben werden, weil sonst nur eine unerschöpfliche Quelle der Eifersucht, der Beschwerden und Reibungen entstehen würde.“[288] Abschließend wurde die alte bewährte Stadtverfassung von 1808 gewürdigt: „Diese Städteordnung ist uns ein Ehrendenkmal einer Zeit, welche den Bürgersinn, den Sinn der Aufopferung und Hingebung für das allgemeine Beste zu erwecken und rege zu halten redlich bemüht war.“[289]

Die Gemeindeordnung als Produkt des „rheinisch-bürgerlichen“ Liberalismus hatte besondere Auswirkungen für die Landgemeinden in den ostelbischen Provinzen. Sie führte in diesen Gebieten zum Fortfall der Patrimonialherrschaft. Der erbitterte Widerstand der betroffenen Kreise bewirkte, daß durch königlichen Erlaß vom 19. Juni 1852[290] mit der Einführung

284 *Ebda.*

285 *Ebda.*

286 *A. a. O.,* fol. 166.

287 *Ebda.*

288 *Ebda.*

289 *Ebda.*

290 „*Gesetzsammlung 1852*“, S. 388 ff.

dieser Gemeindeordnung „nicht weiter vorzugehen" sei. Durch Gesetz vom 24. Mai 1853 wurde die Gemeindeordnung von 1850 aufgehoben.

c) Die Städteordnung vom 30. Mai 1853

Die Städteordnung vom 30. Mai 1853[291] für die sechs östlichen Provinzen brachte gegenüber der Gemeindeordnung keine wesentlichen Änderungen.[292] Sie war nach dem Urteil Heinrich Heffters „nichts anderes als eine konservative Revision der liberalen Gemeindeordnung von 1850, und zwar eine Revision nach dem Muster der Städteordnung von 1831, die ihrerseits ein Werk reaktionärer Kommunalpolitik gewesen war."[293] Der Einfluß der staatlichen Bürokratie wurde durch deren erweiterten Aufsichtsrechte nach dem Vorbild der Revidierten Städteordnung von 1831 verschärft. Diese Tendenz zeigte sich besonders deutlich in den Bestimmungen über die Auflösung der Stadtverordnetenversammlung bei fortwährender Vernachlässigung ihrer Pflichten durch königliche Verordnung und durch Neuwahlen, sowie die Wiedereinführung der staatlichen Bestätigung sämtlicher Magistratsmitglieder. Lediglich die Oberbürgermeister mußten nicht mehr aus drei von den Stadtverordneten präsentierten Kandidaten vom König ernannt werden.

Der Titel „Oberbürgermeister" und die Bezeichnung „Stadtverordnetenversammlung" wurden 1853 mit Einführung der neuen Städteordnung wiederhergestellt. Bei der Abgrenzung der Zuständigkeiten zwischen Magistrat und Stadtverordnetenversammlung griff man ganz auf die Vorschriften der Revidierten Städteordnung von 1831 zurück.[294] Der Magistrat

---

291 Der Text der Städteordnung abgedruckt in: „*Gesetzsammlung 1853*", S. 261–290; Ch. Engeli/W. Haus (Bearb.), *Quellen zum modernen Gemeindeverfassungsrecht* ..., S. 373–395; einen Überblick zur Entstehung des Gesetzes vermittelt der Kommentar dieser Ausgabe, S. 370–372.

292 Siehe den rechtsgeschichtlichen Vergleich der preußischen Städteordnung von 1808, 1831, und 1853 in den Dissertationen von Alfred Janetzki, *Die grundsätzlichen Unterschiede der preußischen Städteordnungen von 1808, 1831 und 1853,* Diss. jur., Leipzig 1909; Georg Puhlmann, *Die Umbildung der Grundprinzipien der Städteordnung von 1808 durch die Städteordnungen von 1831 und 1853,* Diss. jur., Greifswald 1912; Hans Hermann Meißner, *Grundsätze der Steinschen Städteordnung vom 19. November 1808 und deren Entwicklung in den späteren preußischen Gemeindeverfassungsgesetzen,* Diss. jur., Greifswald 1913. Vgl. auch die ausführliche Darstellung bei Anny Kratzer, *Entstehung und Bedeutung der Städteordnung von 1853,* Diss. phil., Berlin 1930.

293 H. Heffter, *Selbstverwaltung* ..., S. 331.

294 Vgl. Eduard Sand, *Die Abgrenzung der Befugnisse des Magistrats und der Stadtverordnetenversammlung nach der Städteordnung für die sechs östlichen Provinzen der Preußischen Monarchie vom 30. Mai 1853,* Diss. phil., Berlin 1913, S. 19 ff., und A. Kratzer, *Entstehung und Bedeutung der Städteordnung von 1853* ..., S. 10 ff.; hierzu ausführlich H. Kappelmann, *Die Verfassung und Verwaltungsorganisation der preußischen Städte nach der Städteordnung vom 30. Mai 1853,* in:

erhielt eine möglichst dominierende Stellung gegenüber den Stadtverordneten.[295] Die neue Städteordnung übertrug der Stadtverordnetenversammlung nur noch Beschlußrechte hinsichtlich des Gemeindehaushaltes und -vermögens, während die städtische Verwaltung und die Ausführung der Beschlüsse beim Magistrat lagen. Zusätzlich wurde der Magistrat mit weiteren Befugnissen ausgestattet: formale Kontrolle und Einspruchsrechte der Stadtverordnetenbeschlüsse. Insbesondere das dem Magistrat eingeräumte weitgehende Zustimmungsrecht zu allen Beschlüssen der Stadtverordnetenversammlung führte zu einer Art „Magistratsherrschaft" und begrenzte die Stadtfreiheiten.[296] Damit erhielt der Magistrat die 1808 durch die Steinsche Städteordnung verlorengegangene Stellung als Stadtobrigkeit zurück. All diese Bestimmungen der Gemeindeordnung hatten mit den Intentionen der Städteordnung von 1808 kaum etwas gemein und gingen an die Substanz der kommunalen Selbstverwaltungsidee, die der Freiherr vom Stein vertreten hatte.[297]

Zensus und Dreiklassenwahlrecht kennzeichneten auch diese Kommunalordnung, wodurch eine mögliche demokratische Entwicklung der Stadtverfassungen deutlich unterbunden werden sollte. In den technischen Einzelheiten der Durchführung der Wahlen übernahm das neue Gesetz die Errungenschaften[298] der Gemeindeordnung. Die bereits mit der Gemeindeordnung von 1850 eingeführte Regelung des Bürgerrechts wurde auch in die Städteordnung aufgenommen. Das Bürgerrecht stand bei Erfüllung gewisser formaler Voraussetzungen (Zensus, Aufenthaltsdauer) jedem städtischen Einwohner zu und beschränkte sich inhaltlich auf das aktive und passive Wahlrecht sowie die Pflicht zur Übernahme kommunaler Ehrenämter.[299] Damit wurde die bereits im Vormärz angebahnte Entwicklung zur Einwohnergemeinde weitergeführt. Das alte korporative Element von privilegierten und minderberechtigten Einwohnern mußte der stadtrechtlichen Egalisierung weichen. Das Wahlrecht der Städteordnung von 1853 blieb bis zum Ende der Monarchie gültig. Erst der gesellschaftliche Umbruch von 1918/19 brachte das allgemeine und gleiche Wahlrecht.

Verfassung und Verwaltungsorganisation der Städte, Bd. 1, *Königreich Preußen* (= Schriften des Vereins für Socialpolitik, Bd. 117), Leipzig 1906, S. 52 ff.

295 Nach der Aussage von P. Clauswitz, *Städteordnung* ..., S. 247, behielt Berlin weiterhin 102 Stadtverordnete, der Magistrat bestand damals aus 30 Mitgliedern.

296 Vgl. A. Kratzer, *Entstehung und Bedeutung der Städteordnung von 1853* ..., S. 16.

297 Vgl. I. Mieck, *Die verschlungenen Wege* ..., S. 81.

298 Dazu gehörte die Aufstellung einer gedruckten Wählerliste, Abschaffung der Ballotage, Festlegung eines einheitlichen Wahltermins auf den November.

299 Ausführliche Darstellung bei C. Apetz, *Entwicklung der Einwohnergemeinde* ..., S. 59 ff.; vgl. auch A. Kratzer, *Entstehung und Bedeutung der Städteordnung von 1853* ..., S. 6 ff.

KAPITEL 2

Die Durchführung der Wahlen

1. Das Wahlverfahren

a) Wahlvorbereitungen

Bei den ersten Wahlen von 1809 hatten alle 102 Wahlbezirke gewählt. Künftig sollten die jährlichen Wahlen nur noch in 34 Bezirken stattfinden. So wurden in den beiden folgenden Jahren die 34 Bezirke ausgelost, die zur Wahl kommen sollten. Damit war die Reihenfolge festgelegt, in der die Bezirke in einem Turnus von drei Jahren zu wählen hatten. Um die Wahlen in den 34 Bezirken durchführen zu können und ihren reibungslosen Verlauf zu gewährleisten, mußten schon rechtzeitig organisatorische Maßnahmen ergriffen werden.

Da die Wahlen in der Regel im Juni stattfanden[300], wurden die Bezirksvorsteher im März vom Magistrat aufgefordert, die Bürgerrollen zu berichtigen.[301] Sie hatten dabei die Bürgerlisten zu vervollständigen und sämtliche Bürger ihres Bezirks aufzunehmen. Bei den mit keinem Grundstück ansässigen Bürgern, die nach Einschätzung des Bezirksvorstehers über kein reines Einkommen von 200 Talern verfügten, mußte darüber eine entsprechende Bemerkung angebracht werden. Häufig kam es vor, daß einige Bürger nicht in die Rolle der Stimmberechtigten aufgenommen waren und somit keine Einladung erhalten konnten. Um dies zu verhindern, wurden die Hausbesitzer angewiesen, eine Aufstellung von den in jedem Hause wohnenden Bürgern, Bürgerinnen und Gewerbetreibenden anzufertigen. Zu ihrer Erleichterung waren hierfür eigens Formulare entwickelt worden, die nur ausgefüllt werden mußten. Dabei ging der Magistrat davon aus, „daß nicht alle Hausbesitzer mit der nöthigen Genauigkeit verfahren“[302] werden und auch den ihnen zur Ablieferung der Nachweisung gesetzten

300 Vgl. die Wahltermine im Anhang.

301 LAB, Rep. 01-02, Magistrat der Stadt Berlin, Generalbüro, Nr. 2583, „*Aufforderung zur Berichtigung der Bürgerrolle*“ (gedruckt), ausgestellt: „An den Vorsteher des Münzstraßen-Bezirks, Herrn Sperling“, vom 23. 3. 1821, fol. 7. – Zur Erleichterung der Arbeit des Bezirksvorstehers hatte der Magistrat dieses Formular konzipiert. Auch in späteren Jahren wurde derartige „*Aufforderungen*“ – in leicht abgewandelter Form – den Bezirksvorstehern zur Verfügung gestellt.

302 GStA PK, Rep. 77, Tit. 227 A, Nr. 6, Bd. 4, „*Aufforderung zur Erstellung der Bürgerrollen*“ *vom 6. 3. 1840,* fol. 3 ff.

Termin nicht einhalten werden. Deshalb erhielten die Bezirksvorsteher die Aufforderung, „sich außerdem noch durch einen Umgang, nöthigenfalls mit Zuziehung Ihres Stellvertreters von jedem, in dem Bezirk ansässigen und wohnhaften Bürger, Hausbesitzer und Gewerbetreibenden Kenntniß zu verschaffen und zu bemühen, die etwa ausbleibenden Nachweisungen auf dem kürzesten Wege einholen zu lassen. Für den Fall, daß einzelne Exemplare abhänden kommen sollten, senden wir Ihnen vorläufig 6 dergl. zur Aushülfe."[303]

Nach der Erstellung der Bürgerrolle gab der Magistrat die Anweisung, für jeden Bezirk die Maueranschläge „mit großer Schrift"[304] drucken zu lassen. Im Jahre 1833 wurden z.B. für jeden Bezirk zwölf Exemplare gedruckt, wovon zehn Exemplare die betreffenden Bezirksvorsteher zusammen mit einer gedruckten Anweisung erhielten. Ein Exemplar wurde dem Wahlprotokoll beigefügt und ein weiteres zu den Akten gelegt. Außer den Maueranschlägen wurden „Stimmfähigkeits-Atteste", die als Einlaßkarten zur Wahl dienten, gedruckt. Ihre Zahl richtete sich nach den stimmfähigen Bürgern des Bezirks. Auf jeder Karte wurde der Name des betreffenden Bürgers handschriftlich eingetragen – eine mühselige Arbeit bei über 9 000 Stimmberechtigten.

Als nächstes mußte die „Öffentliche Bekanntmachung" entworfen werden, die in den Intelligenzblättern sowie der Spenerschen und Vossischen Zeitung zwei Mal erscheinen sollte. Sie enthielt die Namen der 34 Wahlbezirke und der jeweiligen Kirchen mit den Wahltagen. Ab 1822 wurden die Bezirke mit den entsprechenden Straßen ebenfalls veröffentlicht. Diese „Öffentliche Bekanntmachung" galt als Aufforderung an den Wahlen teilzunehmen. Die Bürger wurden darin auch immer hingewiesen, sich im Verhinderungsfall beim Bezirksvorsteher schriftlich zu entschuldigen.

Nachdem die Maueranschläge und die Stimmfähigkeitskarten gedruckt waren, erfolgte deren Austeilung an die Bezirksvorsteher. In der beigefügten gedruckten Anweisung wurde der Bezirksvorsteher aufgefordert, die Anschläge „sofort an den Kirchthüren und an andern dazu schicklichen Orten Ihres Bezirks, besonders auch an den Grenzen desselben dergestalt befestigen zu lassen, daß selbige zwar sehr gut gelesen, aber nicht leicht abgerissen werden können, daher sie etwas hoch angeschlagen werden müssen."[305] Die etwaigen Kosten wurden dem Bezirksvorsteher erstattet.[306] Dieser Amtsträger erhielt außerdem die Anweisung, die Stimmfähigkeitskarten an die Bürger auszuteilen. „Bei Aushändigung dieser Stimmfähigkeitskarten ist den Bürgern zugleich bekannt zu machen, daß sie selbige bei dem Eintritt in

---

303 *Ebda.*

304 LAB, Rep. 01-02, Magistrat der Stadt Berlin, Generalbüro, Nr. 2599, *„Anweisung zum Druck der Bekanntmachungen" vom 18. 5. 1833,* nicht foliiert.

305 LAB, Rep. 01-02, Magistrat der Stadt Berlin, Generalbüro, Nr. 2599, *„Aufforderung an die Bezirksvorsteher"* (gedrucktes Formular aus dem Jahr 1833), nicht foliiert.

306 LAB, Rep. 01-02, Magistrat der Stadt Berlin, Generalbüro, Nr. 2587, Bezirksvorsteher Höhne legte für das Anschlagen der *Bekanntmachungen im Schinkenbrücken-Bezirk* zehn Silbergroschen aus, *„Mitteilung an die Kämmereikasse" vom 9. 12. 1825*, fol. 233.

die Kirche, wo die Wahl nach der öffentlichen Bekanntmachung geschieht, bloß zu ihrer Legitimation vorzuzeigen, aber nicht abzugeben haben."[307]

Die „sämtlichen Herren Oberkirchenvorsteher und Kirchenvorsteher der unter dem Patronat des Magistrats stehenden Kirchen" wurden benachrichtigt, zu den Wahlen Vorkehrungen in den verschiedenen Kirchen zu treffen.[308] Es lag auch bei ihnen, die Prediger zu bestimmen, die an den entsprechenden Tagen den Gottesdienst vor dem eigentlichen Wahlakt zu halten hatten. Die „Ältesten der hiesigen Judenschaft" erhielten Anweisung, am Sonnabend vor den Wahlen den Termin in der Synagoge bekanntzugeben. Auch sollten sie als Vorbereitung zur Wahl für die stimmfähigen Bürger ihrer Gemeinde eine gottesdienstliche Handlung veranstalten.[309]

Um für „Ruhe und Ordnung" während der Wahlen zu sorgen, wurde die Armeedirektion aufgefordert, „daß sich an den gedachten 3 Tagen, vor jeder, der in dem anliegenden Tableau benannten Kirchen, zu diesem Zweck ein und wo möglich zwei Stadt Sergeanten einfinden."[310] Diese sollten angewiesen werden, die Texte von den Gesängen, die vor und nach der gottesdienstlichen Handlung gesungen wurden, an den Kirchentüren zu verteilen. Im ersten Jahrzehnt der Städteordnung hatten die beauftragten Polizeiofficanten, Gendarmen und Stadtsergeanten die Kontrolle der Stimmfähigkeitskarten übernommen. Spätestens 1823 waren die Bezirksvorsteher zusammen mit den Kirchendienern angewiesen, die Karten zu kontrollieren, „da die wachthabenden Gensdarmen, welchen dieses Geschäft sonst oblag, nur auf ihre ursprüngliche Bestimmung zurückgeführt werden sollen, nur diejenigen Personen mit Gewalt zurückzuweisen, die sich, ohne gesetzlich dazu verstattet zu sein, in die Kirche eindrängen wollen."[311] Die Ordnungshüter waren angewiesen, sich bereits um 8.00 Uhr vor den Kirchen einzufinden und sich nur vor dem Eingang zu postieren, sowie sich dort auch während der Wahl aufzuhalten.

---

307 LAB, Rep. 01-02, Magistrat der Stadt Berlin, Generalbüro, Nr. 2596, „*Anweisung*" *an den Bezirksvorsteher Bräutigam vom 20. 5. 1831* (gedrucktes Formular), fol. 13.

308 LAB, Rep. 01-02, Magistrat der Stadt Berlin, Generalbüro, Nr. 2599, „*Patentum ad domum an die sämtlichen Herren Oberkirchenvorsteher und Kirchenvorsteher der unter dem Patronat des Magistrats stehenden Kirchen, ausgestellt auf den 6. 6. 1815*", gez. Büsching, nicht foliiert.

309 LAB, Rep. 01-02, Magistrat der Stadt Berlin, Generalbüro, Nr. 2599, „*Anweisung an die Herren Ältesten der hiesigen Judenschaft, ausgestelllt auf den 18. 5. 1833*", fol. 27.

310 *A. a. O.*, „*Anweisung an die Armeedirektion, ausgestellt auf den 18. 5. 1833*", fol. 30.

311 LAB, Rep. 01-02, Magistrat der Stadt Berlin, Generalbüro, Nr. 2585, *Aufforderung an die Bezirksvorsteher Einlaßkarten zu kontrollieren, ausgestellt an den Herrn Bezirksvorsteher Viehweger vom 30. 6. 1823,* nicht foliiert.

b) Getrenntes Wahlverfahren für die Stellvertreter

Der Wahlbericht der Stadtverordnetenversammlung vom Jahr 1818 vermerkt, daß im Brüderstraßen-Bezirk § 98 der Städteordnung dadurch nicht erfüllt worden sei, „daß sowohl über den Stadtverordneten, als über den Stellvertreter eine eigene Wahl-Ballotage stattgefunden hat. Ebendasselbe ist im Kleinen Jüdenhof-Bezirk geschehen."[312] Dieses eigenmächtige und gegen die Städteordnung gerichtete Handeln der Wahlversammlungen kam häufiger vor; es wurde von der Stadtverordnetenversammlung schon bei den ersten Wahlen von 1809 gebilligt und bereits damals eine Änderung des Wahlverfahrens in Erwägung gezogen. Schließlich wurden im Jahre 1818 erste Schritte in dieser Richtung unternommen: „Die Versammlung ist der Meinung, daß auch über den Stadtverordneten und dann über den Stellvertreter besonders gestimmt werde."[313] Dem Antrag der Stadtverordneten wurde seitens des Magistrats stattgegeben, „treten wir der Meinung der Stadtverordnetenversammlung bei und werden, da es auf Abänderung der Städteordnung ankommt, deshalb an die Königliche Regierung berichten."[314]

Nach § 93 der Städteordnung konnte jeder stimmfähige Bürger zur Wahl der Stadtverordneten und deren Stellvertreter einen Kandidaten vorschlagen. Für jeden vorgeschlagenen Kandidaten wurden die Stimmen der Reihe nach eingesammelt. Nach § 98 wurde derjenige, der die meisten Stimmen auf sich vereinigte, Stadtverordneter und der nächste mit den meisten Stimmen verzeichnete Kandidat wurde Stellvertreter.

Wie Oberbürgermeister Büsching feststellte, hatte dieses Verfahren häufig „zu unrichtigen Resultaten"[315] geführt, da dadurch ein Stellvertreter gewählt werden konnte, den der Bezirk eigentlich nicht hätte haben wollen. Im Vordergrund stand bei den Wahlen doch die Ermittlung eines Stadtverordneten. Wenn die Mehrzahl der Wähler einen Mann zum Kandidaten haben wollte, so gaben sie ihm eine weiße Kugel. Den anderen Kandidaten gab man schwarze Kugeln, um zu verhindern, daß einer von ihnen Stadtverordneter werde. Dadurch erhielt zwar derjenige die meisten Stimmen, den der Bezirk zum Stadtverordneten haben wollte, doch die Wahl eines Stellvertreters, die damit automatisch verbunden war, wurde „sehr unzuverlässig und eine Sache des Zufalls."[316] Der Magistrat stellte deshalb bei der Regierung den Antrag dieses Verfahren abzuschaffen. Über beide Ämter sollte getrennt, also

---

312 LAB, Rep. 00-02/1, Nr. 185, Bd. 4, *Bericht der Stadtverordnetenversammlung an den Magistrat vom 9. 7. 1818*, fol. 67.

313 *A. a. O., Bericht der Stadtverordnetenversammlung an den Magistrat vom 16. 7. 1818*, fol. 71.

314 *A. a. O., Bericht des Magistrats an die Stadtverordnetenversammlung vom 16. 8. 1818*, fol. 91.

315 BLHA, Pr. Br. Rep. 2 A, Abt. I, Kom Nr. 3171, *Schreiben des Oberbürgermeisters Büsching an die Regierung, Erste Abt., vom 23. 9. 1818*, fol. 15.

316 *Ebda.*

in einem zweiten Wahlgang, abgestimmt werden. Zuerst sollte ein Stadtverordneter und im Anschluß daran ein Stellvertreter gewählt werden.[317]

Die Regierung unterstützte den Antrag des Magistrats, indem sie in ihrem Bericht an das Ministerium des Innern um eine „declaratorische Anordnung des § 98 der Städteordnung“[318] bat. Besonders wurde seitens der Regierung hervorgehoben, daß die Stellvertreter nicht aus einer eigenen Wahl hervorgingen, sondern daß ihre Wahl, sich letzlich aus der Stadtverordnetenwahl ergebe, „sie werden also nicht gewählt (sic), sondern ernannt (sic).“[319] Mithin könne dieses Verfahren nur als ein Produkt des „Zufalls“ angesehen werden, wie es auch schon der Magistrat in seinem Schreiben bemerkt hatte. „Sobald der Wahlberechtigte sich für einen Stadtverordneten entschieden hat, gibt er den übrigen Kandidaten zufällig weiße oder schwarze Kugeln, weil dieser nicht die Wahl eines Stellvertreters, sondern bloß die verneinende Stimme für einen Stadtverordneten, im Sinne hat.“[320] Auch die Regierung erkannte die negativen Folgen, die sich aus dem Wahlverfahren ergaben. Entweder würden Stellvertreter berufen, die der Bezirk nicht haben wollte, oder es würden Kandidaten von der Liste gestrichen, die der Bezirk zum Stellvertreter gewünscht hätte.[321] Somit unterstützte die Regierung den Antrag des Magistrats und setzte sich für eine getrennte Wahl von Stadtverordneten und Stellvertreter ein.

Um eine schnelle Änderung des Wahlverfahrens nach § 98 der Städteordnung herbeizuführen, wandte sich der Magistrat nun direkt auch an Staatskanzler Karl August Fürst von Hardenberg.[322] Oberbürgermeister Büsching führte in diesem Schreiben eine Reihe überzeugender Argumente an, die die allgemeine Bedeutung des Stadtverordneten- und Stellvertreteramtes für die Stadt hervorhoben. Die Aufgabe der Stadtverordnetenversammlung liege in erster Linie für Büsching darin, sich „über allgemeine Communalangelegenheiten zu berathen und darüber Beschlüsse zu fassen.“[323] Dies erfordere, daß die Versammlung gut über die Verhältnisse in den einzelnen Bezirken informiert sei, da sie sonst nicht in der Lage wäre, allgemeine Anordnungen zu beschließen und auszuführen. Die Situation in einer großen Stadt wie Berlin führe nach Büschings Meinung dazu, daß ein Einwohner häufig die

---

317 Ein zweiter Wahlgang hätte allerdings die ohnehin schon lange Prozedur einer Wahl noch erheblich verlängert.

318 GStA PK, Rep. 77, 227 A, Nr. 6, Bd. 2, *Bericht der Regierung, Erste Abt., an das Ministerium des Innern vom 28. 12. 1818,* Referent: Regierungsrat Patzig, fol. 106 ff.

319 *Ebda.*

320 *Ebda.*

321 *Ebda.* – Auch hier wurde von der Regierung betont, daß die Stimmabgabe nur unter dem Gesichtspunkt der Wahl eines Stadtverordneten erfolge; wobei die Sympathieverteilung bei der Wahl eindeutig auf diesen Kandidaten fiel. Der gewählte Stellvertreter hingegen, sozusagen der Negativkandidat, war folglich kein Repräsentant der Mehrheit, sondern vertrat nur eine Minderheit.

322 GStA PK, Rep. 77, 227 A, Nr. 6, Bd. 2, „*Schreiben des Magistrats um einige Declarationen der Städteordnung an Staatskanzler Hardenberg vom 31. 12. 1818*“, fol.112 ff.

323 *A. a. O.*, fol 112.

eigenen Hausbewohner nicht kenne, noch weniger die Bürger, die in seinem Bezirk wohnen. Dies zeige sich besonders bei den Stellvertretern, die einfach für einen Bezirk ernannt wurden mit dessen Verhältnissen sie nicht vertraut waren.[324] Deshalb könne es sich als Nachteil auswirken, da die Bezirke sehr verschieden in „ihrer Wohlhabenheit und in ihren sonstigen häuslichen und bürgerlichen Verhältnissen sind, wie dies besonders bei den Vorstädten der Fall ist."[325] Sollten wichtige Themenbereiche wie z.B. die Steuereinrichtungen, die Verwaltung, die Armenpflege oder das Schulwesen zur Beratung in den Sitzungen anstehen und es keinen Repräsentanten in der Versammlung geben, der über genügende Kenntnisse des Bezirks verfüge, so sei es schwierig, richtige Entscheidungen zu treffen. Die Verantwortung sei nicht unbeträchtlich bei Bezirken von drei- bis viertausend Einwohnern und mehr.

Oberbürgermeister Büsching betonte, daß es jemanden geben müsse, der sich über den genannten Bezirk auskenne. Gehöre es doch zu den Aufgaben der Stadtverordneten, Gutachten zu erstellen, aufgrund derer der Magistrat dann das Bürgerrecht erteilt.[326] Aber auch im gegenteiligen Fall, wenn Bürgern das Bürgerrecht zu entziehen sei, liege die Entscheidung bei der Stadtverordnetenversammlung, so wie es § 39 der Städteordnung vorschreibt. Hierbei sei es auch vonnöten, daß die Versammlung sich auf die Aussage und das Urteil des einzelnen Stadtverordneten verlassen könne, „der aus eigener Kenntnis zu urtheilen im Stande ist, oder wenigstens mit leichter Mühe Erkundigungen darüber einziehen kann."[327] Zum Aufgabenbereich eines Stadtverordneten gehöre ebenfalls die Erstellung eines Gutachtens für Bürger, die der Bürgergarde beitreten wollen. Dabei müsse der Stadtverordnete in der Lage sein, die Vermögensverhältnisse des Bürgers einschätzen zu können.

Besonders in Angelegenheiten des Armenwesens sei es wichtig, daß es in jedem Bezirk einen Deputierten gebe, der um die Not und die Bedürfnisse der Einwohner wisse. Der Stadtverordnete übe in allen diesen Aufgaben zugleich eine Kontrollfunktion über die Tätigkeit des Bezirksvorstehers aus. Er werde bei der Wahrnehmung seiner Pflichten vorsichtiger sein, wenn er davon ausgehen könne, daß sich in der Stadtverordnetenversammlung Mitglieder befänden, die in der Lage wären, seine Angaben zu prüfen. Bezirksvorsteher,

---

324 Diese Praxis durchbrach in der Tat das durch die Städteordnung eingeführte bezirkliche Vertretungsprinzip.

325 GStA PK, Rep. 77, 227 A, Nr. 6, Bd. 2, „*Schreiben des Magistrats um einige Declarationen der Städteordnung an Staatskanzler Hardenberg vom 31. 12. 1818*", fol. 113. – Die Namen der Stellvertreter wurden auf einer Liste geführt. Derjenige mit der höchsten Stimmenzahl stand an erster Stelle. Wurde eine Stadtverordnetenstelle vakant, übernahm der Stellvertreter mit der höchsten Stimmenzahl sein Amt. In einem solchen Falle lag die Wohnstätte des eingerückten ehemaligen Stellvertreters in der Regel nicht in seinem künftigen Wahlbezirk, so daß er natürlich mit den dortigen Verhältnissen nicht vertraut sein konnte.

326 Gemäß StO § 24.

327 GStA PK, Rep. 77, 227 A, Nr. 6, Bd. 2, „*Schreiben des Magistrats um einige Declarationen der Städteordnung an Staatskanzler Hardenberg vom 31. 12. 1818*", fol. 113.

Stadtverordneter und Stellvertreter bildeten somit in jedem Bezirk ein kleines Collegium, „welches im Stande ist, sich über das Beste des Bezirks zu berathen.“[328]

Am Schluß seines Schreibens kritisierte Büsching das Wahlverfahren der Stellvertreter, das dazu führe, „daß immer die am wenigstens dazu qualifizierten Personen bei der Versammlung als Stellvertreter des Stadtverordneten eintreten.“[329] Die Wahlversammlungen in den Vorstädten seien wesentlich größer als in der Mitte der Stadt, weil in den Vorstädten mehr Bürger als Schutzverwandte wohnten.[330] Daraus ergebe sich, daß Stellvertreter, die in den vorstädtischen Bezirken gewählt worden waren, immer mehr Stimmen erhielten, als die aus der Stadtmitte gewählten Bürger. Deshalb könne es vorkommen, wenn der Stadtverordnete des Lindenbezirks aus seinem Amt vorzeitig austrete, daß für ihn vielleicht ein „sehr wenig qualifizierter Bürger aus dem Voigtlande“[331] als Stellvertreter das Amt übernehme. „Es hat die Folge, daß die weniger fähigen Bürger in die Versammlung kommen, welches auf die Communal-Beschlüsse überhaupt von nachtheiligem Einfluß ist.“[332] Dieses Argument Büschings steht im Zeichen der anbrechenden Reaktionszeit: Bürger aus den Vorstädten waren mit Sicherheit ebenso geeignet, ein Mandat zu übernehmen wie Bürger aus dem Kerngebiet der Stadt. Stadtverordnetenversammlung und Magistrat waren an einer Änderung des Wahlverfahrens deshalb interessiert, weil der alte Modus, ohne es zu beabsichtigen, gewählte Bürger aus den Vorstädten begünstigte, in die Stadtverordnetenversammlung zu kommen. Offensichtlich fürchteten beide Gremien, daß eine vermehrte Zahl von Vertretern aus den „unruhigen“ Vorstädten einen zu starken Einfluß auf das politische Klima in der Versammlung haben könnte.

Am 28. Februar 1819 wurde der Magistrat aufgrund einer Verfügung des Ministeriums aufgefordert, den Beschluß der Stadtverordnetenversammlung über die Änderung der Stell-

---

328 *A. a. O.*, fol. 116. – Diese Darstellung Büschings entspricht nicht den in der Städteordnung vorgegebenen Ämterfunktionen. Der Stellvertreter war nur im Amt wenn ein Stadtverordneter ausgeschieden war, niemals jedoch gemeinsam mit ihm. Es ist jedoch möglich, daß man in Berlin von dieser Vorschrift abwich und auch Stellvertretern kommunale Aufgaben zuwies. Die Städteordnung gab dem Stellvertreter zwei Funktionen: entweder wirkte er bei kürzeren Absenzen eines Stadtverordneten (im Behinderungsfall) oder er erfüllte eine Nachrückerfunktion für einen ausgeschiedenen Stadtverordneten, vgl. StO § 71.

329 *Ebda.*

330 Ein Vergleich der Versammlungen der Wahlen von 1828–1830 zeigt, daß sich im innerstädtischen Kerngebiet durchschnittlich 81 Bürger beteiligten; in den Vorstädten hingegen befanden sich in den Wahlversammlungen im Durchschnitt: in der Luisenstadt 84, im Königstädtischen Viertel 105, im Spandauer Viertel 82, im Stralauer Viertel 96 Bürger.

331 *A. a. O.*, fol. 117. – Die von Büsching gewählte Bezeichnung „Lindenbezirk“, der als ein Beispiel für einen innerstädtischen Bezirk stehen sollte, gab es allerdings nicht. Bezirke, die einen Teil der „Linden“ umfaßten, waren der Pariser Platz- und der Akademie-Bezirk.

332 *Ebda.*

vertreterwahlen an die Regierung innerhalb von acht Tagen einzureichen.[333] Der Magistrat lehnte diese Aufforderung der Regierung ab; da er kurz vorher einen Antrag auf Änderung der Städteordnung an Staatskanzler Hardenberg gerichtet hatte. „Ist es also unsere Sache, als administrierender und korrespondierender Behörde der Commune, den Gegenstand durch die verschiedenen Instanzen zu verfolgen, welches wir daher auch gethan haben und einen günstigen Bescheid entgegen sehen,“[334] bemerkte Büsching in seinem Schreiben an die Regierung. Die Regierung teilte dem Ministerium mit, daß die Entscheidung über eine Änderung der Städteordnung erst gefällt werden könne, wenn der Magistrat den Beschluß der Stadtverordnetenversammlung dem Ministerium eingereicht hätte.[335]

Oberbürgermeister Büsching berichtete dem Staatskanzler Hardenberg am 27. April 1819, daß der Magistrat bereits am 11. August 1818 eine Abschrift des Beschlusses der Stadtverordnetenversammlung eingereicht habe.[336] Ein „*Ectract aus dem Conferenz Protocoll*“ vom 6. August 1818 der Stadtverordnetenversammlung fügte Büsching dem Schreiben bei. Hiermit wurde dem Wunsche des Ministeriums Folge geleistet; in der Verfügung der Regierung vom 28. Februar 1819 hatte diese nämlich den Beschluß der Stadtverordnetenversammlung vom Magistrat gefordert. Außerdem verwies Büsching auf den Bericht des Magistrats in dieser Angelegenheit vom 16. März 1819 an die Königliche Regierung, den er dem Schreiben beifügte.[337] Zu einer Änderung der Städteordnung ist es dann allerdings nicht mehr gekommen, was vielleicht mit den längeren Absenzen Hardenbergs in dieser Zeit und seinem zunehmenden Verlust an Einfluß zusammenhängen konnte.

Ein Jahr später, im September 1820, unternahm der Magistrat einen erneuten Versuch, das bestehende Wahlverfahren zu ändern.[338] Wieder wurde mit neuen Argumenten der Versuch unternommen, ein getrenntes Wahlverfahren einzuführen. Der Nachteil des alten Verfahrens liege darin, „daß alle mit dem erwählten Stadtverordneten zugleich zur Wahl gestellten tauglichen Subjecte ganz ausscheiden müßten und daher andere weniger tüchtige Subjecte

---

333 GStA PK, Rep. 77, 227 A, Nr. 6, Bd. 2, *Verfügung der Regierung an den Magistrat vom 28. 2. 1819* (Abschrift), fol. 126.

334 GStA PK, Rep. 77, 227 A, Nr. 6, Bd. 2, *Schreiben des Oberbürgermeisters Büsching an die Regierung vom 16. 3. 1819* (Abschrift), fol. 127.

335 GStA PK, Rep. 77, 227 A, Nr. 6, Bd. 2, *Schreiben der Regierung an das Ministerium des Innern, Staatsminister Kaspar Friedrich von Schuckmann, wegen der Wahl der Stellvertreter vom 30. 3. 1819*, Referent: Regierungsrat Patzig, fol. 121.

336 GStA PK, Rep. 77, 227 A, Nr. 6, Bd. 2, *Bericht des Oberbürgermeisters Büsching an Staatskanzler Fürst Hardenberg wegen der Wahl der Stellvertreter für die Stadtverordneten-Versammlungen vom 27. 4. 1819,* fol. 125.

337 Siehe *Schreiben des Oberbürgermeisters an die Regierung vom 16. 3. 1819.*

338 GStA PK, Rep. 77, 227 A, Nr. 6, Bd. 2, „*Gesuch des Magistrats wegen Declaration der Städteordnung wegen der Wahl der Stadtverordneten-Stellvertreter an die Regierung, Erste Abteilung, vom 28. 9. 1820*“, fol. 165 ff.; BLHA, Pr. Br. Rep. 2 A, Abt. I, Kom. 3171, Obiges *Gesuch des Magistrats vom 22. 9. 1820,* fol. 34 ff.

von neuem vorgeschlagen um zu Stellvertretern gewählt werden" zu können.[339] Bei getrenntem Wahlverfahren könnten die Kandidaten, die bei der Stadtverordnetenwahl von der Liste gestrichen worden sind, von neuem wieder vorgeschlagen werden und als Stellvertreter gewählt werden.

Die Regierung teilte dem Ministerium des Innern am 7. Oktober 1820 den erneuten Antrag des Magistrats mit und fügte das Gesuch des Magistrats dem Schreiben bei.[340] Die Regierung befürwortete den Antrag des Magistrats und wies das Ministerium darauf hin, daß es in der vorgeschriebenen Form der Wahl „allerdings zu Mißverständnissen und Mißgriffen von Seiten der Wählenden Veranlassung geben könne."[341] Das Ministerium antwortete der Regierung, daß die Städteordnung von 1808 „einige Modifikationen" in naher Zukunft erhalten werde.[342] Deshalb könne auch die Abänderung eines einzelnen Paragraphen zu dem Zeitpunkt nicht vorgenommen werden.

Einen dritten Antrag über eine Änderung des Wahlverfahrens stellte der Magistrat viele Jahre später, am 2. Januar 1846.[343] Die Erfahrung der letzten Jahre habe gezeigt, „daß die gleichzeitige Wahl der Stadtverordneten und der Stellvertreter kein richtiges Resultat gewähre."[344] Auch in diesem Gesuch wurden noch einmal die verschiedenen Argumente und Nachteile des Wahlverfahrens aufgeführt. Es wurde besonders hervorgehoben, daß der Bezirk, der einen Stadtverordneten und Stellvertreter zu wählen habe, „hierzu sogleich diejenigen Subjecte aufstellen wird, welche er für die tüchtigsten und tauglichsten erachtet."[345] So werde von zwei Kandidaten, derjenige gewählt, der im Bezirk der Bekanntere sei. Der andere Kandidat, der vieleicht genauso fähig wie der Gewählte sei, bekomme viele Gegenstimmen, damit der Gewählte die Stimmenmehrheit erhalte. Nach § 95 der Städteordnung müsse der Nichtgewählte ganz von der Kandidatenliste gestrichen werden und könne dann auch nicht mehr als Stellvertreter gewählt werden. Stattdessen würden „weniger tüchtige Subjecte von neuem vorgeschlagen und zu Stellvertretern gewählt."[346]

---

339 *A. a. O.* fol. 35.

340 BLHA, Pr. Br. Rep. 2 A, Abt. I, Kom. Nr. 3171, *Mitteilung der Regierung über die Wahl der Stellvertreter an das Ministerium des Innern vom 7. 10. 1820,* Referent Patzig, fol. 37 ff.

341 *Ebda.*

342 GStA PK, Rep. 77, 227 A, Nr. 6, Bd. 2, *Schreiben des Ministeriums des Innern, Erste Abteilung, an die Regierung vom 31. 10. 1820,* fol. 167.

343 BLHA, Pr. Br. Rep. 2 A, Abt. I, Kom. Nr. 3171, *„Gesuch des Magistrats wegen Declaration der Städteordnung in betreff der Wahl der Stadtverordneten-Stellvertreter an die Regierung, Abt. d. I., vom 2. 1. 1846"*, fol. 42 ff.; GStA PK, Rep. 77, 227 A, Nr. 6, Bd. 2, Obiges Gesuch in Abschrift, fol. 144 ff. – Die mit dem Bescheid vom 31. Oktober 1820 in Aussicht gestellte Modifikation einiger Bestimmungen der Städteordnung von 1808 hatte einen zweiten Wahlgang für die Stellvertreter nicht eingeführt.

344 *A. a. O.* fol. 45.

345 *A. a. O.*, fol. 44.

346 *Ebda.*

Am 5. März 1846 übermittelte die Regierung dem Ministerium das Gesuch des Magistrats.[347] Die Regierung wies darauf hin, daß der Antrag schon früher gestellt worden sei und von der Regierung auch befürwortet worden sei. Der Antrag sei jedoch durch das Reskript vom 31. Oktober 1820 abgelehnt worden, weil damals eine „Modifikation“ der Städteordnung bevorstand. Die Regierung gab zum Ausdruck, „daß bei dem jetzigen Wahlmodus die in dem Berichte des Magistrats erwähnten Uebelstände eintreten können, und nicht füglich zu bezweifeln (sei), daß sie in Berlin wirklich hervorgetreten sind, da der Magistrat sich wiederholt veranlaßt gesehen hat, eine Abänderung der Vorschriften über das Wahlverfahren zu beantragen.“[348] Die Regierung unterstützte erneut den Antrag des Magistrats und stellte dem Ministerium anheim, „über die Statthafigkeit des Gesuchs zu befinden.“[349]

Der Antrag des Magistrats wurde vom Ministerium abgelehnt. Das Wahlverfahren sollte beibehalten werden und somit die Bestimmungen der §§ 93 bis 98 der Städteordnung nicht geändert werden. Jeder Wähler sollte bei der Abstimmung der Kandidaten „seiner pflichtmäßigen Ueberzeugung hinsichtlich der Würdigkeit und Fähigkeit derselben zur Uebernahme der Funktionen eines Stadtverordneten folgen.“[350] Weiter hieß es in der Ablehnung des Gesuchs: „Diejenigen, deren Würdigkeit und Fähigkeit am allgemeinsten anerkannt wird, die meisten Stimmen und dadurch das Amt als Stadtverordneter erhalten werden, denjenigen aber, deren Würdigkeit und Fähigkeit nach ihnen die meiste Anerkennung findet, auch nach ihnen die größte Stimmenzahl und folglich die Stelle eines Stellvertreters zutheil werden.“[351] Ferner teilte das Ministerium der Regierung mit, daß von keiner anderen Stadt ein derartiger Antrag gestellt worden sei. Der Grund für die Beschwerden läge auch nicht an „der Mangelhaftigkeit des Gesetzes, sondern lediglich an dem Benehmen der Wähler.“[352] Es solle die Aufgabe des Magistrats sein, „die Wähler auf angemessene Weise an ihre Pflichten zu erinnern und auf die nachtheiligen Folgen eines Verfahrens der gerügten Art aufmerksam zu machen.“[353] Am 14. April teilte die Regierung dem Magistrat die Ablehnung des Gesuchs mit.[354]

---

347 GStA PK, Rep. 77, 227 A, Nr. 6, Bd. 4, *Schreiben der Regierung, Abt. d. I., an das Min. d. Innern vom 5. März 1846,* fol. 142 ff. In der Anlage dieses Schreibens befand sich der *Bericht des Magistrats vom 2. 1. 1846;* BLHA, Pr. Br. Rep. 2 A, Abt. I, Kom. Nr. 3171, Abschrift obigen Schreibens, fol. 47.

348 *A. a. O.,* fol. 142 f.

349 *A. a. O.,* fol. 143.

350 BLHA, Pr. Br. Rep. 2 A, Abt. I, Kom. Nr. 3171, *Schreiben des Min. d. I., Erste Abt., an die Regierung vom 25. 3. 1846,* fol. 48; GStA PK, Rep. 77, 227 A, Nr. 6, Bd. 4, Konzept des Schreibens, fol. 147.

351 *Ebda.*

352 *Ebda.*

353 *Ebda.*

354 BLHA, Pr. Br. Rep. 2 A, Abt. I, Kom. Nr. 3171, *Verfügung der Regierung, Erste Abt., an den Magistrat vom 14. 4. 1846;* diese Verfügung ist eine fast wörtliche Wiedergabe des vorgenannten, ministeriellen *Reskripts* an die Regierung vom 25. 3. 1846.

Einige Monate später versuchte der Magistrat noch einmal, eine Änderung des Wahlmodus bei den Stadtverordnetenwahlen zu erreichen. Dieses Mal trug der Magistrat seine Bitte direkt beim Ministerium vor.[355] Der Magistrat forderte nunmehr keine Modifikation des Gesetzes, sondern lediglich eine „Abänderung der Form".[356] „Wird zuerst lediglich die Wahl der Stadtverordneten vorgenommen, und dann von dieser getrennt, die Wahl des Stellvertreters, so können bei der letzteren alle Kandidaten, welche bei der ersteren nicht die Stimmenmehrheit für sich hatten, wieder in Vorschlag gebracht werden, und es wird dadurch um so sicherer das Resultat erzielt werden, zu den Stellvertretern auch nur die würdigsten Personen gewählt zu haben."[357]

Mit der Verfügung des Ministeriums vom 7. Januar 1847 wurde der Antrag des Magistrats endgültig abgelehnt.[358] Innenminister Ernst von Bodelschwingh brachte in der Ablehnung zum Ausdruck, daß es bei der Wahl von Stadtverordnetenstellvertretern durchaus zu „Inkonvenienzien" kommen könne, „wenn die Wähler der gesetzlichen Vorschriften und ihrer Pflichten nicht eingedenk sind, so kann ich doch, nach nochmaliger genauer Erwägung des Sachverhältnisses mich nicht bewogen finden, wegen dieser einzelnen Bestimmung eine Abänderung des Gesetzes allerhöchsten Ortes zu beantragen, theils weil Nachtheile vermieden werden, wenn die Wähler ihre Pflicht thun und es dem Magistrat überlassen bleibt, dieselben hierauf aufmerksam zu machen, theils weil die Vorschriften der Städteordnung über das Wahlverfahren und den Eintritt der Stellvertreter wie dies auch mehrfach von Seiten der Magistrats hervorgehoben, in anderen Beziehungen zu noch gegründeteren Ausstellungen Veranlassung geben."[359] Abschließend wurde zwar eine „allgemeine Berichtigung des städtischen Wahlverfahrens" in Aussicht gestellt, doch sollte es dazu nicht mehr kommen, da die Städteordnung von 1808 im Frühjahr 1850 außer Kraft gesetzt wurde.

c) Besondere Vorkommnisse

In jedem Jahr wurden nach den abgeschlossenen Wahlen die 34 Wahlprotokolle der Stadtverordnetenversammlung übergeben. Das Gremium überprüfte die Protokolle und erstellte daraus einen zusammenfassenden Wahlbericht für den Magistrat. „Wir haben diese Protokolle mit den darauf anzuwendenden Paragraphen der Städteordnung verglichen und finden, daß

---

355 GStA PK, Rep. 77, 227 A, Nr. 6, Bd. 4, *Schreiben des Magistrats an den Minister des Innern, Herrn von Bodelschwingh vom 8. 8. 1846,* fol. 149 ff.

356 *A. a. O.*, fol. 150.

357 *Ebda.*

358 GStA PK, Rep. 77, 227 A, Nr. 6, Bd. 4, *Verfügung des Ministeriums des Innern an den Magistrat vom 7. 1. 1847,* fol. 152 ff.; das dazugehörige Konzept fol. 151.

359 *Ebda.*

überall die gesetzlichen Vorschriften erfüllt, bis auf nachstehende uns bemerkenswerthe Vorfälle,"[360] hieß die übliche Eingangsfloskel der Wahlberichte.

Die „bemerkenswerthen Vorfälle" betrafen überwiegend die in den Protokollen nicht eingehaltenen Formalien. „In mehreren Wahlprotokollen die Vornamen der gewählten Personen nicht bemerkt sind, wie § 103 der Städteordnung vorschreibt."[361] „In den Bezirken des Kammergerichts und Belle Alliance Platz ist nach der Wahl die gesetzliche Erklärung des § 104 vom Magistrats Commissarius nicht geschehen."[362] „Im Louisenkirchen Bezirk ist nicht erwähnt, ob der Gottesdienst abgehalten wurde."[363] Zu weiteren häufigen „Vorfällen" in den Wahlberichten gehörte, daß die Adresse des Gewählten nicht angegeben war. Auch fehlte manchmal der Eintrag „Eigentümer" oder „Mieter" in den Protokollen. Im Prenzlauer Straßen-Bezirk wurde 1815 der Stadtverordnete Johann Friedrich Heidemann wiedergewählt. Zu seiner Wahl wurde bemängelt, „ist derselbe als Chirurgischer Instrumentenmacher im Wahlprotokoll von 1812 als Gastwirth benannt."[364] Die Stadtverordneten baten um Berichtigung der Berufsangabe. Weiter wurde zur Wahl Heidemanns angeführt, daß er als einziger Kandidat bei der Wahl vorgeschlagen worden sei. „Da nun § 93 der Städteordnung jedem stimmfähigen Bürger das Recht zugesteht einen Kandidaten vorschlagen zu dürfen und sich das Gesetz auf keine Zahl beschränkt, so finden wir auch hier wo alle Stimmen nur den einen vorschlagen, daß das Gesetz in allen Punkten erfüllt worden ist."[365] Die Wahl Heidemanns wurde vom Magistrat bestätigt.

Häufig kam es auch vor, daß die Stimmangaben nicht richtig waren, „die Zahl der Stimmfähigen ist auf 129 angegeben, es sind aber nur 88 oder 89 gewesen, denn bei dem Gewählten Stadtverordneten Johann Daniel Mütze sind 89 und bei dem anderen 88 Stimmen bemerkt. Die verneinenden Stimmen sind im Protokoll nicht vermerkt."[366] Im Georgenkirch-Bezirk waren nach der Bürgerliste 40 Personen anwesend. „Es müssen demnach da die vorgeschlagenen Kandidaten sämtlich anwesend waren 39 Kugeln gebraucht worden sein, wie es

360 LAB, Rep. 00-02/1, Nr. 3, Bd. 3, *Bericht der Stadtverordnetenversammlung an den Magistrat vom 20. 7. 1815,* fol. 22.

361 LAB, Rep. 00-02/1, Nr. 185, Bd. 4, *Bericht der Stadtverordnetenversammlung an den Magistrat vom 3. 7. 1817,* gez. Humbert, fol. 17.

362 LAB, Rep. 00-02/1, Nr. 3, Bd. 3, *Bericht der Stadtverordnetenversammlung an den Magistrat vom 9. 7. 1816,* fol. 98.

363 *Ebda.*

364 LAB, Rep. 00-02/1, Nr. 3, Bd. 3, *Bericht der Stadtverordnetenversammlung an den Magistrat vom 20. 7. 1815,* fol. 24.

365 *Ebda.*

366 LAB, Rep. 00-02/1, Nr. 4, Bd. 6, *Bericht der Stadtverordnetenversammlung an den Magistrat zur Wahl im Sophienkirchbezirk vom 5. 8. 1824,* fol. 116.

aber zugegangen, daß über einen jeden Kandidaten nur mit 37 Kugeln ballotiert worden, ist nicht gesagt.“[367]

Da die Bürger den bisherigen Stadtverordneten häufig wiederwählen wollten, verzichteten sie sogar auf die weitere Abstimmung mit Kugeln, wie die folgenden Beispiele zeigen. Im Tierarzneischul-Bezirk war in der ersten Ballotage über den Maurermeister Johann Christian Leckler abgestimmt worden, sodann wurde „von der anwesenden Versammlung mündlich die Beendigung des Wahl-Actus gefordert ..., wonach es sich ergibt, daß man die übrigen Candidaten gar nicht ballotirt hat: Wenn dieses Verfahren Rechtfertigung verdient, so kann es nur aus dem Grunde geschehen, daß eine solche unbedeutende Anzahl stimmfähiger Bürger vorhanden war.“[368]

Im Hohen Steinweg-Bezirk hatten die Bürger Jean Pierre Charton wiedergewählt. Der Wahlkommissar gab zu seiner Rechtfertigung an, daß die Anwesenden keinen anderen Kandidaten als Charton vorgeschlagen und bestätigt hätten. Aus formellen Gründen sei aber dennoch ballotiert worden, da sich 102 Wähler eingefunden hatten, die nicht alle vom Wahlkommissar übersehen werden konnten. Der Bericht bemerkt zu dem Verhalten des Wahlkommissars, „daß ihn die gesetzliche Vorschrift nicht gestattet, willkürliche Formen by ähnlichen Wahlen anzuwenden, sondern sich lediglich nach dem § 94 der Städteordnung zu richten habe.“[369] Im Neuen Hospital-Bezirk wurde 1832 über den zu wählenden Stadtverordneten nicht ballotiert, so daß die Wahl „durch Acclamation vollzogen wurde.“[370] Die fünfte Wiederwahl des Johann George Carl Kampfmeier wurde vom Magistrat angenommen. Die Versammlung kommentierte, daß die Wahl „zwar nicht auf eine gesetzliche aber doch gültige Weise“ abgelaufen sei.[371] Den Wahlkommissaren empfahlen sie, sich künftig „streng an die gesetzlichen Vorschriften zu halten und die Wahl durch Ballotage stattfinden zu lassen.“[372] Bei der Wahl des Johann Nicolaus Senff im Kaiserstraßen-Bezirk wurde die Einhaltung der Hausbesitzerklausel ignoriert: Obwohl der Gewählte Eigentümer hätte sein müssen, erklärte sich die Stadtverordnetenversammlung mit der Wahl des Mieters Senff einverstanden.[373]

Im Brunnenstraßen-Bezirk (Spandauer Viertel) hatten die Bürger 1822 den Rentier Christian Gottlob Weiße, Eigentümer in der Brunnenstraße 6, gewählt. Die Stadtverordnetenversammlung äußerte gegen seine Wahl Bedenken, „ob derselbe sich zu dem Amte zu welchem

---

367 LAB, Rep. 00-02/1, Nr. 60, Bd. 1, *Wahlbericht der Stadtverordnetenversammlung an den Magistrat vom 27. 7. 1826,* fol. 83.

368 LAB, Rep. 00-02/1, Nr. 3, Bd. 3, „*Bericht der zur Prüfung der diesjährigen Wahlprotokolle ernannten Deputation vom 1. 8. 1815*“, fol. 22 f.; es waren bei der Wahl lediglich 30 Bürger anwesend.

369 *A. a. O.,* fol. 24.

370 LAB, Rep. 00-02/1, Nr. 135, Bd. 9, „*Revisionsbericht über die pro 1832 der Wahl der Stadtverordneten eingereichten 34 Wahlprotokolle vom 19. 7. 1832*“, fol. 10 ff.

371 *A. a. O., Schreiben der Stadtverordnetenversammlung an den Magistrat vom 26. 7. 1832,* fol. 15.

372 *Ebda.*

373 LAB, Rep. 00-02/1, Nr. 185, Bd. 4, *Schreiben der Stadtverordnetenversammlung an den Magistrat vom 15. 7. 1819,* fol. 149.

er gewählt worden ist, auch qualificirt."[374] Weiße sollte als ehemaliger Gastwirt „in manch unangenehme Verlegenheit gerathen, auch gegenwärthig dem Trunk ergeben sein."[375] Deshalb befürchteten die Stadtverordneten, daß „durch ein solches Benehmen ein nachtheiliges Licht auf unsere Versammlung und die von uns zu fassenden Beschlüsse geworfen würde."[376] Offensichtlich schien der Gastwirt aufgrund seiner sozialen Stellung und seines Lebenswandels nicht in die Honoratiorenversammlung der Stadtverordneten zu passen. Sie verfügten über den Gewählten, „gefälligst nähere Erkundigung über dessen Moralität einzuziehen"[377] und mit seiner Bestallung noch zu warten.

Der Magistrat teilte der Stadtverordnetenversammlung mit, daß das Königliche Polizeipräsidium ersucht worden sei, über den „moralischen Lebenswandel" des Rentiers Erkundigungen einzuziehen.[378] Das Urteil über Weiße lautete dann, daß er „zwar den Trunk liebt, sonst aber sich stets vorwurfsfrei verhalten hat."[379] Nachdem Weiße durch den Magistrat bestallt worden war, erhielt er von der Stadtverordnetenversammlung die Einladung zu seiner ersten Sitzung am 3. Oktober 1822.[380] Doch schon ein Jahr später bat Weiße um Entlassung aus der Versammlung, obwohl es ihm „überaus ehrenvoll" gewesen sei, „durch das Zutrauen und die Wahl" seiner Mitbürger als Mitglied der Stadtverordnetenversammlung aufgenommen worden zu sein.[381] Er begründete seine Bitte damit, daß er seine Wohnung nicht mehr im Brunnenstraßen-Bezirk habe und dadurch „weite Gänge verbunden" seien. Außerdem verlange die Führung der Wirtschaft seine ständige Gegenwart. Weiße bemerkte dazu: „Ich also wie bisher, so auch in Folge, wider meinen Willen, Anlaß zur Ordnungsstrafe geben müßte, die mir denn doch mit der Zeit zu lästig fallen dürfte."[382] Dazu kam seine Enttäuschung darüber, daß die „gemeinnützlichen Vorschläge", zu denen er von seinen Mitbürgern dringend aufgefordert worden war, „ohne allen Erfolg" geblieben waren.[383] Zu dem selben Zeitpunkt hatte die Stadtverordnetenversammlung den Magistrat gebeten, den Rentier „gänz-

---

374 LAB, Rep. 00-02/1, Nr. 4, Bd. 6, *Wahlbericht der Stadtverordnetenversammlung an den Magistrat vom 8. 8. 1822*, fol. 10.

375 *Ebda.*

376 *Ebda.*

377 *Ebda.*

378 *A. a. O.*, *Schreiben des Magistrats an die Stadtverordnetenversammlung vom 13. 8. 1822*, fol. 12.

379 *A. a. O.*, *„Schreiben des Königlichen Polizei Präsidiums hiesiger Residenz an den Magistrat vom 26. 8. 1822"*, gez. von Esebeck, fol. 28.

380 *A. a. O.*, *Schreiben der Stadtverordnetenversammlung an den Stadtverordneten Christian G. Weiße vom 26. 9. 1822*, fol. 30.

381 *A. a. O.*, *Schreiben des Rentier Christian Gottlob Weiße an die Stadtverordnetenversammlung vom 22. 10. 1823*, fol. 83.

382 *Ebda.* Stadtverordnete, die zu den Sitzungen ohne Entschuldigung nicht erschienen, mußten eine Strafe bezahlen.

383 *Ebda.* Weiße hatte einen Antrag zur Einführung der Straßenbeleuchtung in der Brunnen- und Bergstraße gestellt.

lich auszuschließen", da er „schon öfters mehrere gewöhnliche Versammlungen ohne die gehörige Entschuldigung versäumt" hatte.[384] In der Sitzung vom 27. Oktober 1823 nahmen die Stadtverordneten seine Entlassung an.[385]

Ein ähnlich gelagerter Fall ereignete sich zwei Jahre später. Der 1824 zum Stadtverordneten gewählte Gärtner Johann Paul George aus dem Ratsholzmarkt-Bezirk (Stralauer Viertel) erklärte der Stadtverordnetenversammlung, „daß er die zu dem Amte eines Stadtverordneten erforderlichen Fähigkeiten nicht besitze."[386] Der Wahlbericht vermerkt dazu: „So dürfte hierauf auch wohl Rücksicht zu nehmen sein, das Amt nicht solchen Bürgern zu geben, die des Lesens und Schreibens nicht kundig sind."[387] Da George die Ernennung zum Stadtverordneten entschieden ablehnte, beschloß der Magistrat, „es wird nun aber nicht der Johann George, sondern derjenige unter den Stellvertretern eintreten müssen, welcher die meisten Stimmen für sich hat."[388] An seine Stelle rückte dann der zum Stellvertreter gewählte Kaufmann Ludolff Ferdinand Teichel in die Stadtverordnetenversammlung.[389] Für das Vorgehen des Magistrats, das eine Mißachtung des Wählervotums bedeutete, gab die Städteordnung keine rechtliche Grundlage. Das Gesetz legte es den Bürgern ausdrücklich zur Pflicht auf, das Mandat anzunehmen.[390]

In der Regel herrschten bei den Wahlen „Ruhe und Ordnung". Eine Ausnahme davon bildete das Verhalten des Viehhalters George Grassert bei der am 26. Juni 1816 in der Böhmischen Kirche abgehaltenen Wahl.[391] Die von Grassert verursachte Störung sollte später für den Betroffenen unangenehme Folgen haben. Der Prediger B. D. Elsner hatte seiner Rede den Text zugrunde gelegt: „Wer ein Amt hat, der verwalte sein Amt." Grassert unterbrach ihn dabei mit sehr lauten Worten: „Ich verwalte mein Amt wohl, aber es gibt Menschen, die

---

384 *A. a. O., Schreiben der Stadtverordnetenversammlung an den Magistrat vom 23. 10. 1823,* fol. 85.

385 *A. a. O., Sitzungsprotokoll vom 27. 10. 1823,* gez. v. Koenen/Uhde, fol. 86.

386 LAB, Rep. 00-02/1, Nr. 4, Bd. 6, *Wahlbericht der Stadtverordnetenversammlung an den Magistrat vom 14. 7. 1825,* fol. 179.

387 *Ebda.*

388 LAB, Rep. 00-02/1, Nr. 4, Bd. 6, *Schreiben des Magistrats an die Stadtverordnetenversammlung vom 22. 7. 1825,* gez. Büsching, fol. 189.

389 LAB, Rep. 00-02/1, Nr. 60, Bd. 7, *Sitzungsprotokoll vom 8. 9. 1825,* gez. Junge/Lenke, fol. 17; LAB, Rep. 01-02, Magistrat der Stadt Berlin, Generalbüro, Nr. 2587, *Bestallungsurkunde für den Kaufmann Ludolff Ferdinand Teichel vom 23. 9. 1825,* fol. 156.

390 Vgl. StO §§ 191, 201. Gemäß StO § 199 konnte ein Stadtamt aus folgenden Gründen abgelehnt werden: fortdauernde Krankheiten; Reisen, die eine lange Abwesenheit nötig machen; die gleichzeitige Verwaltung von drei öffentlichen Ämtern und ein Alter von über sechzig Jahren.

391 LAB, Rep. 01-02, Generalbüro, Nr. 2552, Beiheft Nr. 1, Böhmische Kirch-Bezirk, enthält die „*Untersuchung über das Verhalten des Bürgers und Viehhalters George Grassert während der Stadtverordnetenwahl am 26. Juni 1816*". – Die vorliegende Beschreibung des Vorganges entstammt dem „*Bericht über die Störung der Predigt, durch den Viehhalter Grassert bei der am 26. Juny abgehaltenen Stadtverordneten-Wahl in der Böhmischen Kirche*", fol. 1 ff.

es nicht gehörig verwalten."[392] Daraufhin verließen einige Bürger, die neben Grassert saßen, ihre Plätze. Grassert fiel dem Prediger noch einmal ins Wort, sprach jedoch so undeutlich, daß man ihn nicht verstand und er dann die Kirche verließ.

Der Vorsteher des Böhmischen Kirch-Bezirks in der Friedrichstadt, Mehlhändler G. Lindhorst, versuchte Grassert, wegen des „stattgefundenen unschicklichen Benehmens" in Schutz zu nehmen.[393] Als Entschuldigung für das Verhalten Grasserts erklärte Lindhorst dem Magistrat: „und findet seinen Grund in der geringen Ausbildung und wenigen Einsicht desselben, als auf den übermäßigen Genuß von scharfen Getränken bei einer natürlichen unzufriedenen Gemüthsstimmung."[394] Trotzdem wurde der Viehhalter wegen dieses Vorkommnisses zu einer Ordnungsstrafe von acht Tagen Arrest „auf der hiesigen Stadtvoigtey, den ersten und letzten Tag bei Wasser und Brot", verurteilt.[395] Ein Gesuch Grasserts um Ermäßigung der Strafe „da er Alters und Schwachheitshalber nicht im Stande zu sein glaubt den Arrest hinter einanderauszuhalten" wurde von der Regierung abgelehnt.[396] Der Strafvollziehungs-Rapport bestätigt, daß der Viehhalter „diese Strafe ausgestanden. Die mit 1 Rthlr, 2 Gr., 6 Pf. liquidierten Gefängnis Gebühren hat er sogleich bezahlt".[397]

Weitaus glimpflicher lief der folgende Vorfall ab. Der Stadtverordnete Friedrich Wilhelm Sametzky[398] hatte eine Beschwerde über die in der Großen Friedrichs-Waisenhauskirche im Vereinigten Kaiserstraßen- und Domkirchhof-Bezirk (Königstädtisches Viertel) am 16. Juni 1847 stattgefundenen Wahl eingelegt. Er rügte vor allem das Verhalten des Geistlichen und des Wahlkommissars.[399] Sametzky, der mit seiner Amtskette zur Wahl erschienen war, wurde vom Wahlkommissar Gühsfeldt aufgefordert, sie abzulegen. Darüber hatte er sich dann beim Magistrat beschwert. Zur Klärung der Angelegenheit forderte deshalb der Magistrat den Prediger C. A. Eysenhardt auf, Mitteilung über die von ihm gehaltene gottesdienstliche Handlung zu geben. Der Geistliche gab dazu folgenden Bericht: „Ausgehend von dem Zwecke der Versammlung, habe ich auf die Wichtigkeit desselben, besonders in dieser Zeit großer Regungen sowohl in unserer Stadt, wie in unserem Vaterlande, aufmerksam gemacht. Ich habe dann angeknüpft an das Bibelwort: ‚Alles was ihr thut, mit Worten oder mit Wanken, das thut im Namen des Herrn.' Dieser Herr habe gesagt: ‚Seid klug wie die Schlangen und ohne Furcht wie die Tauben.' In seinem Namen das Werk der Wahl vollbringen

---

392 *Ebda.*

393 *A. a. O., Schreiben des Vorstehers Lindhorst an den Magistrat vom 28. 7. 1816,* fol. 2.

394 *Ebda.*

395 *A. a. O., Schreiben des Magistrats an die Regierung vom 20. 8. 1816* (Konzept), fol. 9.

396 *Ebda.*

397 *A. a. O., Strafvollziehungs-Rapport vom 30. 10. 1816*, fol. 15.

398 Der Zimmermeister Sametzky, als Eigentümer in der Elisabethstraße 28 ansässig, wurde erstmals am 15. 6. 1829 in der Parochialkirche von den Bürgern des Parochialkirch-Bezirks gewählt; er konnte in den Jahren 1832, 1835, 1838, 1841, 1844 eine Wiederwahl verzeichnen.

399 LAB, Rep. 00-02/1, Nr. 131, Bd. 12, *Schreiben des Stadtverordneten Sametzky an die Stadtverordnetenversammlung vom 27. 6. 1847,* nicht foliiert.

heiße demnach: mit der rechten Liebe die rechte Weisheit verbinden. Dies aber geschähe hier, wenn man auf Männer, welche Liebe und Weisheit hätten, und auf solche allein, sein Augenmerk richte. Die Männer sollten nicht ihr Wohl, sondern das Wohl der anderen, nicht eigener Ruhm und Vortheil, sondern das Beste der Bürgerschaft, des gesammelten Vaterlandes, mit Selbstverleugnung und aller Aufopferung suchen."[400]

Auch der Wahlkommissar Gühsfeldt rechtfertigte sein Verhalten während der Wahl.[401] Er habe Sametzky lediglich darauf hingewiesen, die Amtskette abzulegen. Die Beschwerde Sametzkys bewirkte jedoch nichts und sollte eher als ein Ausdruck seiner Enttäuschung über die eigene Nichtwahl gesehen werden. Er hatte immerhin achtzehn Jahre lang das Amt eines Stadtverordneten innegehabt und war 1847 durch den Kaufmann Hans Carl Döllen ersetzt worden. Die Wahl wurde vom Magistrat bestätigt.[402]

„Wenn nun sämtliche gewählten Stadtverordneten und Stellvertreter die erforderlichen Eigenschaften und gegen die Förmlichkeiten bei den Wahlen weiter nichts zu erinnern gefunden worden, so bitten wir, uns die beglaubigte Nachweisung der in diesem Jahre gewählten Stadtverordneten und Stellvertreter, nach Vorschrift der Städteordnung gefälligst mitzutheilen,"[403] schrieb die Stadtverordnetenversammlung üblicherweise an das Ende ihres Berichts. Nachdem der Magistrat die Bestätigung der Gewählten verfügt und ihnen die Bestallung genehmigt hatte[404], konnte die Stadtverordnetenversammlung zu einer „außerordentlichen Sitzung" einladen.[405] Hierzu hatten die zur Entlassung nicht wiedergewählten und die zur Einführung neugewählten Stadtverordneten in schwarzer Amtskleidung mit goldenen Ketten zu erscheinen.[406] In dieser ersten Sitzung wurden sie „auf die Wichtigkeit ihres neuen zum Besten der Stadt zu übernehmenden Amtes aufmerksam gemacht und aufgefordert, auch an ihren Theile zum Besten der Stadt und ihrer Mitbürger vorzüglich in der jetzigen Zeit allgemeinen Drangsals thätig und kräftig mitzuwirken da wo Hülfe nöthig ist und diese von der Versammlung gefordert wird."[407] Mit dieser patriotisch gefärbten Aufforderung aus dem Jahre 1813, Preußen rüstete zum zweiten Mal gegen Napoleon, durften die Stadtverordneten ihr neues Amt antreten.

---

400 *A. a. O., Bericht des Geistlichen Eysenhardt, Prediger an der Nikolaikirche, an den Magistrat vom 24. 7. 1847,* nicht foliiert.

401 *A. a. O., Schreiben des Wahlkommissars Gühsfeldt an die Stadtverordnetenversammlung vom 25. 7. 1847,* nicht foliiert.

402 *A. a. O., Schreiben des Magistrats an die Stadtverordnetenversammlung vom 7. 8. 1847,* nicht foliiert.

403 LAB, Rep. 00-02/1, Nr. 91, Bd. 8, *Wahlbericht der Stadtverordnetenversammlung an den Magistrat vom 24. 7. 1828,* fol. 48.

404 StO § 107.

405 Sie fand immer an einem Montag Vormittag um 9.00 Uhr statt. Die Einladung erfolgte durch ein Umlaufschreiben.

406 StO § 208.

407 LAB, Rep. 00-02/1, Nr. 68, Bd. 2, *Bericht der Stadtverordnetenversammlung an den Magistrat vom 16. 9. 1813,* fol. 168 ff.

2. Mandatsverweigerungen

In der Regel erhielten die gewählten Bürger vom Magistrat ihre Bestallung als Stadtverordnete. Selten wurde einem Gewählten der Eintritt ins Stadtparlament verwehrt. In den folgenden vier Fällen versuchten Stadtverordnetenversammlung und Magistrat, den Bürgern das Mandat zu verweigern. Dabei spielte die scheinbar dubiose soziale Herkunft oder der angeblich fragwürdige Ruf des gewählten Bürgers eine entscheidende Rolle. Bei den Gewählten handelte es sich um einen Scharfrichter, einen Schulvorsteher, einen Zimmermeister und einen Rentier. Nach ihrer Wahl legte man ihnen beträchtliche Hindernisse in den Weg, in die Stadtverordnetenversammlung einzutreten. Es wurde sogar der Versuch unternommen, die Wahl für ungültig zu erklären, damit der betreffende Bürger auf keinen Fall in den Kreis der Stadtverordneten aufgenommen werden konnte. Allen vier Wahlen ist gemein, daß sie sich in den vierziger Jahren ereigneten. Es ist auch kein Zufall, daß zwei dieser Wahlen im vorstädtischen Brunnenstraßen- und Bergstraßen-Bezirk stattgefunden haben. Dieses Gebiet war schon öfter bei den Wahlen aufgefallen, und die dort Gewählten wurden offensichtlich besonders argwöhnisch von den städtischen Obrigkeitsbehörden betrachtet. Hierbei schreckte besonders die Stadtverordnetenversammlung nicht vor fadenscheinigen Argumenten zurück, um den Eintritt des gewählten Bürgers zu verhindern. Ganz deutlich kommt in diesen Fällen auch der Antagonismus zwischen der Bürgervertretung und dem Magistrat zutage. Die Stadtverordnetenversammlung war in den vierziger Jahren nicht mehr bereit, die Entscheidungen des Magistrats ohne weiteres hinzunehmen. Notfalls riefen die Stadtverordneten die übergeordneten Instanzen Regierung und Innenministerium um ein Urteil an.

a) Die Wahl des Wilhelm Alexander Krafft

Die Stadtverordnetenversammlung protestierte gegen die am 16. Juni 1840 in der Elisabethkirche abgehaltene Wahl im Bergstraßen-Bezirk (Spandauer Viertel). Die Bürger hatten dort den Tierarzt Wilhelm Alexander Krafft gewählt. Die Stadtverordneten begründeten ihren Protest damit, daß es bei der Wahl „Unregelmäßigkeiten“ gegeben habe. So soll die grüne Wahlurne nicht zuerst herumgereicht worden sein, sondern die schwarze. Die Stadtverordneten behaupteten, daß die Zahl der abgegebenen Kugeln nicht mit den vorhandenen Wählern übereingestimmt habe. Diese Mängel sollten jedoch den wahren Grund nur verdecken. Er galt dem Gewählten selbst. Krafft war in der Liste „nicht aber in seiner gleichzeitigen Eigenschaft als Scharfrichtereipächter aufgeführt worden.“[408] Weder in der Kandidatenliste noch im Wahlprotokoll hatte man „seinen Charakter und Gewerbe“ verzeichnet, lediglich war er dort als „Tierarzt“ aufgeführt worden, so daß die Stadtverordnetenversammlung hier

---

408 BLHA, Pr. Br. Rep. 2 A, Kom. Nr. 3170, „*Den Magistrat betreffend die diesjährige Wahl eines Stadtverordneten im Bergstraßen-Bezirk an die Regierung vom 2. 12. 1840*“, fol. 227.

einen Verstoß gegen § 103 der Städteordnung sah.[409] Diese Argumente waren natürlich nur vorgeschoben, um den Eintritt Kraffts in die Stadtverordnetenversammlung zu verhindern. Die ehemals als unzünftig angesehene Tätigkeit eines Scharfrichters erschien den Bürgervertretern offensichtlich nicht würdig und geeignet genug, um das Amt eines Stadtverordneten ausüben zu können.[410] Der Magistrat akzeptierte allerdings die Wahl Kraffts und lehnte die von den Stadtverordneten geforderte Neuwahl ab.

Die danach eingeschaltete Regierung rügte zwar die vorgebrachten Formfehler, erkannte die Wahl Kraffts jedoch auch an. „Der Umstand, daß der Krafft in dem Wahlprotokolle und in der Kandidatenliste nur als Thierarzt, nicht aber in seiner gleichzeitigen Eigenschaft als Scharfrichtereipächter aufgeführt worden ist, erscheint nicht als wesentlich, da über die Identität der Person nach den uns vom Magistrat vorgelegten Verhandlungen, bei dem Wähler keine Zweifel geherrscht haben, der Betrieb des Scharfrichtereigewerbes auch auf die Wahlfähigkeit von keinem Einflusse ist."[411]

Die Stadtverordnetenversammlung war mit der Entscheidung der Regierung nicht einverstanden und richtete daraufhin eine Eingabe an das Ministerium des Innern, um eine Neuwahl zu erreichen.[412] Sie erklärte: „Es handelt sich aber in dem gegenwärtigen Falle nicht nur um Übertretung vorgeschriebener Formen, sondern um die Verletzung ausdrücklicher gesetzlicher Bestimmungen an deren Erfüllen die Gültigkeit der Wahl geknüpft ist."[413]

Die Eingabe der Bürgervertretung gegen die Verfügung der Regierung wurde jedoch „als unbegründet" angesehen.[414] Das Ministerium gab folgende Erklärung bekannt, so daß es zu keiner Neuwahl kam:

1) „daß über die Identität der Person des Wählenden bei den Wählern gar kein Zweifel stattfinden können, ... mögen nun auch die meisten Wähler gewußt haben, daß der Krafft beide Geschäfte in sich vereinige, so ist dies doch überhaupt, insonderheit bei den neu in den Bezirk gezogenen durchaus nicht Gewißheit vorauszusetzen, daher es zweifelhaft

---

409 *Ebda.* StO § 103: „Die erwählten Stadtverordneten und Stellvertreter müssen sämmtlich im Wahlprotokolle mit ihrem Karakter, Gewerbe, Vor- und Familiennamen, imgleichen mit der Bermerkung verzeichnet werden, ob sie Hausbesitzer sind oder nicht."

410 Die letzte öffentliche Hinrichtung Berlins hatte im Juni 1839 auf der (von Krafft gepachteten?) „Scharfrichterey", unweit der Bergstraße, stattgefunden; 1842 wurde dort der Galgen abgebrochen. Siehe I. Mieck, *Reformzeit* ..., S. 408 und Anmerkung 3.

411 BLHA, Pr. Br. Rep. 2 A, Kom. Nr. 3170, *Verfügung der Regierung an die Stadtverordnetenversammlung vom 4. 2. 1841,* fol. 256.

412 *A. a. O., „Die Stadtverordnetenversammlung zu Berlin berichtet über die vorjährige Wahl eines Stadtverordneten im 1. und 2. Bergstraßen-Bezirk an den Minister des Innern und der Polizei Patow vom 25. 3. 1841"*, fol. 245.

413 *Ebda.*

414 *A. a. O., Verfügung des Ministers des Innern und der Polizei an die Regierung vom 19. 4. 1841,* fol. 244.

bleibt, wie die mit diesem Verhältnisse unbekannten Personen gestimmt haben würden, wenn sie solches gekannt hätten.

2) daß keine Ungewißheit darüber entstehe, daß wirklich jeder Wähler sein Stimmzeichen seiner wahren Absicht gemäß, abgegeben habe."[415]

Obgleich die Wahl Kraffts vom Ministerium anerkannt worden war, scheint er zunächst nicht als Stadtverordneter tätig gewesen zu sein, da sein Name zumindest unter den Stadtverordneten von 1840 nicht genannt wird. Der Scharfrichtereipächter konnte jedoch in den folgenden Jahren 1846 und 1848 im Ersten und Zweiten Bergstraßen-Bezirk eine beachtenswerte Wiederwahl verzeichnen; dabei wurde das Wählervotum von den städtischen Behörden nicht mehr angefochten.

b) Die Wahl des Heinrich Rettschlag

Ein ähnlicher Fall wie der des Alexander Krafft ereignete sich schon ein Jahr später im Nikolaikirch-Bezirk (Alt-Berlin). Hier hatten die Bürger am 15. Juni 1841 den Schulvorsteher Heinrich Rettschlag, Probstgasse 13, mit 65 gegen 34 Stimmen zum Stadtverordneten gewählt. Da er auch Armenschulkinder unterrichtete, unterstand er der Städtischen Schuldeputation. Sein Vorgesetzter, Stadtschulrat Schulze und vor allem August Ferdinand von Hertzberg, Mitglied der Schuldeputation, setzten Rettschlag heftig unter Druck, das Amt eines Stadtverordneten nicht anzunehmen.[416] Rettschlag hätte als zukünftiger Stadtverordneter auch Einfluß auf die Tätigkeit der Schuldeputation nehmen können; deshalb wollten seine Vorgesetzten seinen Eintritt in die Stadtverordnetenversammlung verhindern. Eine persönliche Antipathie und Voreingenommenheit von Seiten Hertzbergs mag dabei auch eine Rolle gespielt haben.

Als in der Öffentlichkeit bekannt wurde, daß die Schuldeputation Rettschlag „Übelstände" in seiner Schule vorwerfe, solidarisierten sich sechzig Bürger und überreichten dem Magistrat eine Bittschrift.[417] Hierin forderten die Bürger, die Wahl Rettschlags öffentlich bekanntzumachen: „denn der Gewählte ist ein Mann, der in hohem Grade die Liebe und die Achtung seiner Mitbürger genießt."[418] Zehn Jahre lang habe er das Amt des Bezirksvorstehers „stets mit gewissenhafter Treue und zur vollsten Zufriedenheit seiner Mitbürger geführt."[419] Hertzberg teilte der Stadtverordnetenversammlung mit, „daß kein Schulvorsteher,

---

415 *Ebda.*

416 LAB, Rep. 00-02/1, Nr. 37, Bd. 10, *Schreiben H. Rettschlags an die Stadtverordnetenversammlung vom 18. 8. 1841,* fol. 165 ff.; es enthält eine ausführliche Schilderung des Vorgangs.

417 *A. a. O., Schreiben der Bürger des Nikolaikirch-Bezirks an den Magistrat vom 7. 7. 1841;* es folgen sechzig Unterschriften, fol. 173 ff.

418 *A. a. O.,* fol. 173.

419 *Ebda.*

und ganz vorzüglich kein Armenschulvorsteher, ohne Vernachlässigung seiner Pflichten das Amt eines Stadtverordneten annehmen kann ... Die gute Erziehung der Jugend, die zu nützlichen und brauchbaren Bürgern herangebildet werden soll, ist ein Gegenstand der wohl der sorgfältigsten Beachtung werth ist.“[420]

Die Bürgervertretung beschloß zwei Tage später „nach genauer Berathung der Angelegenheit“, eine nochmalige Wahl zu veranlassen.[421] Rettschlag protestierte gegen den Beschluß der Stadtverordnetenversammlung[422] und übersandte der Regierung in Potsdam ebenfalls eine „Beschwerde über das Verfahren des Magistrats und der Stadtverordnetenversammlung.“[423] Oberbürgermeister Heinrich Wilhelm Krausnick[424] berichtete der Regierung in Potsdam, daß an der Wahl nicht-wahlfähige Bürger teilgenommen hätten und forderte die Ungültigkeit der Wahl: „Diese Ermittlungen haben uns zu der Überzeugung geführt, daß die Wahlversammlung nicht richtig constituirt war. Wir halten aber dafür, daß die Wichtigkeit der Stellung eines Stadtverordneten und seiner Wahl die strengste Befolgung der Vorschriften der Städteordnung bedingt ... namentlich Personen ausgeschlossen bleiben, deren bürgerliche Existenz nicht feststeht, und die wollte man sie für stimmberechtigt halten, auch wahlfähig sein würden.“[425]

Die Regierung teilte dem Magistrat mit, daß „die zur Sprache gebrachten Motive überhaupt nicht für genügend angesehen werden (können), die auf den p. Rettschlag gefallene Wahl zum Stadtverordneten für ungültig zu erklären.“[426] Nach dem Reskript des Ministeriums des Innern und der Polizei vom 14. Juli 1834 waren Geistliche und Schullehrer zwar von den Ämtern des Vorstehers und Protokollführers der Stadtverordneten und ihrer Stellvertreter ausgeschlossen, jedoch nicht vom Amte eines Stadtverordneten. Auch bei der folgenden Wahl – im Jahre 1844 – erhielt Rettschlag von den Bürgern seines Bezirks das Mandat.

---

420 *A. a. O., Schreiben von Hertzbergs an die Stadtverordnetenversammlung vom 7. 9. 1841,* fol. 181.

421 *A. a. O., „Extract aus dem Sitzungsprotokoll vom 9. 9. 1841“,* gez. Holfelder/Schauß, fol. 176.

422 *A. a. O., Schreiben Rettschlags an die Stadtverordnetenversammlung vom 15. 9. 1841,* fol. 184.

423 *A. a. O., „Beschwerde des Schulvorstehers Heinrich Rettschlag zu Berlin über das Verfahren des Magistrats und der Stadtverordnetenversammlung, daselbst, wegen Nichtbestätigung seiner Wahl zum Stadtverordneten an die Regierung in Potsdam vom 24. 9. 1841“* (Abschrift), fol. 215 ff.; dieses Schreiben befindet sich ebenfalls in: BLHA, Pr. Br. Rep. 2 A, Kom. Nr. 3170, fol. 282 ff.

424 Vgl. über Krausnick: Jürgen Wetzel, *Heinrich Wilhelm Krausnick,* in: Wolfgang Ribbe (Hrsg.), *Stadtoberhäupter. Biographien Berliner Bürgermeister im 19. und 20. Jahrhundert* (Berlinische Lebensbilder 7), Berlin 1992, S. 83–106.

425 LAB, Rep. 00-02/1, Nr. 37, Bd. 10, *Schreiben Oberbürgermeister Krausnicks an die Regierung in Potsdam vom 9. 11. 1841,* fol. 221.

426 BLHA, Pr. Br. Rep. 2 A, Kom. Nr. 3170, *„Decret auf den Bericht vom 9ten November betreffend die Beschwerde des p. Rettschlag über Nichtbestätigung der auf ihn gefallenen Wahl eines Stadtverordneten“* (Abschrift), fol. 247 ff.

c) Die Wahl im Brunnenstraßen-Bezirk

Das vorstädtische Gebiet des Brunnenstraßen-Bezirks lag zwischen dem Hamburger und Rosenthaler Tor im Spandauer Viertel.[427] Unter Friedrich II. hatten sich hier im Jahre 1752 Kolonisten aus dem sächsischen Vogtland angesiedelt, dessen Namen die Vorstadt seit jener Zeit auch trug.[428] Die Bevölkerung war bis zur Mitte des 19. Jahrhunderts stark gestiegen und gehörte mit ca. 19 000 zu den bevölkerungsreichsten Teilen Berlins. Drückende Armut und unwürdige Wohnverhältnisse ließen ein starkes soziales Konfliktpotential entstehen.[429]

Für den 26. Juni 1849 war in der Elisabethkirche die Wahl eines Stadtverordneten und eines Stellvertreters im Brunnenstraßen-Bezirk angezeigt worden.[430] Vor der Wahl hatte die Stadtverordnetenversammlung die Bürgerrolle des Bezirks vorschriftsmäßig geprüft und durch den Beschluß vom 30. Mai bestätigt. Die Einlaßkarten zur Wahl waren an die stimmfähigen Bürger des Bezirks rechtzeitig ergangen, als Magistratskommissar war der Bezirksvorsteher ernannt worden. Es waren 367 stimmfähige Bürger aufgefordert zu wählen; wovon 257 am Wahltag in der Kirche erschienen. Nachdem die Wahl durch die übliche Rede des Geistlichen und die Vorlesung der §§ 79 bis 104 der Städteordnung eröffnet worden war, wählten die Bürger zuerst den Wahlaufseher und zwei Beisitzer durch Handaufheben.

---

427 Der Wahlbezirk Brunnenstraße umfaßte im Jahr 1849 die Häuser in der Brunnenstraße, der Ackerstraße, der Verlängerten Ackerstraße, sofern sie zum Weichbild der Stadt gehörte, der Thorstraße 1–9, der Wollankstraße 4–24, dem Wollankschen Weinberg, dem Weinbergsweg, den Grundstücken am sogenannten Verlornen Wege von der Wollankstraße aus links, sofern sie zum Weichbild der Stadt gehörten, der Invalidenstraße 1–5 und 83–87, der Badstraße 1–50 und 121–166. Veröffentlicht in: *Spenersche Zeitung* Nr. 124 vom 31. 5. 1849. Hierin befindet sich die *„Öffentliche Bekanntmachung“* des Wahltermins und der Namen der Bezirke; der Brunnenstraßen-Bezirk steht an 34., somit letzter Stelle der Aufstellung.

428 Vgl. Ed. Kuntze, *Das Jubiläum von Voigtland oder Geschichte der Gründung und Entwicklung der Rosenthaler Vorstadt bei Berlin,* von 1755 bis 1855, Berlin 1855.

429 Bettina von Arnim war schon im Jahr 1831 während der Cholera-Epidemie mit dieser Gegend Berlins in Berührung gekommen. Sie leistete damals unter Einsatz ihres Lebens den Kranken Hilfe. Als Ergebnis zahlreicher Besuche dieses Viertels in den vierziger Jahren veröffentlichte sie ein anklagendes Werk mit dem Titel, *Dieses Buch gehört dem Könige,* Berlin 1843. Am Schluß des Buches fügte sie eine Sammlung von Fallstudien über die Zustände und die Armut im Vogtland an. Vgl. auch die grundlegende Studie über dieses Gebiet: Johann Friedrich Geist/ Klaus Kürvers, *Das Berliner Mietshaus 1740–1862,* Bd. 1, München 1980.

430 BLHA, Pr. Br. Rep. 2 A, Abt. I, Kom. Nr. 3171, *Bericht des Magistrats an die Regierung, Abt. des Innern, vom 16. 10. 1849,* fol. 90 ff. – In diesem später verfaßten *Bericht* befindet sich eine genaue Beschreibung über den Hergang der Wahl. GStA PK, Rep. 77, Tit. 227 A, Nr. 6, Bd. 4, Abschrift obigen *Berichts*, fol. 172 ff.; LAB, Rep. 00-02/1, Nr. 212, Bd. 13, Abschrift obigen *Berichts*, nicht foliiert.

Danach erhielten die Anwesenden die Aufforderung, die Kandidaten vorzuschlagen. Es wurden die Namen der folgenden Bürger genannt: Zimmermeister Meyer, Lithograph Hindersin, Zimmermeister König,[431] Eisengießereibesitzer Müller, Torfhändler Stieber, Fabrikant Deisseroth. Nach den späteren Aussagen des Wahlkommissars, des Wahlaufsehers und der Beisitzer Maenecke und Günther hatte sich aus den Vorschlägen diese Reihenfolge ergeben. Als zur eigentlichen Wahl geschritten werden sollte, erhob der Materialwarenhändler Buchholz dagegen den Einwand, daß der Kandidat Deisseroth vor dem Kandidaten Hindersin vorgeschlagen worden sei.[432] Wahlkommissar und Beisitzer widersprachen und ließen über den ersten Kandidaten Meyer abstimmen. Dieser erhielt von den 257 Stimmen 182 für und 75 Stimmen gegen sich. Als danach über den nächsten Kandidaten, Hindersin, abgestimmt werden sollte, erhob Buchholz erneut seinen Widerspruch; wohingegen Wahlkommissar und Beisitzer wiederum die Richtigkeit der Kandidatenliste bestätigten. Trotzdem wurde der Fabrikant Deisseroth als der nächste Kandidat angenommen, „da der p. Hindersin aus Bescheidenheit zurücktrat.“[433] Danach wurde über Deisseroth abgestimmt. Er erhielt bei 245 Stimmenden 159 weiße und 86 schwarze Kugeln. Nach dieser Abstimmung verließen zahlreiche Bürger die Wahlversammlung, so daß bei den folgenden Abstimmungen die Wahlversammlung nicht mehr vollständig war. Kandidat Hindersin erhielt insgesamt 197 Stimmen,[434] Müller nur 144 Stimmen[435] und Stieber nur 154 Stimmen.[436] König hatte ganz und gar auf die Wahl verzichtet. Demnach waren die meisten Stimmen auf Meyer und Deisseroth entfallen. Der Wahlkommissar erklärte Meyer zum Stadtverordneten und Deisseroth zum Stellvertreter.

Aufgrund des Wahlprotokolls und des Überweisungsberichtes erklärte der Magistrat am 11. Juli die Wahl im Brunnenstraßen-Bezirk für ungültig. Die Stadtverordnetenversammlung hingegen sah für diese Entscheidung keinen Grund und erkannte die Wahl für gültig an. In einem ausführlichen Bericht teilte der Magistrat den Hergang der Wahl und die strittigen Punkte der Regierung mit.[437] Dem Bericht des Magistrats zufolge habe der gewählte Meyer Majestätsbeleidigung und andere Verbrechen begangen. Diese Anschuldigungen seien dem Staatsanwalt mitgeteilt worden.[438]

---

431 Zimmermeister König war von 1837 bis 1854 Bezirksvorsteher des Vogtlandes.

432 BLHA, Pr. Br. Rep. 2 A, Abt. I, Nr. 3171, *Bericht des Magistrats an die Regierung, Abt. des Innern, vom 16. 10. 1849,* fol. 90.

433 *A. a. O.,* fol. 91.

434 67 weiße und 130 schwarze Kugeln.

435 63 weiße und 81 schwarze Kugeln.

436 49 weiße und 105 schwarze Kugeln.

437 BLHA, Pr. Br. Rep. 2 A, Abt. I, Kom. 3171, *Bericht des Magistrats an die Regierung, Abt. des Innern, vom 16. 10. 1849,* fol. 90 ff.; GStA PK, Rep. 77, Tit. 227 A, Nr. 6, Bd. 4, Abschrift des obigen *Berichts*, fol. 172 ff.; LAB, Rep. 00-02/1, Nr. 212, Bd. 13, Abschrift obigen *Berichts*, nicht foliiert. Der Stadtverordnetenversammlung wurde auf deren Wunsch diese Abschrift des Berichts übersandt.

438 *Ebda.*

Am 14. November 1849 antwortete die Regierung dem Magistrat und nahm zu der Wahl im Brunnenstraßen-Bezirk Stellung.[439] In Bezug auf die „Meinungsverschiedenheit"[440] zwischen Magistrat und Stadtverordnetenversammlung hinsichtlich der Prüfung der Wahlprotokolle entschied die Regierung, daß der Magistrat beim Eingange des Protokolls von dessen Inhalt Kenntnis nehmen dürfe. Jedoch könne der Magistrat nicht ohne weiteres eine Neuwahl ausrufen, dazu müsse die Angelegenheit erst von der Stadtverordnetenversammlung geprüft werden. Dem Magistrat wurde es in diesem Zusammenhang untersagt, künftig in solchen Fällen, in denen seiner Ansicht nach „Ungesetzlichkeiten" bei den Wahlen vorgekommen seien, sofort Neuwahlen anzuordnen.[441] Zu dem zweiten Punkt, die Abweichung von der Reihenfolge betreffend, erklärte die Regierung, daß „die Verständigung der Wahlversammlung und der Kandidaten über eine anderweitige Reihefolge keineswegs unzulässig erscheint."[442] Aus dem Wahlprotokoll gehe deutlich hervor, daß sich eine solche Verständigung zugetragen habe, da die betreffenden Kandidaten sich nach der geänderten Reihenfolge wählen ließen und die Wahlversammlung durch ihre Beteiligung sich gleichfalls damit einverstanden erklärt habe.

Die Regierung betrachtete die angeblichen Drohungen gegen den Wahlkommissar als nicht erwiesen. Seine Anzeige allein reiche nicht aus, es müsse darüber noch eine „nähere Erörterung" stattfinden. Diese müsse jedoch nicht durchgeführt werden, da die Wahl aus einem anderen Grund ungültig sei: Über einen der vorgeschlagenen Kandidaten, den Bezirksvorsteher und Zimmermeister König, war gar nicht abgestimmt worden. Dieser hatte zwar die Wahl abgelehnt; er war aber dazu nicht befugt, da jeder Bürger verpflichtet sei, öffentliche Stadtämter zu übernehmen.[443] Auch ließen sich für ihn keine der nach § 199 der Städteordnung gültigen Entschuldigungsgründe anführen.[444] Die Regierung führte zu der unterlassenen Wahl des Bezirksvorstehers weiter aus: „Sein Amt befreit ihn nicht von der Verpflichtung, daß Amt als Stadtverordneter zu übernehmen, wie sich aus der Bestimmung des § 196 ergibt, nach welcher Bezirksvorsteher verpflichtet sind, Stadtverordneter zu werden. Die Nichtabstimmung über einen qualifizierten Wahlkandidaten ist unzweifelhaft eine Verletzung der gesetzlichen im § 94 vorgeschriebenen Form, welche verlangt, daß über alle Wahlkandidaten

---

439 GStA PK, Rep. 77, 227 A, Nr. 6, Bd. 4, *Verfügung der Regierung an den Magistrat vom 14. 11. 1849* (Abschrift), fol. 187 ff.; LAB, Rep. 00-02/1, Nr. 212, Bd. 13, Abschrift obiger *Verfügung*, nicht foliiert.

440 *A. a. O.,* fol. 187.

441 Der Magistrat hatte in seinem *Bericht vom 16. 10. 1849* erklärt, daß er seit der Einführung der Städteordnung immer so verfahren habe.

442 GStA PK, Rep. 77, 227 A, Nr. 6, Bd. 4, *Verfügung der Regierung an den Magistrat vom 14. 11. 1849* (Abschrift), fol. 187.

443 Gemäß StO § 191.

444 Gemäß StO § 199 konnte ein Stadtamt aus folgenden Gründen abgelehnt werden: fortdauernde Krankheiten; Reisen, die eine lange Abwesenheit nötig machen; die gleichzeitige Verwaltung von drei öffentlichen Ämtern und ein Alter von über sechzig Jahren.

abgestimmt werde."[445] Mit diesem Tatbestand hatte die Regierung ein überzeugendes Argument gefunden, die Wahl für ungültig zu erklären.

Die Entscheidung der Regierung wurde der Stadtverordnetenversammlung durch den Magistrat mitgeteilt, und gleichzeitig wurde die Bürgervertretung aufgefordert, „wegen Abhaltung einer anderweitigen Wahl das Erforderliche zu verfügen."[446] Regierung und Magistrat betrachteten die Wahl im Brunnenstraßen-Bezirk als ungültig. Der Antagonismus zwischen Stadtverordnetenversammlung und Magistrat, der in dem Schriftverkehr besonders stark hervortritt, sollte über den wahren Grund der Streitigkeiten nicht hinwegtäuschen. Dieser galt nämlich dem gewählten Kandidaten selbst, dessen Name nur am Rande einmal kurz erwähnt wurde. Offensichtlich hatten sich die Beschuldigungen gegen den gewählten Zimmermeister Meyer wegen Majestätsbeleidigung und anderer Verbrechen erhärtet, so daß sich das einmütige Einverständnis von Regierung und Magistrat erklärt. Daneben zeigt der umfangreiche Schriftverkehr mit welchen Argumenten man eine Wahl für ungültig erklären konnte. Insbesonders einige Schwächen des Wahlverfahrens, das etliche Möglichkeiten der Wahlmanipulation bot, traten eindeutig zutage. Die von der Stadtverordnetenversammlung gezeigte Beharrlichkeit gegenüber den Behörden, spricht für das erstarkte Selbstgefühl der Bürgervertreter. Der hohen Bürokratie wurde der übliche untertänige Respekt nicht mehr so bereitwillig gezollt. Als letzte Instanz sollte nun das Ministerium ein abschließendes Urteil fällen. Doch sollte es zu dieser Entscheidung nicht mehr kommen, da der Magistrat die Stadtverordneten bereits am 27. Dezember 1849 auffordern mußte, Vorbereitungen für allgemeine Neuwahlen nach der zukünftigen Gemeindeordnung einzuleiten.[447]

d) Die Kandidatur des Heinrich Runge

Die ersten Regierungsjahre Friedrich Wilhelms IV. beendeten das von Restauration und Reaktion erzwungene politische Stilleben der preußischen Hauptstadt und lösten ein wachsendes politisches Interesse aus. Das galt auch für die Wahlen der Stadtverordneten, in denen die Bürger erst während der Wahlhandlung ihre Kandidaten vorschlugen. Damit stellte man sie mehr oder weniger vor vollendete Tatsachen, hatten sie sich doch innerhalb der Situation schnell für oder gegen den Kandidaten zu entscheiden. Die Städteordnung sah allerdings eine Eigenaufstellung der Kandidaten nicht vor. Nur einmal in der vierzigjährigen Ge-

---

445 GStA PK, Rep. 77, 227 A, Nr. 6, Bd. 4, *Verfügung der Regierung an den Magistrat vom 14. 11. 1849* (Abschrift), fol. 189 f.

446 *A. a. O.*, fol. 190; LAB, Rep. 00-02/1, Nr. 212, Bd. 13, *Bericht der Regierung an den Magistrat vom 14. 11. 1849*, nicht foliiert.

447 LAB, Rep. 00-02/1, Nr. 212, Bd. 123, *Bericht des Magistrats an die Stadtverordnetenversammlung vom 27. 12. 1849*, nicht foliiert.

schichte der Wahlen unter der Kommunalordnung von 1808 sollte es vorkommen, daß sich ein Bürger unerlaubterweise selbst als Kandidat aufstellte. Zur Wahl des Jakobskirchhof-Bezirks (Luisenstadt)[448] im Juni 1844 präsentierte sich der vermögende Partikulier August Ferdinand Heinrich Runge seinen Mitbürgern als Kandidat. Nach der Aussage des Stadtverordneten Heinrich Eduard Kochhann[449] war der 1817 in Berlin geborene Runge, seit kurzem Eigentümer des Hauses in der Alten Jakobstraße 132, zu jenem Zeitpunkt noch unverheiratet und „barg bei klarem Verstande eine starke und feurige Seele in seinem damals schwächlichen Körper."[450] Runge, der „von der Notwendigkeit einer regeren Theilnahme an der Stadtverordneten-Wahl und einer durchgreifenden Reform dieser letzteren selbst"[451] durchdrungen war, nahm für sich das Recht des Bürgers in Anspruch, „sich selbst als Kandidat zu dem ersten städtischen Ehrenamte zu melden."[452]

Da Neubürger Runge meinte, den meisten stimmfähigen Bürgern seines Wahlbezirks unbekannt zu sein, ließ er an sie seine selbstverfaßte sechzehnseitige Druckschrift „*Mein Glaubensbekenntnis*" – eine Art Wahlprogramm – verteilen. Diese hatte er auf eigene Kosten drucken und binden lassen.[453] Auch dem Magistrat schickte der Partikulier ein Exemplar seiner Druckschrift. In dem ebenfalls gedruckten, beigefügten Schreiben, bat Runge den Bürger, falls er seine Ansichten billige und ihn für fähig halte, ihn bei der Wahl vorzuschlagen und ihm seine Stimme zu geben. Runge versicherte dem Bürger, daß er sehr wohl die Verantwortlichkeit und die Schwierigkeiten kenne, welche mit dem Ehrenamte verbun-

---

448 In diesem Bezirk hatte damals der Fouragehändler Johann Andreas Kuhlmey, als Eigentümer in der Alten Jakobstraße 27 ansässig, das Stadtverordnetenmandat seit 1829 innegehabt.

449 H. E. Kochhann (1805–1890), Bäckermeister und ab 1852 Rentier in der Dresdener Straße 34, wurde am 10. Juni 1839 in der Luisenstädtischen Kirche von den Bürgern des Cottbusser Tor-Bezirks (Luisenstadt) gewählt. Er konnte bei den folgenden Wahlen seines Bezirks von 1842, 1845, 1848 und 1849 stets eine Wiederwahl verzeichnen; zeitweilig hatte er die Stelle eines Stadtverordnetenvorstehers inne, so daß ihm 1875, bei seinem Ausscheiden aus der Stadtverordnetenversammlung, die Würde eines Ehrenbürgers von Berlin verliehen wurde. In seinen Tagebüchern, die 1905 bis 1908 von seinem Sohn Albert in Auswahl herausgegeben wurden, gibt Kochhann eine anschauliche Charakterisierung anderer Mitglieder der Stadtverordnetenversammlung, die gleich ihm das Mandat hatten. Er konnte bereits auf eine familiäre Tradition in der Selbstverwaltung zurückblicken. Sein Vater, Johann Gottfried Carl Kochhan (frühere Schreibweise des Namens), war von 1818 bis 1836 ebenfalls Stadtverordneter gewesen. Auch er hatte die Bäckerei in der Dresdener Straße 34 betrieben. Zum ersten Mal war er am 26. Juni 1818 von den Bürgern des Cottbusser Tor-Bezirk in der Luisenkirche gewählt worden.

450 H. E. Kochhann, *Mitteilungen ...*, S. 37.

451 LAB, Rep. 01-02, Generalbüro, Nr. 2555, Jakobskirchhof-Bezirk, *Schreiben des Partikuliers Heinrich Runge an den Magistrat vom 25. 6. 1844,* nicht foliiert.

452 *Ebda.*

453 Heinrich Runge, *Mein Glaubensbekenntnis,* Berlin 1844. Gedruckt in der Buchdruckerei des Preussischen Volksfreundes, Mühlendamm 31a.

den seien. Weiter führte der Partikulier an: „Im Vertrauen auf die Unterstützung meiner geehrten Mitbürger hoffe ich jedoch nicht nur alle Hindernisse sicher zu überwinden, sondern auch, wenn Sie mir Ihr Zutrauen durch die Wahl bestätigen sollten, nach drei Jahren bei einer neuen Wahl eben so ruhig vollkommene Rechenschaft ablegen und ihren Urtheilsspruch empfangen zu können, als ich Ihnen heute meine Ansichten und Meinungen vor Augen lege."[454] Außerdem gab Runge seinen Mitbürgern bekannt, daß sie ihn „Nachmittags von 3 bis 4 Uhr täglich sicher zu Hause treffen" könnten, um ihnen „alle gewünschten Erläuterungen zu geben."[455]

Vom hohen Selbstbewußtsein Runges zeugen seine in der Druckschrift geäußerten Ansichten zur Kandidatur: „Hintreten sollte man vor die Wahlversammlung, ihr sagen: so bin ich und das will ich; seid ihr mit meinen Ansichten einverstanden, haltet ihr mich für fähig, ihnen Geltung zu verschaffen, habt ihr sonst kein Bedenken gegen mich – nun dann bin ich euer Kandidat und bitte um eure Stimme; im Gegentheil weise ich eure Stimme zurück, dann kann und darf ich euer Kandidat nicht sein."[456] Er betrachtete das Stadtverordnetenamt als das erste aller Ehrenämter und forderte seine Mitbürger auf, es in der Weise anzustreben, „eifrig aber offen und indem man sich ohne Scheu der Oeffentlichkeit dahingiebt."[457]

Am 24. Juni 1844[458] fand sich die Wahlversammlung der Bürger des Jakobskirchhof-Bezirks in der Luisenstädtischen Kirche ein. Nach beendigtem Gottesdienst trat der Wahlkommissar, Stadtrat Seeger, auf Heinrich Runge zu und erklärte ihm, daß er an der Wahl nicht teilnehmen könne und sich entfernen müsse. Seeger begründete, „eben eingegangenen Nachrichten zufolge,"[459] daß Runge nicht in seinem Hause in der Alten Jakobstraße wohne und durch einen Irrtum zur Wahl eingeladen worden sei. Das Wahlprotokoll vermerkt zu dem Vorgang, daß Runge zwar Eigentümer des genannten Hauses sei, jedoch in der Köpenicker Straße 92 wohne.[460] Nachdem Runge gegen die Aufforderung des Wahlkommissars

---

454 Gedrucktes *Begleitschreiben Runges* zu seinem „*Glaubensbekenntnis*" vom Juni 1844. Der religiös gefärbte Titel seiner Druckschrift mag heute leicht irreführend sein; er leitet sich lediglich von der festen Überzeugung und dem starken Missionsdrang des Autors ab.

455 *Ebda.*

456 H. Runge, *Glaubensbekenntnis* ..., S. 4.

457 *A. a. O.,* S. 3.

458 In der „*Öffentlichen Bekanntmachung*" der Bezirke und Kirchen war der Wahltermin ursprünglich auf den 17. Juni 1844 angesetzt, in: *Spenersche Zeitung* Nr. 124 vom 30. 5. 1844. Der Wahltermin wurde jedoch „wegen des in diesen Tagen bereits zu erwartenden Wollmarkts-Verkehrs" auf den 24. Juni verlegt, in: *Spenersche Zeitung* Nr. 129 vom 5. 6. 1844. Diese Terminverlegung lag jedoch eher in der erstmaligen und zeitlich aufwendigen Erstellung gedruckter Verzeichnisse der wahlfähigen Bürger begründet, die zu dieser Verzögerung führte.

459 LAB, Rep. 01-02, Generalbüro, Nr. 2555, Jakobskirchhof-Bezirk, *Schreiben des Partikuliers Heinrich Runge an den Magistrat vom 25. 6. 1844,* nicht foliiert.

460 *A. a. O., Wahlprotokoll vom 24. 6. 1844, Mittags 12 3/4 Uhr in der Luisenstädtischen Kirche,* gez. Seeger, nicht foliiert. – Die Köpenicker Straße gehörte zum Prinzen Holzmarkt-Bezirk. In diesem Be-

protestiert hatte, entfernte er sich aus der Kirche. Vorher hatte er noch gefragt, wie man verfahren werde, wenn er nach seiner Entfernung dennoch vorgeschlagen würde. Stadtrat Seeger erklärte ihm, daß er keine Abstimmung zulassen würde. Bei der anschließenden Wahl gab es zweimal Unstimmigkeiten mit der Kugelzahl. Nachdem der Wahlkommissar zu einer dritten Ballotage aufgerufen hatte, erklärten mehrere Bürger, daß die Wahl absichtlich auf diese Weise entweder gestört oder ungültig gemacht worden sei. Die verschlossenen Kirchentüren wurden gewaltsam geöffnet und ein großer Teil der Wähler entfernte sich, so daß die ganze Wahlversammlung als aufgelöst angesehen werden mußte.[461]

Am 25. Juni 1844 übergab Runge dem Magistrat seinen schriftlichen Protest gegen die Wahl.[462] Er erklärte, daß „ein zu Stimmfähigkeit und Wählbarkeit berechtigter Bürger, in ungesetzlicher Weise von der Wahl ausgeschlossen“[463] worden sei. Stimmrecht und Wählbarkeit seien nach dem Gesetz durchaus nicht von der Wohnung abhängig, sondern allein davon, ob der Bürger in der Bürgerrolle des Bezirks verzeichnet sei oder nicht. Da der Partikulier in der Bürgerrolle eingetragen war, so hätte ihm das Stimmrecht auch nicht entzogen werden können.

Oberbürgermeister Krausnick beauftragte den Stadtrat Graupner am 10. Juli 1844, eine „anderweitige“ Stadtverordnetenwahl im Jakobskirchhof-Bezirk durchzuführen.[464] Der Magistrat verfaßte am 20. Juli eine „Officielle Bekanntmachung“.[465] Darin wurde den Bürgern mitgeteilt, daß im Jakobskirchhof-Bezirk wegen „eingetretener Hinderungen“ eine Neuwahl für den 5. August anberaumt sei. Die Bekanntmachung enthielt die übliche Aufforderung zur Wahl und den Hinweis auf die nachteiligen Folgen des „Ausbleibens“. An die Hauseigentümer des Bezirks ergingen Listen in denen „die Bürger, Bürgerinnen, Hauseigentümer und Gewerbe- und Handelstreibende“ eingetragen werden mußten, da eine neue Bürgerrolle für den Bezirk erstellt werden sollte. Für die angesagte Neuwahl wurden auch die Namen der stimmfähigen Bürger zu einem Verzeichnis gedruckt und an die Wähler zusammen mit den

---

zirk hatten Mitglieder der Familie Radicke das Stadtverordnetenamt fest in ihrer Hand. Carl Gottf. Radicke, Destillateur, Eigentümer in der Köpenicker Straße 105 war 1821, 1824, 1827, 1830 und 1833 von den Bürgern des Bezirks gewählt worden; von 1836 bis 1848 hatte Johann Friedrich Radicke, Maurermeister, Eigentümer in der Brückenstraße 16 das Mandat; schließlich erhielt 1848 Heinrich Ferdinand Adalbert Radicke, Kaufmann, Eigentümer in der Köpenicker Straße 106, das Mandat für den nunmehr nach der Brückenstraße umbenannten Bezirk.

461 *Ebda.* Im *Wahlprotokoll* befindet sich der Zusatz, daß der Ausdruck „gewaltsam“ als zu scharf anzusehen sei. Es müsse vielmehr „auf unerlaubte Weise“ heißen.

462 *A. a. O. Schreiben Runges an den Magistrat vom 25. 6. 1844,* nicht foliiert.

463 *Ebda.*

464 *A. a. O., Anweisung Krausnicks an Stadtrat Graupner vom 10. 7. 1844,* gez. Krausnick, nicht foliiert.

465 *A. a. O., „Officielle Bekanntmachung“* vom 20. 7. 1844 (Konzept); hierin wurde angeordnet: „In Intelligenz Blättern und beiden Zeitungen, und zwar: 2 Mal, ein Mal sofort und das zweite Mal um 8 Tage später zu inserieren.“ Die *Bekanntmachung* wurde veröffentlicht in: *Vossische Zeitung* Nr. 171 vom 24. 7. 1844.

Einlaßkarten rechtzeitig vor der Wahl verteilt. Dem Bezirksvorsteher wurden 18 gedruckte Maueranschläge überbracht. Er wurde angewiesen, sie sofort an den Kirchentüren und an anderen „schicklichen Orten“ des Bezirks anzubringen, „besonders auch an den Grenzen desselben, dergestalt befestigen zu lassen, daß selbige zwar sehr gut gelesen, aber nicht leicht abgerissen werden können, daher sie etwas hoch angeschlagen werden müssen.“[466]

Der Superintendent Schultz wurde benachrichtigt mit dem Ersuchen, „die Kanzelrede dem betreffenden Herrn Prediger zu bestimmen und den an diesem Tage vorschriftsmäßigen Gottesdienst zu veranstalten, auch die Sammlung zum Besten der Armenkasse und der Unterbedienten der Kirche in Gemäßheit der Bestimmung des Königl. Consistorii der Provinz Brandenburg vom 22. Jan. 1838 nicht wie früher während der Rede des Geistlichen, sondern am Schlusse der Wahl an den Ausgängen aufzustellenden Leuten, anzuordnen.“[467] Die „Ältesten der hiesigen Judenschaft“ wurden angewiesen, am Sonnabend vor der Wahl den Termin in der Synagoge bekanntzugeben. Außerdem sollten sie als Vorbereitung zur Wahl für die stimmfähigen Bürger ihrer Gemeinde eine gottesdienstliche Handlung vollziehen.[468] „Um die Ruhe und Ordnung bei der anderweitigen Wahl zu erhalten“, bestimmte der Magistrat, „daß sich an gedachtem Tage vor der Luisenstädtischen Kirche zu diesem Zweck zwei Stadt-Sergeanten einfinden“[469] sollten. Sie waren angewiesen, sich nicht vor die Kirche, sondern vor die Kirchentür zu stellen. Die beiden Ordnungswächter hatten die Einlaßkarten zu kontrollieren und die Texte der Gesänge, der vor und nach der gottesdienstlichen Handlung zu singenden Lieder, zu verteilen.[470]

Zu der Wahl erschienen von den 394 stimmfähigen Bürgern des Bezirks 262. Es wurden sechs Kandidaten vorgeschlagen, wovon Heinrich Runge mit 199 gegen 62 Stimmen das Stadtverordnetenmandat erhielt. Bei der darauf erfolgten Wahl eines Stellvertreters wurde der von Runge vorgeschlagene Maurermeister Carl Ludwig Urban, da keiner der anderen Kandidaten die absolute Stimmenmehrheit erhalten hatte, gewählt.[471] Der Stadtverordnete

---

466 LAB, Rep. 01-02, Generalbüro, Nr. 2555, Jakobskirchhof-Bezirk, *Anweisung an den Bezirksvorsteher vom 20. 7. 1844*, nicht foliiert.

467 *A. a. O., „Anweisung an den Königl. Superintendenten Schultz, Hochwürden“ vom 20. 7. 1844,* nicht foliiert.

468 *A. a. O., Anweisung „an die Herren Ältesten der hiesigen Judenschaft“ vom 20. 7. 1844,* nicht foliiert.

469 *A. a. O., Anweisung an die Armeedirektion vom 20. 7. 1844,* nicht foliiert.

470 Seit den dreißiger Jahren wurden die Texte der Gesänge eigens für die Wahlen gedruckt. Sie wurden an den Kirchentüren von den Stadtsergeanten gegen ein kleines Entgelt, das in Büchsen gesammelt wurde, an die Bürger verteilt. Der Wahlkommissarius hatte das Geld beim Magistrat abzuliefern.

471 *Spenersche Zeitung* Nr. 183 vom 7. 8. 1844. – Ohne die entsprechende rechtliche Grundlage hatte die Wahlversammlung den Stellvertreter durch einen zweiten Wahlgang gewählt. Die Mißachtung von Vorschriften der Städteordnung zum Wahlverfahren führten in der Regel nicht zur Ungültigkeit einer Wahl; insbesondere die Abstimmung per Akklamation und wie hier, ein zweiter Wahlgang bei der Stellvertreterwahl, lassen sich häufiger beobachten.

Kochhann beurteilte später Runges Kandidatur als „erfreulich" und „aufsehenerregend."[472] Während die Spießbürger, nach seiner Aussage, darin ein ganz neues, nie dagewesenes Ereignis gesehen und sein Verhalten verurteilt hatten. Das initiative Handeln Runges habe dann „die besten Früchte getragen, das sich auch die Gebildetsten fortan nicht scheuten, zum Besten ihrer Vaterstadt mitzuarbeiten."[473] Bei seinem Eintritt in die Versammlung sei er von den alten Mitgliedern mit Mißtrauen empfangen worden, es gelang ihm aber sehr bald, „eine dominierende Stellung zu gewinnen und die Gegner als Bundesgenossen zu werben."[474] Runge hatte 1846 – noch während seiner Zeit als Stadtverordneter – die „Bürgergesellschaft" gegründet, später wirkte er als Vorsitzender des Berliner Lokalvereins für das Wohl der „arbeitenden Klassen", aus dem sich der große Gewerkskrankenpflegeverein entwickelte. Bei der nächsten Wahl seines Bezirks im Jahr 1847 wurde Runge allerdings zum Stadtverordneten nicht wiedergewählt. Die Bürger des Ersten und Zweiten Jakobskirchhof-Bezirks gaben ihre Stimme Dr. phil. Ludwig Gottlieb Carl Nauwerck, einem nicht minder engagierten und progressiven Vertreter.[475] 1849 erhielt Runge das Mandat zum Stadtrat; in einer Phase politischer Reaktion in Preußen siedelte er in die Schweiz über, wo er von 1854 bis 1861 als Konservator des Antiquarischen Museums in Zürich arbeitete. Anfang der sechziger Jahre kehrte er nach Berlin zurück, 1862 wurde er wieder zum Stadtverordneten gewählt, übte von 1871 bis zu seinem Tode, am 26. November 1886, das Amt eines städtischen Kämmerers aus. In den letzten Jahren seines Lebens hatte er sich unermüdlich für die Gründung des Märkischen Museums eingesetzt.[476]

In seiner Druckschrift „*Mein Glaubensbekenntnis*" plädiert Heinrich Runge für eine durchgreifende Änderung der Wahlbestimmungen der Städteordnung. Er forderte jährliche Wahlen, unterstellte den städtischen Behörden allerdings fälschlicherweise, daß sie dieselbe Wahlversammlung ganz gegen das Gesetz nur alle drei Jahre zusammenberiefen.[477] Runge kritisierte außerdem, daß die Wahlbezirke von unterschiedlicher Größe seien. So gäbe es Bezirke, die dreimal soviel stimmfähige Bürger wie andere hätten. Bezirke, wie sein eigener Wahlbezirk[478], die in zwei Abteilungen getrennt werden mußten, dürften weiterhin nur einen

472 H. H. Kochhann, *Mitteilungen* ..., S. 36.

473 *Ebda.*

474 *A. a. O.*, S. 37.

475 Der am 14. 7. 1847 in der Luisenstädtischen Kirche gewählte, stadtbekannte Privatdozent lebte als Mieter in der Ritterstr. 45.

476 Die biographischen Angaben nach: P. Clauswitz, *Städteordnung* ..., S. 150; Konrad Kettig, *Gemeinsinn und Mitverantwortung. Beiträge zur Geschichte der Berliner Stadtverordnetenversammlung, zugleich eine Würdigung des Stadtverordnetenvorstehers Heinrich Kochhann,* in: *Der Bär von Berlin. Jahrbuch des Vereins für die Geschichte Berlins* 12 (1963), S. 7–27, hier S. 20.

477 Vgl. StO §§ 86 und 87.

478 Der Jakobskirchhof-Bezirk wurde zur Wahl von 1844 in zwei Abteilungen getrennt. Beide Abteilungen wählten jedoch gemeinsam einen Stadtverordneten.

Bürgervertreter wählen. Deshalb müßte es nach seiner Ansicht zu einer neuen Bezirkseinteilung kommen.

Ein Hauptanliegen Runges war die Publizierung einer Liste mit den Namen der stimmfähigen und wählbaren Bürger. In diesem Zusammenhang forderte er, daß die Namen der Kandidaten, mögen sie vorgeschlagen sein oder selbst ernannt, wenigstens vierzehn Tage vor der Wahl veröffentlicht werden müßten. Denn nur so könne der Wähler in der Lage sein, über die „Fähigkeiten und die Moralität“[479] eines Kandidaten Informationen einzuziehen, die es ihm ermöglichen, für oder gegen ihn zu stimmen. Nur so würden die Wähler „jene enge Klemme vermeiden können, in welcher (sie) sich seit 1808 schon sehr oft sahen, wenn sie ihr Urtheil über einen Mann abgeben sollten, dessen Namen sie vielleicht kaum zehnmal gehört hatten.“[480] Es kam Runge nicht allein auf die „Fähigkeiten und die Moralität“ der Kandidaten an, vielmehr müsse ihnen daran gelegen sein, die Bürgerschaft vollständig zu vertreten. Deshalb forderte Runge mehr Transparenz, der Kandidat müsse sich mit den Wählern aussprechen, „sei es nun mündlich in einer allgemeinen Versammlung oder schriftlich; er muß, wenn er bereits früher im Amte war, gewissenhaft und freimüthig Rechenschaft über seine Amtsführung ablegen, und es alsdann jedem Einzelnen überlassen, ob dieser ihm sein Vertrauen schenken will. Thut er dies und er unterliegt, so mag er sich damit trösten, daß eine Niederlage nach einem offenen, ehrlichen Kampfe ruhmvoller ist als ein zufälliger oder erschlichener Sieg; siegt er aber, so wird sein Sieg desto schöner sein, das Vertrauen seiner Mitbürger ein nachhaltigeres, weil es auf einer festen Grundlage ruht.“[481]

Verhalten äußerte Runge sich über den Wahlmodus selbst, da eine Änderung der Städteordnung weder in der Macht der städtischen Behörden liege, noch von den Wählern und Kandidaten ausgehen könne. Er machte lediglich den Vorschlag, die komplizierte Ballotage abzuschaffen und durch eine Wahl mit Stimmzetteln[482] zu ersetzen. Auf eine Anregung Runges ging der Magistrat schließlich doch ein, obgleich sich sonst am Wahlverfahren nichts änderte. Für die Wahlen von 1844 wurde erstmals ein Verzeichnis der Stimmfähigen des Bezirks erstellt. Jeder stimmfähige Bürger in den zur Wahl aufgerufenen Bezirken erhielt dieses Verzeichnis zusammen mit der obligaten Einlaßkarte rechtzeitig vor dem Wahltermin zugeschickt.[483] Bei der durch Runge ausgelösten Neuwahl für den Jakobskirchhof-Bezirk wurde ebenfalls ein gedrucktes Verzeichnis der Wähler zusammengestellt, das zwei Wochen vor der Wahl an die stimmfähigen Bürger verteilt wurde. Auch in den folgenden Jahren hielt der Magistrat an dieser von Runge initiierten Neuerung fest.[484]

---

479 H. Runge, *Glaubensbekenntnis* ..., S. 6.

480 *Ebda.*

481 *A. a. O.*, S. 7.

482 Die Revidierte Städteordnung von 1831, § 71, hatte bereits den Stimmzettel eingeführt.

483 Siehe *Spenersche Zeitung* Nr. 124 vom 30. 5. 1844.

484 Die Revidierte Städteordnung von 1831, § 66, hatte bereits ein Verzeichnis der wählbaren Bürger vorgeschrieben.

3. Die Neuwahlen von 1848

a) Die Auflösung der Stadtverordnetenversammlung

In der Sitzung vom 21. März 1848 stellte der Stadtverordnete Andreas Carl Wilhelm Mertens[485] Antrag auf Auflösung und Neuwahl der Stadtverordnetenversammlung. Daraufhin und in Anbetracht der vorhergegangenen Ereignisse[486] legten die Stadtverordneten ihr Mandat nieder, um der Bürgerschaft Gelegenheit zu geben, andere Vertreter zu wählen.

In der folgenden Sitzung vom 25. März forderte Mertens eine Änderung des Wahlmodus: „In Erwägung, daß der jetzige Zustand der Hauptstadt die sofortige Zusammenberufung einer neuen Stadtverordneten-Versammlung nöthig macht und daß diese Versammlung geeignet sei, eine möglichste Annäherung aller jetzt thätigen Parteien herbeizuführen, wird folgender Wahlmodus in Vorschlag gebracht:

1. Jeder unbescholtene Bürger ist Wähler und wählbar.
2. Jeder selbständige unbescholtene sogenannte Schutzverwandte ist wählbar. Die Kategorie der Schutzverwandten könnte vielleicht noch auf eine enger bestimmte Kategorie der Capacität beschränkt werden.
3. Der Gewählte kann in jedem beliebigen Bezirke genommen werden.
4. Die Wahlen sind schleunig einzurichten.“[487]

Dieser Vorschlag, der eine völlige Ausweitung des Wahlrechts gebracht und das bezirkliche Vertretungsprinzip durchbrochen hätte, wurde von den Stadtverordneten zur Diskussion ge-

---

485 Der Rentier und ehemalige Privatbaumeister Andreas Carl Wilhelm Mertens, als Eigentümer in der Schöneberger Straße 3 ansässig, war am 27. Juni 1845 in der Dreifaltigkeitskirche von den Bürgern des Leipziger Platz-Bezirks (Friedrichstadt) zum Stadtverordnetenstellvertreter gewählt worden. Am 8. 11. 1847 schied der Stadtverordnete für den Hohen Steinweg-Bezirk (Alt-Berlin), Dr. Carl Friedrich Heinrich Straß, Königl. Kreis-Justiz-Rat und Justiz-Commissarius „wegen fortwährender Krankheit“ aus. Mertens wurde in dieses Amt berufen und erhielt dazu die Bestallung. *Die Mitteilung zur Bestallung vom 3. 12. 1847* befindet sich in: LAB, Rep. 01-02, Generalbüro, Nr. 2549, Leipziger Platz-Bezirk, nicht foliiert. Vgl. hierüber die *Bekanntmachung des Magistrats vom 29. November 1847,* gezeichnet Fournier/Schäffer, veröffentlicht in: *Vossische Zeitung* vom 3. 12. 1847 und *Spenersche Zeitung* Nr. 283 vom 3. 12. 1847.

486 Über diesen Abschnitt: Günther Richter, *Zwischen Revolution und Reichsgründung (1848–1870). Berlin 1848,* in: Wolfgang Ribbe (Hrsg.), *Geschichte Berlins. Von der Märzrevolution bis zur Gegenwart* (= Veröffentlichung der Historischen Kommission zu Berlin), Bd. 2, 2. Aufl., München 1988, S. 605–687, hier S. 605–635. Dort weitere Literatur.

487 LAB, Rep. 00-02/1, Nr. 131, Bd. 12, enthält den *Vorschlag des Stadtverordneten Mertens zur Änderung des Wahlmodus vom 24. 3. 1848* (Konzept), nicht foliiert. – Mertens‘ Vorschlag ist abgedruckt in: Adolf Wolff, *Berliner Revolutions-Chronik. Darstellung der Berliner Bewegungen im Jahre 1848 nach politischen, socialen und literarischen Beziehungen,* Bd. 1, Berlin 1851, S. 433. Der vierte Punkt des Vorschlags wurde von Wolff nicht zitiert.

stellt und sollte zunächst durch eine Deputation geprüft werden. Am 29. März trat diese Deputation aus 15 Mitgliedern zusammen, um über die Abänderung des Wahlmodus zu beraten.[488] Nach ihrer Ansicht sollten die Neuwahlen „lediglich den Beweis geben, ob die jetzigen Stadtverordneten das Vertrauen der Wähler noch besitzen."[489] Die Deputierten erklärten mit elf gegen vier Stimmen, „diese Wahlen noch nach dem bisherigen, durch die Städteordnung festgesetzten Verfahren stattfinden zu lassen."[490] In ihrer Sitzung vom 30. März beschlossen die Stadtverordneten, den Magistrat zu ersuchen, Neuwahlen sobald wie möglich zu veranlassen und die eventuell erforderliche Genehmigung der Regierung einzuholen.[491] Die Neuwahlen sollten „noch nach dem bisherigen, durch die Städteordnung festgesetzten Verfahren, vorgenommen werden."[492] Der Magistrat übersandte ein „Circular" an die Bezirksvorsteher der Stadt.[493] Sie wurden aufgefordert, sich mit den Stadtverordneten und Stellvertretern ihres Bezirks, sowie den Mitgliedern der betreffenden Armenkommission zu treffen und eine Liste der stimmfähigen Bürger ihres Bezirks anzufertigen. Bei der Aufstellung der Liste sei von Bedeutung, „daß jeder unbescholtene Bürger stimmfähig ist, da sich wohl annehmen läßt, daß mit einigen Ausnahmen jeder Bürger das in der Städteordnung vorgeschriebene Einkommen von 200 Thalern besitzt."[494] Nicht stimmberechtigt war der übliche von der Städteordnung vorgeschriebene Personenkreis.

Am 3. April teilte der Magistrat der Regierung in Potsdam mit, daß sämtliche Mitglieder der Stadtverordnetenversammlung ihr Amt niedergelegt hätten, „um durch neue Wahlen zu erfahren, wer die Männer sind, welche jetzt das Vertrauen der Bürgerschaft haben."[495] Bis zur Wahl der neuen Stadtverordneten sollten die bisherigen Mitglieder im Amt bleiben. Der Magistrat betonte, „daß es hierbei weniger auf den Rechtspunkt ankommt, als vielmehr nach den Erfahrungen der letzten bewegten Tage es für die im Amte stehenden Stadtverordneten zum Ehrenpunkte wird, ihr Amt vorläufig niederzulegen, und haben uns daher bereit erklärt, die Wahlen sofort zu veranlassen."[496] Der Magistrat sei mit der Stadtverordnetenversammlung in dem Punkte einverstanden, daß die neuen Wahlen nach dem üblichen Verfahren, wie

---

488 LAB, Rep. 00-02/1, Nr. 131, Bd. 12, *Sitzungsprotokoll vom 29. 3. 1848,* nicht foliiert. Die Deputation bestand aus den Mitgliedern: Seidel, Schaeffer, Bohnhoff, Walter, Veit, Herrenburger, Bernard, Pinkert, Schauß, von Raumer, Mertens, Fournier, Nauwerck, Devaranne, Berends.

489 *Ebda.*

490 *Ebda.*

491 LAB, Rep. 00-02/1, Nr. 131, Bd. 12, *Protokoll der Stadtverordnetenversammlung vom 30. 3. 1848,* nicht foliiert.

492 *Ebda.*

493 LAB, Rep. 00-02/1, Nr. 131, Bd. 12, *„Circular an die sämtlichen Herren Bezirksvorsteher" vom 3. 4. 1848,* nicht foliiert.

494 *Ebda.*

495 BLHA, Pr. Br. Rep. 2 A, Abt. I, Kom. Nr. 3171, *Mitteilung des Magistrats an die Regierung in Potsdam vom 3. 4. 1848* (Randbermerkung: Citissime!), fol. 85 f.

496 *A. a. O.,* fol. 85.

es die Städteordnung von 1808 vorschreibt, durchgeführt werden. Es wurde noch einmal darauf hingewiesen, daß jeder Bürger, der das Stimmrecht habe, auch wahlfähig sei. Nur in dem Bezirk, wo der stimmfähige Bürger verzeichnet sei, dürfe er gewählt werden; unabhängig ob er bei der Wahl anwesend sei oder nicht.[497] Der Magistrat bat die Regierung, die kommenden Neuwahlen zu genehmigen.

Am folgenden Tag forderte der Magistrat die Stadtverordnetenversammlung auf, die 34 Wahlbezirke auszulosen, in denen auch Nichteigentümer gewählt werden könnten.[498] In der Sitzung vom 7. April wurde bekannt, daß die Stellvertreter auch ihr Amt niedergelegt hatten und daß die Regierung die Abhaltung neuer Wahlen genehmige.[499] Der Vorschlag des Magistrats, durch das Los 34 Bezirke zu bestimmen, in denen auch Mieter gewählt werden könnten, wurde nicht angenommen. Vielmehr stellten die Stadtverordneten den Antrag, „den Wählern in sämtlichen Bezirken keinerlei Beschränkung dahin aufzuerlegen, daß in gewissen Bezirken nur Eigenthümer gewählt werden dürften, sondern ihnen überall zu überlassen, auch Miether zu wählen."[500] Die Ergebnisse der Wahlen seien abzuwarten; sollten mehr als ein Drittel Mieter gewählt werden, so müsse die Entscheidung der Regierung eingeholt werden. Die Stadtverordneten drängten den Magistrat, die Wahl noch im April abzuhalten. Es sollte vermieden werden, daß sich die Stadtverordnetenwahlen mit den für den 1. Mai angesetzten Urwahlen und den Wahlen der Abgeordneten zeitlich überkreuzten. Die Stadtverordneten hielten es für angebracht, den Eingang aller Bürgerrollen nicht erst abzuwarten, sondern sobald eine Bürgerrolle eingehe, die Wahl für den betreffenden Bezirk sofort zu veranlassen.[501] Die Bürger des Neuen Hospital-Bezirks (Alt-Cölln) erklärten, daß sie ihren bisherigen Stadtverordneten Johann Andreas Herrenburger im Amt behalten möchten. Deshalb hatte deren Bezirksvorsteher angetragen, dort keine neue Wahl zu veran-lassen.[502] Der Stadtverordnete Kochhann hatte mitgeteilt, „in Folge der in seinem Laden ausgeübten Unbill aus der Versammlung sofort ausscheiden zu wollen."[503] Die Stadtverordneten Philipp Riese, Andreas Mertens, Johann Holfelder und Johann Fasquel wurden gebeten, sich zu Kochhann zu begeben und ihn von seinem Entschluß abzubringen. Diesen Stadtverordneten gelang es schließlich, Kochhann wieder umzustimmen.

Am 10. April legte der Magistrat den Termin für die Wahlen auf den 15., 16., 18., 19. und 20. Mai 1848, morgens um 9.00 Uhr fest. Hierfür ließ er die eigens gedruckte „Aufforderung

---

497 StO § 84.

498 LAB, Rep. 00-02/1, Nr. 131, Bd. 12, *Schreiben des Magistrats an die Stadtverordnetenversammlung vom 4. 4. 1848,* nicht foliiert.

499 LAB, 00-02/1, Nr. 131, Bd. 12, *Sitzungsprotokoll der Stadtverordnetenversammlung vom 7. 4. 1848,* nicht foliiert.

500 *Ebda.*

501 *A. a. O., Sitzungsprotokoll der Stadtverordnetenversammlung vom 10. 4. 1848,* nicht foliiert.

502 *A. a. O., Schreiben des Magistrats an die Stadtverordnetenversammlung vom 13. 4. 1848,* nicht foliiert.

503 *A. a. O., Sitzungsprotokoll der Stadtverordnetenversammlung vom 19. 4. 1848,* nicht foliiert.

an die stimmfähigen Bürger" und einen Auszug mit den Wahlbestimmungen der Städteordnung verteilen.[504] Es wurden die Bürger darauf aufmerksam gemacht, „daß die Wahl nur dann erst dem wichtigen Zwecke, weshalb sie zum Besten der Commune Allerhöchsten Orts angeordnet worden, entsprechen könne, wenn ein Jeder, der zur Ausübung dieses Ehrenrechts berufen ist, es sich auch angelegen sein lasse, dabei in Person (sic) zu erscheinen."[505] Die Wahlen der letzten Jahre hätten gezeigt, daß leider viele Bürger „ohne dringende Ursache" und sogar ohne Entschuldigung zu den Wahlen nicht erschienen wären. Da die Bürgerschaft in allen Angelegenheiten der Stadt durch die Stadtverordneten vertreten werde, so habe „ein jeder einzelne Bürger die Pflicht, ihrer Wahl eine recht thätige, aufmerksame und gewissenhafte Theilnahme zu widmen, und auch auf diese Weise seinen Gemeinsinn an den Tag zu legen."[506] Auch betonte der Magistrat, daß er sein Vertrauen in die Bürger setze, „damit die neue Wahl eine vorzugsweise rege Theilnahme unserer Bürgerschaft an dem Gemeinwesen und dessen Verwaltung beweise."[507]

b) Die gottesdienstliche Handlung

Der Magistrat hatte in obiger „Aufforderung" auch folgenden Passus veröffentlicht: „Nach beendigtem Gottesdienste werden die Kirchthüren verschlossen, und können Diejenige, welche sich bis dahin zur Wahl nicht eingefunden haben, daran keinen Theil nehmen."[508] Obwohl dieses seit Einführung der Städteordnung in Berlin immer so gehalten worden war, erhoben sich nun dagegen Proteste.[509] Der Präsident des „Verein(s) der Freimüthigen", Buchhändler Dr. L. Weyl, forderte die Aufhebung dieser Bestimmung. Am 11. Mai wurde Weyl zusammen mit Dr. Eduard Schmidt, Dr. Löwenthal und Dr. Coßmann beim Innenminister in dieser Angelegenheit vorstellig. Der Minister versicherte der Deputation, daß er die Aufhebung der betreffenden Betimmung der Städteordnung nicht sofort veranlassen könne.

---

504 GStA PK, Rep. 77, Tit. 227 A, Nr. 6, Bd. 4, *„Aufforderung an die stimmfähigen Bürger" vom 10. 4. 1848* mit einem *„Extract aus der Städteordnung a. a. Königsberg, den 19. November 1808"*, fol. 155 ff.

505 *Ebda.*

506 *Ebda.*

507 *Ebda.*

508 *Ebda.*

509 BLHA, Pr. Br. Rep. 2 A, Abt. I, Kom. Nr. 3171, *Protestschreiben des Buchhändlers Nicolas Gustav Mertens an den Magistrat vom 15. 7. 1847* (Abschrift), fol. 81 ff.; *Protestschreiben des Buchhändlers Nicolas Gustav Mertens an die Königl. Regierung vom 25. 7. 1847,* fol. 78 ff. – In diesem Schreiben hatte Mertens bereits ein Jahr zuvor, am 15. 7. 1847, gegen die Gültigkeit der am 15. 6. 1847 für den Zeughaus-Bezirk im Dom abgehaltenen Wahl beim Magistrat Protest eingelegt. Er weigerte sich, als Katholik dem vor der Wahl stattfindenden evangelischen Gottesdienst beiwohnen zu müssen. Der Magistrat lehnte seinen Protest allerdings ab und erklärte die Wahl für gültig.

Der Magistrat werde jedoch unverzüglich aufgefordert, nach Beendigung des Gottesdienstes eine Pause eintreten zu lassen, bis die Wähler sich in den betreffenden Kirchen versammelt hätten.[510] Der Innenminister erstellte daraufhin am 12. Mai ein Reskript an den Magistrat.[511] Dr. Weyl wurde davon ebenfalls in Kenntnis gesetzt. Die von ihm geforderte Aufhebung des § 87 der Städteordnung jedoch abgelehnt, „da diese Gesetzesstelle die Beschränkung des Wahlrechts über welche Sie sich beschwert und welche der Magistrat muthmaßlich nicht beabsichtigt hat, keineswegs bedingt."[512] Vielmehr müsse den wahlberechtigten Bürgern nach dem Ende des Gottesdienstes noch die Möglichkeit gegeben werden, an der Wahl teilnehmen zu können.[513] Der Minister des Innern rügte den Magistrat wegen seiner getroffenen Anordnung mit harten Worten: „Wenn schon ich dem Magistrat überlasse die zur Errichtung dieses Zweckes nothwendigen Bestimmungen zu treffen, so muß ich denselben doch andererseits auch auffordern solche Einrichtungen zu treffen, daß jede Ausübung des Wahlrechts nicht von Bedingungen abhängig gemacht werde, welche im Gesetz nicht ausdrücklich vorgeschrieben sind."[514]

Der Magistrat berichtete „auf das geehrte Rescript gehorsamst", daß die bevorstehenden Wahlen nach Vorschrift der Städteordnung mit einer gottesdienstlichen Handlung beginnen werden.[515] „Um den verschiedenen Confessionsverwandten die Gelegenheit zur Erfüllung einer solchen gesetzlichen Vorschrift zu geben, werden die Ministerien aller öffentlich anerkannten Kirchengesellschaften von dem beraumten Wahltermin in Kenntnis gesetzt."[516] In der *Spenersche(n) Zeitung* gab der Magistrat am 13. Mai bekannt, daß die Wahl nach vorhergegangener gottesdienstlicher Handlung ihren Anfang nehme.[517] „Infolge dessen sind das Ministerium der katholischen St. Hedwigskirche, die Aeltesten der hiesigen Judenschaft, sowie die Ministerien der evangelischen Kirchen, die Herrn Vorsteher der Böhmischen Kirche, sowie das Consistorium der französischen Gemeinde von den diesjährigen Terminen der Stadtverordneten-Wahlen in Kenntnis gesetzt worden."[518] Hierauf kritisierte die *Vossische Zeitung*, daß der Magistrat es unterlassen habe, den Bürgern den Wahltermin mitgeteilt zu

510 Vgl. auch A. Wolff, *Berliner Revolutions-Chronik* ..., Bd. 2, S. 552 ff.

511 GStA PK, Rep. 77, Tit. 227 A, Nr. 6, Bd. 4, *Reskript des Ministeriums des Innern an den Magistrat vom 12. 5. 1848* (Randvermerk: Citissime), fol. 160 ff.; das *Reskript* ist abgedruckt bei: A. Wolff, *Berliner Revolutions-Chronik* ..., Bd. 2, S. 553.

512 GStA PK, Rep. 77, Tit. 227 A, Nr. 6, Bd. 4, *Schreiben des Ministeriums des Innern an den Buchhändler Dr. L. Weyl vom 12. 5. 1848,* fol. 161.

513 Evtl. durch einen Nebeneingang, der extra bezeichnet werden müßte.

514 GStA PK, Rep. 77, Tit. 227 A, Nr. 6, Bd. 4, *Reskript des Ministeriums des Innern an den Magistrat vom 12. 5. 1848* (Randvermerk: Citissime), fol. 161.

515 GStA PK, Rep. 77, Tit. 227 A, Nr. 6, *Schreiben des Magistrats an das Ministerium des Innern vom 24. 5. 1848,* fol. 162.

516 *Ebda.*

517 *Spenersche Zeitung* Nr. 112 vom 13. 5. 1848.

518 *A. a. O.*

haben. „Dies beweist offenbar, daß der Magistrat der Meinung sei, die Wähler müßten beten, selbst wenn sie, was das Gesetz ihnen vorschreibt, nur wählen wollten.“[519]

c) Die Aufforderung zur Teilnahme an den Wahlen

Auch in den Zeitungen wurden die Bürger durch die „Öffentlichen Bekanntmachung“ vom 10. April 1848 auf die kommenden Wahlen hingewiesen.[520] Ein gedrucktes „Tableau“ mit den Namen der Bezirke und Kirchen sowie den jeweiligen Wahlterminen wurde den Zeitungen beigefügt.[521] Im Gegensatz zu der ersten und einzigen Gesamtwahl im Jahre 1809 sollten dieses Mal nicht 34 sondern 102 Stellvertreter gewählt werden. Nach Abschluß der Wahlen sollten dann nach der Stimmenmehrheit die 34 Stellvertreter ermittelt werden.

Sämtliche stimmfähigen Bürger der in dem „Tableau“ genannten Bezirke wurden aufgefordert, sich an den bestimmten Tagen in den entsprechenden Kirchen pünktlich einzufinden und an der Wahl teilzunehmen. Wer nicht erscheinen könne, habe sich beim Bezirksvorsteher noch vor dem Wahltag „unter Anzeige der Verhinderungsgründe“ schriftlich zu entschuldigen. Der Magistrat hege „das wohlbegründete Vertrauen zu den Bürgern unserer Stadt, daß Keiner, der zur Ausübung dieses Ehrenrechts Berufene derselben ohne die dringendste Veranlassung sich entziehen, vielmehr Jeder es für seine nächste Pflicht erachten werde, in der Ausübung dieses Rechts seine gewissenhafte Sorge für das Wohl der Commune und für eine würdige und kräftige Vertretung derselben zu bethätigen.“[522] Jedem Bürger, der in der Bürgerrolle seines Bezirks eingetragen ist, würde rechtzeitig eine Einlaßkarte zugeschickt. Sollte ein Stimmberechtigter die Karte drei Tage vor dem Wahltermin nicht erhalten haben, so habe er sich sofort beim Magistrat mit einer Bescheinigung des betreffenden Stadtverordneten und Bezirksvorstehers über seine Wahlberechtigung zu melden. Diese Meldung könne er auch bei seinem Bezirksbeamten machen, so daß die nachträgliche Übersendung der Einlaßkarte unverzüglich veranlaßt werden könne. Im Zusammenhang mit dem „unbescheinigten Ausbleiben bei der Wahlversammlung“ gab der Magistrat den üblichen Hinweis auf die entsprechenden §§ 83, 202 und 204 der Städteordnung.

Nicht nur der Magistrat rief zu der bevorstehenden Wahl auf, sondern auch engagierte Bürger verwiesen auf die Wichtigkeit der bevorstehenden Wahl, „weil es nichts weniger gilt, als in dieser so bewegten Zeit, diejenigen Männer aus unserer Mitte zu finden, denen wir mit vollem Vertrauen das ganze Wohl und Wehe in die Hände legen können, indem ihnen durch unsre Wahl die Vollmacht gegeben wird, über unser städtisches Vermögen unumschränkt

---

519 *Vossische Zeitung* Nr. 116 vom 20. 5. 1848.

520 Die *„Öffentliche Bekanntmachung“* des Magistrats vom 10. 4. 1848 erschien zweimal in: *Spenersche Zeitung* Nr. 99 vom 27. 4. 1848 und Nr. 103 vom 3. 5. 1848.

521 Ausgabe der *Spenersche(n) Zeitung* Nr. 99 vom 27. 4. 1848 beigefügt.

522 *„Öffentliche Bekanntmachung“* des Magistrats vom 10. 4. 1848.

verfügen zu können."[523] Der in der Mehnerstraße 7 wohnhafte Bürger L. Schmidt übte Kritik an der üblichen Verfahrensweise, gleich nach der Einleitungsrede nur wenige Kandidaten vorzuschlagen, um mit der Wahl schnell zu Ende zu sein, so daß „ehe noch die hintenstehenden Herren etwas davon wissen, die Kandidatenliste geschlossen ist, wodurch dann sämmtliche Bürger sich gezwungen finden, ganz wider ihren Willen von diesen Personen eine zu wählen, selbst wenn sie überzeugt sind, daß sich in ihrem Revier noch geeignetere Kandidaten befinden."[524]

Ein anderer, anonymer Schreiber bekannte in der *Spenersche(n) Zeitung*: „Mehr als je, haben die Wähler in diesem Augenblicke die Pflicht, nach ernster Prüfung und bestem Wissen und Gewissen, rechtliche, besonnene, zugleich muthige und gemäßigte Männer zu der bedeutenden Würde der Stadtverordneten zu erheben. Und den Erwählten liegt ob, (wenn nicht wichtige Gründe entgegenstehen) die Wahl anzunehmen. Sehr zu wünschen ist: daß sich die Stimmen der Wähler nicht auf mehrere Personen zersplittern, sondern die große Mehrzahl sich für Einen ausspreche; denn nur dadurch kann der Zweck der neuen Wahl, ‚Beweis großen Vertrauens', wirklich erreicht werden."[525] Der unbekannte Schreiber brachte in seinem Artikel auch die Hoffnung zum Ausdruck, daß die von den Wahlen ausgegrenzten Schutzverwandten möglichst schnell das Bürgerrecht erwerben sollten, damit diese sich auch an den Wahlen beteiligen könnten. An den Schluß stellte er die Forderung, daß auch Schutzverwandte durch ein neues Gesetz in die Reihen der Bürger eintreten, gleiche Rechte erhalten und gleiche Pflichten übernehmen dürften.

d) Wahlproteste und andere Vorkommnisse

Im Gegensatz zu den turbulenten Debatten und Wahlkämpfen um die Nationalversammlung vollzogen sich die Vorbereitungen zu den Stadtverordnetenwahlen weitaus ruhiger. Bei den Wahlen selbst herrschte allerdings eine allgemein zu beobachtende kritische Grundstimmung, die viel Unruhe in die Wahlversammlungen brachte. Noch nie in der vierzigjährigen Geschichte der Selbstverwaltung hatte es soviel Proteste und Ungültigkeitserklärungen wie bei der Wahl von 1848 gegeben. Bürgerrollen waren in der Eile häufig nicht vollständig zusammengestellt worden, so daß nicht alle Bürger wählen konnten. „Bei einigen Wahlen kann man die Annulierung (sic) schon jetzt bestimmt voraussagen. Ehre dem wackern Bürgersinn, der die hohe Wichtigkeit der neuen Versammlung so richtig erkennt und in ihr nur kraftvolle

523 L. Schmidt, Mehnerstr. 7, „*Zur Beachtung für die bevorstehenden Stadtverordneten-Wahlen*", in: *Vossische Zeitung* Nr. 112 vom 13. 5. 1848.

524 *Ebda.*

525 *Spenersche Zeitung* Nr. 102 vom 30. 4. 1848. Der Artikel ist mit „Rr." unterzeichnet. Wahrscheinlich verbirgt sich hinter dieser Abkürzung Friedrich von Raumer als Autor, wofür Tendenz, Diktion und Wortwahl des Aufsatzes sprechen.

und meistbegabte Männer des Vertrauens erblicken will," kommentierte die *Vossische Zeitung* die Ereignisse.[526]

In mehreren Bezirken kam es aufgrund des verstärkten Einflusses liberaler Kräfte in der Wählerschaft zu Protesten gegen die Wahlergebnisse. Im Neuen Friedrichstraßen-Bezirk (Alt-Berlin) und im Kadettenhaus-Bezirk (Alt-Berlin) erhoben zahlreiche Bürger ihre Stimme gegen die Gültigkeit der Wahl. Die Bürger Commerzienrat Bernhard Berend, Kirchheim, Dr. L. Weyl und Engel vom Kadettenhaus-Bezirk (Alt-Berlin) wiesen darauf hin, daß bei jeder Abstimmung die Anzahl der Wähler in der Versammlung kleiner geworden sei, wodurch die letzten Kandidaten entschieden im Nachteil gewesen waren.[527] Im Neuen Grünstraßen-Bezirk (Luisenstadt) erklärte der Buchdruckereibesitzer Carl August Schiementz in einer Ansprache, „daß die neuen Stadtverordneten ihren bisherigen isolierten Standpunkt verlassen und, wenngleich dem Gesetz und ihrem Gewissen verantwortlich, doch auch eine freiwillige Verantwortlichkeit gegen ihre Wähler sich auferlegen mußten."[528] Die Bürger wählten Schiementz zum Stadtverordneten mit 120 gegen 66 Stimmen. Im Potsdamer Straßen-Bezirk und Anhaltischen Tor-Bezirk (Friedrichstadt) habe das „Wahlgeschäft" um 13.00 Uhr nach lebhaften Wahlverhandlungen abgebrochen werden müssen, weil weniger Stimmkugeln als Wähler vorhanden gewesen waren.[529] Im Brüderstraßen-Bezirk (Alt-Cölln) stand als erster Kandidat der bekannte Publizist Dr. August Th. Woeniger[530] auf der Liste und erhielt 73 weiße und 58 schwarze Kugeln. Bei der zweiten Ballotage erhielt der Stadtverordnete Johann Samuel Ludwig Becker dieselbe Stimmenzahl. Der dritte Kandidat, Kaufmann George Heinrich August Bröcker, wurde mit 74 weißen und 57 schwarzen Kugeln zum Stadtverordneten gewählt. Über die beiden anderen Kandidaten entschied das Los, wodurch Woeniger zum Stellvertreter bestellt wurde.[531] Im Friedrich-Wilhelm-Gymnasium-Bezirk (Friedrichstadt) war der Rentier Carl Heinrich Ludwig Lüddecke mit 93 gegen 41 Stimmen gewählt worden. Dieser hatte zuvor dagegen protestiert, auf die Kandidatenliste genommen zu werden, da er „schon viele Communalämter bekleide, und diese jetzt schon seine ganze Zeit und Kräfte in Anspruch nehmen."[532]

526 *Vossische Zeitung* Nr. 115 vom 19. 5. 1848.

527 *Vossische Zeitung* Nr. 116 vom 20. 5. 1848 und *Spenersche Zeitung* Nr. 117 vom 20. 5. 1848.

528 A. Wolff, *Berliner Revolutions-Chronik* ..., Bd. 2, S. 554. Vgl. auch *Spenersche Zeitung* Nr. 116 vom 19. 5. 1848.

529 *Ebda.*

530 Wohnhaft in der Brüderstraße 15; A. Th. Woeninger hatte 1843 die erste liberale Monatsschrift „Der Staat" gegründet.

531 *Vossische Zeitung* Nr. 113 vom 16. 5. 1848.

532 *Spenersche Zeitung* Nr. 116 vom 19. 5. 1848. – Schreibweise auch: Lüddicke.

Auch die Bürger des Ersten und Zweiten Jakobskirchhof-Bezirks (Luisenstadt) protestierten gegen die am 19. Mai in ihrem Bezirk abgehaltene Wahl.[533] Sie trugen vor, daß sowohl nach Beendigung des Gottesdienstes als auch bereits nach begonnenem Wahlakt Bürger in die Kirche eingelassen worden seien. Außerdem hatten sich über 60 Personen allmählich entfernt und sich bei den letzten Abstimmungen, wie das Wahlprotokoll ergibt, nicht mehr beteiligt. Auch wurde berichtet, daß sich einige Bürger, wie z.B. der Vorsteher des Zweiten Jakobskirchhof-Bezirks, stundenlang aus der Versammlung entfernt haben sollen. Eine weitere „Irregularität" betraf den stimmfähigen Bürger Kaufmann Wöllner, der seine Einlaßkarte dem Braueigner Sauerkering gegeben hatte. Sauerkering war mit dieser Karte zur Abstimmung bei der Wahl zugelassen worden. Schließlich hatten 40 Bürger wegen Wachtdienst überhaupt nicht an der Wahl teilnehmen können. Aus diesen Gründen baten die Unterzeichneten, die Wahl zu annullieren und eine neue Wahl anzusetzen.

Die Bürger des Rathaus- und Kleinen Jüdenhof-Bezirks (Alt-Berlin) hatten gemeinsam einen Kandidaten gewählt. Die Wähler des Rathaus-Bezirks beklagten, daß ihnen die Bürger des Kleinen Jüdenhof-Bezirks ganz fremd seien und der gewählte Stadtverordnete Friedrich Wilhelm Julius Holbein nicht bekannt sei.[534] Sie verlangten daher die Annullierung der Wahl und die Einberufung einer Neuwahl für den Rathaus-Bezirk. Die spätere Stadtverordnetenversammlung bestimmte daraufhin lediglich, daß die beiden Wahlbezirke „künftig besser gelegt werden"[535] sollten. Der im Cöllnischen Fischmarkt-Bezirk gewählte Destillateur Carl Ludwig Baltzer lehnte die auf ihn gefallene Wahl ab.[536] Die Stadtverordneten nahmen seine Ablehnung an.[537] Der Magistrat veranlaßte eine Neuwahl für den Bezirk, die am 27. Juli stattfand.[538] Es wurde der Kaufmann Johann August Wilhelm Sperber, Fischerstraße 30,

---

533 LAB, Rep. 00-02/1, Nr. 131, Bd. 12, *Protestschreiben von Bürgern des Ersten und Zweiten Jakobskirchhof-Bezirks an den Magistrat vom 23. 5. 1848,* nicht foliiert; das Schreiben enthält zwei Seiten Unterschriften.

534 *A. a. O., Wahlprotokoll des Rathaus- und Kleinen Jüdenhof-Bezirks vom 26. 5. 1848,* gez. Schäffer, nicht foliiert. Friedrich Wilhelm Julius Holbein, Bildhauer und akademischer Künstler, Mieter in der Neuen Friedrichstr. 39 war im Jahre 1845 zum ersten Mal gewählt worden.

535 *A. a. O., Protokoll der Stadtverordnetenversammlung vom 3. 6. 1848,* nicht foliiert.

536 *A. a. O., Mitteilung des Magistrats an die Stadtverordnetensammlung vom 31. 5. 1848,* nicht foliiert. Baltzer, Eigentümer in der Roßstr. 28, war bereits am 15. 6. 1840 in der Nikolaikirche zum Stadtverordneten gewählt worden.

537 *A. a. O., Protokoll der Stadtverordnetenversammlung vom 3. 6. 1848,* nicht foliiert.

538 *A. a. O., Mitteilung des Magistrats an die Stadtverordnetenversammlung vom 6. 6. 1848,* Vermerk: Citissime, nicht foliiert. – LAB, Rep. 01-02, Magistrat der Stadt Berlin, Generalbüro, Nr. 2603, *„Verzeichnis der am 15., 16., 18., 19. und 20. Mai 1848 resp. wieder und neu gewählten Stadtverordneten und Stellvertreter"* (gedruckt), fol. 4 ff.; es enthält einen handschriftlichen Eintrag, daß Sperber am 17. Juli gewählt worden sei.

gewählt.[539] Die Stadtverordnetenversammlung nahm die Wahl als gültig an, so daß Sperber am 3. August vom Magistrat bestallt werden konnte.[540] Der im Alten Jakobstraßen-Bezirk zum Stellvertreter gewählte Blumenfabrikant Carl Friedrich Gosewisch lehnte seine Wahl ab.[541] Als Grund gab er an, daß er zweimal im Jahr auf Monate von Berlin abwesend sei. Außerdem hielt er sich für das Amt nicht befähigt, und führte an, daß es im Bezirk tüchtigere Vertreter gäbe.[542] Wenig später wurde er jedoch trotz seiner Bedenken zum ordentlichen Stadtverordneten bestallt.[543]

Im Potsdamer Straßen- und Anhaltischen Tor-Bezirk (Friedrichstadt) fand am 9. Juni eine Neuwahl statt, da die am 18. Mai anberaumte Wahl wegen „eingetretener Hinderungen"[544] nicht durchgeführt werden konnte. Zum Stadtverordneten wurde der Fabrikbesitzer Ludwig Franz Gustav Haßlinger, Eigentümer in der Köthener Straße 37a und zum Stellvertreter der Königliche Kammergerichtsrat Eduard Bartholomeus Galli, Mieter in der Dessauer Str. 15, gewählt.[545] Die im Landsberger Tor-, Münzstraßen- (beide im Königstädtischen Viertel) und Laufgassen-Bezirk (Spandauer Viertel) gewählten Stellvertreter hatten sämtlich 121 Stimmen erhalten. Da sie auch alle Eigentümer waren, mußte das Los entscheiden. Der Ofenfabrikant Carl Ferdinand August Titel, Eigentümer in der Steingasse 26, wurde zum vierunddreißigsten einberufungsfähigen Stellvertreter bestimmt.[546]

---

539 LAB, Rep. 00-02/1, Nr. 131, Bd. 12, *Mitteilung des Magistrats an die Stadtverordnetenversammlung vom 28. 7. 1848 über den Eingang des Wahlprotokolls,* nicht foliiert.

540 *A. a. O., Sitzungsprotokoll der Stadtverordnetenversammlung vom 31. 7. 1848,* nicht foliiert.

541 *Vossische Zeitung* Nr. 113 vom 16. 5. 1848. In der Luisenstadtkirche wurde zum Stadtverordneten der Buchhändler und Buchdruckereibesitzer Johann Wilhelm Moeser, Eigentümer in der Stallschreiberstraße 34, mit 145 gegen 72 Stimmen gewählt. Gosewisch, Mieter in der Kommandantenstraße 62, war mit 130 gegen 90 Stimmen zum Stellvertreter gewählt worden. Die Stimmendifferenz entstand dadurch, daß sich bei der Wahl des Stadtverordneten 3 Stimmberechtigte „wegen Abhaltung gerichtlicher Termine" entfernen mußten.

542 LAB, Rep. 00-02/1, Nr. 131, Bd. 12, *Sitzungsprotokoll der Stadtverordnetenversammlung vom 26. 5. 1848,* gez. Schäffer, nicht foliiert.

543 *A. a. O., Sitzungsprotokoll der Stadtverordnetenversammlung vom 3. 6. 1848,* nicht foliiert.

544 *„Öffentliche Bekanntmachung"* des Magistrats vom 19. 5. 1848, in: *Spenersche Zeitung* Nr. 121 vom 25. 5. 1848. Hierin wurden die Straßen des Bezirks noch einmal aufgeführt entsprechend der *„Öffentlichen Bekanntmachung"* vom 10. 4. 1848. Die Bekanntmachung erschien ein zweites Mal in der *Spenersche(n) Zeitung* Nr. 126 vom 31. 5. 1848.

545 LAB, Rep. 00-02/1, Nr. 131, Bd. 12, *Mitteilung des Magistrats an die Stadtverordnetenversammlung vom 9. 6. 1848.* Im *Sitzungsprotokoll vom 17. 6. 1848* wird die Wahl als gültig anerkannt, nicht foliiert.

546 *A. a. O., Mitteilung des Magistrats an die Stadtverordnetenversammlung vom 15. 6. 1848,* nicht foliiert.

Nach den Wahlprotokollen waren in 101 Wahlbezirken 19 039 Bürger erschienen, während 7 712 Bürger an den Wahlen nicht teilgenommen hatten.[547] Berlin hatte 1848 eine Einwohnerzahl von 411 509[548], hiervon besaßen allerdings nur 26 063 Bürger oder 6,3% das Wahlrecht. Die Wahlbeteiligung lag mit 72% höher als in den Vorjahren. Unter den gewählten Stadtverordneten befanden sich 34 wiedergewählte Mitglieder der alten Versammlung. Der Anteil der Wiedergewählten lag somit bei 33%; das war im Gegensatz zu den Vorjahren, wo die Hälfte der Stadtverordneten in der Regel wiedergewählt wurde, ein außergewöhnliches Ergebnis. Zu den Wiedergewählten gehörten die Vertreter des liberalen Bürgertums Carl Heymann, Philipp Christian Friedrich Riese, Robert Daniel Fabricius, Bernhard Samuel Berend, Carl August Heinrich Sommer, Johann George Ludwig Schaeffer, Friedrich Philipp Fournier, Carl Friedrich Wilhelm Duncker sen., George Ernst Reimer und Moritz Veit. Damit hatten die Wahlen den von revolutionären Kreisen erwünschten radikalen Umbruch allerdings nicht erbracht. Unter den neugewählten Stadtverordneten waren einige prominente Persönlichkeiten der Stadt: Professor Heinrich Rudolph Gneist, Landgerichtsrat Carl Friedrich Alexander Rudolph Ulfert, Geheimrat Professor Adolph Friedrich Johann Riedel, Justizkommissar Heinrich Otto Martin Lewald, Professor Carl Gottfried Heinrich Hertwig und der Bankier Friedrich Martin Magnus.

---

547 LAB, Rep. 01-02, Magistrat der Stadt Berlin, Generalbüro, Nr. 2600, *Bericht über die Wahlen des Jahres 1848 vom 15. 6. 1848,* gez. Graupner 198 ff.; unberücksichtigt blieb bei dieser Aufstellung der Schloß-Bezirk, da der dortige Gewählte, Wilhelm Ferdinand Schauß, die Wahl nicht angenommen hatte.

Als Stadtverordnete wurden in den 102 Bezirken gewählt:

am 15. Mai 1848	in 22 Kirchen	14 Eigentümer	8 Mieter
am 16. Mai 1848	in 21 Kirchen	13 Eigentümer	8 Mieter
am 18. Mai 1848	in 19 Kirchen	11 Eigentümer	8 Mieter
am 19. Mai 1848	in 20 Kirchen	16 Eigentümer	4 Mieter
am 20. Mai 1848	in 19 Kirchen	15 Eigentümer	4 Mieter
am 9. Juni 1848	in einer Kirche	1 Eigentümer	
		70 Eigentümer	32 Mieter

Als Stadtverordnetenstellvertreter wurden in den 102 Bezirken gewählt:

am 15. Mai 1848	14 Eigentümer	8 Mieter
am 16. Mai 1848	14 Eigentümer	7 Mieter
am 18. Mai 1848	13 Eigentümer	6 Mieter
am 19. Mai 1848	11 Eigentümer	9 Mieter
am 20. Mai 1848	13 Eigentümer	6 Mieter
	65 Eigentümer	37 Mieter

548 *Statistisches Jahrbuch der Stadt Berlin,* hrsg. im Auftrag des Magistrats v. H. Silbergleit, Berlin 1920, S. 4.

Die *Nationalzeitung* bemerkte zu den Gewählten, daß die Aussichten für die neue Stadtverordnetenversammlung sehr trüb seien und kritisierte die Bestimmungen des Bürgerrechts: „Die tüchtigsten und entschiedensten Kräfte der früheren Versammlung, diejenigen Männer, welche dieselbe zu einer politischen Bedeutung zu erheben, stets bemüht waren, (Ludwig Gottlieb) Nauwerck, (Julius) Berends, (Heinrich) Runge, sind sämmtlich bei den Neuwahlen unterlegen. Ein Beweis, wie sehr die Reaction unter unserer Bürgerschaft um sich greift. Der Schritt der Stadtverordneten, sämmtlich ihr Mandat niederzulegen, um in so schwierigen Zeiten eine StadtverordnetenVersammlung des allgemeinsten Vertrauens zu besitzen, muß also als ein verfehlter betrachtet werden. Die Herren hätten besser gethan, im Amte zu bleiben bis zu der Zeit wo durch ein Gesetz auch den sämmtlichen Schutzverwandten das Bürgerrecht ertheilt worden, denn daß dann der Ausfall der Wahl ein ganz anderer sein wird, ist unzweifelhaft. Als ein Glück muß es unter den obliegenden Umständen noch betrachtet werden, daß wenigstens die geschäftskundigen, mit dem städtischen Verwaltungswesen betrauten Männer des alten Vorstandes, wie (Friedrich Philipp) Fournier, (Ferdinand Gustav Adolph) Seidel, (Johann George Ludwig) Schaeffer, wiedergewählt sind, und daß die neue Versammlung in den J. H. (Heinrich Rudolph) Gneist, (Heinrich Otto Martin) Lewald wenigstens ein paar Männer, wenn auch nicht von politischer Entschiedenheit, doch von Fähigkeit und Gewandtheit, gewonnen hat."[549]

Im Schloß-Bezirk (Alt-Cölln) hatte der Kaufmann Wilhelm Ferdinand Schauß, Eigentümer des Hauses Am Schloßplatz 1, die auf ihn gefallene Wahl zum Stadtverordneten nicht angenommen.[550] Die Bürger des Bezirks wählten deshalb am 17. Juli in der Domkirche ein zweites Mal. Die Wahl fiel auf den Kaufmann Jacques Gandschau, Schloßfreiheit 7.[551]
Die Wahlen wurden schließlich am 3. Juni als gültig anerkannt.[552] Am Sonnabend, dem 10. Juni, trat die neue Stadtverordnetenversammlung zu ihrer ersten Sitzung zusammen. Von einem Mitglied der Versammlung wurde beantragt, eine „öffentliche Ansprache" abzugeben.[553] Hierin sollte zum Ausdruck kommen, daß die Stadtverordnetenversammlung „die Autorität sei, welche den Willen der Stadt zu äußern habe – daß sie aber auch darüber sich erkläre, in welchem Sinne die jetzigen Mitglieder ihr Mandat aufgefaßt haben und in welcher Weise die neue Versammlung zu handeln gedenke, mithin von welchen Grundsätzen sie

---

549 *Nationalzeitung* vom 21. 5. 1848.

550 LAB, Rep. 00-02/1, Nr. 131, Bd. 12, *Sitzungsprotokoll der Stadtverordnetenversammlung ausgestellt am 10. 6. 1848,* nicht foliiert; *„Öffentliche Bekanntmachung" vom 20. 6. 1848,* in: *Spenersche Zeitung* Nr. 153 vom 4. 7. 1848. In dieser *Bekanntmachung* wurde die Neuwahl für den Schloß-Bezirk angekündigt; sie enthielt die übliche Aufforderung an die Wähler, die Straßennamen des Wahlbezirks und den Hinweis auf die Folgen des „unbescheinigten Ausbleibens bei der Wahlversammlung."

551 LAB, Rep. 00-02/1, Nr. 131, Bd. 12, *Sitzungsprotokoll der Stadtverordnetenversammlung ausgestellt am 3. 8. 1848,* nicht foliiert. Gandschau wurde am 10. 8. 1848 mit der Bestallung versehen.

552 *A. a. O., Sitzungsprotokoll der Stadtverordnetenversammlung vom 3. 6. 1848,* nicht foliiert.

553 *A. a. O., Sitzungsprotokoll der Stadtverordnetenversammlung vom 10. 6. 1848,* nicht foliiert.

ausgehe.“[554] Der Antragsteller betonte, daß dies der Stellung der Versammlung und Erwartung der Einwohnerschaft entspreche. Die Versammlung erhob diesen Antrag einstimmig zum Beschluß. Es wurde darauf hingewiesen, daß „insbesondere in der Ansprache die Anerkennung der Revolution ihren Platz finden“[555] solle.

Schon am folgenden Tag wurde der Wortlaut der „Ansprache an unsere Mitbürger von Berlin“[556] veröffentlicht: „Die neu gewählte Stadtverordneten-Versammlung, welche heute zusammengetreten ist, fühlt sich gedrungen, der Stadt Berlin offen und ohne Rückhalt auszusprechen, wie sie ihre wichtige Aufgabe auffaßt. Sie ist nach den Gesetzesworten berufen: in der Bürgergemeine einen festen Vereinigungspunkt zu bilden. Demgemäß betrachtet sie sich, in Gemeinschaft mit dem Magistrat, als die alleinige Autorität der Stadt, welche den Gesammtwillen der Einwohnerschaft von Berlin in allen (sic) Angelegenheiten des bürgerlichen Lebens darstellt, und erklärt, daß sie keiner andern Vereinigung das Recht zugesteht, sich als Repräsentanten der Stadt Berlin zu betrachten. Sie weiß, daß sie nach einem Gesetze gewählt ist, welches einen großen Theil der Einwohner von der Wahlberechtigung ausschließt. Sie erkennt diesen Mangel an und wird auf Abänderung hinzuwirken bemüht seyn. Aber auch in ihrer jetzigen Zusammenstellung wird sie, in Anerkennung der März-Revolution, als Quelle unserer politischen Wiedergeburt, die Errungenschaften derselben mit Ernst und Entschlossenheit zu bewahren wissen. Sie erblickt in denselben die eigentlichen Grundbedingungen der constitutionellen Monarchie und der wahren Volksfreiheit. Die Stadtverordneten-Versammlung wird deshalb mit aller Kraft dahin wirken, daß der Unordnung und der Anarchie gesteuert werde, welche sie als die gefährlichsten Feinde der Freiheit erkennt, weil sie unaufhaltsam zur Reaction führen. Nicht minder erkennt die Stadtverordneten-Versammlung es als ihre Pflicht an, zur Abhülfe der drückenden Nothstände der gewerbtreibenden und arbeitenden Klassen das Ihrige beizutragen. Mit diesem Glaubensbekenntnisse tritt die neue StadtverordnetenVersammlung vor ihre Mitbürger hin und fordert Vertrauen in dem Bewußtseyn, daß sie es nach ihren Gesinnungen verdient.“[557]

Die *Vossische Zeitung* kommentierte weniger kritisch in der selben Ausgabe die neue Zusammensetzung der Stadtverordnetenversammlung: „Die Versammlung hat offenbar nicht bloß an thatkräftigen Individuen, sondern auch an gehaltvollen Capacitäten gewonnen und bekundet somit auch nach dieser Seite hin den Segen der Neugestaltung. Wir haben besonders mit Genugthuung vernommen, daß die Versammlung sich gewissermaßen selbst als Kind der Revolution betrachtet und hiernach zugleich Zeugnis ablegt, daß sie nicht bloß politisch reif, sondern auch politisch tendentiös ist.“[558] Die starke Veränderung in der sozia-

---

554 *Ebda.*

555 *Ebda.*

556 Veröffentlicht in: *Vossische Zeitung* Nr. 134 vom 11. 6. 1848 und *Spenersche Zeitung* Nr. 135 vom 11. 6. 1848.

557 *Ebda.*

558 *Vossische Zeitung* Nr. 134 vom 11. 6. 1848.

len Zusammensetzung der Stadtverordnetenversammlung, die die Wahl von 1848 brachte, hatte sich schon langsam in den vierziger Jahren angebahnt. Aus dem gewerblichen Bereich sind es Kaufleute, führende Unternehmer und Fabrikanten, die nun vermehrt ein Mandat erhalten. Die eigentlichen Gewinner der Wahl von 1848 sind jedoch die nicht-gewerbetreibenden Bürger. Die Zahl der Mandatsträger aus diesem Bereich verdoppelt sich nahezu. Akademiker, insbesondere Professoren, Intellektuelle, Vertreter der Beamtenschaft und Militärpersonen entwickeln sich zur neuen Trägerschicht, die maßgeblich an der politischen Willensbildung im Vorfeld der Revolution teilnimmt. Dieser Personenkreis dringt nun verstärkt in die Stadtvertretung, so daß diese Zunahme auch auf eine Verlagerung innerhalb der Stadtgesellschaft schließen läßt.

Die Wahl von 1848 sollte die vorletzte Wahl unter der Städteordnung von 1808 sein. Die Ereignisse hatten sehr deutlich gezeigt, daß die staatliche Gängelung, die Ausgrenzung des Bildungsbürgertums und der Unterschichten vom Wahlrecht nicht mehr tragbar waren. Die Schutzverwandten, die bisher ohne politische Rechte in den Städten lebten, dabei aber den überwiegenden Teil der Einwohner ausmachten, begehrten nach einer Partizipation. Mit der Aufhebung der Städteordnung im Frühjahr 1850 erhielt dieser Kreis schließlich auch das Wahlrecht, wenngleich das eingeführte Dreiklassenwahlrecht mit einer erhöhten Zensusschwelle keine Demokratisierung der Verhältnisse bedeutete.

4. Wahlergebnisse und Wahlverhalten

a) Wahlbeteiligung

Die Wahlbeteiligung[559] bei der Wahl von 1809 lag trotz der im Grunde wenig politisierten Bürgerschaft mit 79% erstaunlich hoch. Dieses beachtliche Wahlergebnis sollte unter der Städteordnung nicht mehr erreicht werden. Im Unterschied zu den Wahlen der folgenden Jahre wurde 1809 in allen 102 Bezirken der Stadt gewählt, so daß sich die hohe Beteiligung hieraus erklärt.[560] Darüber hinaus erhielten diese Erstwahlen die besondere Beachtung der Bürger, da sie noch nie an einer derartigen Wahl beteiligt gewesen waren und viele von ihnen

559 Ein exakter statistischer Überblick über die Zahl der Stimmberechtigten und über die Beteiligung an den Wahlen für den gesamten Zeitraum läßt sich aus Mangel an kontinuierlichen Quellen nicht erstellen.

560 Nur 1848 fanden ebenfalls in allen 102 Bezirken Wahlen statt.

anfänglich ein eher neugieriges Interesse zeigten. Aus den noch vorhandenen Wahlprotokollen von 42 Wahlbezirken[561] dieser Wahl ergibt sich, daß im Durchschnitt bei gerundeten Zahlen ungefähr 90 wahlfähige Bürger in einem Wahlbezirk lebten; auf die ganze Stadt bezogen, kann somit von insgesamt etwa 9 200 Wahlberechtigten ausgegangen werden. Anfang 1809 hatte Berlin knapp 146 000 Einwohner.[562] Das bedeutet: lediglich 6,3% der Bevölkerung besaßen das Wahlrecht. An der ersten Wahl haben etwa 7 300 Bürger von ihrem Wahlrecht Gebrauch gemacht. Diese hohe Quote wird auch durch die Aussage des Oberpräsidenten Sack bestätigt, daß „die Bürger lebhaften Antheil“[563] an der ersten Wahl genommen haben.

Nach 1809 wurde jedes Jahr nur in 34 der 102 Bezirke gewählt.[564] So konnte nie mehr eine allgemeine, die ganze Stadt erfassende Wahlstimmung aufkommen. Die Wahlbeteiligung ging in den folgenden Jahren kontinuierlich zurück. Im Jahr 1817, in einer Periode wirtschaftlicher Krisen, erreichte sie mit 45% ihren absoluten Tiefpunkt. Die Stadtverordnetenversammlung führte darüber Klage beim Magistrat und forderte, das „Ausbleiben“, wie die Nichtbeteiligung genannt wurde, unter Strafe zu stellen. Ein Jahr später verkündete der Magistrat, daß die ohne Entschuldigung von der Wahl ferngebliebenen Bürger künftig bestraft würden. Diese Personen hatten eine „Ordnungsstrafe“ von einem Taler zu entrichten. Die Androhung dieser Strafe ließ nun zwar die Zahl der entschuldigten Bürger erheblich ansteigen, bewirkte aber auch mit 62% eine wesentlich höhere Wahlbeteiligung. Das Vorgehen des Magistrats widerprach jedoch der Städteordnung, die eine Geldstrafe für solche Fälle nicht vorsah; eigentlich hätte es hierzu einer gesetzlichen Regelung bedurft. Erst die standhafte Weigerung des Schneidermeisters Friedrich Wendler im Jahre 1834, die Geldstrafe zu zahlen, führte zur endgültigen Abschaffung dieser magistralen Maßnahme.

561 LAB, Rep. 01-02, Nr. 2526 bis 2568, Magistrat der Stadt Berlin, Generalbüro, Stadtverordnetenwahlen, Handakten der Bezirksvorsteher, nicht foliiert. Diese Zahlenangaben sind den jeweiligen *Wahlprotokollen der Wahlen vom April 1809* entnommen. Lediglich die Zahlen für den Laufgassen-Bezirk sind enthalten in: BLHA, Pr. Br. 30 Berlin A, Polizeidirektorium Berlin, Nr. 69, *Wahlprotokoll vom 22. 4. 1809*, fol. 49. Töpfermeister May wurde dort von 73 Bürgern mit 56 weißen und 17 schwarzen Kugeln gewählt.

562 *Bericht des Oberpräsidenten Sack an den Minister des Innern Graf zu Dohna, vom 20. 5. 1809,* in: H. Granier, *Berichte* ..., Nr. 211, S. 453.

563 M. F. v. Bassewitz, *Kurmark* ..., S. 213.

564 Die Initiatoren der Städteordnung strebten nach einer stabilen politischen Situation in den Kommunen und wollten mit diesem Verfahren einen totalen Umbruch der Verhältnisse verhindern.

Tabelle 1
Übersicht der Wahlbeteiligung

Jahr	Stimmfähige Bürger	Wahlbeteiligte Bürger	Entschuldigte Bürger	Unentschuldigte Bürger	Beteiligung in Prozent
1809	9.200	7.300			79
1817	3.739	1.675	1.244	820	45
1819	3.758	2.341	1.242	175	62
1821	3.457	2.032	1.272	153	59
1825	4.365	2.340	1.800	225	54
1828	4.480	2.772	1.501	207	62
1829	4.752	2.850	1.662	240	60
1830	4.914	3.022	1.673	219	61
1831	4.536	2.903			64
1832	5.046	3.528	1.357	161	70
1836	5.214	3.598	1.312	304	69
1839–1841	18.714	12.953			69
1841–1843	20.359	14.498			71
1844–1846	22.827	15.903			70
1848	26.063	18.755			72
1849	8.480	5.179			61

Quellen zu den Wahljahren: 1809: LAB, Rep. 01-02, Nr. 2526 bis 2568, Magistrat der Stadt Berlin, Generalbüro, Stadtverordnetenwahlen, Handakten der Bezirksvorsteher, nicht foliiert. Diese Zahlenangaben sind den jeweiligen *Wahlprotokollen der Wahlen vom April 1809* entnommen; 1817: LAB, Rep. 00-02/1, Nr. 185, Bd. 4, fol. 20; 1819: *A. a. O.,* fol. 141 ff.; 1821: *A. a. O.*, fol. 81 ff.; 1825: LAB, Rep. 00-02/1, Nr. 4, Bd. 6, fol. 177; 1828: LAB, Rep. 00-02/1, Nr. 91, Bd. 8, fol. 43 ff.; 1829: *A. a. O.,* fol. 116 ff.; 1830: *A. a. O.*, fol. 165 ff.; 1831: BLHA, Pr. Br. Rep. 2 A, Abt. I, Kom. Nr. 3184, fol. 77 ff.; 1832: LAB, Rep. 00-02/1, Nr. 135, Bd. 9, fol. 11 ff.; 1836: *A. a. O.,* fol. 210 ff.; 1839–1841: *Bericht über die Verwaltung der Stadt Berlin in den Jahren 1829 bis incl. 1840.* Hrsg. von den Städtischen Behörden, Berlin 1842, S. 4; 1841–1843 und 1844–46: *Bericht über die Verwaltung der Stadt Berlin in den Jahren 1841–1850,* hrsg. von dem Magistrat, Berlin 1853, S. 7; 1848: LAB, Rep. 00-02/1, Nr. 135, Bd. 9, nicht foliiert; 1849: LAB, Rep. 01-02, Magistrat der Stadt Berlin, Generalbüro, Nr. 2603, fol. 148 ff.

Wahlbeteiligung 1809–1849

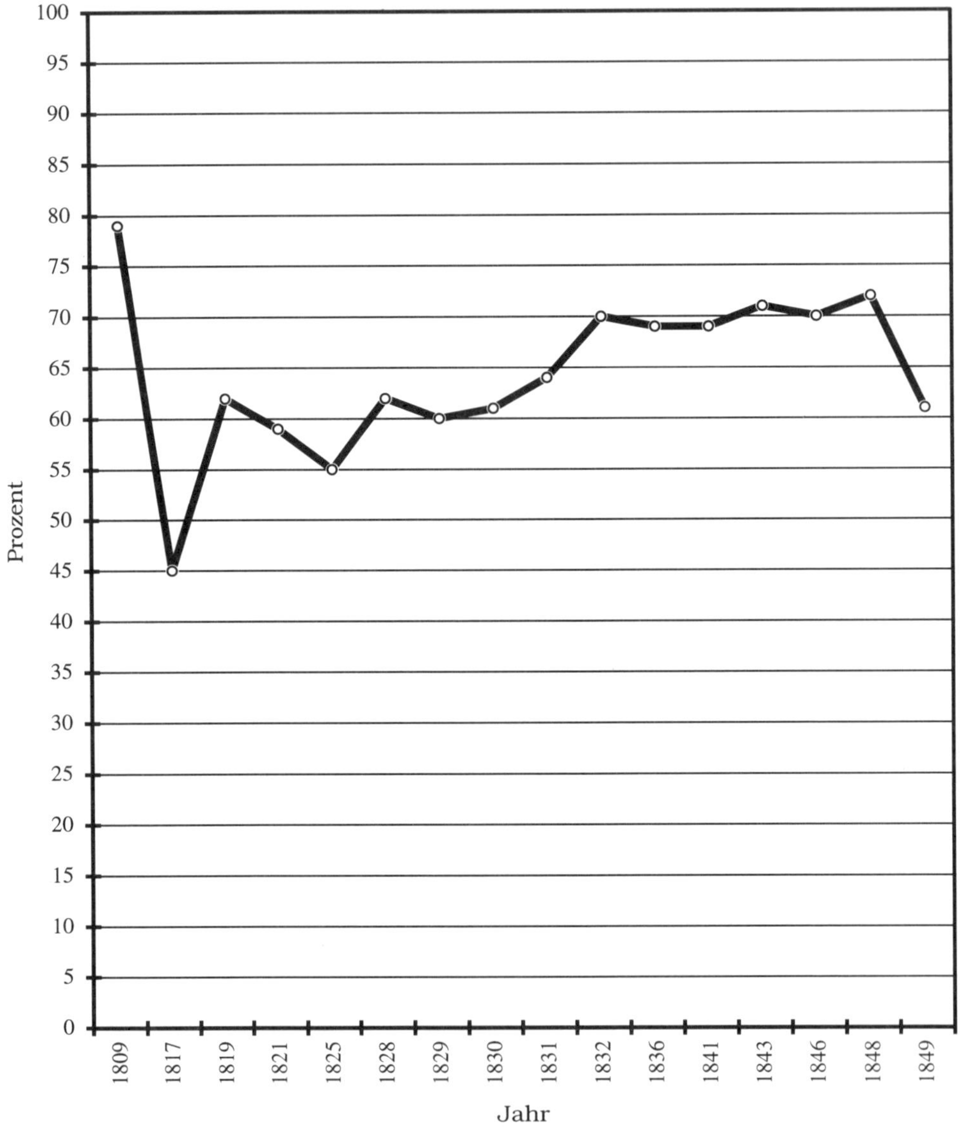

Die Wahlbeteiligung in den beiden letzten Jahrzehnten der Städteordnung überschreitet regelmäßig die 60%-Marke. Wachsende Politisierung und steigendes Interesse an kommunalen Fragen bildeten dafür die Grundlage. Auch saß inzwischen in den Wahlversammlungen eine andere Generation, die bereits mit der Selbstverwaltung aufgewachsen und vertraut war. Die Neuwahlen von 1848 waren zumindest in einer Hinsicht vergleichbar mit den ersten Wahlen von 1809. Denn erstmalig seit damals hatten wiederum in allen Wahlbezirken die Bürger zur Stimmenabgabe zu erscheinen. Mit 72% wurde dabei die zweithöchste Wahlbeteiligung seit Einführung der Städteordnung in Berlin erreicht. Diese hohe Quote lag auch in den erst kurz vorher erlebten Märzereignissen des Jahres 1848 begründet.[565] Recht deutlich hatte diese Wahl gezeigt, daß einige Bestimmungen der Städteordnung von 1808 nicht mehr haltbar waren. Vehement wurde nun die Forderung erhoben, auch den Schutzverwandten das Wahlrecht zu geben. Dieses Verlangen konnte sich aber nicht durchsetzen.[566] Die niedrige Beteiligung von 61% bei der letzten Wahl unter der Steinschen Städteordnung im Jahre 1849 läßt sich insbesondere auch aus den enttäuschten politischen Hoffnungen des Vorjahres erklären.

Ein wesentlicher Grund für die generell recht geringe Wahlbeteiligung dürfte auch in der drei- bis fünfstündigen Dauer der Prozedur gelegen haben. Der vorangehende Gottesdienst mit langer Predigt und Gesang, das komplizierte Wahlverfahren der Ballotage, bei der über jeden Kandidaten einzeln abgestimmt werden mußte, und das Auszählen der Kugeln schleppten sich von 9.00 Uhr morgens oft bis über die Mittagsstunde hin. In seiner Druckschrift „*Mein Glaubensbekenntnis*“ zeichnet Heinrich Runge ein klägliches Bild der Wahl: „Wer jemals einer Stadtverordneten-Wahl beigewohnt hat, wird uns Recht geben und die Trostlosigkeit des ganzen Actus anerkennen müssen. Von vorn herein erscheint von den stimmfähigen Bürgern des Bezirks kaum die Hälfte und diese kleine Zahl zeigt sich noch so erschlafft und so lässig, daß die oft sehr scharf ermahnende Anrede des Magistrats-Commissarius auch nicht die geringste Spur von Leben oder Begeisterung zu erwecken vermag. Ganz theilnamlos geht die Vorlesung der §§ 79–104 der Städte-Ordnung vorüber; eben so unbewegt hört man die Namen der Kandidaten, welcher dieser oder jener Bürger schüchtern und leise in

565 Die Wahl von 1848 zeichnete sich durch zahlreiche Wahlaufrufe von Bürgern aus. Besonders auffällig ist der unruhige Verlauf der Wahl, es kam zu zahllosen Wahlprotesten, einige Wahlergebnisse waren ungültig, so daß in mehreren Bezirken ein zweites Mal gewählt werden mußte. Der Anteil der Wiedergewählten lag mit 33% weit geringer als bei früheren Wahlen. In der Presse wurde die Enttäuschung darüber geäußert, daß die progressiven Vertreter Julius Berends, Karl Nauwerck und Heinrich Runge nicht gewählt worden waren. Somit hatte die Wahl von 1848 den von revolutionären Kräften gewünschten radikalen Umbruch nicht gebracht, jedoch den Anteil der nicht-gewerbetreibenden Stadtverordneten als künftige politische Trägerschicht erheblich verstärkt.

566 Eine andere Forderung betraf die Aufhebung der gottesdienstlichen Handlung, auch sie schien nicht mehr in die Zeit zu passen. Das Ministerium legte die Teilnahme schließlich nicht mehr als obligatorisch fest und ermöglichte den Einlaß von Bürgern in die Kirchen auch noch nach der Rede des Geistlichen.

Vorschlag bringt; mit demselben Indifferentismus wirft man in das herumgehende Wahlgefäß eine weiße oder eine schwarze Kugel, hört man das Resultat aus dem Munde des Deputierten, sieht man die Verpflichtung des Neugewählten mit an und unterzeichnet man, wenn man etwa Beisitzer ist, das gedruckte Formular des Wahlprotocolls; mit derselben, schrecklichen Ruhe geht man nach Hause, um an die ganze Geschichte nicht mehr zu denken, froh, daß sie nur alle drei Jahre wiederkehrt."[567]

Nicht ohne Bedeutung für die allgemeine Wahlverdrossenheit ist auch, daß nur an Werktagen gewählt wurde. Als christlicher Ruhetag durfte der Sonntag für die Wahlen nicht genutzt werden. Häufig schloß sich außerdem an die Stadtverordnetenwahl noch die Wahl eines Schiedsmannes oder Bezirksvorstehers an. In späteren Jahren verlängerte sich mit der wachsenden Zahl der Stimmberechtigten die Wahldauer, da das Auszählen der Kugeln immer mehr Zeit beanspruchte. Außerdem war es den Wählern wegen beruflicher Verpflichtungen manchmal gar nicht möglich zu erscheinen, da sie sich auf einer geschäftlichen Reise anläßlich eines Messebesuchs befanden oder aus anderen, persönlichen Gründen verhindert waren. Dazu wird es auch den Bürgern des Vormärz, zumal den Gewerbetreibenden, an Muße und Zeit gefehlt haben. Insbesondere der überwiegend wirtschaftlich selbständig tätigen Wählerschaft entstand durch die halbtägige Absenz wegen der Wahlen häufig ein geschäftlicher Schaden, den ein erheblicher Teil offensichtlich auch nicht zu tragen bereit war.

Die mangelnde Wahlfreudigkeit lag auch darin begründet, daß eine allgemeine Berichterstattung durch Zeitungen nicht erfolgte. Denn die Sitzungen der Stadtverordnetenversammlungen waren nicht öffentlich und folglich konnte in den Zeitungen darüber nichts mitgeteilt werden. Diese Bestimmung der Städteordnung verhinderte jegliche Voraussetzung für eine öffentliche Diskussion und eine darauf beruhende allgemeine Willensbildung. Ins Bewußtsein der Bürgerschaft konnte die Institution Stadtverordnetenversammlung kaum dringen. Politische Kundgebungen, Wahlkämpfe mit rivalisierenden Parteien oder Gruppierungen und nominierten Kandidaten waren noch gänzlich unbekannt. Die Wahlmüdigkeit der Bürger erklärt sich vielfach aus einer allgemein zu beobachtenden Abwendung von der Politik, wobei die nicht eingelösten Verfassungsversprechen des Königs und der einsetzende reaktionäre Kurs nach den Freiheitskriegen die Ursache bilden. „Das Bürgertum Berlins versank nach und nach in einen tiefen politischen Schlaf, es lebte nur für den gewerblichen Verdienst und für den Genuß des Erworbenen."[568] Die kommunale Mitverantwortung – der Grundgedanke der Kommunalordnung – hatte sich im Bewußtsein der Bürger erst wenig verankert. 1836 befand der Stadtverordnete Kochhann: „Der Segen der Städteordnung von 1808 war noch nicht anerkannt. Es herrschte bei vielen immer noch ein bedauerlicher Mangel an Interesse für die städtischen Angelegenheiten; man betrachtete die verschiedenen Ämter nicht als

---

567 H. Runge, *Glaubensbekenntnis ...*, S. 5.

568 Adolf Streckfuß, *500 Jahre Berliner Geschichte. Vom Fischerdorf zur Weltstadt*, 3. Aufl., Berlin 1880, S. 772.

Ehrenstellen, sondern als eine Last, der sich gerade die Gebildeten und Wohlhabenden zu entziehen suchten.“[569]

Die Übernahme eines Ehrenamtes schien nur wenigen Bürgern erstrebenswert: „Wenn man eine gewisse Anzahl unserer Stadtverordneten beieinander sieht, hält man sie nicht für Repräsentanten der ersten Kommune im preußischen Staat; sie sehen aus wie zusammengesucht, nicht wie ausgewählt,“[570] bemerkte in den zwanziger Jahren der Stadtrat Carl Knoblauch in einem Brief an den Freiherrn vom Stein. Insbesondere in den ersten Jahren der Städteordnung mußten die Bürger mit der für sie neuen Selbstverwaltung erst vertraut werden. Der Übergang vom absolutistischen System, in dem sie als gehorsame Untertanen aufgewachsen waren, zu einem Gemeinwesen mit demokratischen Ansätzen vollzog sich langsam und überforderte anfänglich das Bürgertum. Die Städteordnung mit ihrem freiheitlichen Sinngehalt bildete in dem monarchisch-bürokratischen Obrigkeitsstaat einen Fremdkörper. Der Polizeipräsident Berlins verfügte über einen weitaus größeren verfassungsmäßigen und politischen Einfluß als die Stadtverordnetenversammlung, deren Entscheidungsgewalt auf Armen- und Schulverwaltung, Gewerbeangelegenheiten und Servis- und Quartierwesen begrenzt war.[571] Die Hauptaufgabe der Stadtverordneten lag in der Abtragung der immensen Schulden, die noch aus der Franzosenzeit stammten und erst 1861 getilgt waren. Der enge politische Wirkungsrahmen und die begrenzten finanziellen Mittel erklären grundsätzlich die allgemeine Indifferenz gegenüber der Selbstverwaltung.

Zu dem häufig beklagten Mangel an „Bürgersinn“ traten mit Beginn der dreißiger Jahre, in einer Phase der Reaktion, Einschränkungen des Magistrats gegenüber der Stadtverordnetenversammlung.[572] Durch mehrere Regierungsentscheide war die Position des Magistrats gegenüber den Repräsentanten der Bürgerschaft erheblich gestärkt worden.[573] Es entwickelte

---

569 H. E. Kochhann, *Mitteilungen* ..., S. 35.

570 Richard Knoblauch, *175 Jahre Knoblauchsches Haus. Aus Tagebüchern und Akten des Familienarchivs,* in: *Zeitschrift des Vereins für die Geschichte Berlins* 52 (1935), S. 64. – Carl Knoblauch, der seit 1824 als Abgeordneter dem Kurmärkischen Landtag angehörte, war mit der Revision der Gewerbeordnung und der Städteordnung betraut; in dieser Funktion stand der später zum Stadtältesten ernannte Knoblauch in enger Verbindung zu Stein.

571 Der Polizeipräsident verfügte über das Recht, Anweisungen direkt an den Magistrat zu richten. Er war an die Weisungen des Innenministers gebunden, in seinem Zuständigkeitsbereich lagen die Wahrnehmung aller Aufgaben der verschiedenen Polizeiabteilungen. Neben dem Paß- und Fremdenwesen stand der Polizeipräsident auch dem Beleuchtungs-, Reinigungs- und Feuerlöschwesen vor. Da die Kompetenzen der Polizei gesetzlich nicht genau definiert waren, konnten staatliche Eingriffe jederzeit durchgeführt werden. Vgl. P. Clauswitz, *Städteordnung* ..., S. 113 ff.

572 Vgl. P. Clauswitz, *Städteordnung* ..., S. 142 ff.; K. Kettig, Berlin im 19. und 20. Jahrhundert (1806 bis 1945) ..., S. 370 ff.; Gerhard Kutzsch, *Verwaltung und Selbstverwaltung in Berlin unter der ersten Städteordnung,* in: *Jahrbuch für Brandenburgische Landesgeschichte* 13 (1962), S. 22–40; Ders, *Der Staat und die Stadt Berlin* ..., S. 7–21.

573 Vgl. P. Clauswitz, *Städteordnung* ..., S. 148 ff.

sich ein Klima staatlicher Bevormundung und politischer Apathie, das sich für die Entfaltung der Selbstverwaltung als nicht günstig erweisen sollte. Liberale Ideen fanden erst seit Mitte der vierziger Jahre vermehrt Einlaß in die Stadtverordnetenversammlung. Neben dem Stadtverordneten Heinrich Runge, der eine Nominierung der Kandidaten forderte und die Ballotage durch Stimmzettel ersetzt sehen wollte, gehörte zu dem Kreis liberal gesinnter Männer auch Daniel Alexander Benda. Dessen Engagement galt einer regeren Anteilnahme der Bürger an städtischen Angelegenheiten. Besonders bekannt geworden ist er durch seinen „*Katechismus für wahlberechtige Bürger Preussens*“[574]. In dieser Denkschrift trug er Aufgaben und Pflichten eines verantwortungsbewußten Bürgers vor. Einem breiten Publikum wurde Benda auch durch seine „Eingesandts“ in den Tageszeitungen bekannt, in denen er immer wieder die Öffentlichkeit der Versammlungen[575] vehement forderte.[576] Bereits im Jahre 1822 hatte der Stadtverordnete und Kaufmann Friedrich Wilhelm Junge[577] den Antrag gestellt, die wahlberechtigten Bürger an den Sitzungen der städtischen Vertretung teilnehmen zu lassen. Doch die Stadtverordnetenversammlung hatte damals diesen Antrag abgelehnt. In den vierziger Jahren engagierte sich neben Benda insbesondere der Stadtverordnete und Apotheker Jacob Abraham Bernard[578] in dieser Angelegenheit. Aber vorerst konnte die Forderung liberaler Stadtverordneter nach Zulassung der Öffentlichkeit nicht durchgesetzt werden, da sich die Widerstände aus den eigenen Reihen, im Magistrat und bei der Regierung in Potsdam als stärker erwiesen. Ein erstes Zugeständnis in dieser Richtung machten die Stadtvertreter als sie zumindest die Themen ihrer Sitzungen vorher in den Zeitungen bekanntgaben.[579] Als der öffentliche Druck jedoch immer größer wurde, bestimmte König Friedrich

574 Daniel Alexander Benda, *Katechismus für wahlberechtigte Bürger Preussens,* Berlin 1843.

575 Die Städtordnung sah in ihrer „*Instruktion – Behufs der Geschäftsführung der Stadtverordneten bei ihren ordnungsmäßigen Versammlungen*“ vor, daß es ausreichend sei, „wenn die Gegenstände, worüber in denselben debattirt werden soll, jedesmal vorher verzeichnet werden, und die Nachweisungen davon am Tage vor der Sitzung im Versammlungssaale der Stadtverordneten-Versammlung von Jedem eingesehen werden können.“ Bei wichtigen Angelegenheiten, werde „über den Gegenstand der Berathung ein kurzer Aufsatz abgedruckt und nicht nur den Stadtverordneten ein Exemplar davon zugesandt, sondern auch jedem Bürger gegen Erlegung der Druckkosten dergleichen überlassen.“

576 Benda veröffentlichte einen längeren Artikel zu diesem Thema in der *Spenersche(n) Zeitung* Nr. 203 vom 28. 8. 1843.

577 Der Eigentümer des Hauses Stralauer Straße 56 war in den Jahren 1817, 1820, 1823 und 1832 von den Bürgern des Waisenhaus-Bezirks gewählt worden.

578 Der Eigentümer des Hauses Poststraße 4 war 1842 und 1845 von den Bürgern des Post-Bezirks gewählt worden.

579 Als Beispiel sei hier die Sitzung vom 5. Januar 1846 aufgeführt; hierin sollten folgende Themen „zum Vortrag und zur Berathung kommen“: 1) die Etats der Arbeitshaus-, der neuen Hospital-, der Haus- und Miethssteuer und der Haupt-Stiftungskasse pro 1846/48; 2) der Antrag wegen eines der Friedrich-Wilhelms-Anstalt für Arbeitsame zu bewilligenden Zuschusses aus Kommunalmitteln; 3) der Bericht über den Fortschritt und den heutigen Stand unserer Gas-Erleuchtungswerke; 4) die Feststellung der

Wilhelm IV. durch die Kabinettsorder vom 23. Juli 1847, daß die Sitzungen der Stadtverordnetenversammlung künftig öffentlich abgehalten werden sollten. Die erste öffentliche Sitzung fand am 19. November 1847, dem Jahrestag der Städteordnung, statt.[580]

b) Wahlbeteiligung in den Stadtvierteln

Das Zahlenmaterial zur Wahlbeteiligung in den einzelnen Stadtteilen Berlins ist leider nur sehr lückenhaft vorhanden. Lediglich für die Jahre 1828, 1829 und 1830 hat sich ein geschlossener Zahlenblock für das gesamte Wahlgebiet (102 Bezirke) erhalten, so daß Rückschlüsse auf das Wahlverhalten in den Stadtvierteln für diesen Zeitraum gezogen werden können.[581] In den beiden Altstädten Alt-Berlin und Alt-Cölln mit dem Friedrichswerder und dem östlich anschließenden Neu-Cölln, die den Kern der Haupt- und Residenzstadt Berlin bildeten, läßt sich eine geringere Wahlbeteiligung[582] feststellen als in den „unruhigen" Vorstädten Luisenstadt, Spandauer Viertel, Königsstadt und Stralauer Viertel.[583] Diese Tendenz findet besonders deutlich im Stadtteil Alt-Cölln[584] ihren Ausdruck. Mit 49,1% beteiligte sich hier nur knapp die Hälfte der Bürger, 41,1% entschuldigten ihr Fernbleiben, und 9,8% der Bürger ignorierten die Wahlen völlig. Das Desinteresse der Bürger an den Wahlen kulminier-

---

Höhe des an die Königliche Stadtvogtei-Kasse pro 1846/48 zu zahlenden jährlichen Kanons; 5) der Antrag betreffend die Kreirung (sic) der Stelle eines zweiten Bauschreibers; 6) die Prüfung der Protokolle über die Stadtverordnetenwahlen im Thierarzneischul- und im Prinzen-Holzmarkt-Bezirk. Diese „*Bekanntmachung*" vom 2. Januar 1846 wurde veröffentlicht in: *Spenersche Zeitung* Nr. 2 vom 3. 1. 1846.

580 Vgl. P. Clauswitz, *Städteordnung* ..., S. 201 ff; A. Streckfuß, *500 Jahre* ..., S. 603 ff; K. Kettig, *Gemeinsinn* ..., 26 f.

581 Diese Angaben in: LAB, Rep. 00-02/1, Nr. 91, Bd. 8. „*Liste der 1828 zur Wahl zu kommenden Bezirke für die gewählten Herren zu Stadtverordneten*", mit der Angabe der wahlleitenden Stadträte und Bemerkungen vom 24. 7. 1828, gez. Schultze/..., fol. 43 f.; „*Liste der 1829 zur Wahl der Stadtverordneten gekommenen Bezirke*", mit der Angabe der wahlleitenden Stadträte und zusätzlichen Bemerkungen vom 21. 7. 1829, gez. Schultze/Ulrici/..., fol. 116 f.; „*Liste der 1830 zur Wahl der Stadtverordneten gekommenen Bezirke*", mit der Angabe des jeweiligen Wahlkommissars/Bemerkungen, ohne Datumsangabe, fol. 165.

582 Wahlbeteiligung: Berlin 59,2%, Alt-Cölln 49,1%, Friedrichswerder 55,1%, Neu-Cölln 63,0%.

583 Wahlbeteiligung: Luisenstadt 63,6%, Spandauer Viertel 63,5%, Königsstadt 67,7%, Stralauer Viertel 68,9%.

584 Zu diesem Stadtteil gehörten die Bezirke: Schloß-Bezirk, Brüderstraßen-Bezirk, Schickler-Bezirk, Insel-Bezirk, Cöllnische Fischmarkt-Bezirk, Rittergassen-Bezirk, Breite Straßen-Bezirk.

te im Schloß-Bezirk[585] (Stadtteil Alt-Cölln): Von 121 Wahlberechtigten nahmen lediglich 52 Wähler, das sind 43%, an der Wahl teil, 60 entschuldigten sich, und neun Bürger blieben ohne Entschuldigung fern. Offensichtlich bildete die für den 14. Juni 1830 in die Domkirche einberufene Wahlversammlung in diesem monarchisch-geprägten aristokratischen Umfeld einen unpassenden Fremdkörper, den die Bürger überwiegend mieden. In den Vorstädten hingegen lag die Wahlbeteiligung in diesen Jahren immer über 60%. Das Stralauer Viertel[586] bildete mit 68,9% den Spitzenreiter. Der Anteil der Unentschuldigten ist in der vorstädtischen Königsstadt mit 2% am geringsten. Die schachbrettartig angelegte Friedrichstadt mit der höchsten Bürgerzahl (3 497 Stimmberechtigte) weist mit 36,7% einen hohen Anteil an entschuldigten Bürgern auf. Mit 64,4% war die Beteiligung der an die Vorstädte angrenzenden Dorotheenstadt relativ hoch.

Die häufiger in Wohlstand lebenden Bürger des innerstädtischen Bereichs zeigten offensichtlich ein geringeres Interesse für kommunale Belange als die emporstrebende Schicht von Neubürgern in den Vorstädten. Bedeutsam in diesem Zusammenhang ist vor allem, daß im Kerngebiet mehr nicht-gewerbetreibende Bürger (Beamte, Ärzte, Adlige, Militärpersonen) lebten als in den Außenbezirken. Dieser Personenkreis, als Grundbesitzer durch die Kommunalordnung zum Erwerb des Bürgerrechts verpflichtet, blieb den Wahlen bevorzugt fern, so daß sich die unterschiedliche Beteiligung in den Gebieten im wesentlichen hieraus ergibt. Das kleingewerbetreibende Bürgertum hingegen, das vorwiegend in den Vorstädten lebte, folgte den obrigkeitlichen Weisungen eher und erfüllte die gesetzlich vorgeschriebene Wahlpflicht bereitwilliger als die innerstädtischen Bürger. Die Vorstädter der nördlichen und östlichen Gebiete, die auch wesentlich härter mit der Not ihres sozialen Umfelds konfrontiert waren, erkannten wahrscheinlich am ehesten, daß sie zumindest durch ihre Wahlbeteiligung eine Chance zur Mitwirkung am politischen Leben der Kommune erhielten.

---

585 Zu diesem Bezirk gehörten: Das Königl. Schloß und das Waschhaus, das Börsenhaus, Neue Packhof, Hinter dem Neuen Packhof, Schloßfreiheit, An den Werderschen Mühlen, Stechbahn, Schloßplatz, An der Schleuse.

586 Zu diesem Stadtteil gehörten die Bezirke: Neue Georgenkirchhof-Bezirk, Magazinstraßen-Bezirk, Holzmarktstraßen-Bezirk, Frankfurter Tor-Bezirk, Ratsholzmarkt-Bezirk.

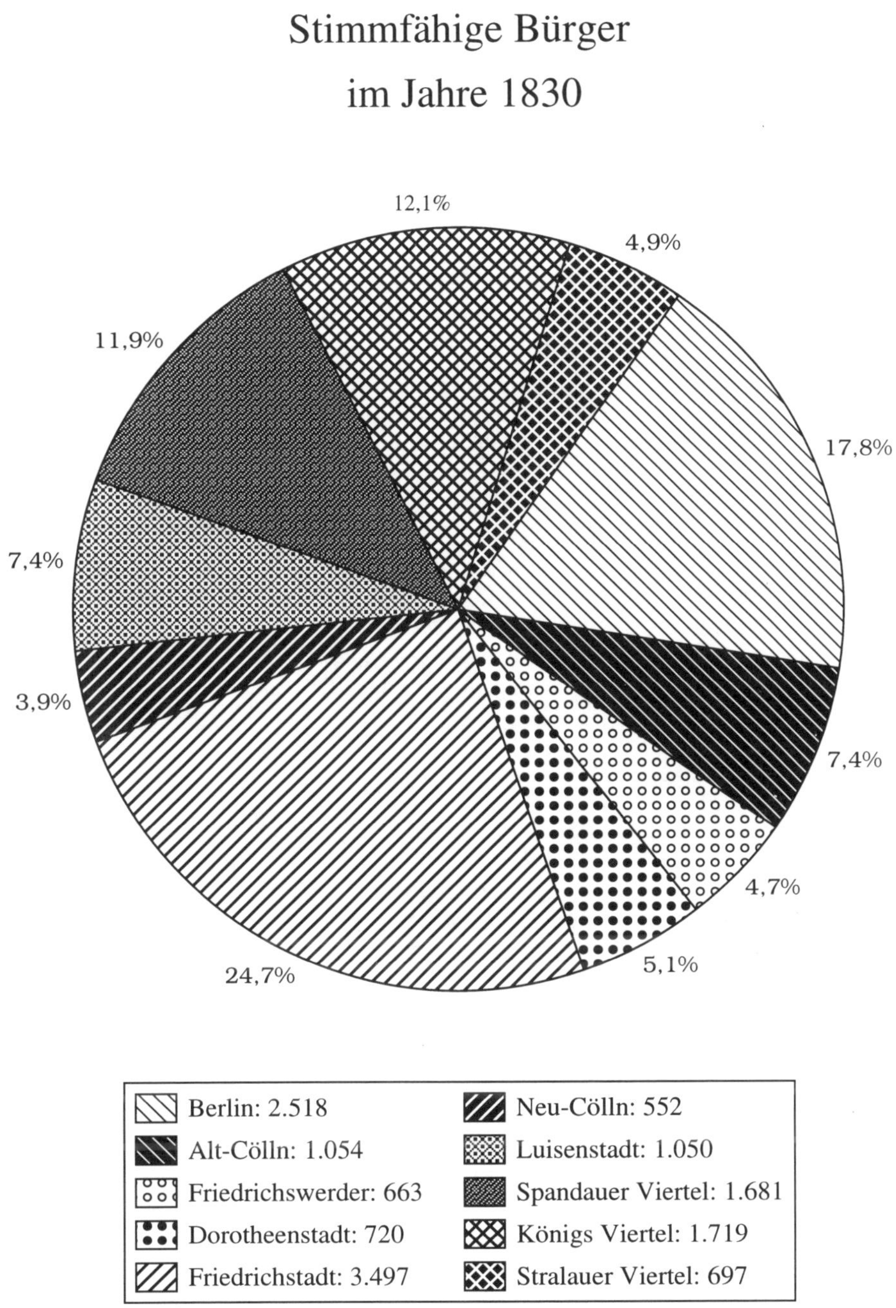
Stimmfähige Bürger
im Jahre 1830
12,1%
4,9%
11,9%
17,8%
7,4%
3,9%
7,4%
4,7%
24,7%
5,1%
Berlin: 2.518
Neu-Cölln: 552
Alt-Cölln: 1.054
Luisenstadt: 1.050
Friedrichswerder: 663
Spandauer Viertel: 1.681
Dorotheenstadt: 720
Königs Viertel: 1.719
Friedrichstadt: 3.497
Stralauer Viertel: 697

Tabelle 2
Wahlbeteiligung in den Stadtvierteln

Stadtviertel	Stimm-berechtigte	Wähler	Entschuldigte	Unentschuldigte
BERLIN	2.518	1.490 (59,2%)	913 (36,3%)	115 (4,5%)
ALT-CÖLLN	1.054	518 (49,1%)	433 (41,1%)	103 (9,8%)
FRIEDRICHSWERDER	663	365 (55,1%)	238 (35,9%)	60 (9,0%)
NEU-CÖLLN	552	348 (63,0%)	184 (33,3%)	20 (3,6%)
FRIEDRICHSSTADT	3.497	2.080 (59,5%)	1.282 (36,7%)	135 (3,9%)
DOROTHEENSTADT	720	464 (64,4%)	203 (28,2%)	53 (7,4%)
LUISENSTADT	1.050	668 (63,6%)	325 (31,0%)	57 (5,4%)
SPANDAUER VIERTEL	1.681	1.067 (63,5%)	546 (32,5%)	68 (4,0%)
KÖNIGSSTADT	1.719	1.163 (67,7%)	521 (30,3%)	35 (2,0%)
STRALAUER VIERTEL	697	480 (68,9%)	191 (27,4%)	26 (3,7%)

c) Wahlbeteiligung der Bürger nach Berufen 1831

Die Aufstellung der wählenden Bürger des Jahres 1831[587] ist in zweifacher Hinsicht aussagekräftig. Einerseits gibt sie Auskunft über den Anteil der verschiedenen Berufsgruppen innerhalb der Bürgerschaft, andererseits läßt die Aufstellung aufschlußreiche Rückschlüsse über die Wahlbeteiligung dieser Berufsgruppen erkennen. Die Kernaussage, daß der größte Teil der Wahlberechtigten sich aus Gewerbetreibenden zusammensetzt, findet hier die absolute Bestätigung. Von insgesamt 4536 Wahlberechtigten dominieren 4179 Gewerbetreibende, während 123 Beamte und 234 Rentiers als Nichtgewerbetreibende nur eine kleine, unbedeutende Minderheit bilden. Unter den Gewerbetreibenden lassen sich als zahlenmäßig große Gruppe folgende Berufe erkennen: Kaufleute und Leinenhändler (681), Schneider (403), Schuhmacher (376), Viktualienhändler, Bier- und Branntweinhändler (327), Holzarbeiter (306) und Metallarbeiter (265). Innerhalb der Berufsgruppen divergiert die Wahlbeteiligung stark. Eine hohe Wahlbeteiligung weisen folgende Berufe auf: Tabakspinner (100%), Ackerbürger (88%), Apotheker (87%) und Gärtner (78%). Von Bedeutung sind hierbei die Apotheker, die sich nicht nur eifrig an den Wahlen beteiligten, sondern auch im Vergleich zu anderen Berufen häufig gewählt wurden.

Durch eine niedrige Wahlbeteiligung fallen folgende Berufsgruppen auf: Ärzte (17%), Vieh- und Pferdehändler (17%), Beamte (33%), Weißgerber (33%) und Zimmerleute (38%). Hierbei ist besonders bedeutsam, daß sich darunter die Gruppe der Beamten befindet, die als nicht-gewerbetreibende Bürger eine Minderheit in der Bürgerschaft bildete. Auch die Ärzte wiesen mit 17% eine extrem niedrige Wahlbeteiligung auf. Diese Gruppen, die über eine qualifiziertere Ausbildung und ein höheres Bildungsniveau als die meisten Gewerbetreibenden verfügten, erkannten offensichtlich am ehesten, daß die Stadtverordnetenversammlung mit ihren beschränkten Befugnissen ihnen keine politische Plattform bot. Dieses geringe Interesse zu wählen führte schließlich dazu, daß die gebildeten Schichten in der Bürgervertretung im Verhältnis zu den Gewerbetreibenden unterrepräsentiert waren.

---

587 *Quelle: „Uebersicht der Anzahl, in welcher die stimmfähigen Bürger an den Stadtverordneten-Wahlen zu Berlin im Jahre 1831 theil genommen haben. Nach den Bürgerrollen, Steuer-Katastern und Wahlverhandlungen auf Anordnung des Magistrats zusammengestellt.*“ (gedruckt). – Vorhanden in: BLHA, Pr. Br. Rep. 2 A, Abt. I, Kom. Nr. 3184, fol. 77 ff. – „Verschiedene Gewerbetreibende“ sind nach obiger „*Uebersicht*“: Bildhauer, Bossierer, Brunnenmacher, Bürstenmacher, Commissionäre, Fischer, Gipsbrenner, Kattundrucker, Kupferstecher, Kupferdrucker, Kleiderverleiher, Lackierer, Maler, Orgelbauer, Pferdeverleiher, Schleifer, Schornsteinfeger, Stukkaturarbeiter, Tapezierer.

Tabelle 3
Wahlbeteiligung der Bürger nach Berufen 1831

Gewerbe und Berufe	Bürger insgesamt	Anwesende Bürger	Abwesende Bürger	Anteil der Anwesenden in Prozent
Ackerbürger	8	7	1	88
Ärzte	29	5	24	17
Apotheker	15	13	2	87
Bäcker	95	67	28	71
Barbiere	30	18	12	60
Beamte	123	41	82	33
Brauer	10	6	4	60
Branntweinbrenner	12	9	3	75
Buchbinder	47	31	16	66
Buchdrucker	11	6	5	55
Destillateure	31	18	13	58
Fabrikanten	150	91	59	61
Färber	8	6	2	75
Fuhrleute	48	35	13	73
Gärtner	99	77	22	78
Gastwirte	136	92	44	68
Glaser	37	25	12	68
Handschuhmacher	22	15	7	68
Holzarbeiter	306	223	83	73
Hutmacher	11	7	4	64
Mechanici	52	33	19	63
Kammacher	10	4	6	40
Kaufleute	681	338	343	50
Knopfmacher	16	9	7	56
Kürschner	11	8	3	73
Maurer	42	22	20	52
Metallarbeiter	265	177	88	67
Rentiers	234	121	113	52
Riemer	20	13	7	65
Sattler	40	25	15	63
Seifensieder	17	11	6	65
Seiler	8	4	4	50
Schiffseigner	11	5	6	45
Schlachter	81	45	36	56
Schneider	403	296	107	73
Schuhmacher	376	283	93	75
Steinarbeiter	13	8	5	62
Stuhlarbeiter	303	217	86	72
Tabakspinner	2	2	-	100
Töpfer	14	10	4	71
Tuchscherer	9	7	2	78
Uhrmacher	33	21	12	64
Viktualien-, Bier- u. Branntweinhändler	327	243	84	74
Viehhalter	82	60	22	73
Viehhändler	6	1	5	17
Weißgerber	3	1	2	33
Zimmerleute	21	8	13	38
Zinngießer	7	3	4	43
Verschiedene Gewerbetreibende	221	136	85	62

d) Die Nichtbeteiligung an den Wahlen und deren Folgen

Nach der regen Beteiligung der ersten Wahlen von 1809 setzte im folgenden Jahr ein geringeres Interesse der Bürger an den Wahlen ein. Die Stadtverordnetenversammlung sah sich deshalb 1810 gezwungen, dem Magistrat über das „Nichterscheinen" oder „Ausbleiben" der Bürger, wie die Nichtbeteiligung genannt wurde, zu berichten: „Immer ergeben die Wahlprotokolle, daß in einigen Bezirken kaum die Hälfte der darin wohnenden stimmfähigen Bürger bei dem Wahlgeschäft anwesend gewesen sind."[588] Mit Bedauern wurde festgestellt, daß die Städteordnung keine Bestimmungen enthalte, die die Wahlen dadurch ungültig machten. Nach § 89 der Kommunalordnung mußten die abwesenden Bürger, die Beschlüsse der Anwesenden akzeptieren. Die Stadtverordneten sahen voraus, daß in Zukunft sogar weniger als die Hälfte der Bürger erscheinen würde. Sie befürchteten, daß sich bei diesem Verhalten nachteilige Folgen ergeben würden, „können daher öfters Subjecte durch Stimmenmehrheit gewählt werden, die für die Stadtverordnetenversammlung nicht brauchbar sind."[589] Die Bürgervertretung war an einer hohen Beteiligung interessiert, um ein möglichst repräsentatives Ergebnis der Wahlen zu erzielen. Weiter wurde angeführt, daß die Städteordnung § 89 auf das wiederholte „Ausbleiben" zwar eine Strafe festlege, jedoch würde die Bestrafung nur mit Schwierigkeiten verbunden sein, da ein jeder Bezirk nur alle drei Jahre wähle.

Im folgenden schlugen die Stadtvertreter dem Magistrat Maßnahmen vor, um das Nichterscheinen bei den Wahlen zukünftig zu unterbinden:[590]

1. Persönliches Erscheinen des Bürgers beim Magistrat, um sich zu rechtfertigen;
2. Aussetzung einer „bedeutenden" Geldstrafe, „allenfalls von einem Thaler für jeden der ohne nachgewiesene wichtige Gründe aus der Wahlversammlung wegbleibt;"[591]
3. Ungültigkeit der Wahl, wenn nicht wenigstens 2/3 der stimmfähigen Bürger bei der Wahl teilgenommen haben.

Die Stadtverordneten überließen es dem Magistrat, „dieses bei den höheren Behörden in Vorschlag zu bringen."[592] Auch nach der Wahl von 1814 findet sich wieder eine Bemerkung im Wahlbericht der Bürgerversammlung. Das unentschuldigte „Ausbleiben" müßte „in Zukunft mit Strenge in Ausübung gebracht werden."[593] Im Jahr 1817 erreichte die Wahlbe-

---

588 LAB, Rep. 00-02/1, Nr. 47, Bd. 1, *Bericht der Stadtverordnetenversammlung an den Magistrat über die Wahl von 1810*, fol. 122.

589 *Ebda.*

590 *Ebda.*

591 *Ebda.*

592 *Ebda.*

593 LAB, Rep. 00-02/1, Nr. 68, Bd. 2, *Bericht der Stadtverordnetenversammlung an den Magistrat vom 16. 7. 1814 über die stattgefundenen Wahlen*, fol. 210.

teiligung mit 45% ihren absoluten Tiefpunkt.[594] Die Stadtverordnetenversammlung führte darüber wieder Klage beim Magistrat und forderte erneut, das „Ausbleiben“ unter Strafe zu stellen. Von 3 739 stimmfähigen Bürgern waren nur 1 675 erschienen; 820 Bürger hatten ihr „Ausbleiben“ entschuldigt, während 1 244 „aber ... ohne Weiteres weggeblieben“ waren, wie Jean Paul Humbert berichtete.[595] Darunter befand sich „ein groß Theil“ der „wiederholentlich die Wahlversammlungen versäumt“ habe.[596] Schon wenige Tage später richteten J. P. Humbert und Johann Ernst Laspeyres ein weiteres Schreiben an den Magistrat in dieser Angelegenheit. Sie fühlten sich durch die Entscheidung der Stadt Prenzlau ermutigt, die gegen die Bürger eine Strafe erhob, „welche Ruhe und Ordnung bei den Stadtverordneten Wahlen stöhren, oder bei denselben ohne zureichenden Grund fehlen.“[597] Auch für Berlin sollte zu den nächsten Wahlen ein ähnlicher Beschluß getroffen werden, um gegen die Bürger, „welche nicht Gemeinsinn genug besitzen ... auf einem anderen Wege zu ihrer Schuldigkeit hinzuführen.“[598] Oberbürgermeister Büsching erklärte sich mit dem Anliegen der Stadtverordneten einverstanden.[599] Er wollte dem „Ausbleiben“ der Bürger durch eine „zweckmäßige Maßgabe“ entgegenwirken und stellte „Straf-Verfügungen ähnlicher Art ..., wie sie bereits in anderen Städten, namentlich in Prenzlau bestehen“ in Aussicht.[600]

Im Rahmen des 1818 einsetzenden restaurativen Kurses führte der Magistrat die von der Stadtverordnetenversammlung geforderten Maßnahmen gegen die Bürger ein, die ohne Entschuldigung nicht zur Wahl erschienen waren. Von diesem Zeitpunkt an wurde dieser Personenkreis mit einer „Ordnungsstrafe“ von einem Taler belegt.[601] Zuvor erhielten die betreffenden Bürger allerdings vom Magistrat eine Vorladung, „um über ihr Ausbleiben Rede und Antwort zu geben“.[602] Den Bürgern, deren Entschuldigung nicht anerkannt wurde, übermit-

---

594 LAB, Rep. 00-02/1, Nr. 185, Bd. 4, *Bericht der Stadtverordnetenversammlung an den Magistrat vom 3. 7. 1817*, gez. Humbert, fol. 20.

595 *A. a. O.*, fol. 20. Divergierende Angaben über die Wahlbeteiligung von 1817 enthält das *Schreiben des Oberbürgermeisters an die Stadtverordnetenversammlung vom 2. 8. 1817*, gez. Büsching, fol. 33 f.; es nennt: 1 924 Anwesende, 840 Entschuldigte, 1 212 Unentschuldigte; daraus ergibt sich eine Beteiligung von 48%.

596 *A. a. O.*, fol. 20.

597 LAB, Rep. 01-02, Magistrat der Stadt Berlin, Generalbüro, Nr. 2580, *Schreiben der Stadtverordnetenversammlung an den Magistrat vom 10. 7. 1817,* gez. Humbert/Laspeyres, fol. 1.

598 *Ebda.*

599 LAB, Rep. 01-02, Magistrat der Stadt Berlin, Generalbüro, Nr. 2580, *Schreiben des Oberbürgermeisters Büsching an die Stadtverordnetenversammlung vom 29. 7. 1817,* gez. Büsching, fol. 4.

600 *Ebda.*

601 LAB, Rep. 00-02/1, Nr. 185, Bd. 4, *Schreiben des Magistrats an die Stadtverordnetenversammlung vom 24. 8. 1818,* fol. 96. – Im Jahre 1818 erhielten diese Bürger am 5. September eine Vorladung. Die Städteordnung sah allerdings eine Geldstrafe nicht vor, eigentlich hätte es hier einer gesetzlichen Änderung bedurft. Der Tageslohn eines Arbeiters lag zu diesem Zeitpunkt nicht selten unter einem Taler.

602 *Ebda.*

telte der Magistrat folgende gedruckte Aufforderung: „Da Sie in der Versammlung der stimmfähigen Bürger des Bezirks, in welchem Sie wohnen, zu der diesjährigen Wahl eines Stadtverordneten, ohne Entschuldigung ausgeblieben sind; so ist hierdurch die angedrohte auf 1 Rthlr. festgesetzte Ordnungsstrafe verwirkt. Sie haben daher solche sofort dem Überbringer dieser Aufforderung, gegen Quittung der Kämmerei zu bezahlen."[603] Sollte der Bürger nicht bereit sein zu zahlen, so mußte er zu der Vernehmung beim Magistrat erscheinen, „da wir sonst genöthigt sind, den 1 Rthlr. Strafe executivisch von Ihnen einziehen zu lassen."[604] Hatte man vorher die Namen der „Ausgebliebenen" auf einer formlosen Liste vermerkt, so ließ der Magistrat zur besseren Übersicht und Kontrolle ein besonderes Formular drucken, in welchem die Namen der „ausgebliebenen stimmfähigen Bürger, welche sich bei dem unterschriebenen Bezirksvorsteher nicht entschuldigt haben", eingetragen wurden.

Am 17. September 1818 legten die Stadtverordneten fest, daß bereits geschlossene Kirchentüren als Entschuldigungsgrund nicht mehr gelten sollte.[605] Sie teilten dem Magistrat ihren Beschluß sogleich mit: „Viele der Ausgebliebenen haben sich damit entschuldigt, daß sie die Kirchtüren schon verschlossen gefunden haben, wie sie es denn auch während der Ballotage nothwendig seyn müssen, dieser Entschuldigungs Grund würde für die Folge nicht mehr als gültig durchgehen können, wenn durch eine Bemerkung auf der Karte dem vorgebeugt wird."[606]

Um die Bürger auf ihre Wahlpflicht direkt hinzuweisen, wurden für diesen Zweck 1821 neue Einlaßkarten entwickelt. Diese gedruckten Karten, die in den ersten Jahren der Kommunalordnung auch „Stimmfähigkeits-Atteste" genannt wurden, enthielten als einzigen handschriftlichen Eintrag den Namen des betreffenden Bürgers. Er wurde aufgefordert, pünktlich zur Wahl zu erscheinen. Sollte er „durch dringende Abhaltungen" verhindert sein, so habe er zeitig vor der Wahl dem Bezirksvorsteher schriftlich zu unterrichten, ansonsten würde wegen dieses Versäumnisses von dem Bürger ein Taler eingezogen. Diese Mitteilung auf den Einlaßkarten hatte zur Folge, daß sich die Bürger nun verstärkt für ihr Ausbleiben entschuldigten. Dafür benutzten sie ebenfalls die Einlaßkarten, indem sie darauf eine kurze Entschuldigung schrieben und sie dem Bezirksvorsteher überbrachten. Am häufigsten entschuldigten sich die Bürger mit folgenden Angaben: „Geschäfte halber", „Unwohlsein", „Krankheitshalber", „Im Laden", „Wegen der Messe", „Wegen Todesfall" oder „Termin". Als man zehn Jahre später, 1831, wiederum neue Einlaßkarten konzipierte, sollten sie die „nachtheiligen Folgen des Ausbleibens" noch eindringlicher vor Augen führen.[607] Neben der üblichen

603 LAB, Rep. 01-02, Magistrat der Stadt Berlin, Generalbüro, Nr. 2581, gedruckte *Zahlungsaufforderung des Magistrats aus dem Jahre 1819*, fol. 69.

604 *Ebda.*

605 LAB, Rep. 00-02/1, Nr. 185, Bd. 4, *Sitzungsprotokoll vom 17. 9. 1818,* fol. 109.

606 LAB, Rep. 01-02, Magistrat der Stadt Berlin, Generalbüro, Nr. 2580, *Schreiben der Stadtverordnetenversammlung an den Magistrat vom 17. 9. 1818,* gez. Humbert/Krutisch, fol. 103.

607 LAB, Rep. 01-02, Generalbüro, Nr. 2538, Rittergassen-Bezirk. Hierin befindet sich eine *Einlaßkarte vom 20. 5. 1831.* Sie bezieht sich auf die Wahl in der Nikolaikirche am 14. Juni 1831 für den Ritter-

Einladung und Aufforderung zur Wahl zitierten sie nämlich den Text der §§ 83, 202 und 204 der Städteordnung.[608] Außerdem enthielten sie noch den Hinweis, daß nach beendigtem Gottesdienst die Kirchentüren geschlossen würden. Wer sich bis dahin nicht zur Wahl eingefunden habe, könne auch nicht mehr daran teilnehmen.[609]

Im Juli 1831 erstellte der Magistrat eine „Uebersicht“ der Beteiligung an den gerade abgelaufenen Wahlen.[610] Diese Druckschrift wurde der Stadtverordnetenversammlung übergeben, um „eine regere Theilnahme der Bürger an den Stadtverordneten-Wahlen zu erwecken.“[611] Dabei haben Einflüsse der damals gerade erlassenen Revidierten Städteordnung mitgewirkt, die in Berlin nicht eingeführt worden war. Dieses „Werk reaktionärer Kommunalpolitik“[612], das die staatlichen Aufsichtsrechte verstärkte, bevorzugte die reichen Besitzbürger und versuchte, den „niedrigen Bürgerstand“ seiner Rechte zu berauben.

In diese Richtung ging auch das Bestreben des Magistrats, dem folgenden Personenkreis das Wahlrecht zu entziehen: Almosenempfänger und Bürger, die mit der Haus- und Mietsteuer wenigstens ein Jahr lang in Verzug waren. Ferner Personen, gegen die ein Konkurs-

---

gassen-Bezirk, handschriftlich ausgestellt auf den „Eigentümer und Gastwirth Herrn Breitschuh“, nicht foliiert.

608 StO § 83: „Die etwa ausgebliebenen stimmfähigen Bürger werden durch die Beschlüsse der anwesenden verbunden. Sollte Jemand so wenig Bürgersinn besitzen, daß er, ohne sich auf eine gesetzliche Art entschuldigt zu haben, wiederholentlich nicht erschienen, so sollen die Stadtverordneten befugt seyn, ihn durch ihren Beschluß des Stimmrechts und der Theilnahme an der öffentlichen Verwaltung für verlustig zu erklären, oder auf gewisse Zeit davon auszuschließen.“
StO § 202: „Er (der Bürger) verliert alsdann das Stimmrecht bei den Wahlen der Stadtverordneten und alle Theilnahme an der Verwaltung des Gemeinwesens, muß dagegen aber verhältnismäßig stärker zu anderen Gemeinlasten beitragen. Das Verhältnis dieser stärkeren Konkurrenz wird auf Ein Sechstel bis Ein Drittel der Abgaben bestimmt, die ihm sonst getroffen haben würden.“ – StO § 204: „Die § 202 bestimmte stärkere Konkurrenz zu den Gemeinlasten trifft überhaupt jeden Bürger, der sich den Verlust des Stimmrechts selbst zugezogen und dadurch unfähig gemacht hat, an der Verwaltung des städtischen Gemeinwesens Theil zu nehmen.“

609 *Einlaßkarte von 1831.*

610 *„Uebersicht der Anzahl, in welcher die stimmfähigen Bürger an den Stadtverordneten-Wahlen zu Berlin im Jahre 1831 Theil genommen haben. Nach den Bürger-Rollen, Steuer-Katastern und Wahl-Verhandlungen auf Anordnung des Magistrats zusammengestellt.“* (Druckschrift), vorhanden in: BLHA, Pr. Br. Rep. 2 A, Abt. I, Kom. Nr. 3184, fol. 77 ff.; GStA PK, Rep. 77, 227 A, Nr. 3, foliiert 175 ff., hiernach sind die Zitatangaben ausgerichtet; LAB, Rep. 01-02, Magistrat der Stadt Berlin, Generalbüro, Nr. 2605, nicht foliiert. Es enthält die handschriftlichen Unterlagen zur obigen *„Uebersicht“* im: *„Verzeichnis der Bürger über die Theilnahme an den Stadtverordneten-Wahlen 1831 bis 1832“*.

611 *A. a. O.*, fol. 175. – Die im folgenden aufgeführten Forderungen hätten allerdings zu einer Änderung der Städteordnung geführt.

612 H. Heffter, *Selbstverwaltung* ..., S. 331.

verfahren lief und Personen, die sich in einem Dienstbotenverhältnis befanden, obgleich sie das Bürgerrecht besaßen.

Außerdem schlug der Magistrat vor, die Stimmfähigkeit von einem Mindesteinkommen von 400 Talern abhängig zu machen, welches er besonders für Berlin als einen „geringen Satz" ansah. Mit einem geringeren Einkommen sei es nicht möglich, auch nur den kleinsten Haushalt zu führen. Der Magistrat hielt es auch für unwahrscheinlich, daß die Stadtverordnetenversammlung Bürgern das Stimmrecht entziehen müsse, wenn ihr Einkommen darunter läge. In solchen Fällen käme § 77 der Städteordnung ohnehin in Betracht.[613]

In der Anhebung des Einkommensatzes sah der Magistrat ein probates Mittel, die Zahl der stimmfähigen Bürger zu reduzieren. Es ging der Behörde darum, „wenigstens eine gewisse Zahl der großen Menge von Ausübung der bürgerlichen Ehrenrechte auszuschließen, deren leichtsinniges Etablissement für die Commune zu einer immer drückenden Last wird."[614] Die Ermittlungen des Gremiums hatten ergeben, daß die Beteiligung der wohlhabenden Bürger zurückgegangen war. Der Magistrat betonte, wenn sich mehr Bürger aus diesem Personenkreis einfänden, könnten sie auch nicht von denen überstimmt werden, die den vorgenannten Gruppen angehörten. Sollten die Wahlversammlungen dadurch zu klein werden, so könne man verschiedene Wahlbezirke zusammenlegen und aus diesen mehrere Stadtverordnete wählen.

Außerdem unterbreitete der Magistrat noch zwei weitere Vorschläge, die bereits in der Revidierten Städteordnung (§§ 49 und 55) aufgenommen worden waren: Die Wahl eines Stadtverordneten solle nicht mehr unbedingt an die Grenze des Wahlbezirks, in dem ein Bürger zufällig wohnt, gebunden bleiben und nur noch die Hälfte der Stadtverordneten solle aus Hauseigentümern bestehen.

Die obengenannten Punkte sind der Stadtverordnetenversammlung am 13. Juli 1832 unterbreitet worden; die Vorschläge des Magistrats fanden jedoch offensichtlich nicht die Billigung der Bürgervertretung, da von den Stadtverordneten in dieser Richtung keine Anträge auf Änderung der Bestimmungen gestellt worden sind.

In den dreißiger Jahren sah sich der Magistrat durch die „betrübende Erfahrung" der geringen Wahlbeteiligung veranlaßt, die „Behinderungsgründe der Ausbleibenden" strenger zu kontrollieren.[615] Es wurde beklagt, daß besonders die „wohlhabendsten und gebildetsten der stimmfähigen Bürger am häufigsten fehlen."[616] Die Bezirksvorsteher wurden aufgefordert, die Entschuldigungsschreiben der Bürger danach zu prüfen, ob sie auch eine genaue Angabe der Gründe für das Nichterscheinen enthielten. Nach Beendigung der Wahlen sollte

---

613 StO § 77: „Wer einmal als stimmfähig angenommen ist und einer Wahl mit beigewohnt hat, kann nur nach sorgfältiger Prüfung und gewissenhafter Überzeugung der Stadtverordneten, durch deren Beschluß deshalb, weil sein jähriges Einkommen zu geringe sei, davon wieder ausgeschlossen werden."

614 „*Uebersicht*", fol. 179.

615 LAB, Rep. 01-02, Generalbüro, Nr. 2532, Kleine Jüdenhof-Bezirk, „*Circulare*", ohne Jahresangabe (gedruckt), nicht foliiert.

616 *Ebda.*

„ein Ausschuß von wenigstens 5 bis höchstens 10 stimmfähigen Bürgern“[617] von der Wahlversammlung ernannt werden. Das „Prüfungsgeschäft“ sollte gleich anschließend oder an einem der nächsten Tage nach der Wahl durchgeführt werden. Zu diesem Ausschuß gehörten auch der Bezirksvorsteher und dessen Stellvertreter, „durch ihre amtliche Stellung“. Der Bezirksvorsteher sollte schon vor der Wahl überlegen, welche Personen in seinem Bezirk „zu diesem Geschäfte überhaupt und besonders durch größere Bekanntschaft am geeignetsten“ seien.[618] Er habe die Namen auch dem Wahlkommissar mitzuteilen. Die Bezirksvorsteher hatten auch die Verantwortung darüber zu tragen, daß jeder Bürger eine Einlaßkarte erhielt, „damit Niemand sich mit dem Nichtempfangen derselben entschuldigen könne.“[619] Der Aussschuß prüfte nun „die gesetzliche Zulässigkeit der von den Ausgebliebenen angeführten Entschuldigungsgründe“; er hatte sich auch über jene Bürger zu äußern, die ohne Entschuldigung nicht erschienen waren.[620] Deshalb überprüfte der Ausschuß die Namenslisten der Fehlenden und verglich sie mit den vorhandenen schriftlichen Entschuldigungen. Daraus wurde eine Liste der Bürger erstellt, die nicht als gesetzlich entschuldigt betrachtet werden konnten, „insofern nähere Ermittlungen nicht noch andere Gründe, als die vorliegenden und bekannten, ergeben sollten, welche ihr Ausbleiben besser, als diese rechtfertigen.“[621] Diese Namensliste der nicht-erschienenen Bürger wurde sodann mit dem Wahlprotokoll der letzten, drei Jahre zurückliegenden Wahl verglichen; hierin befanden sich die Namen der Bürger, die „ohne Entschuldigung ausgeblieben“ waren. Daraus wurden die Namen der zum wiederholten Mal fehlenden Bürger notiert. Beide Namenslisten wurden dem Wahlprotokoll beigefügt und dem Magistrat übergeben. Auch die Stadtverordnetenversammlung unterstützte, ja forcierte die Maßnahmen des Magistrats: „Was diejenigen Bürger anbetrifft, welche ohne gesetzliche Entschuldigung bei der Wahl nicht erschienen sind, so sind dieselben sämmtlich in die bestimmte Strafe zu nehmen.“[622] Der Magistrat teilte dem betreffenden Bürger durch einen „Executions-Befehl“ mit, daß er einen Taler Strafe „wegen Ausbleibens von der Stadtverordneten-Wahl“ zu bezahlen habe. Sollte er innerhalb von drei Tagen die Bezahlung des Betrages und der Executionsgebühren an den Executor nicht geleistet haben, „sodann mit der wirklichen Vollstreckung der Execution durch Einlegung und nöthigen Falls durch Abpfändung seiner Sachen wider ihn verfahren werden soll, wonach derselbe sich zu achten“[623] habe.

617 *Ebda.*

618 *Ebda.*

619 *Ebda.*

620 *Ebda.*

621 *Ebda.*

622 LAB, Rep. 00-02/1, Nr. 135, Bd. 9, *Sitzungsprotokoll vom 8. 8. 1833,* gez. Desselmann/Koblanck, fol. 79.

623 LAB, Rep. 01-02, Magistrat der Stadt Berlin, Generalbüro, Nr. 2598, „*Executions-Befehl*“ *vom 3. Januar 1834* (gedruckt), *ausgestellt auf den Rentier Schultze,* nicht foliiert. Die handschriftlich eingetra-

Bis in die dreißiger Jahre bediente sich der Magistrat dieses Repressionsmittels und führte damit den Bürgern drastisch vor Augen, daß Wählen eine Pflicht war. Erst die standhafte Weigerung eines unbemittelten, couragierten Bürgers führte zur endültigen Abschaffung der „Ordnungsstrafe". Der Schneidermeister Friedrich Wendler, wohnhaft in der Alten Jakobstraße 31, hatte an der Wahl von 1833 wegen Krankheit nicht teilnehmen können.[624] Obwohl er am Wahltage sein Entschuldigungsschreiben dem Bezirksvorsteher Süssbier überbrachte, wurde er mit der Begründung abgewiesen, seine Entschuldigung erfolge angeblich nicht mehr rechtzeitig. Wenig später erhielt er vom Magistrat wegen dieses Versäumnisses die Aufforderung, einen Taler „Ordnungsstrafe" zu zahlen. Daraufhin richtete Wendler am 27. Oktober eine Eingabe an den Magistrat, ihm die Strafe zu erlassen. Der Magistrat gab Wendler in dem „Dekret" vom 14. Dezember einen negativen Bescheid, da er „sein Vorgeben, krank gewesen zu sein, durch nichts bescheinigt"[625] habe. Der Magistrat erteilte am 27. Dezember dem Executor Krause den Auftrag, „die Execution auf einen Thaler Strafe wegen des Ausbleibens von der diesjährigen Stadtverordneten-Wahl sofort anzukündigen."[626] Doch der Schneidermeister weigerte sich standhaft, die Strafe zu zahlen. Am 8. Januar richtete Wendler eine Beschwerde an den Staatsminister des Innern von Breun.[627] Nach Beschreibung der Umstände erklärte er seine persönliche Situation: „Insbesondere hatte ich aber dem Magistrat vorgestellt, daß ich arm, notorisch (sic) arm sei und mir folglich die Mittel fehlten, bei einer jeden plötzlich eintretenden Erkältung oder Kränklichkeit, der ich ein 67jähriger schwächlicher Mann fast täglich ausgesetzt wäre, jedesmal einen Arzt zu Hülfe zu rufen und ich demnach nicht im Stande sei, meine Aussage ärztlich zu bescheinigen, vielmehr darauf antragen müßte, meine Kinder, welche an dem betreffenden Tage allein um mich gewesen, über die Wahrheit meiner Behauptung vernehmen zu lassen. Hierauf ist

genen Executionsgebühren betrugen für die Ankündigung 2 1/2 Sgr, für die Versiegelung 5 Sgr und für die Abpfändung 5 Sgr.

624 Die Jakobstraße (auch Jakobsstraße) gehörte zum Stallschreibergassen-Bezirk in der Luisenstadt. Die Wahl fand am 26. 6. 1833 in der Jerusalemskirche statt. Es wurde Johann Christian André (auch: Andrée) zum dritten Mal gewählt.

625 BLHA, Pr. Br. Rep. 2 A, Kom. Nr. 3169, *„Dekret des Magistrats zu Berlin auf die Eingabe des Schneidermeisters F. Wendler vom 27. Oktober 1833 wegen Niederschlagung einer Ordnungsstrafe von einem Thaler vom 14. Dezember 1833"*, fol. 121.; auf der Rückseite befindet sich die *Anweisung*: „Ein Thaler ist einzuziehen."

626 LAB, Rep. 01-02, Magistrat der Stadt Berlin, Generalbüro, Nr. 2598, *„Executions-Befehl an den Executor Krause" vom 27. 12. 1833,* nicht foliiert. Nach Ablauf einer Frist von drei Tagen sollte „mit der wirklichen Vollstreckung der Execution durch Einlegung zu verfahren" sein.

627 BLHA, Pr. Br. Rep. 2 A, Kom. Nr. 3169, *„Gehorsamste Beschwerde des Schneidermeisters Wendler wider den hiesigen Magistrat, wegen einer dem ersteren für das Nichterscheinen bei der letzten Stadtverordneten Wahl auferlegten Geldstrafe von 1 Thaler. An des königlichen wirklichen Geheimen Staats- und Ministers des Innern und der Polizei Ritters hoher Orden Herrn Freiherrn von Breun, Exzellenz", vom 8. 1. 1834,* fol. 119 f.

indessen von seiten des Magistrats, obgleich ich mich stets als ein braver und seiner Pflichten erfüllender Bürger gezeigt und insbesondere noch nie (sic) eine Stadtverordneten Wahl versäumt habe, keine Rücksicht genommen worden."[628] Wendler bat, seine Kinder in dieser Angelegenheit vernehmen zu lassen und „nach Befund der Wahrheit" die ihm auferlegte „Ordungsstrafe", erlassen zu bekommen.[629] Nach Ablauf der vorgeschriebenen letzten Frist von 24 Stunden, erschien der Executor Krause erneut am 25. Januar 1834 im Hause Wendlers, um „ohne weitern Anstand von den entbehrlichsten Effecten ihm so viel abzupfänden, als zur Deckung der Schuld und der Kosten nöthig ist."[630] Er führte seinen Auftrag aus, indem er einen Spiegel aus dem Besitz Wendlers mit einem Pfandsiegel versah.

Die Königliche Regierung, Abteilung des Innern, teilte daraufhin Wendler am 28. Januar mit, daß „die vom Magistrat festgesetzte Ordnungsstrafe von 1 Thaler als nicht gesetzlich gerechtfertigt niederzuschlagen"[631] sei. Mit dieser Verfügung wurde der unpopulären Maßnahme des Magistrats ein Ende gesetzt. Als Begründung verwies die Königliche Regierung dabei auf den § 83 der Städteordnung. Der Magistrat wurde von der Königlichen Regierung dahingehend informiert: „Die Festsetzung einer Strafe gegen diejenigen, die der Stadtverordneten-Wahl nicht beiwohnen, erscheint aber nicht gerechtfertigt, indem in dergleichen Fällen nur nach den Bestimmungen des § 83 der Städteordnung und des Ministerialreskripts vom 18. August 1818 womit auch der § 68 der Revidierten Städteordnung übereinstimmt verfahren werden muß."[632] Der Magistrat habe daher die gegen Wendler festgesetzte Strafe „niederzuschlagen". Somit hatte der Schneidermeister sich durchgesetzt; Wendler bat den Magistrat, „die zu erlassende Verfügung hochgeneigtest beschleunigen und event. die Entsiegelung des mit Beschlag belegten Spiegels veranlassen zu wollen."[633]

Der Magistrat führte zu seiner Rechtfertigung an, daß die Städteordnung zwar eine Geldstrafe wegen des „Ausbleibens" in keiner Bestimmung kenne. „Doch sind wir in Übereinstimmung mit der Stadtverordnetenversammlung zur Anordnung derselben genöthigt gewesen, da einerseits eine langjährige Erfahrung gelehrt hat, daß die Ausführung der Vorschrift

---

628 *Ebda.*

629 *A. a. O.,* fol. 120.

630 LAB, Rep. 01-02, Magistrat der Stadt Berlin, Generalbüro, Nr. 2598, „*Executions-Befehl an den Executor Krause*" *vom 27. 12. 1833,* nicht foliiert. Dieser gedruckte Befehl enthält folgende handschriftliche Eintragung: „Wegen verweigerter Zahlung obiger Strafe ist dem p. Wendler ein Spiegel unter Siegel gelegt, die Gebühren mit 5 Sgr Strafe", 25. 1. 1834, gez. Krause.

631 BLHA, Pr. Br. Rep. 2 A, Kom. Nr. 3169, *Verfügung der Königl. Regierung, Abteilung des Inneren, an F. Wendler und den Magistrat vom 28. 1. 1834* (Konzept), fol. 122.

632 LAB, Rep. 01-02, Magistrat der Stadt Berlin, Generalbüro, Nr. 2598, „*Verfügung der Königl. Regierung, Abteilung des Inneren an den Magistrat*" *vom 28. 1. 1834*, gez. Böttcher, *Vermerk:* „Original künftig in den Acten", nicht foliiert.

633 *A. a. O.*, „*Gehorsamstes Gesuch des Schneidermeisters Wendler, wegen Niederschlagung der wegen Nichterscheinens bei der Stadtverordenwahl, gegen ihn verfügten Geldstrafe*" *vom 19. 4. 1834,* nicht foliiert.

des § 83 und des damit in Verbindung stehenden § 202 der Städteordnung[634] bei dem fortwährend stattfindenden Wohnungswechsel der meisten der hiesigen Bürger sonst unmöglich, hinsichtlich der desfalls nöthigen Controlle wenigstens mit den aller größten Schwierigkeiten verbunden ist ... die Erfahrung zur Genüge ergeben hat, daß die Theilnahme der stimmfähigen Bürger an den Stadtverordneten Wahlen nicht so allgemein ist als das Gesetz dazu berechtigt und verpflichtet, und als die Wichtigkeit des Gegenstandes es vorschreibt."[635] Der Magistrat führte noch weiter aus, daß auch andere Städte, wie z.B. Prenzlau eine Geldstrafe für die „Ausgebliebenen" erhoben hätten. Es sei durchaus ein wirksames Mittel, „die stimmfähigen Bürger zur Theilnahme an den Wahlen zu bewegen, als der in der Städteordnung ausgesprochene Verlust des Stimmrechts, der jedoch nur erst bei einem wiederholten – also wohl dreimaligen – Ausbleiben, ohne gesetzliche Entschuldigung eintreten kann, und welches zu controllieren bei dem häufigen Wohnungswechsel der meisten hiesigen Einwohner ... fast unausführbar bleibt."[636] In diesem Zusammenhang bat der Magistrat die Regierung, dem Ministerium sein Anliegen vorzutragen und zu unterstützen. Die Regierung solle die Befugnis erwirken, „in den betreffenden Fällen das Ausbleiben bei den Stadtverordneten Wahlen, eine Geldstrafe festzusetzen und einziehen zu dürfen, wenn nicht hinreichende Entschuldigungsgründe angeführt und bescheinigt werden können."[637] Der Magistrat konnte sich jedoch in dieser Angelegenheit nicht durchsetzen. Es blieb bei der Entscheidung der Königlichen Regierung in Potsdam. Die Bürger konnten nicht mehr mit einer Geldstrafe belegt werden, wenn sie den Wahlen unentschuldigt ferngeblieben waren.

Trotz der obigen Verfügung wurden in den folgenden Jahren in zunehmender Zahl Versuche unternommen, das „Ausbleiben" weiterhin unter Strafe zu stellen. In den vierziger Jahren forderten Maueranschläge die Bürger auf, ihrer Wahlpflicht in der Weise nachzugehen, „daß die Wahl nur dann erst dem wichtigen Zwecke, weshalb sie zum besten der Commune Allerhöchsten Ortes angeordnet worden, entsprechen könne, wenn ein Jeder, der zur Ausübung dieses Ehrenrechts berufen ist, es sich auch angelegen sein lasse, dabei in Person zu erscheinen."[638] Im Jahre 1845 wurde den „zum dritten Male unentschuldigt von den Wahlen ausgebliebenen Bürgern" das Stimmrecht entzogen. Von dieser Maßnahme war der Bäckermeister Schultze, wohnhaft in der Fischerstraße 7, betroffen. Er hatte in den Jahren 1840,

---

634 StO § 202: „Er (der Bürger) verliert alsdann das Stimmrecht bei den Wahlen der Stadtverordneten und alle Theilnahme an der Verwaltung des Gemeinwesens, muß dagegen aber verhältnismäßig stärker zu andern Gemeinlasten beitragen."

635 BLHA, Pr. Br. Rep. 2 A, Kom. Nr. 3169, „*Der Magistrat zu Berlin wegen der Bestrafung der stimmfähigen Bürger wegen Ausbleibens bei den Stadtverordneten Wahlen ohne gesetzliche Entschuldigungsgründe an die Regierung, Abt. des Innern*", fol. 144 f.

636 *A. a. O.*, fol. 146.

637 *Ebda.*

638 LAB, Rep. 01-02, Generalbüro, Nr. 2549, Leipziger Platz-Bezirk, „*Aufforderung an die stimmfähigen Bürger des Ersten Leipziger Platz Bezirks, des Zweiten Leipziger Platz Bezirks A und des Zweiten Leipziger Platz Bezirks B*" *vom 30. 7. 1845*, nicht foliiert.

1843 und 1846 an den Wahlen ohne Entschuldigung nicht teilgenommen. Daraufhin beschloß die Stadtverordnetenversammlung, ihm das Stimmrecht auf sechs Jahre zu entziehen, allerdings ohne eine höhere Besteuerung.[639] Der Magistrat gab seine Bestätigung zu diesem Beschluß.[640] Im Jahr 1846 hatten die Stadtverordneten beim Magistrat erneut beantragt, „nunmehr die Befugnis zur Festsetzung von Geldstrafen gegen diejenigen Bürger, welche nur ein- oder zweimal unentschuldigt von den Stadtverordneten-Wahlen ausgeblieben sind, höhern Orts nachzusuchen.“[641]

Der Magistrat versuchte erneut, durch eine strengere Bestrafung eine höhere Wahlbeteiligung zu erzwingen. In dem Schreiben an die Regierung vom 30. September 1846 konstatierte er zwar, daß die Teilnahme an den letzten Stadtverordnetenwahlen im Gegensatz zu früheren Jahren gestiegen sei.[642] Trotzdem komme es vor, „daß eingeladene und selbst angesehene Bürger ohne alle oder bei nicht hinreichender Entschuldigung von jenen Wahlen fortblieben.“[643] Der Magistrat forderte nun, daß man gegen diese Bürger „mit einiger Strenge verfahren wird.“[644] Das sei um so notwendiger, weil „bei dem fortwährenden Wohnungswechsel, der in der Bürgerklasse vielfach stattfindet, eine Controle (sic) für alle Bürger, wie oft sie bei jenen Versammlungen ausgeblieben sind, nicht gut möglich ist, während die Anwendung eines Strafverfahrens für den ersten Fall des unentschuldigten Ausbleibens dem Bürger schon die Überzeugung geben müßte, daß es mit Aufrechthaltung der Städteordnung ernst sei.“[645] Der Magistrat bat deshalb die Regierung, in Übereinstimmung mit der Stadtverordnetenversammlung, eine Geldstrafe wegen „unentschuldigten Ausbleibens“ verhängen zu dürfen. Er forderte „für das erste Ausbleiben ohne alle oder ohne eine zureichende Entschuldigung“[646] eine Strafe von ein bis zwei Talern und für das zweite „Ausbleiben“ eine Strafe von zwei bis fünf Talern. Das Geld sei an die Armenkasse der Stadt abzuführen. Auch dieser Antrag des

---

639 StO § 202: „Er (der Bürger) verliert alsdann das Stimmrecht bei den Wahlen der Stadtverordneten und alle Theilnahme an der Verwaltung des Gemeinwesens, muß dagegen aber verhältnismäßig stärker zu andern Gemeinlasten beitragen. Das Verhältnis dieser stärkeren Konkurrenz wird auf ein Sechstel bis ein Drittel der Abgaben bestimmt, die ihn sonst getroffen haben würden. Die Festsetzung in diesen Grenzen wird der Stadtverordnetenversammlung überlassen.“ Über die Höhe des Steuersatzes, der in Berlin in solchen Fällen zur Ausführung kam, enthalten die Akten keine Angaben.

640 LAB, Rep. 01-02, Generalbüro, Nr. 2537, Cöllnischer Fischmarkt-Bezirk, *Schreiben des Magistrats an den Bäckermeister Schultze, Fischerstr. 7, vom 8. 10. 1846,* nicht foliiert.

641 *Spenersche Zeitung* Nr. 180 vom 5. 8. 1846.

642 Die Wahlbeteiligung lag 1846 bei 70 %.

643 BLHA, Pr. Br. Rep. 2 A, Abt. I, Kom. Nr. 3171, *Mitteilung des Magistrats an die Regierung, Abt. d. Inneren vom 30. September 1846,* gez. Krausnick, fol. 50 ff. – Der Magistrat konnte seit 1846 zur Wahl eingeladenen Bürgern, die drei Mal unentschuldigt nicht zur Wahl erschienen waren, das Stimmrecht auf 6 Jahre entziehen.

644 *A. a. O.*, fol. 51.

645 *Ebda.*

646 *Ebda.*

Magistrats wurde von der Regierung abgewiesen, so daß eine Geldstrafe für das Ausbleiben auch weiterhin nicht erhoben werden konnte.

Selbst die öffentliche Meinung stimmte mit den unpopulären Maßnahmen des Magistrats überein. Die *Spenersche Zeitung* urteilte: „indeß ist doch wohl die Entziehung der bürgerlichen Ehrenrechte vollständig gerechtfertigt, wenn man erwägt, daß wiederholtes, unentschuldigtes Wegbleiben von den Wahlversammlungen eine Mißachtung jener Rechte manifestirt und den Schuldigen zur Ausübung derselben um so mehr unfähig macht, als ihm die Haupteigenschaft des Bürgers, der Gemeinsinn, vollständig abgeht ... Diesen Gemeinsinn zu erwecken, wo er sich noch nicht findet, oder aber erloschen ist, sey hauptsächlich Sache der Behörden, vorzüglich des Magistrats. Der letztere müsse in jedem Bürger die Ueberzeugung zu wecken suchen, daß es eine Ehrensache sey, bei den Wahlversammlungen nicht zu fehlen, und durch eigene Mitwirkung zu verhindern, daß nicht die Wahlen auf Personen fallen, von welchen die Stadt sich wenig versprechen kann, deren Theilnahme an der Stadtverordneten-Versammlung sogar der würdigen Stellung, welche das Gesetz ihr anweiset, völlig widersprechend seyn würde. Vorzüglich komme es auch, um in den besseren Bürgern Neigung zur Theilnahme zu erwecken, darauf an, daß die Magisträte, bei Festhaltung ihrer amtlichen Auctorität, die Stadtverordneten-Versammlung andererseits auch auf eine anständige und würdige Weise behandelten und niemals in den ihnen durch das Gesetz verbliebenen Rechten beeinträchtigen. Nur auf diesem Wege sey eine Vermehrung des Gemeinsinnes und mit dieser eine vermehrte Theilnahme an den Wahlversammlungen zu erwecken, und lehre die Erfahrung an nicht wenigen Orten, daß auf diesem Wege sich auch wirklich bald das erwünschte Resultat herbeiführen läßt.“[647]

Zu den bevorstehenden Wahlen des Jahres 1847 bemerkte die *Spenersche Zeitung*, daß die Wahlbeteiligung im Vergleich zu den Vorjahren merklich zugenommen habe. Doch müßten die Wahlversammlungen noch wesentlich besser besucht werden. Es komme hierbei auf die Einstellung des Bürgers an. Es sei „höchst wünschenswerth, daß jeder Bürger sein so theures Recht ausübe, Niemand an einem so wichtigen Tage fehle, Niemand durch sein Ausbleiben diesem Rechte entsage, nachdem er stets nur Pflichten ausgeübt. Jeder Bürger aber prüfe vorher, wen seine Wahl treffen soll: er wähle nur solche Männer zu Stadtverordneten, von deren gutem Willen, für das Wohl der Stadt zu wirken, er überzeugt ist, nur solche, die schnell erkennen, worauf es bei einer Sache ankommt, aber auch Selbständigkeit genug besitzen, um sich nicht so leicht von ihren als richtig erkannten Ansichten abbringen zu lassen und sich nicht scheuen, einem jeden, ohne Ansehen der Person, ihre Meinung ohne Rückhalt zu sagen. Ueberhaupt ist es wünschenswerth, daß nur solche Männer zu Stadtverordneten gewählt werden, die, mit hinlänglichen Kenntnissen ausgerüstet, den Geist der Zeit, der ein Geist des Fortschritts ist, nicht allein erkennen, sondern ihm auch huldigen.“[648]

Im Vorfeld der durch die Märzereignisse ausgelösten Neuwahlen gab der Magistrat am 27. April 1848 bekannt, daß Bürger, denen das Stimmrecht auf sechs Jahre entzogen worden

---

647 *Spenersche Zeitung* Nr. 28 vom 3. 2. 1847.

648 *Spenersche Zeitung* Nr. 135 vom 14. 6. 1847.

war, die Stimmfähigkeit wieder erlangen könnten. In den letzten Jahren seien dem Magistrat „verschiedene Anträge von Betheiligten auf Wiederbewilligung dieses Rechts zugegangen und wir haben solche gern eintreten lassen, indem wir annehmen durften, daß diesen Anträgen die Anerkennung des Werthes des Stimmrechts, sowie der Wunsch und die Absicht, von demselben fortan in der That Gebrauch zu machen, zum Grunde lagen. Diese Absicht wird auch ferner maaßgebend sein, wenn ähnliche Anträge bei einer der Communalbehörden eingereicht werden sollten; dagegen haben wir in Betracht der Wichtigkeit, welche das Stimmrecht für die Verwaltung des Gemeinwesens in sich schließt, es nicht für angemessen erachten können, die Wiederbewilligung ohne deren specielle Nachsuchung, als worauf aus Anlaß der neuen politischen Zustände bei uns angetragen worden ist, auszusprechen."[649] Mit dieser Ankündigung – zwei Jahre vor Aufhebung der Städteordnung – nimmt die wenig rühmliche Geschichte magistraler Strafmaßnahmen einen leicht versöhnlichen Ausklang.

e) Die Wiederwahl von Stadtverordneten

Bei jeder Wahl zeigte sich, daß mehr als die Hälfte der Stadtverordneten wiedergewählt wurde. Ausnahmen davon bildeten lediglich die Jahre 1811, 1816, 1821, 1824, 1834 und 1849.[650] Bei diesen Wahlen lag der Anteil der Wiedergewählten unter 50%, in all den anderen Jahren rekrutierte sich der überwiegende Teil der Stadtverordneten aus Wiedergewählten. Auffällig sind dabei die Wahlen von 1832, 1833 und 1839, die sich durch einen hohen Anteil von Wiedergewählten auszeichnen. In diesen Jahren erhielten von 34 gewählten Stadtverordneten 25 der vormaligen Stadtverordneten das Mandat. Während des Gesamtzeitraums waren rund 1 500 Mandate von 741 Amtsträgern besetzt, was sich aus der Wiederwahl der Stadtverordneten erklärt. Rein rechnerisch wurde also jeder Stadtverordnete einmal wiedergewählt. Als weiteres kommt noch hinzu, daß etliche Stadtverordnete häufig mehrere Male wiedergewählt wurden; einige von ihnen erreichten sogar eine acht- bis zwölfmalige Wiederwahl.

Da es keine politischen Parteien, keine organisierten Wahlkampagnen, ja nicht einmal vorher aufgestellte Kandidaten gab, wurde der alte Stadtverordnete von den Bürgern fast gewohnheitsmäßig vorgeschlagen und auch wiedergewählt. Für dieses Wahlverhalten lieferte die Städteordnung die entsprechende Rechtsgrundlage, da sie für den gewählten Bürger ein Recht auf Mandatsverweigerung nicht kannte und dadurch die Besetzung der Ämter sicherte.

649 *Bekanntmachung vom 27. 4. 1848, „Stadtverordnete zu Berlin"*, gez. Fournier/ Schäffer. Veröffentlicht in: *Spenersche Zeitung* Nr. 102 vom 30. 4. 1848.

650 Der niedrige Anteil von Wiedergewählten (33%) bei der Wahl von 1848 belegt, daß bei einer Wahl in allen Bezirken der Stadt sich die Verhältnisse leichter änderten. Die üblichen Wahlen mit 34 Bezirken verhinderten einen völligen Umbruch der sozialen Konstellation in den Stadtverordnetenversammlungen.

Mit der fehlenden Freiheit für Wahlberechtigte (Wahlpflicht)[651] und Gewählte (kein Recht auf Mandatsverweigerung)[652] hatten die Schöpfer der Städteordnung versucht, ein funktionierendes System zu schaffen. Diese Bestimmungen gaben die Gewähr, daß immer ausreichend Wähler und Gewählte vorhanden waren. Insbesondere die Nichtöffentlichkeit der Sitzungen führte dazu, daß der Stadtverordnete gute Aussicht hatte, wiedergewählt zu werden, da die Wähler über die Tätigkeit ihres Stadtverordneten aufgrund der mangelnden Transparenz der Stadtverordnetenversammlungen keine Informationen erhielten.

Die geringe Bereitschaft, das Amt eines Stadtverordneten anzustreben, beklagte auch der bereits erwähnte Heinrich Runge. Nach seiner Aussage schien es manchen, „grade als ob sie eine Ansteckung dabei zu befürchten hätten."[653] So fiel die Wahl oft in Ermangelung geeigneter alternativer Kandidaten wieder auf den vormaligen Stadtverordneten. Aus der Wiederwahl sprechen andererseits auch Vertrauen und Zufriedenheit mit dem bisherigen Gewählten. Ihm wollte man auch in Zukunft wieder als Stadtverordneten des Bezirks das Mandat geben. Somit brachte die Wiederwahl ein starkes Element der Kontinuität in die Stadtverordnetenversammlungen, wodurch allerdings eine geschlossene, überalterte Gruppe von Stadtvertretern entstand. Bezeichnend dafür ist die Tatsache, daß gerade in den dreißiger Jahren, der von Theodor Fontane bezeichneten politischen „Stillstands- und Polizeiperiode", die Zahl der Wiedergewählten besonders anstieg und nur wenige jüngere Bürger Mitglieder in der Stadtverordnetenversammlung waren. Erst die Wahlen der Jahre 1848 und 1849 brachten eine entscheidende Wende. Der Anteil der Neugewählten lag nun erstmals im Bereich der 30%-Marke.

---

651 StO §§ 81, 83.

652 StO § 191: „Jeder Bürger ist schuldig öffentliche Stadtämter zu übernehmen, und solche, womit kein Diensteinkommen verbunden ist, unentgeldlich zu verrichten."

StO § 198: Stadtverordnete, Bezirksvorsteher, Magistratsmitglieder waren zur Wiederwahl zulässig; aber nach dreijähriger Amtstätigkeit kann zu erneuter Mandatsannahme, in großen Städten erst nach sechs Jahren gezwungen werden.

StO § 199: Gründe um Annahme eines Stadtamtes zu versagen: fortdauernde Krankheiten; Reisen, die lange Abwesenheit nötig machen, gleichzeitige Verwaltung von drei öffentlichen Ämtern; Alter über 60 Jahre.

StO § 200: Ablehnung – Berufsangehörige, die öffentliche Stadtämter ablehnen können, wenn diese neben Amts- und Berufsgeschäften nicht besorgt werden können: Staatsdiener, Geistliche, Professoren, Schullehrer, andere Offizianten öffentlicher Anstalten, praktizierende Ärzte, einschließlich Geburtshelfer und Chirurgen, andere zur Rettung und „schleunigen Hilfe" besonders berufene Personen.

653 H. Runge, *Mein Glaubensbekenntnis,* S. 1.

Tabelle 4
Übersicht zur Wiederwahl von Stadtverordneten

Jahr	Neugewählte	Wiedergewählte	Anteil der Wiedergewählten in Prozent
1810	15	19	56
1811	19	15	44
1812	16	18	53
1813	16	18	53
1814	15	19	56
1815	15	19	56
1816	18	16	47
1817	14	20	59
1818	14	20	59
1819	17	17	50
1820	14	20	59
1821	20	14	41
1822	16	18	53
1823	15	19	56
1824	18	16	47
1825	15	19	56
1826	12	22	65
1827	16	18	53
1828	14	20	59
1829	13	21	62
1830	15	19	56
1831	15	19	56
1832	9	25	74
1833	9	25	74
1834	13	21	62
1835	16	18	53
1836	19	15	44
1837	13	21	62
1838	12	22	65
1839	9	25	74
1840	11	23	68
1841	12	22	65
1842	13	21	62
1843	13	21	62
1844	11	23	68
1845	15	19	56
1846	16	18	53
1847	17	17	50
1848	68	34	33
1849	22	12	35

Die Wiederwahl von Stadtverordneten

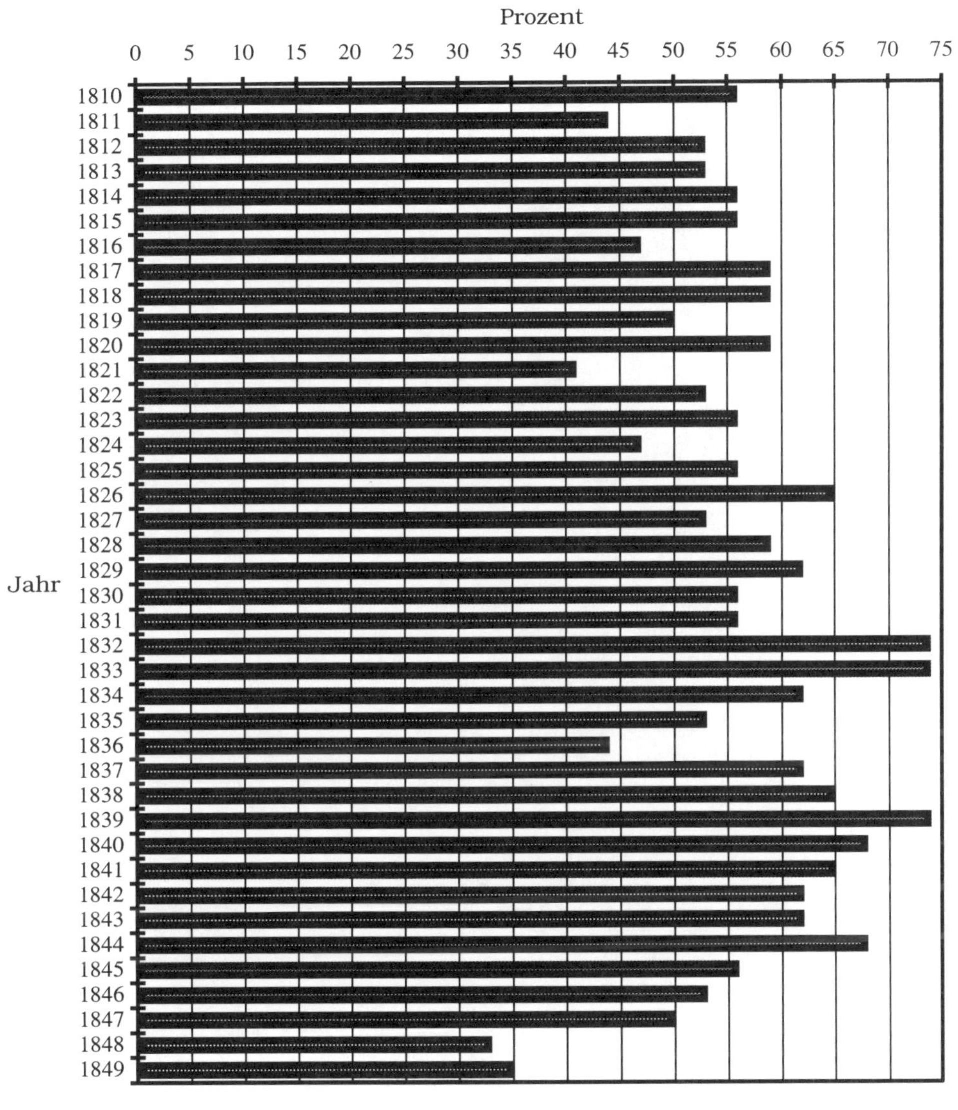

KAPITEL 3

Die Stadtverordnetenversammlungen

1. Gewerbetreibende Stadtverordnete

Bereits die erste Wahl von 1809 zeigte, daß Vertreter aus Grundbesitz und Gewerbe die überwältigende Majorität in der zukünftigen Stadtverordnetenversammlung besaßen. Von den 102 Stadtverordneten waren 89 Gewerbetreibende und nur 13 aus nicht-gewerbetreibenden Bereichen.[654] Auch in den folgenden vier Jahrzehnten bildeten die Gewerbetreibenden – mit lediglich geringen Schwankungen – konstant die Mehrheit in den Stadtverordnetenversammlungen. Ihr absolutes Übergewicht erklärt sich aus dem traditionellen Bürgerrecht der Städteordnung. Hausbesitzer und Gewerbetreibende wurden durch das Gesetz gezwungen, das Bürgerrecht zu erwerben[655], wodurch diese beiden Gruppen „in der gesellschaftlichen Basis der städtischen Selbstverwaltung einen Vorrang"[656] erhielten und auch die eindeutig tonangebende Gruppe innerhalb der Stadtverordnetenversammlung bildeten. Es war der Minister Stein selbst, der das Wirtschaftsbürgertum begünstigte und dem Bürgerrecht somit eine ökonomische Bedeutung verlieh: „Ein verständiger, welterfahrener Gewerbetreibender urteilt besser über städtische Angelegenheiten als der Gelehrte, und es ist sehr zu wünschen, daß unter den Repräsentanten sich viele Individuen aus der gewerbetreibenden Klasse befän-

---

654 Namen und Stand der Stadtverordneten wurden veröffentlicht in: *Berliner Intelligenz Blatt* vom 26. 4. 1809, *Spenersche Zeitung* Nr. 49 und *Vossische Zeitung* vom 25. 4. 1809; die Namen der Stellvertreter sind darin allerdings nicht enthalten. *Spenersche Zeitung* Nr. 52 vom 2. 5. 1809 enthält ein *Verzeichnis der Stellvertreter.*

655 Gemäß StO § 15.

656 Herbert Obenaus, *Anfänge des Parlamentarismus in Preußen bis 1848* (Handbuch der Geschichte des deutschen Parlamentarismus). Im Auftrage der Kommission für Geschichte des Parlamentarismus und der politischen Parteien, hrsg. von Gerhard A. Ritter, Düsseldorf 1984, S. 47.

den."[657] Diese Hoffnung Steins, noch während der Entstehungsphase des Gesetzes von ihm geäußert, sollte sich im weiteren Verlauf sehr wohl erfüllen. Da sich aufgrund des Bürgerrechts die Wählerschaft zum überwiegenden Teil aus Gewerbetreibenden zusammensetzte, liegt es nahe, daß die Wähler dem persönlich bekannten Standesvertreter ihre Stimme gaben. So spielte bei der Kandidatenwahl ein gruppenspezifisches Interesse eine starke Rolle, denn in der Bürgervertretung wurde auch über Gewerbeangelegenheiten, Gemeindefinanzen und der wichtigen Kommunalbesteuerung entschieden. Aus der Wählerperspektive galten bei der Kandidatenwahl Erfahrungen im Wirtschaftsleben, in der Organisation und Verwaltung als geeignete Kriterien für die Bewältigung kommunalpolitischer Aufgaben. Den größten Teil der gewählten Gewerbetreibenden bilden die Kaufleute und die handwerklichen Berufe sowie die weit weniger stark vertretenen Fabrikanten. Dazu kommen noch Bürger aus den beiden kleineren Gruppen der Apotheker und Ackerbürger.[658] Veränderungen und Schwankungen der sozialen Zusammensetzung der Stadtverordnetenversammlungen stehen mit der wirtschaftlichen und sozialen Entwicklung Berlins in engem Zusammenhang.

Tabelle 5
Soziale Zusammensetzung der Stadtverordnetenversammlungen 1809–1848

Jahr	Handwerker	Kaufleute	Fabrikanten	Apotheker	Landwirte	Nicht-Gewerbe-treibende
1809	33	38	9	4	5	13
1812	31	45	8	6	3	9
1815	28	42	13	5	4	10
1818	29	44	16	1	4	8
1821	36	36	16	1	5	8
1824	35	36	12	2	5	12
1827	41	31	12	4	4	10
1830	37	38	11	7	2	7
1833	34	39	12	6	2	9
1836	30	44	12	4	3	9
1839	31	43	12	7	1	8
1842	33	43	8	7	2	8
1845	35	40	10	6	-	11
1848	25	37	16	4	-	20
1809–1848	458	556	167	64	40	142

657 *„Bemerkungen Steins zum Freyschen Entwurf an Minister Schroetter", Königsberg, 17. 7. 1808.* Abgedruckt in: E. Botzenhart (Hrsg.)/W. Hubatsch (neu hrsg.)/P. Thielen (neu bearb.), *Freiherr vom Stein ...*, S. 780.

658 Siehe im Anhang die *„Aufstellung der Stadtverordneten nach Berufen"*.

Soziale Zusammensetzung der Stadtverordnetenversammlungen 1809–1848

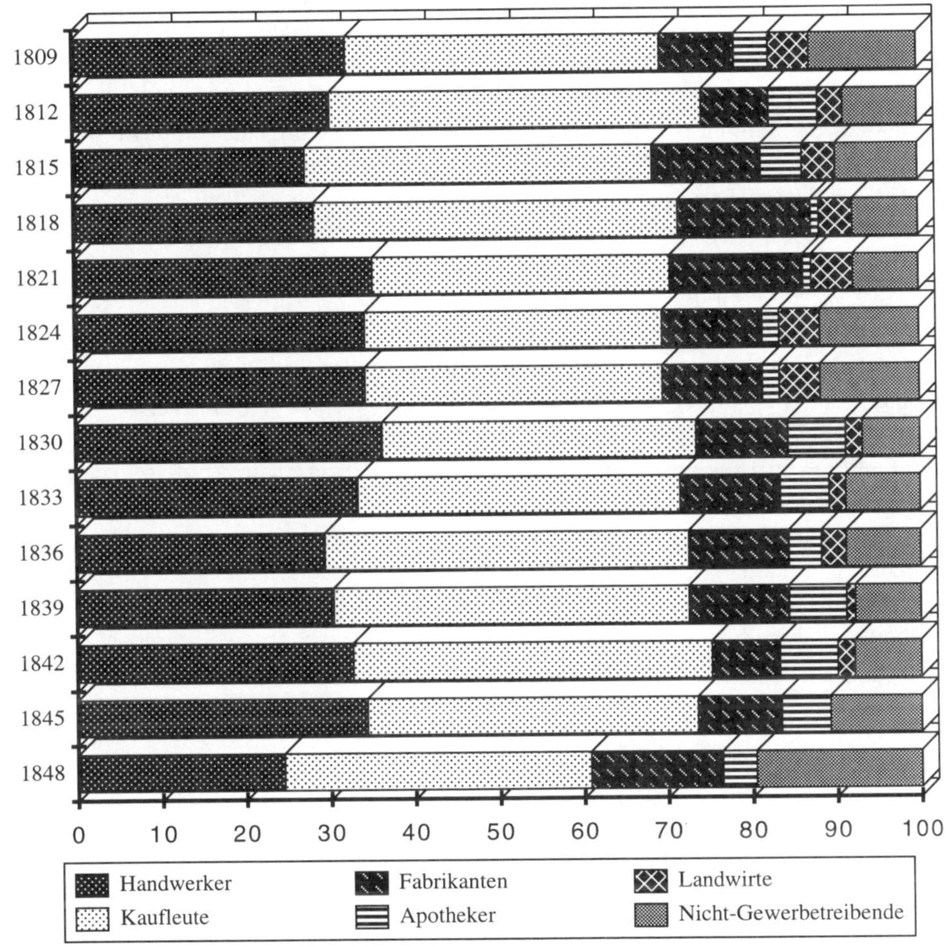

a) Handwerker

Die beiden großen Gruppen der Kaufleute und Handwerker unterliegen wechselnden Schwankungen. Im ersten Jahrzehnt der Städteordnung steigt die Zahl der Kaufleute von 38 auf 44 Vertreter, während die anfänglichen 33 Handwerker auf 29 sinken. In den zwanziger Jahren geraten beide Gruppen erneut in Bewegung. Als nach der wirtschaftlichen Stabilisierung immer mehr Handwerker die Möglichkeit nutzen, einen eigenen Gewerbebetrieb zu gründen, nimmt auch die Zahl der Handwerker in den Stadtverordnetenversammlungen auffallend zu, während die Zahl der Kaufleute vorerst sinkt. In den dreißiger Jahren entsteht eine erneute Bewegung in beiden Gruppen. Durch den vermehrten Waren- und Geldhandel erlebt der Kaufmanns- und Handelsstand einen starken Anstieg, so daß sich in den Stadtverordnetenversammlungen nun mehr Kaufleute befinden, wohingegen die Handwerker eine Abnahme verzeichnen. Das gilt dann besonders für die Wahl von 1848, in der von 102 Stadtverordneten 37 Kaufleute und nur noch 25 Handwerker gewählt wurden.

Die Zahl der Handwerker – meistens sind es Handwerksmeister – in den Versammlungen bewegt sich zwischen 25 und 41 Vertretern; insgesamt wurden 458 Mandate an Handwerker vergeben.[659] Der Anteil der verschiedenen Handwerkszweige, die sich überwiegend aus den Grundhandwerken rekrutieren, unterliegt während des gesamten Zeitraums von vier Jahrzehnten starken Schwankungen. Unter den Handwerkern in den Stadtverordnetenversammlungen dominiert aufgrund seiner generellen Vielzahl das Nahrungsmittelgewerbe (Bäcker, Konditoren, Schlachter, Branntweinbrenner, Brauer, Zuckersieder). Mit 14 Vertretern in der Versammlung von 1824 weist diese Gruppe die höchste je erreichte Zahl von Handwerkern auf. Die Metallhandwerker (Schmiede-, Schlosser-, Gießermeister, Mechaniker) hingegen haben in den jeweiligen Versammlungen nur zwischen zwei und acht Stadtverordnetenämter inne. Die Textilhandwerker (Posamentiere, Schneider, Färber, Weber, Seidenwirker, Tuchscherer) besitzen in den ersten Jahren noch maximal sieben Mandate, verlieren ab 1827 jedoch zunehmend ihre Ämter, so daß sich im letzten Jahrzehnt nur noch ein Vertreter aus dem Textilbereich in der Versammlung befindet. Die Holzhandwerker (Tischler, Zimmerleute, Böttcher, Stellmacher) sind anfänglich nur mit zwei bis vier Stadtverordneten vertreten, verzeichnen jedoch in den folgenden Jahren einen kontinuierlichen Zuwachs und können 1848 als inzwischen stärkster Handwerkszweig neun Mandatsträger vorweisen. Die Zahl der Bauhandwerker (Maurer, Steinmetzmeister, Klempnermeister) in den Stadtverordnetenversammlungen schwankt zwischen einem und vier Vertretern. Die lederverarbeitenden Handwerker (Schuhmacher, Sattler, Kürschner, Riemer) wie auch die Buchdrucker und Buchbinder sind abwechselnd mit höchstens fünf Amtsinhabern oder in einigen Jahren gar nicht vertreten. Die Seifensieder bilden in den Versammlungen nur eine kleine Gruppe, die maximal aus drei Stadtverordneten besteht.

---

659 Zur Situation dieses Berufszweiges vgl. die grundlegende Studie von Jürgen Bergmann, *Das Berliner Handwerk in den Frühphasen der Industrialisierung* (= Einzelveröffentlichungen der Historischen Kommission zu Berlin, Bd. 11), Berlin 1973.

Tabelle 6
Handwerker in den Stadtverordnetenversammlungen 1809–1848

Jahr	Nahrungsmittelgewerbe	Metallhandwerker	Textilhandwerker	Holzhandwerker	Bauhandwerker	Lederverarbeit. Handwerker	Buchdrucker/-binder	Seifensieder	Sonstige	Summe Handwerker
1809	5	7	6	2	4	0	2	3	4	33
1812	10	2	6	2	3	2	1	1	4	31
1815	11	2	4	3	3	1	1	1	2	28
1818	6	4	7	4	2	1	2	0	3	29
1821	13	2	6	7	2	2	2	1	1	36
1824	14	5	5	3	2	2	1	1	2	35
1827	13	6	5	8	1	5	0	1	2	41
1830	8	8	4	5	2	4	0	1	5	37
1833	6	4	4	6	3	3	0	3	5	34
1836	8	6	2	4	3	1	1	1	4	30
1839	12	4	2	5	2	0	2	1	3	31
1842	11	3	1	6	2	0	5	1	4	33
1845	11	5	1	6	3	1	4	1	3	35
1848	4	4	1	9	2	0	3	1	1	25
insgesamt	132	62	54	70	34	22	24	17	43	458

b) Kaufleute

Die Zahl der Kaufleute als stärkste Gruppe in den Stadtverordnetenversammlungen bewegt sich zwischen 31 und 45 Vertretern; insgesamt wurden 556 Mandate an Kaufleute vergeben. Die Spitze dieser gewählten Vertreter aus dem Kaufmanns- und Handelsstand bildeten die Inhaber der Bank- und Großhandelshäuser. Zu diesem exklusiven Kreis der von den Bürgern als Stadtverordnete Gewählten gehören der Unternehmer Bernhard Samuel Berend[660] und der Bankier Moritz Meyer. Die übrigen Mandatsträger aus anderen kaufmännischen Bereichen –

660 Bernhard Samuel Berend, geb. 1801, war Ältester der Kaufmannschaft (1855–1861), Kurator der Rentenversicherungsanstalt und fungierte als Vorsitzender mehrerer Vereine. Er leitete bis 1850 seinen Zuckersiedereibetrieb. Vgl. Hugo Rachel/Paul Wallich, *Berliner Grosskaufleute und Kapitalisten. Übergangszeit zum Hochkapitalismus 1806–1856,* neu herausg. von Johannes Schultze/Henry C. Wallich/Gerd Heinrich (= Veröffentlichungen des Vereins für Geschichte der Mark Brandenburg), Bd. 3, Berlin 1967, S. 141 f.

im allgemeinen Versorgungshandel tätige Kaufleute, Geld- und Warenmakler, Vertreter aus dem Verkehrs- und Gaststättengewerbe, Kleinhändler – nehmen den größten Anteil in den Stadtverordnetenversammlungen ein. Von diesen Mitgliedern haben sich keine bleibenden Namen im allgemeinen Bewußtsein halten können. Die Stadtverordneten hingegen, die auch dem Ältestenkollegium der Kaufmannschaft[661] angehörten, galten als bekannte Vertreter ihres Standes und als Sprachrohr des Wirtschaftsbürgertums. Diese kleine Gruppe setzte sich aus den folgenden Kaufleuten zusammen: Meyer Magnus, Bernhard Samuel Berend, Johann Friedrich Ludwig Gelpke, Carl Ludwig Dionysius Holfelder, Ludwig Franz Offent, Johann Friedrich Wilhelm Güßfeldt, Friedrich Wilhelm Bernstein, Carl Friedrich Klug, Friedrich Wilhelm Neumann, Carl Wilhelm Jacob Schultze, Johann Gotthilf Pietsch, Samuel Christlieb Grasnick, Carl Beyrich, Wilhelm Zacharias Friebe.

Unter den Kaufleuten haben daneben die Namen der Verleger und Buchhändler bis heute ihre Bekanntheit bewahrt, wovon insgesamt 14 Vertreter dieses Kreises über ein Stadtverordnetenmandat verfügten. Berlin hatte sich im 19. Jahrhundert nach Leipzig zur bedeutendsten Metropole des Buchhandels entwickelt. Schon gleich bei den ersten Wahlen von 1809 wurde Chr. Siegmund Spener, Mitglied einer bekannten Verleger- und Druckereifamilie, gewählt. Gruner bezeichnete ihn als „eine(n) der Respektablesten“[662] in der Stadtverordnetenversammlung. 1824 fanden die nächsten Buchhändler, Ernst Siegfried Mittler und Carl Dettloff Vetter, Eingang ins Stadtparlament. Ein Jahr später wurde der große Verleger der Romantik, Georg Andreas Reimer, gewählt. Reimer, der besonders hart den „Demagogenverfolgungen“ ausgesetzt war, wird von Kochhann als ein Mann bezeichnet, der „aus kleinen Anfängen heraus mit beschränkten Mitteln und unter angestrengtester Tätigkeit und ehrenhafter Gesinnung ein leuchtendes Vorbild für seine Mitbürger geworden ... Sein reiner, fester, hochgemuter Charakter führte ihn mit den erlesensten Geistern seiner Zeit zusammen, und sein prächtiger Schloßbesitz in der Wilhelmstraße ward das Asyl für manchen durch die spätere Reaktion Verfolgten sowie eine gern gesuchte Freundschaftsstätte von Männern wie Schleiermacher, Arndt, Beuth, Sack, Sethe und von vielen andern. Im Rate der Stadt war er zur Zeit der hervorragendsten einer!“[663] In den dreißiger und vierziger Jahren übernahmen die folgenden prominenten Vertreter ihres Standes das Mandat: Carl Friedrich Wilhelm Duncker, Adolph Wilhelm Hayn, Ferdinand Dümmler, Georg Ernst Reimer, Moritz Veit, Carl Heymann und

---

661 Gemäß den Statuten vertraten 21 Älteste, auf drei Jahre gewählt, die Gesamtinteressen der Kaufmannschaft. Vgl. *Die Korporation der Kaufmannschaft von Berlin. Festschrift zum hundertjährigen Jubiläum am 2. März 1920*, Berlin 1920, S. 658 f.; Otto Bader, *Die Korporation der Kaufmannschaft und die Handelskammer zu Berlin bis zu ihrer Vereinigung,* Diss. Erlangen 1923.

662 GStA PK, Rep. 77, Tit. 227 A, Nr. 6, Bd. 1, *Bemerkungen Gruners zu den Stadtverordneten von 1809 an das Ministerium des Innern*, fol. 55 ff.

663 H. E. Kochhann, *Mitteilungen ...*, S. 10.

Julius Springer.[664] Diese bedeutenden Verleger und Buchhändler spielten im Vormärz 1848 im politischen Leben der Stadt eine wichtige Rolle.

c) Fabrikanten

Die Fabrikanten[665] als dritte bedeutende Gruppe sind überwiegend den traditionellen Berliner Wirtschaftsbereichen der Textilherstellung und Metallverarbeitung zuzurechnen. Ihre Zahl bewegt sich zwischen 8 und 16 Vertretern; insgesamt besaßen Fabrikanten 167 Mandate. Durch den industriellen Aufschwung nach den Freiheitskriegen weisen sie eine steigende Tendenz auf, in den folgenden Jahren eine auffällige konstante Präsenz und schließlich 1848 mit 16 von 102 Gewählten wiederum eine ganz beachtliche Zunahme.

Während sich aus dem Kreis der Handwerker nur schwierig namhafte Betriebe ausmachen lassen, befinden sich unter den Fabrikanten etliche Vertreter, die das Berliner Wirtschaftsleben in diesem Zeitraum maßgeblich bestimmten. Diese von der Bürgerschaft als Stadtverordnete gewählten Unternehmer führten vielfach Musterbetriebe, deren Pionierleistungen der Fabriken-Kommissionsrat Heinrich Weber in seinem „Wegweiser durch die wichtigsten technischen Werkstätten der Residenz Berlin"[666] so ausführlich würdigte. Es verwundert nicht, daß die Bürger gerade dieser elitären Gruppe von Repräsentanten des Erfolgs und Fortschritts nur zu bereitwillig das Mandat gaben.

Aus dem bedeutendsten Berliner Wirtschaftsbereich der Textilherstellung und -bearbeitung sind es die folgenden namhaften Fabrikanten, die Stadtverordnetenmandate besaßen: Wilhelm Gottfried Sehlmacher[667], Johann Friedrich Kaapcke[668], der Baumwollwarenfabrikant und Kattundruckereibesitzer Heinrich Ludwig Goldschmidt[669], der Seidenfabrikant und Kom-

---

664 Vgl. zu den Buchhändlern in der Stadtverordnetenversammlung: K. Kettig, *Gemeinsinn und Mitverantwortung* ..., S. 7–27.

665 Die damaligen Unternehmer bezeichneten sich gern als „Fabrikanten", wenngleich die Struktur ihres Betriebes vielfach den heutigen Vorstellungen von „Fabrik" nicht entsprechen würde. In einigen Fällen ist darunter nur eine Werkstatt mit weniger als zehn Beschäftigten zu sehen. Andere „Fabrikanten" hingegen, wie zum Beispiel das mittlere Maschinenbau-Unternehmen F. C. Freund, beschäftigten im Vormärz 230 Arbeiter.

666 Heinrich Weber, *Wegweiser durch die wichtigsten technischen Werkstätten der Residenz Berlin. Die Webereien* (Teil 1), *Die Maschinenbau-Anstalten und andere Fabrikationen* (Teil 2), Berlin – Leipzig 1819–1820 (Nachdruck Berlin 1987).

667 Vgl. über den Tuchfabrikanten Sehlmacher, Stralauer Str. 39, H. Weber, *Wegweiser* ..., S. 79 ff.

668 Vgl. über den Spinnereibetrieb von Kaapcke (Schreibweise auch: Kapke), Fischerstr. 22, H. Weber, *Wegweiser* ..., S. 102 ff.

669 Die Kattundruckerei von Ruben Goldschmidt & Söhne, Köpenicker Straße 24, beschäftigte zeitweise 900 bis 1 000 Arbeiter.

merzienrat Joel Wolff Meyer und der Seidenwarenfabrikant Johann Adolph Heese[670]. Zu den weiteren Amtsträgern aus dieser Gruppe gehören auch die Tuchfabrikanten Johann Samuel Engel[671], Johann Gottfried Steltzner[672] und Johann August Jacob Staberoh, sowie der Seidenfabrikant Carl Lüdemann[673]. Ferner wirkten noch die beiden Besitzer von Seidenfärbereien,[674] Jean Guillaume de Louis[675] und Jean Francois Plantier,[676] als Stadtverordnete.

Als die Bürger des Monbijou-Bezirks (Spandauer Viertel) am 26. Juni 1826 dem Teppichfabrikanten Heinrich Hotho[677] das Mandat gaben, wählten sie damit einen stadtbekannten Unternehmer, der in den geräumigen Gebäuden der sogenannten Manchesterfabrik auf dem Monbijouplatz 10 erfolgreich produzierte. Nach der Aussage Webers lieferte Hotho Waren, „die in der Tüchtigkeit des Gewebes, worauf sich die Dauerhaftigkeit der Teppiche gründet, in der Schönheit und dem Geschmackvollen der Muster, so wie in dem Feuer und der Lebhaftigkeit der Farben, den besten Fabrikaten der Art aus den englischen und französischen Manufakturen nichts nachgeben. Die Hothoschen Teppiche sind daher sehr beliebt und berühmt."[678] Schließlich seien noch die beiden Fabrikanten Johann Baptist Dotti[679] und

---

670 Heese (Schreibweise auch: Hese), Kleine Frankfurter Str. 8, wurde am 29. Juni 1825 in der Georgenkirche von den Bürgern des Kaiserstraßen-Bezirks im Königstädtischen Viertel gewählt. Er verlor 1828 sein Stadtverordnetenmandat; 1834 wurde er zum Stadtverordnetenstellvertreter gewählt. Anläßlich der Allgemeinen Deutschen Gewerbe-Ausstellung von 1844 in Berlin erhielt er eine Silbermedaille. – Vgl. die biographische Skizze von Ilja Mieck, *Seidenbau in Steglitz. Das Unternehmen von Johann Adolph Heese,* in: *Berlin in Geschichte und Gegenwart. Jahrbuch des Landesarchivs 1* (1982), S. 83–99.

671 Der Eigentümer des Grundstücks Auf der Fischerbrücke 8 beschäftigte Anfang der dreißiger Jahre rund 50 Gesellen und setzte in seinem Betrieb als erster Tuchschermaschinen erfolgreich ein. Vgl. Ilja Mieck, *Preussische Gewerbepolitik in Berlin 1806–1844. Staatshilfe und Privatinitiative zwischen Merkantilismus und Liberalismus* (= Veröffentlichungen der Historischen Kommission zu Berlin 20), Berlin 1965, S. 126–129; H. Weber, *Wegweiser* ..., S. 146.

672 Vgl. über Steltzner, Jerusalemer Str. 28, H. Weber, *Wegweiser* ..., S. 146.

673 Vgl. über Lüdemann, Friedrichstr. 232, H. Weber, *Wegweiser* ..., S. 149; H. Weber nennt als Adresse: Friedrichstr. 252.

674 Beide Unternehmer werden von H. Weber, *Wegweiser*..., S. 168, als die „besten Seidenfärber in Berlin" rühmlich erwähnt.

675 J. G. de Louis war Eigentümer des Grundstücks Stralauer Straße 41; H. Weber, *Wegweiser* ..., S. 168, nennt als Adresse: Stralauer Str. 21.

676 Plantier war Eigentümer des Grundstücks Wallstraße 3–4; H. Weber, *Wegweiser* ..., S. 168, nennt als Adresse: Wallstraße am Spittelmarkt 3.

677 Hotho wurde allerdings noch im selben Jahr durch den Seidenfabrikanten Johann August Heinrich Geffcke, Hasenhegerstr. 5, ersetzt.

678 H. Weber, *Wegweiser* ..., S. 114 f.

679 Vgl. über den Lackfabrikanten, Mohrenstr. 34, H. Weber, *Wegweiser*..., S. 262 f.

Adolph Wilhelm Meudtner[680] genannt, auch sie hatten das Stadtverordnetenamt inne. Dotti produzierte hauptsächlich lackierte lederne Masken, während Meudtner in seinem Betrieb „gepreßte Szakot-Deckel von ungemeiner Festigkeit und Dauerhaftigkeit“[681] herstellte.

Aus dem Bereich der Metallindustrie erhielt mit Julius Conrad Freund[682] einer der führendsten Unternehmer Preußens das Mandat. In dieser Maschinenbau-Anstalt wurden neben äußerst leistungsfähigen Dampfmaschinen auch Walz- und Hebewerke, hydraulische Pressen, Sägeblätter, Telegraphen produziert. Eine vom Unternehmen Freund hergestellte Dampfmaschine fand 1830 zum Schleifen und Polieren der riesigen Granitschale am Lustgarten Verwendung. Nicht weniger bedeutend als Freund war der im Jahre 1828 von den Bürgern des Hausvogteiplatz-Bezirks (Friedrichswerder) gewählte Gottfried Ludwig Hensel[683], Firmengründer der bekannten Gold- und Silberwarenmanufaktur Hensel & Schumann. Hensel gehörte nach der Aussage Webers „zu den betriebsamsten und geschicktesten Gewerbetreibenden in Berlin“[684], der in seinem Unternehmen Drähte aus Kupfer, Eisen, Silber und Gold effektvoll zu plattierter Gespinst- und Tressenware verarbeitete.

Aus der Reihe der Juweliere und Eisengießer Berlins wurden Johann Conrad Geiß[685] und Siméon Pierre Devaranne gewählt. Ihre Erzeugnisse trugen zu der großen Bedeutung der Berliner Eisenwaren wesentlich bei. Geiß erhielt anläßlich der Allgemeinen Deutschen Gewerbe-Ausstellung von 1844 in Berlin für seine Produkte eine Silbermedaille. Die Erfolge des Unternehmers Devaranne fanden ebenfalls allgemeine Würdigung. „Vom Auslande wird diese Fabrik vorzüglich ausgezeichnet. Nie fehlt es an Bestellungen, und obwohl die Waaren etwas theurer als die anderer Fabrikanten, sind den Preisen doch angemessen, was sich am deutlichsten aus dem fortwährend steigenden Debit ergiebt. Die Versendungen gehen bis nach den entferntesten Ländern Europas, ja bis in das nördliche und Süd-Amerika.“[686]

---

680 Über die Fabrik von Meudtner & Liedersdorff, ehemals Nathan Oppenheimer, Adlerstr. 6, vgl. H. Weber, *Wegweiser* ..., S. 264 f.

681 *Ebda.*

682 Freund (1801–1871) wurde von den Bürgern des Pariser-Platz-Bezirks (Dorotheenstadt) am 25. Juni 1849 in der Dorotheenstädtischen Kirche gewählt. – Vgl. über die Maschinenbau-Anstalt von Georg Christian, bzw. Julius Conrad Freund, Holzstraße 30, später Kasernenstr. 4, H. Weber, *Wegweiser* ..., S. 65 ff; I. Mieck, *Reformzeit...*, S. 561; Ilja Mieck, *Franz Anton Egells, die Gebrüder Freund und die Anfänge des Maschinenbaus in Berlin*, in: Wilhelm Treue/Wolfgang König (Hrsg.), *Berlinische Lebensbilder: Techniker,* Berlin 1990, S. 65–83, hier: S. 70–74.

683 Vgl. über Gottfried L. Hensel, Niederwallstraße 34, H. Weber, *Wegweiser...*, S. 290 ff; I. Mieck, *Reformzeit* ..., S. 562 f.; Hensel wurde 1831 zum Stellvertreter gewählt.

684 H. Weber, *Wegweiser* ..., S. 301.

685 Schreibweise auch: Geiss.

686 Ernst Leopold Frhr. von Zedlitz-Neukirch, *Neuestes Conversations-Handbuch für Berlin und Potsdam. Zum täglich Gebrauch der Einheimischen und Fremden aller Stände,* Berlin 1834 (Neudruck 1981 und 1982), S. 168.

d) Apotheker

Die Apotheker bilden immer nur eine kleine Gruppe innerhalb der Stadtversammlungen, die nie mehr als sieben Vertreter aufweist; insgesamt wurden 64 Mandate an 31 Apotheker gegeben.[687] Dieser Berufszweig, als Autorität anerkannt und respektiert, galt im Krankheitsfalle als erste Anlaufstelle, deren Rat und Hilfe den Bürgern unerläßlich war. Überhaupt bildet der persönliche Kontakt zwischen Wähler und Gewählten ein wesentliches Kriterium für die spätere Wahl, da eine unmittelbare Beziehung zwischen beiden Gruppen in den damals noch überschaubaren Verhältnissen der engen städtischen Bezirksgrenzen möglich und üblich war. Fast alle gewählten Apotheker wirkten auch in dem Gremium ihrer Standesorganisation, die zunächst „Berliner Apothekerkonferenz“ und später „Corporation der Berliner Apotheker“ hieß. So gehörten die Stadtverordneten Johann Samuel Ludwig Becker und Carl Ernst Friedrich Ferdinand Beyrich[688] als Senioren der „Berliner Apothekerkonferenz“ an, während der Besitzer der Löwen-Apotheke, Wilhelm Gottfried Günther, die „Corporation der Berliner Apotheker“ von 1857 bis 1859 leitete. Die beiden Apotheker Dr. David Emilius Heinrich Koblank[689] und Friedrich Adolph Heinrich Appelius fungierten nach Ablauf ihres Stadtverordnetenmandats als Stadträte. Neben Julius Edmund Schacht[690] und dem Eigentümer der „Apotheke am Königstor“, Johann Christian Karl Schrader, gehörte Johann Heinrich Ludwig Staberoh[691] zu den weiteren stadtbekannten Amtsträgern aus dem Kreis der Apotheker.

e) Gärtner, Ackerbürger

Aus dieser kleinen Gruppe, die nie mehr als fünf Vertreter aufweist, wurden insgesamt vierzig Mandate an elf Gärtner und drei Ackerbürger vergeben. Schon 1827 schied mit Christian

687 Vgl. zu den Apothekern Alfred Adlung, *Der Berliner Apotheker-Verein in seiner geschichtlichen Entwicklung,* Berlin 1932.

688 Besitzer der Apotheke „Zum gekrönten schwarzen Adler“.

689 Koblank, 1825 erstmals gewählt und in den Jahren 1828, 1831 und 1834 wiedergewählt, wirkte von 1836 bis 1862 als Stadtrat. Er war seit 1820 Besitzer der Apotheke „Zum weißen Adler“, Am Werderschen Kanal, die er 1822 in die Friedrichstraße/Ecke Zimmerstraße verlegte.

690 Schacht, am 18. 4. 1804 in Magdeburg geboren, erwarb 1833 die „Polnische Apotheke“ zu Berlin. Er gehörte der Kommission zur Bearbeitung einer neuen Ausgabe der Preußischen Pharmakopöe an und wirkte später als Mitglied der Pharmazeutischen Ober-Examinations-Kommission zu Berlin. 1857 wurde er Assessor im Medizinalkollegium der Provinz Brandenburg und 1861 wurde er zum Medizinalrat ernannt.

691 Staberoh wurde als Sohn eines Seidenfabrikanten am 15. 8. 1785 in Berlin geboren. Im Jahre 1812 trat er der Deputation für pharmazeutische Angelegenheiten bei, 1817 Lehrer an der Tierarzneischule, Medizinalassessor, Mitglied der Prüfungskommission für Apotheker, Geheimer Medizinalrat sowie Angehöriger verschiedener Körperschaften.

Friedrich Vollmar[692] der letzte Ackerbürger aus der Bürgervertretung aus. Das Verschwinden dieses Berufsstands, der in den ersten fünfzehn Jahren durchaus noch stärker in den Versammlungen vertreten war, erklärt sich aus der zunehmenden baulichen Erschließung landwirtschaftlicher Flächen innerhalb der Stadtmauern. Im Jahre 1845 verloren schließlich auch die beiden Gärtner ihre Mandate, die 1842 als letzte Vertreter dieser Gruppe gewählt worden waren.

2. Nicht-gewerbetreibende Stadtverordnete

Die nicht-gewerbetreibenden Bürger bildeten in den vier Jahrzehnten immer nur einen kleinen Teil der Stadtverordnetenversammlungen, da aus dieser Gruppe weit weniger potentielle Kandidaten in der Bürgerschaft vorhanden waren. Es wurden in dem Zeitraum insgesamt 88 nicht-gewerbetreibende Bürger gewählt, die 142 Mandate besaßen. Ihre Zahl schwankt zwischen sieben und 13 Vertretern, verzeichnet jedoch bei der Neuwahl von 1848 mit 20 Gewählten eine umbruchartige Zunahme. Innerhalb dieser Gruppe dominieren die insgesamt 38 Rentiers[693], Partikuliers und Eigentümer, darunter keine sonderlich bekannten Namensträger. Mit der Wahl des früheren Kammerpräsidenten Leopold von Gerlach zum Stadtverordneten im Jahre 1809, der wenig später zum ersten Oberbürgermeister unter der neueingeführten Städteordnung ernannt werden sollte, erhielt der ranghöchste Beamte unter den Stadtvertretern das Mandat. Zu den weiteren Amtsträgern aus dem Kreis der insgesamt 17 Beamten in den Versammlungen zählen: der Königl. Salz-Inspektor Friedrich Wilhelm Bensch, die Kammergerichts-Assessoren Karl Friedrich von Herford, Christoph Friedrich von Guretzky und Philipp Heinrich von Rohr sowie der Königl. Landgerichtsrat Carl Friedrich Ulfert, der Königl. Kreis-Justizrat Dr. Carl Friedrich Straß und der Königl. Rechnungsrat Ernst Christian Ebert. Innerhalb dieses Kreises ist der Anteil der Adeligen besonders hoch, während die Wähler ansonsten nur bürgerlichen Kandidaten den Vorzug gaben.

Die ebenfalls kleine Gruppe von neun Militärpersonen unter den Mandatsträgern umfaßt an prominenten Mitgliedern die Majore a. D. Ernst Friedrich von Beggerow und Johann Ludwig Blesson, sowie die Lieutnants a. D. August Ferdinand von Hertzberg und Andreas Ehm. Von den gewählten sechs Ärzten seien genannt: Prof. Dr. Carl Gottfried Hertwig, Dr. Johann Christian Hesse, der Königl. Obermedicinal-Rat Dr. Ludwig Ernst von Könen und August Wilhelm Schultz. Auch Lehrer sind unter den Stadtverordneten nur sechsmal

692 Der Eigentümer des Grundstücks in der Linienstraße 261 im Prenzlauer Straßen-Bezirk (Königstädtisches Viertel) war am 20. 6. 1821 erstmals gewählt worden.

693 Es ist nicht auszuschließen, daß viele von ihnen auch vor ihrem Ruhestand ein Gewerbe betrieben haben.

anzutreffen, allerdings haben sie mit dem Schulvorsteher Jakob Ludwig Cauer einen prominenten Vertreter ihres Standes gehabt. Nur sechs Künstler haben Eingang ins Rathaus gefunden: die Bildhauer Julius Holbein und Carl Ludewig Trenn, sowie der Landschaftsmaler Julius Wilhelm Eduard Schneider. Am 25. Juni 1827 wählten die Bürger des Pariser Platz-Bezirks in der Dreifaltigkeitskirche den Direktor der Akademie der Künste und bedeutenden Bildhauer des deutschen Klassizismus, Johann Gottfried Schadow.[694]

Mit Clemens August Carl Klenze kam 1833 der erste von insgesamt sechs Professoren in die Stadtverordnetenversammlung.[695] Die Bürger hatten ihn 1833 als Stellvertreter gewählt. Durch den Tod des Stadtverordneten Peter Friedrich Krause[696] übernahm er dessen Amt im Oktober 1833 für die Dauer der Wahlzeit, die 1836 ablief.[697] Bei der Wahl von 1836 wurde er dann von den Bürgern des Tierarzneischul-Bezirks gewählt.[698] Leider konnte er sein Amt nur noch zwei Jahre ausüben, da er bereits 1838 starb. Klenze sollte allerdings bis in die vierziger Jahre eine Einzelerscheinung bleiben. Erst mit den Neuwahlen von 1848 drang eine Reihe von Professoren in die Stadtverordnetenversammlung. Die Professoren Heinrich Rudolph Gneist, Carl Gottfried Heinrich Hertwig, Carl Wilhelm Krüger, Adolph Friedrich Johann Riedel und Friedrich von Raumer wurden als würdige Vertreter der Kommune gewählt und zeichneten sich durch ihr politisches Engagement aus. Besonders Heinrich Rudolph Gneist, der „als der beliebteste Dozent an der Universität“[699] galt, und von Kochhann als „ein Edelstein in der Versammlung“[700] angesehen wurde, bewährte sich in den Märztagen des Jahres 1848 durch seinen tatkräftigen Einsatz für die Kommune. Mit Friedrich von Raumer, der bereits 1847 zum ersten Mal gewählt worden war, trat einer der bekanntesten Ver-

---

694 Er war Eigentümer des Hauses Kleine Wallstraße 11 in der Dorotheenstadt. Seine „*Ernennungsurkunde zum Stadtverordneten*“ aus dem Jahre 1827 befindet sich heute im Berlin-Museum (Berlin-Kreuzberg); gedruckter Text mit handschriftlichen Eintragungen; Folio Doppelblatt; 1. Seite u. 1. Empfangsbestätigung von Johann Gottfried Schadow „empfangen den 2 September 1827 G Schadow.“; Oblatensiegel; dat. „13 tn August 1827“, gez. Büsching.

695 Er war der Bruder des berühmten Architekten Leo von Klenze (1784–1864), der für den bayerischen König Ludwig I. in München die Königsbauten errichtet hatte. – Vgl. Konrad Kettig, *Der Professor als Parlamentarier. Clemens August Karl Klenze als Mitglied der Berliner Stadtverordnetenversammlung in den Jahren 1833–1838,* in: *Der Bär von Berlin. Jahrbuch des Vereins für die Geschichte Berlins* 14 (1965), S. 122–133.

696 Der Branntweinbrenner Peter Friedrich Krause, Belle Alliance Platz 4, war 1833 zum 8. Mal von den Bürgern des Halleschen Tor-Bezirks (Friedrichstadt) gewählt worden.

697 LAB, Rep. 00-02/1, Nr. 135, Bd. 9, Der Magistrat fertigte am 9. 10. 1833 die *Bestallung* für den „bisherigen Stellvertreter Clemens August Carl Klenze, Königlicher Professor an der hiesigen Universität und Doktor der Rechte“ aus, fol. 99.

698 Die Wahl fand am 29. Juni 1836 in der Dorotheenstädtischen Kirche statt; Klenze war Eigentümer des Hauses Luisenstraße 25 in der Friedrich-Wilhelmstadt.

699 H. E. Kochhann, *Mitteilungen* ..., S. 37.

700 *Ebda.*

treter der Stadt in die Stadtverordnetenversammlung ein. Seine Antrittsrede zeugt von dem gewachsenen Bürgerstolz einer neuen Generation, die nun kommunale Ämter übernahm: „Das von meinen verehrten Mitbürgern mir unerwartet bezeigte Vertrauen erfüllt mich mit herzlicher Dankbarkeit; ich rechne mir die getroffene Wahl wahrhaft zur Ehre, und werde mich bestreben, die mir auferlegten Pflichten nach bestem Wissen und Gewissen zu erfüllen. Zu Folge des Buchstabens der Gesetze könnte ich zwar, meines Alters halber, das Amt eines Stadtverordneten ablehnen. Da ich mich aber, durch des Himmels Güte, noch einer guten Gesundheit erfreue, so wäre eine Bezugnahme auf den Buchstaben des Gesetzes nur ein bloßer Vorwand: es wäre unwürdig, dem ehrenvollen Zutrauen meiner Mitbürger nicht willig und dankbar entgegen zu kommen.“[701]

Als ein Ergebnis meiner Untersuchungen läßt sich feststellen, daß die über siebenhundert gewählten Bürger vielfach der lokalen Honoratiorenschicht, den in ihrem Bezirk seit längerem ansässigen tonangebenden Familien entstammen. Die überwältigende Mehrheit der Mandatsträger – ungefähr 80% – rekrutierte sich von Anfang an aus den heterogenen Mittelschichten der Berliner Bevölkerung.[702] Diese zahlenmäßig starke Gruppe wohlhabender mittlerer und „kleinerer“ Kaufleute sowie strebsamer Handwerksmeister – deren Hauptmerkmale wirtschaftliche Selbständigkeit und Hausbesitz sind – bildet über die Jahrzehnte den Hauptträger der Berliner Stadtverwaltung. Unter den Stadtverordneten waren außerdem den Mittelschichten zugehörig einige mittlere und untere Beamte sowie Rentiers und Pensionäre.

Vertreter des „Wirtschaftsbürgertums“ hingegen, die oben genannten bedeutenden Großunternehmer („Fabrikanten“) und größere Kaufleute und Bankiers, waren weit weniger in den Versammlungen anzutreffen. Auch höhere Staats- und Kommunalbeamte und Militärpersonen wurden seltener mit Mandaten betraut. Das „Bildungsbürgertum“ und die „freien Berufe“, das heißt Ärzte, Apotheker, Verleger, Lehrer, Professoren, Künstler, sind im Verhältnis zu den Mittelschichten unterrepräsentiert. Darüber hinaus erhielten vermögende Rentiers und Pensionäre als letztgenannte Vertreter des Bürgertums nur selten Mandate. Angehörige der Unterschichten, „proletaroide“ Selbständige wie in geringem Maße verarmte Klein- und Alleinmeister sowie Kleinhändler sind unter den Gewählten kaum anzutreffen.[703]

---

701 „*Friedrich von Raumer als Stadtverordneter.*“ abgedruckt in: *Spenersche Zeitung* Nr. 142 vom 22. Juni 1847. – Friedrich von Raumer, am 14. Mai 1781 in Wörlitz bei Dessau geboren, war bei seinem Amtsantritt 66 Jahre alt. Die Städteordnung (§ 199) erlaubte einem über 60 Jahre alten Bürger die Verweigerung eines Stadtamtes.

702 Zur sozialen Zusammensetzung der Berliner Bevölkerung um 1848 siehe Rüdiger Hachtmann, *Zwischen konservativer Beharrung und demokratisch-sozialistischer Utopie. Politische Einstellungen und Organisationsverhalten von Bürgertum, Mittelstand und Proletariat während der Berliner Revolution von 1848,* in: Jürgen Wetzel (Hrsg.), *Berlin in Geschichte und Gegenwart. Jahrbuch des Landesarchivs Berlin 14 (1995),* S. 101–129, hier S. 101–106. Dort werden die Mittelschichten auch als Kleinbürgertum definiert.

703 Unter den 741 Mandatsträgern befinden sich keine Gesellen, Fabrikarbeiter und Handlungsdiener. Siehe im Anhang die „*Aufstellung der gewählten Stadtverordneten nach Berufen*“.

Gewählt wurden insbesondere Erfolgreiche und Wohlhabende, die auch über die erforderliche Abkömmlichkeit vom Erwerbsleben verfügten, um kommunale Ämter übernehmen zu können. Daher entschieden sich die Bürger meistens für einen Stadtvertreter aus dem aufstrebenden Teil der Mittelschichten. Das durchschnittliche Alter der Stadtverordneten beträgt bei ihrer Erstwahl 43 Jahre, bei ihrem Ausscheiden aus der Versammlung 50 Jahre.[704] Im Rahmen ihrer beruflichen Tätigkeit weisen die Amtsträger Streben nach wirtschaftlichem Erfolg und hohen Bekanntheitsgrad in ihrem Bezirk auf. Die Gewählten sind außerdem überwiegend Hausbesitzer und genießen als bekannte Persönlichkeiten beträchtliches Ansehen bei ihren Mitbürgern. Als Beispiel sei der von den Bürgern des Hamburger-Tor-Bezirks (Spandauer Viertel) mit der Stimmenmajorität bedachte Vertreter angeführt: „Der erwählte Stadtverordnete Herr Christian Gottlieb Pausewang ist 38 Jahre aus Brandenburg an der Havel, seit 10 Jahren hiesiger Bürger und Kaufmann der Specerey und Material Handlung und seit vier Jahren Commissarius im 16. Policey Revier, ist verheirathet jedoch kinderlos und Eigenthümer in der Kleinen Hamburger Straße Nr. 18, Reformirter Konfession. Der Herr Policey Commissarius Pausewang waren erbötig den ihn angetragenen Posten als Stadtverordneter zu übernehmen und denselben nach seinen Kräften vorzustehen.“[705]

Häufig haben Stadtverordnete bereits vor ihrer Wahl ein kirchliches oder kommunales Ehrenamt inne; sie sind Mitglied des Kirchenvorstandes, gehören zu den Ältesten der Judenschaft, wirken als Ancien-Diacre der Französischen Gemeinde, betätigen sich in städtischen Deputationen und Kuratorien, fungieren als Schiedsmann oder Bezirksvorsteher. Vielfach stehen Stadtverordnete schon vor ihrem Mandat an der Spitze von Vereinen und Korporationen, übernehmen Aufgaben im sozialen Bereich als Mitglieder der Armen-Kommission, des Bürgerrettungsinstituts, vertreten z.B. als Älteste der Kaufmannschaft, als Senioren der Apothekerschaft oder in einer Knappschaft die Interessen ihres Berufsstandes. Etliche haben sich in den Freiheitskriegen ausgezeichnet und sind mit dem Eisernen Kreuz geehrt worden. Einige von ihnen können in den späteren Jahren der Städteordnung bereits eine Familientradition vorweisen: Die Generation der Söhne von Stadtverordneten erhält nun ebenfalls Mandate, wie beispielsweise im Falle der Kochhanns oder der Chartons.

In der frühen Phase der Städteordnung verstanden sich die Gewählten in der Regel als unparteiische Interessenvertreter der Allgemeinheit, nur dem von Stein propagierten „Gemeinsinn“ verpflichtet und dem Gemeinwohl dienend. Die Tätigkeit der Stadtverordneten war darauf ausgerichtet, sich für die lokalen Angelegenheiten ihres Bezirks zu engagieren. Dabei vertraten sie auch die Interessen des eigenen Gewerbes, setzten sich für verwandtschaftliche und nachbarschaftliche Verbindungen ein. Es liegt nahe, daß Stadtverordnete bei ihrem Wir-

---

704 Grundlage dieser Aussagen bilden die Lebensdaten von 69 Stadtverordneten. Aus diesem Kreis ist der Apotheker Johann Heinrich Ludwig Staberoh (*15. 8. 1785– ohne Angabe) mit 24 Jahren bei seinem Eintritt der jüngste Stadtverordnete. Mit 74 Jahren war der Kaufmann Jean Erneste Chrétien Laspeyres (3. 12. 1770–6. 8. 1845) bei seinem Ausscheiden durch Tod der älteste Stadtverordnete.

705 LAB, Rep. 01-02, Generalbüro, Nr. 2562, Hamburger Tor-Bezirk, *Wahlprotokoll vom 21. April 1809*, nicht foliiert.

ken auch versuchten, persönliche Vorteile aus dem Ehrenamt zu ziehen. Erlangte Informationen aus den Sitzungen wurden für die eigenen Belange genutzt.

In den ersten beiden Jahrzehnten hatte sich der liberale Gedanke noch wenig in den Köpfen der Bürgervertreter festgesetzt. Der von den Stadtverordneten geführte Kampf gegen die während der Reformzeit eingeführte Gewerbefreiheit belegt diesen politischen Standpunkt. Die Nichtöffentlichkeit der Stadtverordnetenversammlungen und die Einführung der „Ordnungsstrafe" für das unentschuldigte „Ausbleiben" bei den Stadtverordnetenwahlen sind weitere Beweise für die mangelnde liberale Denkweise der Bürgervertreter.

Mit dem Eintritt einer neuen Generation in die Stadtverordnetenversammlungen veränderte sich allmählich das politische Klima in den Jahren zwischen 1830 und 1840. Durch die Wahl Daniel Alexander Bendas im Jahre 1835 erhielt einer der ersten liberal ausgerichteten Männer das Mandat. Benda forderte in zahlreichen Schriften die Öffentlichkeit der Sitzungen; es kann davon ausgegangen werden, daß er sich darüber hinaus auch der politischen Opportunität, die sein Mandat darstellte, bewußt war.

In den vierziger Jahren versuchten vermehrt Bürger des liberalen Lagers auf der Ebene der Stadtverordnetenversammlung, Eingang in die Kommunalpolitik zu finden. Männer wie die oben erwähnten Runge, Kochhann, Gneist, Nauwerck, Reimer, Duncker und Springer gehörten der liberalen Fraktion an, die sich bereits einige Jahre vor 1848 in der Stadtverordnetenversammlung gebildet hatte. So entwickelte sich in den letzten Jahren der Städteordnung ein liberales und konservatives Lager, das allerdings erst nach der Aufhebung der Städteordnung in die Gründung von Parteien mündete.

3. Hugenottische Stadtverordnete

In den Stadtverordnetenversammlungen fallen aus dem Kreis der ehemaligen Eximierten die Abkömmlinge der Hugenotten durch ihre Vielzahl auf.[706] Schon bei der ersten Wahl von 1809 wurden folgende Angehörige der Französischen Kolonie gewählt: der Lederhändler Jean Pierre Charton, der Destillateur Benjamine Claude, die Kaufleute Samuel Contal, David Girard sen. und Jean Paul Humbert, die Posamentiermeister Christian Ludwig Hyan und Jaques Tancré, der Juwelier und Obrist der Bürgerwehr Paul André Jordan, der Gärtner Louis Matthieu, der Gastwirt Guillaume Frédéric Palm, der Bildhauer Jean Gottlob Pfeffer, der Rentier Jean Sabatier, der Branntweinbrenner Joachim Friedrich Stachow, der Seifensieder Jean Tancré und der Hofschlossermeister Jean Pierre Violet. Dieser äußerst hohe Anteil ist wirklich beachtlich, wenn man berücksichtigt, daß nur 1 299 Angehörige der Französischen

706 Im Anhang befindet sich eine Namensliste der gewählten Angehörigen der Französischen Kolonie; sie enthält neben Geburts- und Sterbedaten auch Berufs- und Adressenangaben.

Kolonie[707] von insgesamt ca. 9 200 stimmberechtigten Bürgern 1809 das Bürgerrecht hatten. Offenbar genossen die hugenottischen Nachkommen, die bereits auf eine längere eigene Selbstverwaltungstradition zurückblicken konnten, in verstärktem Maße das Vertrauen der Mitbürger. Ihre auch während der folgenden Jahrzehnte nie abreißende starke Präsenz in den Stadtverordnetenversammlungen spricht für die gelungene Integration innerhalb der Stadtbürgergemeinde. Da die Hugenotten sich schon bald nach der Einwanderung in Brandenburg-Preußen eine starke soziale Stellung durch ihren kulturellen Vorsprung, staatliche Förderung und wirtschaftlichen Fleiß errungen hatten, verwundert es nicht, sie nun als Amtsträger in der städtischen Selbstverwaltung zu sehen. In ständiger Folge erscheinen ihre Namen unter den Gewählten, darunter Mitglieder der Familien Arnous, Asche, Bensch, Béringuier, Bernard, Blell, Damm, Desmarets, Devaranne, Fournier, George, Gouillemot, Haßlinger, Humblot, Jordan[708], Köhne, La Grange, Laspeyres, Lauterbach, de Louis, Lovie, Magnus, Palis, Palmié, Pascal, Pinkert, Plantier, Pignol, de Rohr, Sarre, Schauß, Simon, Steltzner und Werner.[709]

Bemerkenswert ist die erfolgreiche Stadtverordnetenlaufbahn von Johann Ernst Laspeyres. Der Kaufmann und Eigentümer des Hauses Alte Kommandantenstraße 6 wurde am 30. April 1810 in der Heiliggeist-Hospitalkirche von den Bürgern des Hackeschen Markt-Bezirks (Spandauer Viertel) zum erstenmal gewählt. Er sollte das Stadtverordnetenamt bis zu seinem Tode am 6. August 1845 in ununterbrochener Folge innehaben. Laspeyres' fünfunddreißigjährige Amtszeit im Stadtparlament wurde von keinem anderen Bürger übertroffen. Laspeyres, am 3. Dezember 1770 in Berlin geboren, besaß seit 1796 das Bürgerrecht und hatte schon vor Einführung der Städteordnung als Mitglied des Comité administratif seine kommunale Laufbahn begonnen. Nach dem späteren Urteil der Stadtverordneten sei aufgrund seiner damaligen „rastlosen Thätigkeit und seinem richtigen Benehmen ... so manches Unheil von Berlin“[710] abgewiesen worden. Von 1804 bis 1808 fungierte er als Direktor des Französischen Waisenhauses.[711] Schon bald nach seiner ersten Stadtverordnetenwahl von 1810

---

707 *Bericht des Oberpräsidenten A. Sack an den Minister des Inneren Graf zu Dohna vom 20. 5. 1809.* Abgedruckt in: H. Granier, *Berichte* ..., Nr. 211, S. 453. – Es läßt sich leider nicht mehr feststellen, wie hoch der Anteil der stimmberechtigten Bürger unter den Gemeindemitgliedern war. Er wird jedoch recht beträchtlich gewesen sein, da der für die „unangesessenen“ Bürger erforderliche Zensus von 200 Talern relativ gering angesetzt war. Die hausbesitzenden Bürger hingegen verfügten über das Stimmrecht unabhängig von der Höhe ihres Einkommens.

708 Der Stadtverordnete Emil Jordan wirkte von 1826 bis 1853 als Direktor des Französischen Waisenhauses, vgl. E. Muret, *Geschichte der Französischen Kolonie* ..., S. 156.

709 Eine gründliche Untersuchung der hugenottischen Stadtverordneten unter der preußischen Städteordnung von 1808, die den Rahmen dieser Arbeit sprengt, ist von der Berliner Stadtgeschichtsforschung noch zuerstellen.

710 *„Nachruf der Stadtverordneten zu Berlin“ vom 9. August 1845,* in: *Spenersche Zeitung* Nr. 186 vom 12. 8. 1845.

711 Vgl. E. Muret, *Geschichte der Französischen Kolonie* ..., S. 156.

hatte er jahrelang das Amt eines Schriftführers in der Bürgervertretung inne. In den Jahren 1813 und 1814 widmete er seine ganze Kraft dem „Lazarethwesen", wofür er „als Anerkennung des Bürgerverdienstes" das Eiserne Kreuz am weißen Bande vom König erhielt. Während seiner Laufbahn in fast allen städtischen Deputationen fungierend, erwarb er sich besondere Verdienste in der Forst- und Oeconomie-Deputation und beim Sparkassen-Curatorium, in dem er bis zu seinem Ende tätig war. Bei der Huldigung König Friedrichs Wilhelm IV. erhielt er den Roten Adlerorden dritter Klasse mit Schleife. Nach seinem Tode gaben die Stadtverordneten bekannt: „Die Stadtverordneten-Versammlung verliert in ihm ein von ihr hochgeehrtes und theures Mitglied. Sie hat daher, als die einzige Anerkennung, welche sie ihm kann zu Theil werden lassen, ihn amtlich zu Grabe begleitet, um offenkundig auszusprechen, daß sie mit herzlicher Trauer sein segensreiches Andenken bewahren wird, weil der Verstorbene im ganzen Sinne des Worts ein edler Bürger war, den die Stadt lange vermissen wird."[712] Besonders für ihn gilt die in der Städteordnung ausgesprochene Ehrerbietung, die jedem Bürger durch die Wahl zum Stadtverordneten zustand: „Jeder Stadtverordnete wird durch das Vertrauen, welches die Bürgerschaft vermöge der auf ihn gefallenen Wahl ihm bezeugt, in einem hohen Grade geehrt und hat daher unter seinen Mitbürgern auf eine vorzügliche Achtung Anspruch".[713] Zweimal in der Geschichte der Städteordnung standen Angehörige der Kolonie an der Spitze der Stadtverordnetenversammlung. Vom Juli 1809 bis zum Jahre 1821 wirkte der Kaufmann und Mitinhaber der Tuch- und Seidenwarenhandlung Humbert & Labry, Jean Paul Humbert, als Vorsteher der Stadtverordnetenversammlung.[714] Von 1844 bis zur Aufhebung der Städteordnung hatte dieses Amt der frühere Kammergerichtsassessor Friedrich Philipp Fournier inne. Unter Fourniers Vorsitz, der in späteren Jahren als Direktor der Niederschlesisch-Mährischen Eisenbahn fungierte, wurde am 19. November 1847 die erste, „jedem anständigen Mann" frei zugängliche Stadtverordnetenversammlung durchgeführt.[715]

---

712 *„Nachruf der Stadtverordneten zu Berlin" vom 9. August 1845,* in: *Spenersche Zeitung* Nr. 186 vom 12. 8. 1845.

713 StO § 115.

714 Vgl. Ilja Mieck, *Idee und Wirklichkeit: Die Auswirkungen der Stein-Hardenbergschen Reformen auf die Berliner Wirtschaft,* in: *Berlin und seine Wirtschaft. Ein Weg aus der Geschichte in die Zukunft – Lehren und Erkenntnisse,* hrsg. von der Industrie- und Handelskammer zu Berlin, Berlin – New York 1987, S. 41–58, hier S. 52; E. Muret, *Geschichte der französichen Kolonie* ..., S. 32 ff. und S. 57.

715 Fournier, wohnhaft Hausvogteiplatz 2, wurde in den Jahren 1843, 1846, 1848 von den Bürgern des Hausvogteiplatz-Bezirks (Friedrichswerder) gewählt. Vgl. K. Kettig, *Gemeinsinn und Mitverantwortung* ..., S. 26.

4. Jüdische Stadtverordnete

Im Gegensatz zu der großen Anzahl französischstämmiger Stadtverordneter war der Kreis jüdischer Vertreter[716] wesentlich geringer.[717] So wurde bei der ersten Wahl von 1809 nur ein Jude, der Bankier Salomon Veit[718] gewählt. Er sollte sein Mandat als einziger Jude im Stadtparlament bis 1822 besitzen. Erst 1833 trat mit dem Partikulier Wilhelm Zacharias Friebe[719] ein ursprüngliches Mitglied der Jüdischen Gemeinde, das später zum Christentum übergetreten war, in die Bürgerversammlung ein. Friebe, der in seinem Haus Behrenstraße 39 lebte, war am 27. Juni 1833 von den Bürgern des Behrenstraßen-Bezirks in der Neuen Kirche gewählt worden und blieb bis 1836 in der Stadtverordnetenversammlung. Noch während seiner Amtszeit, im Jahre 1835, wurde mit dem Rentier Daniel Alexander Benda[720] erneut ein Mitglied der Jüdischen Gemeinde in die Stadtverordnetenversammlung aufgenommen, so daß sich jetzt erstmalig zwei jüdische Stadtverordnete in der Vertretung befanden. In seinen während des Vormärzes verfaßten Schriften gab sich Benda als ein Vertreter der liberal-bürgerlichen Richtung zu erkennen. Nach seinem Wechsel ins konservative Lager, im Frühjahr 1848, trat Benda als Anhänger eines starken Preußens auf. Der Stadtverordnete Kochhann, der von Benda nicht übermäßig überzeugt schien, gibt später in seinen Erinnerungen über ihn

---

716 In diese Gruppe wurden auch die getauften Juden aufgenommen.

717 Vgl. zu den jüdischen Stadtverordneten: Stefi Wenzel, *Jüdische Bürger und kommunale Selbstverwaltung in preußischen Städten 1808–1848* (= Veröffentlichungen der Historischen Kommission zu Berlin, Bd. 21), Berlin 1967.

718 BLHA, Pr. Br. 30 Berlin A, Polizeidirektorium Berlin, Nr. 69, fol. 52. Im *Wahlprotokoll des Landschafts-Bezirks vom 21. 4. 1809* befindet sich hinter seinem Namen der Vermerk „jüd. Banquier"; Veit erhielt 52 Ja-Stimmen und 44 Nein-Stimmen von den Bürgern des Landschafts-Bezirks bei seiner Wahl am 21. 4. 1809 in der Französischen Kirche in der Klosterstraße. Salomon Veit (1751–1827) war Eigentümer des Hauses Spandauer Straße 68. Er wurde 1810, 1813, 1816 und 1819 wiedergewählt und verlor 1822 sein Mandat als Stadtverordneter; damit kann er in Berlin die längste Amtszeit eines jüdischen Bürgers unter der Preußischen Städteordnung von 1808 vorweisen.

719 Friebe war als Zacharias Fraenkel Veitel Ephraim am 2. 6. 1781 in der Spandauer Straße 81 in Berlin geboren, nannte sich nach 1812 Zacharias Friebe. Der ursprünglich als Bankier agierende Friebe war Mitglied des Börsencomités (1815), gehörte der Kommission der Ältesten der Kaufmannschaft (1821) an, ließ sich am 27. 4. 1817 taufen und verstarb 1842. Ein Urenkel Friebes war Dr. Adolph von Batocki-Friebe, während des Ersten Weltkrieges Oberpräsident von Ostpreußen, der sich große Verdienste um die Ernährungswirtschaft während des Krieges erwarb und auch als Honorarprofessor der Universität Königsberg angehörte. Vgl. J. Jacobson, *Judenbürgerbücher* ..., Nr. 87, S. 66 f.

720 Der politisch engagierte Daniel Alexander Benda (1786–1876) hatte vor seinem Ruhestand als Kaufmann und Mitbesitzer der Firma Gebr. Benda gearbeitet. Bei seinem Eintritt in die Stadtverordnetenversammlung lebte er als Mieter in der Neuen Friedrichstr. 49 und wurde am 25. 6. 1835 von den Bürgern des Garnisonskirch-Bezirk in der Heiliggeist-Hospitalkirche gewählt; Benda erhielt 1838 erneut das Mandat als Stadtverordneter und blieb bis 1841 im Amt.

folgendes Bild: „Dr. A. Benda, ein kleiner, langhaariger Israelit, zeigt sich nicht ohne Bildung, aber als Kleinigkeitskrämer voll sonderbarer oft lächerlicher Regungen, als Schwätzer sondergleichen."[721]

Die geringe Zahl jüdischer Mandatsträger erklärt sich vorwiegend aus dem niedrigen Anteil der Juden innerhalb der Bürgerschaft. 1809 hatten insgesamt 277 Mitglieder der Jüdischen Gemeinde das Bürgerrecht erworben.[722] Die Zahl der Stimmberechtigten unter ihnen wird relativ hoch gewesen sein, da der erforderliche Zensus von 200 Talern für die „Unangesessenen" nicht hoch angesetzt war. Für die hausbesitzenden Bürger galt dieser Zensus ohnehin nicht, da die Städteordnung diesem Personenkreis uneingeschränkt das Stimmrecht gab. Die distanzierte, emanzipationsfeindliche Haltung und der mangelnde Kontakt zu den jüdischen Mitbürgern mögen viele Bürger in den ersten Jahren der Selbstverwaltung davon abgehalten haben, einen jüdischen Vertreter zu wählen. Die allgemeine Politisierung, liberale Einflüsse und die fast vollzogene Emanzipation der Juden führten in den vierziger Jahren dazu, daß vermehrt Juden in das Stadtparlament eintraten. Im Jahre 1842 wurden Siegfried Alexander Benda[723] und Bernhard Samuel Berend[724] gewählt. Der Kattundruckereibesitzer Heinrich Ludwig Goldschmidt[725] und der zum zweiten Mal gewählte Berend konnten 1845

---

721 H. E. Kochhann, *Mitteilungen* ..., S. 5.

722 Namentliche Aufstellung in: J. Jacobson, *Judenbürgerbücher* ..., S. 55–91. – Die Zahl der Wahlberechtigten in Berlin bestand 1809 – nach eigener Berechnung – aus ca. 9 200 Bürgern.

723 Der Kaufmann Siegfried Alexander Benda, Mieter in der Neuen Friedrichstr. 35, war bereits 1839 zum Stadtverordnetenstellvertreter gewählt worden. Das Stadtverordnetenmandat erhielt er schließlich durch seine Wahl in der Marienkirche am 13. 6. 1842 von den Bürgern des Kleinen Jüdenhof-Bezirks; er schied 1845 aus dem Amt. – Vgl. J. Jacobson, *Judenbürgerbücher* ..., Nr. 1162, S. 242. Benda trat am 10. 12. 1833 zum Christentum über.

724 Der erfolgreiche Kaufmann und Zuckersiedereibesitzer Bernhard Samuel Berend (1801–1864), Eigentümer in der Neuen Friedrichstr. 9–10, wurde am 15. 6. 1842 in der Großen Friedrichs-Waisenhauskirche von den Bürgern des Kadettenhaus-Bezirks gewählt; auch in den folgenden Wahlen von 1845, 1848 und 1849 wurde Berend wiedergewählt und blieb bis zur Aufhebung der Städteordnung im Jahre 1850 im Amt. Ob er unter den folgenden Kommunalordnungen auch ein Mandat besaß, bleibt ungeklärt.

725 Heinrich Ludwig (Louis) Goldschmidt wurde am 26. 6. 1845 in der Luisenstädtischen Kirche von den Bürgern des Schlesischen Tor-Bezirks gewählt und schied 1848 aus dem Amt. Im *Wahlprotokoll vom 26. 6. 1845* wird er eindeutig als Gewählter aufgeführt: Heinrich Louis Goldschmidt, Kaufmann und Eigentümer, Köpenicker Str. 24; bei dieser Wahl erhielt Goldschmidt von den Bürgern 99 weiße Kugeln und 33 schwarze Kugeln, vgl. LAB, Rep. 01-02, Generalbüro, Nr. 2558, Schlesische Tor-Bezirk, nicht foliiert. Auch im Verzeichnis der Gewählten ist sein Name veröffentlicht in: *Spenersche Zeitung* Nr. 228 vom 30. 9. 1845. – In der *Bürgerrolle des Schlesischen Tor-Bezirks* Nr. 70a und b sind als Eigentümer des Grundstücks Köpenicker Str. 24 sowohl Heinrich Ludwig Goldschmidt (früher Armen-Commissions Vorsteher) als auch Alexander Goldschmidt aufgeführt; beide sind als Inhaber einer Kattunfabrik bezeichnet, vgl. diese Angaben in: LAB, Rep. 01-02, Generalbüro, Nr. 2558,

das Mandat übernehmen; ein Jahr später, 1846, folgten ihnen der Kaufmann Joel Wolff Meyer[726] und Dr. phil. Moritz Veit[727] in die Stadtverordnetenversammlung. Aus dem Urteil Kochhanns über Veit spricht die wachsende Anerkennung gegenüber den jüdischen Mitbürgern: „Dr. Veit – aus Überzeugung ein orthodoxer Jude, seines Standes Buchhändler, klug und freisinnig, erwies er sich als einer der edelsten, bescheidensten Männer, die ich kennen gelernt habe."[728] Die jüdischen Vertreter zeichneten sich in der Regel durch folgende Kriterien aus: „Fast alle hatten sich vor ihrem Eintritt in die Stadtverordnetenversammlung oder den Magistrat in breiteren Kreisen der Bevölkerung einen Namen gemacht, sei es, daß sie als Angehörige der Honoratiorenschicht bereits an der Spitze mehrerer Vereine, im Kuratorium wohltätiger Institutionen oder als Älteste der Kaufmannschaft hervorgetreten waren, sei es, daß sie sich, wie die Buchhändler, im politschen Kampf des Bürgertums in die vordersten Reihen gestellt hatten, – in jedem Fall konnten sie als ‚stadtbekannte Persönlichkeiten' angesehen werden."[729] Auch 1847 zählten Bürger jüdischen Glaubens zu den Gewählten, nämlich Carl Heymann[730] und Moritz Meyer[731]. Den absoluten Höhepunkt bildete die Neuwahl von 1848: in ihr erhielten von 102 zu vergebenden Mandaten vier Juden die Stimmenmehrheit der Bürgerschaft.[732] Der 1832 getaufte Buchhändler Julius Springer[733] wurde neugewählt, wäh-

---

Schlesische Tor-Bezirk, nicht foliiert. Unklar bleibt, warum Heinrich Ludwig Goldschmidt bei J. Jacobson, *Judenbürgerbücher* ..., nicht aufgeführt wird, während der Miteigentümer der Kattunfabrik, Alexander Goldschmidt, unter Nr. 1908, S. 368, dort verzeichnet ist.

726 Der Geh. Commerzienrat Joel Wolff Meyer (1794–1869), als Eigentümer in der Spandauer Str. 63 ansässig, wurde am 15. 6. 1846 in der Marienkirche von den Bürgern des Landschafts-Bezirk gewählt und blieb bis zu den Neuwahlen von 1848 im Amt. Meyer leitete eine Seidenwarenfabrik und gehörte der Korporation der Kaufmannschaft von Berlin an.

727 Der Buchhändler und Verleger Moritz Veit (1808–1864), Mieter in der Neuen Promenade 10, wurde am 16. 6. 1846 in der Sophienkirche von den Bürgern des Hackschen Markt-Bezirks gewählt; er wurde 1848 wiedergewählt und schied mit der Wahl von 1849 aus dem Amt. Veit wirkte von 1839–1848 als Ältester der Jüdischen Gemeinde Berlins, vom Mai 1848 bis Mai 1849 vertrat er seine Heimatstadt Berlin als Abgeordneter der Deutschen Nationalversammlung in der Paulskirche zu Frankfurt. Veit ist ein Neffe Salomon Veits, des ersten jüdischen Stadtverordneten von Berlin, vgl. St. Wenzel, *Jüdische Bürger* ..., S. 61, Anmerkung 173.

728 H. E. Kochhann, *Mitteilungen* ..., S. 38.

729 St. Wenzel, *Jüdische Bürger* ..., S. 67.

730 Der Buchhändler und Commerzienrat Carl Heymann (1794–1862), Mieter in der Heiliggeiststr. 7, wurde am 14. 6. 1847 in der Heiliggeist-Hospitalkirche von den Bürgern des Heiliggeiststraßen-Bezirks gewählt; er schied mit der Wahl von 1848 aus dem Amt.

731 Der Kaufmann und Bankier Moritz Meyer (1811–1869), als Eigentümer des Hauses Monbijouplatz 4 ansässig, wurde am 16. 6. 1847 von den Bürgern des Monbijou-Bezirks gewählt und verlor bei den Neuwahlen von 1848 sein Mandat. Meyer wirkte seit 1851 als Stadtrat und wurde Anfang der sechziger Jahre für seine Verdienste zum Stadtältesten ernannt.

rend die bereits erwähnten Vertreter Berend, Veit und Heymann eine Wiederwahl vorweisen konnten. Schließlich gewannen im Jahre 1849, bei der letzten Wahl unter der Städteordnung, der Kaufmann Meyer Magnus[734] zum ersten Mal und der Zuckersiedereibesitzer Bernhard Samuel Berend zum vierten Mal das Mandat.

Bemerkenswert ist, daß die jüdischen Vertreter überwiegend Mandate in den innerstädtischen Wahlbezirken besaßen. Acht der zwölf jüdischen Stadtverordneten lebten in den beiden Altstädten Alt-Berlin und Alt-Cölln.[735] Ihre Präsenz in diesem Gebiet liegt in der Tatsache begründet, daß sich jüdische Bürger hier bevorzugt niedergelassen hatten, wo sich die religiösen und sozialen Einrichtungen der Jüdischen Gemeinde befanden. So ist es auch kein Zufall, daß der im Stadtteil Alt-Berlin gelegene Landschafts-Bezirk[736], in dessen unmittelbarer Nähe sich die damals einzige Synagoge Berlins[737] befand, sogar zweimal einen jüdischen Vertreter vorweisen konnte. In diesem Wahlbezirk, in dessen angrenzenden Bezirken sich die Jüdische Gemeinde konzentrierte, verfügten die Stadtverordneten Salomon Veit und Joel Wolff Meyer zusammen über eine fünfzehnjährige Mandatszeit.[738] Damit kann der

---

732 Nicht eindeutig geklärt ist die Zugehörigkeit zur Jüdischen Gemeinde des Juweliers Heinrich Philipp Rosenthal, der am 19. 5. 1848 von den Bürgern des Taubenstraßen-Bezirks in der Neuen Kirche gewählt wurde und ein Jahr später, 1849, aus dem Amt schied. Rosenthal wohnte als Mieter in der Friedrichstr. 69. Er wird bei St. Wenzel, *Jüdische Bürger* ..., S. 67, als jüdischer Stadtverordneter genannt, jedoch bei J. Jacobson, *Judenbürgerbücher* ..., nicht als Mitglied der Jüdischen Gemeinde aufgeführt.

733 Julius Springer (1817–1877), Mieter in der Roßstr. 7, wurde am 18. 5. 1848 in der Friedrichswerderschen Kirche von den Bürgern des Rittergassen-Bezirks gewählt und blieb bis zur Aufhebung der Städteordnung im Jahre 1850 auch im Amt. Ob er unter den folgenden Kommunalordnungen auch ein Mandat besaß bleibt ungeklärt. – Springer spielte im Vormärz 1848 im politischen Leben der Stadt eine wichtige Rolle, er gehörte zum liberal-demokratischen Lager. Er war Mitbegründer und bis zum Jahre 1874 Vorsitzender der Korporation der Berliner Buchhändler; dem Vorstand des Börsenvereins des Deutschen Buchhandels gehörte Springer von 1867–1873 an.

734 Meyer Magnus (1805–1883), Mieter in der Burgstr. 16, wurden am 25. Juni 1849 in der Marienkirche von den Bürgern des Heiliggeistraßen-Bezirks gewählt. Magnus wurde später zum Stadtrat und Geh. Kommerzienrat ernannt, seit 1858 Mitglied des Ältestenkollegiums der Korporation der Kaufmannschaft, seit etwa 1865 Vorsitzender des Vorstandes der Berliner Jüdischen Gemeinde. Vgl. J. Jacobson, *Judenbürgerbücher* ..., S. 237 f., Anmerkung 1139.

735 *Alt-Berlin:* im Landschafts-Bezirk Salomon Veit und Joel Wolff Meyer; im Garnisonskirch-Bezirk Daniel Alexander Benda; im Kleinen Jüdenhof-Bezirk Siegfried Alexander Benda; im Kadettenhaus-Bezirk Bernhard Samuel Berend; im Heiliggeiststraßen-Bezirk Carl Heymann und Meyer Magnus. *Alt-Cölln:* im Rittergassen-Bezirk Julius Springer.

736 Zu diesem Bezirk gehörten im Jahre 1809 die Häuser in der Spandauer Straße 4–25 und 56–77, Pankowsgasse und Kalandergasse.

737 Die am 7. Dezember 1714 eingeweihte Synagoge in der Heidereut(h)ergasse im angrenzenden Garnisonskirch-Bezirk.

738 Salomon Veit von 1809 bis 1822; Joel Wolff Meyer von 1846 bis 1848.

Landschafts-Bezirk die längste Mandatszeit jüdischer Bürgervertreter vorweisen. Eine weitere traditionelle jüdische Wohngegend war das Spandauer Viertel. Hier besaßen Moritz Veit im Hackschen Markt-Bezirk und Moritz Meyer im Monbijou-Bezirk Mandate. Die übrigen zwei jüdischen Stadtverordneten hatten ihren Wohnsitz in den Vorstädten Friedrichstadt und Luisenstadt.[739]

Neben den oben genannten jüdischen Mandatsträgern wurden die folgenden Juden zu Stellvertretern der Stadtverordneten gewählt: Moses Pincson (1812), Beer Isaak Helfft (1818), Siegismund Alexander Benda (1836), Heinrich Rubens (1836), Siegfried Alexander Benda (1839) und Moses Wolff (1839). Von ihnen konnte lediglich Siegfried Alexander Benda im Jahre 1842 ein Stadtverordnetenmandat erringen.

739 *Friedrichstadt:* im Behrenstraßen-Bezirk Wilhelm Zacharias Friebe. *Luisenstadt:* im Schlesischen Tor-Bezirk Heinrich Ludwig Goldschmidt.

Ergebnisse

1.

Mit der Einführung der Preußischen Städteordnung von 1808 in Berlin waren erhebliche Schwierigkeiten verbunden. Der alte Magistrat befürchtete, daß durch die Übernahme neuer Zuständigkeiten ein beträchtlicher Mehraufwand an Ausgaben für die Stadt entstünde, und bemühte sich, durch ein „*Promemoria*“ die alte Verfassung zu halten. Erst durch das resolute Eingreifen des erfahrenen Verwaltungsbeamten Justus Gruner wurden die erforderlichen Maßnahmen zur Einführung der Städteordnung verfügt. Die Bevölkerung begegnete dem neuen Gesetz mit Skepsis und Zurückhaltung. Die Bürgerschaft, von den Reformern als der eigentliche Träger des „Gemeinsinns“ vorgesehen, reagierte mit Mißtrauen. Die ehemaligen Eximierten unter ihnen fürchteten, durch den neuen Status ihre früheren Sonderrechte zu verlieren und verzögerten die Einführung des Gesetzes. Auch die Juden erhielten durch das Reskript vom 14. März 1809 ihre Wählbarkeit. Schließlich mußten sich Grundstücksbesitzer und Gewerbetreibende den Bestimmungen der neuen Kommunalordnung unterwerfen, da dieser Personenkreis verpflichtet war, das Bürgerrecht zu erwerben. Die gleichgültige Haltung der Bürger findet ihre Erklärung in dem von Kriegs- und Besatzungszeiten geprägten Alltag jener Zeit. Darüber hinaus hatte sich in Berlin noch nicht ein selbstbewußtes Bürgertum entwickelt, das nach einer Partizipation rief. Die Städteordnung war über die Köpfe der Bürger hinweg entstanden, nur ein elitärer Kreis liberaler Beamten unter der Führung des Ministers Stein befand sich in Einklang mit den Ideen des Reformkonzepts. Über die allgemeine Skepsis in der Bevölkerung können auch die verschiedenen in den Zeitungen veröffentlichten befürwortenden Aufsätze des Oberpräsidenten Johann August Sack nicht hinwegtäuschen. Ihr optimistischer Grundton und die dargestellte positive Zukunftsperspektive galten der Hebung der Stimmungslage, der Weckung des Interesses an dem bevorstehenden Ereignis.

Die ersten Wahlen, die in 22 Kirchen der Stadt nach vorheriger gottesdienstlicher Handlung stattfanden, liefen in „Ruhe und Ordnung“ ab. Es waren nur Bürger zu den Wahlen zugelassen, alle Wahlberechtigten verfügten über das gleiche Wahlrecht, der Gesamtwille ging somit aus einer homogenen Wählerschaft hervor. Die in den Wahlversammlungen vorgeschlagenen Kandidaten wurden durch Ballotage in geheimer und freier Wahl nach dem Mehrheitswahlprinzip bestimmt. Die gewählten 102 Stadtverordneten, die sich überwiegend aus Gewerbetreibenden und Hausbesitzern rekrutierten, repräsentierten den von der Städteordnung geförderten Personenkreis. Der inzwischen zum Polizeipräsidenten avancierte J. Gruner bescheinigte einigen Gewählten durchaus gute Eigenschaften und Fähigkeiten für ihre neue Tätigkeit als Bürgervertreter. Auch in den folgenden Jahren entsprachen die Stadtverordneten der Konzeption der Städteordnung, die die gewerbetreibenden Besitzbürger begünstigte. In wenigen Fällen versuchten Magistrat und Stadtverordnetenversammlung, gewählten Bürgern das Mandat zu verweigern, wobei eine scheinbar dubiose soziale Herkunft und ein vermeintlich fragwürdiger Ruf als Grund für die Ablehnung angegeben wurden. So erfuhren ein Scharfrichter, der Schulvorsteher einer Armenschule und ein Zimmermeister, den man der Majestätsbeleidigung und anderer Verbrechen bezichtigte, die Ausgrenzung. Magistrat und Stadtverordnetenversammlung versuchten außerdem zu verhindern, daß Kandidaten aus den „unruhigen" Vorstädten ein Mandat erhielten. Besonders der Brunnenstraßen- und der Bergstraßen-Bezirk tauchten wegen angeblicher „Unregelmäßigkeiten" in diesem Zusammenhang häufiger auf. Das Wahlverfahren begünstige unbeabsichtigt die Kandidaten aus diesen bevölkerungsreichen Gebieten, da die Stellvertreter nach der Höhe der Stimmenzahl Einlaß in die Stadtverordnetenversammlung erhielten. Deshalb plädierten beide Gremien für die Einführung eines zweiten Wahlganges (getrenntes Wahlverfahren) für die Wahl der Stellvertreter. Im Jahre 1832 versuchte der Magistrat, den Kreis der Wahlberechtigten zu verringern, indem er den allgemeinen Zensus von 200 Talern auf 400 Taler erhöhen wollte. Dieser Vorschlag wurde jedoch von der Stadtverordnetenversammlung nicht angenommen.

2.

In der Wahlbeteiligung zeigte sich die von den Bürgern wahrgenommene Partizipation. Trotz der gleichgültigen Haltung der Bürger gegenüber der Städteordnung lag die Wahlbeteiligung bei der ersten Wahl mit 79% unerwartet hoch. Eine Zahl, die nicht mehr erreicht werden sollte. In den folgenden Jahren ging die Beteiligung an den Wahlen kontinuierlich zurück und erreichte im Jahre 1817 mit 45% ihren absoluten Tiefpunkt. Die vom Magistrat 1818 eingeführte „Ordungsstrafe" von einem Taler für die unentschuldigte Nichtbeteiligung, die erst 1835 wieder aufgehoben wurde, erschwert eine objektive Bewertung der Wahlbeteiligung. Denn die „Ordnungsstrafe" hatte zur Folge, daß der Anteil der entschuldigten Bürger stark anstieg. Die Wahlen in den letzten beiden Jahrzehnten der Städteordnung überschreiten regelmäßig die 60%-Marke und ergeben dadurch eine stärkere Beteiligung. Die Gründe lagen in der wachsenden Politisierung, dem erstarkten Interesse an kommunalen Fragen und dem inzwischen erfolgten Generationswechsel. Die Neuwahlen von 1848 verzeichneten die hohe Beteiligung von 72%, da wiederum in der ganzen Stadt, wie 1809, gewählt wurde. Im folgenden Jahr sank die Beteiligung wieder auf 61%.

Nachdem die „Ordnungsstrafe“ für die unentschuldigte Nichtbeteiligung an den Wahlen durch das Gesuch eines unbemittelten Schneidermeisters abgeschafft worden war, fuhr der Magistrat in den vierziger Jahren fort, den Bürgern auf eine andere Weise Nachteile beizubringen. Demjenigen, der dreimal unentschuldigt an den Wahlen nicht teilgenommen hatte, wurde ab 1845 das Stimmrecht entzogen. Diese unpopulären Maßnahmen des Magistrats wurden von der Stadtverordnetenversammlung unterstützt. Daß Bürger den Wahlen fernblieben, lag u.a. in dem erheblichen Zeitverlust durch die komplizierte Ballotage, dem Wählen an Werktagen, dem Fehlen von Wahlkämpfen mit Kandidaten und rivalisierenden Parteien. Als besonders nachteilig für die Wahlbeteiligung erwies sich die Bestimmung, daß immer nur ein Drittel der Bürgerschaft wählen durfte. So konnte nie eine allgemeine Wahlstimmung aufkommen. Da die Sitzungen nicht öffentlich waren, fand in den Zeitungen auch keine Berichterstattung über die Erörterungen der Stadtverordnetenversammlung statt. Zudem konnte sich in dem Klima staatlicher Bevormundung der propagierte Gemeinsinn nur schwer entwickeln. Außerdem verfügte die Stadtverordnetenversammlung nur über einen engen politischen Wirkungsrahmen, der sich im wesentlichen auf die Armenverwaltung und das Schulwesen beschränkte. Die eigentliche politische Macht lag in den Händen des Berliner Polizeipräsidenten, der dem Ministerium des Innern unterstand. Die häufige Wiederwahl der Stadtverordneten ist als besonderes Phänomen bei den Wahlen zu beobachten. Dabei konnten einige Stadtverordnete sogar eine acht- bis zwölfmalige Wiederwahl aufweisen. In den dreißiger Jahren war die Zahl der Wiedergewählten bei einigen Wahlen mit jeweils 74% besonders hoch. Erst die Wahlen von 1848/49 brachten in dieser Hinsicht eine entscheidende Wende – der Anteil der Neugewählten überwog nun erstmalig. An den Wahlen beteiligten sich die gebildeten Schichten weit weniger als die übrigen Bürger. Im Jahre 1831 lag die allgemeine Wahlbeteiligung bei 64%, wobei lediglich 33% der Beamten und sogar nur 17% der Ärzte an der Wahl teilnahmen. So kam es, daß die gebildeten Schichten in der Stadtverordnetenversammlung im Verhältnis zu den Gewerbetreibenden unterrepräsentiert waren. Offensichtlich erkannten die Bildungsbürger am ehesten, daß die begrenzten Befugnisse der Stadtverordnetenversammlung keine Plattform für die Wahrnehmung der politischen Interessen boten. Da im innerstädtischen Bereich mehr nicht-gewerbetreibende Bürger, insbesondere die gebildeten Schichten, lebten, war die Wahlbeteiligung hier auch geringer als in den Vorstädten. Vor allem in dem monarchisch-geprägten Schloß-Bezirk machten die Bürger von ihrem Wahlrecht am wenigsten von allen Bezirken Gebrauch.

Unter den Gewählten bildeten die vom Minister Stein favorisierten Gewerbetreibenden die absolut tonangebende Gruppe; die meisten von ihnen waren auch noch zusätzlich Hausbesitzer. Die überwältigende Mehrheit der Mandatsträger rekrutierte sich von Anfang an aus den heterogenen Mittelschichten der Berliner Bevölkerung. Wohlhabende mittlere und „kleinere“ Kaufleute und strebsame Handwerksmeister bilden über die Jahrzehnte den Hauptträger der Berliner Stadtverwaltung. Daneben waren Vertreter des Wirtschafts- und Bildungsbürgertums weit weniger in den Versammlungen anzutreffen. Von den rund 1 500 Mandaten entfielen auf Kaufleute 556, auf Handwerker 458, auf Fabrikanten 167, auf Apotheker 64, auf Ackerbürger 40 und auf Nicht-Gewerbetreibende lediglich 142 Mandate; insgesamt gab es

741 Mandatsträger. Angesichts der von den gebildeten Schichten in geringerem Maß wahrgenommenen Partizipationsmöglichkeiten ist es naheliegend, daß erst in den vierziger Jahren eine Reihe von Professoren Einlaß in die Stadtverordnetenversammlung fand, allen voran Friedrich von Raumer und Rudolph Gneist. Während nur wenige Juden ein Stadtverordnetenmandat innehatten, war der Anteil von Angehörigen der Französischen Kolonie in den Bürgervertretungen auffallend hoch. Die fünfunddreißigjährige Amtszeit des Hugenottennachfahren Johann Ernst Laspeyres wurde von keinem anderen Bürger übertroffen.

Die eigenmächtige Kandidatur des Partikuliers Heinrich Runge bildete eine beachtenswerte Ausnahme von der üblichen Form der Kandidatennominierung, denn die Städteordnung sah eine Eigenaufstellung der Kandidaten nicht vor. H. Runge, der für eine höhere Wahlbeteiligung und mehr politisches Engagement seiner Zeitgenossen eintrat, repräsentierte den von „Gemeinsinn" erfüllten Bürger und blieb eine Einzelerscheinung. Seine Druckschrift „*Mein Glaubensbekenntnis*" bildet ein einmaliges Zeugnis des gewachsenen Bürgerstolzes einer neuen Generation. Seine Kritik wandte sich auch gegen das umständliche Wahlverfahren der Ballotage, die er durch Stimmzettel ersetzt sehen wollte. H. Runges Engagement bewirkte schließlich die Einführung von gedruckten Wählerlisten, die seit 1844 an die Bürger vor den Wahlen verteilt wurden.

3.

Die Neuwahlen von 1848 nahmen eine Sonderstellung innerhalb der vierzigjährigen Geschichte der Wahlen ein. Zum einen, weil wieder, wie 1809, in allen 102 Bezirken der Stadt gewählt wurde und zum anderen, weil sie doch recht deutlich zeigten, daß einige Bestimmungen der Städteordnung von 1808 nicht mehr haltbar waren. Die Forderung, auch den Schutzverwandten das Wahlrecht zu geben, wurde nun vehement erhoben, setzte sich aber nicht durch. Es wurde weiter nach dem alten Modus der Städteordnung gewählt, zu sehr fürchteten die reaktionären Kräfte den ansonsten herbeigeführten sozialen Umbruch. Der ständisch geprägte Minister Stein hatte damals die Entwicklungstendenzen des neuen Jahrhunderts mit dem starken Bevölkerungszuwachs und dem damit einhergehenden sozialen Wandel grundsätzlich verkannt. Das Bürgerrecht der Städteordnung mit seiner „sozial restriktiven" Trennung von Bürgern und Schutzverwandten bildete in dem Rechtssystem ein starkes traditionelles Element, das eher in die Vergangenheit wies. Durch die Ausgrenzung eines nicht unerheblichen Teils der Bevölkerung von der politischen Partizipation war ein Konflikt vorprogrammiert, der sich erst spät entlud.

Eine andere Forderung betraf die Aufhebung der gottesdienstlichen Handlung, auch sie schien nicht mehr in die Zeit zu passen. Das Ministerium legte die Teilnahme nicht mehr als obligatorisch fest und ermöglichte den Einlaß von Bürgern in die Kirchen auch noch nach der Rede des Geistlichen. Die Wahl von 1848 zeichnete sich durch zahlreiche Wahlaufrufe von Bürgern aus, die häufig eine Partizipation auch der Schutzverwandten an den Wahlen forderten. Besonders auffällig ist der unruhige Verlauf der Wahl, da sie in den Strudel der revolutionären Ereignisse geriet. So kam es zu zahllosen Wahlprotesten, einige Wahlergebnisse waren ungültig, so daß in mehreren Bezirken ein zweites Mal gewählt werden mußte. Der Anteil der Wiedergewählten war mit 33% weit geringer als bei früheren Wahlen. In der Presse wurde die Enttäuschung darüber geäußert, daß die progressiven Vertreter Nauwerck, Berends und Runge nicht gewählt worden waren. Somit hatte die Wahl von 1848 den von revolutionären Kräften gewünschten radikalen Umbruch nicht gebracht, jedoch den Anteil der nicht-gewerbetreibenden Stadtverordneten als künftige politische Trägerschicht erheblich verstärkt.

Unter Aufhebung aller vorhandenen Gemeindeverfassungen für Stadt und Land – so auch die Preußische Städteordnung von 1808 – wurde die Gemeindeordnung vom 11. März 1850 in Kraft gesetzt. Dieses Gesetz faßte zum ersten Male das kommunale Verfassungsrecht des Gesamtstaates einheitlich zusammen. Den politisch untragbaren Unterschied von Bürgern und Schutzverwandten hob die Gemeindeordnung endlich auf. Diese stadtrechtliche Egalisierung aller Gemeindebürger wurde indes durch die Einführung des Dreiklassenwahlrechts wieder erheblich eingeschränkt. Das folgende Kommunalgesetz, die Städteordnung vom 30. Mai 1853 für die sechs östlichen Provinzen, brachte gegenüber der Gemeindeordnung keine wesentlichen Änderungen. Zensus und Dreiklassenwahlrecht kennzeichneten auch diese Kommunalordnung, die bis zum Ende der Monarchie gültig blieb. Erst mit dem gesellschaftlichen Umbruch von 1918/19 konnte das allgemeine und gleiche Wahlrecht eingeführt werden.

Anhang

1. Quellen- und Literaturverzeichnis

a) Ungedruckte Quellen

1. Geheimes Staatsarchiv Preußischer Kulturbesitz Berlin (GStA PK)

1. 1. Akten des Ministeriums des Innern

Rep. 77, Tit. 227 A, Nr. 6, Einführung der Städteordnung in der Stadt Berlin und die Verwaltung der Kommunalangelegenheiten nach derselben.
Bd. 1, 1809–1812.
Bd. 2, 1813–1821.
Bd. 3, 1822–1842.
Bd. 4, 1842–1851.

Rep. 83, C, VI, Nr. 1007, Einführung der neuen Städteordnung in der Residenz Berlin 1809–1810.

Rep. 83, C, VI, Nr. 1010, Übergabe der Geschäfte von Seiten der Stadtverwaltungsbehörde an den neuen Magistrat hierselbst incl. wegen Ablegung der Rechnung von der Verwaltung während der französischen Okkupation 1809.

2. Brandenburgisches Landeshauptarchiv Potsdam (BLHA)

2. 1. Akten der Regierung Potsdam

Pr. Br. Rep. 2 A, Regierung Potsdam, Abteilung I, Kom. Nr. 3167, Einführung der neuen Städteordnung 1809–1813.

Pr. Br. Rep. 2 A, Regierung Potsdam, Abteilung I, Kom. Nr. 3168, Einführung der neuen Städteordnung 1813–1821.

Pr. Br. Rep. 2 A, Regierung Potsdam, Abteilung I, Kom. Nr. 3169, Ausstellung und die Personalangelegenheiten der Magistratsmitglieder zu Berlin 1829–1834.

Pr. Br. Rep. 2 A, Regierung Potsdam, Abteilung I, Kom. Nr. 3170, Ausstellung und die Personalangelegenheiten der Magistratsmitglieder zu Berlin 1834–1841.

Pr. Br. Rep. 2 A, Regierung Potsdam, Abteilung I, Kom. Nr. 3171, Wahl der Stadtverordneten und ihrer Stellvertreter 1818 bis 1850.

Pr. Br. Rep. 2 A, Regierung Potsdam, Abteilung I, Kom. Nr. 3184, Revision des Geschäftsganges beim Magistrat zu Berlin 1834–1845.

2. 2. Akten des Polizeidirektoriums Berlin

Pr. Br. Rep. 30 Berlin A, Polizeidirektorium Berlin, Nr. 69, Einführung der neuen Städteordnung 1809–1815.

3. Landesarchiv Berlin (LAB)

3. 1. Akten der Stadtverordnetenversammlung

Rep. 00-02/1, Sekt. 1, Fach 21, Organisation der Stadtverordnetenversammlung, Wahl der Mitglieder,
Nr. 47, Bd. 1, 1809.
Nr. 68, Bd. 2, 1811–1815.
Nr. 3, Bd. 3, 1815–1817.
Nr. 185, Bd. 4, 1817–1820.
Nr. 29, Bd. 5, 1820–1822.
Nr. 4, Bd. 6, 1822–1825.
Nr. 60, Bd. 7, 1825–1827.
Nr. 91, Bd. 8, 1828–1832.

Nr. 135, Bd. 9, 1832–1839.
Nr. 37, Bd. 10, 1839–1842.
Nr. 131, Bd. 12, 1846–1848.
Nr. 212, Bd. 13, 1849–1850.

Rep. 00-02/1, Stadtverordnetenversammlung Nr. 1222, Sekt. I, Fach 21, Acten der Stadtverordneten zu Berlin betreffend die bis zu einer, allgemeinen Eintheilung der Stadtverordneten Wahlbezirke mit denselben vorgenommenen einstweiligen Veränderungen 1845–1848, nicht foliiert.

Rep. 00, Sekt. I, Fach 21, Nr. 1223, Acten der Stadtverordneten-Versammlung zu Berlin betreffend die bei der Einberufung der Stadtverordneten Stellvertreter zu beobachtenden Grundsätze 1811–1846.

3. 2. Akten des Magistrats Berlin

Rep. 01-02, Magistrat der Stadt Berlin, Generalbüro, Städteordnung Abt. A, Bürgerrollen zu den Stadtverordnetenwahlen,
Nr. 2569, Bd. 1, 1809–1843.
Nr. 2570, Bd. 2, 1808–1851.

Rep. 01-02, Magistrat der Stadt Berlin, Generalbüro, Stadtverordnetenwahlen, Nr. 2575, Gewerbe- und Mietssteuerleistungen der stimmfähigen Bürger in den Stadtverordnetenwahlbezirken 1833 und 1835.

Rep. 01-02, Magistrat der Stadt Berlin, Generalbüro, Stadtverordnetenwahlen, Handakten der Bezirksvorsteher,
Nr. 2526, Waisenhaus-Bezirk 1809–1844.
Nr. 2527, Parochialkirch-Bezirk 1809 bis 1844.
Nr. 2528, Graue Kloster-Bezirk 1809 bis 1844.
Nr. 2529, Hoher Steinweg-Bezirk 1809 bis 1847.
Nr. 2530, Königsbrücken-Bezirk 1809 bis 1842.
Nr. 2531, Marienkirch-Bezirk 1809–1845.
Nr. 2532, Kleine Jüdenhof-Bezirk 1809 bis 1842.
Nr. 2533, Schloß-Bezirk 1809–1845.
Nr. 2534, Brüderstraßen-Bezirk 1809 bis 1845.
Nr. 2535, Schickler-Bezirk 1809–1848.
Nr. 2536, Insel-Bezirk 1809–1845.
Nr. 2537, Cöllnische Fischmarkt-Bezirk 1809–1846.
Nr. 2538, Rittergassen-Bezirk 1809–1846.
Nr. 2539, Breite Straßen-Bezirk 1809 bis 1847.
Nr. 2540, Kurstraßen-Bezirk 1809–1846.
Nr. 2541, Behrenstraßen-Bezirk 1809 bis 1845.
Nr. 2542, Gendarmenmarkt-Bezirk 1809 bis 1847.
Nr. 2543, Erster Charlottenstraßen-Bezirk 1809–1846.
Nr. 2544, Zweiter Markgrafenstraßen-Bezirk 1809–1845.
Nr. 2545, Domhospital-Bezirk 1809–1847.
Nr. 2546, Schinkenbrücken-Bezirk 1809 bis 1843.
Nr. 2547, Dönhoffsche Platz-Bezirk 1809 bis 1846.
Nr. 2548, Jerusalemer Kirch-Bezirk 1809 bis 1847.
Nr. 2549, Leipziger Platz-Bezirk 1809 bis 1847.
Nr. 2550, Friedrichstädtische Scharren-Bezirk 1809–1844.
Nr. 2551, Bauakademie-Bezirk, 1809 bis 1846.
Nr. 2552, Böhmische Kirch-Bezirk 1809 bis 1846.
Beiheft Nr. 1, enthält: Untersuchung über das Verhalten des Bürgers und Viehhalters George Grassert während der Stadtverordnetenwahl am 26. Juni 1816.
Nr. 2553, Neue Roßstraßen-Bezirk 1809 bis 1846.
Nr. 2554, Neue Hospital-Bezirk 1809 bis 1844.
Nr. 2555, Jakobskirchhof-Bezirk 1809 bis 1846.
Nr. 2556, Neue Grünstraßen-Bezirk 1809 bis 1847.
Nr. 2557, Luisenstädtische Kirch-Bezirk 1809–1846.
Nr. 2558, Schlesische Tor-Bezirk 1809 bis 1845.
Nr, 2559, Hospitalstraßen-Bezirk 1809 bis 1847.
Nr. 2560, Monbijou-Bezirk 1809–1847.
Nr. 2561, Sophienkirch-Bezirk 1809 bis 1845.
Nr. 2562, Hamburger Tor-Bezirk 1809 bis 1846.
Nr. 2563, Gipsstraßen-Bezirk 1809–1847.
Nr. 2564, Münzstraßen-Bezirk 1809–1845.
Nr. 2565, Prenzlauer Straßen-Bezirk 1809–1845.
Nr. 2566, Prenzlauer Tor-Bezirk 1809 bis 1845.
Nr. 2567, Alexander Platz-Bezirk 1809 bis 1847.
Nr. 2568, Georgenkirch-Bezirk 1809 bis 1847.

Rep. 01-02, Magistrat der Stadt Berlin, Generalbüro, Wahl der Stadtverordneten und ihrer Stellvertreter,
Nr. 2571, 1809.
Nr. 2572, 1810.
Nr. 2573, 1812–1813.
Nr. 2574, 1811.

Nr. 2575, 1813.
Nr. 2576, 1814.
Nr. 2577, 1815.
Nr. 2578, 1816–1817.
Nr. 2579, 1817.
Nr. 2578, 1817–1822.
Nr. 2581, 1818–1819.
Nr. 2582, 1820.
Nr. 2583, 1821.
Nr. 2584, 1822.
Nr. 2585, 1823.
Nr. 2586, 1824.
Nr. 2587, 1825–1826.
Nr. 2590, 1846–1849.
Nr. 2591, 1826.
Nr. 2592, 1827.
Nr. 2593, 1828.
Nr. 2594, 1829.
Nr. 2595, 1830–1831.
Nr. 2596, 1831.
Nr. 2597, 1833.
Nr. 2598, 1833–1834.
Nr. 2599, 1833.
Nr. 2600, 1845–1848.
Nr. 2601, 1809–1865.
Nr. 2602, 1836.
Nr. 2603, 1848–1849.
Nr. 2604, 1848–1850.
Nr. 2605, 1831–1832.

Rep. 01-02, Magistrat der Stadt Berlin, Generalbüro, Nr. 2747, Städteordnung Nr. 3, Deklaration der Städteordnung von 1808, Bd. 1, 1809–1835.

4. Archiv der Französischen Kirche zu Berlin (FKB)

4. 1. Kirchenbücher

Registre de Baptême IV, VII, VIII, IX, X.
Registre de Mort VIII, IX, X, XI.
Registre de Mariage III, IV.

4. 2. Mitgliederverzeichnis

Mitgliederverzeichnis 1800–1816, 1826 bis 1839, 1833–1900.

b) Literatur

Im Literaturverzeichnis wurde nicht zwischen gedruckten Quellen, zeitgenössischer Literatur und Sekundärliteratur unterschieden, weil dies zu Mehrfachnennungen geführt hätte.

Alfred Adlung, *Der Berliner Apotheker-Verein in seiner geschichtlichen Entwicklung,* Berlin 1932.

Adreß-Kalender für die Königlichen Haupt- und Residenz-Städte Berlin und Potsdam auf das Jahr 1806–1850.

Allgemeines Landrecht für die Preußischen Staaten 1794 (Ausstellungskatalog des Geheimen Staatsarchivs Preußischer Kulturbesitz), Berlin 1994.

Wilhelm Altmann, *Ausgewählte Urkunden zur brandenburgisch-preußischen Verfassungs- und Verwaltungsgeschichte,* Teil 1, 2. Aufl., Berlin 1914.

Carl Apetz, *Die geschichtliche Entwicklung der Einwohnergemeinde in Preußen,* Diss. jur., Leipzig 1931.

Bettina von Arnim, *Dies Buch gehört dem König,* Berlin 1843.

E. Avenarius, *Sammlung derjenigen Alerhöchsten Kabinetts-Ordres, die nicht in die Gesetz-Sammlung aufgenommen wurden, und der Reskripte der Ministerien, welche die innere Verwaltung des Preußischen Staats betreffen, aus den Jahren 1817 bis 1844*, 2 Bde., Leipzig 1845.

Otto Bader, *Die Korporation der Kaufmannschaft und die Handelskammer zu Berlin bis zu ihrer Vereinigung,* Diss. Erlangen 1923.

Johann Friedrich Bachmann, *Die Luisenstadt. Versuch einer Geschichte derselben und ihrer Kirche*, Berlin 1838.

Alfred Baron, *Der Haus- und Grundbesitzer in Preußens Städten einst und jetzt, unter besonderer Brücksichtigung von Steins Städteordnung,* (= Sammlung nationalökonomischer und statistischer Abhandlungen, Bd. 65), Jena 1911.

Magnus Friedrich von Bassewitz, *Die Kurmark Brandenburg im Zusammenhang mit den Schicksalen des Gesamtstaats Preußen während der Zeit vom 22. Oktober 1806 bis zu Ende des Jahres 1808*, 2 Bde., Leipzig 1851–1852.

Magnus Friedrich von Bassewitz, *Die Kurmark Brandenburg im Zusammenhang mit den Schicksalen des Gesamtstaats Preußen während der Jahre 1809 und 1810*, hrsg. v. Karl von Reinhard, Leipzig 1860.

H. und A. Beguelin, *Denkwürdigkeiten aus den Jahren 1807–1813*, herausg. von A. Ernst, Berlin 1892.

Daniel Alexander Benda, *Katechismus für wahlberechtigte Bürger Preußens*, Berlin 1843.

Carl Julius Bergius, *Preußische Zustände*, Münster 1844.

Jürgen Bergmann, *Das Berliner Handwerk in den Frühphasen der Industrialisierung* (= Einzelveröffentlichungen der Historischen Kommission zu Berlin, Bd. 11), Berlin 1973.

Richard Béringuier (Hrsg.), *Die Stammbäume der Mitglieder der Französischen Colonie in Berlin*, Berlin 1887.

Bericht über die Verwaltung der Stadt Berlin in den Jahren 1829 bis incl. 1840, hrsg. v. d. Städtischen Behörden, Berlin 1842.

Berlin während der Zeit der Besetzung durch die Franzosen, in: *Mitteilungen des Vereins für die Geschichte Berlins* 23 (1906), S. 133–139.

Berliner Intelligenz-Blatt, zum Nutzen und Besten des Publici. Intelligenz-Comtoir auf dem Werder in der Unter-Wasserstr. Nr. 6, (Intelligenz Blatt).

Berlinische Nachrichten von Staats- und gelehrten Sachen. Im Verlage der Haude- und Spenerschen Buchhandlung, (Spenersche Zeitung).

Marianne Bernhard, *Das Biedermeier. Kultur zwischen Wiener Kongreß und Märzrevolution*, Düsseldorf 1983.

Heinz Boberach, *Wahlrechtsfragen im Vormärz. Die Wahlrechtsanschauung im Rheinland 1815 bis 1849 und die Entstehung des Dreiklassenwahlrechts*, hrsg. v. d. Kommission für Geschichte des Parlamentarismus und der politischen Parteien, Düsseldorf 1959.

Conrad Bornhak, *Geschichte des Preußischen Verwaltungsrechtes*, Bd. 3, Berlin 1886.

Conrad Bornhak, *Preußische Staats- und Rechtsgeschichte*, Berlin 1903.

Erich Botzenhart (Bearb.)/Walter Hubatsch (neu hrsg.), *Freiherr vom Stein. Briefe und amtliche Schriften*, 10 Bde. (Neuausg.), Stuttgart 1957 bis 1974.

Erich Botzenhart/Gunther Ipsen (Hrsg.), *Freiherr vom Stein. Ausgewählte politische Briefe und Denkschriften*, Stuttgart – Berlin 1956.

Manfred Botzenhart, *Von den preußischen Reformen zum Wiener Kongreß*, in: *Handbuch der Deutschen Geschichte*, herausg. von Leo Just, Bd. 3/1a, Wiesbaden 1980, S. 546–550.

Friedrich Wilhelm August Bratring, *Statistisch-topographische Beschreibung der gesamten Mark Brandenburg*, 3 Bde., Berlin 1804–1809, kritisch durchgesehen und verbesserte Neuausgabe von Otto Büsch und Gerd Heinrich (= Veröffentlichungen der Historischen Kommission zu Berlin 22), Berlin 1968.

Paul Clauswitz, *Die Pläne von Berlin und die Entwicklung des Weichbildes*, Berlin 1906.

Paul Clauswitz, *Die Städteordnung von 1808 und die Stadt Berlin – Festschrift zur hundertjährigen Gedenkfeier der Einführung der Städteordnung*, Berlin 1908.

Hermann Conrad, *Das Allgemeine Landrecht von 1794 als Grundgesetz des friderizianischen Staates*, in: Otto Büsch und Wolfgang Neugebauer (Hrsg.) *Moderne Preußische Geschichte 1648–1947. Eine Anthologie* (= Veröffentlichungen der Historischen Kommission zu Berlin 52), Bd. 2, Berlin – New York 1981, S. 598–621.

Werner Conze, *Das Spannungsfeld von Staat und Gesellschaft im deutschen Vormärz*, in: *Staat und Gesellschaft im deutschen Vormärz 1815* bis *1848*, hrsg. v. Werner Conze (= Industrielle Welt, Bd. 1), Stuttgart 1962.

Carl Friedrich Wilhelm Dieterici, *Statistische Übersicht der Stadt Berlin*, in: *Berliner Kalender 1844*, Berlin 1844, S. 173.

Carl Friedrich Wilhelm Dieterici, *Die statistischen Tabellen des preußischen Staates nach den amtlichen Aufnahmen des Jahres 1843*, Berlin 1845.

Richard Dietrich, *Verfassung und Verwaltung*, in: Hans Herzfeld (Hrsg.), *Berlin und die Provinz Brandenburg im 19. u. 20. Jahrhundert* (= Veröffentlichungen der Historischen Kommission zu Berlin 3), Berlin 1968, S. 181–308.

Richard Dietrich (Hrsg.), *Berlin. Zehn Kapitel seiner Geschichte*, 2. Aufl., Berlin 1981.

Ernst Dronke, *Berlin*, Frankfurt a. M. 1846, gekürzte Neuausgabe Darmstadt – Neuwied 1987.

Christian Engeli/Wolfgang Haus (Bearb.), *Quellen zum modernen Gemeindeverfassungsrecht in Deutschland* (= Schriften des Deutschen Instituts für Urbanistik, Bd. 45), Berlin 1975.

Felix Escher, *Die brandenburgisch-preußische Residenz und Hauptstadt Berlin im 17. und 18. Jahrhundert*, in: Wolfgang Ribbe (Hrsg.), *Geschichte Berlins. Von der Frühgeschichte bis zur Industrialisierung* (= Veröffentlichung der Historischen Kommission zu Berlin), Bd. 1, München 1987, S. 343–403.

Ernst Fidicin, *Historisch-diplomatische Beiträge zur Geschichte Berlins*, Bd. 1–5, Berlin 1837 bis 1842.

Ernst Fidicin, *Berlin. Historisch und topographisch dargestellt*, Berlin 1843.

August Frhr. von Fircks, *Rückblick auf die Bewegung der Bevölkerung im preußischen Staate während des Zeitraums vom Jahre 1816 bis zum Jahr 1879* (= Preußische Statistik. Amtliches Quellenwerk, Bd. 48 A), Berlin 1879.

Ernst Fölsche, *Das Ehrenamt in Preußen und im Reiche*, Breslau 1911.

Johann Christian Gädicke, *Lexikon von Berlin und der umliegenden Gegend*, Berlin 1806.

Johann Christian Gädicke, *Der Berliner Nachweiser zu allen hiesigen Sehens- und Merkwürdigkeiten, Straßen, Gassen, Plätzen*, Berlin 1828.

Ludwig Geiger, *Berliner Bürgergarde 1809*, in: *Zeitschrift für die Geschichte der Juden in Deutschland* 4 (1890), S. 372.

Johann Friedrich Geist/Klaus Kürvers, *Das Berliner Mietshaus*, 1740–1862, Bd. 1, München 1980.

H. von Gerlach, *Die Geschichte des preußischen Wahlrechts*, Berlin 1908.

Jürgen von Gerlach, *Leopold von Gerlach. Leben und Gestalt des ersten Oberbürgermeisters von Berlin und kurmärkischen Kammerpräsidenten 1757–1813*, Berlin 1987.

Otto Gerland, *Eine einheitliche Städteordnung für Preußen, in: Jahrbuch für Gesetzgebung, Verwaltung und Volkswirtschaft im Deutschen Reich,* Jg. 13 (1889), S. 1106–1119.

Otto von Gierke, *Die Steinsche Städteordnung*, Darmstadt 1957.

Adolf Glaßbrenner, *Berlin, wie es ist und – trinkt*, 32 Hefte, Berlin 1832–1850.

Adolf Glaßbrenner, *Buntes Berlin*, vollst. Nachdruck aller Ausgaben 1838–1853, Berlin 1981.

Rudolf Gneist, *Berliner Zustände*, Berlin 1848.

Herman Granier, *Die Franzosen in Berlin 1806 bis1808*, in: *Hohenzollern-Jahrbuch* 9 (1905), S. 1–43.

Herman Granier (Hrsg.), *Berichte aus der Berliner Franzosenzeit 1807–1809* (= Publikationen aus den Preußischen Staatsarchiven 88), Leipzig 1913.

Waldemar von Grumbkow, *Die Geschichte der Kommunalaufsicht in Preußen,* Diss. jur., Breslau 1920, Neubrandenburg 1921 (erschienen im selben Jahr auch in erweiterter Fassung).

Rüdiger Hachtmann, *Zwischen konservativer Beharrung und demokratisch-sozialistischer Utopie. Politische Einstellungen und Organisationsverhalten von Bürgertum, Mittelstand und Proletariat während der Berliner Revolution von 1848,* in: Jürgen Wetzel (Hrsg.), *Berlin in Geschichte und Gegenwart. Jahrbuch des Landesarchivs Berlin 14 (1995)*, S. 101 bis 129.

F. J. Hafemann, *Die Preußische Städteordnung nebst den über dieselbe ergangenen neueren Gesetzen, Verordnungen und Reskripten bis zum Jahre 1827*, Leipzig 1829.

Wolfgang Hardtwig, *Vormärz. Der monarchische Staat und das Bürgertum.* (Deutsche Geschichte der neuesten Zeit vom 19. Jahrhundert bis zur Gegenwart, hrsg. von Martin Broszat, Wolfgang Benz und Hermann Grame in Verbindung mit dem Institut für Zeitgeschichte, München), München 1985.

Fritz Hartung, *Deutsche Verfassungsgeschichte*, Stuttgart 1950.

Paul Hassel, *Der Abzug der Franzosen aus der Mark. März 1813*, in: *Zeitschrift für Preußische Geschichte und Landeskunde* 12 (1875), S. 205 bis 265.

Heinrich Heffter, *Die deutsche Selbstverwaltung im 19. Jahrhundert. Geschichte der Ideen und Institutionen*, Stuttgart 1950.

Gerd Heinrich, *Staatsaufsicht und Stadtfreiheit in Brandenburg-Preußen unter dem Absolutismus (1600–1806)*, in: Wilhelm Rausch (Hrsg.), *Die Städte Mitteleuropas im 17. und 18. Jahrhundert* (Beiträge zur Geschichte Mitteleuropas 5), Linz 1981.

Gerd Heinrich, *Geschichte Preußens. Staat und Dynastie,* Frankfurt a. M. 1981.

Hans-Peter Helbach, *Berliner Unternehmer in Vormärz und Revolution 1847–1848. Eine Trägerschicht der Frühindustrialisierung als neue politische Kraft,* in: Ders., *Untersuchungen zur Geschichte der frühen Industrialisierung vornehmlich im Wirtschaftsraum Berlin-Brandenburg*, Berlin 1971, S. 416–454.

Hans Herzfeldt, *Allgemeine Geschichte und politische Geschichte*, in: *Berlin und die Provinz Brandenburg im 19. und 20. Jahrhundert* (= Veröffentlichungen der Historischen Kommission zu Berlin 25), Berlin 1968, S. 1–180.

Johann George Ludwig Hesekiel, *Die Kartoffel-Unruhen am 21. April 1847*, Berlin 1847.

Gunther Hildebrandt, *Carl Friedrich Leopold von Gerlach,* in: Wolfgang Ribbe (Hrsg.), *Stadtoberhäupter. Biographien Berliner Bürgermeister im 19. und 20. Jahrhundert* (Berlinische Lebensbilder 7), Berlin 1992, S. 35–50.

Gunther Hildebrandt, *Johann Stephan Gottfried Büsching,* in: Wolfgang Ribbe (Hrsg.), *Stadtoberhäupter. Biographien Berliner Bürgermeister im 19. und 20. Jahrhundert* (Berlinische Lebensbilder 7), Berlin 1992, S. 51–65.

Gunther Hildebrandt, *Friedrich Wilhelm Leopold von Bärensprung*, in: Wolfgang Ribbe (Hrsg.), *Stadtoberhäupter. Biographien Berliner Bürgermeister im 19. und 20. Jahrhundert* (Berlinische Lebensbilder 7), Berlin 1992, S. 67–82.

Johann Gottfried Hoffmann, *Die Bevölkerung des preußischen Staates,* Berlin 1839.

Walter Hoffmann-Axthelm/Gerhard Kutzsch (Hrsg.), *Suchet der Stadt Bestes ... Abdruck einer Anrede an die Bürgerversammlung vor der Wahl der Stadtverordneten im Jahre 1809. Gehalten von Propst Hanstein, in: Der Bär von Berlin. Jahrbuch des Vereins für die Geschichte Berlins* 26 (1977).

K. Fr. Horn, *Bemerkungen zu der Schrift des Herrn Prof. von Raumer: Über die Preußische Städteordnung*, Königsberg 1828.

Walter Hubatsch (Hrsg.), *Freiherr vom Stein. Das Reformministerium (1807–1808),* 2. Bde., neu bearbeitet von Peter G. Thielen, Stuttgart 1960.

Walter Hubatsch, *Die Stein-Hardenbergschen Reformen* (= Erträge der Forschung 65), Darmstadt 1977.

Ernst Rudolf Huber, *Deutsche Verfassungsgeschichte seit 1789*, Bd. 1, *Reform und Restauration 1789–1830*, 2. verbesserte Aufl., Stuttgart 1975.

Jacob Jacobson, *Die Judenbürgerbücher der Stadt Berlin* (= Veröffentlichung der Historischen Kommission zu Berlin 4), Berlin 1962.

Statistisches Jahrbuch der Stadt Berlin, hrsg. im Auftrag des Magistrats v. H. Silbergleit, Berlin 1920.

Alfred Janetzki, *Die grundsätzlichen Unterschiede der preußischen Städteordnungen von 1808, 1831 und 1853*, Diss. jur., Leipzig 1909.

Erich Joachim, *Zur Vorgeschichte der preußischen Städteordnung vom 19. November 1808*, in: *Historische Zeitschrift* 68 (1892), S. 84–89.

Gustav von Jordan/Louis Jordan (Hrsg.), *Chronik der Familie Jordan*, Zossen – Berlin 1902.

Ernst Kaeber, *Berlin 1848. Zur Hundertjahrfeier der Märzrevolution im Auftrage des Magistrats von Gross-Berlin*, Berlin 1948.

Ernst Kaeber, *Das Weichbild der Stadt Berlin seit der Steinschen Städteordnung*, in: Ders., *Beiträge zur Berliner Geschichte. Ausgewählte Aufsätze* (= Veröffentlichung der Historischen Kommission zu Berlin Bd. 14), Berlin 1964, S. 234–376.

Ernst Kaeber, *Vormärzlicher Liberalismus in Berlin*, in: Ernst Kaeber, *Beiträge zur Berliner Geschichte. Ausgewählte Aufsätze* (= Veröffentlichung der Historischen Kommission zu Berlin Bd. 14), Berlin 1964, S. 144–159.

Ernst Kaeber, *Die Oberbürgermeister Berlins seit der Steinschen Städteordnung*, in: *Jahrbuch für die Geschichte Berlins* 2 (1952).

H. Kappelmann, *Die Verfassung und Verwaltungsorganisation der preußischen Städte nach der Städteordnung vom 30. Mai 1853, in: Verfassung und Verwaltungsorganisation der Städte*, Bd. 1: Königreich Preußen, Leipzig 1906, S. 3–92 (= Schriften des Vereins für Socialpolitik, Bd. 117).

Konrad Kettig, *Berlin im 19. und 20. Jahrhundert (1806–1945)*, Köln 1962.

Konrad Kettig, *Gemeinsinn und Mitverantwortung. Beiträge zur Geschichte der Berliner Stadtverordnetenversammlung, zugleich eine Würdigung des Stadtverordnetenvertreters Heinrich Kochhann*, in: *Der Bär von Berlin. Jahrbuch des Vereins für die Geschichte Berlins* 12 (1963), S. 7–27.

Konrad Kettig, *Der Professor als Parlamentarier. Clemens August Klenze als Mitglied der Berliner Stadtverordnetenversammlung in den Jahren 1833–1838*, in: *Der Bär von Berlin. Jahrbuch für die Geschichte Berlins* 14 (1965), S. 122–133.

Richard Knoblauch, *175 Jahre Knoblauchsches Haus. Aus Tagebüchern und Akten des Familienarchivs*, in: *Zeitschrift des Vereins für die Geschichte Berlins* 52 (1935).

Heinrich Eduard Kochhann, *Tagebücher*, hrsg. v. Albert Kochhann, Teil 1–5, Berlin 1905–1908. Bes. Teil 3, *Mitteilungen aus den Jahren 1839 bis 1848*, hrsg. 1906.

Ludwig Ernst von Koenen, *Rede gesprochen am 19. Nov. 1823 zur Feier des Stiftungtages der Städteordnungen von dem Vorsteher der Stadtverordenten-Versammlung in Berlin*, Berlin 1823.

Königliche priviligierte Berlinische Zeitung von Staats- und gelehrten Sachen. Vossische Zeitungs-Expedition in der Niederlagstraße Nr. 2, (Vossische Zeitung).

Die Korporation der Kaufmannschaft von Berlin. Festschrift zum hundertjährigen Jubiläum am 2. März 1920, Berlin 1920.

Reinhart Koselleck, *Staat und Gesellschaft in Preußen 1815–1848, in: Staat und Gesellschaft im deutschen Vormärz 1815–1848* (= Industrielle Welt 1), hrsg. v. Werner Conze, Stuttgart 1962.

Reinhart Koselleck, *Preußen zwischen Reform und Revolution. Allgemeines Landrecht, Verwaltung und soziale Bewegung von 1791–1848*, Stuttgart 1967.

Wolfgang R. Krabbe, *Die deutsche Stadt im 19. u. 20. Jahrhundert. Eine Einführung*, Göttingen 1989.

Anny Kratzer, *Die Entstehung und Bedeutung der Städteordnung von 1853*, Diss. phil., Berlin 1930.

August Krebsbach, *Die Preußische Städteordnung von 1808*, 2. Aufl., Stuttgart 1970, S. 49–100.

Ed. Kuntze, *Das Jubiläum vom Voigtland oder Geschichte der Rosenthaler Vorstadt von 1755* bis *1855*, Berlin 1855.

Gerhard Kutzsch, *Verwaltung und Selbstverwaltung in Berlin unter der ersten Städteordnung*, in: *Jahrbuch für brandenburgische Landesgeschichte* 13 (1962), S. 22–40.

Gerhard Kutzsch, *Der Staat und die Stadt Berlin. Skizzierung ihres Verhältnisses zueinander im 19. Jahrhundert*, in: *Der Bär von Berlin* 17 (1968), S. 7–21.

Gerhard Kutzsch, *Berlins Bürgermeister 1808* bis*1933. Die „Zweiten Männer der Stadt“*, in: *Der Bär von Berlin* 25 (1976), S. 7–29.

Max Lehmann, *Der Ursprung der Städteordnung von 1808, in: Preußische Jahrbücher* 93 (1898), S. 471–514.

Günter Liebchen, *Zu den Lebensbedingungen der unteren Schichten im Berlin des Vormärz. Eine Betrachtung an Hand von Mietpreisentwicklung und Wohnverhältnissen*, in: Otto Büsch (Hrsg.), *Untersuchungen zur Geschichte der frühen Industrialisierung vornehmlich im Wirtschaftsraum Berlin-Brandenburg*, Berlin 1971, S. 271 bis 314.

Friedrich August Ludwig von der Marwitz. *Ein märkischer Edelmann im Zeitalter der Befreiungskriege*, 2 Bde., hrsg. v. Friedrich Meusel, Berlin 1908 u. 1913.

Frederick D. Marquardt, *Sozialer Aufstieg, sozialer Abstieg und die Entstehung der Berliner*

Arbeiterklasse. 1806–1848, in: *Geschichte und Gesellschaft* 1 (1975), S. 43–77.

Georg Ludwig v. Maurer, *Geschichte der Städteverfassung in Deutschland,* Bd. 4, Erlangen 1871 (Neudruck Aalen 1962).

Ernst von Meier, *Französische Einflüsse auf die Staats- und Rechtsentwicklung Preußens im 19. Jahrhundert,* 2. Bde., Leipzig 1908.

Ernst von Meier, *Die Reform der Verwaltungsorganisation unter Stein und Hardenberg,* 2. Auflage, München – Leipzig 1912.

Hans Hermann Meissner, *Grundsätze der Steinschen Städteordnung vom 19. November 1808 und deren Entwicklung in den späteren preußischen Gemeindeverfassungsgesetzen,* Diss. jur., Greifswald 1913.

Anneliese Meyer, *England als politisches Vorbild und sein Einfluß auf die politische Entwicklung in Deutschland bis 1830,* Diss. phil., Freiburg 1931.

Dora Meyer, *Das öffentliche Leben in Berlin im Jahr vor der Märzrevolution,* Berlin 1912.

Ilja Mieck, *Preußische Gewerbepolitik in Berlin 1806–1844. Staatshilfe und Privatinitiative zwischen Merkantilismus und Liberalismus* (= Veröffentlichungen der Historischen Kommission zu Berlin, Bd. 20), Berlin 1965.

Ilja Mieck, *Zielsetzung und Ertrag der preußischen Reformen,* in: *Preußen. Beiträge zu einer politischen Kultur* (Katalog der Ausstellung), Bd. 2, Berlin 1981, S. 181–196.

Ilja Mieck, *Seidenbau in Steglitz. Das Unternehmen von Johann Adolph Heese,* in: *Berlin in Geschichte und Gegenwart. Jahrbuch des Landesarchivs 1* (1982), S. 83–99.

Ilja Mieck, *Von der Reformzeit zur Revolution (1806–1847),* in: Wolfgang Ribbe (Hrsg.) *Geschichte Berlins. Von der Frühgeschichte bis zur Industrialisierung* (= Veröffentlichung der Historischen Kommission zu Berlin), Bd. 1, 2. Aufl., München 1988, S. 404–602.

Ilja Mieck, *Idee und Wirklichkeit: Die Auswirkungen der Stein-Hardenbergschen Reformen auf die Berliner Wirtschaft,* in: *Berlin und seine Wirtschaft. Ein Weg aus der Geschichte in die Zukunft – Lehren und Erkenntnisse,* hrsg. von der Industrie- und Handelskammer zu Berlin, Berlin – New York 1987, S. 41–58.

Ilja Mieck, *Franz Anton Egells, die Gebrüder Freund und die Anfänge des Maschinenbaus in Berlin,* in: Wilhelm Treue/Wolfgang König (Hrsg.), Berlinische Lebensbilder: Techniker, Berlin 1990, S. 65–83.

Ilja Mieck, *Die verschlungenen Wege der Städtereform in Preußen (1806–1856),* in: Forschungen zur Brandenburgischen und Preußischen Geschichte, N. F. Beiheft 2 (1993), S. 53–84.

Eduard Muret, *Geschichte der Französischen Kolonie in Brandenburg-Preußen, unter besonderer Berücksichtigung der Berliner Gemeinde,* Berlin 1885.

Friedrich Nicolai, *Beschreibung der Königlichen Residenzstädte Berlin und Potsdam,* 3 Bde., 3. Aufl., Berlin 1786, Neudruck Berlin 1968.

Gertrud Nicolaus, *Die Einführung der Städteordnung vom 19. November 1808 in Königsberg i.Pr.,* Dissertation Königsberg 1930, Minden 1931.

Thomas Nipperdey, *Deutsche Geschichte 1800* bis *1866. Bürgerwelt und starker Staat,* München 1983.

Herbert Obenaus, *Anfänge des Parlamentarismus in Preußen bis 1848* (Handbuch der Geschichte des deutschen Parlamentarismus). Im Auftrage der Kommission für Geschichte des Parlamentarismus und der politischen Parteien, hrsg. von Gerhard A. Ritter, Düsseldorf 1984.

Karl Obermann, *Die Volksbewegung in Berlin in den Jahren 1830–1832,* in: *Berliner Heimat* 4 (1956), S. 12–18.

Otto Oertel, *Die Städte-Ordnung für die sechs östlichen Provinzen der Preußischen Monarchie vom 30. Mai 1853,* 6. Aufl. Liegnitz 1914.

Gustav Parthey, *Berlins Besetzung durch die Franzosen im Jahre 1806,* in: *Mitteilungen des Vereins für die Geschichte Berlins* 23 (1906), S. 105–109.

Gustav Parthey, *Jugenderinnerungen,* neu hrsg. von Ernst Friedel, 2 Teile, Berlin 1907.

Georg Heinrich Pertz, *Das Leben des Ministers Freiherrn vom Stein,* 6 Bde., Berlin 1849–1855.

Erich Petersilie, *Entstehung und Bedeutung der Preußischen Städteordnung,* Leipzig 1908.

Hugo Preuss, *Die Entwicklung des deutschen Städtewesens,* Leipzig 1906.

Georg Puhlmann, *Die Umbildung der Grundprinzipien der Städteordnung von 1808 durch die Städteordnungen von 1831 und 1853,* Diss. jur., Greifswald 1912.

Hugo Rachel/Paul Wallich, *Berliner Grosskaufleute und Kapitalisten. Übergangszeit zum Hochkapitalismus 1806–1856,* neu herausgeb. von Johannes Schultze/Henry C. Wallich/Gerd Heinrich (= Veröffentlichungen des Vereins für Geschichte der Mark Brandenburg), Bd. 3, Berlin 1967.

Friedrich v. Raumer, *Über die Preußische Städteordnung,* Leipzig 1828.

Friedrich v. Raumer, *Zur Rechtfertigung und Berichtigung meiner Schrift über die preußische Städteordnung,* Leipzig 1828.

Friedrich v. Raumer, *Über die preußische Städteordnung, nebst einem Vorworte über bürgerliche Freiheit nach französischen und deutschen Begriffen,* Leipzig 1828.

Kurt v. Raumer, *Deutschland um 1800 – Krise und Neugestaltung 1789–1815,* in: Leo Just (Hrsg.), *Handbuch der Deutschen Geschichte,* Bd. 3/I, Teil 1, Wiesbaden 1980.

Hans Joachim Reichhardt, *Wahlen in Berlin 1809 bis 1967. Ein Rückblick auf 160 Jahre Berliner Kommunalpolitik* (= Berliner Forum 7/70), Berlin 1970.

Jürgen Reulecke (Hrsg.), *Die deutsche Stadt im Industriezeitalter. Beiträge zur modernen deutschen Stadtgeschichte*, Wuppertal 1978.

Wolfgang Ribbe (Hrsg.), *Geschichte Berlins* (= Veröffentlichung der Historischen Kommission zu Berlin), 2 Bde., 2. Aufl., München 1988.

Wolfgang Ribbe (Hrsg.), *Stadtoberhäupter. Biographien Berliner Bürgermeister im 19. und 20. Jahrhundert* (Berlinische Lebensbilder 7), Berlin 1992.

Günther Richter, *Zwischen Revolution und Reichsgründung (1848–1870). Berlin 1848*, in: Wolfgang Ribbe (Hrsg.), *Geschichte Berlins. Von der Märzrevolution bis zur Gegenwart* (= Veröffentlichung der Historischen Kommission zu Berlin), *Bd. 2*, 2. Aufl., München 1988, S. 605–687.

Gerhard Ritter, *Stein. Eine politische Biographie*, 4. Aufl., Stuttgart 1981.

Ludwig von Rönne, *Die preußischen Städteordnungen vom 19. November 1808 und vom 17. März 1831 mit ihren Ergänzungen und Erläuterungen durch Gesetzgebung und Wissenschaft*, Breslau 1840.

Ludwig von Rönne/Heinrich Simon, *Die früheren und gegenwärtigen Verhältnisse der Juden in den sämtlichen Landesteilen des Preußischen Staates*, Breslau 1843.

Reinhard Rürup, *Deutschland im 19. Jahrhundert 1815–1871* (= Deutsche Geschichte 3: 19. und 20. Jahrhundert), Göttingen 1985.

Johann Daniel Friedrich Rumpf, *Die Preußische Städteordnung vom 19. November 1808, mit den gesetzlichen sowohl, als reglementsmäßigen, ergänzenden und erläuternden Bestimmungen, nebst der revidierten Städteordnung mit den dazu gehörigen Verordnungen vom 17. März 1831, und einer Vergleichung beider*, Berlin 1834.

Heinrich Runge, *Mein Glaubensbekenntnis*, Berlin 1844.

Eduard Sand, *Die Abgrenzung der Befugnisse des Magistrats und der Stadtverordnetenversammlung nach der Städteordnung für die sechs östlichen Provinzen der Preußischen Monarchie vom 30. Mai 1853*, Diss. jur., Berlin 1913.

Johannes Scherr, *Das enthüllte Preußen*, Winterthur 1845.

Ulrich Scheuner, Der Staatsgedanke Preußens, in: Otto Büsch und Wolfgang Neugebauer (Hrsg.) *Moderne Preußische Geschichte 1648–1947. Eine Anthologie* (= Veröffentlichungen der Historischen Kommission zu Berlin 52), Bd. 1, Berlin – New York 1981, S. 26–73.

Gerhard Schilfert, *Sieg und Niederlage des demokratischen Wahlrechts in der deutschen Revolution 1848/49*, Berlin 1952.

Franz Schlarmann, *Die Einflußnahme des Preußischen Staatsrates auf die Gemeindegesetzgebung im 19. Jahrhundert*, Diss. jur., Göttingen 1935.

Eduard Schmidt-Weißenfels, *Die Stadt der Intelligenz. Geschichten aus Berlins Vor- und Nachmärz*, Berlin 1865.

Paul Schön, *Die Organisation der städtischen Verwaltung in Preußen*, in: Annalen des deutschen Reichs für Gesetzgebung, Verwaltung und Statistik, 1891, S. 707–858.

Paul Schön, *Das Recht der Kommunalverbände*, Leipzig 1897 (Ergänzungsband zu Ludwig von Rönne, Das Staatsrecht der Preußischen Monarchie).

Kurt Schrader, *Die Verwaltung Berlins von der Residenzstadt des Kurfürsten Friedrich Wilhelm bis zur Reichshauptstadt unter besonderer Berücksichtigung der Stellung der Stadtverwaltung zu den oberen preußischen Staatsbehörden mit einem Abriß der Behördengeschichte der Berliner Regierung*, Phil. Diss., Berlin (Ost) 1963, (Maschschr.).

Berthold Schulze, *200 Jahre staatlicher Verwaltungsbezirk Berlin*, in: *Jahrbuch für brandenburgische Landesgeschichte* 3 (1952), S. 1–8.

Berthold Schulze, *Die Einführung der Städteordnung in Berlin und der Mark 1808–1809*, in: *Jahrbuch für brandenburgische Landesgeschichte* 10 (1959), S. 11–17.

Paul Schwartz, *Die Preußische Städteordnung vom 19. November 1808. Festschrift der Stadt Berlin zum 19. November 1908, Berlin 1908.*

Rudolf Stadelmann, *Soziale und politische Geschichte der Revolution von 1848*, 2. Aufl., München 1962.

Die Stadtverordneten zu Berlin an ihre Mitbürger über die Verwaltung ihrer Communalangelegenheiten 1817–1822, Berlin 1822.

Franz Steinbach, *Geschichtliche Grundlagen der kommunalen Selbstverwaltung in Deutschland*, Bonn 1932.

Alfred Stern, *Abhandlungen und Aktenstücke zur Geschichte der preußischen Reformzeit 1807* bis *1815*, Leipzig 1885.

Sigismund Stern, *Stein und sein Zeitalter*, Leipzig 1855.

Adolf Streckfuß, *500 Jahre Berliner Geschichte. Vom Fischerdorf zur Weltstadt*, 3. Aufl., Berlin 1880.

Adolph Streckfuß, *Berlin im neunzehnten Jahrhundert*, 2 Bde., Berlin 1867.

Karl Streckfuß, *Über die preußische Städteordnung. Beleuchtung der Schrift des Herrn v. Raumer*, Berlin 1828.

Statistische Übersicht von der gestiegenen Bevölkerung der Haupt- und Residenzstadt Berlin in den Jahren 1815 bis 1828, Berlin 1829.

Barbara Vogel (Hrsg.), *Preußische Reformen 1807–1820* (Neue Wissenschaftliche Bibliothek 96, Geschichte), Königstein/Ts. 1980.

Heinrich Weber, *Wegweiser durch die wichtigsten technischen Werkstätten der Residenz Berlin.* Teil 1: Die Webereien, Teil 2: Die Maschinenbau-Anstalten und andere Fabrikationen, Berlin – Leipzig 1819–1820 (Nachdruck Berlin 1987).

Karin Weimann, *Bevölkerungsentwicklung und Frühindustrialisierung in Berlin 1800–1850,* in: Otto Büsch (Hrsg.), *Untersuchungen zur Geschichte der frühen Industrialisierung vornehmlich im Wirtschaftsraum Berlin-Brandenburg* (= Einzelveröffentlichungen der Historischen Kommission zu Berlin 6), Berlin 1971, S. 150 bis 190.

Stefi Wenzel, *Jüdische Bürger und kommunale Selbstverwaltung in preußischen Städten 1808–1848* (= Veröffentlichungen der Historischen Kommission zu Berlin 21), Berlin 1967.

Jürgen Wetzel, *Julius Berends (1817–1891). Ein Kämpfer für Demokratie und soziale Gerechtigkeit,* in: *Der Bär von Berlin. Jahrbuch des Vereins für die Geschichte Berlins* 87 (1978), S. 41–49.

Jürgen Wetzel, *„Taub für die Stimme der Zeit.“ Zwischen Königstreue und Bürgerinteressen. Berlins Oberbürgermeister H. W. Krausnick von 1834 bis 1862* (Ausstellungskatalog des Landesarchivs Berlin), Berlin 1986.

Jürgen Wetzel, *Heinrich Wilhelm Krausnick,* in: Wolfgang Ribbe (Hrsg.), *Stadtoberhäupter. Biographien Berliner Bürgermeister im 19. und 20. Jahrhundert* (Berlinische Lebensbilder 7), Berlin 1992, S. 83–106.

Jürgen Wetzel, *Franz Naunyn,* in: Wolfgang Ribbe (Hrsg.), *Stadtoberhäupter. Biographien Berliner Bürgermeister im 19. und 20. Jahrhundert* (Berlinische Lebensbilder 7), Berlin 1992, S. 107–112.

Theodor Winkler, *Johann Gottfried Frey und die Entstehung der preußischen Selbstverwaltung* (Einzelschriften des kommunalwissenschaftlichen Instituts an der Universität Berlin. Hrsg. von Kurt Jeserich), Stuttgart 1936. Nachdruck der Ausgabe von 1936, Stuttgart 1957.

Georg Winter (Hrsg.), *Die Reorganisation des Preußischen Staates unter Stein und Hardenberg,* 1. Teil: *Allgemeine Verwaltungs- und Behördenreform,* Bd. 1 (Publikationen aus den Preußischen Staatsarchiven 93), Leipzig 1931.

Volkmar Wittmütz, *Zur Sozialgeschichte des Vormärz – Aus einer Denkschrift David Hansemanns,* in: *Geschichte in Wissenschaft und Unterricht* 27 (1976), S. 158–168.

Adolf Wolff, *Berliner Revolutions-Chronik. Darstellung der Berliner Bewegungen im Jahre 1848 nach politischen, socialen und literarischen Beziehungen,* Bd. 1–3, Berlin 1851–1854.

Ernst Leopold Frhr. von Zedlitz-Neukirch, *Neuestes Conversations-Handbuch für Berlin und Potsdam. Zum täglichen Gebrauch der Einheimischen und Fremden aller Stände,* Berlin 1834 (Neudruck 1981 und 1982).

Walter Zeeden, *Hardenberg und der Gedanke einer Volksvertretung in Preußen 1807–1812,* Berlin 1940.

Kurt Zeisler, *Justus von Gruner. Eine biographische Skizze,* in: *Berlin in Geschichte und Gegenwart. Jahrbuch des Landesarchivs* 13 (1994), S. 81–105.

2. Wahlbezirke

a) Verzeichnis der 102 Wahlbezirke von 1809

BERLIN

1) Heilige Geiststraßen-Bezirk[1]
Heilige Geiststraße, Burgstraße 8–24, Kleine Burgstraße.

2) Landschafts-Bezirk
Spandauerstraße 4–25 und 56–77, Pankowsgasse, Kalandergasse.

3) Neue Markt-Bezirk
Rosenstraße, Papenstraße 9–16, Neue Markt, Bischoffstraße 12–21, Bullenwinkel.

4) Garnisonkirch-Bezirk
Neue Friedrichstraße 41–65, An der Spandauer Brücke, Hinter der Garnisonkirche, Burgstraße 25–27, Wursthof, Heilige Geistgasse, Heidereut(h)ergasse, Spandauer Straße 1–3 und 78–81.

5) Gouvernements-Bezirk
Jüdenstraße, Große Jüdenhof.

6) Rathaus-Bezirk
Spandauer Straße 26–55, Nagelgasse, Reezengasse.

7) Molkenmarkt-Bezirk
Stralauer Straße 23–39, Molkenmarkt, Mühlendamm, Bollengasse.

8) Nikolaikirch-Bezirk
Probstgasse, Nikolaikirchhof, Nikolaikirchgasse, Eiergasse, Poststraße 9–23.

9) Post-Bezirk
Poststraße 1–8 und 24–31, Königstraße 1–18 und 48–69, Burgstraße 1–7.

10) Kadettenhaus-Bezirk
Neue Friedrichstraße 1–20 und 82–108, Bullenwinkel, Stralauer Mauer 16.

11) Waisenhaus-Bezirk
Stralauer Str. 1–14 u. 50–58, Stralauer Mauer 16.

12) Parochialkirch-Bezirk
Stralauer Straße 15–22 und 40–49, Klosterstraße 47–67.

13) Graue Kloster-Bezirk
Klosterstraße 30–46 und 68–78, Kronengasse, Siebergasse.

14) Hohe Steinweg-Bezirk
Hohe Steinweg, Bischoffsstraße 1–11 und 22–28, Klosterstr. 21–28 und 79–87, Königsstraße 19–26 und 39–47, Marienkirchhof 5–11.

15) Königsbrücken-Bezirk
Königstraße 27–38, Neue Friedrichstraße 22–28 und 76–81, Königsmauer 1–31 und 42–59.

16) Marienkirch-Bezirk
Klosterstraße 1–20 und 88–112, Papenstraße 1–8 und 17–24, Marienkirchhof 1–4 und 12–22.

17) Kleine Jüdenhof-Bezirk
Neue Friedrichstraße 29–40 und 66–75, Königsmauer 32–41, Kleine Jüdenhof, Rosmariengasse.

ALT-CÖLLN

18) Schloß-Bezirk
Königl. Schloß und das Waschhaus, das Börsenhaus, Neue Packhof, Hinter dem Neuen Packhof, Schloßfreiheit, An den Werderschen Mühlen, Stechbahn, Schloßplatz, An der Schleuse.

19) Brüderstraßen-Bezirk
Brüderstraße, Neumannsgasse, Bullenwinkel, Spreegasse.

20) Schickler-Bezirk
An der Gertrauden und Spreegassenbrücke, Neue Kirchgasse, Scharrenstraße 10–19, Gertraudenstraße 8–19, Platz an der Petrikirche 4, Alte Grünstraße.

21) Insel-Bezirk
Fischerbrücke, Wursthof, Fischerstraße 11–27, Schornsteinfegergasse.

22) Cöllnische Fischmarkt-Bezirk
Fischerstraße 1–10 und 28–43, Fischmarkt, Roßstraße 1–4 und 28–34.

23) Rittergassen-Bezirk
Roßstraße 5–27, Rittergasse, Lappstraße.

24) Breite Straßen-Bezirk
Breite Straße, Scharrenstraße 1–9 und 20–23, Platz an der Petrikirche 1–3, Gertraudenstraße 1–7 und 20–27.

---

1 Bekanntmachung der Einteilung der Stadt in 102 Bezirke vom 29. 3. 1809 in: *Spenersche Zeitung* Nr. 39 u. 40 vom 1. bzw. 4. 4. 1809 und „*Publicandum*" der Einteilung der Stadt in 102 Bezirke vom 29. 3. 1809 in: *Berliner Intelligenz Blatt* Nr. 80 vom 4. 4. 1809.

FRIEDRICHSWERDER

25) Kreuzgassen-Bezirk
Oberwasserstraße, Schustergasse, Kreuzgasse, Kurstraße 19–37.

26) Raulets Hof-Bezirk
Niederwallstraße 12–33, Alte Leipziger Straße.

27) Hausvogteiplatz-Bezirk
Niederwallstraße 1–11 und 34–39, Hausvogteiplatz, Mohrenstraße 37 a, Jerusalemstraße 24, Oberwallstraße 6–11, Kleine Jägerstraße, Kurstraße 5–17 und 38–49.

28) Münz-Bezirk
Unterwasserstraße, Holzgartenstraße, Adlerstraße, Am Packhof, Jägerstraße 32–43, Kurstraße 1–4 und 50–53.

29) Zeughaus-Bezirk
Werdersche Markt, Oberwallstraße 1–5 und 12–21, Rosenstraße, Falkoniergasse, Niederlagewallstraße, Niederlagestraße, Marktstraße, Am Zeughaus, Platz am Zeughaus, Am Festungsgraben, Hinter dem Gießhaus, Mollardsgasse, Prinzengasse.

DOROTHEENSTADT

30) Quarrée-Bezirk
Quarrée, Unter den Linden 1–25 und 47–78, Wilhelmstraße 60–70, Kleine Wallstraße 10–14.

31) Dorotheenstädtische Kirch-Bezirk
Mittelstraße 11–56, Neustädtische Kirchgasse 2–5 und 7–9, Kleine Wallstraße 4–9.

32) Akademie-Bezirk
Unter den Linden 26–46, Friedrichstraße 83–85 und 157–164, Rosmariengasse 1–5, Charlottenstraße 22–29 und Mittelstraße 1–10 und 57–66, Stallstraße 1–3 und 17–20.

33) Letzte Straßen-Bezirk
Letzte Straße 10–63, Friedrichstraße 86–92 und 150–156.

34) Bauhofs-Bezirk
Bauhof, Bauhofsgasse, Stallstraße 4–16, Weidendamm, Kupfergraben, Georgenstraße, Letzte Straße 1–9, Friedrichstraße 93–103 und 137–149.

FRIEDRICHSTADT

35) Behrenstraßen-Bezirk
Behrenstraße 3–68.

36) Gendarmenmarkt-Bezirk
Gendarmenmarkt, Hinter der katholischen Kirche, Markgrafenstraße 41–53, Jägerstraße 21–31 und 44–56, Französische Straße 27–44, Taubenstraße 19–30, Charlottenstraße 19–21 und 31–42.

37) Französische Straßen-Bezirk
Französische Straße 1–26 und 46–68, Kanonierstraße 14–26, Friedrichstraße 78–82 und 165–170.

38) Ecole de Charité-Bezirk
Jägerstraße 1–20 und 57–76, Kanonierstraße 14 bis 26, Friedrichstraße 76–77 und 171–175.

39) Taubenstraßen-Bezirk
Taubenstraße 1–18 und 31–54, Kanonierstraße 4 bis 8 und 36–46, Friedrichstraße 67–75 und 176 bis 184.

40) Mohrenstraßen-Bezirk
Mohrenstraße 6–37 und 41 und 63.

41) Ordenspalais-Bezirk
Mauerstraße 16–55, Wilhelmstraße 62–68 und 71–79, Wilhelmsplatz, Mohrenstraße 1–5 und 62 bis 66, Behrenstraße 1–2 und 69–72.

42) Zweite Charlottenstraßen-Bezirk
Kronenstraße 21–24 und 46–53, Charlottenstraße 11–18 und 43–55, Markgrafenstraße 31–40 und 55–64, Leipziger Straße 36–42 und 69–74.

43) Erste Charlottenstraßen-Bezirk
Charlottenstraße 2–10 und 56–68, Schützenstraße 6–12 und 64–69, Zimmerstraße 26–30 und 67–76.

44) Zweite Markgrafenstraßen-Bezirk
Markgrafenstraße 20–30 und 65–79, Krausenstraße 13–33 und 44–62.

45) Domhospital-Bezirk
Schützenstraße 13–25 und 52–62, Zimmerstraße 32–41 und 55–65, Jerusalemstr. 5–9 und 46–51.

46) Schinkenbrücken-Bezirk
Kronenstraße 25–34 und 36–54, Leipziger Straße 43–50 und 60–68, Jerusalemstraße 14–40.

47) Dönhoffsche Platz-Bezirk
Spittelbrücke, Leipziger Straße 51–59, Neue Kommandantenstraße 1 und 32–40, Jerusalemstraße 10–13 und 41–45, Krausenstraße 34–43, Schützenstraße 26–40.

48) Jerusalemskirch-Bezirk
Jerusalemstraße 1–4 und 52–66, Lindenstraße 37 bis 80, Zimmerstraße 42–52, Kochstraße 41.

49) Achteck-Bezirk
Achteck, Leipziger Straße 1–14 und 97–117, Wilhelmstraße 58–61 und 80, Communication.

50) Friedrichstädtischer Scharren-Bezirk
Wilhelmstraße 41–57 und 81–101, Zimmerstraße 1–10 und 91–100.

51) Bauakademie-Bezirk
Zimmerstraße 11–25 und 77–90, Schützenstraße 1–5 und 70–79, Friedrichstr. 44–55 und 200–207.

52) Böhmische Kirch-Bezirk
Mauerstraße 2–11 und 69–95, Krausenstraße 1–12 und 63–76, Friedrichstraße 56–58 und 194–199.

53) Städtekassen-Bezirk
Leipziger Straße 15–35 und 75–96, Mauerstraße 12–15 und 66–68.

54) Dreifaltigkeitskirch-Bezirk
Kronenstraße 1–18 und 54–76, Friedrichstraße 59–65 und 185–193, Mauerstraße 56–65.

55) Ansbachsche Palais-Bezirk
Wilhelmstraße 19–39 und 102–126.

56) Schindlersche Waisenhaus-Bezirk
Wilhelmstraße 1–18 und 127–147.

57) Friedrich-Wilhelm-Gymnasium-Bezirk
Friedrichstraße 13–52 und 210–238.

58) Rondell-Bezirk
Friedrichstr. 1–12 und 239–251, Rondell 11–23.

59) Hallesche Tor-Bezirk
Lindenstraße 1–14 und 110–125, Husarenstraße, Communication 4–23, Rondell 1–10.

60) Kammergerichts-Bezirk
Lindenstraße 15–36 und 81–109, Junkerstr. 4–17.

61) Erster Markgrafenstraßen-Bezirk
Markgrafenstraße 1–19 und 80–108, Kochstraße 27, Junkerstraße 1–3 und 18–21.

62) Kochstraßen-Bezirk
Kochstraße 1–26 und 28–29 und 43–75, Friedrichstraße 43 und 109.

NEU-CÖLLN

63) Spittelmarkt-Bezirk
Spittelbrücke 1–5 und 14–19, Spittelmarkt, Spittelmarktstraße.

64) Salzhof-Bezirk
Neue Grünstraße 15–23, Wallstr. 1–27 und 83–92, Friedrichsgracht 25–46.

65) Roßstraßen-Bezirk
Neue Roßstraße 2–23, Wallstraße 28–34 und 71 bis 82, Splittgerbergasse, Neu Cölln am Wasser 1 bis 7, Friedrichsgracht 12–24.

66) Neue Hospital-Bezirk
Wallstraße 35–70, Neu Cölln am Wasser 8–25, Friedrichsgracht 1–11.

LUISENSTADT

67) Jakobskirchhof-Bezirk
Hasenhegerstraße, Orangenstraße, Alte Jakobstraße 1–30 und 87–103, Todtenstraße, Feldstraße.

68) Neue Grünstraßen-Bezirk
Neue Grünstraße 1–14 und 24–38, Neue Kommandantenstraße 3–31.

69) Stallschreibergassen-Bezirk
Stallschreibergasse, Alte Jakobstraße 31–46 und 72–86.

70) Luisenstädtischer Kirch-Bezirk
Alte Jakobstraße 47–71, Auf dem Kirchhofe, Kirchgasse.

71) Schlesische Tor-Bezirk
Köpenicker Straße 1–70 und 112–174, Holzmarktgasse.

72) Prinzen-Holzmarkt-Bezirk
Köpenicker Straße 71–111, Neue Jakobstraße 1–7 und 21–28, Wassergasse.

73) Dresdener Straßen-Bezirk
Neue Jakobstraße 8–20, Schäfergasse, Dresdener Straße 42–63.

74) Cottbusser Tor-Bezirk
Dresdener Straße 1–41 und 64–107.

SPANDAUER VIERTEL

75) Tierarzneischul-Bezirk
Schiffbauerdamm, Charitéstraße, Tierarzneischulplatz, Friedrichstraße 120–136.

76) Posthof-Bezirk
Friedrichstraße 105–119, Linienstraße 155–162, Oranienburger Straße 27–76, Wassergasse 4–27, Flatowgasse, Kirchhoffstraße, Ziegelstraße, Kalkscheunengasse.

77) Hospitalstraßen-Bezirk
Linienstraße 132–154 und 163–184, Hospitalstraße 1–17 und 69–93, Wassergasse 1–3 und 28 bis 30.

78) Monbijou-Bezirk
Oranienburger Straße 1–26 und 77–92, Große Hamburger Straße 8–37, Monbijouplatz, Überfahrtsgasse.

79) Sophienkirch-Bezirk
Große Hamburger Straße 1–7 und 38–40, Sophienkirchgasse, Hospitalstraße 18–29 und 54–68.

80) Hamburger Tor-Bezirk
Linienstraße 101–131 und 220–225, Kleine Hamburger Straße, Hospitalstraße 30–33 und 50

bis 53, Kleine Gasse, Heidereut(h)ergasse 11 und 18, Gipsgasse 33.

81) Gipsgassen-Bezirk
Gipsgasse 1–17 und 19–32, Hospitalstraße 34–49, Heidereut(h)ergasse 1–10 und 19–21.

82) Neue Schönhauser Straßen-Bezirk
Weinmeistergasse, Neue Schönhauser Straße, Rosenthaler Straße 25–35 und 47–54, Gipsgasse 18.

83) Hacksche Markt-Bezirk
Rosenthaler Straße 36–46, Hacksche Markt, Alte Kommandantenstraße, Kleine Präsidentenstraße, Große Präsidentenstraße.

84) Rosenthaler Tor-Bezirk
Rosenthaler Straße 1–24 und 55–73, Hospitalstraße 42 und 43, Todtengasse, Linienstraße 89–99 und 226–229, Mulacksgasse 15–24, Nagelgasse 18–25.

85) Laufgassen-Bezirk
Laufgasse, Linienstraße 68–88, Mulacksgasse 3–14 und 25–40, Nagelgasse 1–17 und 26–37, Wüste Gasse.

KÖNIGSTÄDTISCHES VIERTEL

86) Schönhauser Tor-Bezirk
Alte Schönhauser Straße, Dragonerstraße 1–10 und 38–48, Verlorne Straße 1–8 und 34–44, Linienstraße 249, Schendelgasse.

87) Münzstraßen-Bezirk
Münzstraße, Dragonerstraße 11–37, Verlorne Straße 9-33.

88) Prenzlauer Straßen-Bezirk
Prenzlauer Straße 5–61, Linienstraße 261–264, Kurze Scheunengasse 8 und 9.

89) Prenzlauer Tor-Bezirk
Prenzlauer Straße 1–4, Linienstraße 40–67 und 252–260, Erste Scheunengasse, Dritte Scheunengasse, Vierte Scheunengasse, Jakobstraße, Hirtengasse.

90) Alexanderplatz-Bezirk
Königsgraben, Alexanderplatz, Contrescarpe 1–4, 37–55 und 57–70.

91) Georgenkirch-Bezirk
Bernauer Straße 20–59, Alte Schützenstraße, Georgenkirchhof (außer: 7 und 12), Kleine Georgenkirchgasse.

92) Schützen-Bezirk
Bernauer Straße 1–11 und 71–84, Mudrichsgasse, Schießgasse, Neue Schützenstraße.

93) Ordonnanzhaus-Bezirk
Bernauer Straße 12–19 und 60–70, Gollnowsgasse 1–7 und 35–43, Große Georgenkirchgasse, Lietzmannsgasse.

94) Kaiserstraßen-Bezirk
Kaiserstraße, Kleine Frankfurter Straße.

95) Domkirchhof-Bezirk
Baumgasse 13–54, Kurze Straße.

96) Landsberger Tor-Bezirk
Baumgasse 1–12 und 55–64, Waßmannsgasse, Gollnowsgasse 8–34, Landsberger Straße 1–12 und 69–81, Judengasse 1–10 und 41–43.

97) Landsberger Straßen-Bezirk
Landsberger Str. 13–68, Judengasse 11–40, Georgenkirchhof 7 und 12, Lietzmannsgasse 11–12.

STRALAUER VIERTEL

98) Neue Georgenkirchhof-Bezirk
Frankfurter Straße 38–47 und 90–99, Linienstraße 1–37 und 265–288, An der Neuen Communikation.

99) Magazinstraßen-Bezirk
Frankfurter Straße 48–89, Schillingsgasse, Magazinstraße, Contrescarpe 5–11 und 28–36.

100) Holzmarktstraßen-Bezirk
Holzmarktstr., Rosengasse, Grüner Weg, Lehmgasse 1–26 und 59–84, Contrescarpe 12–27.

101) Frankfurter Tor-Bezirk
Frankfurter Straße 1–36 und 100–127, Krautsgasse 1–23 und 35–56, Lehmgasse 27–58, Rosenquergasse, Lange Gasse 1–9 und 53–67.

102) Ratsholzmarkt-Bezirk
Mühlenstraße, Bullengasse, Holzstraße, Holzmarktplatz, Koppensgasse, Krautsgasse 24–33, Lange Gasse 10–52.

b) Verzeichnis der 22 Kirchen mit den Wahlbezirken von 1809

Domkirche: Heilige Geiststraßen-Bezirk; Post-Bezirk; Schinkenbrücken-Bezirk; Schloß-Bezirk; Akademie-Bezirk.[2]

---

2 „*Tableau zur diesjährigen Wahl der Stadtverordneten und Stellvertreter nach der Zusammenstellung der Bezirke.*" vom 8. 4. 1809 in: *Berliner Intelligenz Blatt* Ausgabe Nr. 88 vom 13. 4. 1809 und in: *Spenersche Zeitung* Ausgabe Nr. 43 vom 11. 4. 1809 und Nr. 44

Marienkirche: Graue Kloster-Bezirk; Königsbrükken-Bezirk; Kleine Jüdenhof-Bezirk; Marienkirch-Bezirk; Hohe Steinweg-Bezirk.

Parochialkirche: Rathaus-Bezirk; Gouvernements-Bezirk; Parochialkirch-Bezirk; Waisenhaus-Bezirk; Kadettenhaus-Bezirk.

Nikolaikirche: Cöllnische Fischmarkt-Bezirk; Insel-Bezirk; Molkenmarkt-Bezirk; Nikolaikirch-Bezirk

Petrikirche: Brüderstraßen-Bezirk; Breite Straßen-Bezirk; Schickler-Bezirk; Rittergassen-Bezirk

Deutsche Kirche am Werderschen Markt: Zeughaus-Bezirk; Münz-Bezirk; Hausvogteiplatz-Bezirk; Raulets Hof-Bezirk; Kreuzgassen-Bezirk.

Französische Kirche in der Neuen Kommandantenstraße: Salzhof-Bezirk; Spittelmarkt-Bezirk; Neue Grünstraßen-Bezirk; Stallschreibergassen-Bezirk; Jakobskirchhof-Bezirk

Französische Kirche in der Klosterstraße: Neue Hospital-Bezirk; Neue Roßstraßen-Bezirk; Neue Markt-Bezirk; Landschafts-Bezirk; Garnisonkirch-Bezirk.

Luisenstädtische Kirche: Schlesische Tor-Bezirk; Prinzenholzmarkt-Bezirk; Dresdener Straßen-Bezirk; Cottbusser Tor-Bezirk.

Gertraudenkirche: Luisenstädtische Kirch-Bezirk; Städtekassen-Bezirk; Domhospital-Bezirk; Dönhoffsche Platz-Bezirk.

Jerusalemskirche: Jerusalemskirch-Bezirk; Kochstraßen-Bezirk; Erste Markgrafenstraßen-Bezirk; Kammergerichts-Bezirk; Hallesche Tor-Bezirk.

Böhmische Kirche: Rondell-Bezirk; Schindlersche Waisenhaus-Bezirk; Friedrich-Wilhelm Gymnasium-Bezirk; Ansbachsche Palais-Bezirk; Bauakademie-Bezirk.

Dreifaltigkeitskirche: Achteck-Bezirk; Friedrichstädtische Scharren-Bezirk; Dreifaltigkeitskirch-Bezirk; Böhmische Kirch-Bezirk.

Französische Kirche auf dem Gendarmenmarkt: Mohrenstraßen-Bezirk; Erster Charlottenstraßen-Bezirk; Zweiter Charlottenstraßen-Bezirk; Zweiter Markgrafenstraßen-Bezirk; Gendarmenmarkt-Bezirk.

vom 13. 4. 1809. Hierin befindet sich eine Aufstellung der Wahlbezirke, der entsprechenden Kirchen und Wahltage.

Deutsche Kirche auf dem Gendarmenmarkt: Behrenstraßen-Bezirk; Französische Straßen-Bezirk; Ordenspalais-Bezirk; Ecole de Charité-Bezirk; Taubenstraßen-Bezirk.

Französische Kirche am Werderschen Markt: Quarré-Bezirk; Dorotheenkirch-Bezirk; Letzte Straßen-Bezirk; Bauhof-Bezirk.

Dorotheenkirche: Tierarzneischul-Bezirk; Posthof-Bezirk; Hospitalstraßen-Bezirk; Hamburger Tor-Bezirk; Monbijou-Bezirk.

Sophienkirche: Sophienkirch-Bezirk; Rosenthaler Tor-Bezirk; Gipsgassen-Bezirk; Laufgassen-Bezirk.

Heilige Geistkirche: Münzstraßen-Bezirk; Neue Schönhauser Straßen-Bezirk; Hacksche Markt-Bezirk; Alexanderplatz-Bezirk; Schönhauser Tor-Bezirk.

Graue Klosterkirche: Kaiserstraßen-Bezirk; Domkirchhof-Bezirk; Prenzlauer Straßen-Bezirk; Prenzlauer Tor-Bezirk; Landsberger Straßen-Bezirk.

Georgenkirche: Landsberger Tor-Bezirk; Schützen-Bezirk; Ordonnanzhaus-Bezirk; Georgenkirch-Bezirk.

Große Friedrichshospitalkirche: Ratsholzmarkt-Bezirk; Frankfurter Tor-Bezirk; Neue Georgenkirchhof-Bezirk; Magazinstraßen-Bezirk; Holzmarktstraßen-Bezirk.

c) Die Wahltage mit den Wahlbezirken von 1809

Am Dienstag, dem 18. April, wählten folgende Bezirke:
Heilige Geiststraßen-Bezirk; Graue Kloster-Bezirk; Rathaus-Bezirk; Cöllnischer Fischmarkt-Bezirk; Brüderstraßen-Bezirk; Zeughaus-Bezirk; Salzhof-Bezirk; Neue Hospital-Bezirk; Schlesische Tor-Bezirk; Luisenstädtische Kirch-Bezirk; Jerusalemskirch-Bezirk; Rondell-Bezirk; Achteck-Bezirk; Mohrenstraßen-Bezirk; Behrenstraßen-Bezirk; Quarrée-Bezirk; Tierarzneischul-Bezirk; Sophienkirch-Bezirk; Münzstraßen-Bezirk; Kaiserstraßen-Bezirk; Landsberger Tor-Bezirk; Ratsholzmarkt-Bezirk.

Am Mittwoch, dem 19. April, wählten folgende Bezirke:
Königsbrücken-Bezirk; Gouvernements-Bezirk; Post-Bezirk; Insel-Bezirk; Breite Straßen-Bezirk; Münz-Bezirk; Spittelmarkt-Bezirk; Neue Roßstraßen-Bezirk; Prinzen-Holzmarkt-Bezirk;

Schindlersche Waisenhaus-Bezirk; Erster Charlottenstraßen-Bezirk; Kochstraßen-Bezirk; Friedrichstädtsche Scharren-Bezirk; Städtekassen-Bezirk; Französische Straßen-Bezirk; Dorotheenkirch-Bezirk; Posthof-Bezirk; Rosenthaler Tor-Bezirk; Neue Schönhauser Straßen-Bezirk; Schützen-Bezirk; Domkirchhof-Bezirk; Frankfurter Tor-Bezirk.

Am Donnerstag, dem 20. April, wählten folgende Bezirke:
Neue Markt-Bezirk: Kleine Jüdenhof-Bezirk; Parochialkirch-Bezirk; Molkenmarkt-Bezirk; Schickler-Bezirk; Hausvogteiplatz-Bezirk; Dresdener Straße-Bezirk; Neue Grünstraßen-Bezirk; Erste Markgrafenstraßen-Bezirk; Friedrich-Wilhelm-Gymnasium-Bezirk; Schinkenbrücken-Bezirk; Domhospital-Bezirk; Zweiter Charlottenstraßen-Bezirk; Dreifaltigkeitskirch-Bezirk; Ordenspalais-Bezirk; Hospitalstraßen-Bezirk; Hacksche Markt-Bezirk; Gipsgassen-Bezirk; Prenzlauer Straßen-Bezirk; Ordonnanzhaus-Bezirk; Neue Georgenkirchhof-Bezirk.

Am Freitag, dem 21. April, wählten folgende Bezirke:
Landschafts-Bezirk; Marienkirch-Bezirk; Waisenhaus-Bezirk; Nikolaikirch-Bezirk; Rittergassen-Bezirk; Schloß-Bezirk; Raulets Hof-Bezirk; Stallschreibergassen-Bezirk; Kammergerichts-Bezirk; Dönhoffsche Platz-Bezirk; Zweiter Markgrafenstraßen-Bezirk; Böhmische Kirch-Bezirk; Ansbachsche Palais-Bezirk; Ecole de Charité-Bezirk; Letzte Straßen-Bezirk; Hamburger Tor-Bezirk; Laufgassen-Bezirk; Prenzlauer Tor-Bezirk; Alexanderplatz-Bezirk; Georgenkirch-Bezirk; Magazinstraßen-Bezirk

Am Sonnabend, dem 22. April, wählten folgende Bezirke:
Garnisonkirch-Bezirk; Hohe Steinweg-Bezirk; Kadettenhaus-Bezirk; Kreuzgassen-Bezirk; Jakobskirchhof-Bezirk; Hallesche Tor-Bezirk; Bauakademie-Bezirk; Gendarmenmarkt-Bezirk; Taubenstraßen-Bezirk; Akademie-Bezirk; Bauhof-Bezirk; Monbijou-Bezirk; Schönhauser Tor-Bezirk; Landsberger Straßen-Bezirk; Holzmarktstraßen-Bezirk; Cottbusser Tor-Bezirk.

d) Änderung der Wahlbezirke 1809–1850

In der Wahlbezirkslandschaft gab es bis in die dreißiger Jahre folgende Umbenennungen: *Roßstraßen-Bezirk* in *Neue Roßstraßen-Bezirk* (1810); *Quarré-* und *Achteck-Bezirk* hießen ab 1814 nach dem Einzug der siegreichen Truppen *Pariser Platz- und Leipziger Platz-Bezirk;* nach dem endgültigen Sieg über den französischen Feind wurde 1815 aus dem *Rondell-Bezirk* der *Belle-Alliance-Platz-Bezirk;* aus dem *Letzten Straßen-Bezirk* in der Dorotheenstadt wurde der *Dorotheenstraßen-Bezirk* (1824); der *Gipsgassen-Bezirk* wurde *Gipsstraßen-Bezirk* genannt (1826); 1829 wurde der *Friedrichstädtische Scharren-Bezirk* in *Wilhelmstraßen-Bezirk* und 1835 der *Hospitalstraßen-Bezirk* in *Auguststraßen-Bezirk* umbenannt.
In den ersten Jahren der Städteordnung kam es zu den folgenden Zusammenlegungen in den Bezirken: *Schützen-Bezirk* und *Ordonnanzhaus-Bezirk* im Königstädtischen Viertel in *Schützenplatz-Bezirk* (1811); *Kreuzgassen-* und *Münz-Bezirk* in *Kurstraßen-Bezirk* im Friedrichswerder (1813). Aus den beiden hieraus gewonnenen Bezirken wurden die folgenden Bezirke neu eingerichtet: *Brunnenstraßen-Bezirk* (ab 1813) und *Bergstraßen-Bezirk* (ab 1816).

Durch die sprunghaft steigende Bevölkerungszahl[3] sah sich der Magistrat Ende der dreißiger Jahre gezwungen, einige Wahlbezirke in zwei Abteilungen zu trennen. Dieses betraf im Jahre 1839 erstmals die Bezirke: *Leipziger Platz- und Tierarzneischul-Bezirk.*

Der *Erste Leipziger Platz-Bezirk* enthielt: Leipziger Platz, Leipziger Str. 1–14 u. 97–117, Wilhelmstr. 58–61 u. 80 und an der Communikation.

Der *Zweite Leipziger Platz-Bezirk:*[4]: Potsdamer Str., Potsdamer Platz, Grabenstr., Hirschelstr., Bendlerstr., Schulgartenstr., Tiergartenstr. und Bellevuestr., soweit die drei letzteren zum Weichbild der Stadt gehörten.

Der *Erste Tierarzneischul-Bezirk* enthielt: Friedrichstr. 117–136, Schiffbauerdamm 1–21, Tierarzneischulplatz, Albrechtstr. 5–19 und Karlstr. 12 bis 26.

Der *Zweite Tierarzneischul-Bezirk:*[5]: Schiffbauerdamm 21a–35, einschließlich des Mehlwaagegebäudes am Unterbaum, Luisenstr., Marienstr.,

3 Die Bevölkerung Berlins war in der Zeit zwischen den Freiheitskriegen und der Revolution von knapp 200 000 auf gut 400 000 Einwohner gestiegen; vgl. zum Bevölkerungswachstum in Berlin: I. Mieck, *Reformzeit* ..., S. 480 ff.

4 *„Öffentliche Bekanntmachung"* der Wahlbezirke und Kirchen zur Wahl von 1839 vom 4. 5. 1839 in: *Spenersche Zeitung* Nr. 121 vom 28. 5. 1839. – Die Wahl des Ersten und Zweiten Leipziger Platz-Bezirks fand gemeinsam in der Dreifaltigkeitskirche am 11. Juni 1839 statt.

5 *Ebda.* – Diese beiden nördlichen Bezirke wählten gemeinsam in der Dorotheenstädtischen Kirche am 11. Juni 1839.

Karlstr. 1–11 u. 29–38, einschließlich der neuen Kaserne, Schumannstr. Charitéstr. Albrechtstraße 1–4 u. 20 u. 21, Unterbaumstr., Luisenplatz, Philippstr., die noch nicht benannten Straßen in der Gegend des Neuen Tores und das neue Charité-Krankenhaus.

1843[6] wurde der bevölkerungsreiche Bergstraßen-Bezirk in zwei Abteilungen getrennt.

Der *Erste Bergstraßen-Bezirk* enthielt: die Häuser in der Ackerstr. 1–5, 51–59, Bergstr. 1–31, 71–83, Gartenstr. 1–21, 79–94, Chausséestr. 1–14, 72–80, Torstr. 7–53, Invalidenstr. 39–82 (soweit das Weichbild der Stadt reichte) und Am Platz vor dem Neuen Tor.

Der *Zweite Bergstraßen-Bezirk* umfaßte: Bergstr. 32–70 (soweit das Weichbild der Stadt reichte), Gartenstr. 22–78, Verlängerung der Gartenstr., Chausséestr. 15–39 u. 41–71, Kesselstr., das Invalidenhaus, Kirschallee, Invalidenstr. 6–38, Liesenstr., Hochstr. u. Grenzstraße.

1844 wurden die drei folgenden Bezirke[7] in zwei Abteilungen getrennt: *Jakobskirchhof-, Schönhauser Tor-* und *Landsberger Tor-Bezirk.*

Der *Erste Jakobskirchhof-Bezirk* enthielt: Hasenhegerstr. 1–15, Orangenstr. 1–33, Alte Jakobstr. 20–44, 103–120, Kürassierstr. 1–25, Verlängerte Orangenstr., zwischen der Alten Jakobs- u. der Lindenstraße.

Zweite Jakobskirchhof-Bezirk: Alte Jakobstraße 1–19, 121–136, Feldstr. 1–39, Verlängerte Junkerstraße.

Erste Schönhauser Tor-Bezirk: Alte Schönhauser Str., Dragonerstr. 1–10a, 38–50, Grenadierstr. 1–8 und 34–44, Linienstr. 224, Steingasse 38, Schendelgasse.
Zweite Schönhauser Tor-Bezirk: Wollankstr. 1–3, die Grundstücke vor dem Schönhauser Tor und auf dem Windmühlenberge, Schönhauser Allee, Kastanienallee.

Erste Landsberger Tor-Bezirk: Fliederstr. 1–13, Landsbergerstr. 2–12, 69–79, Waßmannstr. 1–34, Elisabethstr. 2–12, 55–64, Kleine Frankfurter Str. 9 u. 10, Gollnowstr. 8–34, Landwehrstraße 1–10, 41–44 und an der linken Seite der Mehnerstr., von der Landsberger Str. aus, die Häuser 12–23.

6 „*Öffentliche Bekanntmachung*" der Bezirke und Kirchen zur Wahl von 1843 in: *Spenersche Zeitung* Nr. 119 vom 23. 5. 1843.

7 „*Öffentliche Bekanntmachung*" der Bezirke und Kirchen zur Wahl von 1844 in: *Spenersche Zeitung* Nr. 124 vom 30. 5. 1844.

Zweite Landsberger Tor-Bezirk: Die Häuser an der rechten Seite der Mehnerstr. 1–11, Landsberger Str. 1–11, 80–87, Büschingplatz, Büschingstr., unbenannte Straße am Landsberger Tor, Weinstr., Communikation am Tor, die Grundstücke vor dem Landsberger Tor, soweit sie zum Weichbild der Stadt gehörten.

In der Sitzung vom 15. April 1845[8] beschlossen die Stadtverordneten, eine neue Bezirkseinteilung in der Friedrich-Wilhelmstadt vorzunehmen. Der ehemalige *Tierarzneischul-Bezirk* wurde in drei Wahlbezirke geteilt: den *Tierarzneischul-*, den *Unterbaum-* und den *Neuen Tor-Bezirk.*

Der *Tierarzneischul-Bezirk* enthielt nun die Häuser: Am Schiffbauerdamm 1–15, Friedrichstr. 117–136, Schumannstr. 5–19, Tierarzneischulplatz 1–5, Carlstr. 8–28, Albrechtstr. 1–21, Marienstr. 4–17a.[9]

Der *Unterbaum-Bezirk* umfaßte die Häuser: Schiffbauerdamm 16–35, einschließlich des Mehlwaagegebäudes am Unterbaum, Unterbaumstr. 1–4, Charitéstr. 2a–9, einschließlich der Charitée, Luisenstr. 6–31, Carlstr. 1–7a u. 29–38, Marienstr. 1–3 u. 18–23.[10]

Der *Neue Tor-Bezirk* enthielt: Luisenstr. 1–5a u. 32–52, Luisenplatz 1–12, die Charité, Charitéstr. 1, 2 u. 10, Philippstr. 1–24, Schumannstr. 1–4 u. 20–23, Communikation am Neuen Tor 4–7, Unterbaumstr. 5 u. 6.[11]

Die Erweiterung des ehemaligen *Tierarzneischul-Bezirks* auf insgesamt drei Bezirke, führte dazu, daß an anderer Stelle zwei Bezirke zusammengelegt werden mußten, um die in der Städteordnung vorgeschriebene Zahl von 102 Wahlbezirken nicht zu überschreiten.

8 LAB, Rep. 00-02/1, Stadtverordnetenversammlung, Nr. 1222, Acten der Stadtverordneten zu Berlin betreffend die bis zu einer, allgemeinen Eintheilung der Stadtverordneten-Wahlbezirke mit demselben vorgenommenen eintweiligen Veränderungen 1845 bis 1847, *Sitzungsprotokoll der Stadtverordnetenversammlung vom 15. 4. 1845*, nicht foliiert.

9 Die erste Wahl dieses nunmehr geteilten Bezirks fand in der Dorotheenstädtischen Kirche am 26. Juni 1845 statt.

10 Die erste Wahl dieses neuen Bezirks fand am 27. Juni 1845 in der Dorotheenstädtischen Kirche statt.

11 Die erste Wahl dieses Bezirks fand am 30. Juni 1845 in der Dorotheenstädtischen Kirche statt.

Am 7. Juni 1845 ließ der Magistrat[12] bekanntgeben: „Die in den Bevölkerungsverhältnissen einzelner Stadtteile eingetretenen Veränderungen haben eine anderweitige Abgrenzung mehrerer Wahlbezirke notwendig gemacht." Dadurch wurde der *Rathaus-* und *Kleine Jüdenhof-Bezirk* zum *Rathaus-Bezirk* zusammengelegt; außerdem der *Kadettenhaus-* und *Königsbrücken-Bezirk* zum *Kadettenhaus-Bezirk.*

Rathaus-Bezirk:[13] Spandauer Str. 26–55, Nagelgasse, Reetzengasse, Eiergasse 1, Neue Friedrichstr. 29–40 u. 66–75, Königsmauer 30–41, Kleine Jüdenhof, Schmale Gasse 1–5, Rochstr., zwischen der Neuen Friedrichstr. und der Kunowskybrücke.

Kadettenhaus-Bezirk:[14] Königstr. 27–38, Neue Friedrichstr. 1–28 u. 76–82 und 85–107, Stralauer Mauer 16–22, Stralauer Brücke, Königsmauer 1 bis 29, 42–53 und 59.

Am 8. April 1846[15] wurde bekanntgegeben, daß der *Kaiserstraßen-* und der *Domkirchhof-Bezirk* zusammengelegt werden. Der nun *Vereinigte Kaiserstraßen- und Domkirchhof-Bezirk* genannte Wahlbezirk enthielt die Häuser: Alexanderstr. 37, Kaiserstr. 1–48, Kleine Frankfurter Str. 1–8 u. 10 bis 19, Schillingsgasse 21, Elisabethstr. 13–54 und Kurze Straße.

In obiger *Bekanntmachung*[16] wurde ebenfalls die Teilung des *Landsberger Tor-Bezirks,* der bisher in zwei Abteilungen A und B getrennt gewesen war, mitgeteilt. Die beiden Wahlbezirke trugen danach die Namen: *Büschingplatz-* und *Landsberger Tor-Bezirk.*

Der *Büschingplatz-Bezirk* umfaßte:[17] Fliederstr. 1–14, Landsberger Str. 2–12 u. 69–79, Waßmannstr. 1–34, Elisabethstr. 2–12 u. 55–64, Landwehrstr. 1–10 u. 41–44, Mehnerstr. 11–23 und Büschingplatz. Die erste Wahl im Büschingplatz-Bezirk fand am 16. Juni 1847 in der Georgenkirche statt.

Der *Landsberger Tor-Bezirk* umfaßte:[18] Landsberger Str. 1–17 u. 80–87, Büschingstr., Mehnerstr. 1–10, Weinstr., Barnimstr., die neuen Straßen am Landsberger Tor, An der Communikation, die Grundstücke vor dem Landsberger Tor, soweit sie zum Weichbild der Stadt gehörten. Die erste Wahl dieses Bezirks fand am 18. Mai 1848 in der Georgenkirche statt.

In der Sitzung vom 4. Februar 1847[19] beschlossen die Stadtverordneten, den *Leipziger Platz-Bezirk* zu teilen. Der *Schindlersche Waisenhaus-Bezirk* erhielt den Namen *Wilhelmstraßen-Bezirk.*. Der *Domhospital-Bezirk* wurde in *Zimmerstraßen-Bezirk* umbenannt.

Bei der Wahl von 1848 hatte der Magistrat eine vollständige Umgestaltung des ehemaligen *Leipziger Platz-Bezirks* vorgenommen. Der Bezirk war in zwei Bezirke aufgeteilt worden: dem *Potsdamer Straßen-* und *Anhaltischen Tor-Bezirk* und dem *Leipziger Platz-Bezirk.*

Der in zwei Abteilungen[20] getrennte *Potsdamer Straßen-* und *Anhaltische Tor-Bezirk* umfaßte:

a) im *Potsdamer Straßen-Bezirk:* die Potsdamer Str. 1–23 u. 123–143, Potsdamer Platz, Gartenstr.,

12 *A. a. O., Bekanntmachung des Magistrats vom 7. 6. 1845,* nicht foliiert.

13 *„Öffentliche Bekanntmachung"* der Bezirke und Kirchen vom 30. 5. 1845 in: *Spenersche Zeitung* Nr. 133 vom 11. 6. 1845.

14 *Ebda.*

15 LAB, Rep. 00-02/1, Stadtverordnetenversammlung Nr. 1222, *Bekanntmachung vom 8. 4. 1846,* nicht foliiert. *„Öffentliche Bekanntmachung"* der Wahlbezirke und Kirchen der Wahl von 1847 vom 18. 5. 1847 in: *Spenersche Zeitung* Nr. 119 vom 26. 5. 1847. – Die erste gemeinsame Wahl dieses Bezirks fand am 16. Juni 1847 in der Großen Friedrichs-Waisenhauskirche statt.

16 LAB, Rep. 00-02/1, Stadtverordnetenversammlung Nr. 1222, *Bekanntmachung vom 8. 4. 1846,* nicht foliiert.

17 *„Öffentliche Bekanntmachung"* der Wahlbezirke und Kirchen der Wahl von 1847 vom 18. Mai 1847 in: *Spenersche Zeitung* Nr. 119 vom 26. 5. 1847.

18 *„Tableau zur Wahl der Stadtverordneten und Stellvertreter pro 1848"* enthält die Namen der Bezirke und Kirchen zur Wahl von 1848. Es erschien als *Beilage* in: *Spenersche Zeitung* Nr. 99 vom 27. 4. 1848.

19 LAB, Rep. 00-02/1, Stadtverordnetenversammlung Nr. 1222, *Sitzungsprotokoll vom 4. 2. 1847,* nicht foliiert. Der Leipziger Platz-Bezirk war 1842 in zwei Abteilungen getrennt worden. Die Stadtverordneten hatten bereits am 28. 6. 1845 einen Antrag auf Teilung des Bezirks gestellt. *Öffentliche Bekanntmachung vom 21. 2. 1847* in: *Spenersche Zeitung* Nr. 69 vom 23. 3. 1847.

20 *„Tableau zur Wahl der Stadtverordneten und Stellvertreter pro 1848"* enthält die Namen der Bezirke und Kirchen zur Wahl von 1848. Es erschien als *Beilage* in: *Spenersche Zeitung* Nr. 99 vom 27. 4. 1848.

Bendlerstr., Linkstr., Schulgartenstr., letztere vier Straßen soweit sie zum Weichbild der Stadt gehörten, Kemperhof, Matthäikirchstraße.

b) im *Anhaltischen Tor-Bezirk:* Askanische Platz, Köthnerstr., Hirschelstr., Bernburger Str., Dessauer Str., Schöneberger Str., Militärstr., Bahnhofsstraße.

Zum *Leipziger Platz-Bezirk* gehörten nunmehr:[21] Leipziger Platz, Leipziger Str. 1–14 u. 97–117, Wilhelmstr. 41–61 u. 80–101, Zimmerstr. 1–10 u. 91–100, Potsdamer Communikation.

Im Mai 1847[22] wurden der *Waisenhaus-Bezirk,* der *Parochial-Bezirk* und der *Graue Kloster-Bezirk* zu zwei Wahlbezirken zusammengelegt. Dabei wurden die Grundstücke in der Stralauer Straße 15–22 und 40–49 vom *Parochial-Bezirk* abgezweigt und dem *Waisenhaus-Bezirk* einverleibt. Die übrigen, zum *Parochial-Bezirk* gehörigen Grundstücke wurden mit dem *Grauen Kloster-Bezirk* vereinigt, so daß der Parochial-Bezirk damit nicht mehr existierte.

Der *Waisenhaus-Bezirk* umfaßte: Stralauer Straße 1–22 und 40–58, An der Stralauer Mauer 1–15 und 28–36, Paddengasse, Neue Friedrichstr. 10.
Der *Graue Kloster Bezirk* umfaßte: Klosterstraße 30–78, Kronengasse, Siebergasse 1–6 und 8–18, Parochialkirchgasse, Neue Friedrichstr. 83 und 84, An der Stralauer Mauer 23–27.

Wegen der großen Zahl[23] stimmfähiger Bürger wurde 1847 der *Stallschreibergassen-Bezirk* in zwei Wahlbezirke geteilt. Diese führten den Namen *Alten Jakobstraßen-* und *Alexandrinenstraßen-Bezirk.*
Zum *Alten Jakobstraßen-Bezirk* gehörten: Kommandantenstr. 23–37 und 53–66, Stallschreibergasse 17–49, Alte Jakobstr. 45–60 und 87–102, Luisenstädtische Kirchhof 1–3.
Zum *Alexandrinenstraßen-Bezirk* gehörten:[24] Kommandantenstr. 38–52, Stallschreiberstr. 1–16 u. 50–65, Alexandrinenstr. 39–90, Orangenstr. 43–75 u. 129–163, Sebastianstr. 18, 19, 46 u. 47.

Im Rahmen der Umstrukturierung[25] der Wahlbezirke traten als neue Bezeichnungen zur Neuwahl von 1848 folgende Bezirksnamen auf:

Stadtgerichts-Bezirk: Jüdenstr., Große Jüdenhof, Siebergasse 7.

Wilhelmsplatz-Bezirk: Mauerstr. 16–31 u. 33–55, Wilhelmstr. 62–67 u. 71–79, Wilhelmplatz, Mohrenplatz 1–5 u. 64–66, Behrenstr. 1 u. 2 und 69–72, Taubenstr. 1.

Jägerstraßen-Bezirk: Jägerstr. 1–6, 8–20 u. 57–76, Kanonierstr. 10–13 u. 28–35, Friedrichstr. 76 u. 77 und 172–175.

Jerusalemstraßen-Bezirk: Kronenstr. 25–44, Leipziger Str. 43-50 u. 60–68, Jerusalemer Str. 14–23 u. 25–40, Markgrafenstr. 32a.

Leipziger Straßen-Bezirk: Leipziger Str. 15–35 u. 75–96, Mauerstr. 12–15 u. 66–68, Friedrichstr. 58, 59 u. 194, Charlottenstr. 67.

Anhaltstraßen-Bezirk: Wilhelmstraße 25–39 u. 102–115, Anhaltstr., Puttkamerstr. 1–12 u. 14–24, Friedrichstr. 223.

21 Der Bezirk wurde aus dem innerhalb der Ringmauer gelegenen Teil des vormaligen Leipziger Platz-Bezirks mit dem Wilhelmstraßen-Bezirk, die beide nur eine verhältnismäßig geringe Zahl von Wählern enthielten, vereinigt.

22 *Bekanntmachung vom 12. 4. 1847*, veröffentlicht in: *Spenersche Zeitung* Nr. 103 vom 5. 5. 1847.

23 *Ebda.*

24 Der ehemalige Stallschreibergassen-Bezirk umfaßte 1845: Stallschreibergasse, Alte Jakobstr. 45–60 u. 87–102, Luisenstädtische Kirchhof 1–3, Verlängerte Kommandantenstr., Alexandrinenstraße, Neue Orangenstr. – Vgl. „*Öffentliche Bekanntmachung*" der Bezirke und Kirchen vom 30. 5. 1845 in: *Spenersche Zeitung* Nr. 133 vom 11. 6. 1845.

25 „*Tableau zur Wahl der Stadtverordneten und Stellvertreter pro 1848*" enthält die Namen der Bezirke und Kirchen zur Wahl von 1848; es erschien als *Beilage* in: *Spenersche Zeitung* Nr. 99 vom 27. 4. 1848.

3. Die Stadtverordneten und Stellvertreter der Wahlen von 1809 bis 1849

Die Stadtverordneten und Stellvertreter der Wahlen von 1809

Heilige Geiststraßen-Bezirk:[26]
Rentier Israel Glaser
Eigentümer, Heilige Geiststr. 17
„Ein alter Mann ohne besonderes Ansehen, besitzt Vermögen."

Graue Kloster-Bezirk:
Kammacher George Ernst Remmin
Eigentümer, Kronengasse 13
„Ebenso."

Rathaus-Bezirk:
Kaufmann Wilhelm Höne
Eigentümer, Spandauer Str. 45
„Unbekannt."

Cöllnische Fischmarkt-Bezirk:
Kaufmann Philipp Ferdinand Westphalen
Eigentümer, Cöllnische Fischmarkt 4
„Ein guter, verständiger, bedeutsamer Mann."

Brüderstraßen-Bezirk:
Kaufmann Jean Paul Humbert
Eigentümer, Brüderstr. 29
„Rechtschaffen, klug, dabei von vielem Ansehen und Einfluß."

Zeughaus-Bezirk:
Kaufmann Dietrich
Eigentümer, Obere Wallstr. 23
„Derangiert, hat vor zwei Jahren seine Gläubiger auf nicht hohe Reagants behandelt."

Salzhof-Bezirk:
Fabrikant J. F. Neumann
Mieter, Wallstr. 23
„Ohne besondere Bildung, mit Dünkel und angeblich bösen Willen."

Neue Hospital-Bezirk:
Elbschiffer Sigismund Bandow
Eigentümer, Neu Cölln am Wasser 19
„In den Geschäften verständig, phlegmatisch."

Schlesische Tor-Bezirk:
Kalkscheunenpächter Karl Wilhelm Woderb
Eigentümer, Köpenicker Str. 39
„Gut und erfahren."

Luisenstädtische Kirch-Bezirk:
Essigbrauer August Friedrich Teichert
Eigentümer, Alte Jakobstr. 70
„Gut und unbedeutend."

Jerusalemskirch-Bezirk:
Gipsfabrikant Johann Peter Kühne
Eigentümer, Lindenstr. 63
„Ohne besondere Kenntnisse und Talente mit gutem Willen."

Rondell-Bezirk:
Kattunfabrikant Heinrich Wilhelm Ehmelick
Eigentümer, Friedrichstr. 239
„Gut."

---

26 GStA PK, Rep. 77, Tit. 227 A, Nr.6, Bd. 1, *Namen der Stadtverordneten und Stellvertreter,* fol. 27 ff. und 39 ff.; GStA PK, Rep. 83, C, VI, Nr. 1007, *Namen der Stadtverordneten und Stellvertreter,* fol. 62 ff., fol. 75 ff. und 89 ff.; LAB, Rep. 00-02/1, Nr. 47, Bd. 1, *Verzeichnis der Stadtverordneten,* fol. 3 ff. u. 29 ff. *Verzeichnis der Stellvertreter* (gedruckt), fol. 8 ff.; es enthält die Anzahl der Anwesenden in den 34 Bezirken, die gleichzeitig einen Stellvertreter wählten, sowie die Anzahl der weißen und schwarzen Kugeln für den gewählten Stellvertreter. LAB, Rep. 01-02, Generalbüro, Nr. 2571, *„Verzeichnis der in den verschiedenen Bezirken der hiesigen Residenz von ihren Mitbürgern gewählten Herren Stadtverordneten"* (gedruckt), fol. 84 ff.; hierin sind die Adressen der Gewählten handschriftlich eingetragen. – Namen und Stand der Stadtverordneten wurden veröffentlicht in: *Berliner Intelligenz Blatt* vom 26. 4. 1809, *Spenersche Zeitung* Nr. 49 und *Vossische Zeitung* vom 25. 4. 1809. Die Namen der Stellvertreter sind darin allerdings nicht enthalten. *Spenersche Zeitung* Nr. 52 vom 2. 5. 1809 enthält ein *Verzeichnis der Stellvertreter.* Die *Bemerkungen Justus Gruners an das MdI*, die in die Aufstellung eingeflossen sind, in: GStA PK, Rep. 77, Tit. 227 A, Nr. 6, Bd. 1, fol. 53 ff. – Gruner wies darauf hin, daß es ihm nicht überall gelungen sei, zuverlässige Nachrichten über die gewählten Stadtverordneten zu erhalten. Er habe deshalb bei fehlender oder ihm nicht zuverlässiger Information den Vermerk „unbekannt" gemacht. Seine Bemerkungen sind teilweise schwer leserlich!

Mohrenstraßen-Bezirk:
Schneidermeister Wagener
Eigentümer, Mohrenstr. 61
„Gescheit, war bei der vormaligen Versammlung im Schützenhause thätig."

Achteck-Bezirk:
Destillateur Benjamin Claude
Eigentümer, Leipziger Str. 100
„Sehr hypochondrisch, zu Geschäften nicht sehr brauchbar."

Behrenstraßen-Bezirk:
Juwelier Johann Conrad Geiß (auch: Geiss)
Eigentümer, Behrenstr. 31
„Anmaßlich klug und derangiert."

Quarrée-Bezirk:
Eigentümer Bauer
Eigentümer, Unter den Linden 14
„Reich, alt und unbedeutend."

Tierarzneischul-Bezirk:
Steinmetzmeister Karl Friedrich Trippel
Eigentümer, Schiffsbauerdamm 9
„Wohlthätig."

Sophienkirch-Bezirk:
Fabrikant Karl Friedrich Herter
Eigentümer, Hospitalstr. 56
„Unbekannt."

Münzstraßen-Bezirk:
Kaufmann Johann Justus Sello
Eigentümer, Münzstr. 17
„Still, bescheiden und von unbescholtenem Ruf."

Kaiserstraßen-Bezirk:
Fabrikant Samuel Schlag
Eigentümer, Kaiserstr. 1
„Gescheit, war bei der vormaligen Versammlung im Schützenhause thätig."

Landsberger Tor-Bezirk:
Branntweinbrenner Joachim Fr. Stachow
Eigentümer, Gollnowsgasse 24
„Still verständig und einfach."

Ratsholzmarkt-Bezirk:
Gärtner C. D. Grunow
Eigentümer, Bullengasse 3
„Ehrlich aber ohne Bildung, kaum lesen und schreiben."

Königsbrücken-Bezirk:
Kaufmann Ernst Gottlieb Löhder
Eigentümer, Neue Friedrichstr. 23
„Eigennützig und unzuverlässig, ohne Einfluß auf das Betragen anderer."

Gouvernements-Bezirk:
Kaufmann Johann Gottlieb Wetzke
Eigentümer, Jüdenstr. 50
„Gut."

Post-Bezirk:
Apotheker August Carl Lezius
Eigentümer, Königstr. 51
„Ruhig, verständig, sehr brav u. verehrenswerth."

Insel-Bezirk:
Fabrikant Johann Friedrich Kaapcke (auch: Kapke)
Eigentümer, Fischerstr. 22
„Ohne besondere Fähigkeiten doch bedeutsam und mit gutem Willen."

Breite Straßen-Bezirk:
Kaufmann Johann Joachim Schulze
Eigentümer, Breite Str. 13
„Sehr gut, vernünftig und bescheiden."

Münz-Bezirk:
Papierhändler Karl Andreas Eysenhardt
Eigentümer, Am alten Packhof 5
„Ein sehr guter Mann."

Spittelmarkt-Bezirk:
Huf- und Waffenschmied Fränckel
Eigentümer, Spittelmarkt 11
„Ohne Fähigkeiten und ohne Bildung, soll dem Trunk ergeben seyn und gegen Bescheidenheit und gute Sitten verstoßen."

Neue Roßstraßen-Bezirk:
Apotheker Gottlieb W. Bergemann
Eigentümer, Neue Roßstr. 21
„Unbekannt."

Prinzen Holzmarkt-Bezirk:
Rentier Vogel
Eigentümer, Wassergasse 24
„Gut aber völlig indifferent."

Schindlersche Waisenhaus-Bezirk:
Kattunfabrikant Daniel David Reimann
Eigentümer, Wilhelmstr. 135
„Ohne besondere Bildung u. Fähigkeiten, doch mit gutem Willen."

Erste Charlottenstraßen-Bezirk:
Hofmaurermeister Johann Gottlieb Weltz
Eigentümer, Leipziger Platz 4
„Klug und verschlagen, anscheinend ganz einfach, aber wenig auch ihn zu trauen."

Kochstraßen-Bezirk:
Kaufmann Friedrich Wilhelm Eyssenhardt
Eigentümer, Kochstr. 24
„Sehr brav, ehrlich, verständig ohne hervorstehende Fähigkeiten."

Friedrichstädtischer Scharren-Bezirk:
Buchdrucker Christian Friedrich Ernst Späthen
Eigentümer, Wilhelmstr. 83
„Soll das ihm durch seine Wahl bezeugte Vertrauen nach seiner Denkart nicht verdienen.“

Städtekassen-Bezirk:
Kaufmann Ernst Friedrich Heyl
Eigentümer, Leipziger Str. 75
„Ehrlich verständig mit gutem Willen, Ansehen u. Einfluß.“

Französische Straßen-Bezirk:
Obrist Paul André Jordan
Eigentümer, Französische Str. 20a
„Brav u. verständig.“

Dorotheenstädtische Kirch-Bezirk:
Kaufmann F. Hayard
Eigentümer, Mittelstr. 17
„Gut.“

Posthof-Bezirk:
Huf- und Waffenschmiedemeister Haack
Mieter, Linienstr. 137
„Hat den Geh. Rath. Amdang zum Syndikus in Vorschlag gebracht, sonst gut.“

Rosenthaler Tor-Bezirk:
Formstecher J. F. Finkbein
Eigentümer, Rosenthaler Str. 23
„Ist den Gerichten als Querulant bekannt.“

Neue Schönhauser Straßen-Bezirk:
Posamentier Christian Ludwig Hyan
Eigentümer, Neue Schönhauser Str. 1
„Gescheit, war bei der vormaligen Versammlung im Schützenhaus thätig.“

Schützenstraßen-Bezirk:
Tabagist Kellstädt
Eigentümer, Schützenstr. 18
„Sein Haus ist wegen der geringen Hauseigner Abgabe von circa 7 Thalern seit Joh. 1807 unter Administration, sonst unbekannt.“

Domkirchhof-Bezirk:
Posamentiermeister Johann George Friedrich
Eigentümer, Baumgasse 48
„Unbekannt.“

Frankfurter Tor-Bezirk:
Gärtner Jean Pierre Bouché
Eigentümer, Krautsgasse 41
„Gut.“

Neue Markt-Bezirk:
Posamentiermeister Jacob Tancré
Eigentümer, Rosenstr. 18
„Ohne besondere Bildung und Fähigkeiten.“

Kleine Jüdenhof-Bezirk:
Bauinspektor Johann Andreas Förstner
Eigentümer, Neue Friedrichstr. 37
„Ohne hervorstechende Fähigkeiten.“

Parochialkirch-Bezirk:
Huf- und Waffenschmiedemeister Johann Christian Ritze
Eigentümer, Klosterstr. 48
„Für Politik lebhaft interessiert, vermeintlich besonders klug, ehrsamer Bürger, nicht böse, ziemlich bedeutsam, mit Eitelkeit, geifend nach Ehre u. Ansehen bei Bewohner.“

Molkenmarkt-Bezirk:
Seifensiedermeister Johann Christoph Kühns
Eigentümer, Stralauer Str. 32
„Viel Bürgerstolz, wenig Bildung, sonst anscheinend honetter Bürger.“

Schickler-Bezirk:
Kaufmann Carl Heinrich Woltersdorff
Eigentümer, Gertraudenstr. 18
„Besonders gutgesinnter, verständiger aber stiller Mann.“

Hausvogteiplatz-Bezirk:
Kaufmann Ferdinand Hermanni
Eigentümer, Hausvogteiplatz 2
„Ohne Talente u. Kenntnisse.“

Dresdener Straßen-Bezirk:
Tabakspinnermeister Johann Christian Reichert
Eigentümer, Schäfergasse 27
„Unbekannt.“

Neue Grünstraßen-Bezirk:
Gärtner Louis Matthieu
Eigentümer, Neue Grünstr. 31
„Desgl.“

Erste Markgrafenstraßen-Bezirk:
Kaufmann Carl Wilhelm Dori
Eigentümer, Markgrafenstr. 17
„Bekanntlich unruhiger Kopf, anfänglich blos aus eigenem Mangel an gutem Willen, schlechter Abgabenzahler, ohne Kenntnisse aber Querulant.“

Friedrich-Wilhelm-Gymnasium-Bezirk:
Maurermeister Joh. Kasp. Bergemann
Eigentümer, Friedrichstr. 21
„Gewöhnlicher Mensch, gehört zur schlimmen Parthei.“

Schinkenbrücken-Bezirk:
Huf- und Waffenschmiedemeister J. L. Raabe
Eigentümer, Jerusalemstr. 21
„Unbekannt.“

Domhospital-Bezirk:
Kaufmann Joh. Gottfr. Braumüller
Eigentümer, Zimmerstr. 35
„Einfacher äußerst braver stiller anständiger Mann."

Zweite Charlottenstraßen-Bezirk:
Bauinspektor August Ferdinand Mandel
Eigentümer, Leipziger Str. 74
„Gut, ehrlich, warm und ausdauernd für die gute Sache."

Dreifaltigkeitskirch-Bezirk:
Buchhalter Benjamin Schüler
Eigentümer, Kronenstr. 58
„Gescheit."

Ordenspalais-Bezirk:
Apotheker Fr. J. Jak. Wendlandt jun.
Eigentümer, Mohrenstr. 5
„Gut gesinnt."

Hospitalstraßen-Bezirk:
Gastwirt Joachim Friedrich Schulze
Eigentümer, Hospitalstr. 11
„Unbekannt."

Hacksche Markt-Bezirk:
Steinmetzmeister Joh. Christ. Moser
Eigentümer, Hacksche Markt 7
„Ohne Bildung."

Gipsgassen-Bezirk:
Fabrikant Carl Dan. Gottl. Vaß
Eigentümer, Gipsgasse 4
„Unbekannt."

Prenzlauer Straßen-Bezirk:
Gastwirt Johann Friedrich Heidemann
Eigentümer, Prenzlauer Str. 28
„Gehört zur Dorischen Parthei."

Ordonnanzhaus-Bezirk:
Branntweinbrenner Chr. Fr. Köhler
Eigentümer, Bernauer Str. 56
„Unbekannt."

Neue Georgenkirchhof-Bezirk:
Seidenwirker Johann Friedrich Gottlieb Possin (auch: Bossin)
Eigentümer, Linienstr. 30
„Gut, jedoch ohne Fähigkeiten u. Kenntnisse ist Anhänger des Dori."

Landschafts-Bezirk:
Bankier Salomon Veit
Eigentümer, Spandauer Str. 68
„Ein in jeder Hinsicht höchst respektabler Mann, von vorzüglich guten Willen."

Marienkirchhof-Bezirk:
Dr. G. F. Mezelewsky gen. Bandow, (auch: Mitzilewski/Mozelewski)
Eigentümer, Klosterstr. 90
„Unbedeutend."

Waisenhaus-Bezirk:
Braueigen August Wilhelm Bier
Eigentümer, Stralauer Str. 5
„Ein guter stolzer Bürger, ohne sonderliche Bildung aber bedeutsam."

Nikolaikirch-Bezirk:
Kaufmann Carl Heinrich Ulrici
Mieter, Poststr. 16
„Sehr gut u. verständig."

Rittergassen-Bezirk:
Seifensiedermeister Jean Tancré
Eigentümer, Roßstr. 20
„Raisonnau."

Schloß-Bezirk:
Zimmermeister Joh. Balth. Glatz
Eigentümer, Hinter dem neuen Packhof 4
„Ehrgeitzig gut u. gescheit."

Raulets Hof-Bezirk:
Rentier Jean Sabatier
Mieter, Niederwallstr. 15
„Gut."

Stallschreibergassen-Bezirk:
Zimmermeister Carl Ludw. Richter
Eigentümer, Stallschreibergasse 34
„Guter gescheiter Mann."

Kammergerichts-Bezirk:
Wollfabrikant Fr. Adolph Wagener
Eigentümer, Lindenstr. 28
„Raisonirand, aber gut."

Dönhoffsche Platz-Bezirk:
Kaufmann Johann George Bernhard Gaum
Eigentümer, Krausenstr. 41
„Klug."

Zweite Markgrafenstraßen-Bezirk:
Kaufmann Dan. Fr. Schmel (auch: Schmeel)
Mieter, Krausenstr. 21
„Gut."

Böhmische Kirch-Bezirk:
Kaufmann Georg Ludwig Schaner
Eigentümer, Friedrichstr. 199
„Desgl."

Ansbachsche Palais-Bezirk:
Kaufmann Gottfried Hoffmann
Eigentümer, Wilhelmstr. 121
„Desgl."

Ecole de Charité-Bezirk:
Kaufmann David Gottl. Pätow (auch: Paetow)
Eigentümer, Friedrichstr. 77
„Ein bei allen Behörden bekannter, unruhiger sehr böser Mann."

Letzte Straßen-Bezirk:
Buchdrucker Chr. Siegmund Spener
Eigentümer, Letzte Straße 11
„Einer der Respektablesten."

Hamburger Tor-Bezirk:
Polizeikommissarius Christian Gottlieb Pausewang
Eigentümer, Kleine Hamburger Str. 18
„Ohne Kenntnisse u. Fähigkeiten."

Laufgassen-Bezirk:
Töpfermeister Johann Friedrich (auch: Franz) Samuel May
Eigentümer, Nagelgasse 26
„Ganz unbedeutend."

Prenzlauer Tor-Bezirk:
Ackerbürger Johann Friedrich Schindler
Eigentümer, Jakobstr. 28
„Ein guter in seiner Art verständiger Mann."

Alexanderplatz-Bezirk:
Commissionär Joh. Chr. Sucrow
Eigentümer, Contrescarpe
„Alt, gut u. amiserable."

Georgenkirchhof-Bezirk:
Apotheker Johann Christian Carl Schrader
Eigentümer, Bernauer Str. 42
„Überall als respektabler Mann von Einsicht bekannt, jedoch äußerst heftig."

Magazinstraßen-Bezirk:
Gärtner Jean Pierre Bouché
Eigentümer, Schillingsgasse 10
„Unbekannt."

Garnisonkirch-Bezirk:
Kaufmann David Girard sen.
Eigentümer, Spandauer Str. 81
„Alt u. schwazhaft von schweren Begriffen."

Hohe Steinweg-Bezirk:
Lederhändler Jean Pierre Charton
Eigentümer, Königstr. 41
„Gut, recht gescheit u. brauchbar."

Kadettenhaus-Bezirk:
Kaufmann Johann Andreas Chr. Freitag (auch: Freytag)
Eigentümer, Neue Friedrichstr. 93
„Ohne Kenntnisse u. Fähigkeiten."

Kreuzgassen-Bezirk:
Kaufmann Carl Isaak Böhme
Eigentümer, Kreuzgasse
„Unbekannt."

Jakobskirchhof-Bezirk:
Hofcourtier Philipp Weiß
Mieter, Hasenhegergasse 5
„Klug, anscheinend bescheiden."

Hallesche Tor-Bezirk:
Kaufmann Samuel Contal[27]
Mehnertstr. 1
„Wohlhabend von stillem Betragen, aber in jeder Hinsicht unbedeutend."

Bauakademie-Bezirk:
Eigentümer Joh. Philipp Schäffer
Eigentümer, Zimmerstr. 11
„Empfehlenswerth."

Gendarmenmarkt-Bezirk:
Präsident Carl Friedrich Leopold von Gerlach[28]
Eigentümer, Hinter der katholischen Kirche 1
„!!"

Taubenstraßen-Bezirk:
Pol. Agent, Bildhauer Johann Gottlob Pfeffer
Eigentümer, Friedrichstr. 181
„Ebenso brauchbar als gut."

Akademie-Bezirk:
Schlossermeister Jean Pierre Violet
Eigentümer, Friedrichstr. 163
„Gut, jedoch nicht aus Überzeugung, sondern ... des Geistes."

Bauhof-Bezirk:
Kaufmann Joh. Christoph Engel
Eigentümer, Friedrichstr. 148
„Gefährlich."

Monbijou-Bezirk:
Polizei-Commissarius Chr. Ferd. Lehne
Eigentümer, Oranienburger Str. 92
„Scharf."

Schönhauser Tor-Bezirk:
Bäckermeister Johann Heinrich Jacob Grube
Eigentümer, Alte Schönhauser Str. 37
....

27 Contal wurde im Juni 1809 durch Kaufmann Wilhelm Ferdinand Stegemann (auch: Staegemann) ersetzt.

28 Gerlach wurde nach seiner Wahl zum Oberbürgermeister ersetzt durch: Christian Julius Spazier, Huf- u. Waffenschmied.

Landsberger Straßen-Bezirk:
Gastwirt Friedrich Wilhelm Palm
Eigentümer, Landsberger Str. 51
„Unbekannt."

Holzmarktstraßen-Bezirk:
Kaufmann Heinrich Pietsch
Eigentümer, Holzmarktstr. 4
„Gefällig u. bedeutsam aber schwatzhaft."

Cottbusser Tor-Bezirk:
Seifensiedermeister Mart. W. Lehmann
Eigentümer, Dresdener Str. 38
„Unternehmend."

Die Stellvertreter von 1809

Hacksche Markt-Bezirk:
Kaufmann Wilh. J. Baudouin
„Sehr klug, geschickt u. vorzüglich brauchbar."

Cöllnische Fischmarkt-Bezirk:
Schlachtermeister Carl Wilhelm Bluth
„Sehr gescheit,..., nicht böse."

Französische Straßen-Bezirk:
Branntweinbrenner Carl Ludwig Bolle
„Gut wohlhabend ohne besondere Einsichten."

Zweite Markgrafenstraßen-Bezirk:
Posamentier Joh. Daniel Ludw. Brederecke
„Ein ganz derangirter Schwindler."

Rosenthaler Tor-Bezirk:
Tuchfabrikant Joh. David Bremer
„Unbekannt."

Prenzlauer Straßen-Bezirk:
Ackerbürger Joh. Christian Bülow
„Ganz gewöhnlicher Ackerbürger."

Ansbachsche Palais-Bezirk:
Bäckermeister Joh. Gottlieb Drewitz
„Fromm."
Neue Markt-Bezirk:
Joh. Gottfried Hoehnemann
„Gewöhnlicher Mensch ohne böse zu seyn."

Posthof-Bezirk:
Gärtner Friedrich Wilhelm Fintelmann
„Viel Dünkel."

Kaiserstraßen-Bezirk:
Wundarzt Joh. Christian Herrmann
„Alt u. schwach, aber gut."

Dorotheenkirch-Bezirk:
Nagelschmied Jacob Christ. Kelpin
„Alt, schwach u. kränklich,..."

Laufgassen-Bezirk:
Schlachtermeister Joh. Jeremias Kober
„Unbekannt."

Holzmarktstraßen-Bezirk:
Kaufmann/Direktor Krutisch
„Sehr reel, verständig und gut, auch in Geschäften bewandert."

Erste Markgrafenstraßen-Bezirk:
Glockengießer Joh. Christ. Fried. Meyer
„Verschlagen."

Heilige Geiststraßen-Bezirk:
Kaufmann George Leberecht Mücke
„Gut."

Nikolaikirch-Bezirk:
Destillateur Carl Heinrich August Otto
„Verständig, gut u. bedeutsam."

Georgenkirch-Bezirk:
Schulhalter Joh. Gottfried Pahl
„Unbekannt."

Rondell-Bezirk:
Schlachtermeister Gottfried Christoph Panzer
„Desgl."

Cottbusser Tor-Bezirk:
Tuchbereitermeister August Daniel Pieckenhagen
„ ..., aber nicht böse."

Prinzen Holzmarkt-Bezirk:
Destillateur Carl Gottfried Radecke
„Unbekannt."

Zeughaus-Bezirk:
Bierschänker Heinrich Rudolf Rohr
„Desgl."

Schinkenbrücken-Bezirk:
Apotheker Joh. Julius Staberoh
„Unbekannt."

Städtekassen-Bezirk:
Stukkateur Constantin Philipp Sartori
„Vorzüglich gut, thätig u. gebildet."

Jakobskirchhof-Bezirk:
Seidenfabrikant Johann David Schaarschmidt
„Unbekannt."

Salzhof-Bezirk:
Färber Carl Friedrich Seyffert
„Desgl."

Letzte Straßen-Bezirk:
Kaufmann Carl Samuel Schwarz
„Zeichnet sich bei der Versammlung in ... aus."

Gouvernements-Bezirk:
Huf- und Waffenschmied Christian Julius (Ludwig) Spazier)
„Unbekannt."

Böhmische Kirch-Bezirk:
Branntweinbrenner Christ. Fried. Stachow
„Ohne Kenntnisse u. Fähigkeiten."

Raulets Hof-Bezirk:
Kaufmann Wilh. Ferdinand Stegemann (auch: Staegemann)
„Klug."

Kleine Jüdenhof-Bezirk:
Goldschmiedemeister Christian Friedrich Straube
„Unbekannt."

Gendarmenmarkt-Bezirk:
Kaufmann Adam Gottlieb Thiermann
„Ohne hervorstechende Fähigkeiten."

Waisenhaus-Bezirk:
Schlächtermeister Martin Friedr. Voigt
„Unbekannt."

Landsberger Tor-Bezirk:
Essigbauer Gottfried Wegener
„Ein verständiger, guter honetter Bürger."

Schloß-Bezirk:
Rentier Friedr. Michael Weiß
„Guter Mann."

Die Stadtverordneten und Stellvertreter der Wahlen von 1810

Wiedergewählt wurden:[29]

Frankfurter Tor-Bezirk
am 30. April in der Georgenkirche
Jean Pierre Bouché

Bauhof-Bezirk
am 2. Mai in der Dorotheenkirche
Johann Christoph Engel

Münz-Bezirk
am 30. April in der Werderschen Kirche
Karl Andreas Eyßenhardt (auch: Eysenhardt)

Dönhoffsche Platz-Bezirk
am 2. Mai in der Gertraudenkirche
Johann George Bernhard Gaum

Städtekassen-Bezirk
am 30. April in der Dreifaltigkeitskirche
Ernst Friedrich Heyl

Zweite Charlottenstraßen-Bezirk
am 30. April in der Böhmischen Kirche
August Ferdinand Mandel

Laufgassen-Bezirk
am 2. Mai in der Sophienkirche
Johann Friedrich (auch: Franz) Samuel May

Ecole de Charité-Bezirk
am 2. Mai in der Neuen Kirche auf dem Gendarmenmarkt
David Gottlieb Paetow (auch: Pätow)

Neue Georgenkirchhof-Bezirk
am 2. Mai in der Waisenhauskirche
Johann Friedrich Gottlob Possin

---

29 „*Oeffentliche Bekanntmachung*" der Gewählten von 1810 vom 22. 5. 1810 in: *Spenersche Zeitung* Nr. 65 vom 31. 5. 1810 und *Berliner Intelligenz Blatt* Nr. 136 vom 7. 6. 1810; LAB, Rep. 00-02/1, Nr. 47, Bd. 1, *Verzeichnis der Stadtverordneten und Stellvertreter*, fol. 129 ff. und 143 ff.; „*Obrigkeitliche Bekanntmachung*" der Wahlbezirke und Kirchen vom 16. April 1810 in: *Spenersche Zeitung* Nr. 46 vom 17. Mai 1810. Im Laufe des Jahres 1809 und 1810 rückten als Stadtverordnete folgende drei Stellvertreter ein: *Christian Julius Spatzier*, Schmiedemeister; *Wilhelm Ferdinand Stegemann*, Kaufmann; *Carl Wilhelm Bluth*, Schlächtermeister.

Dresdener Straßen-Bezirk
am 2. Mai in der Luisenkirche
Joh. Chr. Reichert

Raulets Hof-Bezirk
am 2. Mai in der Domkirche
Jean Sabatier

Bauakademie-Bezirk
am 2. Mai in der Walloner Kirche
Johann Philipp Schäffer (auch: Schäfer)

Böhmischer Kirch-Bezirk
am 2. Mai in der Bömischen Kirche
George Ludwig Schaner (auch: Georg)

Kaiserstraßen-Bezirk
am 30. April in der Klosterkirche
Samuel Schlag

Luisenstädtischer Kirch-Bezirk
am 30. April in der Luisenkirche
August Friedrich Teichert

Landschafts-Bezirk
am 30. April in der Marienkirche
Salomon Veit

Erste Charlottenstraßen-Bezirk
am 30. April in der Walloner Kirche
Johann Gottlieb Weltz (auch: Welz)

Cöllnische Fischmarkt-Bezirk
am 30. April in der Nikolaikirche
Philipp Ferdinand Westphalen

Schickler-Bezirk
am 2. Mai in der Werderschen Kirche
Carl Heinrich *Woltersdorff* (auch: *Woltersdorf*)

Neugewählt wurden:

Französische Straßen-Bezirk
am 30. April in der Neuen Kirche auf dem Gendarmenmarkt
Carl Ludwig Bolle, Destillateur
Eigentümer, Französische Str. 16/17

Hamburger Tor-Bezirk
am 30. April in der Sophienkirche
Friedrich Dannenberg, Bäckermeister
Eigentümer, Kleine Hamburger Str. 9

Akademie-Bezirk
am 30. April in der Dorotheenkirche
Gottfried August Hellming, Apotheker
Mieter, Friedrichstr. 160

Hausvogteiplatz-Bezirk
am 2. Mai in der Domkirche
Johann Friedrich Heinrich Hönig, Hofconditor
Eigentümer, Kurstr. 12

Kammergerichts-Bezirk
am 2. Mai in der Jerusalemskirche
Emanuell Friedrich Kunde, Apotheker
Eigentümer, Lindenstr. 86

Hacksche Markt-Bezirk
am 30. April in der Heiliggeist-Hospitalkirche
Johann Ernst Laspeyres, Kaufmann
Eigentümer, Alte Kommandantenstr. 6

Ratsholzmarkt-Bezirk
am 30. April in der Waisenhauskirche
Johann Friedrich Lohr, Gastwirt
Mieter, Holzstr. 26

Rondell-Bezirk
am 30. April in der Jerusalemskirche
Johann George Lucas, Kattunfabrikant
Mieter, Rondell 20

Rittergassen-Bezirk
am 2. Mai in der Marienkirche
Friedrich Wilhelm Neumann, Kaufmann
Eigentümer, Roßstr. 15

Ordonnanzhaus-Bezirk
am 2. Mai in der Georgenkirche
Joachim Friedrich Palm, Braueigen
Eigentümer, Neue Königstr. 13

Magazinstraßen-Bezirk
am 2. Mai in der Klosterkirche
Friedrich Schmidt, Tuchbereiter
Eigentümer, Contrescarpe 31

Kreuzgassen-Bezirk
am 2. Mai in der Heiliggeist-Hospitalkirche
Johann George Schönberg, Apotheker
Eigentümer, Kurstr. 34

Ordenspalais-Bezirk
am 2. Mai in der Dreifaltigkeitskirche
Johann Martin Schultheiß, Huf- und Waffenschmiedemeister
Eigentümer, Mohrenstr. 66

Neue Roßstraßen-Bezirk
am 2. Mai in der Nikolaikirche
Johann Michael Schneider, Lieferant
Eigentümer, Neue Roßstr. 44

Schinkenbrücken-Bezirk
am 30. April in der Gertraudenkirche
Johann Heinrich Julius Staberoh, Apotheker
Eigentümer, Jerusalemer Str. 16

Die Stellvertreter von 1810

G. W. Bergemann, Apotheker
Eigentümer, Neue Roßstr. 21

Johann Ludwig Eyfferth, Zimmermeister
Mieter, Bauhof 5

Johann George Glohr, Lederhändler
Eigentümer, Pankowsgasse 4

Ferdinand Hermanni, Kaufmann
Eigentümer, Hausvogteiplatz 3

Wilhelm Jäckel, Tuchfabrikant
Eigentümer, Linienstr. 16

Friedrich Leberecht Jüngel, Kaufmann
Eigentümer, Alte Jakobstr. 47

Heinr. Phil. Friedr. Klügel, Oberbergrat
Mieter, Unterwasser 2

Christian Gottlieb Künzel, Fabrikant
Eigentümer, Gollnowsgasse 38

Johann Friedrich Mohrmann, Schneidermeister
Mieter, Kurstr. 36

Nicolas, Rentier
Eigentümer, Scharrenstr. 14

Johann Carl Thieme, Destillateur
Eigentümer, Zimmerstr. 68

Die Stadtverordneten und Stellvertreter der Wahlen von 1811

Wiedergewählt wurden:[30]

Neue Hospital-Bezirk
am 5. Juni in der Friedrichs-Werderschen Deutschen Kirche
Sigismund Bandow

Waisenhaus-Bezirk
am 6. Juni in der Großen Friedrichs-Hospitalkirche
August Wilhelm Bier

Erste Markgrafenstraßen-Bezirk
am 6. Juni in der Jerusalemskirche
Carl Wilhelm Dori

Garnisonkirch-Bezirk
am 6. Juni in der Heiliggeist-Hospitalkirche
David Girard sen.

---

30 „*Oeffentliche Bekanntmachung*" der Gewählten von 1811 in: *Spenersche Zeitung* Nr. 86 vom 18. 7. 1811 und *Intelligenz Blatt* Nr. 171 vom 18. 7. 1811; LAB, Rep. 00-02/1, Nr. 68, Bd. 2, *Liste der Stadtverordneten und Stellvertreter,* fol. 8 ff. und 17 ff.; „*Obrigkeitliche Bekanntmachung*" der Bezirke und Kirchen vom 22. 5. 1811 in: *Spenersche Zeitung* Nr. 66 vom 1. 6. 1811 und *Intelligenz Blatt* Nr. 125 vom 25. 5. 1811. – Im Laufe des Jahres 1810 bis 1811 rückten als Stadtverordnete folgende Stellvertreter ein: *Johann George Glohr*, Lederhändler, Eigentümer, Pankowsgasse 4; *Jacob Christian Kelpin*, Nagelschmiedmeister, Eigentümer, Mittelstr. 21; *Constantin Philipp George Sartori*, Stukkateur, Eigentümer, Leipziger Str. 30; *Johann David Schaarschmidt*, Seidenfabrikant, Eigentümer, Alte Jakobstr. 97. Davon schied im Jahre 1811 durch das Los der Stukkateur *Constantin Philipp George Sartori* wieder aus. Durch das Los schieden im Jahre 1811 folgende Stellvertreter der Stadtverordneten aus: *Johann David Brehmer*, Tuchfabrikant; *Johann Gottlieb Drewitz*, Bäckermeister; *Johann Christian Herrmann*, Wundarzt; *Johann Jeremias Kober*, Schlächtermeister; *Friedrich Philipp Krutisch*, Kaufmann; *George Leberecht Mücke*, Kaufmann; *Aug. Dan. Pieckenhagen*, Tuchbereitermeister; *Carl Gottfried Radecke*, Destillateur; *Joh. David Schaarschmidt*, Seidenfabrikant; *Adam Gottlieb Thiermann*, Kaufmann.

Heilige Geiststraßen-Bezirk
am 5. Juni in der Heiliggeist-Hospitalkirche
Israel Glaser

Jerusalemskirch-Bezirk
am 5. Juni in der Jerusalemskirche
Johann Peter Kuehne (auch: Kühne)

Schönhauser Tor-Bezirk
am 6. Juni in der Grauen Klosterkirche
Johann Heinrich Jacob Grube

Molkenmarkt-Bezirk
am 5. Juni in der Nikolaikirche
Johann Christoph Kuehns

Neue Grünstraßen-Bezirk
am 6. Juni in der Französischen Kirche in der Neuen Kommandantenstraße
Louis Mattieu

Schindlersche Waisenhaus-Bezirk
am 5. Juni in der Böhmischen Kirche
Daniel David Reimann

Parochialkirch-Bezirk
am 6. Juni in der Parochialkirche
Johann Christian Ritze

Alexanderplatz-Bezirk
am 6. Juni in der Marienkirche
Johann Christian Carl Schrader

Breite Straßen-Bezirk
am 5. Juni in der Domkirche
Johann Joachim Schulze (auch: Schultze, Schulz)

Hospitalstraßen-Bezirk
am 5. Juni in der Dorotheenstädtischen Kirche
Joachim Friedrich Schulze (auch: Schultze)

Friedrichstädtischer Scharren-Bezirk
am 5 Juni in der Dreifaltigkeitskirche
Christian Friedrich Ernst Späthen

Neugewählt wurden:

Friedrich-Wilhelm-Gymnasium-Bezirk
am 6. Juni in der Böhmischen Kirche
Carl Gotthild Heinrich Allardt, Kaufmann
Eigentümer, Friedrichstr. 229

Nikolaikirch-Bezirk
am 6. Juni in der Nikolaikirche
Chrétien Béringuier, Kaufmann (auch: Christian)
Eigentümer, Poststr. 11

Spittelmarkt-Bezirk
am 5. Juni in der Gertrauden-Hospitalkirche
Friedrich Wilhelm Bock, bisheriger Bezirksvorsteher und Lehrer bei der Königl. Militairakademie
Eigentümer, Spittelmarkt 15

Neue Markt-Bezirk
am 5. Juni in der Marienkirche
Johann Friedrich Brose, Braueigner
Eigentümer, Papenstr. 9

Salzhof-Bezirk
am 5. Juni in der Französichen Kirche in der Neuen Kommandantenstraße
Carl Emanuel Dannenberg, Weißgerbermeister
Eigentümer, Wallstr. 20

Domkirchhof-Bezirk
am 5. Juni in der Großen Friedrichs-Hospitalkirche
Carl Ludwig Dannenberg, Bäckermeister (auch: Ludewig)
Eigentümer, Baumgasse 33

Jakobskirchhof-Bezirk
am 6. Juni in der Luisenkirche
Franz Lorenz Hoffmann, bisheriger Bezirksvorsteher und Tabakfabrikant
Eigentümer, Alte Jakobstr. 26

Kochstraßen-Bezirk
am 6. Juni in der Gertrauden-Hospitalkirche
Friedrich Wilhelm Jahn, bisheriger Bezirksvorsteher und Schneidermeister
Eigentümer, Kochstr. 27

Mohrenstraßen-Bezirk
am 5. Juni in der Deutschen Kirche auf dem Gendarmenmarkt
Carl Friedrich Krause, bisheriger Bezirksvorsteher und Gastwirt
Eigentümer, Mohrenstr. 46

Gendarmenmarkt-Bezirk
am 6. Juni in der Deutschen Kirche auf dem Gendarmenmarkt
Johann Heinrich Lincke (auch: Linke), bisheriger Bezirksvorsteher und Kaufmann
Eigentümer, Charlottenstr. 36

Georgenkirchhof-Bezirk
am 6. Juni in der Georgenkirche
Caspar Friedrich Mann, bisheriger Bezirksvorsteher und Rentier
Eigentümer, Kleine Georgenkirchgasse 3

Schützenplatz-Bezirk
am 5. Juni in der Georgenkirche
Johann George Müller, bisheriger Bezirksvorsteher und Weißgerbermeister
Eigentümer, Gollnowsgasse 39

Zeughaus-Bezirk
am 5. Juni in der Friedrichswerderschen Deutschen Kirche
Carl Wilhelm Jacob Schultze, Kaufmann
Mieter, Am Werderschen Markt 5

Domhospital-Bezirk
am 5. Juni in der Französischen Kirche auf dem Gendarmenmarkt
Christian Friedrich Schwedler, Kaufmann u. Tabakfabrikant
Mieter, Schützenstr. 62

Monbijou-Bezirk
am 6. Juni in der Domkirche
Friedrich Wilhelm Schwensow, bisheriger Bezirksvorsteher und Kaufmann
Eigentümer, Oranienburger Str. 19

Graue Kloster-Bezirk
am 5. Juni in der Grauen Klosterkirche
Martin Leonhard Seeger, bisheriger Bezirksvorsteher u. Destillateur
Eigentümer, Klosterstr. 78

Gipsgassen-Bezirk
am 6. Juni in der Dorotheenstädtischen Kirche
Johann Caspar Sommer, Ratszimmermeister
Eigentümer, Hospitalstr. 49

Dreifaltigkeitskirch-Bezirk
am 6. Juni in der Dreifaltigkeitskirche
Carl Wilh. Spaltholtz, Baumwollenwarenfabrikant
Eigentümer, Friedrichstr. 189

Landsberger Tor-Bezirk
am 5. Juni in der Parochialkirche
Gottfried Wegener, bisheriger Stadtverordnetenstellvertreter u. Essigbrauer
Eigentümer, Landsberger Str. 69

Die Stellvertreter von 1811

Carl Friedrich Caspar, Bäckermeister
Eigentümer, Klosterstr. 60

Ludwig Jacob Dortu, Hoffiskal
Eigentümer, Mohrenstr. 58

Christian Hassenberg, Bäckermeister
Eigentümer, Stralauer Str. 27

Christian Ludwig Hintze, Kaufmann
Eigentümer, Kochstr. 64

Johann George Höltz, Destillateur
Eigentümer, Lindenstr. 72

Gottlieb Adolf Küdorff, Fabrikant
Eigentümer, Hospitalstr. 84

Johann Gotthilf Lüdicke, Tuchmachermeister
Mieter, Brunnenstr. 49

Friedrich Wilhelm May, Gastwirt
Eigentümer, Ackerstr. 1

Johann Christian Jacob Ohrenberg, Fabrikant
Eigentümer, Friedrichstr. 230

George Ernst Remmin, bisheriger Stadtverordneter und Kammachermeister
Eigentümer, Kronengasse 13

Gottlieb Philipp Seidel, Holzhändler
Eigentümer, Oranienburger Str. 9

Johann Friedrich Voigt, Holzhändler
Eigentümer, Neu Cölln Nr. 8

Johann Heinrich Walcker, bisheriger Bezirksvorsteher u. Kaufmann
Eigentümer, Neue Grünstr. 13

Conrad Heinrich Wreden, bisheriger Bezirksvorsteher, Stellvertreter u. Schlossermeister
Eigentümer, Mauerstr. 62

Johann Friedrich Ziemann, Viktualienhändler
Eigentümer, Wilhelmstr. 14

Carl Ludwig Zürn, Glashändler
Eigentümer, Breite Str. 14

Die Stadtverordneten und Stellvertreter der Wahlen von 1812

Wiedergewählt wurden:[31]

Hohe Steinweg-Bezirk
am 11. Juni in der Marienkirche
Jean Pierre Charton

Kadettenhaus-Bezirk
am 11. Juni in der Parochialkirche
Johann Andreas Chr. Freitag (auch: Freytag)

Prenzlauer Straßen-Bezirk
am 11. Juni in der Georgenkirche
Johann Friederich Heidemann

Kleine Jüdenhof-Bezirk
am 10. Juni in der Grauen Klosterkirche
Johann Andreas Förstner

Sophienkirch-Bezirk
am 10. Juni in der Sophienkirche
Karl Friedrich Herter

Rathaus-Bezirk
am 10. Juni in der Nikolaikirche
Wilhelm Höne (auch: Höhne)

Ansbachsche Palais-Bezirk
am 10. Juni in der Böhmischen Kirche
Gottfried Hoffmann

Brüderstraßen-Bezirk
am 10. Juni in der Friedrichswerderschen Deutschen Kirche
Jean Paul Humbert

Neue Schönhauser Straßen-Bezirk
am 11. Juni in der Heiliggeistkirche
Christian Ludwig Hyan

Post-Bezirk
am 10. Juni in der Domkirche
August Karl Lezius

Königsbrücken-Bezirk
am 11. Juni in der Nikolaikirche
Ernst Gottlieb Löhder (auch: Löder)

Taubenstraßen-Bezirk
am 11. Juni in der Neuen Kirche
Johann Gottlob Pfeffer

Holzmarktstraßen-Bezirk
am 11. Juni in der Großen Friedrichs-Hospitalkirche
Heinrich Pietsch

Prenzlauer Tor-Bezirk
am 11. Juni in der Georgenkirche
Johann Friedrich Schindler

Münzstraßen-Bezirk
am 10. Juni in der Heiliggeistkirche
Johann Justus Sello

Tierarzneischul-Bezirk
am 10. Juni in der Dorotheenstädtischen Kirche
Karl Friedrich Wilhelm Trippel

Gouvernements-Bezirk
am 10. Juni in der Parochialkirche
Johann Gottlieb Wetzke

Schlesische Tor-Bezirk
am 10. Juni in der Luisenkirche
Karl Wilhelm Woderb

Neugewählt wurden:

Marienkirch-Bezirk
am 10. Juni in der Marienkirche
Johann Friedrich Beck, Kaufmann
Eigentümer, Klosterstr. 14

Quarrée-Bezirk
am 10. Juni in der Französischen Kirche auf dem Werder
Johann Friedrich Berner, Galanteriehändler
Eigentümer, Unter den Linden 51

Cottbusser Tor-Bezirk
am 11. Juni in der Luisenkirche
Johann Friedrich Bräutigam, Horndrechslermeister
Eigentümer, Dresdener Str. 81

Zweite Markgrafenstraßen-Bezirk
am 10. Juni in der Französischen Kirche am Gendarmenmarkt
Johann Daniel Ludwig Bredericke, Posamentiermeister
Eigentümer, Krausenstr. 50

31 „*Obrigkeitliche Bekanntmachung*" der Gewählten des Jahres 1812 vom 17. 6. 1812 in: *Spenersche Zeitung* Nr. 87 vom 21. 7. 1812, *Vossische Zeitung* Nr. 87 vom 21. 7. 1812 und *Intelligenz Blatt* Nr. 174 vom 21. 7. 1812 – ohne Adressenangaben; LAB, Rep. 00-02/1, Nr. 68, Bd. 2, *Verzeichnis der Stadtverordneten und Stellvertreter vom 29. 6. 1812,* fol. 69 ff.; „*Obrigkeitliche Bekanntmachung*" der Bezirke und Kirchen vom 22. 5. 1812 in: *Vossische Zeitung* Nr. 64 vom 28. 5. 1812 und *Intelligenz Blatt* Nr. 128 vom 28. 5. 1812.

Prinzenholzmarkt-Bezirk
am 10. Juni in der Französischen Kirche in der Kommandantenstraße
Johann Gottlieb Damm, Ratszimmermeister
Eigentümer, Wassergasse 28

Insel-Bezirk
am 11. Juni in der Friedrichswerderschen Deutschen Kirche
Johann Samuel Engel, Tuchscherermeister
Eigentümer, Auf der Fischerbrücke 8

Landsberger Straßen-Bezirk
am 11. Juni in der Grauen Klosterkirche
Wilhelm Gottfried Engelhardt, Kaufmann
Mieter, Landsberger Str. 35

Hallesche Tor-Bezirk
am 11. Juni in der Jerusalemskirche
Peter Friedrich Krause, Destillateur u. Branntweinbrenner
Eigentümer, Rondell 4

Achteck-Bezirk
am 10. Juni in der Dreifaltigkeitskirche
Louis Lillié jun., Kaufmann
Mieter, Leipziger Str. 19

Rosenthaler Tor-Bezirk
am 11. Juni in der Sophienkirche
Johann Friedrich Meyer, Kaufmann
Eigentümer, Rosenthaler Str. 65

Behrenstraßen-Bezirk
am 10. Juni in der Neuen Kirche
Johann Ferdinand Müller, Maurermeister
Mieter, Behrenstr. 36

Schloß-Bezirk
am 11. Juni in der Gertraudenkirche
Anton Friedrich Palmié, Kaufmann
Eigentümer, Schloßfreiheit 7

Stallschreibergassen-Bezirk
am 11. Juni in der Französischen Kirche in der Kommandantenstraße
Johann Reicherdt (auch: Reichert), Essigbrauer und bisheriger Bezirksvorsteher
Eigentümer, Alte Jakobstr. 78

Dorotheenstädtischer Kirch-Bezirk
am 11. Juni in der Dorotheenstädtischen Kirche
Johann Michael Reinicke, Kaufmann
Mieter, Mittelstr. 31

Letzte Straßen-Bezirk
am 11. Juni in der Französischen Kirche auf dem Werder
Karl Samuel Schwartze (auch: Schwarze), Kaufmann
Eigentümer, Friedrichstr. 156

Posthof-Bezirk
am 11. Juni in der Domkirche
George Friedrich Peter Wiesel, Königl. Geh. Kriegsrat
Eigentümer, Friedrichstr. 105

Die Stellvertreter von 1812

Gottlieb Peter Bindemann, Kaufmann
Eigentümer, Königstr. 39

Heinrich Franz von Gaultier de St. Blancard, Königl. Geh. Legationsrat
Eigentümer, Unter den Linden 70

Johann Friedrich Körner, Kaufmann
Eigentümer, Spandauer Str. 27

Friedrich Otto Kramer, Kaufmann u. Oberkirchenvorsteher
Eigentümer, Hospitalstr. 63

Gottfried Behrend Leichert, Kaufmann
Eigentümer, Brüderstr. 6

Moses Pincson, Kaufmann
Eigentümer, Neue Friedrichstr. 22

August Karl Reichenkron, Schiffbaumeister
Eigentümer, Schiffbauerdamm

Jean Daniel Sabatier, Destillateur
Eigentümer, Behrenstr. 28

Christian August Sembdner, Töpfermeister
Eigentümer, Münzstr. 16

Die Stadtverordneten und Stellvertreter der Wahlen von 1813

Wiedergewählt wurden:[32]

Frankfurter Tor-Bezirk
am 28. Juli in der Georgenkirche
Jean Pierre Bouché

Bauhof-Bezirk
am 28. Juli in der Dorotheenstädtischen Kirche
Johann Christoph Engel

Dönhoffsche Platz-Bezirk
am 28. Juli in der Gertrauden-Hospitalkirche
Johann George Bernhard Gaum

Zweiter Charlottenstraßen-Bezirk
am 28. Juli in der Böhmischen Kirche
August Ferdinand Mandel

Ecole de Charité-Bezirk
am 29. Juli in der Deutschen Kirche auf dem Gendarmenmarkt
David Gottlieb Pätow

Neue Georgenkirchhof-Bezirk
am 29. Juli in der Großen Friedrichs-Hospitalkirche
Johann Friedrich Gottlieb Possin (auch: Gottlob)

Dresdener Straßen-Bezirk
am 28. Juli in der Luisenkirche
Johann Christ. Reichert

Bauakademie-Bezirk
am 28. Juli in der Französischen Kirche in der Neuen Kommandantenstraße
Johann Philipp Schäfer (auch: Schäffer)

Böhmische Kirch-Bezirk
am 29. Juli in der Böhmischen Kirche
George Ludewig Schaner (auch: Georg Ludwig)

Landschafts-Bezirk
am 29. Juli in der Marienkirche
Salomon Veit

Erster Charlottenstraßen-Bezirk
am 29. Juli in der Französischen Kirche in der Neuen Kommandantenstraße
Johann Gottlieb Weltz (auch: Gottlob)

Kammergerichts-Bezirk
am 28. Juli in der Jerusalemskirche
Immanuel Friedrich Kunde (auch: Emanuell)

Akademie-Bezirk
am 29. Juli in der Dorotheenstädtischen Kirche
Gottfried August Helming

Hacksche Markt-Bezirk
am 29.Juli in der Heiliggeist-Hospitalkirche
Johann Ernst Laspeyres

Hamburger Tor-Bezirk
am 28. Juli Heiliggeist-Hospitalkirche
Christian Gottlieb Pausewang

Magazinstraßen-Bezirk
am 29. Juli in der Grauen Klosterkirche
Friedrich Schmidt

Neue Roßstraßen-Bezirk
am 28. Juli in der Nikolaikirche
Johann Michael Schneider

Schinkenbrücken-Bezirk
am 29. Juli in der Gertrauden-Hospitalkirche
Johann Heinrich Julius Staberow (auch: Staberoh)

Neugewählt wurden:

Rittergassen-Bezirk
am 28. Juli in der Großen Friedrichs-Hospitalkirche
Carl Heinrich Albrecht, Kupferschmiedmeister
Eigentümer, Roßstr. 23

Cöllnische Fischmarkt-Bezirk
am 29. Juli in der Nikolaikirche
Carl Wilhelm Bluth, Schlächtermeister
Eigentümer, Fischerstr. 6

Bergstraßen-Bezirk
am 29. Juli in der Sophienkirche
Christoph Friedrich Fielicke, Gastwirt
Eigentümer, Bergstr. 23

---

32 „*Obrigkeitliche Bekanntmachung*" der Gewählten des Jahres 1813 vom 3. 9. 1813 in: *Vossische Zeitung* Nr. 111 vom 16. 9. 1813 und *Intelligenz Blatt* Nr. 221 vom 15. September 1813; LAB, Rep. 00-02/1, Nr. 68, Bd. 2, *Verzeichnis der Gewählten,* fol. 139 ff. und 157 ff.; „*Obrigkeitliche Bekanntmachung*" der Wahlbezirke und Kirchen vom 6. 7. 1813 in: *Intelligenz Blatt* Nr. 169 vom 16. 7. 1813. – *Von den Stadtverordnetenstellvertretern rückten als Stadtverordnete ein: Gottfried Behrend Leichert* (auch: Gottlieb), Kaufmann, Eigentümer, Brüderstr. 6; *Carl Ludwig Zürn*, Rentier (bei seiner Stellvertreterwahl noch als Glashändler aufgeführt), Eigentümer, Breite Straße 14.

Schickler-Bezirk
am 29. Juli in der Deutschen Kirche am Werderschen Markt
Samuel Christlieb Grasnick, Kaufmann
Eigentümer, Grünstr. 2

Städtekassen-Bezirk
am 28. Juli in der Dreifaltigkeitskirche
Johann Conrad Grießling, Königl. Hof-Instrumentenmacher
Mieter, Leipziger Str. 16

Rondell-Bezirk
am 29. Juli in der Jerusalemskirche
Johann Friedrich Christoph Hänel (auch: Haenel), Fabrikant
Eigentümer, Friedrichstr. 246

Brunnenstraßen-Bezirk
am 28. Juli in der Sophienkirche
Jacob Harnecker, Rentier
Eigentümer, Brunnenstr. 1

Luisenkirch-Bezirk
am 29. Juli in der Luisenkirche
Friedrich Leberecht Jüngel, Kaufmann
Eigentümer, Alte Jakobstr. 47

Kurstraßen-Bezirk
am 28. Juli in der Deutschen Kirche am Werderschen Markt
Carl Friedrich Meyer, Kaufmann
Eigentümer, Kurstr. 22

Ratsholzmarkt-Bezirk
am 29. Juli in der Georgenkirche
Carl Ludwig Militz, Kattunfabrikant
Eigentümer, Mühlenstr. 63

Hausvogteiplatz-Bezirk
am 28. Juli in der Domkirche
Johann Friedrich Mohrmann, Rentier
Eigentümer, Hausvogteiplatz 9

Laufgassen-Bezirk
am 28. Juli in der Marienkirche
Johann Carl Partsch, Schlächtermeister
Eigentümer, Hammerstr. 34

Raulets Hof-Bezirk
am 29. Juli in der Domkirche
Friedrich Heinrich Polchow, Kaufmann
Eigentümer, Holzgartenstr. 5

Kaiserstraßen-Bezirk
am 28. Juli in der Grauen Klosterkirche
Johann Nicolaus Senff (auch: Senf), Wollenzeugfabrikant
Mieter, Kaiserstr. 9

Französische Straßen-Bezirk
am 28. Juli in der Deutschen Kirche auf dem Gendarmenmarkt
Friedrich Wilhelm Tackmann, Bäckermeister
Eigentümer, Kanonierstr.

Ordenspalais-Bezirk
am 29. Juli in der Dreifaltigkeitskirche
Johann Friedrich Zimmermann, Branntweinbrenner
Mieter, Mauerstr. 33

Die Stellvertreter von 1813

Johann Philipp Bauer, Fabrikant
Eigentümer, Friedrichstr. 45

Carl Isaac Brehme, Kaufmann
Eigentümer, Kreuzgasse 21

Friedrich Ludewig Eccardt, Kaufmann
Eigentümer, Jerusalemstr. 10

Johann Andreas Fasquel sen., Bäckermeister
Eigentümer, Jägerstr. 6

Carl Friedrich Gornow, Baumwollenwaarenfabrikant
Mieter, Frankfurter Str. 21a

Friedrich Körber, Apotheker
Eigentümer, Roßstr. 26

F. Memmert, Tabaksfabrikant/Tabaksspinner
Mieter, Dresdener Str. 53

August David Rindler, Kaufmann
Eigentümer, Holzstr. 18–19

Johann Friedrich Starck, Buchdrucker
Eigentümer, Charlottenstr. 15

Johann Peter Violet, Schlossermeister
Eigentümer, Friedrichstr. 163

Friedr. Wilhelm Wenzel, Gastwirt
Eigentümer, Frankfurter Str. 26–28

Die Stadtverordneten und Stellvertreter der Wahlen von 1814

Wiedergewählt wurden:[33]

Heilige Geiststraßen-Bezirk
am 29. Juni in der Heiliggeist-Hospitalkirche
Israel Glaser

Schönhauser Tor-Bezirk
am 30. Juni in der Friedrichswerderschen Deutschen Kirche
Johann Heinrich Grube

Jerusalemskirch-Bezirk
am 29. Juni in der Jerusalemskirche
Johann Peter Otto Kühne

Neue Grünstraßen-Bezirk
am 30. Juni in der Französischen Kirche in der Neuen Kommandantenstraße
Louis Matthieu

Schindlersche Waisenhaus-Bezirk
am 29. Juni in der Böhmischen Kirche
Daniel David Reimann

Alexanderplatz-Bezirk
am 30. Juni in der Französischen Kirche in der Klosterstraße
Johann Christian Carl Schrader

Breite Straßen-Bezirk
am 29. Juni in der Luisenkirche
Johann Joachim Schultze

Friedrichstädtische Scharren-Bezirk
am 30. Juni in der Böhmischen Kirche
Christian Friedrich Ernst Späthen

Friedrich-Wilhelm-Gymnasium-Bezirk
am 30. Juni in der Dreifaltigkeitskirche
Carl Gotthild Heinrich Allardt

Nikolaikirch-Bezirk
am 30. Juni in der Nikolaikirche
Christian Béringuier (auch: Chretien)

Neue Markt-Bezirk
am 29. Juni in der Marienkirche
Johann Friedrich Brose

Domkirchhof-Bezirk
am 29. Juni in der Sophienkirche
Carl Ludwig Dannenberg

Jakobskirchhof-Bezirk
am 30. Juni in der Luisenkirche
Franz Lorenz Hoffmann

Gendarmenmarkt-Bezirk
am 30. Juni in der Französische Kirche auf dem Gendarmenmarkt
Johann Heinrich Lincke (auch: Linke), Rentier (1811 Kaufmann)

Georgenkirch-Bezirk
am 30. Juni in der Georgenkirche
Caspar Friedrich Mann

Graue Kloster-Bezirk
am 29. Juni in der Grauen Klosterkirche
Martin Leonhard Seeger[34]

Gipsgassen-Bezirk
am 29. Juni in der Französischen Kirche in der Klosterstraße
Johann Caspar Sommer

Dreifaltigkeitskirch-Bezirk
am 30. Juni in der Deutschen Kirche auf dem Gendarmenmarkt
Carl Wilhelm Spaltholz

Landsberger Tor-Bezirk
am 29. Juni in der Georgenkirche
Joachim Stachow, Destillateur (Branntweinbrenner 1809)

Neugewählt wurden:

Neue Hospital-Bezirk
am 29. Juni in der Gertrauden-Hospitalkirche
Wilhelm Ballerstädt, Kaufmann
Eigentümer, Neu Cölln am Wasser 13

Molkenmarkt-Bezirk
am 29. Juni in der Nikolaikirche
Ferdinand Ernst Berthold, Kaufmann
Eigentümer, Stralauer Str. 32

---

33 „*Oeffentliche Bekanntmachung*" der Gewählten des Jahres 1814 vom 10. 8. 1814 in: *Vossische Zeitung* Nr. 103 vom 27. 8. 1814 und *Intelligenz Blatt* Nr. 209 vom 1. 9. 1814; LAB, Rep. 00-02/1, Nr. 68, Bd. 2, *Verzeichnis der Gewählten,* fol. 219 ff.; „*Obrigkeitliche Bekanntmachung*" der Bezirke und Kirchen vom 7. 6. 1814 veröffentlicht in: *Spenersche Zeitung* Nr. 74 vom 21. 6. 1814 und *Intelligenz Blatt* Nr. 141 vom 14. 6. 1814. – *Von den Stadtverordnetenstellvertretern rückte im Jahre 1814 ein: Johann Heinrich Walcker*, bisheriger Bezirksvorsteher und Kaufmann, Eigentümer, Neue Grünstr. 13.

34 Seeger wurde ersetzt im Jahre 1814 durch: *Johann Starke,* Drechslermeister, Eigentümer, Neue Friedrichstr. 61

Parochial-Bezirk
am 30. Juni in der Grauen Klosterkirche
Carl Friedrich Caspar[35], Bäckermeister
Mieter, Klosterstr. 60

Zeughaus-Bezirk
am 29. Juni in der Friedrichswerderschen Deutschen Kirche
Friedrich Wilhelm Eltze, Kaufmann
Eigentümer, Niederlagstr. 2

Domhospital-Bezirk
am 29. Juni in der Französischen Kirche auf dem Gendarmenmarkt
Johann Gottfried Hamerecht, Kaufmann
Eigentümer, Schützenstr. 13

Monbijou-Bezirk
am 30. Juni in der Marienkirche
Johann Christoph Hindenberg, Kaufmann
Eigentümer, Oranienburger Str. 10

Mohrenstraßen-Bezirk
am 29. Juni in der Deutschen Kirche auf dem Gendarmenmarkt
Johann Sebastian Kolbe, Sattlermeister
Eigentümer, Mohrenstr. 55

Schützenplatz-Bezirk
am 29. Juni in der Friedrichs-Hospitalkirche
Christian Gottlieb Küntzel (auch: Kintzel), Wollenwarenfabrikant
Eigentümer, Gollnowsgasse 38

Salzhof-Bezirk
am 29. Juni in der Französischen Kirche in der Kommandantenstraße
Johann Friedrich Petzoldt, Rentier
Eigentümer, Wallstr. 13

Hospitalstraßen-Bezirk
am 30. Juni in der Sophienkirche
Johann Christian Pösch (auch: Poesch), Knopffabrikant, Mieter, Wassergasse 31

Spittelmarkt-Bezirk
am 30. Juni in der Gertrauden-Hospitalkirche
Johann August Prätorius (auch: Praetorius), Tabakfabrikant
Mieter, Spittelmarkt 5

Kochstraßen-Bezirk
am 29. Juni in der Dreifaltigkeitskirche
Johann Georg Raum, Tischlermeister
Eigentümer, Kochstr. 37

Erster Markgrafenstraßen-Bezirk
am 30. Juni in der Jerusalemskirche
Johann Gottfried Schultze, Huf- u. Waffenschmiedmeister
Eigentümer, Markgrafenstr. 81

Waisenhaus-Bezirk
am 30. Juni in der Großen Friedrichs-Hospitalkirche
Georg Friedrich Schultze, Bäckermeister
Eigentümer, Stralauer Str. 51

Garnisonkirch-Bezirk
am 30. Juni in der Heiliggeist-Hospitalkirche
Struwe, Kaufmann
Mieter, Neue Friedrichstr. 56

Die Stellvertreter von 1814

Friedrich Wilhelm Braumüller, Kaufmann
Eigentümer, Zimmerstr. 35

Jacques Brach, Kaufmann
Eigentümer, Spittelmarkt 16

Johann Cramer, Seilermeister
Eigentümer, Jerusalemstr. 55

Johann Sebastian Dotti, Lackfabrikant
Eigentümer, Mohrenstr. 34

Giesecke, Seilermeister
Mieter, Wilhelmstr. 81

Wilhelm Grust, Kaufmann
Eigentümer, Am Werderschen Markt 1 u. 2

Johann Heinrich Hache, Kaufmann
Eigentümer, Baumgasse 53

Johann George Carl Kampfmeyer, Lederfabrikant und Lohgerbermeister
Eigentümer, Wallstr. 63

Emanuel Wilhelm Körner, Wollenzeugfabrikant
Eigentümer, Große Georgenkirchgasse 37

Johann Heinrich Lencke, Braueigen
Eigentümer, Gertraudenstr. 22

Traugott Philipp Lucks, Weißgerbermeister
Eigentümer, Heidereutergasse 4

Johann Gottfried Pachtmann, Schlächtermeister
Eigentümer, Alte Schönhauser Str. 16

George Ernst Remmin, Kammachermeister
Eigentümer, Kronengasse 13

---

35 Caspar wurde ersetzt im Jahre 1815 durch: *Johann Philipp Bauer,* Fabrikant, Eigentümer, Friedrichstr. 45.

Johann Friedrich Schwarz, Goldarbeiter
Eigentümer, Neue Friedrichstr. 61

Johann Starke, Drechslermeister
Eigentümer, Alte Schützenstr. 15

Die Stadtverordneten und Stellvertreter der Wahlen von 1815

Wiedergewählt wurden:[36]

Hohe Steinweg-Bezirk
am 29. Juni in der Marienkirche
Jean Pierre Charton[37]

Kadettenhaus-Bezirk
am 29. Juni in der Parochialkirche
Johann Andreas Freitag (auch: Freytag)

Sophienkirch-Bezirk
am 28. Juni in der Sophienkirche
Carl Friedrich Herter (auch: Härter)

Prenzlauer Straßen-Bezirk
am 28. Juni in der Georgenkirche
Johann Friedrich Heidemann

Rathaus-Bezirk
am 28. Juni in der Nikolaikirche
Wilhelm Höne (auch: Höhne)

Brüderstraßen-Bezirk
am 28. Juni in der Friedrichswerderschen Deutschen Kirche
Jean Paul Humbert

Neue Schönhauser Straßen-Bezirk
am 29. Juni in der Grauen Klosterkirche
Christian Ludwig Hyan

Post-Bezirk
am 29. Juni in der Nikolaikirche
August Carl Lezius

Taubenstraßen-Bezirk
am 29. Juni in der Neuen Kirche auf dem Gendarmenmarkt
Johann Gottlob Pfeffer

Prenzlauer Tor-Bezirk
am 29. Juni in der Georgenkirche
Johann Friedrich Schindler

Pariser Platz-Bezirk
am 29. Juni in der Dreifaltigkeitskirche
Johann Friedrich Berner

Cottbusser Tor-Bezirk
am 29. Juni in der Luisenkirche
Johann Friedrich Bräutigam

Hallesche Tor-Bezirk
am 29. Juni in der Jerusalemskirche
Peter Friedrich Krause

Rosenthaler Tor-Bezirk
am 28. Juni in der Sophienkirche
Johann Friedrich Meyer

Landsberger Straßen-Bezirk
am 28. Juni in der Großen Friedrichs-Hospitalkirche
Friedrich Wilhelm Palm

Schloß-Bezirk
am 29. Juni in der Domkirche
Anton Friedrich Palmié

Stallschreibergassen-Bezirk
am 29. Juni in der Französichen Kirche in der Kommandantenstraße
Johann Reicherdt (auch: Reichert)

Dorotheenstädtischer Kirch-Bezirk
am 28. Juni in der Dorotheenstädtischen Kirche
Johann Michael Reinicke (auch: Reinecke)

Letzte Straßen-Bezirk
am 29. Juni in der Französischen Kirche auf dem Gendarmenmarkt
Carl Samuel Schwartze (auch: Schwarze)

Neugewählt wurden:

Kleine Jüdenhof-Bezirk
am 29. Juni in der Französischen Kirche in der Klosterstraße
Ludewig Heinrich Wilhelm Braun, Kaufmann
Mieter, Neue Friedrichstr. 35

Insel-Bezirk
am 29. Juni in der Friedrichswerderschen Deutschen Kirche
Ludwig Frick, Schönfärbermeister
Eigentümer, Fischerbrücke 11

36 LAB, Rep. 00-02/1, Nr. 3, Bd. 3, *Verzeichnis der Gewählten*, fol. 29 ff. und fol. 40 ff.; Verzeichnis der Gewählten veröffentlicht in: *Intelligenz Blatt* Nr. 216 vom 9. 9. 1815; „*Obrigkeitliche Bekanntmachung*" der Bezirke und Kirchen vom 6. 6. 1815 veröffentlicht in: *Spenersche Zeitung* Nr. 74 vom 22. Juni 1815 und *Intelligenz Blatt* Nr. 139 vom 12. 6. 1815.

37 Im Jahre 1815 ersetzt durch: *Giesecke*, Seilermeister, Mieter, Wilhelmstr. 81.

Leipziger Platz-Bezirk
am 28. Juni in der Dreifaltigkeitskirche
Carl Dietrich[38], Hofrat
Eigentümer, Leipziger Str. 106

Zweite Markgrafenstraßen-Bezirk
am 28. Juni in der Jerusalemskirche
Johann Michael Glaser, Seifensiedermeister
Eigentümer, Markgrafenstr. 75

Schlesische Tor-Bezirk
am 28. Juni in der Luisenkirche
Ernst Sigismund Hoffmann, Ackerbürger
Eigentümer, Köpenicker Str. 131

Holzmarktstraßen-Bezirk
am 29. Juni in der Großen Friedrichs-Hospitalkirche
Carl Friedrich Philipp Krutisch, Kaufmann u. Zuckersiedereidirektor
Mieter, Contrescarpe 60

Posthof-Bezirk
am 28. Juni in der Domkirche
Adam Friedrich Lamprecht, Ratszimmermeister
Eigentümer, Oranienburger Str. 30

Tierarzneischul-Bezirk
am 28. Juni in der Dorotheenstädtischen Kirche
Johann Christian Leckler, Maurermeister
Eigentümer, Schiffbauerdamm 2

Prinzenholzmarkt-Bezirk
am 28. Juni in Französischen Kirche in der Kommandantenstraße
Friedrich Wilhelm Lohse, Kaufmann
Mieter, Köpenicker Str. 106

Münzstraßen-Bezirk
am 28. Juni in der Heiliggeist-Hospitalkirche
Andreas Wilhelm Lovie, Kaufmann
Eigentümer, Münzstr. 6

Behrenstraßen-Bezirk
am 28. Juni in der Neuen Kirche auf dem Gendarmenmarkt
Johann Mathias Magnus, Kaufmann
Eigentümer, Behrenstr. 46

Gouvernements-Bezirk
am 28. Juni in der Parochialkirche
Christian Friedrich Oenicke, Tabakfabrikant
Eigentümer, Jüdenstr. 29

Marienkirch-Bezirk
am 28. Juni in der Marienkirche
Johann Samuel Rauch, Bäckermeister
Eigentümer, Klosterstr. 93

Königsbrücken-Bezirk
am 28. Juni in der Grauen Klosterkirche
Joachim Michael Stibs (auch: Stips), Kaufmann u. Hutfabrikant
Eigentümer, Königstr. 30

Ansbachsche Palais-Bezirk
am 28. Juni in der Böhmischen Kirche
Johann Friedrich Tamnau, Kaufmann
Mieter, Wilhelmstr. 125

Die Stellvertreter von 1815

Johann Gottfried Albrecht, Uhrmachermeister
Eigentümer, Königstr. 58

Martin Heinrich Garcke, (ohne Angabe)
Eigentümer, Unter den Linden 59

Johann Gottfried Hoffmann, Posamentiermeister
Eigentümer, Fischerstr. 11

Johann Friedrich Jander, Gärtner
Eigentümer, Lindenstr. 7

Christoph Friedrich Leisko, Bäckermeister
Eigentümer, Schönhauser Str. 15

Johann Rudolph Münchenberg, Kaufmann
Mieter, Neue Friedrichstr. 1

Friedrich Wilhelm Peschke, Kattunfabrikant
Eigentümer, Köpenicker Str. 20

Johann Friedrich Roth, Schlächtermeister
Eigentümer, Alte Jakobstr. 40

Carl Weber, Tuchfabrikant
Eigentümer, Linienstr. 40

38 Ersetzt durch: *Friedrich Rückert*, Sattlermeister, Eigentümer, Leipziger Str. 110.

Die Stadtverordneten und Stellvertreter der Wahlen von 1816

Wiedergewählt wurden:[39]

Frankfurter Tor-Bezirk
am 26. Juni in der Georgenkirche
Jean Pierre Bouché

Bauhof-Bezirk
am 26. Juni in der Dorotheenstädtischen Kirche
Johann Christoph Engel

Dönhoffsche Platz-Bezirk
am 26. Juni in der Gertrauden-Hospitalkirche
Johann Georg Bernhard Gaum (auch: George)

Landschafts-Bezirk
am 27. Juni in der Marienkirche
Salomon Veit

Neue Georgenkirchhof-Bezirk
am 26. Juni in der Großen Friedrichs-Hospitalkirche
Johann Friedrich Gottlieb Possin (auch: Gottlob)

Böhmische Kirch-Bezirk
am 26. Juni in der Böhmischen Kirche
Georg Ludwig Schaner (auch: George Ludewig)

Neue Roßstraßen-Bezirk
am 26. Juni in der Französischen Kirche in der Kommandantenstraße
Johann Michael Schneider

Hacksche Markt-Bezirk
am 27. Juni in der Heiliggeist-Hospitalkirche
Johann Ernst Laspeyres

Laufgassen-Bezirk
am 26. Juni in der Marienkirche
Johann Friedrich Samuel May[40]

Schickler-Bezirk
am 27. Juni in der Nikolaikirche
Samuel Christlieb Grasnick

Magazinstraßen-Bezirk
am 27. Juni in der Grauen Klosterkirche
Jean Pierre Bouché, Gärtner
Eigentümer, Schillingsgasse 10

Brunnenstraßen-Bezirk
am 26. in der Sophienkirche
Jacob Harnecker

Luisenkirch-Bezirk
am 27. Juni in der Luisenkirche
Friedrich Leberecht Jüngel

Kurstraßen-Bezirk
am 26. Juni in der Deutschen Kirche am Werderschen Markt
Carl Friedrich Meyer

Ratsholzmarkt-Bezirk
am 27. Juni in der Georgenkirche
Carl Ludwig Militz (auch: Ludewig)

Kaiserstraßen-Bezirk
am 26. Juni in der Grauen Klosterkirche
Johann Nicolaus Senff

Neugewählt wurden:

Ordenspalais-Bezirk
am 27. Juni in der Böhmischen Kirche
Johann Friedrich Brederecke, Bäckermeister
Eigentümer, Mohrenstr. 65

Dresdener Straßen-Bezirk
am 26. Juni in der Luisenkirche
Johann Heinrich Borchmann, Destillateur
Mieter, Schäfergasse 24

Belle Alliance Platz-Bezirk
am 27. Juni in der Jerusalemskirche
Heinrich Wilhelm Ehmelick, Fabrikant
Mieter, Friedrichstr. 239

Akademie-Bezirk
am 27. Juni in der Dorotheenstädtischen Kirche
Ernst Ludewig Gotthold Crüger, Kaufmann
Eigentümer, Mittelstr. 57

Ecole de Charité-Bezirk
am 27. Juni in der Deutschen Kirche auf dem Gendarmenmarkt
Johann Andreas Fasquel sen., Bäckermeister
Eigentümer, Jägerstr. 6

Erste Charlottenstraßen-Bezirk
am 27. Juni in der Französischen Kirche in der Kommandantenstraße
Gottfried Hayn, Buchdrucker
Mieter, Zimmerstr. 29

---

39 LAB, Rep. 00-02/1, Nr. 3, Bd. 3, *Liste der Gewählten*, fol. 99 ff.; veröffentlicht in: *Intelligenz Blatt* Nr. 185 vom 2. 8. 1816; „*Öffentliche Bekanntmachung*" der Bezirke und Kirchen vom 4. 6. 1816 in: *Intelligenz Blatt* Nr. 138 vom 8. 6. 1816 und *Spenersche Zeitung* Nr. 148 vom 20. 6. 1816.

40 Ersetzt im Jahre 1819 durch: *Carl Ernst Gottfried Reetz*, Kaufmann, Eigentümer, Hohe Steinweg 7.

Hamburger Tor-Bezirk
am 26. Juni in der Heiliggeist-Hospitalkirche
Wilhelm Jäckel, Tuchfabrikant
Eigentümer, Linienstr. 120

Kammergerichts-Bezirk
am 26. Juni in der Jerusalemskirche
Johann Heinrich Knörtzer, Lackierer
Eigentümer, Lindenstr. 29

Cöllnische Fischmarkt-Bezirk
am 26. Juni in der Nikolaikirche
Christian Ludewig Keusch, Kaufmann
Eigentümer, Fischerstr. 29

Rittergassen-Bezirk
am 27. Juni in der Großen Friedrichs-Hospitalkirche
Friedrich Körber, Apotheker
Eigentümer, Roßstr. 26

Bergstraßen-Bezirk
am 27. in der Sophienkirche
Johann Friedrich Wilhelm May, Gastwirt
Eigentümer, Ackerstr. 1

Hausvogteiplatz-Bezirk
am 26. Juni in der Französischen Kirche auf dem Gendarmenmarkt
Friedrich Otto Wilhelm Meudtner, Kaufmann
Eigentümer, Niederwallstr. 21

Städtekassen-Bezirk
am 27. Juni in der Dreifaltigkeitskirche
Carl Neumann, Uhrmacher
Eigentümer, Leipziger Str. 89

Französische Straßen-Bezirk
am 26. Juni in der Deutschen Kirche auf dem Gendarmenmarkt
Carl August Niesner, Bildhauer und pensionierter Polizei-Commissarius
Eigentümer, Friedrichstr. 82

Raulets Hof-Bezirk
am 27. Juni in der Deutschen Kirche am Werderschen Markt
Johann Gotthilf Pietsch, Kaufmann
Eigentümer, Kurstr. 50

Zweite Charlottenstraßen-Bezirk
am 27. Juni in der Französischen Kirche auf dem Gendarmenmarkt
Friedrich Wilhelm Rexrodt, Partikulier u. pensionierter Polizei-Commissarius
Eigentümer, Leipziger Str. 73

Schinkenbrücken-Bezirk
am 27. Juni in der Gertrauden-Hospitalkirche
Johann Gottfried Sange, Kaufmann
Eigentümer, Leipziger Str. 60

Bauakademie-Bezirk
am 26. Juni in der Dreifaltigkeitskirche
Carl Ludewig Trenn, Bildhauer
Mieter, Zimmerstr. 17

Die Stellvertreter von 1816

August Friedrich Alberti, Kaufmann
Eigentümer, Am Hackschen Markt 5

Friedrich Fauser, Mousselinfabrikant
Mieter, Französische Str. 51

Wilhelm Ernst Gropius, Fabrikant
Mieter, Alte Grünstr. 5

Johann Friedrich Grunewaldt, Tuchbereitermeister
Eigentümer, Linienstr. 80

Johann Gottlieb Lepin, Fabrikant
Mieter, Frankfurter Str. 58

Johann Christian Palm, Kaufmann u. Fabrikant
Mieter, Roßstr. 3

Christian Friedrich Rösicke, Schneidermeister
Mieter, Niederwallstr. 9

Heinrich Ferdinand Schwartz, Buchbindermeister
Mieter, Leipziger Str. 29

Christian Friedrich Stachow, Branntweinbrenner
Eigentümer, Mauerstr. 69

Die Stadtverordneten und Stellvertreter der Wahlen von 1817

Wiedergewählt wurden:[41]

Heilige Geiststraßen-Bezirk
am 18. Juni in der Heiliggeistkirche
Israel Glaser (auch: Isaac)

Schönhauser Tor-Bezirk
am 19. Juni in der Grauen Klosterkirche
Johann Heinrich Jacob Grube

Neue Grünstraßen-Bezirk
am 18. Juni in der Französischen Kirche in der Kommandantenstraße
Louis Mathieu

Schindlersche Waisenhaus-Bezirk
am 18. Juni in der Böhmischen Kirche
Daniel David Reimann

Friedrichstädtische Scharren-Bezirk
am 19. Juni in der Böhmischen Kirche
Christian Friedrich Ernst Späthen

Friedrich-Wilhelm-Gymnasium-Bezirk
am 18. Juni in der Dreifaltigkeitskirche
Carl Gotthild Heinrich Allardt

Neue Markt-Bezirk
am 18. Juni in der Marienkirche
Johann Friedrich Brose

Jakobskirchhof-Bezirk
am 19. Juni in der Luisenkirche
Franz Lorenz Hoffmann

Georgenkirch-Bezirk
am 19. Juni in der Georgenkirche
Caspar Friedrich Mann

Gipsgassen-Bezirk
am 19. Juni in der Sophienkirche
Johann Caspar Sommer

41 LAB, Rep. 00-02/1, Nr. 185, Bd. 4, *Verzeichnis der Gewählten,* fol. 35 ff.; „*Bekanntmachung*" der Gewählten des Jahres 1817 vom 2. 8. 1817 in: *Spenersche Zeitung* Nr. 96 vom 16. 8. 1817 u. *Intelligenz Blatt* Nr. 194 vom 14. 8. 1817; „*Öffentliche Bekanntmachung*" der Wahlbezirke und Kirchen vom 27. 5. 1817 in: *Spenersche Zeitung* Nr. 69 vom 10. 6. 1817 und *Intelligenz Blatt* Nr. 133 vom 4. 6. 1817.

Dreifaltigkeitskirch-Bezirk
am 19. Juni in der Dreifaltigkeitskirche
Karl Wilhelm Spaltholz

Neue Hospital-Bezirk
am 18. Juni in der Luisenkirche
Wilhelm Ballerstädt (auch: Ballerstet)

Molkenmarkt-Bezirk
am 19. Juni in der Französischen Kirche in der Klosterstraße
Ferdinand Ernst Berthold

Monbijou-Bezirk
am 19. Juni in der Marienkirche
Johann Christoph Hindenberg

Hospitalstraßen-Bezirk
am 19. Juni in der Dorotheenstädtischen Kirche
Johann Christian Pösch

Domkirchhof-Bezirk
am 18. Juni in der Sophienkirche
Johann George Friedrich

Spittelmarkt-Bezirk
am 19. Juni in der Gertraudenkirche
Johann August Prätorius

Kochstraßen-Bezirk
am 18. Juni in der Französischen Kirche auf dem Gendarmenmarkt
Johann Georg Raum (auch: George)

Graue Kloster-Bezirk
am 18. Juni in der Grauen Klosterkirche
George Ernst Remmin (auch: Georg)

Erste Markgrafenstraßen-Bezirk
am 19. Juni in der Jerusalemskirche
Johann Gottfried Schulze (auch: Schultze)

Neugewählt wurden:

Gendarmenmarkt-Bezirk
am 19. Juni in der Französischen Kirche auf dem Gendarmenmarkt
Karl Heinrich Backofen, Kaufmann
Eigentümer, Französische Str. 44

Zeughaus-Bezirk
am 18. Juni in der Friedrichswerderschen Kirche
Christian Friedrich Behrend, Hofrat
Eigentümer, Oberwallstr. 5

Mohrenstraßen-Bezirk
am 18. Juni in der Neuen Kirche
Johann Baptist Dotti, Lackfabrikant
Eigentümer, Mohrenstr. 34

Jerusalemskirch-Bezirk
am 18. Juni in der Jerusalemskirche
Johann Ludwig Christian Eyfferth, Zimmermeister
Eigentümer, Lindenstr. 5

Garnisonkirch-Bezirk
am 19. Juni in der Heiliggeistkirche
Ernst Christoph Hesse, Kaufmann
Mieter, Burgstr. 27

Waisenhaus-Bezirk
am 19. Juni in der Großen Friedrichs-Hospitalkirche
Johann Friedrich Wilhelm Junge, Kaufmann
Eigentümer, Stralauer Str. 56

Schützenplatz-Bezirk
am 18. Juni in der Großen Friedrichs-Hospitalkirche
Emanuel Wilhelm Körner, Wollenzeugfabrikant
Eigentümer, Große Georgenkirchgasse 37

Nikolaikirch-Bezirk
am 19. Juni in der Friedrichswerderschen Kirche
Gottlieb Friedrich Christoph Kriebel, Kaufmann
Mieter, Poststr. 11

Parochialkirch-Bezirk
am 18. Juni in der Parochialkirche
Jean Guillaume de Louis, Seidenfärber
Eigentümer, Stralauer Str. 41

Domhospital-Bezirk
am 19. Juni in der Neuen Kirche
Johann Karl Otto, Zimmermeister
Mieter, Zimmerstr. 33

Breite Straßen-Bezirk
am 18. Juni in der Französischen Kirche in der Klosterstraße
Johann Bartholomäus Pascal, Kaufmann
Mieter, Breite Str. 6

Salzhof-Bezirk
am 18. Juni in der Gertraudenkirche
Jean Stephan Plantier, Rentier
Eigentümer, Wallstr. 3-4

Alexanderplatz-Bezirk
am 19. Juni in der Parochialkirche
Heinrich Andreas Schulze, Posamentiermeister
Eigentümer, Contrescarpe 66

Landsberger Tor-Bezirk
am 18. Juni in der Georgenkirche
Andreas Vetter, Kaufmann u. Fabrikant
Eigentümer, Landsberger Str. 73

Die Stellvertreter von 1817

Gottlieb Bergmann, Kattunfabrikant
Eigentümer, Wilhelmstr. 13

Ludwig Fretzdorf, Knopfmachermeister
Eigentümer, Spittelbrücke 1

David Israel Funk, Kaufmann u. Tabaksfabrikant
Mieter, Heilige Geiststr. 21

Johann George Glohr, Servisverordneter/Schöppe
Eigentümer, Am Neuen Markt 11

Johann Heinrich Hache, Kaufmann
Eigentümer, Baumgasse 53

Johann Heinrich Ludwig Hopfgarten, Gelbgießermeister
Eigentümer, Schützenstr. 56

Traugott Philipp Lucks, Weißgerbermeister
Eigentümer, Heidereutergasse 4

Johann Ferdinand Lüttke (auch: Lütcke), Hutfabrikant
Eigentümer, Stralauer Str. 33

Johann Daniel Lutze, Holzhändler
Eigentümer, Wallstr. 12

Georg Christoph Müller, Kammachermeister
Eigentümer, Markgrafenstr. 82

Johann Daniel Röse, Bäckermeister
Eigentümer, Friedrichstr. 190

Carl Heinrich Schönbeck (auch: Karl), Schlächtermeister
Eigentümer, Kochstr. 33

Christian Friedrich Schulz, Bäckermeister
Eigentümer, Stralauer Str. 52

Johann Friedrich Steinhausen, Kaufmann
Eigentümer, Stralauer Str. 42

Karl Ludwig Stümer, Partikulier
Eigentümer, Linienstr. 151

Die Stadtverordneten und Stellvertreter der Wahlen von 1818

Wiedergewählt wurden:[42]

Kadettenhaus-Bezirk
am 26. Juni in der Parochialkirche
Johann Andreas Chr. Freitag (auch: Freytag)

Prenzlauer Straßen-Bezirk
am 26. Juni in der Georgenkirche
Johann Friedrich Heidemann (auch: Heydemann)

Rathaus-Bezirk
am 25. Juni in der Nikolaikirche
Wilhelm Höne (auch: Höhne)

Brüderstraßen-Bezirk
am 25. Juni in der Friedrichswerderschen Deutschen Kirche
Jean Paul Humbert

Pariser Platz-Bezirk
am 26. Juni in der Dreifaltigkeitskirche
Johann Friedrich Berner

Hallesche Tor-Bezirk
am 26. Juni in der Jerusalemskirche
Peter Friedrich Krause

Schloß-Bezirk
am 26. Juni in der Domkirche
Anton Friedrich Palmié

Dorotheenstädtische Kirch-Bezirk
am 26. Juni in der Dorotheenstädtischen Kirche
Johann Michael Reinicke (auch: Reinecke)

Kleine Jüdenhof-Bezirk
am 25. Juni in der Französischen Kirche in der Klosterstraße 25
Ludewig Heinrich Wilhelm Braun (auch: Ludwig)

Insel-Bezirk
am 26. Juni in der Gertrauden-Hospitalkirche
Ludwig Frick

Schlesische Tor-Bezirk
am 25. Juni in der Luisenkirche
Ernst Sigismund Hoffmann

Holzmarktstraßen-Bezirk
am 26. Juni in der Großen Friedrichs-Hospitalkirche
Carl Friedrich Philipp Krutisch

Tierarzneischul-Bezirk
am 25. Juni in der Dorotheenstädtischen Kirche
Johann Christian Leckler

Prinzenholzmarkt-Bezirk
am 24. Juni in der Luisenkirche
Friedrich Wilhelm Lohse

Münzstraßen-Bezirk
am 24. Juni in der Heiliggeist-Hospitalkirche
Andreas Wilhelm Lovie

Gouvernements-Bezirk
am 25. Juni in der Parochialkirche
Christian Friedrich Oenicke

Marienkirch-Bezirk
am 26. Juni in der Heiliggeist-Hospitalkirche
Johann Samuel Rauch

Leipziger Platz-Bezirk
am 25. Juni in der Dreifaltigkeitskirche
Friedrich Rückert

Königsbrücken-Bezirk
am 25. Juni in der Grauen Klosterkirche
Joachim Michael Stibs

Ansbachsche Palais-Bezirk
am 25. Juni in der Böhmischen Kirche
Johann Friedrich Tamnau

Neugewählt wurden:

Zweite Markgrafenstraßen-Bezirk
am 25. Juni in der Jerusalemskirche
Jacob Heinrich Baumgärtner, Schlossermeister
Eigentümer, Krausenstr. 27

Behrenstraßen-Bezirk
am 25. Juni in der Neuen Kirche auf dem Gendarmenmarkt
Carl Beyrich, Kaufmann
Mieter, Behrenstr. 10

Rosenthaler Tor-Bezirk
am 26. Juni in der Sophienkirche
Friedrich Wilhelm Ganschow, Posamentiermeister
Mieter, Rosenthaler Str. 11

42 „*Bekanntmachung*" der Gewählten des Jahres 1818 vom 21. 7. 1818 in: *Spenersche Zeitung* Nr. 93 vom 4. 8. 1818 und *Intelligenz Blatt* Nr. 184 vom 3. 8. 1818; LAB, Rep. 00-02/1, Nr. 185, Bd. 4, *Verzeichnis der Gewählten*, fol. 68 ff.; „*Bekanntmachung*" der Bezirke und Kirchen vom 9. 6. 1818 veröffentlicht in: *Spenersche Zeitung* Nr. 74 vom 20. 6. 1818 und *Intelligenz Bl.* Nr. 142 vom 15. 6. 1818.

Prenzlauer Tor-Bezirk
am 26. Juni in der Georgenkirche
Johann Greeb, Webermeister
Mieter, Linienstr. 51

Sophienkirch-Bezirk
am 25. Juni in der Sophienkirche
Friedrich Guthlitz, Fabrikant
Eigentümer, Sophienkirchstr. 27

Neue Schönhauser Straßen-Bezirk
am 25. Juni in der Heiliggeist-Hospitalkirche
Johann Carl Wilhelm Hindenberg, Kaufmann
Mieter, Rosenthaler Str. 25

Post-Bezirk
am 26. Juni in der Nikolaikirche
Carl Friedrich Jacob, Kaufmann
Mieter, Poststr. 28

Cottbusser Tor-Bezirk:
am 26. Juni in der Luisenkirche
Johann Gottfried Carl Kochhan (auch: Kochhahn), Bäckermeister
Eigentümer, Dresdener Str. 34

Taubenstraßen-Bezirk
am 26. Juni in der Neuen Kirche auf dem Gendarmenmarkt
Ernst Heinrich Lauterbach, Kaufmann
Eigentümer, Taubenstr. 35

Stallschreibergassen-Bezirk
am 26. Juni in der Französischen Kirche in der Kommandantenstraße
Carl Gottlieb Metzing, Seidenfabrikant
Mieter, Alte Jakobstr. 85

Landsberger Straßen-Bezirk
am 24. Juni in der Georgenkirche
August Ernst Müller, Kaufmann
Eigentümer, Landsberger Str. 38

Hohe Steinweg-Bezirk
am 26. Juni in der Französischen Kirche in der Klosterstraße
Johann Wilhelm Richter, Gelbgießermeister
Eigentümer, Bischoffstr. 4

Posthof-Bezirk
am 24. Juni in der Sophienkirche
Johann Christian Gottlieb Sametzky, Maurermeister
Eigentümer, Kalkscheunengasse 4

Letzte Straßen-Bezirk
am 24. Juni in der Dorotheenstädtischen Kirche
Friedrich Werkmeister, Kaufmann
Eigentümer, Friedrichstr. 151

Die Stellvertreter von 1818

Carl Friedrich Amelang, Kaufmann u. Buchhändler
Eigentümer, Brüderstr. 11

Johann Heinrich Martin Engler, Pinselfabrikant
Eigentümer, Behrenstr. 36

Heinrich Ludwig Geisler, Schornsteinfegermeister
Eigentümer, Leipziger Str. 106

Beer Isaak Helfft, Kaufmann
Eigentümer, Neue Friedrichstr. 36

Johann Friedrich Körner, Kaufmann
Eigentümer, Spandauer Str. 27

Adam Friedrich Lamprecht, Ratszimmermeister
Eigentümer, Oranienburger Str. 30

August Wilhelm Lietzmann, Bäckermeister
Eigentümer, Hospitalstr. 54

Johann Christoph Peglow, Fabrikant
Mieter, Rosenthaler Str. 17

Carl George Quarkowsky, Gastwirt
Eigentümer, Mittelstr. 46

Carl Ernst Gottfried Reetz, Kaufmann
Eigentümer, Hohe Steinweg 7

Johann Röse, Bäckermeister
Eigentümer, Jüdenstr. 19

Johann Gottfried Schwendy, Seifensidermeister
Eigentümer, Münzstr. 2

Die Stadtverordneten und Stellvertreter der Wahlen von 1819

Wiedergewählt wurden:[43]

Frankfurter Tor-Bezirk
am 23. Juni in der Georgenkirche
Jean Pierre Bouché

Neue Georgenkirchhof-Bezirk
am 23. Juni in der Großen Friedrichs-Hospitalkirche
Johann Friedrich Gottlieb Possin (auch: Gottlob)

Böhmische Kirch-Bezirk
am 23. Juni in der Böhmischen Kirche
Georg Ludwig Schaner

Landschafts-Bezirk
am 23. Juni in der Marienkirche
Salomon Veit

Hacksche Markt-Bezirk
am 23. Juni in der Heiliggeist-Hospitalkirche
Johann Ernst Laspeyres

Neue Roßstraßen-Bezirk
am 21. Juni in der Großen Friedrichs-Hospitalkirche
Johann Michael Schneider[44]

Schickler-Bezirk
am 21. Juni in der Gertrauden Hospitalkirche
Samuel Christlieb Grasnick

Luisenkirch-Bezirk
am 23. Juni in der Luisenkirche
Friedrich Leberecht Jüngel[45]

Kaiserstraßen-Bezirk
am 25. Juni in der Georgenkirche
Johann Nicolaus Senff

Magazinstraßen-Bezirk
am 21. Juni in der Grauen Klosterkirche
Jean Pierre Bouché

Belle Alliance Platz-Bezirk
am 23. Juni in der Jerusalemskirche
Heinrich Wilhelm Ehmelick

Dresdener Straßen-Bezirk
am 21. Juni in der Luisenkirche
Johann Heinrich Borchmann

Ordenspalais-Bezirk
am 21. Juni in der Böhmischen Kirche
Johann Friedrich Brederecke

Ecole de Charité-Bezirk
am 23. Juni in der Neuen Kirche
Johann Andreas Fasquel sen.

Erste Charlottenstraßen-Bezirk
am 21. Juni in der Französischen Kirche in der Kommandantenstraße
Gottfried Hayn

Hamburger Tor-Bezirk
am 26. Juni in der Sophienkirche
Wilhelm Jäckel

Bergstraßen-Bezirk
am 23. Juni in der Sophienkirche
Johann Friedrich Wilhelm May

Bauakademie-Bezirk
am 21. Juni in der Dreifaltigkeitskirche
Carl Ludwig Trenn

Neugewählt wurden:

Cöllnische Fischmarkt-Bezirk
am 21. Juni in der Nikolaikirche
Carl Heinrich Albrecht, Kupferwarenfabrikant
Eigentümer, Roßstr. 3

Akademie-Bezirk
am 21. Juni in der Dorotheenstädtischen Kirche
Johann Jacob Friedrich Bürstenbinder, Kaufmann
Eigentümer, Friedrichstr. 59

Städtekassen-Bezirk
am 23. Juni in der Dreifaltigkeitskirche
Friedrich Wilhelm Dietrich, Kaufmann
Eigentümer, Leipziger Str. 34

Laufgassen-Bezirk
am 25. Juni in der Sophienkirche
Johann Friedrich Eschner, Schlächtermeister
Eigentümer, Nagelgasse 8

---

43 LAB, Rep. 00-02/1, Nr. 185, Bd. 4, *Verzeichnis der Gewählten,* fol. 142 ff.; „*Bekanntmachung*" der gewählten Bürger des Jahres 1819 vom 5. 10. 1819 in: *Spenersche Zeitung* Nr. 125 vom 19. 10. 1819 und *Intelligenz Blatt* Nr. 249 vom 18. 10. 1819; „*Öffentliche Bekanntmachung*" der Wahlbezirke und Kirchen vom 28. 5. 1819 in: *Spenersche Zeitung* Nr. 67 vom 5. 6. 1819 und *Intelligenz Blatt* Nr. 132 vom 3. 6. 1819.

44 Ersetzt im Jahre 1819 durch: *Martin Eckert*, Kaufmann, Mieter, Lange Gasse 53.

45 Ersetzt im Jahre 1819 durch: *Johann Andreas Bohne*, Kaufmann, Mieter, Mittelstr. 8.

Französische Straßen-Bezirk
am 21. Juni in der Neuen Kirche
Christoph Friedrich Fauser, Mousselinfabrikant
Mieter, Französische Str. 51

Schinkenbrücken-Bezirk
am 23. Juni in der Französischen Kirche in der Kommandantenstraße
Johann Carl Groschuff, Riemermeister
Eigentümer, Jerusalemer Str. 31

Brunnenstraßen-Bezirk
am 21. Juni in der Sophienkirche
Johann Christ. Hettasch, Gastwirt
Eigentümer, Brunnenstr. 40

Raulets Hof-Bezirk
am 21. Juni in der Deutschen Kirche am Werderschen Markt
Christian Friedrich Jahns, Schneidermeister
Eigentümer, Kreuzgasse 2

Dönhoffsche Platz-Bezirk
am 23. Juni in der Gertrauden-Hospitalkirche
Christian Gottfried Kleemann, Bäckermeister
Eigentümer, Leipziger Str. 51

Ratsholzmarkt-Bezirk
am 21. Juni in der Georgenkirche
Friedrich Carl Krause, Gärtner
Eigentümer, Bullengasse 15

Zweite Charlottenstraßen-Bezirk
am 23. Juni in der Französichen Kirche auf dem Gendarmenmarkt
Carl Krause, Glashändler
Eigentümer, Markgrafenstr. 32

Hausvogteiplatz-Bezirk
am 21. Juni in der Französischen Kirche auf dem Gendarmenmarkt
Johann Georg Sarre, Seifensiedermeister
Eigentümer, Hausvogteiplatz 8–9

Kurstraßen-Bezirk
am 23. Juni in der Deutschen Kirche am Werderschen Markt
Carl Ludwig Schramm, Instrumentenmacher
Eigentümer, Kurstr. 44

Bauhof-Bezirk
am 23. Juni in der Dorotheenstädtischen Kirche
Johann Gottfried Steinmeyer, Zimmermeister
Mieter, Friedrichstr. 101

Kammergerichts-Bezirk
am 21. Juni in der Jerusalemskirche
Claus Willing, Tischlermeister
Eigentümer, Junkerstr. 15

Rittergassen-Bezirk
am 23. Juni in der Nikolaikirche
Carl Friedrich Willmanns, Juwelier
Mieter, Roßstr. 20

Die Stellvertreter von 1819

David Sigismund Baumbach, Bäckermeister
Eigentümer, Spandauer Str. 14

Johann Andreas Bohne, Kaufmann
Mieter, Mittelstr. 8

Franz Devaranne, Gastwirt
Eigentümer, Roßstr. 6

Martin Eckert, Kaufmann
Mieter, Lange Gasse 53

Johann Heinrich Kupsch, Kaufmann
Eigentümer, Grünstr. 1

Johann Wilhelm Wegener, Essigbrauer
Eigentümer, Alte Leipziger Str. 15

Christian Gottlob Weiß, Gastwirt
Eigentümer, Bergstr. 16

Die Stadtverordneten und Stellvertreter der Wahlen von 1820

Wiedergewählt wurden:[46]

Schönhauser Tor-Bezirk
am 22. Juni in der Sophienkirche
Johann Heinrich Jacob Grube

Neue Grünstraßen-Bezirk
am 22. Juni in der Französischen Kirche in der Kommandantenstraße
Louis Matthieu

Schindlersche Waisenhaus-Bezirk
am 21. Juni in der Böhmischen Kirche
Daniel David Reimann

Friedrichstädtische Scharren-Bezirk
am 22. Juni in der Böhmischen Kirche
Christian Friedrich Ernst Späthen

Jakobskirchhof-Bezirk
am 22. Juni in der Luisenkirche
Franz Lorenz Hoffmann

Gipsgassen-Bezirk
am 19. Juni in der Sophienkirche
Johann Caspar Sommer

Dreifaltigkeitskirch-Bezirk
am 22. Juni in der Dreifaltigkeitskirche
Carl Wilhelm Spaltholtz

Molkenmarkt-Bezirk
am 21. Juni in der Nikolaikirche
Ferdinand Ernst Berthold

Domkirchhof-Bezirk
am 21. Juni in der Sophienkirche
Carl Ludwig Dannenberg

Spittelmarkt-Bezirk
am 22. Juni in der Gertrauden-Hospitalkirche
Johann August Prätorius

Graue Kloster-Bezirk
am 21. Juni in der Grauen Klosterkirche
George Ernst Remmin

Kochstraßen-Bezirk
am 21. Juni in der Französischen Kirche auf dem Gendarmenmarkt
Johann Georg Raum

Gendarmenmarkt-Bezirk
am 22. Juni in der Französischen Kirche auf dem Gendarmenmarkt
Karl Heinrich Backofen

Zeughaus-Bezirk
am 21. Juni in der Friedrichswerderschen Französischen Kirche
Christian Friedrich Behrend

Mohrenstraßen-Bezirk
am 22. Juni in der Neuen Kirche
Johann Baptist Dotti

Waisenhaus-Bezirk
am 22. Juni in der Französischen Kirche in der Klosterstraße
Johann Friedrich Wilhelm Junge

Parochialkirch-Bezirk
am 19. Juni in der Parochialkirche
Jean Guillaume de Louis

Domhospital-Bezirk
am 22. Juni in der Neuen Kirche
Johann Karl Otto

Salzhof-Bezirk
am 21. Juni in der Gertrauden-Hospitalkirche
Jean Stephan Plantier

Landsberger Tor-Bezirk
am 21. Juni in der Georgenkirche
Andreas Vetter

Neugewählt wurden:

Monbijou-Bezirk
am 21. Juni in der Domkirche
Johann Friedrich Wilhelm Anger, Dänisch Lederfabrikant, Eigentümer, Oranienburger Str. 5

Heilige Geiststraßen-Bezirk
am 19. Juni in der Heiliggeist-Hospitalkirche
David Israel Funk, Kaufmann
Eigentümer, Heilige Geiststr. 21

Neue Hospital-Bezirk
am 21. Juni in der Luisenkirche
Johann George Carl Kampfmeyer,
Lederfabrikant u. Lohgerbermeister
Eigentümer, Wallstr. 63

---

46 LAB, Rep. 00-02/1, Nr. 29, Bd. 5, *Verzeichnis der Gewählten vom 28. 7. 1820*, fol. 21 ff.; „*Bekanntmachung*" der Gewählten des Jahres 1820 vom 1. 8. 1820 in: *Spenersche Zeitung* Nr. 97 vom 12. 8. 1820; „*Bekanntmachung*" der Bezirke und Kirchen vom 29. 5. 1820 veröffentlicht in: *Spenersche Zeitung* Nr. 70 vom 10. 6. 1820 und *Intelligenz Blatt* Nr. 134 vom 5. 6. 1820.

Erste Markgrafenstraßen-Bezirk
am 22. Juni in der Jerusalemskirche
Johann George Ferdinand Katsch (auch: Kaatsch), Destillateur
Eigentümer, Markgrafenstr. 94

Nikolaikirch-Bezirk
am 19. Juni in der Nikolaikirche
Anton Koch, Apotheker
Eigentümer, Poststr. 17

Jerusalemskirch-Bezirk
am 21. Juni in der Jerusalemskirche
Ludwig Ernst von Könen, Königlicher Obermedicinal-Rat und Doctor medicinae
Eigentümer, Lindenstr. 45

Breite Straßen-Bezirk
am 21. Juni in der Domkirche
Johann Heinrich Lenke, Braueigen
Eigentümer, Gertraudenstr. 22

Schützenplatz-Bezirk
am 22. Juni in der Französischen Kirche in der Klosterstraße
Christian Friedrich Müller, Oekonom
Mieter, Neue Schützenstr. 5

Garnisonkirch-Bezirk
am 22. Juni in der Heiliggeist-Hospitalkirche
Gottlieb August Müller, Destillateur
Eigentümer, Neue Friedrichstr. 52

Neue Markt-Bezirk
am 22. Juni in der Marienkirche
Ludwig Franz Offent, Kaufmann
Eigentümer, Am Neuen Markt 16

Friedrich-Wilhelm-Gymnasium-Bezirk
am 21. Juni in der Dreifaltigkeitskirche
Johann Gottfried Schack, Schlächtermeister
Eigentümer, Friedrichstr. 224

Georgenkirch-Bezirk
am 22. Juni in der Georgenkirche
Johann Christian Tornow, Rentier
Eigentümer, Neue Königstr. 54

Hospitalstraßen-Bezirk
am 22. Juni in der Dorotheenstädtischen Kirche
August Jeremias Wernicke, Kaufmann
Eigentümer, Hospitalstr. 70

Alexanderplatz-Bezirk
am 21. Juni in der Parochialkirche
Johann Heinrich Weydinger, Kaufmann
Mieter, Alexanderstr. 2

Die Stellvertreter von 1820

Friedrich Gottlob Conrad, Bäckermeister
Eigentümer, Hospitalstr. 10

Johann Friedrich Dietrich Dietert, Kaufmann
Eigentümer, Alexanderstr. 39

Johann August Heinrich Geffcke (auch: Geffke), Seidenfabrikant, Mieter, Hasenhegerstr. 5

Wilhelm Gerhardt, Seidenknopfmachermeister
Eigentümer, Am Neuen Markt 12

Franz Goùt, Holzhändler
Eigentümer, Wallstr. 17

Johann Gottleb Herz, Fabrikant
Eigentümer, Stralauer Str. 57

Ernst Junge, Bäckermeister
Eigentümer, Neue Grünstr. 37

Johann Christian Ludwig Lehmann, Kaufmann
Eigentümer, Wilhelmstr. 128

Christian Friedrich Lehmann, Destillateur
Eigentümer, Burgstr. 26

Traugott Philipp Lucks, Weißgerbermeister
Eigentümer, Heidereutergasse 4

Johann Ferdinand Lüttke (auch: Lütcke), Hutfabrikant, Eigentümer, Stralauer Str. 33

Johann Christian Lutze, Kaufmann
Eigentümer, Heilige Geiststr. 16

Christian Friedrich Müller, Buchdrucker
Eigentümer, Friedrichstr. 61

Johann Gottlieb Rauck, Ratsmauermeister
Eigentümer, Kochstr. 23

Johann Friedrich Steinhausen, Kaufmann
Eigentümer, Stralauer Str. 42

Carl Friedrich Dhamm, Huf- u. Waffenschmiedmeister
Eigentümer, Wilhelmstr. 53

Johann Andreas Gottlieb Wienicke, Huf- u. Waffenschmiedmeister
Eigentümer, Spittelmarkt 11

Die Stadtverordneten und Stellvertreter der Wahlen von 1821

Wiedergewählt wurden:[47]

Pariser Platz-Bezirk
am 21. Juni in der Dreifaltigkeitskirche
Johann Friedrich Berner

Hallesche Tor-Bezirk
am 21. Juni in der Jerusalemskirche
Peter Friedrich Krause

Kleine Jüdenhof-Bezirk
am 20. Juni in der Marienkirche
Johann Andreas Förstner

Tierarzneischulplatz-Bezirk
am 20. Juni in der Dorotheenstädtischen Kirche
Johann Christian Leckler

Marienkirch-Bezirk
am 21. Juni in der Marienkirche
Johann Samuel Rauch

Leipziger Platz-Bezirk
am 20. Juni in der Dreifaltigkeitskirche
Friedrich Rückert

Königsbrücken-Bezirk
am 20. Juni in der Grauen Klosterkirche
Joachim Michael Stibs

Prenzlauer Tor-Bezirk
am 21. Juni in der Georgenkirche
Johann Greeb

Neue Schönhauser Straßen-Bezirk
am 21. Juni in der Heiliggeist-Hospitalkirche
Johann Carl Wilhelm Hindenberg

Cottbusser Tor-Bezirk
am 23. Juni in der Luisenkirche
Johann Gottfried Carl Kochhan

47 LAB, Rep. 00-02/1, Nr. 29, Bd. 5, *Verzeichnis der Gewählten vom 18. 8. 1821,* fol. 89 ff. und 81 ff.; „*Bekanntmachung*" der Gewählten des Jahres 1821 vom 14. 8. 1821 in: *Vossische Zeitung* Nr. 103 vom 28. 8. 1821 und *Intelligenz Blatt* Nr. 205 vom 27. 8. 1821; „*Öffentliche Bekanntmachung*" der Bezirke und Kirchen vom 29. 5. 1821 in: *Spenersche Zeitung* Nr. 68 vom 7. 6. 1821 und *Intelligenz Blatt* Nr. 134 vom 5. 6. 1821.

Taubenstraßen-Bezirk
am 21. Juni in der Neuen Kirche
Ernst Heinrich Lauterbach

Hohe Steinweg-Bezirk
am 23. Juni in der Französischen Kirche in der Klosterstraße
Johann Wilhelm Richter

Posthof-Bezirk
am 21. Juni in der Sophienkirche
Johann Christian Gottlieb Sametzky

Letzte Straßen-Bezirk
am 23. Juni in der Dorotheenstädtischen Kirche
Friedrich Werkmeister

Neugewählt wurden:

Dorotheenstädtische Kirch-Bezirk
am 21. Juni in der Dorotheenstädtischen Kirche
Friedrich Ackermann, Bäckermeister
Eigentümer, Mittelstr. 19

Zweite Markgrafenstraßen-Bezirk
am 20. Juni in der Jerusalemskirche
Johann Wilhelm Barleben, Tischlermeister
Eigentümer, Krausenstr.49

Pariser Platz-Bezirk
am 21. Juni in der Dreifaltigkeitskirche
Carl Gottlob Becherer, Kaufmann
Eigentümer, Neumanngasse 10

Post-Bezirk
am 21. Juni in der Nikolaikirche
Carl Gottfried Friedrich Bohm, Kaufmann
Eigentümer, Poststr. 30

Gouvernements-Bezirk
am 21. Juni in der Parochialkirche
Johann Christian Delschau (auch: Dellschau), Schullehrer
Eigentümer, Jüdenstr. 45

Insel-Bezirk
am 20. Juni in der Gertrauden-Hospitalkirche
Carl Ferdinand Deselsky, Posamentiermeister
Eigentümer, Fischerbrücke 1

Stallschreibergassen-Bezirk
am 20. Juni in der Französischen Kirche in der Kommandantenstraße
Wilhelm Gottlob Friese, Bäckermeister
Eigentümer, Alte Jakobstr. 72

Holzmarktsraßen-Bezirk
am 21. Juni in der Großen Friedrichs-Hospitalkirche
Johann Heinrich Wilhelm Holfelder, Kaufmann
Mieter, Holzmarktstr. 30

Rosenthaler Tor-Bezirk
am 23. Juni in der Sophienkirche
Johann Christian Kühne, Baumwollenfabrikant
Eigentümer, Rosenthaler Str. 17

Schloß-Bezirk
am 21. Juni in der Domkirche
Gottlieb Wilhelm Marburg (auch: Marpurg), Kaufmann
Eigentümer, An der Schleuse 14

Kadettenhaus-Bezirk
am 20. Juni in der Großen Friedrichs-Hospitalkirche
Carl Ludwig Müller, Posamentiermeister
Eigentümer, Neue Friedrichstr. 106

Sophienkirch-Bezirk
am 20. Juni in der Sophienkirche
Johann Daniel Mütze, Rentier
Eigentümer, Sophienkirchgasse 25

Rathaus-Bezirk
am 20. Juni in der Nikolaikirche
Carl Friedrich Naumann, Kaufmann
Eigentümer, Spandauer Str. 40

Schlesische Tor-Bezirk
am 20. Juni in der Luisenkirche
Johann George Peters, Kattunfabrikant
Eigentümer, Köpenicker Str. 166

Ansbachsche Palais-Bezirk
am 21. Juni in der Bömischen Kirche
Heinrich Gustav Raabe, Holzhändler
Eigentümer, Wilhelmstr. 124

Prinzen Holzmarkt-Bezirk
am 21. Juni in der Luisenkirche
Carl Gottf. Radicke, Destillateur
Eigentümer, Köpenicker Str. 105

Münzstraßen-Bezirk
am 20. Juni in der Heiliggeist-Hospitalkirche
Joachim Friedrich Stachow, Kaufmann
Eigentümer, Münzstr. 3

Prenzlauer Straßen-Bezirk
am 20. Juni in der Georgenkirche
Christian Friedrich Vollmar, Ackerbürger
Eigentümer, Linienstr. 261

Landsberger Straßen-Bezirk
am 23. Juni in der Georgenkirche
Gottfried Wegener[48], Essigbrauer
Eigentümer, Landsberger Str. 48

Behrenstraßen-Bezirk
am 20. Juni in der Neuen Kirche
Christian Friedrich Wette, Kaufmann
Eigentümer, Behrenstr. 34

Die Stellvertreter von 1821

August Barthold, Kaufmann
Mieter, Klosterstr. 7

Johann Ludwig Becker, Apotheker
Eigentümer, Brüderstr. 33

Ferdinand Dümmler, Buchhändler
Mieter, Unter den Linden 19

Carl August Eulner, Kaufmann
Eigentümer, Königstr. 31

Johann Friedrich Körner, Kaufmann
Eigentümer, Spandauer Str. 27

Johann Christian Mewes, Buchhalter bei der Königlichen Porzellanmanufaktur
Eigentümer, Markgrafenstr. 79

Carl Ernst Gottfried Reetz, Kaufmann
Eigentümer, Hohe Steinweg 9

Heinrich Reißner, Mehlhändler
Eigentümer, Letzte Straße 55

Johann Gottlieb Heinrich Reyher, Kaufmann
Eigentümer, Friedrichstr. 110

Conrad Heinrich Soltmann, Apotheker
Eigentümer, Poststr. 4

Johann Carl Heinrich Sperling, Ratsmauermeister
Eigentümer, Grenadierstr. 20

Heinrich Daniel Friedrich Tiefensee, Apothekerwaren-Mäkler
Eigentümer, Neue Schönhauser Str. 4

---

48 Evtl. identisch mit dem gleichnamigen im Jahre 1811 gewählten Essigbrauer, Landsberger Str. 69.

Die Stadtverordneten und Stellvertreter der Wahlen von 1822

Wiedergewählt wurden:[49]

Frankfurter Tor-Bezirk
am 27. Juni in der Nikolaikirche
Jean Pierre Bouché

Neue Georgenkirchhof-Bezirk
am 27. Juni in der Französischen Kirche am Werderschen Markt
Johann Friedrich Gottlieb Possin (auch: Gottlob)

Böhmische Kirch-Bezirk
am 26. Juni in der Böhmischen Kirche
Georg Ludwig Schaner sen. (auch: George Ludewig)

Hacksche Markt-Bezirk
am 26. Juni in der Heiliggeist-Hospitalkirche
Johann Ernst Laspeyres

Magazinstraßen-Bezirk
am 25. Juni in der Grauen Klosterkirche
Jean Pierre Bouché

Dresdener Straßen-Bezirk
am 27. Juni in der Luisenkirche
Christian Reichert[50], Tabaksfabrikant
Mieter, Schäfergasse 27

Ordenspalais-Bezirk
am 27. Juni in der Böhmischen Kirche
Johann Friedrich Brederecke

Ecole de Charité-Bezirk
am 27. Juni in der Französichen Kirche am Gendarmenmarkt
Johann Andreas Fasquel sen.

Bergstraßen-Bezirk
am 24. Juni in der Sophienkirche
Johann Friedrich Wilhelm May Cöllnische

Fischmarkt-Bezirk
am 27. Juni in der Nikolaikirche
Carl Heinrich Albrecht

Akademie-Bezirk
am 27. Juni in der Dorotheenstädtischen Kirche
Johann Jacob Friedrich Bürstenbinder

Städtekassen-Bezirk
am 26. Juni in der Dreifaltigkeitskirche
Friedrich Wilhelm Dietrich

Laufgassen-Bezirk
am 26. Juni in der Sophienkirche
Johann Friedrich Eschner

Französische Straßen-Bezirk
am 26. Juni in der Neuen Kirche
Christoph Friedrich Fauser

Schinkenbrücken-Bezirk
am 26. Juni in der Französischen Kirche in der Kommandantenstraße
Johann Carl Groschuff

Zweite Charlottenstraßen-Bezirk
am 26. Juni in der Französischen Kirche auf dem Gendarmenmarkt
Carl Krause

Kurstraßen-Bezirk
am 26. Juni in der Französischen Kirche am Werderschen Markt
Carl Ludwig Schramm

Rittergassen-Bezirk
am 26. Juni in der Nikolaikirche
Carl Friedrich Willmanns

Neugewählt wurden:

Hamburger Tor-Bezirk
am 27. Juni in der Sophienkirche
Heinrich David Beutel, Stahlfabrikant
Eigentümer, Hospitalstr. 32

Landschafts-Bezirk
am 27. Juni in der Marienkirche
Johann Conrad Christian Crüsemann sen., Kaufmann
Eigentümer, Spandauer Str. 7

Dönhoffsche Platz-Bezirk
am 26. Juni in der Gertrauden-Hospitalkirche
Johann Friedrich Desselmann, Posamentiermeister
Eigentümer, Neue Kommandantenstr. 34

---

49 LAB, Rep. 00-02/1, Nr. 4, Bd. 6, *Verzeichnis der Gewählten vom 23. 8. 1822* (Abschrift), fol. 13 ff.; „*Bekanntmachung*“ der Gewählten des Jahres 1822 vom 10. 9. 1822 in: *Spenersche Zeitung* Nr. 114 vom 21. 9. 1822 und *Intelligenz Blatt* Nr. 225 vom 19. 9. 1822; „*Öffentliche Bekanntmachung*“ der Bezirke und Kirchen in: *Spenersche Zeitung* Nr. 70 vom 11. 6. 1822.

50 Bei seiner ersten Wahl von 1809 ist er als Eigentümer des Hauses Schäfergasse 27 angegeben und noch als Tabakspinnermeister bezeichnet.

Schickler- Bezirk
am 27. Juni in der Gertrauden-Hospitalkirche
Louis Fournier, Kaufmann
Eigentümer, Friedrichsgracht 50

Neue Roßstraßen-Bezirk
am 27. Juni in der Großen Friedrichs-Waisenhauskirche
Carl Geest, Kaufmann
Mieter, Neue Roßstr. 14

Erste Charlottenstraßen-Bezirk
am 27. Juni in der Neuen Kirche
Gustav Philipp Hesse, Commerzienrat
Eigentümer, Schützenstr. 9

Ratsholzmarkt-Bezirk
am 25. Juni in der Großen Friedrichs-Waisenhauskirche
Johann Christian Rouel (auch: Rouelle), Gärtner
Eigentümer, Koppengasse 22

Kammergerichts-Bezirk
am 27. Juni in der Jerusalemskirche
Christian Friedrich Schüler, Knopfmachermeister
Eigentümer, Lindenstr. 32

Kaiserstraßen-Bezirk
am 27. Juni in der Georgenkirche
Johann Michael Seeleitner, Posamentiermeister
Eigentümer, Kaiserstr. 16

Bauakademie-Bezirk
am 27. Juni in der Dreifaltigkeitskirche
Johann Friedrich Spandow, Posamentiermeister
Eigentümer, Friedrichstr. 50

Hausvogteiplatz-Bezirk
am 27. Juni in der Französischen Kirche auf dem Gendarmenmarkt
Friedrich Gottlieb Steinbrecher, Klempnermeister
Eigentümer, Niederwallstr. 26

Raulets Hof-Bezirk
am 27. Juni in der Französischen Kirche am Werderschen Markt
Johann Friedrich Ludwig Uhde, Kaufmann u. Hofrat
Eigentümer, Unterwasserstr. 5

Luisenkirch-Bezirk
am 26. Juni in der Luisenkirche
Wolfgang Siegismund Walcker, Kaufmann
Eigentümer, Alte Jakobstr. 56

Bauhof-Bezirk
am 26. Juni in der Dorotheenstädtischen Kirche
Philipp Heinrich Wimmel, Steinmetzmeister
Mieter, Kupfergraben 6

Belle Alliance Platz-Bezirk
am 26. Juni in der Jerusalemskirche
Carl Friedrich Winckler, Bäckermeister
Eigentümer, Belle Alliance Platz 14

Brunnenstraßen-Bezirk
am 25. Juni in der Sophienkirche
Christian Gottlob Weiße, Rentier
Eigentümer, Brunnenstr. 6

Die Stellvertreter von 1822

Johann Carl Born, Kaufmann
Eigentümer, Am Hackschen Markt 4

Johann Carl Heinrich Benjamin Limbach, Töpfermeister
Mieter, Nagelgasse 5

Johann Friedrich Schiedler, Kaufmann
Mieter, Frankfurter Str. 84

Johann August Jacob Staberoh, Kaufmann
Mieter, Alte Jakobstsr. 71

Carl Schuster, Branntweinbrenner
Eigentümer, Schützenstr. 30

Die Stadtverordneten und Stellvertreter der Wahlen von 1823

Wiedergewählt wurden:[51]

Neue Grünstraßen-Bezirk
am 26. Juni in der Luisenkirche
Louis Matthieu

Schindlersche Waisenhaus-Bezirk
am 23. Juni in der Böhmischen Kirche
Daniel David Reimann

Friedrichstädtische Scharren-Bezirk
am 23. Juni in der Dreifaltigkeitskirche
Christian Friedrich Ernst Späthen

Jakobskirchhof-Bezirk
am 25. Juni in der Luisenkirche
Franz Lorenz Hoffmann

Graue Kloster-Bezirk
am 23. Juni in der Parochialkirche
George Ernst Remmin

Kochstraßen-Bezirk
am 26. Juni in der Jerusalemskirche
Johann Georg (auch: George) *Raum*

Zeughaus-Bezirk
am 25. Juni in der Domkirche
Christian Friedrich Behrend (auch: Behrendt)

Gendarmenmarkt-Bezirk
am 23. Juni in der Neuen Kirche
Carl Heinrich Backofen

Waisenhaus-Bezirk
am 25. Juni in der Großen Friedrichs-Hospitalkirche
Johann Friedrich Wilhelm Junge

Salzhof-Bezirk
am 25. Juni in der Gertrauden-Hospitalkirche
Jean Stephan Plantier

Jerusalemskirch-Bezirk
am 25. Juni in der Jerusalemskirche
Dr. med. Ludwig Ernst von Könen

Monbijou-Bezirk
am 23. Juni in der Domkirche
Johann Friedrich Wilhelm Anger

Neue Hospital-Bezirk
am 26. Juni in der Großen Friedrichs-Hospitalkirche
Johann George Carl Kampfmeyer

Heiliggeiststraßen-Bezirk
am 23. Juni in der Heiliggeist-Hospitalkirche
David Israel Funk

Erster Markgrafenstraßen-Bezirk
am 23. Juni in der Jerusalemskirche
Johann George Ferdinand Katsch (auch: Kaatsch)

Breite Straßen-Bezirk
am 26. Juni in der Domkirche
Johann Heinrich Lenke

Garnisonkirch-Bezirk
am 25. Juni in der Heiliggeist-Hospitalkirche
Gottlieb August Müller

Schützenplatz-Bezirk
am 23. Juni in der Georgenkirche
Christian Friedrich Müller

Georgenkirch-Bezirk
am 25. Juni in der Marienkirche
Johann Christian Tornow

Neugewählt wurden:

Dreifaltigkeitskirch-Bezirk
am 26. Juni in der Dreifaltigkeitskirche
Johann Friedrich Wilhelm Braune,
Schuhmachermeister, Mieter, Friedrichstr. 65

Domhospital-Bezirk
am 26. Juni in der Neuen Kirche
Carl Friedrich Conrad, Braueigen
Mieter, Zimmerstr. 40

Schönhauser Tor-Bezirk
am 23. Juni Sophienkirche
August Dietrich, Bäckermeister
Mieter, Alte Schönhauser Str. 12

Nikolaikirch-Bezirk
am 26. Juni in der Nikolaikirche
Gotthilf Eisemann, Kaufmann
Mieter, Probstgasse 6

51 LAB, Rep. 00-02/1, Nr. 4, Bd. 6, *Verzeichnis der Gewählten vom 4. 7. 1823,* fol. 51 ff. und vom 8. 8. 1823, fol. 64 ff.; *Verzeichnis der Stellvertreter vom 27. 9. 1823,* fol. 81 ff. – In diesem Jahr wurden die Namen der Gewählten in den Zeitungen nicht veröffentlicht; „*Bekanntmachung*" der Bezirke und Kirchen veröffentlicht in: *Spenersche Zeitung* Nr. 72 vom 17. 6. 1823.

Spittelmarkt-Bezirk
am 26. Juni in der Gertrauden-Hospitalkirche
Christian Ludwig Fretzdorff, Knopfmachermeister
Mieter, Spittelbrücke 1

Mohrenstraßen-Bezirk
am 25. Juni in der Neuen Kirche
Daniel Gottfried Fuhrmann, Schmiedemeister
Eigentümer, Mohrenstr. 41

Friedrich-Wilhelm-Gymnasium-Bezirk
am 26. Juni in der Böhmischen Kirche
Friedrich Wilhelm August Christian Gosebruch, Zimmermeister, Mieter, Friedrichstr. 218

Domkirchhof-Bezirk
am 23. Juni in der Georgenkirche
Heintz, Schwammfabrikant
Eigentümer, Baumgasse 48

Hospitalstraßen-Bezirk
am 26. Juni in der Sophienkirche
Johann Christian Ludwig Hesse, Dr. medicinae
Mieter, Linienstr. 139

Parochialkirch-Bezirk
am 23. Juni in der Parochialkirche
Samuel Friedrich Jänicke (auch: Salomon Friedrich Jaenicke), Apotheker
Mieter, Stralauer Str. 46

Alexanderplatz-Bezirk
am 26. Juni in der Marienkirche
Carl Ludwig Krebs, Bäckermeister
Eigentümer, Alexanderstr. 60

Molkenmarkt-Bezirk
am 25. Juni in der Nikolaikirche
Johann Ferdinand Lütke, Hutfabrikant (auch: Lüttke), Mieter, Stralauer Str. 33

Neue Markt-Bezirk
am 26. Juni in der Heiliggeist-Hospitalkirche
Johann Gottfried Raasch, Weinhändler
Mieter, Bischofstr. 21

Landsberger Tor-Bezirk
am 26. Juni in der Georgenkirche
Ernst Ferdinand Ulrici, Kaufmann
Mieter, Landsberger Str. 72

Gipsgassen-Bezirk
am 25. Juni in der Sophienkirche
Johann Gottlob Wachtler, Mechanikus
Mieter, Gipsgasse 7

Die Stellvertreter von 1823

Johann Friedrich Dietrich Dietert, Kaufmann
Eigentümer, Alexanderstr. 39

Johann Andreas Grundmann, Maurermeister
Eigentümer, Neue Königsstr. 29

Johann Daniel Hölcke, Bäckermeister
Eigentümer, (ohne Angabe)

Johann Emil Jordan, Hofjuwelier
Mieter, Jägerstr. 32

Friedrich Ludwig Wilhelm Knoenagel, Bäckermeister, Eigentümer, Kronengasse 6–7

Heinrich Wilhelm Kaumann, Sattlermeister
Eigentümer, Oranienburger Str. 92

Ludwig Stümer, Rentier
Eigentümer, Linienstr. 126

Johann Christian Palm,[52] Fabrikant u. Kaufmann
Eigentümer, Breite Str. 18

David Ravené, (ohne Angabe)
Eigentümer, Jägerstr. 18

David Christian Gottfried Rehwaldt, Posamentier
Mieter, Mohrenstr. 35

Johann Heinrich Schaeffer, Kaufmann
Eigentümer, Schützenstr. 13

Carl Heinrich Schönebeck, Schlachtermeister
Eigentümer, Kronenstr. 68

Johann Gottfried Schack, Schlachtermeister
Eigentümer, Große Friedrichstr. 224

Carl Heinrich Ulrici, Kaufmann
Eigentümer, Poststr. 16

Martin Friedrich Voigt, Schlachtermeister
Eigentümer, Stralauer Str. 9

Johann Zepp, Braueigen
Eigentümer, Neue Kommandantenstr. 23

---

52 Evtl. identisch mit dem 1816 gewählten Stellvertreter gleichen Namens, wohnhaft als Mieter in der Roßstr. 3.

Die Stadtverordneten und Stellvertreter der Wahlen von 1824

Wiedergewählt wurden:[53]

Pariser Platz-Bezirk
am 28. Juni in der Dreifaltigkeitskirche
Johann Friedrich Berner

Hallesche Tor-Bezirk
am 26. Juni in der Jerusalemskirche
Peter Friedrich Krause

Kleine Jüdenhof-Bezirk
am 26. Juni in der Marienkirche
Johann Andreas Förstner

Tierarzneischul-Bezirk
am 26. Juni in der Dorotheenstädtischen Kirche
Johann Christian Leckler

Marienkirch-Bezirk
am 28. Juni in der Marienkirche
Johann Samuel Rauch

Königsbrücken-Bezirk
am 28. Juni in der Grauen Klosterkirche
Johann Michael Stibs

Cottbusser Tor-Bezirk
am 26. Juni in der Luisenkirche
Johann Gottfried Carl Kochhan

Taubenstraßen-Bezirk
am 26. Juni in der Neuen Kirche
Ernst Heinrich Lauterbach

Dorotheenstädtische Kirch-Bezirk
am 26. Juni in der Dorotheenstädtischen Kirche
Friedrich Ackermann

Insel-Bezirk
am 30. Juni in der Nikolaikirche
Carl Ferdinand Deselsky

Gouvernements-Bezirk
am 26. Juni in der Grauen Klosterkirche
Johann Christian Delschau

Holzmarktstraßen-Bezirk
am 26. Juni in der Großen Friedrichs-Hospitalkirche
Johann Heinrich Wilhelm Holfelder

Sophienkirch-Bezirk
am 28. Juni in der Sophienkirche
Johann Daniel Mütze

Prinzen Holzmarkt-Bezirk
am 30. Juni in der Luisenkirche
Carl Gottf. Radicke

Prenzlauer Straßen-Bezirk
am 28. Juni in der Georgenkirche
Christian Friedrich Vollmar

Landsberger Straßen-Bezirk
am 30. Juni in der Georgenkirche
Gottfried Wegener

Neugewählt wurden:

Schloß-Bezirk
am 28. Juni in der Domkirche
André Arnous, Kaufmann
Eigentümer, An den Werderschen Mühlen 8

Stallschreibergassen-Bezirk
am 30. Juni in der Jerusalemskirche
Christian Friedrich Ballmüller, Bäckermeister
Eigentümer, Alte Jakobstr. 81

Kadettenhaus-Bezirk
am 28. Juni in der Großen Friedrichs-Hospitalkirche
Christian Friedrich Bathow[54], Baumwollenwarenfabrikant
Eigentümer, Neue Friedrichstr. 3

Brüderstraßen-Bezirk
am 26. Juni in der Domkirche
Johann Samuel Ludwig Becker, Apotheker
Eigentümer, Brüderstr. 34

Posthof-Bezirk
am 30. Juni in der Sophienkirche
Ernst Christian Philipp Ebert, Haupt-Seehandlungsbuchhalter
Eigentümer, Oranienburger Str. 71

Rosenthaler Tor-Bezirk
am 26. Juni in der Sophienkirche
Johann Joachim Eselbach, Kaufmann
Eigentümer, Rosenthaler Str. 3

---

53 LAB, Rep. 00-02/1, Nr. 4, Bd. 6, *Verzeichnis der Gewählten vom 26. 8. 1824*, fol. 121 ff.; „*Bekanntmachung*" der Gewählten des Jahres 1824 vom 19. 8. 1824 in: *Spenersche Zeitung* vom 28. 8. 1824; „*Öffentliche Bekanntmachung*" der Wahlbezirke und Kirchen vom 26. 5. 1824 in: *Spenersche Zeitung* Nr. 142 vom 19. 6. 1824.

54 Ersetzt durch: *Martin Friedr. Voigt*, Schlächtermeister, Eigentümer, Stralauer Str. 9.

Behrenstraßen-Bezirk
am 28. Juni in der Neuen Kirche
Friedrich Wilhelm Fuß, Goldarbeiter
Eigentümer, Behrenstr. 53

Münzstraßen-Bezirk
am 28. Juni in der Heiliggeist-Hospitalkirche
Jakob Ludwig Cauer, Schulvorsteher
Eigentümer, Münzstr. 21

Ansbachsche Palais-Bezirk
am 26. Juni in der Böhmischen Kirche
Johann Heinrich Küntzel, Rentier
Eigentümer, Wilhelmstr. 115

Leipziger Platz-Bezirk
am 30. Juni in der Dreifaltigkeitskirche
Johann Carl Lüneburg, Kaufmann
Mieter, Leipziger Str. 99

Rathaus-Bezirk
am 28. Juni in der Nikolaikirche
Ernst Siegfried Mittler, Buchhändler
Mieter, Spandauer Str. 52

Prenzlauer Tor-Bezirk
am 26. Juni in der Georgenkirche
Johannes Männer, Gastwirt
Eigentümer, Linienstr. 19

Dorotheenstraßen-Bezirk
am 30. Juni in der Dorotheenstädtischen Kirche
Daniel Friedrich Naetebus, Kaufmann
Eigentümer, Friedrichstr. 87

Hohe Steinweg-Bezirk
am 30. Juni in der Marienkirche
Carl Ernst Gottfried Reetz[55], Kaufmann
Eigentümer, Hohe Steinweg 9

Zweite Markgrafenstraßen-Bezirk
am 26. Juni in der Jerusalemskirche
August Heinrich Ludwig Schramm, Bäckermeister
Eigentümer, Markgrafenstr. 21

Schlesische Tor-Bezirk
am 28. Juni in der Luisenkirche
Julius Wilhelm Taube[56], Kaufmann
Eigentümer, Köpenicker Str. 48

Post-Bezirk
am 26. Juni in der Nikolaikirche
Carl Dettloff Vetter, Buchhändler
Eigentümer, Poststr. 2 und Burgstr. 6

Neue Schönhauser Straßen-Bezirk
am 26. Juni in der Heiliggeist-Hospitalkirche
Joh. August Wegener, Mehlhändler
Eigentümer, Rosenthaler Str. 50

Die Stellvertreter von 1824

Carl Wilhelm Aminde, Maler
Eigentümer, Friedrichstr. 67

Johann David Charton, Kaufmann
Eigentümer, Königstr. 41

Christian Engel Friese, Kaffetier
Eigentümer, Stechbahn 3

Carl Heinrich Glaeser, Kaufmann
Mieter, Fischerbrücke 24

Heinrich Ludwig Geisler, Schornsteinfegermeister
Eigentümer, Leipziger Str. 106

Gottlieb Daniel Kannengießer, Kaufmann
Mieter, Behrenstr. 36

Aug. Wilhelm Kerner, Glasermeister
Eigentümer, Jakobstr. 4

Carl Wilhelm Löhder, Kaufmann
Eigentümer, Neue Friedrichstr. 22

Carl Friedrich August Müller, Kaufmann
Eigentümer, Neue Friedrichstr. 4

Johann Neumann, Kaufmann
Eigentümer, Taubenstr. 51

Heinrich Pietsch, Kaufmann
Eigentümer, Holzmarktstr. 4

Carl George Quarkowsky, Gastwirt
Eigentümer, Mittelstr. 46

Gottlieb Heinrich Reichert, Kaufmann
Eigentümer, Jüdenstr. 55

Johann Christian Gottlieb Sametzky,
Maurermeister
Eigentümer, Kalkscheunengasse 4

Christian Ehrenreich Siebert, Gastwirt
Eigentümer, Alte Jakobstr. 82

Joh. Ernst Sieling, Tischlermeister
Eigentümer, Dorotheenstr. 50

---

55 Bei seiner Stellvertreterwahl im Jahre 1818 als Eigentümer im Hohen Steinweg 7 ansässig.

56 Im Jahre 1827 ersetzt durch: *F. H. G. Richter*, Kaufmann, Mieter, Alte Schönhauser Str. 42.

Die Stadtverordneten und Stellvertreter der Wahlen von 1825

Wiedergewählt wurden:[57]

Frankfurter Tor-Bezirk
am 27. Juni in der Georgenkirche
Jean Pierre Bouché

Neue Georgenkirchhof-Bezirk
am 28. Juni in der Georgenkirche
Johann Friedrich Gottlieb Possin (auch: Gottlob)

Böhmische Kirch-Bezirk
am 27. Juni in der Böhmischen Kirche
Georg Ludwig Schaner sen.

Hacksche Markt-Bezirk
am 27. Juni in der Heiliggeist-Hospitalkirche
Johann Ernst Laspeyres

Dresdener Straßen-Bezirk
am 28. Juni in der Luisenkirche
Johann Christian Reichert

Magazinstraßen-Bezirk
am 28. Juni in der Friedrichs Waisenhauskirche
Jean Pierre Bouché

Ecole de Charité-Bezirk
am 27. Juni in der Neuen Kirche
Johann Andreas Fasquel sen.

Bergstraßen-Bezirk
am 27. Juni in der Sophienkirche
Johann Friedrich Wilhelm May

Cöllnische Fischmarkt-Bezirk
am 28. Juni in der Nikolaikirche
Carl Heinrich Albrecht

Städtekassen-Bezirk
am 27. Juni in der Dreifaltigkeitskirche
Friedrich Wilhelm Dietrich

Schinkenbrücken-Bezirk
am 28. Juni in der Neuen Kirche
Johann Carl Groschuff

Zweite Charlottenstraßen-Bezirk
am 27. Juni in der Französischen Kirche am Gendarmenmarkt
Carl Krause

Kurstraßen-Bezirk
am 27. Juni in der Domkirche
Carl Ludwig Schramm

Rittergassen-Bezirk
am 27. Juni in der Nikolaikirche
Carl Friedrich Willmanns

Landschafts-Bezirk
am 27. Juni in der Marienkirche
Johann Conrad Christian Crüsemann sen.

Dönhoffsche Platz-Bezirk
am 27. Juni in der Gertrauden-Hospitalkirche
Johann Friedrich Desselmann

Schickler-Bezirk
am 28. Juni in der Gertrauden-Hospitalkirche
Louis Fournier

Raulets Hof-Bezirk
am 28. Juni in der Domkirche
Johann Friedrich Ludwig Uhde

Belle Alliance Platz-Bezirk
am 27. Juni in der Jerusalemskirche
Carl Friedrich Winckler (auch: Winkler)

Neugewählt wurden:

Ratsholzmarkt-Bezirk
am 27. Juni in der Friedrichs-Waisenhauskirche
Paul George[58], Gärtner
Eigentümer, Lange Gasse 35

Akademie-Bezirk
am 28. Juni in der Dorotheenstädtischen Kirche
Johann Simon Freitag (auch: Freytag), Hofkleidermacher
Eigentümer, Unter den Linden 27

57 LAB, Rep. 00-02/1, Nr. 4, Bd. 6, *Verzeichnis der Gewählten vom 12. 7. 1825,* fol. 172 ff.; LAB, Rep. 00-02/1, Nr. 60, Bd. 7, *Verzeichnis der Gewählten,* fol. 2 ff.; GStA PK, Rep. 77, Tit. 227 A, Nr. 6, Bd. 3, *Verzeichnis der Stadtverordneten aus den Wahlen in den Jahren 1825, 1826 und 1827 vom 27. 12. 1827,* gez. Uhde/Becker, fol. 156 ff.; „*Bekanntmachung*“ der Gewählten des Jahres 1825 vom 22. 7. 1825 in: *Spenersche Zeitung* Nr. 193 vom 20. 8. 1825 und *Intelligenz Blatt* Nr. 199 vom 20. 8. 1825; „*Öffentliche Bekanntmachung*“ der Bezirke und Kirchen vom 31. 5. 1825 in: *Spenersche Zeitung* Nr. 132 vom 10. 6. 1825.

58 Ersetzt durch: *Ludolff Samuel Ferdinand Teichel*, Kaufmann, Mieter, Neue Jakobstrasse 16.

Hausvogteiplatz-Bezirk
am 28. Juni in der Französischen Kirche am Gendarmenmarkt
Ludwig Haack, Brauherr
Eigentümer, Niederwallstr. 22

Kaiserstraßen-Bezirk
am 29. Juni in der Georgenkirche
Johann Adolph Heese (auch: Hese), Seidenwarenfabrikant
Eigentümer, Kleine Frankfurter Str. 8

Laufgassen-Bezirk
am 28. Juni in der Heiliggeist-Hospitalkirche
Daniel Gottfried Heinrich Jank (auch: Janck), Gastwirt
Eigentümer, Linienstr. 44

Bauakademie-Bezirk
am 28. Juni in der Dreifaltigkeitskirche
Dr. David Emilius Heinrich Koblank, Apotheker
Eigentümer, Friedrichstr. 206

Bergstraßen-Bezirk
am 27. Juni in der Sophienkirche
Johann Ludwig Koinatzky, Besitzer einer Badeanstalt
Eigentümer, Bergstr. 2

Neue Roßstraßen-Bezirk
am 28. Juni in der Friedrichs-Waisenhauskirche
Friedrich Wilhelm Neumann, Kaufmann
Eigentümer, Friedrichsgracht 17

Französische Straßen-Bezirk
am 29. Juni in der Neuen Kirche
Carl Ludwig Ferdinand Raabe, Seifensiedermeister
Eigentümer, Französische Str. 58

Ordenspalais-Bezirk
am 28. Juni in der Böhmischen Kirche
Johann George Andreas Reimer, Buchhändler
Eigentümer, Wilhelmstr. 73

Hamburger Tor-Bezirk
am 28. Juni in der Sophienkirche
Johann Carl Reuß, Weißgerbermeister
Eigentümer, Kleine Gasse 4

Kammergerichts-Bezirk
am 28. Juni in der Jerusalemskirche
Johann Gottfried August Rühl, Kaufmann
Eigentümer, Lindenstr. 35

Luisenkirch-Bezirk
am 27. Juni in der Luisenkirche
Johann August Jacob Staberoh, Tuchfabrikant u. Kaufmann
Mieter, Alte Jakobstr. 71

Bauhof-Bezirk
am 27. Juni in der Dorotheenstädtischen Kirche
Johann Ferdinand Wimmel, Rentier
Mieter, Friedrichstr. 103

Erste Charlottenstraßen-Bezirk
am 29. Juni in der Jerusalemskirche
David Siegmund Winzinger, Schmiedemeister
Eigentümer, Zimmerstr. 30

Die Stellvertreter von 1825

Johann Dietrich Groß, Kaufmann
Mieter, Leipziger Str. 26

Carl Mitscher, Weinhändler
Eigentümer, Spandauer Str. 18

Ludolff Samuel Ferdinand Teichel, Kaufmann
Mieter, Neue Jakobstr. 16

Die Stadtverordneten und Stellvertreter der Wahlen von 1826

Wiedergewählt wurden:[59]

Neue Grünstraßen-Bezirk
am 28. Juni in der Nikolaikirche
Louis Matthieu

Jakobskirchhof-Bezirk
am 26. Juni in der Luisenkirche
Franz Lorenz Hoffmann

Kochstraßen-Bezirk
am 28. Juni in der Jerusalemskirche
Johann Georg Raum (auch: George)

Gendarmenmarkt-Bezirk
am 26. Juni in der Neuen Kirche
Carl Heinrich Backofen

Zeughaus-Bezirk
am 27. Juni in der Domkirche
Christian Friedrich Behrend (auch: Behrendt)

Neue Hospital-Bezirk
am 28. Juni in der Großen Friedrichs-Waisenhauskirche
Johann George Carl Kampfmeyer

Erste Markgrafenstraßen-Bezirk
am 26. Juni in der Jerusalemskirche
Johann George Ferdinand Katsch (auch: Kaatsch)

Breite Straßen-Bezirk
am 28. Juni in der Domkirche
Johann Heinrich Lenke

Garnisonkirch-Bezirk
am 27. Juni in der Heiliggeist-Hospitalkirche
Gottlieb August Müller

Georgenkirch-Bezirk
am 28. Juni in der Parochialkirche
Johann Christian Tornow

Dreifaltigkeitskirch-Bezirk
am 28. Juni in der Dreifaltigkeitskirche
Johann Friedrich Wilhelm Braune

Domhospital-Bezirk
am 26. Juni in der Böhmischen Kirche
Carl Friedrich Conrad

Schönhauser Tor-Bezirk
am 26. Juni in der Sophienkirche
August Dietrich

Spittelmarkt-Bezirk
am 28. Juni in der Gertrauden-Hospitalkirche
Christian Ludwig Fretzdorff

Mohrenstraßen-Bezirk
am 27. Juni in der Neuen Kirche
Daniel Gottfried Fuhrmann

Friedrich-Wilhelm-Gymnasium-Bezirk
am 28. Juni in der Böhmischen Kirche
Friedrich Wilhelm August Christian Gosebruch

Parochialkirch-Bezirk
am 28. Juni in der Nikolaikirche
Samuel Friedrich Jänicke (auch: Salomon Friedrich Jaenicke)

Alexanderplatz-Bezirk
am 27. Juni in der Parochialkirche
Carl Ludwig Krebs

Molkenmarkt-Bezirk
am 26. Juni in der Nikolaikirche
Johann Ferdinand Lütke (auch: Lüttke)

Neue Markt-Bezirk
am 28. Juni in der Heiliggeist-Hospitalkirche
Johann Gottfried Raasch (auch: Gottlieb)

Gipsstraßen-Bezirk
am 27. Juni in der Sophienkirche
Daniel Gottlob Wachtler (auch: Gottlieb)

Nikolaikirch-Bezirk
am 27. Juni in der Nikolaikirche
Carl Heinrich Ulrici[60], Kaufmann
Eigentümer, Poststr. 16

---

59 LAB, Rep. 00-02/1, Nr. 60, Bd. 7, *Verzeichnis der Gewählten vom 25. 7. 1826,* fol. 73 ff. und vom 18. 8. 1826, fol. 91 ff.; GStA PK, Rep. 77, Tit. 227 A, Nr. 6, Bd. 3, *Verzeichnis der Stadtverordneten aus den Wahlen in den Jahren 1825, 1826 und 1827 vom 27. Dezember 1827,* gez. Uhde/Becker, fol. 156 ff.; „*Bekanntmachung*" der Gewählten des Jahres 1826 vom 22. 10. 1826 veröffentlicht in: *Spenersche Zeitung* Nr. 202 vom 30. 8. 1826; „*Öffentliche Bekanntmachung*" der Bezirke und Kirchen vom 23. 5. 1826 in: *Spenersche Zeitung* Nr. 130 vom 7. 6. 1826.

60 Ulrici wird 1809, bei seiner Erstwahl, als Mieter des Grundstücks Poststr. 16 angeführt.

Neugewählt wurden:

Graue Kloster-Bezirk
am 26. Juni in der Parochialkirche
Heinrich Arendt, Handschuhmacher
Eigentümer, Klosterstr. 31

Heilige Geiststraßen-Bezirk
am 26. Juni in der Heiliggeist-Hospitalkirche
Friedrich Wilhelm Bernstein, Kaufmann
Eigentümer, Heiligegeiststr. 3

Jerusalemskirch-Bezirk
am 27. Juni in der Nikolaikirche
Carl Friedrich Bohm, Rentier
Eigentümer, Jerusalemer Str. 1

Schindlersche Waisenhaus-Bezirk
am 27. Juni in der Böhmischen Kirche
Johann Friedrich August Herrmann, Fabrikant
Eigentümer, Wilhelmstr. 16

Monbijou-Bezirk
am 26. Juni in der Domkirche
Heinrich Hotho[61], Kaufmann u. Inhaber einer Teppichfabrik
Eigentümer, Monbijouplatz 10–11

Friedrichstädtischer Scharren-Bezirk
am 26. Juni in der Dreifaltigkeitskirche
Carl Bernhard Wilhelm Köhne, Königl. Hofrat
Eigentümer, Wilhelmstr. 101

Landsberger Tor-Bezirk
am 28. Juni in der Marienkirche
Johann Ephraim Metzenthin, Tuchfabrikant
Eigentümer, Gollnowsgasse 29

Salzhof-Bezirk
am 26. Juni in der Gertrauden-Hospitalkirche
Christ. Gottl. Schönborn, Kaufmann
Eigentümer, Wallstr. 5

Hospitalstraßen-Bezirk
am 28. Juni in der Sophienkirche
Johann Gottfried Schäffer, Rentier
Eigentümer, Linienstr. 83

Waisenhaus-Bezirk
am 26. Juni in der Großen Friedrichs-Waisenhauskirche
Johann Christian Gustav Schultze, Kaufmann
Mieter, Stralauer Str. 11

Schützenplatz-Bezirk
am 27. Juni in der Marienkirche
Johann Gottieb Friedrich Stieber, Zimmermeister
Eigentümer, Neue Königstr. 79

Domkirchhof-Bezirk
am 26. Juni in der Marienkirche
August Streiber, Kaufmann
Eigentümer, Kurze Str. 12

Die Stellvertreter von 1826

Friedrich August Alexander, Kaufmann
Eigentümer, Markgrafenstr. 17

Jaque Jedeon Autem, Posamentier
Eigentümer, Gipsstr. 13

Daniel Friedrich Colberg, Kaufmann
Mieter, Rosenstr. 19

Johann Christian Leberecht Dietrich, Holz- u. Steinhändler
Eigentümer, Wallstr. 11

Johann Carl Eberh. Ferd. Funcke, Kaufmann
Eigentümer, Neue Königstr. 70

Peter Johann Jordan-Friedel, Rentier
Eigentümer, Am Zeughaus 2

Johann August Heinrich Geffcke, Seidenwarenfabrikant
Mieter, Hasenhegerstr. 5
Eingerückt im Jahre 1826 für Heinrich Hotho

Karl August Ferdinad Haack (auch: Carl), Destillateur
Eigentümer, Stralauer Str. 25

Carl Ludwig Ferdinand Heinsius, Justiz-Commissarius
Eigentümer, Neue Friedrichstr. 49

Wilh. Jerichow, Bäckermeister
Eigentümer, Landsberger Str. 75

Joh. Sebastian Kolbe, Sattlermeister
Eigentümer, Mohrenstr. 55

J. C. Lutze, Kaufmann
Eigentümer, Heilige Geiststr. 16

Joh. Conrad Rabert, Uhrmacher
Eigentümer, Spittelbrücke 15

F. H. G. Richter, Kaufmann
Mieter, Alte Schönhauser Str. 42

61 Im Jahre 1826 ersetzt durch: *Johann August Heinrich Geffcke*, Seidenwarenfabrikant, Mieter, Hasenhegerstr. 5.

Eingerückt im Jahre 1827 für den 1824 gewählten Julius Wilhelm Taube

Christian Friedrich Schmidt, Schlossermeister
Eigentümer, Wilhelmstr. 90

Carl Heinrich Schönebeck, Schlächtermeister
Eigentümer, Kochstr. 33

Carl Wilhelm Schüppel, Buchhändler
Mieter, Neu Cölln am Wasser 10

Johann Friedrich Steinhausen, Kaufmann
Eigentümer, Stralauer Str. 42

Johann Friedrich Ziemann, Rentier
Eigentümer, Wilhelmstr. 14

Die Stadtverordneten und Stellvertreter der Wahlen von 1827

Wiedergewählt wurden:[62]

Hallesche Tor-Bezirk
am 28. Juni in der Jerusalemskirche
Peter Friedrich Krause

Tierarzneischul-Bezirk
am 27. Juni in der Dorotheenstädtischen Kirche
Johann Christian Leckler

Königsbrücken-Bezirk
am 28. Juni in der Grauen Klosterkirche
Johann Michael Stibs

Cottbusser Tor-Bezirk
am 25. Juni in der Luisenkirche
Johann Gottfried Carl Kochhan

Dorotheenstädtische Kirch-Bezirk
am 25. Juni in der Dorotheenkirche
Friedrich Ackermann

Insel-Bezirk
am 27. Juni in der Nikolaikirche
Carl Ferdinand Deselsky

Gouvernements-Bezirk
am 25. Juni in der Grauen Klosterkirche
Johann Christian Delschau

Prinzen Holzmarkt-Bezirk
am 28. Juni in der Luisenkirche
Carl Gottf. Radicke

Landsberger Straßen-Bezirk
am 28. Juni in der Georgenkirche
Gottfried Wegener

Schloß-Bezirk
am 27. Juni in der Domkirche
André Arnous

---

62 LAB, Rep. 00-02/1, Nr. 60, Bd. 7, *Verzeichnis der Gewählten vom 24. 8. 1827,* fol. 170 ff.; GStA PK, Rep. 77, Tit. 227 A, Nr. 6, Bd. 3, *Verzeichnis der Stadtverordneten aus den Wahlen in den Jahren 1825, 1826 und 1827 vom 27. 12. 1827,* gezeichnet Uhde/Becker, fol. 156 ff.; „*Bekanntmachung*“ der Gewählten des Jahres 1827 vom 13. 8. 1827 veröffentlicht in: *Spenersche Zeitung* Nr. 207 vom 5. 9. 1827; „*Öffentliche Bekanntmachung*“ der Bezirke und Kirchen vom 22. 5. 1827 in: *Spenersche Zeitung* vom 11. 6. 1827.

Neue Schönhauser Straßen-Bezirk
am 25. Juni in der Heiliggeist-Hospitalkirche
Johann Carl Wilhelm Hindenberg[63], Kaufmann
Eigentümer, Rosenthaler Str. 25

Brüderstraßen-Bezirk
am 25. Juni in der Domkirche
Johann Samuel Ludwig Becker

Behrenstraßen-Bezirk
am 28. Juni in der Neuen Kirche
Friedrich Wilhelm Fuß

Ansbachsche Palais-Bezirk
am 25. Juni in der Böhmischen Kirche
Johann Heinrich Küntzel

Prenzlauer Tor-Bezirk
am 25. Juni in der Georgenkirche
Johannes Männer

Zweite Markgrafenstraßen-Bezirk
am 25. Juni in der Jerusalemskirche
August Heinrich Ludwig Schramm

Post-Bezirk
am 25. Juni in der Nikolaikirche
Carl Dettloff Vetter

Schlesische Tor-Bezirk
am 27. Juni in der Luisenkirche
Johann George Peters

Neugewählt wurden:

Stallschreibergassen-Bezirk
am 27. Juni in der Jerusalemskirche
Johann Christian André,
Musikinstrumentenmacher
Eigentümer, Jakobstr. 77

Taubenstraßen-Bezirk
am 27. Juni in der Neuen Kirche
Andreas Ehm, Lieutenant außer Diensten
Eigentümer, Große Friedrichstr. 183

Hohe Steinweg-Bezirk
am 28. Juni in der Marienkirche
Carl Friedrich Fielitz, Kürschner
Eigentümer, Königstr. 45

Holzmarktstraßen-Bezirk
am 27. Juni in der Großen Friedrichs-Waisenhauskirche
Gottlob Wilhelm Ludwig Francke, Schriftgießer
Eigentümer, Alexanderstr. 24

Leipziger Platz-Bezirk
am 27. Juni in der Dreifaltigkeitskirche
Heinrich Ludwig Geisler, Schornsteinfegermeister
Eigentümer, Leipziger Str. 106

Münzstraßen-Bezirk
am 28. Juni in der Heiliggeist-Hospitalkirche
Friedrich Wilhelm Haase, Tischlermeister
Eigentümer, Dragonerstr. 30

Sophienkirch-Bezirk
am 27. Juni in der Sophienkirche
F. W. Kanow, Bäckermeister
Eigentümer, Große Hamburger Str. 3

Rosenthaler Tor-Bezirk
am 25. Juni in der Sophienkirche
George Wilhelm Mewes, Bäckermeister
Eigentümer, Rosenthaler Str. 10

Kadettenhaus-Bezirk
am 28. Juni in der Großen Friedrichs-Waisenhauskirche
Carl Friedrich August Müller, Fabrikant
Eigentümer, Neue Friedrichstr. 4

Prenzlauer Straßen-Bezirk
am 27. Juni in der Georgenkirche
Carl Christian Gottlob Oehme, Kaufmann
Mieter, Prenzlauer Str. 25

Posthof-Bezirk
am 28. Juni in der Sophienkirche
Joh. Heinrich Richter, Ratszimmermeister
Eigentümer, Ziegelstr. 7

Pariser Platz-Bezirk
am 25. Juni in der Dreifaltigkeitskirche
Johann Gottfried Schadow, Direktor der Akademie der Künste
Eigentümer, Kleine Wallstr. 11

Marienkirch-Bezirk
am 27. Juni in der Marienkirche
Johann Gottlob Seidel, Destillateur
Mieter, Klosterstr. 13

Dorotheenstädtische Kirch-Bezirk
am 28. Juni in der Dorotheenstädtischen Kirche
Johann Ernst Siegling, Tischlermeister
Eigentümer, Dorotheenstr. 50

Rathaus-Bezirk
am 28. Juni in der Nikolaikirche
Johann Eduard Simon, Apotheker
Eigentümer, Spandauer Str. 33

Kleine Jüdenhof-Bezirk
am 26. Juni in der Marienkirche
Johann August Heinrich Wunder, Courtier
Eigentümer, Neue Friedrichstr. 38

---

63 Bei seiner Erstwahl im Jahre 1818 als Mieter des Grundstücks Rosenthaler Str. 25 aufgeführt.

Die Stellvertreter von 1827

Joh. Friedr. Bock, Rentier
Eigentümer, Rosenthalerstr. 19

Johann Georg Gottlieb Eulner, Commerzienrath
Eigentümer, Königstr. 31

Daniel Ferd. Jung, Bäckermeister
Eigentümer, Unter den Linden 48

Karl Key, Seidenwirker
Mieter, Dresdener Str. 33

Anton Koch, Apotheker
Eigentümer, Oranienburger Str. 37

Friedrich Carl Krause, Kalkbrennereibesitzer
Eigentümer, Schiffbauerdamm 3

Aug. Wilh. Mahling, Schulvorsteher
Eigentümer, Klosterstr. 88

Franz Eberhardt Marggraff, Schulvorsteher
Eigentümer, Sophienkirchgasse 12

Wilh. Mädicke, Rentier
Eigentümer, Spandauer Str. 46

Friedr. Ludw. Pfähler, Fabrikant
Eigentümer, Krausenstr. 33

August Friedr. Bathcke, Conditor
Eigentümer, Brüderstr. 6

Heinr. Daniel Friedr. Tiefensee, Apotheker
Waren-Mäkler
Eigentümer, Neue Schönhauser Str. 4

Die Stadtverordneten und Stellvertreter der Wahlen von 1828

Wiedergewählt wurden:[64]

Neue Georgenkirchhof-Bezirk
am 27. Juni in der Georgenkirche
Johann Friedrich Gottlieb Possin

Hacksche Markt
am 27. Juni in der Heiliggeist-Hospitalkirche
Johann Ernst Laspeyres

Magazinstraßen-Bezirk
am 25. Juni in der Großen Friedrichs-Waisenhauskirche
Jean Pierre Bouché

Dresdener Straßen-Bezirk
am 26. Juni in der Luisenkirche
Johann Christian Reichert

Ecole de Charité-Bezirk
am 25. Juni in der Neuen Kirche
Johann Andreas Fasquel sen.

Brunnenstraßen-Bezirk
am 26. Juni in der Sophienkirche
Johann Friedrich Wilhelm May

Städtekassen-Bezirk
am 25. Juni in der Dreifaltigkeitskirche
Friedrich Wilhelm Dietrich

Schinkenbrücken-Bezirk
am 26. Juni in der Neuen Kirche
Johann Carl Groschuff

Rittergassen-Bezirk
am 26. Juni in der Nikolaikirche
Carl Friedrich Willmanns

Landschafts-Bezirk
am 27. Juni in der Marienkirche
Johann Conrad Christian Crüsemann sen.

---

64 LAB, Rep. 00-02/1, Nr. 91, Bd. 8, *Verzeichnis der Gewählten vom 24. 7. 1828,* fol. 45 ff. und vom 31. 7. 1828 (Abschrift), fol. 53 ff.; „*Bekanntmachung*" der Gewählten des Jahres 1828 vom 31. 7. 1828 veröffentlicht in: *Spenersche Zeitung* Nr. 195 vom 21. 8. 1828 und *Intelligenz Blatt* Nr. 201 vom 21. 8. 1828; „*Öffentliche Bekanntmachung*" der Bezirke und Kirchen vom 30. 5. 1828 in: *Spenersche Zeitung* Nr. 135 vom 12. 6. 1828 und *Intelligenz Blatt* Nr. 141 vom 12. 6. 1828.

Dönhoffsche Platz-Bezirk
am 25. Juni in der Gertrauden-Hospitalkirche
Johann Friedrich Desselmann

Schickler-Bezirk
am 26. Juni in der Gertrauden-Hospitalkirche
Louis Fournier

Akademie-Bezirk
am 25. Juni in der Dorotheenstädtischen Kirche
Johann Simon Freitag (auch: Freytag)

Laufgassen-Bezirk
am 26. Juni in der Heiliggeist-Hospitalkirche
Daniel Gottfried Heinrich Janck

Bergstraßen-Bezirk
am 25. Juni in der Sophienkirche
Johann Ludwig Koinatzky

Neue Roßstraßen-Bezirk
am 25. Juni in der Luisenkirche
Friedrich Wilhelm Neumann

Ordenspalais-Bezirk
am 26. Juni in der Böhmischen Kirche
Johann George Andreas Reimer

Hamburger Tor-Bezirk
am 27. Juni in der Sophienkirche
Johann Carl Reuß

Erste Charlottenstraßen-Bezirk
am 27. Juni in der Jerusalemskirche
David Siegmund Winzinger

Bauakademie-Bezirk
am 26. Juni in der Dreifaltigkeitskirche
Dr. David Emilius Heinrich Koblank

Neugewählt wurden:

Kaiserstraßen-Bezirk
am 26. Juni in der Georgenkirche
Justus Ernst Bühring, Kaufmann
Eigentümer, Kaiserstr. 39

Luisenkirch-Bezirk
am 27. Juni in der Luisenkirche
Franz Carl Dieterichs, Kaufmann
Eigentümer, Alte Jakobstr. 70

Französische Straßen-Bezirk
am 27. Juni in der Neuen Kirche
Johann Gottfried Dannenberg, Rentier
Eigentümer, Französische Str. 18

Zweite Charlottenstraßen-Bezirk
am 26. Juni in der Französischen Kirche auf dem Gendarmenmarkt
Ludwig Friedrich, Apotheker
Eigentümer, Leipziger Str. 74

Hausvogteiplatz-Bezirk
am 25. Juni in der Französischen Kirche auf dem Gendarmenmarkt
Gottfried Ludwig Hensel, Gold- u. Silberpreßwarenfabrikant u. Kaufmann
Eigentümer, Niederwallstr. 34

Raulets Hof-Bezirk
am 27. Juni in der Domkirche
Christian George Heidenreich, Kaufmann
Eigentümer, Oberwasserstr. 10

Cöllnische Fischmarkt-Bezirk
am 25. Juni in der Nikolaikirche
Carl Friedrich Klug, Kaufmann
Mieter, Roßstr. 3

Ratsholzmarkt-Bezirk
am 26. Juni in der Großen Friedrichs-Waisenhauskirche
Christoph Friedrich Carl Krause, Gärtner
Eigentümer, Fruchtstr. 15

Kammergerichts-Bezirk
am 25. Juni in der Jerusalemskirche
Julius Richard Kunde, Apotheker
Eigentümer, Lindenstr. 86

Bauhof-Bezirk
am 26. Juni in der Dorotheenstädtischen Kirche
Johann. Friedrich Daniel Moser, Steinmetzmeister
Eigentümer, Georgenstr. 47

Böhmische Kirch-Bezirk
am 27. Juni in der Böhmischen Kirche
Carl Friedrich Eberhardt Schaner jun., Kaufmann
Eigentümer, Friedrichstr. 199

Frankfurter Tor-Bezirk
am 25. Juni in der Georgenkirche
Carl Friedrich Schertz, Schlächtermeister
Eigentümer, Lange Gasse 1

Belle Alliance Platz-Bezirk
am 26. Juni in der Jerusalemskirche
Gottfried Thomas, Fabrikant
Mieter, Friedrichstr. 250

Kurstraßen-Bezirk
am 26. Juni in der Domkirche
Johann Wilhelm Wegner, Kaufmann
Eigentümer, Kurstr. 19

Die Stellvertreter von 1828

Wilhelm Andrae, Kaufmann
Eigentümer, Alte Leipziger Str. 1

Wilh. Alexander Blenz, Schulvorsteher
Eigentümer, Leipziger Str. 37

George Fleischinger, Tischler
Eigentümer, Zimmerstr. 81

Joh. Conrad Griesling, Instrumentenmacher
Mieter, Behrenstr. 72

Friedr. Hertel, Apotheker
Mieter, Leipziger Str. 54

Johann Heinrich Wilhelm. Holfelder, Kaufmann
Mieter, Alte Grünstr. 21

Peter Humblot, Buchhändler
Mieter, Französische Str. 20a

Joh. Friedr. Liese, Drahtfabrikant
Eigentümer, Alte Jakobstr. 55

Joachim Christian Protzen, Kaufmann
Eigentümer, Cöllnischer Fischmarkt 3

Carl Ludwig Schramm, Instrumentenmacher
Eigentümer, Kurstr. 44

Die Stadtverordneten und Stellvertreter der Wahlen von 1829

Wiedergewählt wurden:[65]

Kochstraßen-Bezirk
am 17. Juni in der Jerusalemskirche
Johann Georg Raum (auch: George)

Gendarmenmarkt-Bezirk
am 15. Juni in der Neuen Kirche
Carl Heinrich Backofen

Neue Hospital-Bezirk
am 16. Juni in der Großen Friedrichs-Waisenhauskirche
Johann George Carl Kampfmeyer

Erste Markgrafenstraßen-Bezirk
am 15. Juni in der Jerusalemskirche
Johann George Ferdinand Katsch (auch: Kaatsch)

Garnisonkirch-Bezirk
am 16. Juni in der Heiliggeist-Hospitalkirche
Gottlieb August Müller

Georgenkirch-Bezirk
am 17. Juni in der Georgenkirche
Johann Christian Tornow

Dreifaltigkeitskirch-Bezirk
am 17. Juni in der Dreifaltigkeitskirche
Johann Friedrich Wilhelm Braune

Schönhauser Tor-Bezirk
am 15. Juni in der Sophienkirche
August Dietrich

Spittelmarkt-Bezirk
am 16. Juni in der Gertrauden-Hospitalkirche
Christian Ludwig Fretzdorff

Mohrenstraßen-Bezirk
am 16. Juni in der Neuen Kirche
Daniel Gottfried Fuhrmann

---

65 LAB, Rep. 00-02/1, Nr. 91, Bd. 8, *Verzeichnis der Gewählten vom 21. 7. 1829,* fol. 114 ff. und *vom 31. 7. 1829* (Abschrift), fol. 121 ff.; „*Bekanntmachung*“ der Gewählten des Jahres 1829 vom 28. 7. 1829 veröffentlicht in: *Spenersche Zeitung* Nr. 190 vom 17. 8. 1829 und *Intelligenz Blatt* Nr. 196 vom 17. 8. 1829; „*Öffentliche Bekanntmachung*“ der Bezirke und Kirchen in: *Spenersche Zeitung* Nr. 131 vom 9. 6. 1829.

Alexanderplatz-Bezirk
am 17. Juni in der Marienkirche
Carl Ludwig Krebs

Molkenmarkt-Bezirk
am 15. Juni in der Nikolaikirche
Johann Ferdinand Lütke (auch: Lüttke)

Neue Markt-Bezirk
am 15. Juni in der Marienkirche
Johnn Gottfried Raasch (auch: Gottlieb)

Gipsstraßen-Bezirk
am 16. Juni in der Sophienkirche
Johann Gottlob Wachtler

Graue Kloster-Bezirk
am 16. Juni in der Parochialkirche
Heinrich Arendt

Jerusalemskirch-Bezirk
am 16. Juni in der Jerusalemskirche
Carl Friedrich Bohm

Schindlersche Waisenhaus-Bezirk
am 15. Juni in der Böhmischen Kirche
Johann Friedrich August Herrmann

Wilhelmstraßen-Bezirk
am 16. Juni in der Dreifaltigkeitskirche
Carl Bernhard Wilhelm Köhne

Landsberger Tor-Bezirk
am 16. Juni in der Marienkirche
Johann Ephraim Metzenthin

Waisenhaus-Bezirk
am 16. Juni in der Großen Friedrichs-Waisenhauskirche
Johann Christian Gustav Schultze

Hospitalstraßen-Bezirk
am 15. Juni in der Sophienkirche
Johann Christian Ludwig Hesse, Dr. med.
Eigentümer, Linienstr. 139

Neugewählt wurden:

Nikolaikirch-Bezirk
am 16. Juni in der Nikolaikirche
Jaques André Esaie Guillemot, Kaufmann
Eigentümer, Poststr. 9

Monbijou-Bezirk
am 15. Juni in der Domkirche
Wilhelm Gottlieb Christ. Heidenreich, Bäckermeister
Eigentümer, Oranienburger Str. 82

Heiliggeistraßen-Bezirk
am 15. Juni in der Heiliggeist-Hospitalkirche
Friedrich Wilhelm Hoffmann, Königl. Hofedelsteinschleifer und akademischer Künstler
Eigentümer, Heilige Geiststr. 26

Zeughaus-Bezirk
am 16. Juni in der Domkirche
Emil Jordan, Hofjuwelier
Eigentümer, Jägerstr. 32

Jakobskirchhof-Bezirk
am 16. Juni in der Luisenkirche
Johann Andreas Kuhlmey, Fouragehändler
Eigentümer, Alte Jakobstr. 27

Friedrich-Wilhelm-Gymnasium-Bezirk
am 16. Juni in der Böhmischen Kirche
Carl Lüdemann, Seidenfabrikant
Eigentümer, Friedrichstr. 232

Schützenplatz-Bezirk
am 16. Juni in der Georgenkirche
Christian Friedrich Müller, Gastwirt u. Administrator des bürgerlichen Schützenhauses
Mieter, Linienstr. 5

Domkirchhof-Bezirk
am 15. Juni in der Georgenkirche
Friedrich Wilhelm Ferdinand Sametzky, Zimmermeister
Eigentümer, Elisabethstr. 28

Parochialkirch-Bezirk
am 15. Juni in der Parochialkirche
Johann Heinrich Sarre, Seifensiedermeister
Eigentümer, Stralauer Str. 16

Domhospital-Bezirk
am 17. Juni in der Böhmischen Kirche
Johann Heinrich Schäffer, Kaufmann
Eigentümer, Schützenstr. 13

Salzhof-Bezirk
am 15. Juni in der Gertrauden-Hospitalkirche
Joh. Gotthilf Christian Tönnis (auch: Tönnies), Kaufmann
Mieter, Wallstr. 13

Neue Grünstraßen-Bezirk
am 17. Juni in der Luisenkirche
Christoph David Vollgold, Gold- u. Silber-Preßwarenfabrikant
Eigentümer, Neue Kommandantenstr. 14

Breite Straßen-Bezirk
am 17. Juni in der Domkirche
Carl Friedrich Weber, Kaufmann
Mieter, Breite Str. 23

Die Stellvertreter von 1829

Heinrich Friedrich Brendel, Kaufmann
Mieter, Klosterstr. 68

Carl Anton Joseph Denant, Kaufmann
Eigentümer, Große Hamburger Str. 17

Joh. Daniel Haensch, Graveur
Eigentümer, Friedrichstr. 18

Friedrich Carl Wilhelm Krause, Gastwirt
Eigentümer, Charlottenstr. 42

Johann Gottfr. Neuendorff, Tabakshändler
Eigentümer, Friedrichstr. 60

Joh. Andr. Gottfr. Schultze, Lederfabrikant
Eigentümer, Paddengasse 4

Christ. Daniel Siebern, Rentier
Eigentümer, Probstgasse 9

Carl Ludwig Tietz, Pfefferküchler
Mieter, Jerusalemer Str. 51

Johann Heinrich August Voretsch, Zimmermeister
Eigentümer, Lindenstr. 51

Johann Gottlieb Wolff, Bäckermeister
Eigentümer, Große Georgenkirchgasse 18

Die Stadtverordneten und Stellvertreter der Wahlen von 1830

Wiedergewählt wurden:[66]

Hallesche Tor-Bezirk
am 15. Juni in der Jerusalemskirche
Peter Friedrich Krause

Tierarzneischul-Bezirk
am 14. Juni in der Dorotheenstädtischen Kirche
Johann Christian Leckler

Königsbrücken-Bezirk
am 15. Juni in der Grauen Klosterkirche
Johann Michael Stibs

Cottbusser Tor-Bezirk
am 11. Juni inder Luisenkirche
Johann Gottfried Carl Kochan

Gouvernements-Bezirk
am 11. Juni in der Grauen Klosterkirche
Johann Christian Delschau[67]

Prinzen Holzmarkt-Bezirk
am 15. Juni in der Luisenkirche
Carl Gottf. Radicke

Landsberger Straßen-Bezirk
am 15. Juni in der Georgenkirche
Gottfried Wegener

Neue Schönhauser Straßen-Bezirk
am 11. Juni in der Heiliggeist-Hospitalkirche
Johann Carl Wilhelm Hindenberg

Brüderstraßen-Bezirk
am 11. Juni in der Domkirche
Johann Samuel Ludwig Becker

Behrenstraßen-Bezirk
am 15. Juni in der Neuen Kirche
Friedrich Wilhelm Fuß

---

66 LAB, Rep. 00-02/1, Nr. 91, Bd. 8, *Verzeichnis der Gewählten,* fol. 165 ff. und *vom 13.8.1830* (Abschrift), fol. 172 ff.; „*Bekanntmachung*" der Gewählten des Jahres 1830 vom 13. August 1830 veröffentlicht in: *Spenersche Zeitung* Nr. 197 vom 26. 8. 1830; „*Öffentliche Bekanntmachung*" der Bezirke und Kirchen vom 18. 5. 1830 in: *Intelligenz Blatt* Nr. 126 vom 27. 5. 1830.

67 Ersetzt durch: *Carl Ludwig Troja*, Gastwirt, Eigentümer, Jüdenstr. 36.

Prenzlauer Tor-Bezirk
am 11. Juni in der Georgenkirche
Johannes Männer

Schlesische Tor-Bezirk
am 14. Juni in der Luisenkirche
Carl Wilhelm Woderb (auch: Karl), Kalkscheunbesitzer
Eigentümer, Köpenicker Str. 39

Stallschreibergassen-Bezirk
am 14. Juni in der Jerusalemskirche
Johann Christian André

Holzmarktstraßen-Bezirk
am 14. Juni in der Großen Friedrichs-Waisenhauskirche
Gottlob Wilhelm Ludwig Francke

Münzstraßen-Bezirk
am 15. Juni in der Heiliggeist-Hospitalkirche
Friedrich Wilhelm Haase

Sophienkirch-Bezirk
am 14. Juni in der Sophienkirche
F. W. Kanow

Marienkirch-Bezirk
am 14. Juni in der Marienkirche
Johann Gottlob Seidel

Rathaus-Bezirk
am 15. Juni in der Nikolaikirche
Johann Eduard Simon

Kleine Jüdenhof-Bezirk
am 11. Juni in der Marienkirche
Johann August Heinrich Wunder

Neugewählt wurden:

Kadettenhaus-Bezirk
am 15. Juni in der Großen Friedrichs-Waisenhauskirche
Christian Friedrich Bathow, Baumwollenwarenfabrikant
Eigentümer, Neue Friedrichstr. 3

Post-Bezirk
am 11. Juni in der Nikolaikirche
Jacob Abraham Bernard (auch: Bernhardt), Apotheker, Eigentümer, Poststr. 4

Pariser Platz-Bezirk
am 11. Juni in der Dreifaltigkeitskirche
Johann Ludwig Urban Blesson, Königl. Major
Eigentümer, Unter den Linden 17

Hohe Steinweg-Bezirk
am 15. Juni in der Marienkirche
Jean David Charton (auch: Johann), Kaufmann
Eigentümer, Königstr. 41

Dorotheenstraßen-Bezirk
am 15. Juni in der Dorotheenstädtischen Kirche
August Wilhelm Friedrich Dannenberg, Kaufmann, Eigentümer, Friedrichstr. 156

Zweite Markgrafenstraßen-Bezirk
am 11. Juni in der Jerusalemskirche
Johann Friedrich Heinrich Desmarets, Kaufmann
Eigentümer, Krausenstr. 13

Insel-Bezirk
am 14. Juni in der Nikolaikirche
Carl Ludwig Dürr, Materialwarenhändler
Mieter, Fischerbrücke 25

Taubenstraßen-Bezirk
am 14. Juni in der Neuen Kirche
Carl Jacob Giesecke[68], Hofseilermeister
Eigentümer, Taubenstr. 45

Schloß-Bezirk
am 14. Juni in der Domkirche
Johann George Humbert, Hofjuwelier
Eigentümer, Schloßfreiheit 2

Ansbachsche Palais-Bezirk
am 11. Juni in der Böhmischen Kirche
Friedrich Wilhelm Leuther, Seidenwarenfabrikant
Eigentümer, Wilhelmstr. 111

Posthof-Bezirk
am 15. Juni in der Sophienkirche
George Anton Koch,[69] Apotheker
Eigentümer, Oranienburger Str. 37

Rosenthaler Tor-Bezirk
am 11. Juni in der Sophienkirche
Carl Friedrich Möwes, Destillateur
Eigentümer, Rosenthalerstr. 67

Dorotheenstädtische Kirch-Bezirk
am 11. Juni in der Dorotheenstädtischen Kirche
Carl George Quarckowsky, Gasthofbesitzer
Eigentümer, Mittelstr. 46

68 Evtl. identisch mit Seilermeister Giesecke (ohne Vorname), Mieter in der Wilhelmstrasse 81, der 1814 zum Stellvertreter gewählt wurde und 1815 in die Stadtverordnetenversammlung einrückte.

69 Er könnte mit dem 1820 gewählten Apotheker Anton Koch, Eigentümer in der Poststraße 17 identisch sein.

Prenzlauer Straßen-Bezirk
am 14. Juni in der Georgenkirche
Johann Wilhelm Rolle, Schornsteinfegermeister
Eigentümer, Prenzlauer Str. 51

Leipziger Platz-Bezirk
am 14. Juni in der Dreifaltigkeitskirche
Joachim Heinrich Schellhorn, Ratszimmermeister
Eigentümer, Tiergartenstr. 5

Die Stellvertreter von 1830

Joh. Heinrich Conrad, Kaufmann
Eigentümer, Schloßplatz 10

Leonhardt Stephan Eisenbeiß, Drechslermeister
Eigentümer, Friedrichstr. 150

Carl Friedrich Fielitz, Kürschnermeister
Eigentümer, Königstr. 45

Eduard Graefe, Kaufmann
Mieter, Lindenstr. 5

Georg Leonhardt Hopf, Weinhändler
Mieter, Leipziger Str. 6

Gottlieb Daniel Kannegießer
Eigentümer, Behrenstr. 37

Johann George Peters, Kattunfabrikant
Eigentümer, Köpenicker Str. 166

Johann Friedrich Roth, Schlächtermeister
Eigentümer, Alte Jakobstr. 40

August Gottlieb Schultze, Bäckermeister
Eigentümer, Linienstr. 232

Carl Ludwig Troja, Gastwirt
Eigentümer, Jüdenstr. 36

Gustav Friedrich Voßberg, Maler
Eigentümer, Fischerbrücke 9

Die Stadtverordneten und Stellvertreter der Wahlen von 1831

Wiedergewählt wurden:[70]

Neue Georgenkirch-Bezirk:
am 15. Juni in der Georgenkirche
Johann Friedrich Gottlieb Possin

Hacksche Markt-Bezirk
am 15. Juni in der Heiliggeist-Hospitalkirche
Johann Ernst Laspeyres

Magazinstraßen-Bezirk
am 13. Juni in der Friedrichs-Waisenhauskirche
Jean Pierre Bouché

Dresdener Straßen-Bezirk
am 14. Juni in der Luisenkirche
Johann Christian Reichert

Ecole de Charité-Bezirk
am 13. Juni in der Neuen Kirche
Johann Andreas Fasquel sen.

Brunnenstraßen-Bezirk
am 14. Juni in der Sophienkirche
Johann Friedrich Wilhelm May

Landschafts-Bezirk
am 15. Juni in der Marienkirche
Johann Conrad Christian Crüsemann

Dönhoffsche Platz-Bezirk
am 13. Juni in der Gertrauden-Hospitalkirche
Johann Friedrich Desselmann

Laufgassen-Bezirk
am 14. Juni in der Heiliggeist-Hospitalkirche
Daniel Gottfried Heinrich Janck

Bauakademie-Bezirk
am 14. Juni in der Böhmischen Kirche
Dr. David Emilius Heinrich Koblank

70 LAB, Rep. 00-02/1, Nr. 91, Bd. 8, *Verzeichnis der Gewählten,* fol. 193 ff. und *vom 10. August 1831* (Abschrift), fol. 201 ff.; „*Bekanntmachung*" der gewählten Bürger des Jahres 1831 vom 10. 8. 1831 veröffentlicht in: *Spenersche Zeitung* Nr. 195 vom 22. 8. 1831 und *Intelligenz Bl.* Nr. 200 vom 22. 8. 1831; „*Öffentliche Bekanntmachung*" der Wahlbezirke und Kirchen vom 20. 5. 1831 in: *Spenersche Zeitung* Nr. 129 vom 6. 6. 1831.

Bergstraßen-Bezirk
am 13. Juni in der Sophienkirche
Johann Ludwig Koinatzky

Neue Roßstraßen-Bezirk
am 13. Juni in der Luisenkirche
Friedrich Wilhelm Neumann

Hamburger Tor-Bezirk
am 15. Juni in der Sophienkirche
Johann Carl Reuß

Bauhof-Bezirk
am 14. Juni in der Dorotheenstädtischen Kirche
Justus Ernst Bühring

Luisenkirch-Bezirk
am 15. Juni in der Luisenkirche
Franz Carl Dieterichs

Französische Straßen-Bezirk
am 15. Juni in der Neuen Kirche
Johann Gottfried Dannenberg

Kammergerichts-Bezirk
am 13. Juni in der Jerusalemskirche
Richard Julius Kunde

Böhmische Kirch-Bezirk
am 15. Juni in der Böhmischen Kirche
Carl Friedrich Eberhardt Schaner jun.

Bauakademie-Bezirk
am 14. Juni in der Böhmischen Kirche
Johann Wilhelm Wegner

Neugewählt wurden:

Rittergassen-Bezirk
am 14. Juni in der Nikolaikirche
Friedrich August Bergemann, Seifensiedermeister
Eigentümer, Roßstr. 20

Ratsholzmarkt-Bezirk
am 14. Juni in der Friedrichs-Waisenhauskirche
Jean Jacques George, Gärtner
Eigentümer, Koppenstr. 16

Frankfurter Tor-Bezirk
am 13.Juni in der Georgenkirche
George Carl Wilhelm Gräper (auch: Graeper),
Böttchermeister, Eigentümer, Lange Gasse 57

Bauhof-Bezirk
am 14. Juni in der Dorotheenstädtischen Kirche
Christoph Friedrich Wilhelm von Guretzky, Kammerger.-Assess, Eigentümer, Friedrichstr. 101

Hausvogteiplatz-Bezirk
am 13. Juni in der Französischen Kirche auf dem Gendarmenmarkt
Friedrich Wilhelm Halffter, Schornsteinfegermeister, Eigentümer, Hausvogteiplatz 6

Städtekassen-Bezirk
am 13. Juni in der Dreifaltigkeitskirche
Ernst Eduard Heyl, Kaufmann
Eigentümer, Leipziger Str. 75

Schickler-Bezirk
am 14. Juni in der Gertrauden-Hospitalkirche
Johann Heinrich Wilhelm Holfelder[71], Kaufmann
Mieter, Alte Grünstr. 21

Zweite Charlottenstraßen-Bezirk
am 14. Juni in der Französischen Kirche auf dem Gendarmenmarkt
Carl Friedrich Wilhelm Köhler, Kaufmann
Eigentümer, Charlottenstr. 14

Belle Alliance Platz-Bezirk
am 14. Juni in der Jerusalemskirche
Johann Melchior Martin, Fabrikant
Eigentümer, Friedrichstr. 7,

Raulets Hof-Bezirk
am 15. Juni in der Domkirche
Adolph Wilhelm Meudtner, Fabrikant u. Kaufmann, Eigentümer, Adlerstr. 6

Cöllnische Fischmarkt-Bezirk
am 13. Juni in der Nikolaikirche
Heinrich Ludwig Schmidt, Kaufmann
Mieter, Cöllnische Fischmarkt 4

Ordenspalais-Bezirk
am 14. Juni in der Dreifaltigkeitskirche
August Friedrich Wilhelm Schröder,
Glasermeister, Mieter, Behrenstr. 2

Schinkenbrücken-Bezirk
am 14. Juni in der Neuen Kirche
Johann Gottfried Steltzner, Tuchfabrikant u. Kaufmann, Eigentümer, Jerusalemer Str. 28

Akademie-Bezirk
am 13. Juni in der Dorotheenstädtischen Kirche
Carl Friedrich Wilhelm Werner,
Seifensiedermeister, Mieter, Mittelstr. 60

---

71 Evtl. identisch mit dem gleichnamigen Kaufmann, wohnhaft als Mieter in der Holzmarktstr. 30, der 1821 und 1824 im Holzmarktstraßen-Bezirk gewählt wurde.

Erste Charlottenstraßen-Bezirk
am 15. Juni in der Jerusalemskirche
Joh. Carl Gottlieb Weltz[72], Maurermeister
Eigentümer, Schützenstr. 66

Die Stellvertreter von 1831

Joh. Heinrich Bernoully, Weinhändler u. Kaufmann
Eigentümer, Rosenthaler Str. 38

Joh. Simon Freitag, Hofkleidermeister
Eigentümer, Unter den Linden 27

Gottfried Ludwig Hensel, Gold- u. Silberpreßwarenfabrikant u. Kaufmann
Eigentümer, Niederwallstr. 34

Joh. Samuel Lietzmann, Bäckermeister
Eigentümer, Lange Gasse 59

Ernst Peter Mappes, Ratsmaurermeister
Eigentümer, Wallstr. 30

Joann Ferdinand Müller, Ratsmaurermeister
Eigentümer, Friedrichstr. 96

Carl Friedrich Neiff, Sattlermeister
Eigentümer, Lindenstr. 83

Heinrich Ferdinand Rode, Graveur
Eigentümer, Krausenstr. 3

Wilhelm Rose, Apotheker
Eigentümer, Spandauer Str. 77

Carl August Scheffer, Kaufmann
Mieter, Schäfergasse 24

Carl Franz Adolph Phil. Ed. Stägemann, Kaufmann, Eigentümer, Leipziger Str. 86

Joh. Carl Wernicke, Bäckermeister
Eigentümer, Roßstr. 22

Die Stadtverordneten und Stellvertreter der Wahlen von 1832

Wiedergewählt wurden:[73]

Kochstraßen-Bezirk
am 27. Juni in der Jerusalemskirche
Johann Georg Raum (auch: George)

Gendarmenmarkt-Bezirk
am 25. Juni in der Neuen Kirche
Carl Heinrich Backofen

Neue Hospital-Bezirk
am 27. Juni in der Großen Friedrichs-Waisenhauskirche
Johann George Carl Kampfmeyer (auch: Kampffmeyer)

Erster Markgrafenstraßen-Bezirk
am 25. Juni in der Jerusalemskirche
Johann George Ferdinand Katsch (auch: Kaatsch)

Garnisonkirch-Bezirk
am 26. Juni in der Heiliggeist-Hospitalkirche
Gottlieb August Müller

Georgenkirch-Bezirk
am 26. Juni in der Georgenkirche
Johann Christian Tornow

Dreifaltigkeitskirch-Bezirk
am 27. Juni in der Dreifaltigkeitskirche
Johann Friedrich Wilhelm Braune

Schönhauser Tor-Bezirk
am 25. Juni in der Sophienkirche
August Dietrich

Spittelmarkt-Bezirk
am 26. Juni in der Gertrauden-Hospitalkirche
Christian Ludwig Fretzdorff

Mohrenstraßen-Bezirk
am 26. Juni in der Neuen Kirche
Daniel Gottfried Fuhrmann

---

72 Ersetzt im Jahre 1832 durch: *Carl Friedrich Fielitz*, Kürschnermeister, Eigentümer, Königstr. 45. – Weltz ist evtl. identisch mit dem Hofmaurermeister Johann Gottlieb Weltz, Eigentümer des Hauses Leipziger Platz 4; dieser wurde von den Bürgern des Ersten Charlottenstraßen-Bezirks in den Jahren 1809, 1810 und 1813 gewählt.

73 LAB, Rep. 00-02/1, Nr. 135, Bd. 9, *Verzeichnis der Gewählten vom 19. 7. 1832*, fol. 11 ff. und *vom 8. 8. 1832* (Abschrift), fol. 18 ff.; „*Bekanntmachung*" der gewählten Bürger des Jahres 1832 vom 8. 8. 1832 veröffentlicht in: *Spenersche Zeitung* Nr. 193 vom 18. August 1832; „*Öffentliche Bekanntmachung*" der Bezirke und Kirchen vom 14. 5. 1832 in: *Spenersche Zeitung* Nr. 133 vom 8. 6. 1832.

Alexanderplatz-Bezirk
am 27. Juni in der Marienkirche
Karl Ludwig Krebs

Molkenmarkt-Bezirk
am 25. Juni in der Nikolaikirche
Johann Ferdinand Lütke[74] (auch: Lüttke)

Gipsstraßen-Bezirk
am 26. Juni in der Sophienkirche
Johann Gottlob Wachtler

Waisenhaus-Bezirk
am 26. Juni in der Großen Friedrichs-Waisenhauskirche
Johann Friedrich Wilhelm Junge[75]

Graue Kloster-Bezirk
am 26. Juni in der Parochialkirche
Heinrich Arendt

Schindlersche Waisenhaus-Bezirk
am 26. Juni in der Böhmischen Kirche
Johann Friedrich August Herrmann

Wilhelmstraßen-Bezirk
am 26. Juni in der Dreifaltigkeitskirche
Carl Bernhard Wilhelm Köhne

Friedrich-Wilhelm-Gymnasium-Bezirk
am 27. Juni in der Böhmischen Kirche
Friedrich Wilhelm August Christian Gosebruch

Nikolaikirch-Bezirk
am 26. Juni in der Nikolaikirche
Jaques André Esaie Guillemot

Jakobskirchhof-Bezirk
am 26. Juni in der Luisenkirche
Johann Andreas Kuhlmey

Domkirchhof-Bezirk
am 25. Juni in der Marienkirche
Friedrich Wilhelm Ferdinand Sametzky

Parochialkirch-Bezirk
am 25. Juni in der Parochialkirche
Johann Heinrich Sarre

Domhospital-Bezirk
am 25. Juni in der Böhmischen Kirche
Johann Heinrich Schäffer (auch: Schaeffer)

Neue Grünstraßen-Bezirk
am 27. Juni in der Luisenkirche
Christoph David Vollgold

Breite Straßen-Bezirk
am 27. Juni in der Domkirche
Carl Friedrich Weber

Neugewählt wurden:

Neue Markt-Bezirk
am 26. Juni in der Marienkirche
Dan. Friedrich Colberg, Kaufmann
Eigentümer, Rosenstr. 13

Monbijou-Bezirk
am 25. Juni in der Domkirche
Karl Anton Joseph Denant, Kaufmann
Eigentümer, Große Hamburger Str. 17

Landsberger Tor-Bezirk
am 27. Juni in der Georgenkirche
Franz Edmund Guiremand-Junge, Kaufmann
Eigentümer, Landsberger Str. 4

Heiliggeiststraßen-Bezirk
am 25. Juni in der Heiliggeist-Hospitalkirche
Johann August Lutze, Kaufmann
Eigentümer, Heilige Geiststr. 16

Salzhof-Bezirk
am 25. Juni in der Gertrauden Hospitalkirche
Jean Francois Plantier, Seidenfärber
Eigentümer, Wallstr. 3–4

Zeughaus-Bezirk
am 26. Juni in der Domkirche
Johann Gottlieb Ferdinand Schauß, Konditor
Eigentümer, Jägerstr. 39

Hospitalstraßen-Bezirk
am 27. Juni in der Sophienkirche
Johann Gottlieb Wilhelm Stoßmeister, Rentier
Eigentümer, Linienstr. 152

---

74 Da Lütke 1832 zum unbesoldeten Stadtrat gewählt wurde, mußte er im gleichen Jahr sein Stadtverordnetenmandat an den Stellvertreter Christian Friedrich Ludwig Germershausen, Braueigen, Eigentümer, Markgrafenstr. 19, abgeben. Da Germershausen 1834 während seiner Amtszeit verstarb wurde für ihn im gleichen Jahr der Stellvertreter Carl Ludwig Blumenthal, Nürnberger Waarenhändler, Eigentümer, Kochstr. 74–75, bestallt.
Diese Vorgänge befinden sich in: LAB, Rep. 00-02/1, Nr. 135, Bd. 9, *Schreiben der Stadtverordnetenversammlung an Germershausen, Aufforderung zur Bestallung vom 13. Dezember 1832*, fol. 44; *Bestallungsschreiben des bisherigen Stellvertreters Carl Ludwig Blumenthal für den verstorbenen Chr. Friedrich Ludwig Germershausen vom 11. August 1834*, fol. 132.

75 Ersetzt im 1832 durch: *Karl August Ferdinand Haack*, Kaufmann, Eigentümer, Stralauer Str. 25.

Jerusalemskirch-Bezirk
am 26. Juni in der Jerusalemskirche
Johann Heinrich August Voretsch, Zimmermeister
Eigentümer, Lindenstr. 51

Schützenplatz-Bezirk
am 25. Juni in der Georgenkirche
Johann Carl Friedrich Weymann, Rentier
Mieter, Neue Königstr. 78

Die Stellvertreter von 1832

Johann Friedrich Bischoff, Gelbgießermeister
Eigentümer, Klosterstr. 47

Carl Ludwig Blumenthal, Nürnberger
Warenhändler, Eigentümer, Kochstr. 74–75

Christian Friedrich Ludwig Germershausen,
Braueigen, Eigentümer, Markgrafenstr. 19

Ferdinand Ludolf Gladebeck, Kaufmann
Eigentümer, Oberwallstr. 14

Karl August Ferdinand Haack, Kaufmann
Eigentümer, Stralauer Str. 25

Friedrich Wilhelm Hoffmann, Edelsteinschleifer u.
akadem. Künstler, Heilige Geiststr. 26–27

Carl Wilhelm Eberh. Krauske, Kaufmann
Mieter, Breite Str. 4

Leonh. Rupprecht, Schornsteinfegermeister
Eigentümer, Linienstr. 111

Christian Heinrich Stobwasser, Fabrikbesitzer
Eigentümer, Wilhelmstr. 98

Joh. Gottf. Wutke, Bäckermeister
Eigentümer, Spandauer Str. 78

Die Stadtverordneten und Stellvertreter der Wahlen von 1833

Wiedergewählt wurden:[76]

Hallesche Tor-Bezirk
am 27. Juni in der Jerusalemskirche
Peter Friedrich Krause[77]

Tierarzneischul-Bezirk
am 26. Juni in der Dorotheenstädtischen Kirche
Johann Christian Leckler

Königsbrücken-Bezirk
am 26. Juni in der Grauen Klosterkirche
Johann Michael Stibs

Cottbusser Tor-Bezirk
am 25. Juni in der Luisenkirche
Johann Gottfried Carl Kochhan

Prinzen Holzmarkt-Bezirk
am 27. Juni in der Luisenkirche
Carl Gottf. Radicke

Landsberger Straßen-Bezirk
am 27. Juni in der Georgenkirche
Gottfried Wegner

Neue Schönhauser Straßen-Bezirk
am 26. Juni in der Heiliggeist-Hospitalkirche
Johann Carl Wilhelm Hindenberg

Brüderstraßen-Bezirk
am 25. Juni in der Domkirche
Joh. Samuel Ludwig Becker

Stallschreibergassen-Bezirk
am 26. Juni in der Jerusalemskirche
Johann Christian André

Marienkirch-Bezirk
am 26. Juni in der Marienkirche
Johann Gottlob Seidel

76 LAB, Rep. 00-02/1, Nr. 135, Bd. 9, *Verzeichnis der Gewählten,* fol. 75 ff. und *vom 15. 8. 1833* (Abschrift), fol. 83 ff.; Veröffentlicht in: *Spenersche Zeitung* Nr. 197 vom 24. 8. 1833; „*Öffentliche Bekanntmachung*" der Wahlbezirke und Kirchen vom 18. 5. 1833 in: *Spenersche Zeitung* Nr. 135 vom 13. 6. 1833 und *Intelligenz Blatt* Nr. 141 vom 13. 6. 1833.

77 Ersetzt durch: *Clemens August Carl Klenze*, Professor und Doktor der Rechte, Eigentümer, Luisenstr. 25.

Holzmarktstraßen-Bezirk
am 26. Juni in der Großen Friedrichs-Waisenhauskirche
Gottlob Wilhelm Ludwig Francke

Rathaus-Bezirk
am 27. Juni in der Nikolaikirche
Johann Eduard Simon

Kleine Jüdenhof-Bezirk
am 25. Juni in der Marienkirche
Johann August Heinrich Wunder

Schlesische Tor-Bezirk
am 26. Juni in der Luisenkirche
Johann George Peters[78], Kattunfabrikant
Eigentümer, Köpenicker Str. 165–166

Kadettenhaus-Bezirk
am 27. Juni in der Großen Friedrichs-Waisenhauskirche
Christian Friedrich Bathow

Post-Bezirk
am 25. Juni in der Nikolaikirche
Jacob Abraham Bernard

Hohe Steinweg-Bezirk
am 27. Juni in der Marienkirche
Jean David Charton (auch: Johann)

Zweite Markgrafenstraßen-Bezirk
am 25. Juni in der Jerusalemskirche
Johann Friedrich Heinrich Desmarets

Insel-Bezirk
am 26. Juni in der Nikolaikirche
Carl Ludwig Dürr

Taubenstraßen-Bezirk
am 25. Juni in der Neuen Kirche
Carl Jacob Giesecke

Posthof-Bezirk
am 27. Juni in der Sophienkirche
George Anton Koch

Ansbachsche Palais-Bezirk
am 27. Juni in der Böhmischen Kirche
Friedrich Wilhelm Leuther

Rosenthaler Tor-Bezirk
am 25. Juni in der Sophienkirche
Carl Friedrich Möwes

Dorotheenstädtische Kirch-Bezirk
am 25. Juni in der Dorotheenstädtischen Kirche
Carl George Quarckowsky

Prenzlauer Straßen-Bezirk
am 26. Juni in der Georgenkirche
Johann Wilhelm Rolle

Neugewählt wurden:

Leipziger Platz-Bezirk
am 26. Juni in der Dreifaltigkeitskirche
Ernst Friedrich Wilhelm von Beggerow, Major a. D.
Eigentümer, Potsdamer Platz 5

Behrenstraßen-Bezirk
am 27. Juni in der Neuen Kirche
Wilhelm Zacharias Friebe, Particulier
Eigentümer, Behrenstr. 39

Pariser Platz-Bezirk
am 25. Juni in der Dreifaltigkeitskirche
Joachim Ernst Krüger, Juwelier u. Goldarbeiter
Eigentümer, Unter den Linden 54–55

Schloß-Bezirk
am 26. Juni in der Domkirche
Friedrich Nitze jun., Kaufmann
Mieter, Schloßplatz 7

Sophienkirch-Bezirk
am 26. Juni in der Sophienkirche
David Friedrich Stachow, Rentier u. Oberkirchenvorsteher
Eigentümer, Sophienkirchgasse 34

Gouvernements-Bezirk
am 25. Juni in der Grauen Klosterkirche
Carl Ludwig Troja, Gastwirt
Eigentümer, Jüdenstr. 36

Dorotheenstraßen-Bezirk
am 27. Juni in der Dorotheenstädtischen Kirche
Gustav Carl Ludwig Wendt, Kaufmann
Eigentümer, Friedrichstr. 151

Münzstraßen-Bezirk
am 27. Juni in der Heiliggeist-Hospitalkirche
Eduard August Wilcke, Steinsetzmeister
Mieter, Dragonerstr. 35

Prenzlauer Tor-Bezirk
am 25. Juni in der Georgenkirche
Joh. Caspar Friedrich Zechlin, Tuchfabrikant
Eigentümer, Linienstr. 14

78 Bei seiner Erstwahl im Jahre 1821 ist die Adresse mit Köpenicker Str. 166 angegeben.

Die Stellvertreter von 1833

Julius Theodor Gamet, Kaufmann u. Wachswarenfabrikant
Eigentümer des Hauses Brüderstr. 42 und in der Brüderstr. 5 wohnhaft

Friedrich Christian Daniel Hesse, pensionierter Polizei-Commissarius
Eigentümer, Stralauer Brücke 1

Clemens August Carl Klenze, Professor u. Doktor der Rechte
Eigentümer, Luisenstr. 25

Gustav Rudolph Krahmann, Holzhändler
Mieter, Holzmarktstr. 6

Heinrich Wilhelm Lehmann, Kaufmann
Eigentümer, Auguststr. 54

Carl Wilhelm Löhder, Kaufmann
Eigentümer, Neue Friedrichstr. 22

Friedrich August Meyer, Ratsmaurermeister
Eigentümer, Rosenthaler Str. 58

Johann Friedrich Poppe, Kaufmann
Eigentümer, Spandauer Str. 29

Johann Friedrich Radicke, Maurermeister
Eigentümer, Brückenstr. 16

Johann Friedrich Sommer, Rentier
Eigentümer, Friedrichstr. 116

Johann August Wegener, Mehlhändler
Eigentümer, Rosenthaler Str. 50

Die Stadtverordneten und Stellvertreter der Wahlen von 1834

Wiedergewählt wurden:[79]

Neue Georgenkirchhof-Bezirk
am 26. Juni in der Georgenkirche
Johann Friedrich Gottlieb Possin

Hacksche Markt-Bezirk
am 26. Juni in der Heiliggeist-Hospitalkirche
Johann Ernst Laspeyres

Magazinstraßen-Bezirk
am 23. Juni in der Großen Friedrichs-Waisenhauskirche
Jean Pierre Bouché

Ecole de Charité-Bezirk
am 26. Juni in der Dreifaltigkeitskirche
Johann Andreas Fasquel sen.

Landschafts-Bezirk
am 26. Juni in der Marienkirche
Johann Conrad Christian Crüsemann sen.

Dönhoffsche Platz-Bezirk
am 23. Juni in der Gertraudenkirche
Johann Friedrich Desselmann

Bauakademie-Bezirk
am 25. Juni in der Böhmischen Kirche
Dr. David Emil Heinrich Koblank

Neue Roßstraßen-Bezirk
am 23. Juni in der Luisenkirche
Friedrich Wilhelm Neumann

Bauhof-Bezirk
am 25. Juni in der Dorotheenstädtischen Kirche
Justus Ernst Bühring

Luisenkirch-Bezirk
am 26. Juni in der Luisenkirche
Franz Carl Dieterichs

---

79 LAB, Rep. 00-02/1, Nr. 135, Bd. 9, *Verzeichnis der Gewählten,* fol. 123 ff. und *vom 9. 8. 1834* (Abschrift), 123 ff.; „*Bekanntmachung*" der Gewählten des Jahres 1834 vom 5. 8. 1834 veröffentlicht in: *Spenersche Zeitung* Nr. 195 vom 22. 8. 1834; „*Öffentliche Bekanntmachung*" der Bezirke und Kirchen vom 23. 5. 1834 in: *Spenersche Zeitung* Nr. 133 vom 11.6.1834 und *Intelligenz Blatt* Nr. 129 vom 30.5.1834.

Bauakademie-Bezirk
am 25. Juni in der Böhmischen Kirche
Johann Wilhelm Wegner

Böhmische Kirch-Bezirk
am 26. Juni in der Böhmischen Kirche
Carl Friedrich Eberhardt Schaner jun.

Ratsholzmarkt-Bezirk
am 25. Juni in der Großen Friedrichs-Waisenhauskirche
Jean Jacqes George

Frankfurter Tor-Bezirk
am 23. Juni in der Georgenkirche
George Carl Wilhelm Gräper

Hausvogteiplatz-Bezirk
am 23. Juni in der Französischen Kirche auf dem Gendarmenmarkt
Friedrich Wilhelm Halffter

Schickler-Bezirk
am 25. Juni in der Gertrauden-Hospitalkirche
Johann Heinrich Wilhelm Holfelder

Zweite Charlottenstraßen-Bezirk
am 25. Juni in der Französischen Kirche auf dem Gendarmenmarkt
Carl Friedrich Wilhelm Köhler

Raulets Hof-Bezirk
am 26. Juni in der Friedrichswerderschen Kirche
Adolph Wilhelm Meudtner

Schinkenbrücken-Bezirk
am 25. Juni in der Französischen Kirche in der Kommandantenstraße
Johann Gottfried Steltzner

Akademie-Bezirk
am 23. Juni in der Dorotheenstädtischen Kirche
Carl Friedrich Wilhelm Werner

Ordenspalais-Bezirk
am 25. Juni in der Dreifaltigkeitskirche
August Friedrich Wilhelm Schröder

Neugewählt wurden:

Französische Straßen-Bezirk
am 26. Juni in der Französischen Kirche auf dem Gendarmenmarkt
Carl Friedrich Wilhelm Duncker sen.,
Buchhändler, Mieter, Französische Str. 20

Hamburger Tor-Bezirk
am 26. Juni in der Sophienkirche
Johann Friedrich August Haase, Wattenfabrikant
Eigentümer, Kleine Gasse 1

Laufgassen-Bezirk
am 25. Juni in der Heiliggeist-Hospitalkirche
Carl August Gottlieb Haun, Fabrikant
Eigentümer, Steingasse 28

Erste Charlottenstraßen-Bezirk
am 26. Juni in der Jerusalemskirche
Adolph Wilhelm Hayn, Buchhändler u. Buchdrucker, Eigentümer, Zimmerstr. 29

Kammergerichts-Bezirk
am 23. Juni in der Jerusalemskirche
Johann Gottieb. Gottfried Lange,
Klempnermeister, Eigentümer, Lindenstr. 22

Bauhof-Bezirk
am 25. Juni in der Dorotheenstädtischen Kirche
Johann Ferdinand Müller[80], Ratsmauermeister
Eigentümer, Friedrichstr. 96

Cöllnische Fischmarkt-Bezirk
am 23. Juni in der Nikolaikirche
Etienne Pignol, Kaufm., Eigentümer, Roßstr. 29

Brunnenstraßen-Bezirk
am 26. Juni in der Sophienkirche
George Gottlieb Rausch, Rentier
Eigentümer, Brunnenstr. 52

Städtekassen-Bezirk
am 23. Juni in der Dreifaltigkeitskirche
Carl Adolph Philipp Franz Eduard Staegemann,
Kaufmann, Eigentümer, Leipziger Str. 86

Dresdener Straßen-Bezirk
am 25. Juni in der Luisenkirche
Johann Daniel Seiffarth, Bäckermeister
Eigentümer, Dresdener Str. 60

Belle Alliance Platz-Bezirk
am 25. Juni in der Jerusalemskirche
Johann Friedrich Heinrich Christoph Verdrieß,
Schlächtermeister, Eigentümer, Friedrichstr. 251

Rittergassen-Bezirk
am 25. Juni in der Nikolaikirche
Ernst Ludwig Woltersdorff, Apotheker
Eigentümer, Roßstr. 26

Bergstraßen-Bezirk
am 23. Juni in der Sophienkirche
Friedrich Wilhelm Zowe, Zuckersiedereibesitzer
Eigentümer, Gartenstr. 73–74

80 Evtl. identisch mit dem 1812 gewählten Maurermeister Johann Ferdinand Müller, Mieter in der Behrenstr. 36.

Die Stellvertreter von 1834

Peter Friedrich Carl Baerwald, Apotheker
Eigentümer, Mohrenstr. 5

Joachim Friedrich Bleudorn, Kaufmann
Eigentümer, Alte Jakobstr. 60

Heinrich Ferdinand Böhme, Kaufmann
Eigentümer, Zimmerstr. 85

Wilhelm August Albert Danneel, Apotheker
Eigentümer, Kurstr. 34–35

August Bernh. Gaum, Regierungs-Conducteur
Eigentümer, Krausenstr. 41

Wilhelm Gotfr. Günther, Apotheker
Eigentümer, Jerusalemer Str. 16

Johann Adolph Heese, Seidenwarenfabrikant
Eigentümer, Kleine Frankfurter Str. 8

Wilhelm Julius Marquard, Materialwarenhändler
Mieter, Schützenstr. 69

Heinrich Ludwig Schmidt, Kaufmann
Mieter, Cöllnischer Fischmarkt 4

Carl Friedrich Traviez sen., Uhrmacher
Mieter, Friedrichstr. 81

Joh. Carl Gottlieb Weise, Kaufmann
Eigentümer, Alte Grünstr. 5-6

Carl Ernst Ferdinand Wolff, Fabrikant
Mieter, Belle Alliance Platz 17

Die Stadtverordneten und Stellvertreter der Wahlen von 1835

Wiedergewählt wurden:[81]

Kochstraßen-Bezirk
am 26. Juni in der Jerusalemskirche
Johann Georg Raum (auch: George)

Gendarmenmarkt-Bezirk
am 25. Juni in der Neuen Kirche
Carl Heinrich Backofen

Dreifaltigkeitskirch-Bezirk
am 26. Juni in der Dreifaltigkeitskirche
Johann Friedrich Wilhelm Braune

Mohrenstraßen-Bezirk
am 26. Juni in der Neuen Kirche
Daniel Gottfried Fuhrmann

Alexanderplatz-Bezirk
am 26. Juni in der Marienkirche
Carl Ludwig Krebs

Gipsgassen-Bezirk
am 25. Juni in der Sophienkirche
Johann Gottlob Wachtler

Schindlersche Waisenhaus-Bezirk
am 25. Juni in der Böhmischen Kirche
Johann Friedrich August Herrmann

Wilhelmstraßen-Bezirk
am 25. Juni in der Dreifaltigkeitskirche
Carl Bernhard Wilhelm Köhne

Nikolaikirch-Bezirk
am 25. Juni in der Nikolaikirche
Jaques André Esaie Guilletmot

Jakobskirchhof-Bezirk
am 25. Juni in der Luisenkirche
Johann Andreas Kuhlmey

---

81 LAB, Rep. 00-02/1, Nr. 135, Bd. 9, *Verzeichnis der Gewählten vom 20. 8. 1835* (Abschrift), fol. 169 ff.; „*Bekanntmachung*" der Gewählten des Jahres 1835 vom 10. August 1835 veröffentlicht in: *Spenersche Zeitung* Nr. 200 vom 28. 8. 1835; „*Öffentliche Bekanntmachung*" der Bezirke und Kirchen vom 18. 5. 1835 in: *Spenersche Zeitung* Nr. 131 vom 9. 6. 1835 und *Vossische Zeitung* Nr. 122 vom 27. 5. 1835.

Domkirchhof-Bezirk
am 26. Juni in der Großen Friedrichs-Waisenhauskirche
Friedrich Wilhelm Ferdinand Sametzky

Domhospital-Bezirk
am 23. Juni in der Böhmischen Kirche
Johann Heinrich Schäffer

Neue Grünstraßen-Bezirk
am 23. Juni in der Luisenkirche
Christoph David Vollgold

Monbijou-Bezirk
am 26. Juni in der Domkirche
Carl Anton Joseph Denant

Salzhof-Bezirk
am 26. Juni in der Gertrauden-Hospitalkirche
Jean Francois Plantier

Zeughaus-Bezirk
am 25. Juni in der Domkirche
Johann Gottlieb Ferdinand Schauß

Auguststraßen-Bezirk
am 23. Juni in der Sophienkirche
Johann Carl Gottlieb Wilhelm Stoßmeister

Schützenplatz-Bezirk
am 25. Juni in der Georgenkirche
Johann Carl Friedrich Weymann

Neugewählt wurden:

Friedrich-Wilhelm-Gymnasium-Bezirk
am 26. Juni in der Böhmischen Kirche
Johann Peter Allardt, Kaufmann
Eigentümer, Friedrichstr. 229

Garnisonkirch-Bezirk
am 25. Juni in der Heiliggeist-Hospitalkirche
Daniel Alexander Benda, Rentier
Mieter, Neue Friedrichstr. 49

Parochialkirch-Bezirk
am 23. Juni in der Parochialkirche
Johann Friedrich Bischoff[82], Gelbgießermeister
Eigentümer, Klosterstr. 47

Erste Markgrafenstraßen-Bezirk
am 25. Juni in der Jerusalemskirche
Johann Friedrich Jacob Blancke, Zimmermeister
Mieter, Markgrafenstr. 90

Neue Markt-Bezirk
am 23. Juni in der Marienkirche
Johann Heinrich Gouillemot, Destillateur
Eigentümer, Rosenstr. 26

Georgenkirch-Bezirk
am 23. Juni in der Georgenkirche
Albert Leopold Ludwig Herms, Bäckermeister
Eigentümer, Neue Königstr. 25

Neue Hospital-Bezirk
am 25. Juni in der Großen Friedrichs-Waisenhauskirche
Johann Andreas Herrenburger, Maurermeister
Eigentümer, Neu Cölln am Wasser 25

Heiliggeiststraßen-Bezirk
am 23. Juni in der Heiliggeist-Hospitalkirche
August Ferdinand von Hertzberg,
Premier-Lieut. a. D. und Gasthofsbesitzer
Eigentümer, Heilige Geiststr. 18

Landsberger Tor-Bezirk
am 26. Juni in der Georgenkirche
Carl Ludwig Klaeger, Kaufmann
Eigentümer, Landsberger Str. 85

Graue Kloster-Bezirk
am 25. Juni in der Parochialkirche
Joh. Friedrich August Krause, Schmiedemeister
Eigentümer, Klosterstr. 69

Breite Straßen-Bezirk
am 23. Juni in der Domkirche
Carl Wilhelm Eberhard Kranske, Kaufmann
Mieter, Breite Str. 4

Jerusalemskirch-Bezirk
am 23. Juni in der Jerusalemskirche
August Ferdinand Neumann, Kaufmann
Eigentümer, Zimmerstr. 42

Spittelmarkt-Bezirk
am 25. Juni in der Gertrauden-Hospitalkirche
Carl Emanuel Richter, Kaufmann u. Hoflieferant
Eigentümer, Spittelmarkt 2

Molkenmarkt-Bezirk
am 23. Juni in der Nikolaikirche
Wilhelm Gottfried Sehlmacher, Tuchfabrikant
Eigentümer, Stralauer Str. 39

Schönhauser Tor-Bezirk
am 26. Juni in der Sophienkirche
Heinr. Franz Eduard Seymer, Kaufmann
Eigentümer, Alte Schönhauser Str. 59

Waisenhaus-Bezirk
am 23. Juni in der Großen Friedrichs-Waisenhauskirche
Ernst Friedrich Weidling, Kaufmann
Mieter, Stralauer Str. 57

82 Ersetzt durch: *Wilhelm Gotthold Büttner*, Amtmann, Eigentümer, Alte Schönhauser Str. 4.

Die Stellvertreter von 1835

August Wilhelm Becherer, Pergamentfabrikant
Eigentümer, Wallstr. 24

Wilhelm Gotthold Büttner, Amtmann
Eigentümer, Alte Schönhauser Str. 4

Carl Joseph Cabanis, Schönfärber
Eigentümer, Neu Cölln am Wasser 21

Erdmann Friedrich Kersten, Mehlhändler
Mieter, Augustenstr. 48

Carl Heinrich Meyer, Fabrikant
Mieter, Wilhelmstr. 18

Ludwig Ferdinand Neumann, Mühlenmeister
Eigentümer, Vor dem Neuen Königstor

August Ferdinand Radicke, Braueigen
Eigentümer, Neue Grünstr. 11

Joseph Ferdinand Reiß, Königl. Hofjuwelier
Mieter, Mohrenstr. 34

Carl Ludwig Scheuermann, Kaufmann
Eigentümer, Spittelmarkt 16

Gustav Theodor Schrader, Apotheker
Eigentümer, Neue Königstr. 42

Ludwig Wilhelm Wichmann, Königl. Prof. und Bildhauer
Mieter, Hasenhegerstr. 14

Die Stadtverordneten und Stellvertreter der Wahlen von 1836

Wiedergewählt wurden:[83]

Königsbrücken-Bezirk
am 28. Juni in der Grauen Klosterkirche
Joachim Michael Stibs

Neue Schönhauser Straßen-Bezirk
am 29. Juni in der Heiliggeist-Hospitalkirche
Johann Carl Wilhelm Hindenberg

Brüderstraßen-Bezirk
am 29. Juni in der Domkirche
Johann Samuel Ludwig Becker

Holzmarktstraßen-Bezirk
am 28. Juni in der Großen Friedrichs-Waisenhauskirche
Gottlob Wilhelm Ludwig Francke

Kadettenhaus-Bezirk
am 27. Juni in der Großen Friedrichs-Waisenhauskirche
Christian Friedrich Bathow

Zweite Markgrafenstraßen-Bezirk
am 27. Juni in der Böhmischen Kirche
Johann Friedrich Heinrich Desmarets

Insel-Bezirk
am 29. Juni in der Nikolaikirche
Carl Ludwig Dürr

Taubenstraßen-Bezirk
am 28. Juni in der Neuen Kirche
Carl Jacob Giesecke (auch: Jakob)

Ansbachsche Palais-Bezirk
am 28. Juni in der Böhmischen Kirche
Friedrich Wilhelm Leuther

Rosenthaler Tor-Bezirk
am 29. Juni in der Sophienkirche
Carl Friedrich Möwes (auch: Moewes)

---

83 LAB, Rep. 00-02/1, Nr. 135, Bd. 9, *Verzeichnis der Gewählten vom 18. 8. 1836*, fol. 205 und fol. 210 ff.; „*Bekanntmachung*" der Gewählten des Jahres 1836 vom 15. 8. 1836 veröffentlicht in: *Spenersche Zeitung* Nr. 196 vom 23. 8. 1836; „*Bekanntmachung*" der Bezirke und Kirchen vom 13. 5. 1836 in: *Spenersche Zeitung* Nr. 123 vom 30. 5. 1836.

Dorotheenstädtische Kirch-Bezirk
am 27. Juni in der Dorotheenstädtischen Kirche
Carl George Quarkowsky

Prenzlauer Straßen-Bezirk
am 27. Juni in der Georgenkirche
Johann Wilhelm Rolle

Pariser Platz-Bezirk
am 28. Juni in der Dreifaltigkeitskirche
Johann Ludwig Urban Blesson, Kgl. Major a.D.

Schloß-Bezirk
am 28. Juni in der Domkirche
Friedrich Nitze jun.

Gouvernements-Bezirk
am 29. Juni in der Grauen Klosterkirche
Carl Ludwig Troja

Neugewählt wurden:

Cottbusser Tor-Bezirk
am 29. Juni in der Luisenkirche
August Heinrich Ferdinand Bergemann,
Seidengarnwarenfabrikant
Mieter, Dresdener Str. 25

Posthof-Bezirk
am 27. Juni in der Sophienkirche
Eduard August Bolle, Apotheker
Eigentümer, Oranienburger Str. 37

Dorotheenstraßen-Bezirk
am 28. Juni in der Dorotheenstädtischen Kirche
Friedrich Heinrich Georg Ferdinand Dümmler,
Buchhändler, Eigentümer, Dorotheenstr. 17

Behrenstraßen-Bezirk
am 27. Juni in der Neuen Kirche
Johann Heinrich Martin Engeler, Bürstenfabrikant, Eigentümer, Behrenstr. 36

Kleine Jüdenhof-Bezirk
am 29. Juni in der Marienkirche
Carl August Goltdammer (auch: Goldtammer),
Bäckermeister, Mieter, Neue Friedrichstr. 69

Hallesche Tor-Bezirk
am 29. Juni in der Böhmischen Kirche
Eduard Gottfr. Ludolph Gräfe (auch: Graefe),
Kaufmann
Mieter, Lindenstr. 5

Post-Bezirk
am 28. Juni in der Nikolaikirche
Johann Friedrich Wilhelm Güßfeldt, Kaufmann
Eigentümer, Poststr. 8

Rathaus-Bezirk
am 27. Juni in der Nikolaikirche
Joh. Heinrich Habel, Tuchhändler
Eigentümer, Spandauer Str. 26

Leipziger Platz-Bezirk
am 29. Juni in der Dreifaltigkeitskirche
Johann Emil Jordan, Rentier
Eigentümer, Leipziger Str. 106

Marienkirch-Bezirk
am 28. Juni in der Marienkirche
Hans August Jürst, Kaufmann
Eigentümer, Papenstr. 23

Tierarzneischul-Bezirk
am 29. Juni in der Dorotheenstädtischen Kirche
Dr. Clemens August Carl Klenze, Königl. ordentl.
Prof. der Rechte an der hiesigen Universität
Eigentümer, Luisenstr. 25

Sophienkirch-Bezirk
am 28. Juni in der Sophienkirche
Heinrich Wilhelm Lehmann, Kaufmann
Eigentümer, Auguststr. 54

Hohe Steinweg-Bezirk
am 27. Juni in der Marienkirche
Johann Heinrich Gottlieb Lietzmann, Kaufmann
Eigentümer, Klosterstr. 82

Stallschreibergassen-Bezirk
am 29. Juni in der Französischen Kirche in der
Neuen Kommandantenstraße
Carl Ludwig Mathieu, Kunstgärtner
Eigentümer, Stallschreibergasse 54

Schlesische Tor-Bezirk
am 27. Juni in der Luisenkirche
Heinrich Oehmigke, Kaufmann
Eigentümer, Köpenicker Str. 113

Prenzlauer Tor-Bezirk
am 28. Juni in der Georgenkirche
Carl Dietrich Paalzow sen., Wollenwaaren-Fabrikant, Eigentümer, Linienstr. 24

Prinzen Holzmarkt-Bezirk
am 28. Juni in der Luisenkirche
Johann Friedrich Radicke, Maurermeister
Eigentümer, Brückenstr. 16

Münzstraßen-Bezirk
am 28. Juni in der Heiliggeist-Hospitalkirche
August Heinrich Sello, Kaufmann
Eigentümer, Münzstr. 17

Landsberger Straßen-Bezirk
am 29. Juni in der Georgenkirche
Ernst Ferdinand Wegner, Kaufmann
Eigentümer, Landsberger Str. 48

Die Stellvertreter von 1836

Carl August Badstübner, Baumwollenwaaren-Fabrikant, Eigentümer, Wilhelmstr. 27

Siegismund Alexander Benda, Kaufmann
Eigentümer, Münzstr. 8

George Moritz Ebers, Bankier
Eigentümer des Grundstücks Landwehrstr. 13 und Landsberger Str. 24 wohnhaft

Carl Wilhelm Errel, Materialwaarenhändler
Mieter, Mittelstr. 43

George Christian Fischer, Braueigner
Eigentümer, Prenzlauer Str. 16

Carl August Wilhelm Götze, Kaufmann
Eigentümer, Schornsteinfegergasse 8

Carl Friedrich Ferdinand Hoffmann, Kaufmann
Eigentümer, Behrenstr. 50

Johann George Peters, Kattunfabrikant
Eigentümer, Köpenicker Str. 165–166

Emil Friedrich Wilhelm Praetorius, Kaufmann
Mieter, Königstr. 69

Heinrich Rubens, Kaufmann
Mieter, Neue Friedrichstr. 34

Carl Friedrich Süßbier, Bäckermeister
Eigentümer, Krausenstr. 27

Johann Heinrich Wunsch, Buchbindermeister
Mieter, Taubenstr. 34

Die Stadtverordneten und Stellvertreter der Wahlen von 1837

Wiedergewählt wurden:[84]

Hacksche Markt
am 28. Juni in der Sophienkirche
Johann Ernst Laspeyres

Magazinstraßen-Bezirk
am 27. Juni in der Großen Friedrichs-Waisenhauskirche
Jean Pierre Bouché

Ecole de Charité-Bezirk
am 28. Juni in der Neuen Kirche
Johann Andreas Fasquel sen.

Landschafts-Bezirk
am 29. Juni in der Marienkirche
Johann Conrad Christian Crüsemann sen.

Dönhoffsche Platz-Bezirk
am 29. Juni in der Gertraudenkirche
Johann Friedrich Desselmann

Bauhof-Bezirk
am 28. Juni in der Dorotheenstädtischen Kirche
Justus Ernst Bühring

Luisenkirch-Bezirk
am 28. Juni in der Luisenkirche
Franz Carl Dieterichs

Böhmische Kirch-Bezirk
am 29. Juni in der Böhmischen Kirche
Carl Friedrich Eberhardt Schaner jun.

Frankfurter Tor-Bezirk
am 29. Juni in der Georgenkirche
George Carl Wilhelm Gräper (auch: Georg)

Schickler-Bezirk
am 27. Juni in der Gertraudenkirche
Johann Heinrich Wilhelm Holfelder

---

84 LAB, Rep. 00-02/1, Nr. 135, Bd. 9, *Verzeichnis der im Jahre 1837 gewählten Stadtverordneten und Stellvertreter,* fol. 267 ff. und 289 ff (Abschrift); „*Bekanntmachung*" der gewählten Bürger des Jahres 1837 vom 4. 8. 1837 veröffentlicht in: *Spenersche Zeitung* Nr. 186 vom 11. 8. 1837; „*Bekanntmachung*" der Wahlbezirke und Kirchen vom 9. 5. 1837 in: *Spenersche Zeitung* Nr. 123 vom 30. 5. 1837.

Raulets Hof-Bezirk
am 28. Juni in der Friedrichswerderschen Kirche
Adolph Wilhelm Meudtner

Akademie-Bezirk
am 27. Juni in der Dorotheenstädtischen Kirche
Carl Friedrich Wilhelm Werner

Französische Straßen-Bezirk
am 27. Juni in der Neuen Kirche
Carl Friedrich Wilhelm Duncker sen.

Hamburger Tor-Bezirk
am 27. Juni in der Sophienkirche
Johann Friedrich August Haase

Erste Charlottenstraßen-Bezirk
am 27. Juni in der Böhmischen Kirche
Adolph Wilhelm Hayn

Kammergerichts-Bezirk
am 29. Juni in der Jerusalemskirche
Johann Gottlieb Gottfried Lange

Dresdener Straßen-Bezirk
am 29. Juni in der Luisenkirche
Johann Daniel Seiffarth

Belle Alliance Platz-Bezirk
am 29. Juni in der Jerusalemskirche
Johann Friedrich Heinrich Christoph Verdrieß

Rittergassen-Bezirk
am 28. Juni in der Nikolaikirche
Ernst Ludwig Woltersdorff

Cöllnische Fischmarkt-Bezirk
am 27. Juni in der Nikolaikirche
Heinrich Ludwig Schmidt, Kaufmann
Mieter, Cöllnischer Fischmarkt 4

Bauhof-Bezirk
am 28. Juni in der Dorotheenstädtischen Kirche
Johann Gottfried Steinmeyer, Hof- u. Ratszimmermeister, Eigentümer, Friedrichstr. 102

Neugewählt wurden:

Neue Roßstraßen-Bezirk
am 27. Juni in der Luisenkirche
Friedrich Adolph Heinrich Appelius, Apotheker
Eigentümer, Neue Roßstr. 21

Bauakademie-Bezirk
am 28. Juni in der Böhmischen Kirche
Heinrich Ferdinand Böhme, Kaufmann
Eigentümer, Zimmerstr. 85

Neue Georgenkirchhof-Bezirk
am 28. Juni in der Georgenkirche
Johann Friedrich Ferdinand Däge (auch: Daege), Wollenwaaren-Fabrikant
Eigentümer, Elisabethstr. 1

Kurstraßen-Bezirk
am 27. Juni in der Friedrichswerderschen Kirche
Wilhelm August Albert Danneel (auch: Dannehl), Apotheker
Eigentümer, Kurstr. 34–35

Hausvogteiplatz-Bezirk
am 29. Juni in der Friedrichswerderschen Kirche
Friedrich Wilhelm Dietz, Braueigner
Eigentümer, Niederwallstr. 6–7

Laufgassen-Bezirk
am 29. Juni in der Sophienkirche
Cornelius August Gormann, Ofenfabrikant
Eigentümer, Laufgasse 6

Schinkenbrücken-Bezirk
am 29. Juni in der Neuen Kirche
Wilhelm Gottfried Günther, Apotheker
Eigentümer, Jerusalemer Str. 16

Ordenspalais-Bezirk
am 27. Juni in der Dreifaltigkeitskirche
Carl Wilhelm Mehlmann, Tapezier
Eigentümer, Behrenstr. 71

Städtekassen-Bezirk
am 29. Juni in der Dreifaltigkeitskirche
Carl Wilhelm Misius, Rentier
Eigentümer, Mauerstr. 68

Ratsholzmarkt-Bezirk
am 28. Juni in der Großen Friedrichs-Waisenhauskirche
Carl Friedrich Wilhelm Schertz, Schlächtermeister
Eigentümer, Holzmarktstr. 51

Bergstraßen-Bezirk
am 28. Juni in der Elisabethkirche
Joh. Friedr. Wilhelm Schmeisser, Apotheker
Eigentümer, Chausseestr. 17

Zweite Charlottenstraßen-Bezirk
am 28. Juni in der Dreifaltigkeitskirche
Gottlieb Schreiber, Baumwollenwaaren-Fabrikant
Eigentümer, Leipziger Str. 70

Brunnenstraßen-Bezirk
am 27. Juni in der Elisabethkirche
Carl Ludwig August Fr. Violet, Materialwaren-Händler, Mieter, Brunnenstr. 52

Die Stellvertreter von 1837

Christian Friedrich Bading, Rentier
Mieter, Waldemarstr. 14

Carl Otto Clauß, Seifensiedermeister
Eigentümer, Weberstr. 21

Christian Friedrich Fleischer, Conducteur
Eigentümer, Gartenstr. 1–2

Carl Christian Friedrich Genderich, Cafetier
Eigentümer, Brunnenstr. 13

Friedrich Wilhelm Gericke, Schulvorsteher
Eigentümer, Jägerstr. 18

Carl Wilhelm Theodor Hache, Rendant a.D.
Eigentümer, Am Hackschen Markt 1

Friedrich Wilhelm Halffter, Schornsteinfegermeister, Eigentümer, Hausvogteiplatz 6

Carl Friedrich Wilhelm Köhler, Kgl. Administrator, Eigentümer, Charlottenstr. 14

Christoph Friedrich Carl Krause, Kunstgärtner
Eigentümer, Fruchtstr. 15

Joh. Carl Friedrich Partzsch, Schlächtermeister
Eigentümer, Steingasse 34

August Wilhelm Schültzky, Steinhändler
Eigentümer, Alexanderstr. 9

Carl Ludwig Seeger, Kgl. Lotterie-Einnehmer/Kfm., Eigentümer, Alte Leipziger Str. 4

Die Stadtverordneten und Stellvertreter der Wahlen von 1838

Wiedergewählt wurden:[85]

Kochstraßen-Bezirk
am 13. Juni in der Jerusalemskirche
Johann Georg Raum (auch: George)

Mohrenstraßen-Bezirk
am 13. Juni in der Neuen Kirche
Daniel Gottfried Fuhrmann

Alexanderplatz-Bezirk
am 13. Juni in der Marienkirche
Carl Ludwig Krebs

Nikolaikirch-Bezirk
am 12. Juni in der Nikolaikirche
Jaques André Esaie Guillemot (auch: Guilletmot)

Jakobskirchhof-Bezirk
am 12. Juni in der Luisenstädtischen Kirche
Johann Andreas Kuhlmey

Domkirchhof-Bezirk
am 13. Juni in der Großen Friedrichs-Waisenhauskirche
Friedrich Wilhelm Ferdinand Sametzky

Neue Grünstraßen-Bezirk
am 11. Juni in der Luisenstädtischen Kirche
Christoph David Vollgold

Monbijou-Bezirk
am 13. Juni in der Domkirche
Karl Anton Joseph Denant

Zeughaus-Bezirk
am 12. Juni in der Domkirche
Johann Gottlieb Ferdinand Schauß

Auguststraßen-Bezirk
am 11. Juni in der Sophienkirche
Johann Carl Gottlieb Wilhelm Stoßmeister

85 LAB, Rep. 00-02/1, Nr. 135, Bd. 9, *Verzeichnis der im Jahre 1838 erwählten Stadtverordneten u. Stellvertreter vom 21. 7. 1838*, fol. 335 ff.; „*Bekanntmachung*" der Gewählten des Jahres 1838 vom 21. 7. 1838 veröffentlicht in: *Spenersche Zeitung* Nr. 179 vom 3. 8. 1838; „*Öffentliche Bekanntmachung*" der Bezirke und Kirchen vom 4. 5. 1838 in: *Spenersche Zeitung* Nr. 114 vom 12. 5. 1838 und *Intelligenz Blatt* Nr. 110 vom 12. 5. 1838.

Schützenplatz-Bezirk
am 12. Juni in der Georgenkirche
Johann Carl Friedrich Weymann

Garnisonkirch-Bezirk
am 12. Juni in der Heiliggeist-Hospitalkirche
Daniel Alexander Benda

Erste Markgrafenstraßen-Bezirk
am 12. Juni in der Jerusalemskirche
Johann Friedrich Jacob Blancke

Neue Markt-Bezirk
am 11. Juni in der Marienkirche
Johann Heinrich Gouillemot (auch: Guilletmot)

Georgenkirch-Bezirk
am 11. Juni in der Georgenkirche
Albert Leopold Ludwig Herms

Neue Hospital-Bezirk
am 12. Juni in der Großen Friedrichs-Hospitalkirche
Johann Andreas Herrenburger

Landsberger Tor-Bezirk
am 13. Juni in der Georgenkirche
Carl Ludwig Klaeger

Graue Kloster-Bezirk
am 11. Juni in der Französischen Kirche in der Klosterstraße
Johann Friedrich August Krause

Spittelmarkt-Bezirk
am 12. Juni in der Gertrauden-Hospitalkirche
Carl Emanuel Richter

Schönhauser Tor-Bezirk
am 13. Juni in der Sophienkirche
Heinrich Franz Eduard Seymer

Waisenhaus-Bezirk
am 11. Juni in der Großen Friedrichs-Waisenhauskirche
Ernst Friedrich Weidling

Heiliggeiststraßen-Bezirk
am 11. Juni in der Heiliggeist-Hospitalkirche
Friedrich Wilhelm Hoffmann
Neugewählt wurden:

Salzhof-Bezirk
am 13. Juni in der Gertrauden-Hospitalkirche
August Wilhelm Becherer, Pergamentfabrikant
Eigentümer, Wallstr. 24

Domhospital-Bezirk
am 11. Juni in der Böhmischen Kirche
Carl August Bährendt (auch: Baehrendt), Kaufmann
Eigentümer, Jerusalemer Str. 46

Molkenmarkt-Bezirk
am 11. Juni in der Nikolaikirche
Carl August Ferdinand Haack, Kaufmann
Eigentümer, Stralauer Str. 25

Breite Straßen-Bezirk
am 11. Juni in der Domkirche
August Benjamin Müller, Kaufmann
Mieter, Breite Str. 29

Friedrich-Wilhelm-Gymnasium-Bezirk
am 13. Juni in der Böhmischen Kirche
August Friedrich Wilhelm Nothnagel, Seidenwirkermeister
Mieter, Friedrichstr. 15

Gendarmenmarkt-Bezirk
am 13. Juni in der Neuen Kirche
Franz August Christoph Petersen, Kaufmann
Eigentümer, Jägerstr. 49–50

Schindlersche Waisenhaus-Bezirk
am 12. Juni in der Böhmischen Kirche
Friedrich Wilhelm Daniel Reimann, Baumwollenwaaren-Fabrikant
Eigentümer, Wilhelmstr. 135

Parochialkirch-Bezirk
am 11. Juni in der Französischen Kirche in der Klosterstraße
Johann Christian Friedrich Schröder, Kattunfabrikant
Eigentümer, Stralauer Str. 44

Jerusalemskirch-Bezirk
am 11. Juni in der Jerusalemskirche
Johann George Carl Schultze, Kaufmann
Mieter, Jerusalemer Str. 2

Wilhelmstraßen-Bezirk
am 12. Juni in der Dreifaltigkeitskirche
Friedrich Ludwig Schultze, Destillateur
Eigentümer, Wilhelmstr. 42

Dreifaltigkeitskirch-Bezirk
am 13. Juni in der Dreifaltigkeitskirche
Heinrich Ferdinand Schwarz, Hof-Buchbindermeister und akademischer Künstler
Eigentümer, Friedrichstr. 185

Gipsstraßen-Bezirk
am 12. Juni in der Sophienkirche
Johann Carl Wachtler, Streichen-Fabrikant
Eigentümer des Grundstücks Gipsstr. 7 und Gipsstr. 11 wohnhaft

Die Stellvertreter von 1838

Carl Heinrich Backofen, Rentier
Mieter, Charlottenstr. 19

August Wilhelm Bier, Braueigner
Eigentümer, Stralauer Str. 4

Christian Gottlieb Bobe, Schlächtermeister
Eigentümer, Klosterstr. 56–57

Heinrich Friedrich Brendel, Kaufmann
Mieter, Klosterstr. 68

Joseph Ferdinand Burckhardt, Kaufmann
Eigentümer, Scharrenstr. 7

Paul Eduard Conrad, Kaufmann
Mieter, Neue Friedrichstr. 48

Ferdinand Ludolph Gladebeck, Kaufmann
Eigentümer, Oberwallstr. 14–16

George August Moser, Kaufmann
Eigentümer, Papenstr. 12

Christian Heinrich Rettschlag, Schulvorsteher
Eigentümer, Propstgasse 13

Gottfried Sehlmacher sen., Tuchfabrikant
Eigentümer, Stralauer Str. 39

Carl August Gustav von Seydlitz, Königl. Major a.D. und Garnisons-Verwaltungs-Direktor
Mieter, Landsberger Str. 80

Carl Gottlob Zumpt, Königl. Professor
Mieter, Burgstr. 19

Die Stadtverordneten und Stellvertreter der Wahlen von 1839

Wiedergewählt wurden:[86]

Königsbrücken-Bezirk
am 11. Juni in der Grauen Klosterkirche
Joachim Michael Stibs

Neue Schönhauser Straßen-Bezirk
am 11. Juni in der Großen Friedrichs-Waisenhauskirche
Johann Carl Wilhelm Hindenberg

Brüderstraßen-Bezirk
am 12. Juni in der Domkirche
Johann Samuel Ludwig Becker

Holzmarktstraßen-Bezirk
am 10. Juni in der Großen Friedrichs-Waisenhauskirche
Gottlob Wilhelm Ludwig Francke

Zweite Markgrafenstraßen-Bezirk
am 10. Juni in der Heiliggeist-

Hospitalkirche
Joh. Friedrich Heinrich Desmarets

Insel-Bezirk
am 11. Juni in der Nikolaikirche
Carl Ludwig Dürr

Ansbachsche Palais-Bezirk
am 10. Juni in der Böhmischen Kirche
Friedrich Wilhelm Leuther

Rosenthaler Tor-Bezirk
am 11. Juni in der Sophienkirche
Carl Friedrich Möwes (auch: Moewes)

Dorotheenstädtischer Kirch-Bezirk
am 12. Juni in der Dorotheenstädtischen Kirche
Carl George Quarkowsky

Prenzlauer Straßen-Bezirk
am 11. Juni in der Georgenkirche
Johann Wilhelm Rolle

---

86 LAB, Rep. 00-02/1, Nr. 37, Bd. 10, *Verzeichnis der gewählten Bürger vom 12. 7. 1839*, fol. 36 ff.; „*Bekanntmachung*" der Gewählten des Jahres 1839 vom 12. 7. 1839 veröffentlicht in: *Spenersche Zeitung* Nr. 171 vom 25. 7. 1839; „*Öffentliche Bekanntmachung*" der Bezirke und Kirchen vom 4. 5. 1839 in: *Spenersche Zeitung* Nr. 121 vom 28. 5. 1839.

Pariser Platz-Bezirk
am 10. Juni in der Dreifaltigkeitskirche
Johann Ludwig Urban Blesson

Posthof-Bezirk
am 10. Juni in der Sophienkirche
Eduard August Bolle

Dorotheenstraßen-Bezirk
am 10. Juni in der Dorotheenstädtischen Kirche
Friedrich Heinrich Georg Ferdinand Dümmler

Behrenstraßen-Bezirk
am 12. Juni in der Neuen Kirche
Johann Heinrich Martin Engeler

Kleine Jüdenhof-Bezirk
am 10. Juni in der Marienkirche
Carl August Goltdammer

Post-Bezirk
am 10. Juni in der Nikolaikirche
Johann Friedrich Wilhelm Güßfeldt

Rathaus-Bezirk
am 12. Juni in der Nikolaikirche
Joh. Heinrich Habel

Leipziger Platz-Bezirk
am 11. Juni in der Dreifaltigkeitskirche
Johann Emil Jordan

Sophienkirch-Bezirk
am 12. Juni in der Sophienkirche
Heinrich Wilhelm Lehmann

Hohe Steinweg-Bezirk
am 11. Juni in der Marienkirche
Johann Heinrich Gottlieb Lietzmann

Schlesische Tor-Bezirk
am 11. Juni in der Luisenstädtischen Kirche
Heinrich Oemigke (auch: Oehmigke)

Prinzen Holzmarkt-Bezirk
am 12. Juni in der Luisenstädtischen Kirche
Johann Friedrich Radicke

Münzstraßen-Bezirk
am 11. Juni in der Heiliggeist-Hospitalkirche
August Heinrich Sello

Landsberger Straßen-Bezirk
am 10. Juni in der Georgenkirche
Ernst Ferdinand Wegner

Kadettenhaus-Bezirk
am 12. Juni in der Großen Friedrichs-Waisenhauskirche
Carl Friedrich August Müller

Neugewählt wurden:

Tierarzneischul-Bezirk
am 11. Juni in der Dorotheenstädtischen Kirche
Ernst Christian Philipp Ebert, Königl. Rechnungsrat u. Assessor
Mieter, Luisenstr. 17

Gouvernements-Bezirk
am 10. Juni in der Grauen Klosterkirche
Robert Daniel Fabricius, Kaufmann
Eigentümer, Jüdenstr. 55

Cottbusser Tor-Bezirk
am 10. Juni in der Luisenstädtischen Kirche
Friedrich Heinrich Eduard Kochhann, Bäckermeister
Eigentümer, Dresdener Str. 34

Hallesche Tor-Bezirk
am 12. Juni in der Böhmischen Kirche
Gottfried Gabriel Reibe, Bäckermeister
Eigentümer, Lindenstr. 10

Schloß-Bezirk
am 11. Juni in der Domkirche
Wilhelm Ferdinand Schauß (auch: Schauss), Kaufmann
Eigentümer, Schloßplatz 1

Marienkirch-Bezirk
am 12. Juni in der Marienkirche
Carl Wilhelm Gotthilf Schnöckel, Kaufmann
Eigentümer, Papenstr. 19

Prenzlauer Tor-Bezirk
am 12. Juni in der Georgenkirche
August Gottlieb Benjamin Schultze, Bäckermeister
Eigentümer, Linienstr. 232

Stallschreibergassen-Bezirk
am 12. Juni in der Französischen Kirche in der Neuen Kommandantenstraße
Carl Ludwig Seefeldt, Kaufmann
Mieter, Alte Jakobstr. 77

Taubenstraßen-Bezirk
am 10. Juni in der Neuen Kirche
Carl August Vignolle, Sprachlehrer
Eigentümer, Kanonierstr. 37

Die Stellvertreter von 1839

Siegfried Alexander Benda, Kaufmann
Mieter, Neue Friedrichstr. 35

Carl Leop. Brendel, Kaufmann
Eigentümer, Königstr. 9

Baron Ed. Aug. von Eckardtstein, Besitzer einer Fayence-Fabrik
Eigentümer, Landsberger Str. 65

Carl August Wilhelm Götze, Kaufmann
Eigentümer, Schornsteinfegergasse 8

Geo. Friedrich Gropius, Kaufmann
Mieter, Schloßfreiheit 3

Carl Wilhelm Köppe, Seifensiedermeister
Eigentümer, Jüdenstr. 14

Carl Wilhelm Löhder, Kaufmann
Eigentümer, Neue Friedrichstr. 22

Christian Friedrich Traug. Punschel, Kaufmann
Mieter, Königstr. 39

August Friedrich Rathke, Rentier
Eigentümer, Brüderstr. 6

August Wittcke, Rentier
Mieter, Neue Friedrichstr. 11

Moses Wolff, Kaufmann
Mieter, Spandauer Str. 50

Carl Wilhelm Zahrt, Tischlermeister
Eigentümer, Klosterstr. 90

Die Stadtverordneten und Stellvertreter der Wahlen von 1840

Wiedergewählt wurden:[87]

Hacksche Markt-Bezirk
am 16. Juni in der Sophienkirche
Johann Ernst Laspeyres

Magazinstraßen-Bezirk
am 15. Juni in der Großen Friedrichs-Waisenhauskirche
Jean Pierre Bouché

Ecole de Charité-Bezirk
am 16. Juni in der Neuen Kirche
Johann Andreas Fasquel sen.

Dönhoffsche Platz-Bezirk
am 17. Juni in der Gertraudenkirche
Johann Friedrich Desselmann

Bauhof-Bezirk
am 16. Juni in der Dorotheenstädtischen Kirche
Justus Ernst Bühring

Frankfurter Tor-Bezirk
am 17. Juni in der Georgenkirche
George Carl Wilhelm Gräper (auch: Graeper)

Schickler-Bezirk
am 15. Juni in der Gertraudenkirche
Johann Heinrich Wilhelm Holfelder

Akademie-Bezirk
am 15. Juni in der Dorotheenstädtischen Kirche
Carl Friedrich Wilhelm Werner

Kurstraßen-Bezirk
am 15. Juni in der Friedrichswerderschen Kirche
Johann Wilhelm Wegner, Kaufmann
Eigentümer, Kurstr. 18–19

Französische Straßen-Bezirk
am 15. Juni in der Neuen Kirche
Carl Friedrich Wilhelm Duncker sen.

Hamburger Tor-Bezirk
am 15. Juni in der Sophienkirche
Johann Friedrich August Haase

---

87 *Verzeichnis der Gewählten vom 27. 7. 1840*, fol. 78 ff.; „*Bekanntmachung*“ der Gewählten des Jahres 1840 vom 28. 8. 1840 veröffentlicht in: *Spenersche Zeitung* Nr. 209 vom 5. 9. 1840; „*Bekanntmachung*“ der Bezirke und Kirchen vom 1. 5. 1840 in: *Intelligenz Blatt* Nr. 112 vom 9. 5. 1840.

Erste Charlottenstraßen-Bezirk
am 15. Juni in der Böhmischen Kirche
Adolph Wilhelm Hayn

Dresdener Straßen-Bezirk
am 17. Juni in der Luisenstädtischen Kirche
Johann Daniel Seiffarth

Belle Alliance-Bezirk
am 16. Juni in der Jerusalemskirche
Johann Friedrich Heinrich Christoph Verdrieß

Rittergassen-Bezirk
am 16. Juni in der Nikolaikirche
Ernst Ludwig Woltersdorff

Bauhof-Bezirk
am 16. Juni in der Dorotheenstädtischen Kirche
Johann Gottfried Steinmeyer

Hausvogteiplatz-Bezirk
am 17. Juni in der Friedrichswerderschen Kirche
Friedrich Wilhelm Halffter,
Schornsteinfegermeister

Kammergerichts-Bezirk
am 17. Juni in der Jerusalemskirche
Richard Julius Kunde, Apotheker
Eigentümer, Lindenstr. 86

Neue Roßstraßen-Bezirk
am 15. Juni in der Luisenstädtischen Kirche
Friedrich Adolph Heinrich Appelius

Bauakademie-Bezirk
am 16. Juni in der Böhmischen Kirche
Heinrich Ferdinand Böhme

Neue Georgenkirchhof-Bezirk
am 16. Juni in der Georgenkirche
Johann Friedrich Ferdinand Däge (auch: Daege)

Schinkenbrücken-Bezirk
am 17. Juni in der Neuen Kirche
Wilhelm Gottfried Günther

Ordenspalais-Bezirk
am 15. Juni in der Dreifaltigkeitskirche
Carl Wilhelm Mehlmann

Neugewählt wurden:

Cöllnische Fischmarkt-Bezirk
am 15. Juni in der Nikolaikirche
Carl Ludwig Baltzer, Destillateur
Eigentümer, Roßstr. 28

Luisenstädtische Kirch-Bezirk
am 16. Juni in der Luisenstädtischen Kirche
Joachim Friedrich Bleudorn, Kaufmann
Eigentümer, Alte Jakobstr. 60

Städtekassen-Bezirk
am 17. Juni in der Dreifaltigkeitskirche
Friedrich Ludwig Wilhelm Gründler, Kaufmann
Eigentümer, Leipziger Str. 28

Böhmische Kirch-Bezirk
am 17. Juni in der Böhmischen Kirche
Florenz Jakob Leopold Keßler, Kaufmann
Mieter, Krausenstr. 64

Ratsholzmarkt-Bezirk
am 16. Juni in der Großen Friedrichs-Waisenhauskirche
Christoph Friedrich Carl Krause, Holzhändler
Eigentümer, Holzmarktstr. 47–48

Landschafts-Bezirk
am 17. Juni in der Marienkirche
Johann Carl Friedrich Mitscher, Kaufmann
Eigentümer, Spandauer Str. 18

Brunnenstraßen-Bezirk
am 15. Juni in der Elisabethkirche
Joh. Friedrich Gottlieb Müller,
Eisengießereibesitzer
Eigentümer, Wollankstr. 15

Zweite Charlottenstraßen-Bezirk
am 16. Juni in der Dreifaltigkeitskirche
Johann Peter Petsch, Buchdruckereibesitzer
Eigentümer, Kronenstr. 21

Raulets Hof-Bezirk
am 16. Juni in der Friedrichswerderschen Kirche
Carl Ludwig Seeger, Kgl. Lotterie-Einnehmer u.
Kaufmann, Eigentümer, Alte Leipziger Str. 4

Laufgassen-Bezirk
am 17. Juni in der Sophienkirche
Joh. Friedrich Carl Tütel, Ofenfabrikant
Eigentümer, Steingasse 26

Bergstraßen-Bezirk
am 16. Juni in der Elisabeth-Kirche
Heinrich Guido Wimmel[88], Zimmermeister
Eigentümer, Chausséestraße 16a

88 Sein Name erscheint nicht in der *Spenersche(n) Zeitung,* nur in den Akten. Die Bürger hatten Wilhelm Alexander Krafft, Tierarzt und Scharfrichterei-Pächter, Eigentümer in der Chausséestr. 32c gewählt. Siehe Kapitel: *„Die Wahl des Wilhelm Alexander Wilhelm Krafft.“*

Die Stellvertreter von 1840

Carl Heinrich Albrecht, Rentier
Eigentümer, Roßstr. 3

Joh. Paul Erhard, Rentier
Eigentümer, Gertraudenstr. 14

Friedrich Philipp Fournier, Buchhändler
Mieter, Hausvogteiplatz 2

Johann Simon Freytag, Rentier
Eigentümer, Unter den Linden 27

Anton Hochhaus, Gastwirt
Eigentümer, Roßstr. 5

Joh. Martin Junge, Bäckermeister
Eigentümer, Kurstr. 4

Joh. Carl Kirchhoff, Kaufmann u. Weinhändler
Eigentümer, Friedrichstr. 166

Adolph Wilhelm Meudtner, Kaufmann
Eigentümer, Adlerstr. 6

Joh. Daniel Riedel, Apotheker
Eigentümer, Friedrichstr. 173

Wilhelm Rose, Apotheker
Eigentümer, Spandauer Str. 77

George Carl Friedrich Schuster, Rentier
Mieter, Lindenstr. 85

Ferdinand Gustav Adolph Seidel, Amtmann/Pächter d. Leichenfuhrwesens, Mieter, Friedrichstr. 98

Die Stadtverordneten und Stellvertreter der Wahlen von 1841

Wiedergewählt wurden:[89]

Alexanderplatz-Bezirk
am 16. Juni in der Marienkirche
Carl Ludwig Krebs

Jakobskirchhof-Bezirk
am 14. Juni in der Französischen Kirche in der Neuen Kommandantenstraße
Johann Andreas Kuhlmey

Domkirchhof-Bezirk
am 16. Juni in der Großen Friedrichs-Waisenhauskirche
Friedrich Wilhelm Ferdinand Sametzky

Neue Grünstraßen-Bezirk
am 15. Juni in der Französischen Kirche in der Neuen Kommandantenstraße
Christoph David Vollgold

Zeughaus-Bezirk
am 15. Juni in der Domkirche
Johann Gottlieb Ferdinand Schauß

Auguststraßen-Bezirk
am 14. Juni in der Sophienkirche
Johann Carl Gottlieb Wilhelm Stoßmeister (auch: Gottfried)

Neue Markt-Bezirk
am 14. Juni in der Marienkirche
Johann Heinrich Gouillemot

Georgenkirch-Bezirk
am 14.Juni in der Georgenkirche
Allbert Leopold Ludwig Herms

Neue Hospitalkirche
am 15. Juni in der Großen Friedrichs-Waisenhauskirche
Johann Andreas Herrenburger

---

89 LAB, Rep. 00-02/1, Nr. 37, Bd. 10, *Verzeichnis der Gewählten vom 5. 10. 1841,* fol. 201 ff.; „*Bekanntmachung*“ der Gewählten des Jahres 1841 vom 5. 10. 1841 veröffentlicht in: *Spenersche Zeitung* Nr. 234 vom 7. 10. 1841; „*Bekanntmachung*“ der Bezirke und Kirchen vom 18. 5. 1840 in: *Spenersche Zeitung* Nr. 123 vom 29. 5. 1841. – 1841 wurde aus unerfindlichen Gründen nur in 33 Bezirken gewählt!

Landsberger Tor-Bezirk
am 16. Juni in der Georgenkirche
Carl Ludwig Klaeger

Graue Kloster-Bezirk
am 15. Juni in der Parochialkirche
Johann Friedrich August Krause

Schönhauser Tor-Bezirk
am 16. Juni in der Sophienkirche
Heinrich Franz Eduard Seymer

Domhospital-Bezirk
am 14. Juni in der Böhmischen Kirche
Carl August Bährendt (auch: Baehrendt)

Molkenmarkt-Bezirk
am 14. Juni in der Nikolaikirche
Carl August Ferdinand Haack

Breite Straßen-Bezirk
am 14. Juni in der Domkirche
August Benjamin Müller

Schindlersche Waisenhaus-Bezirk
am 16. Juni in der Böhmischen Kirche
Friedrich Wilhelm Daniel Reimann

Wilhelmstraßen-Bezirk
am 15. Juni in der Dreifaltigkeitskirche
Friedrich Ludwig Schultze (auch: Schulze)

Dreifaltigkeitskirch-Bezirk
am 16. Juni in der Dreifaltigkeitskirche
Heinrich Ferdinand Schwarz

Gipsstraßen-Bezirk
am 15. Juni in der Sophienkirche
Johann Carl Wachtler

Jerusalemskirch-Bezirk
am 14. Juni in der Jerusalemskirche
Johann Heinrich August Voretsch (auch: Voretzsch), Zimmermeister
Eigentümer, Lindenstr. 51

Neugewählt wurden:

Waisenhaus-Bezirk
am 14. Juni in der Großen Friedrichs-Waisenhauskirche
August Wilhelm Bier[90], Braueigner
Eigentümer, Stralauer Str. 4

90 Bier könnte mit dem 1809 und 1811 gewählten gleichnamigen Braueigner, Stralauer Str. 5 identisch sein.

Kochstraßen-Bezirk
am 16. Juni in der Jerusalemskirche
Carl Ludwig Blumenthal, Kunst- u. Nürnberger Waaren-Händler, Eigentümer, Kochstr. 74–75

Parochialkirch-Bezirk
am 14. Juni in der Parochialkirche
Christian Gottlieb Bobe, Schlächtermeister
Eigentümer, Klosterstr. 56–57

Salzhof-Bezirk
am 16. Juni in der Gertrauden-Hospitalkirche
August Otto Fähndrich, Kaufmann
Eigentümer, Wallstr. 16

Mohrenstraßen-Bezirk
am 16. Juni in der Neuen Kirche
Johann Carl Fischer, Rentier
Eigentümer, Mohrenstr. 20

Heiliggeiststraßen-Bezirk
am 14. Juni in der Heiliggeist-Hospitalkirche
Johann Christian Lutze[91], Kaufmann
Eigentümer, Heiliggeiststr. 16

Nikolaikirch-Bezirk
am 15. Juni in der Nikolaikirche
Christian Heinrich Rettschlag[92], Schulvorsteher
Eigentümer, Probstgasse 13

Garnisonkirch-Bezirk
am 15. Juni in der Heiliggeist-Hospitalkirche
Philipp Christian Friedrich Riese, Destillateur
Eigentümer, Neue Friedrichstr. 42

Erste Markgrafenstraßen-Bezirk
am 15. Juni in der Jerusalemskirche
Friedrich Wilhelm Rüthnick, Töpfermeister
Mieter, Markgrafenstr. 83

Gendarmenmarkt-Bezirk
am 15. Juni in der Neuen Kirche
Johann George Ludwig Schaeffer, Kaufmann
Mieter, Jägerstr. 54

Schützenplatz-Bezirk
am 15. Juni in der Georgenkirche
August Friedrich Stachow, Gutsbesitzer u. Braueigner, Eigentümer, Linienstr. 42

91 Lutze könnte mit dem 1832 gewählten Kaufmann Joh. August Lutze, Eigentümer in der Heiliggeiststr. 16 identisch sein.

92 Der bereits im Jahre 1838 zum Stellvertreter gewählte Rettschlag ist in der Gewähltenliste in der *Spenersche(n) Zeitung* nicht aufgeführt. Siehe Kapitel: Die Wahl des Heinrich Rettschlag.

Monbijou-Bezirk
am 16. Juni in der Domkirche
Gottlob Conrad Eduard August Teller, Kaufmann
Eigentümer, Oranienburger Str. 2-3

Spittelmarkt-Bezirk
am 15. Juni in der Gertrauden-Hospitalkirche
Johann Carl George Winckelmann, Steindruckereibesitzer, Eigentümer, Spittelmarkt 14

Die Stellvertreter von 1841

Johann Andreas Wilhelm Gottlieb Andreae, Königl. Hof-Tischlermeister
Eigentümer, Markgrafenstr. 97

Heinrich Ludwig Bullerdieck, Tischlermeister
Eigentümer, Mauerstr. 60

Johann Friedrich August Herrmann, Baumwollenwaren-Fabrikant, Eigentümer, Wilhelmstr. 16

Johann Heinrich Benjamin Hitzig, Doctor der Philosophie, Mieter, Spittelbrücke 3

Johann Wilhelm Höltz, Destillateur
Eigentümer, Lindenstr. 72

Friedrich Wilhelm Hoffmann, Königl. Hof-Edelsteinschleifer u. akademischer Künstler
Mieter, Neue Grünstr. 19c

Joseph Ferdinand Reiß, Königl. Hofjuwelier
Mieter, Mohrenstr. 34

Andreas Christian Röhlich, Glasermeister
Mieter, Kochstr. 63

Johann Heinrich Schaeffer, Kaufmann
Eigentümer, Schützenstr. 13

Johann Carl George Wahnschaff, Rentier
Eigentümer, Wilhelmstr. 47

Die Stadtverordenten und Stellvertreter der Wahlen von 1842

Wiedergewählt wurden:[93]

Königsbrücken-Bezirk
am 14. Juni in der Parochialkirche
Joachim Michael Stibs

Brüderstraßen-Bezirk
am 15. Juni in der Domkirche
Johann Samuel Ludwig Becker

Holzmarktstraßen-Bezirk
am 13. Juni in der Großen Friedrichs-Waisenhauskirche
Gottlob Wilhelm Ludwig Francke

Rosenthaler Tor-Bezirk
am 14. Juni in der Sophienkirche
Carl Friedrich Möwes (auch: Moewes)

Dorotheenstädtischer Kirch-Bezirk
am 15. Juni in der Dorotheenstädtischen Kirche
Carl George Quarkowski

Pariser Platz-Bezirk
am 13. Juni in der Dreifaltigkeitskirche
Johann Ludwig Urban Blesson

Posthof-Bezirk
am 13. Juni in der Sophienkirche
Eduard August Bolle

Hohe Steinweg-Bezirk
am 14. Juni in der Marienkirche
Jean David Charton

Behrenstraßen-Bezirk
am 15. Juni in der Neuen Kirche
Johann Heinrich Martin Engeler

Erster und Zweiter Leipziger Platz-Bezirk
am 14. Juni in der Dreifaltigkeitskirche
Johann Emil Jordan

Schlesische Tor-Bezirk
am 14. Juni in der Französischen Kirche in der Neuen Kommandantenstraße
Heinrich Oemigke (auch: Oehmigke)

93 „*Bekanntmachung*" der Gewählten des Jahres 1842 vom 2. 9. 1842 veröffentlicht in: *Spenersche Zeitung* Nr. 211 vom 10. 9. 1842; „*Öffentliche Bekanntmachung*" der Wahlbezirke und Kirchen vom 13. 5. 1842 in: *Intelligenz Blatt* Nr. 121 vom 21. 5. 1842.

Prinzen Holzmarkt-Bezirk
am 15. Juni in der Französischen Kirche in der Neuen Kommandantenstraße
Johann Friedrich Radicke

Münzstraßen-Bezirk
am 14. Juni in der Heiliggeist-Hospitalkirche
August Heinrich Sello

Erster und Zweiter Tierarzneischul-Bezirk
am 14. Juni in der Dorotheenstädtischen Kirche
Ernst Christian Philipp Ebert

Gouvernements-Bezirk
am 13. Juni in der Parochialkirche
Robert Daniel Fabricius

Cottbusser Tor-Bezirk
am 13. Juni in der Französischen Kirche in der Neuen Kommandantenstraße
Friedrich Heinrich Eduard Kochhann

Hallesche Tor-Bezirk
am 15. Juni in der Böhmischen Kirche
Gottfried Gabriel Reibe

Schloß-Bezirk
am 14. Juni in der Domkirche
Wilhelm Ferdinand Schauß

Stallschreibergassen-Bezirk
am 15. Juni in der Jerusalemskirche
Carl Ludwig Seefeldt

Taubenstraßen-Bezirk
am 13. Juni in der Neuen Kirche
Carl August Vignolle

Rathaus-Bezirk
am 15. Juni in der Nikolaikirche
Ernst Siegfried Mittler, Buchdruckereibesitzer u. Buchhändler
Eigentümer, Spandauer Str. 52

Neugewählt wurden:

Prenzlauer Straßen-Bezirk
am 14. Juni in der Georgenkirche
Friedrich Wilhelm Bartel, Gutsbesitzer
Eigentümer, Kurze Scheunengasse 9

Neue Schönhauser Straßen-Bezirk
am 13. Juni in der Heiliggeist-Hospitalkirche
Friedrich Wilhelm Behrendt, Königl. Commerzien-Rath u. Kaufmann
Eigentümer, Neue Schönhauser Str. 9

Kleine Jüdenhof-Bezirk
am 13. Juni in der Marienkirche
Siegfried Alexander Benda, Kaufmann
Mieter, Neue Friedrichstr. 35

Kadettenhaus-Bezirk
am 15. Juni in der Großen Friedrichs-Waisenhauskirche
Bernhard Samuel Berend, Kaufmann u. Zuckersiederei-Besitzer
Eigentümer, Neue Friedrichstr. 9-10

Post-Bezirk
am 13. Juni in der Nikolaikirche
Jacob Abraham Bernard[94], Apotheker
Eigentümer, Königstr. 51

Dorotheenstraßen-Bezirk
am 13. in der Dorotheenstädtischen Kirche
Carl Gustav Ludwig Glatz, Königl. Hof-Zimmermeister
Eigentümer, Dorotheenstr. 25

Ansbachsche Palais-Bezirk
am 13. Juni in der Böhmischen Kirche
Johann Gottfried Gocht, Baumwollen-Waren-Fabrikant
Eigentümer, Wilhelmstr. 21

Landsberger Straßen-Bezirk
am 13. Juni in der Georgenkirche
Carl Ludwig Loth, Kaufmann
Eigentümer, Landsberger Str. 30

Insel-Bezirk
am 14. Juni in der Nikolaikirche
Johann Adolph Carl Wilhelm Rabardt, Materialwaren-Händler
Mieter, Fischerstr. 20

Marienkirch-Bezirk
am 15. Juni in der Marienkirche
Carl Friedrich Wilhelm Riebe, Rentier
Eigentümer, Papenstr. 4

Sophienkirch-Bezirk
am 15. Juni in der Sophienkirche
Carl Wilhelm Schwendy, Kaufmann u. Destillateur
Eigentümer, Auguststr. 27

Prenzlauer Tor-Bezirk
am 15. Juni in der Georgenkirche
Johann David Gottlieb Walter, Glasermeister
Eigentümer, Linienstr. 35

Zweite Markgrafenstraßen-Bezirk
am 14. Juni in der Böhmischen Kirche
August Vincentius Wockowitz, Kaufmann
Eigentümer, Krausenstr. 14

94 Bernard könnte mit dem gleichnamigen 1830 und 1833 gewählten Apotheker identisch sein; dieser war Eigentümer des Hauses in der Poststraße 4.

Die Stellvertreter von 1842

Johann Christian Andrée, Königl. Hof-Instrumentenmacher, Eigent. Alte Jakobstr. 92

Johann Friedrich Jacob Blancke, Zimmermeister Eigentümer, Leipziger Str. 110–111

Friedrich August Böttcher, Ratszimmermeister Eigentümer, Köpenicker Str. 112

Johann George Friedrich Francke, Kattunfabrikant u. Holzhändler Eigentümer, Vor dem Halleschen Tor 2

Christian Michael Heinrich Heidemann, Schneidermeister, Eigentümer, Behrenstr. 21

Friedrich Wilhelm Leuther, Seidenwirkermeister Eigentümer, Wilhelmstr. 111

August Friedrich Theodor Lucae, Apotheker u. Dr. philos., Eigentümer, Unter den Linden 53

Johann Jacob Meißner, Materialwaaren-Händler Mieter, Krausenstr. 20

Julius Eduard Schacht, Apotheker Eigentümer, Mittelstr. 56

Gustav Wilhelm Schindowski, Posamentier-Waaren-Händler, Mieter, Friedrichstr. 67

Die Stadtverordneten und Stellvertreter der Wahlen von 1843

Wiedergewählt wurden:[95]

Hacksche Markt-Bezirk
am 13. Juni in der Sophienkirche
Johann Ernst Laspeyres

Ecole de Charité-Bezirk
am 13. Juni in der Neuen Kirche
Joh. Andreas Fasquel sen..

Dönhoffsche Platz-Bezirk
am 14. Juni in der Gertrauden-Hospitalkirche
Johann Friedrich Desselmann

Schickler-Bezirk
am 12. Juni in der Gertrauden-Hospitalkirche
Johann Heinrich Wilhelm Holfelder

Akademie-Bezirk
am 12. Juni in der Dorotheenstädtischen Kirche
Karl Friedrich Wilhelm Werner

Cöllnische Fischmarkt-Bezirk
am 12. Juni in der Nikolaikirche
Carl Heinrich Albrecht

Französische Straßen-Bezirk
am 12. Juni in der Neuen Kirche
Karl Friedrich Wilhelm Duncker sen.

Hamburger Tor-Bezirk
am 12. Juni in der Sophienkirche
Johann Friedrich August Haase

Erste Charlottenstraßen-Bezirk
am 12. Juni in der Böhmischen Kirche
Adolph Wilhelm Hayn

Dresdener Straßen-Bezirk
am 14. Juni in der Luisenstädtischen Kirche
Johann Daniel Seiffarth

Belle Alliance-Platz-Bezirk
am 13. Juni in der Jerusalemskirche
Johann Friedrich Heinrich Christoph Verdrieß

95 „*Bekanntmachung*“ der Gewählten des Jahres 1843 vom 22. 9. 1843 veröffentlicht in: *Spenersche Zeitung* Nr. 224 vom 25. 9. 1843; „*Öffentliche Bekanntmachung*“ der Bezirke und Kirchen in: *Spenersche Zeitung* Nr. 119 vom 23. 5. 1843.

Neue Roßstraßen-Bezirk
am 12. Juni in der Luisenstädtischen Kirche
Friedrich Adolph Heinrich Appelius

Neue Georgenkirchhof-Bezirk
am 13. Juni in der Georgenkirche
Johann Friedrich Ferdinand Däge (auch: Daege)

Schinkenbrücken-Bezirk
am 14. Juni in der Neuen Kirche
Wilhelm Gottfried Günther

Ordenspalais-Bezirk
am 12. Juni in der Dreifaltigkeitskirche
Carl Wilhelm Mehlmann

Städtekassen-Bezirk
am 14. Juni in der Dreifaltigkeitskirche
Friedrich Ludwig Wilhelm Gründler

Böhmische Kirch-Bezirk
am 14. Juni in der Böhmischen Kirche
Florenz Jakob Leopold Keßler

Ratsholzmarkt-Bezirk
am 14. Juni in der Großen Friedrichs-Waisenhauskirche
Christoph Friedrich Karl Krause

Brunnenstraßen-Bezirk
am 12. Juni in der Elisabethkirche
Johann Friedrich Gottlieb Müller

Zweite Charlottenstraßen-Bezirk
am 13. Juni in der Dreifaltigkeitskirche
Johann Peter Petsch

Erste und Zweite Bergstraßen-Bezirk
am 13. Juni in der Elisabethkirche
Heinrich Guido Wimmel

Neugewählt wurden:

Landschafts-Bezirk
am 14. Juni in der Marienkirche
Conrad Eduard Wilhelm Crüsemann, Kaufmann
Mieter, Spandauer Str. 7

Kaiserstraßen-Bezirk
am 12. Juni in der Georgenkirche
Adolph Gustav Diederich, Goldarbeiter
Eigentümer, Kaiserstr. 2

Luisenstädtischer Kirch-Bezirk
am 13. Juni in der Luisenstädtischen Kirche
Friedrich Wilhelm Alexander Ebel, Zimmermeister
Eigentümer, Sebastianstr. 15a

Hausvogteiplatz-Bezirk
am 14. Juni in der Friedrichswerderschen Kirche
Friedrich Philipp Fournier, Assessor u. Buchhändler
Mieter, Hausvogteiplatz 2

Raulets Hof-Bezirk
am 13. Juni in der Friedrichswerderschen Kirche
Carl Wilhelm Friedrich, Goldarbeiter
Eigentümer, Alte Leipziger Str. 18

Kurstraßen-Bezirk
am 12. Juni in der Friedrichswerderschen Kirche
Johann Friedrich Ludwig Gelpke, Bankier
Mieter, Alte Leipziger Str. 15

Bauakademie-Bezirk
am 13. Juni in der Böhmischen Kirche
Gustav Eduard Gleich, Tabakshändler
Mieter, Friedrichstr. 47

Rittergassen-Bezirk
am 13. Juni in der Nikolaikirche
Anton Hochhaus, Gastwirt
Eigentümer, Roßstr. 5

Kammergerichts-Bezirk
am 14. Juni in der Jerusalemskirche
Karl Friedrich Reiff, Sattlermeister
Eigentümer, Lindenstr. 83

Laufgassen-Bezirk
am 14. Juni in der Sophienkirche
Johann Carl Friedrich Partsch, Schlächtermeister
Eigentümer, Steingasse 33–34

Bauhof-Bezirk
am 13. Juni in der Dorotheenstädtischen Kirche
Ferdinand Gustav Adolph Seidel, Amtmann u. Pächter des Leichenfuhrwesens
Mieter, Friedrichstr. 98

Frankfurter Tor-Bezirk
am 14. Juni in der Georgenkirche
Klaus Peter Steffens, Maschinenbaumeister
Eigentümer, Blumenstr. 37

Magazinstraßen-Bezirk
am 12. Juni in der Großen Friedrichs-Waisenhauskirche
Christian Heinrich Wittkopf, Materialwaarenhändler
Eigentümer, Frankfurter Str. 79

Die Stellvertreter von 1843

Julius Theodor Balluseck, Besitzer einer Lyoner Gold- u. Silber-Manufactur
Eigentümer, Jerusalemer Str. 19

Karl Joseph Aloysius Gilka, Kaufmann u. Destillateur
Eigentümer, Schützenstr. 9

Johann Gottlieb Karl Herrmann, Baumwollenwaarenfabrikant
Mieter, Friedrichstr. 7

Richard Julius Kunde, Apotheker
Eigentümer, Lindenstr. 86

Karl Friedrich Eduard Meyerhoff, Apotheker
Eigentümer, Leipziger Str. 74

Johann Ludwig Ferdinand Müller, Materialwaarenhändler
Mieter, Behrenstr. 1a

Heinrich Karl Ferdinand Rode, Graveur
Eigentümer, Krausenstr. 3

Karl Friedrich Wilhelm Schumann, Glasermeister
Eigentümer, Schützenstr. 72

Heinrich Friedrich Karl Voigt, Partikulier
Eigentümer, Leipziger Str. 53

Ferdinand Gustav Adolph Wasserlein, Rentier
Eigentümer, Leipziger Str. 80

Heinrich Christian Karl Würst, Kaufmann
Eigentümer, Neue Roßstr. 12

Die Stadtverordneten und Stellvertreter der Wahlen von 1844

Wiedergewählt wurden:[96]

Alexanderplatz-Bezirk
am 26. Juni in der Marienkirche
Carl Ludwig Krebs

Domkirchhof-Bezirk
am 26. Juni in der Großen Friedrichs-Waisenhauskirche
Friedrich Wilhelm Ferdinand Sametzky

Neue Grünstraßen-Bezirk
am 25. Juni in der Luisenstädtischen Kirche
Christoph David Vollgold

Auguststraßen-Bezirk
am 24. Juni in der Sophienkirche
Johann Carl Gottfried Wilhelm Stoßmeister

Neue Markt-Bezirk
am 24. Juni in der Marienkirche
Johann Heinrich Gouillemot (auch: Guilletmot)

Georgenkirch-Bezirk
am 24. Juni in der Georgenkirche
Albert Leopold Ludwig Herms

Neue Hospital-Bezirk
am 25. Juni in der Großen Friedrichs-Waisenhauskirche
Johann Andreas Herrenburger

Graue Kloster-Bezirk
am 25. Juni in der Parochialkirche
Johann Friedrich August Krause

---

96 „*Bekanntmachung*" der Gewählten des Jahres 1844 vom 3. 11. 1844 veröffentlicht in: *Spenersche Zeitung* Nr. 212 vom 10. 9. 1844. In der „*Öffentlichen Bekanntmachung*" der Bezirke und Kirchen war der Wahltermin ursprünglich auf den 17., 18., und 19. 6. 1844 angesetzt, in: *Spenersche Zeitung* Nr. 124 vom 30. 5. 1844. Der Wahltermin wurde jedoch „wegen des in diesen Tagen bereits zu erwartenden Wollmarkts-Verkehrs" auf den 24., 25. und 26. 6.1844 verlegt, in: *Spenersche Zeitung* Nr. 129 vom 5. 6. 1844. Diese Terminverlegung liegt jedoch eher in der erstmaligen Erstellung gedruckter Verzeichnisse der wahlfähigen Bürger begründet. Diese Neuerung wurde auf Vorschlag Heinrich Runges 1844 eingeführt.

Molkenmarkt-Bezirk
am 24. Juni in der Nikolaikirche
Carl August Ferdinand Haack

Breite Straßen-Bezirk
am 24. Juni in der Domkirche
August Benjamin Müller

Schindlersche Waisenhaus-Bezirk
am 25. Juni in der Böhmischen Kirche
Friedrich Wilhelm Daniel Reimann

Dreifaltigkeitskirch-Bezirk
am 26. Juni in der Dreifaltigkeitskirche
Heinrich Ferdinand Schwarz

Gipsstraßen-Bezirk
am 25. Juni in der Sophienkirche
Johann Carl Wachtler

Waisenhaus-Bezirk
am 24. Juni in der Großen Friedrichs-Waisenhauskirche
August Wilhelm Bier

Kochstraßen-Bezirk
am 26. Juni in der Jerusalemskirche
Carl Ludwig Blumenthal

Parochialkirch-Bezirk
am 24. Juni in der Parochialkirche
Christian Gottlieb Bobe

Salzhof-Bezirk
am 26. Juni in der Gertrauden-Hospitalkirche
August Otto Fähndrich

Nikolaikirch-Bezirk
am 25. Juni in der Nikolaikirche
Christian Heinrich Rettschlag

Garnisonkirch-Bezirk
am 25. Juni in der Heiliggeist-Hospitalkirche
Philipp Christian Friedrich Riese

Erste Markgrafenstraßen-Bezirk
am 25. Juni in der Jerusalemskirche
Friedrich Wilhelm Rüthnick

Gendarmenmarkt-Bezirk
am 25. Juni in der Neuen Kirche
Johann George Ludwig Schaeffer (auch: Schäffer)

Schützenplatz-Bezirk
am 24. Juni in der Georgenkirche
August Friedrich Stachow

Spittelmarkt-Bezirk
am 25. Juni in der Gertrauden-Hospitalkirche
Johann Carl George Winckelmann

Neugewählt wurden:

Erste und Zweite Schönhauser Tor-Bezirk
am 26. Juni in der Sophienkirche
Friedrich August Bergmann, Kaufmann
Mieter, Alte Schönhauser Str. 7

Wilhelmstraßen-Bezirk
am 25. Juni in der Dreifaltigkeitskirche
Johann Peter Wilhelm Biedtel, Tischlermeister
Eigentümer, Zimmerstr. 94

Domhospital-Bezirk
am 24. Juni in der Böhmischen Kirche
Wilhelm Gottfr. Braumüller, Kaufmann
Eigentümer, Zimmerstr. 35

Heiliggeiststraßen-Bezirk
am 24. Juni in der Heiliggeist-Hospitalkirche
Peter Anton Julius Bülow, Buchhändler
Mieter, Burgstr. 17

Mohrenstraßen-Bezirk
am 26. Juni in der Neuen Kirche
Carl Emil Ebart, Kaufmann
Eigentümer, Mohrenstr. 13

Friedrich-Wilhelm-Gymnasium-Bezirk
am 26. Juni in der Böhmischen Kirche
Christ. Gottl. Julius Eyffert, Zimmermeister
Eigentümer, Friedrichstr. 214

Erste und Zweite Landsberger Tor-Bezirk
am 26. Juni in der Georgenkirche
Peter Leonhardt August Hubert von der Heyden,
Wollenwaarenfabrikant
Eigentümer, Gollnowsstr. 28

Jerusalemskirch-Bezirk
am 24. Juni in der Jerusalemskirche
Ernst Wilhelm Heinrich Kühne, Gipsfabrikant
Eigentümer, Lindenstr. 63

Monbijou-Bezirk
am 26. Juni in der Domkirche
Johann Wilhelm Heinrich Leitner, Kaufmann
Mieter, Oranienburger Str. 10

Zeughaus-Bezirk
am 25. Juni in der Domkirche
Friedrich Charles Pinkert,
Commerzienrat/Hofjuwelier
Eigentümer, Jägerstr. 32

Erste und Zweite Jakobskirchhof-Bezirk
am 5. August in der Luisenstädtischen Kirche
August Ferdinand Heinrich Runge[97], Particulier
Eigentümer, Alte Jakobstr. 132

Die Stellvertreter von 1844

Carl Friedrich Albert Bade, Gutsbesitzer,
Eigentümer, Neue Königstr. 53

August Ludwig Fischer, Kaufmann
Eigentümer, Fliederstr. 12

Jacques André Esaie Guilletmot, Kaufmann
Eigentümer, Poststr. 9

Carl Ernst Wilhelm Kühne, Kaufmann
Eigentümer, Neue Grünstr. 1

Ludwig Eduard Lehmann, Kaufmann
Eigentümer, Linienstr. 114

Johann Gottlieb Lubow, Kaufmann
Eigentümer, Alexanderstr. 55

Ludwig Ferdinand Neumann, Mühlenmeister
Eigentümer, Vor dem Neuen Königstor rechts

Friedrich Philipp Traugott Dr. Püchler,
Verlagsbuchhändler
Mieter, Neu Cölln am Wasser 19

Heinrich Franz Eduard Seymer, Kaufmann u.
Inhaber einer Licht- und Seif-Fabrik
Eigentümer, Alte Schönhauser Str. 59

Carl Wilhelm Eduard Siegel, Brunnenmachermst.
Eigentümer, Monbijouplatz 2

Friedrich Gustav Alexander Stier, Baumeister u.
Professor an der Königl. Bauschule
Eigentümer, Gipsstr. 11

Carl Ludwig Urban, Mauermeister
Eigentümer, Alte Jakobstr. 117

97 Über diese Wahl siehe im Abschnitt: „*Die Kandidatur des Heinrich Runge*"; für die am 24. 6. 1844 stattgefundene Wahl wurde wegen „eingetretener Hinderungen" eine Neuwahl am 5. 8. 1844 durchgeführt, „*Offizielle Bekanntmachung*" vom 20. 7. 1844 in: *Vossische Zeitung* Nr. 171 vom 24. 7. 1844.

Die Stadtverordneten und Stellvertreter der Wahlen von 1845

Wiedergewählt wurden:[98]

Brüderstraßen-Bezirk
am 30. Juni in der Domkirche
Johann Samuel Ludwig Becker

Rosenthaler Tor-Bezirk
am 30. Juni in der Sophienkirche
Carl Friedrich Möwes (auch: Moewes)

Posthof-Bezirk
am 26. Juni in der Sophienkirche
Eduard August Bolle

Behrenstraßen-Bezirk
am 26. Juni in der Neuen Kirche
Johann Heinrich Martin Engeler

Münzstraßen-Bezirk
am 27. Juni in der Heiliggeist-Hospitalkirche
August Heinrich Sello

Prinzen Holzmarkt-Bezirk
Neuwahl am 15. Dezember 1845 in der
Luisenstädtischen Kirche[99]
Johann Friedrich Radicke

Gouvernements-Bezirk
am 26. Juni in der Parochialkirche
Robert Daniel Fabricius

Cottbusser Tor-Bezirk
am 30. Juni in der Luisenstädtischen Kirche
Friedrich Heinrich Eduard Kochhann

98 „*Bekanntmachung*" der Gewählten des Jahres 1845 vom 18. 9. 1845 veröffentlicht in: *Spenersche Zeitung* Nr. 228 vom 30. 9. 1845; „*Öffentliche Bekanntmachung*" der Bezirke und Kirchen vom 30. 5. 1845 in: *Spenersche Zeitung* Nr. 133 vom 11. 6. 1845.

99 Der „*Oeffentlichen Bekanntmachung*" vom 11. 11. 1845 zufolge hatte die am 27. 6. 1845 angesetzte Wahl für den Prinzen Holzmarkt-Bezirk „eingetretener Umstände wegen nicht hat zur Ausführung kommen können," in: *Spenersche Zeitung* Nr. 290 vom 1. Dezember 1845. Hierin befindet sich auch die Angabe des Wahltermins, die Straßen des Wahlbezirks und die üblichen Hinweise für die Wähler. Die „*Bekanntmachung*" vom 13. 1. 1846 enthält den Namen des gewählten Bürgers, in: *Spenersche Zeitung* Nr. 18 vom 22. 1. 1846.

Hallesche Tor-Bezirk
am 30. Juni in der Böhmischen Kirche
Gottfried Gabriel Reibe

Schloß-Bezirk
am 27. Juni in der Domkirche
Wilhelm Ferdinand Schauß (auch: Schauss)

Stallschreibergassen-Bezirk
am 30. Juni in der Jerusalemskirche
Carl Ludwig Seefeldt

Taubenstraßen-Bezirk
am 30. Juni in der Neuen Kirche
Carl August Vignolle

Kadettenhaus-Bezirk sowie der damit verbundene Königsbrücken-Bezirk am 26. Juni in der Großen Friedrichs-Waisenhauskirche
Bernhard Samuel Berend

Neue Schönhauser Straßen-Bezirk
am 26. Juni in der Heiliggeist-Hospitalkirche
Friedrich Wilhelm Behrendt

Post-Bezirk
am 30. Juni in der Nikolaikirche
Jacob Abraham Bernard

Dorotheenstraßen-Bezirk
am 30. Juni in der Friedrichswerderschen Kirche
August Wilhelm Friedrich Dannenberg

Landsberger Straßen-Bezirk
am 30. Juni in der Georgenkirche
Carl Ludwig Loth

Sophienkirch-Bezirk
am 27. Juni in der Sophienkirche
Carl Wilhelm Schwendy

Prenzlauer Tor-Bezirk
am 27. Juni in der Georgenkirche
Johann David Gottlieb Walter

Neugewählt wurden:

Tierarzneischul-Bezirk
am 26. Juni in der Dorotheenstädtischen Kirche
Friedrich Wilhelm Bensch,[100] Kgl. Salz-Inspector,
Mieter, Schiffbauerdamm 4

Ansbachsche Palais-Bezirk
am 27. Juni in der Böhmischen Kirche
Carl August Badstübner, Baumwollenwaaren-Fabrikant
Eigentümer, Wilhelmstr. 27

Zweite Markgrafenstraßen-Bezirk
am 26. Juni in der Böhmischen Kirche
Samuel Julius Theodor Harz, Eisen- u. Stahlwaarenhändler
Eigentümer, Markgrafenstr. 73

Neue Tor-Bezirk
am 30. Juni in der Dorotheenstädtischen Kirche
Carl Friedrich Franz Colberg, Rentier
Mieter, Luisenstr. 4a

Leipziger Platz-Bezirk, Leipziger Platz-Bezirk A und Leipziger Platz-Bezirk B
Neuwahl am 18. August in der Dreifaltigkeitskirche
Christoph Friedrich Martin Francke[101], Rentier
Eigentümer, Leipziger Platz 4

Schlesische Tor-Bezirk A und Schlesische Tor-Bezirk B
am 26. Juni in der Luisenstädtischen Kirche
Heinrich Ludwig Goldschmidt, Kattundruckerei-Besitzer
Eigentümer, Köpenicker Str. 24

Rathaus- und Kleine Jüdenhof-Bezirk
am 27. Juni in der Nikolaikirche
Friedrich Wilhelm Julius Holbein, Bildhauer u. akademischer Künstler
Mieter, Neue Friedrichstr. 39

Unterbaum-Bezirk
am 27. Juni in der Dorotheenstädtischen Kirche
Ferdinand Peter Joseph Mertens, Privatbaumeister
Mieter, Marienstr. 20

100 Bensch wurde „dagegen auf sein Ansuchen von der Uebernahme dieses Amtes dispensiert." *Bekanntmachung* vom 13. 1. 1846 in: *Spenersche Zeitung* Nr. 18 vom 22. 1. 1846. – Ersetzt durch: Neuwahl am 15. 12. 1845 in der Dorotheenstädtischen Kirche, *Ludwig August Wilhelm Caspar*, Zimmermeister, Eigentümer, Karlstr. 22.

101 Der *„Oeffentlichen Bekanntmachung"* vom 30. 7. 1845 zufolge hatte „das Resultat" der am 27. 6. 1845 angesetzten Wahl für den Ersten Leipziger Platz-Bezirk und beide Abteilungen des Zweiten Leipziger Platz-Bezirks A und B „als ein sicheres und zuverlässiges nicht erachtet werden können" und daher ein „anderweitiger Wahltermin" auf den 18. 8. 1845 angeraumt werden müssen, in: *Spenersche Zeitung* Nr. 188 vom 14. August 1845. Hierin befindet sich die Aufforderung zur Teilnahme an der Wahl, der Wahltermin, die Straßen des Wahlbezirks und die üblichen Hinweise für die Wähler.

Prenzlauer Straßen-Bezirk
am 26. Juni in der Georgenkirche
Carl Heinrich Miether, Destillateur
Eigentümer, Prenzlauer Str. 8

Holzmarktstraßen-Bezirk
am 30. Juni in der Großen Friedrichs-Waisenhauskirche
Ludwig Ferdinand Rawengel, Materialwaarenhändler
Mieter, Rosengasse 24

Marienkirch-Bezirk
am 30. Juni in der Marienkirche
Carl Gustav Rohrbeck, Destillateur
Eigentümer, Klosterstr. 3

Dorotheenstädtische Kirch-Bezirk
am 27. Juni in der Friedrichswerderschen Kirche
Julius Eduard Schacht, Apotheker
Eigentümer, Mittelstr. 56

Insel-Bezirk
am 26. Juni in der Nikolaikirche
Johann Carl Schauer, Kunst- u. Stickmuster-Verlagshändler
Mieter, Fischerbrücke 21

Pariser Platz-Bezirk
am 26. Juni in der Dreifaltigkeitskirche
Carl August Heinrich Sommer, Zimmermeister
Eigentümer, Pariser Platz 6

Hohe Steinweg-Bezirk
am 27. Juni in der Marienkirche
Dr. Carl Friedrich Heinrich Straß[102], Königl. Kreis-Justiz-Rat und Justiz-Commissarius
Eigentümer, Bischofsstr. 6–7

Die Stellvertreter von 1845

Johann Ludwig Urban Blesson[103], Königlicher Major a. D., Eigentümer, Unter den Linden 17

Wilhelm August Ludwig Caspar, Zimmermeister
Eigentümer, Karlstr. 22

Johann Friedrich Kitzing, Weinhändler
Eigentümer, Johannisstr. 3a

Franz Krüger, Königl. Professor und Hofmaler
Eigentümer, Behrenstr. 63

Friedrich Wilhelm Kühl, Rentier
Eigentümer, Königstr. 37

Heinrich Wilhelm Julius Mappes, Maurermeister
Eigentümer, Alexandrinenstr. 6

Andreas Carl Wilhelm Mertens, Rentier
Eigentümer, Schöneberger Str. 3

Friedrich Nitze, Kaufmann u. Weinhändler
Mieter, Schloßplatz 7–8

Gustav Raasch, Materialwaaren-Händler
Eigentümer, Jüdenstr. 43–44

Ludwig Heinrich Stegmüller, Rentier
Eigentümer, Rosenthaler Str. 13

Friedrich Wilhelm Weisse, Materialwarenhändler
Eigentümer, Dresdener Str. 83

Friedrich Julius Albert Boetzow, Gutsbesitzer
Eigentümer, Vor dem Prenzlauer Tor links

---

102 Im Jahre 1847 ersetzt durch: *Andreas Carl Wilhelm Mertens*, Rentier, Eigentümer, Schöneberger Str. 3.

103 In der *Spenersche(n) Zeitung* Nr. 228 vom 30. 9. 1845 ist die Adresse mit: Unter den Linden 18 angegeben.

Die Stadtverordneten und Stellvertreter der Wahlen von 1846

Wiedergewählt wurden:[104]

Ecole de Charité-Bezirk
am 16. Juni in der Neuen Kirche
Johann Andreas Fasquel sen.

Schickler-Bezirk
am 15. Juni in der Gertrauden-Hospitalkirche
Johann Heinrich Wilhelm Holfelder

Französische Straßen-Bezirk
am 15. Juni in der Neuen Kirche
Carl Friedrich Wilhelm Duncker sen.

Erste Charlottenstraßen-Bezirk
am 15. Juni in der Böhmischen Kirche
Adolph Wilhelm Hayn

Belle Alliance Platz-Bezirk
am 17. Juni in der Jerusalemskirche
Johann Heinrich Christoph Verdrieß

Schinkenbrücken-Bezirk
am 17. Juni in der Neuen Kirche
Wilhelm Gottfried Günther

Städtekassen-Bezirk
am 17. Juni in der Dreifaltigkeitskirche
Friedrich Ludwig Wilhelm Gründler

Böhmische Kirch-Bezirk
am 17. Juni in der Böhmischen Kirche
Florenz Jacob Leopold Keßler

Ratsholzmarkt-Bezirk
am 17. Juni in der Großen Friedrichs-Waisenhauskirche
Christoph Friedrich Carl Krause

Zweite Charlottenstraßen-Bezirk
am 16. Juni in der Dreifaltigkeitskirche
Johann Peter Petsch

Luisenstädtische Kirch-Bezirk
am 15. Juni in der Luisenstädtischen Kirche
Friedrich Wilhelm Hoffmann, Hofedelsteinschleifer
Eigentümer, Alte Jakobstr. 77

Hausvogteiplatz-Bezirk
am 17. Juni in der Friedrichswerderschen Kirche
Friedrich Philipp Fournier

Raulets Hof-Bezirk
am 16. Juni in der Friedrichswerderschen Kirche
Carl Wilhelm Friedrich

Bauakademie-Bezirk
am 16. Juni in der Böhmischen Kirche
Gustav Eduard Gleich

Laufgassen-Bezirk
am 17. Juni in der Sophienkirche
Johann Carl Friedrich Partsch

Bauhof-Bezirk
am 17. Juni in der Dorotheenstädtischen Kirche
Ferdinand Gustav Adolph Seidel

Frankfurter Tor-Bezirk
am 17. Juni in der Georgenkirche
Claus Peter Steffens

Magazinstraßen-Bezirk
am 15. Juni in der Großen Friedrichs-Waisenhauskirche
Christian Heinrich Wittkopf

Neugewählt wurden:

Cöllnische Fischmarkt-Bezirk
am 17. Juni in der Nikolaikirche
Carl Ludwig Barth, Kaufmann
Eigentümer, Cöllnische Fischmarkt 5

Brunnenstraßen-Bezirk
am 15. Juni in der Elisabethkirche
Franz Carl Heinrich Bohnhoff, Kaufmann
Eigentümer, Hinter dem Wollankschen Weinberg

Kurstraßen-Bezirk
am 15. Juni in der Friedrichswerderschen Kirche
Carl Albert Emil Buckatz, bisheriger Bezirksvorsteher u. Tuchhändler
Eigentümer, Kurstr. 37

Landsberger Tor-Bezirk
am 16. Juni in der Georgenkirche
Heinrich Julius Dreher, Materialwaarenhändler
Mieter, Büschingstr. 17

Neue Georgenkirchhof-Bezirk
am 15 Juni in der Georgenkirche
Friedrich Wilhelm Friebel, bisheriger Bezirksvorsteher, Kunstgärtner
Eigentümer, Weberstr. 19

---

104 „*Bekanntmachung*" der gewählten Bürger des Jahres 1846 vom 28. 7. 1846 veröffentlicht in: *Spenersche Zeitung* Nr. 185 vom 11. 8. 1846; „*Öffentliche Bekanntmachung*" der Bezirke und Kirchen vom 26. 5. 1846 in: *Spenersche Zeitung* Nr. 125 vom 2. 6. 1846.

Erster und Zweiter Bergstraßen-Bezirk
am 16. Juni in der Elisabethkirche
Wilhelm Alexander Krafft[105], Tierarzt und Scharfrichterei-Pächter
Eigentümer, Chausseestr. 32c

Dönhoffsche Platz-Bezirk
am 16. Juni in der Gertrauden-Hospitalkirche
George Friedrich Krug, Kaufmann
Eigentümer, Krausenstr. 41

Landschafts-Bezirk
am 15. Juni in der Marienkirche
Joel Wolff Meyer, Kaufmann, Seidenfabrikant u. Geh. Commerzienrat
Eigentümer, Spandauer Str. 63

Hamburger Tor-Bezirk
am 15. Juni in der Sophienkirche
Carl Ferdinand Alexander Müller, Seidenwirkermeister
Eigentümer, Waldemarstr. 15

Ordenspalais-Bezirk
am 15. Juni in der Dreifaltigkeitskirche
George Ernst Reimer, Buchhändler
Eigentümer, Wilhelmstr. 73

Rittergassen-Bezirk
am 16. Juni in der Nikolaikirche
Ernst Friedrich Eduard Remin, bisheriger Bezirksvorsteher u. Destillateur
Eigentümer, Roßstr. 21

Akademie-Bezirk
am 16. Juni in der Dorotheenstädtischen Kirche
Carl Friedrich Wilhelm Saust, Gasthofbesitzer
Eigentümer, Unter den Linden 39

Dresdener Straßen-Bezirk
am 16. Juni in der Luistädtischen Kirche
Jacob Friedrich Wilhelm Schmidt, bisheriger Bezirksvorsteher u. Lohgerbermeister
Eigentümer, Neue Jakobstr. 9

Neue Roßstraßen-Bezirk
am 17. Juni in der Luisenstädtischen Kirche
Julius Wilhelm Eduard Schneider, Landschaftsmaler, Miteigentümer, Neue Roßstr. 14

Kammergerichts-Bezirk
am 16. Juni in der Jerusalemskirche
Carl Friedrich Wilhelm Schuster, Kaufmann
Eigentümer, Lindenstr. 85

Hackscher Markt-Bezirk
am 16. Juni in der Sophienkirche
Moritz Veit, Buchhändler u. Dr. philos.
Mieter, Neue Promenade 10

Die Stellvertreter von 1846

Carl Ludwig Braun, Tuchmachermeister
Eigentümer, Linienstr. 88

Etienne Francois August d Heureuse, Fabrikant
Eigentümer, Frankfurter Str. 103

Johann Gottfried David Francke, Holzhändler
Eigentümer, Mühlenstr. 40

Johann Wilhelm Wegener (auch: Wegner), Kaufmann, Eigentümer, Alte Leipziger Str. 15

Gottfried Eduard Haack, Tuchfabrikant
Mieter, Neue Roßstr. 14

Friedrich Ludwig Samuel Fischer, Brau- u. Branntweinbrennereibesitzer
Eigentümer, Grünstr. 26

Carl Friedrich Wilhelm Schumann, Glasermeister
Eigentümer, Schützenstr. 72

Johann Christian Friedrich Hoffmann, Kaufmann
Eigentümer, Rosenthaler Str. 41

Ludwig Wilhelm Eduard Eccardt, Kaufmann
Eigentümer, Jerusalemer Str. 10

Martin Friedrich Bolle, Bezirksvorsteher u. Destillateur, Eigentümer, Französische Str. 46

Philipp Leopold Kahle, Geh. Oberregierungsrat
Eigentümer, Schützenstr. 7

Christoph Wilhelm Oehme, Bezirksvorsteher u. Kaufmann, Eigentümer, Spandauer Str. 74

---

105 Da Krafft 1846 als neugewählt aufgeführt wird, kann davon ausgegangen werden, daß seine Erstwahl im Jahre 1840 nicht anerkannt wurde.

Die Stadtverordneten und Stellvertreter der Wahlen von 1847

Wiedergewählt wurden: [106]

Alexanderplatz-Bezirk
am 16. Juni in der Marienkirche
Carl Ludwig Krebs

Georgenkirch-Bezirk
am 14. Juni in der Georgenkirche
Albert Leopold Ludwig Herms

Neue Hospital-Bezirk
am 15. Juni in der Großen Friedrichs-Waisenhauskirche
Johann Andreas Herrenburger

Breite Straßen-Bezirk
am 14. Juni in der Domkirche
August Benjamin Müller

Wilhelmstraßen-Bezirk
am 15. Juni in der Böhmischen Kirche
Friedrich Wilhelm Daniel Reimann

Gipsstraßen-Bezirk
am 15. Juni in der Sophienkirche
Johann Carl Wachtler

Salzhof-Bezirk
am 16. Juni in der Gertrauden-Hospitalkirche
August Otto Fähndrich

Garnisonkirch-Bezirk
am 15. Juni in der Heiliggeist-Hospitalkirche
Philipp Christian Friedrich Riese

Erste Markgrafenstraßen-Bezirk
am 15. Juni in der Jerusalemskirche
Friedrich Wilhelm Rüthnick

Gendarmenmarkt-Bezirk
am 15. Juni in der Neuen Kirche
Johann George Ludwig Schaeffer

Schützenplatz-Bezirk
am 15. Juni in der Georgenkirche
August Friedrich Stachow

Spittelmarkt-Bezirk
am 15. Juni in der Gertrauden-Hospitalkirche
Johann Carl George Winckelmann

Zeughaus-Bezirk
am 15. Juni in der Domkirche
Friedrich Pinckert

Zimmerstraßen-Bezirk
am 14. Juni in der Böhmischen Kirche
Wilhelm Gottfried Braumüller

Büschingplatz-Bezirk
am 16. Juni in der Georgenkirche
Peter Leonhard August Hubert von der Heyden

Mohrenstraßen-Bezirk
am 16. Juni in der Neuen Kirche
Carl Emil Ebart

Molkenmarkt-Bezirk
am 14. Juni in der Nikolaikirche
Wilhelm Gottfried Sehlmacher, Fabrikant
Eigentümer, Stralauer Str. 39

Neugewählt wurden:

Jerusalemskirch-Bezirk
am 14. Juni in der Jerusalemskirche
Julius Berends, Buchdruckereibesitzer
Mieter, Orangenstr. 103

Leipziger Platz Nr. 49 und Leipziger Platz Nr. 49 A Bezirk
am 15. Juni in der Dreifaltigkeitskirche
Simon Pierre Devaranne (auch: Siméon), Fabrikbesitzer und academischer Künstler
Eigentümer, Zimmerstr. 91

Erste und Zweite Schönhauser Tor-Bezirk
am 16. Juni in der Sophienkirche
Ernst Friedrich Wilhelm Dumann, Apothekenbesitzer
Eigentümer, Dragoner Str. 6a

Friedrich-Wilhelm-Gymnasium-Bezirk
am 16. Juni in der Böhmischen Kirche
Carl Hermann Th. Falkenberg, Rentier
Eigentümer, Kommandantenstr. 80

Graue Kloster-Bezirk
am 14. Juni in der Parochialkirche
Carl Friedrich August Glaue, Fabrikant
Mieter, Klosterstr. 68

---

106 LAB, Rep. 00-02/1, Nr. 131, Bd. 12, *Verzeichnis der Gewählten vom 22. 6. 1847*, nicht foliiert; „*Bekanntmachung*" der Gewählten des Jahres 1847 vom 1. 9. 1847 veröffentlicht in: *Spenersche Zeitung* Nr. 208 vom 7. 9. 1847; „*Öffentliche Bekanntmachung*" der Wahlbezirke und Kirchen vom 18. 5. 1847 in: *Spenersche Zeitung* Nr. 119 vom 26. 5. 1847.

Heiliggeiststraßen-Bezirk
am 14. Juni in der Heiliggeist-Hospitalkirche
Carl Heymann, Buchhändler u. Commerzienrat
Mieter, Heilige Geiststr. 7

Nikolaikirch-Bezirk
am 15. Juni in der Nikolaikirche
Carl Heinrich Herrlich, Kaufmann
Eigentümer, Poststr. 13

Alte Jakobstraßen-Bezirk
am 16. Juni in der Luisenstädtischen Kirche
Heinrich Wilhelm Julius Mappes, Maurermeister
Mieter, Kommandantenstr. 27

Monbijou-Bezirk
am 16. Juni in der Domkirche
Moritz Meyer, Kaufmann
Eigentümer, Monbijouplatz 4

Erste und Zweite Jakobskirchhof-Bezirk
am 14. Juni in der Luisenstädtischen Kirche
Ludwig Gottlieb Carl Nauwerck, Dr. phil. u. Privatdozent, Mieter, Ritterstr. 45

Kochstraßen-Bezirk
am 16. Juni in der Jerusalemskirche
Dr. Friedrich Ludwig George von Raumer, Königl. Geh. Regierungsrat und Professor
Eigentümer, Kochstr. 67

Neue Grünstraßen-Bezirk
am 15. Juni in der Luisenstädtischen Kirche
David Gustav Franz Vollgold jun., Fabrikbesitzer
Mieter, Kommandantenstr. 14

Waisenhaus-Bezirk
am 14. Juni in der Großen Friedrichs-Waisenhauskirche
Johann Christian Werthmann, Färbereibesitzer
Eigentümer, Stralauer Str. 49

Auguststraßen-Bezirk
am 14. Juni in der Sophienkirche
Johann Carl Friedrich Wolborg, Kaufmann
Eigentümer, Auguststr. 70

Dreifaltigkeitskirch-Bezirk
am 16. Juni in der Dreifaltigkeitskirche
Johann Heinrich Wunsch, Buchbindermeister
Eigentümer, Große Friedrichstr. 189

Neue Markt-Bezirk
am 14. Juni in der Marienkirche
Eduard Wilhelm Blell, Apotheker
Eigentümer, Neue Markt 14

Vereinigte Kaiserstraßen- und Domkirchhof-Bezirk
am 16. Juni in der Großen Friedrichs-Waisenhauskirche
Hans Carl Döllen, Kaufmann
Eigentümer, Kaiserstr. 25

Die Stellvertreter von 1847

August Ludwig Dietrich, Bäckermeister
Mieter, Alte Schönhauser Str. 12

Christoph David Vollgold sen., Kaufmann u. Fabrikbesitzer
Eigentümer, Kommandantenstr. 14

Dr. phil. George Wilhelm Heinrich Häring, Buchhändler
Eigentümer, Wilhelmstr. 97

Ludwig Ferdinand Neumann, Mühlenbesitzer
Eigentümer, Vor dem Neuen Königstor 5

Johann Adolph Ludwig Bock, Destillateur
Eigentümer, Stralauer Str. 54

Christian Gottlieb Julius Eyffert, Zimmermeister
Eigentümer, Große Friedrichstr. 214

August Friedrich Dinglinger, Kaufmann u. Fabrikbesitzer
Eigentümer, Spittelbrücke 18

August Wilhelm Stödtner, Ratszimmermeister
Eigentümer, Linienstr. 146

Friedrich Ludwig August Will, Buchbindermeister
Eigentümer, Jerusalemer Str. 6

Saul Levin Beschütz, Kaufmann u. Tabaksfabrikant
Eigentümer, Heilige Geiststr. 21

Esaias Friedrich Neumann, Kaufmann
Eigentümer, Stralauer Str. 26

Friedrich Joseph Jaques, Bankier
Eigentümer, Oberwallstr. 3

Die Stadtverordneten und Stellvertreter der Wahlen von 1848

Wiedergewählt wurden:[107]

Alexanderplatz-Bezirk
am 16. Mai in der Klosterkirche
Carl Ludwig Krebs, Bäckermeister
Eigentümer, Alexanderstraße 60

Rosenthaler Tor-Bezirk
am 18. Mai in der Garnisonkirche
Carl Friedrich Möwes (auch: Moewes), Rentier
Mieter, Linienstraße 69

Französische Straßen-Bezirk
am 16. Mai in der Neuen Kirche
Carl Friedrich Wilhelm Duncker sen.,
Buchhändler u. Commerzienrat
Mieter, Französische Straße 20a

Erster Charlottenstraßen-Bezirk
am 20. Mai in der Neuen Kirche
Adolph Wilhelm Hayn,
Buchdruckereibesitzer/Buchhändler
Eigentümer, Zimmerstraße 29

Neue Hospital-Bezirk
am 16. Mai in der Großen Friedrichs-Waisenhauskirche
Johann Andreas Herrenburger, Maurermeister
Eigentümer, Neu Cölln a.W. 25

Belle Alliance Platz-Bezirk
am 19. Mai in der Jerusalemskirche
Johann Friedrich Heinrich Christoph Verdrieß,
Schlächtermeister
Eigentümer, Friedrichstraße 251

Kadettenhaus- und Königsbrücken-Bezirk
am 15. Mai in der Parochialkirche
Bernhard Samuel Berend II, Commerzienrat,
Zuckersiedereibesitzer
Eigentümer, Neue Friedrichstraße 9/10

Stadtgerichts-Bezirk
am 15. Mai in der Nikolaikirche
Robert Daniel Fabricius, Kaufmann
Eigentümer, Jüdenstraße 55

Salzhof-Bezirk
am 15. Mai in der Französischen Kirche in der Kommandantenstraße
August Otto Fähndrich, Kaufmann
Eigentümer, Wallstraße 16

Cottbusser Tor-Bezirk
am 20. Mai in der Luisenstädtischen Kirche
Friedrich Heinrich Eduard Kochhann,
Bäckermeister
Eigentümer, Dresdener Straße 34

Garnisonkirch-Bezirk
am 15. Mai in der Heiliggeist-Hospitalkirche
Philipp Christian Friedrich Riese, Destillateur
Eigentümer, Neue Friedrichstraße 42

Gendarmenmarkt-Bezirk
am 15. Mai in der Neuen Kirche
Johann George Ludwig Schaeffer (auch: Schäffer), Weinhändler
Mieter, Jägerstraße 54

Spittelmarkt-Bezirk
am 20. Mai in der Gertraudenkirche
Johann Carl George Winckelmann, Hof-Steindruckereibesitzer
Eigentümer, Spittelmarkt 14

Leipziger Platz-Bezirk
am 19. Mai in der Mathäikirche
Johann Friedrich Jacob Blancke,
Ratszimmermeister
Eigentümer, Leipziger Straße 110–111

Zimmerstraßen-Bezirk
am 15. Mai in der Jerusalemskirche
Wilhelm Gottfried Braumüller, Kaufmann
Eigentümer, Zimmerstraße

Hausvogteiplatz-Bezirk
am 19. Mai in der Friedrichswerderschen Kirche
Friedrich Philipp Fournier, Assessor u. Buchhändler
Eigentümer, Hausvogteiplatz 2

Molkenmarkt-Bezirk
am 18. Mai in der Nikolaikirche
Wilhelm Gottfried Sehlmacher, Fabrikant
Mieter, Stralauer Straße 39

Bauhof-Bezirk
am 19. Mai in der Dorotheenstädtischen Kirche
Ferdinand Gustav Adolph Seidel, Pächter des Leichenfuhrwesens, Amtmann
Eigentümer, Friedrichstraße 98

---

107 LAB, Rep. 00-02/1, Nr. 131, Bd. 12, „*Verzeichnis der am 15., 16., 18., 19. und 20. Mai resp. wieder und neu gewählten Stadtverordneten und Stellvertreter*" (gedruckt), nicht foliiert; *A. a. O.*, „*Tableau zur Wahl der Stadtverordneten und Stellvertreter pro 1848, Berlin, Mai 1848*" (gedruckt), nicht foliiert; es enthält die Namen der Bezirke und Kirchen zur Wahl von 1848. Obiges „*Tableau*" erschien als Beilage in: *Spenersche Zeitung* Nr. 99 vom 27. 4. 1848.

Prenzlauer Tor-Bezirk
am 20. Mai in der Garnisonkirche
Johann David Gottlieb Walter, Glasermeister
Eigentümer, Linienstraße 34

Brunnenstraßen-Bezirk
am 19. Mai in der Elisabethkirche
Franz Carl Heinrich Bohnhoff, Kaufmann
Eigentümer, Hinter dem Wollankschen Weinberg

Neue Markt-Bezirk
am 18. Mai in der Marienkirche
Wilhelm Eduard Blell, Apothekenbesitzer
Eigentümer, Neue Markt 14

Tierarzneischul-Bezirk
am 15. Mai in der Invalidenhauskirche
Wilhelm August Ludwig Caspar, Zimmermeister
Eigentümer, Carlstraße 22

Luisenstädtische Kirch-Bezirk
am 16. Mai in der Luisenstädtischen Kirche
Friedrich Wilhelm Alexander Ebel, Zimmermeister
Eigentümer, Sebastianstraße 17

Leipziger Straßen-Bezirk
am 19. Mai in der Dreifaltigkeitskirche
Ernst Eduard Heyl, Kaufmann
Eigentümer, Leipziger Straße 75

Heilige Geiststraßen-Bezirk
am 15. Mai in der Marienkirche
Carl Heymann, Buchhändler u. Commerzienrat
Mieter, Heilige Geiststraße 7

Rathaus- und Kleine Jüdenhof-Bezirk
am 16. Mai in der Nikolaikirche
Friedrich Wilhelm Julius Holbein, Bildhauer u. akademischer Künstler
Mieter, Neue Friedrichstraße 39

Erste Bergstraßen u. Zweite Bergstraßen-Bezirk
am 20. Mai in der Elisabethkirche
Wilhelm Alexander Krafft, Tierarzt u. Scharfrichtereipächter
Eigentümer, Chausseestraße 32c

Hamburger Tor-Bezirk
am 15. Mai in der Elisabethkirche
Carl Ferdinand Alexander Müller II, Seidenwirkermeister
Eigentümer, Waldemarstraße 15

Kochstraßen-Bezirk
am 20. Mai in der Böhmischen Kirche
Dr. Friedrich Ludwig George von Raumer, Geh. Regierungsrat u. Professor
Eigentümer, Kochstraße 67

Hohe Steinweg-Bezirk
am 19. Mai in der Marienkirche
Carl Ernst Gottfried Reetz, Kaufmann
Eigentümer, Hohe Steinweg 9

Wilhelmsplatz-Bezirk
am 16. Mai in der Dreifaltigkeitskirche
George Ernst Reimer, Buchhändler
Eigentümer, Wilhelmstraße 73

Neue Roßstraßen-Bezirk
am 18. Mai in der Parochialkirche
Julius Wilhelm Eduard Schneider, Landschaftsmaler
Eigentümer, Neue Roßstraße 14

Pariser Platz-Bezirk
am 15. Mai in der Dorotheenstädtischen Kirche
Carl August Heinrich Sommer, Zimmermeister
Eigentümer, Pariser Platz 6

Hacksche Markt-Bezirk
am 16. Mai in der Garnisonkirche
Dr. phil. Moritz Veit, Buchhändler
Mieter, Neue Promenade 10

Neugewählt wurden:

Jerusalemsstraßen-Bezirk
am 18. Mai in der Gertraudenkirche
Christian Ludwig Asche, Kaufmann
Mieter, Leipziger Straße 47

Prenzlauer Straßen-Bezirk
am 15. Mai in der Klosterkirche
Franz Adolph Ferd. Barth, Destillateur
Eigentümer, Prenzlauer Straße 37

Magazinstraßen-Bezirk
am 19. Mai in der Klosterkirche
Carl Friedrich Wilhelm Behm, Apothekenbesitzer
Eigentümer, Frankfurter Straße 52

Neue Georgenkirchhof-Bezirk
am 20. Mai in der Georgenkirche
Edmund Herrmann Berein, Materialwarenhändler
Mieter, Weberstraße 52

Post-Bezirk
am 20. Mai in der Nikolaikirche
Carl Ernst Friedrich Ferdinand Beyrich, Apothekenbesitzer
Eigentümer, Poststraße 4

Böhmische Kirch-Bezirk
am 18. Mai in der Böhmischen Kirche
Friedrich Bock, pens. prinzl. Cab. Secret.
Eigentümer, Friedrichstraße 56

Brüderstraßen-Bezirk
am 15. Mai in der Domkirche
George Heinr. August Bröcker, Kaufmann
Mieter, Brüderstraße 19 u. Scharrenstraße 9a

Erste Jakobskirchhof- und Zweite Jakobskirchhof-Bezirk
am 15. Mai in der Luisenstädtischen Kirche
Carl Friedrich Franz Ebel, Posamentierwarenfabrikant
Eigentümer, Alte Jakobstraße 35

Wilhelmstraßen-Bezirk
am 19. Mai in der Böhmischen Kirche
Christian Friedrich Elsholtz, Tischlermeister
Mieter, Wilhelmstraße 133

Erste Frankfurter Tor- und Zweite Frankfurter Tor-Bezirk
am 20. Mai in der Parochialkirche
Alexander Christian Ludolph Joachim Elster, Kaufmann
Eigentümer, Große Frankfurter Straße 124

Landsberger Straßen-Bezirk
am 19. Mai in der Georgenkirche
Friedr. Heinr. Christian Engel, Tabakfabrikant
Eigentümer, Landsberger Straße 36

Landsberger Tor-Bezirk
am 18. Mai in der Georgenkirche
Gustav Theodor Fuhrmann, Gasthofbesitzer
Eigentümer, Vor dem Landsberger Tor

Dreifaltigkeitskirch-Bezirk
am 20. Mai in der Dreifaltigkeitskirche
George Christian Funck, Rentier
Eigentümer, Mauerstraße 62

Insel-Bezirk
am 15. Mai in der Friedrichswerderschen Kirche
Herrmann Martin Ludwig Gärtner, Commissionswarenhändler
Mieter, Fischerbrücke 26

Erste Schlesische Tor- und Zweite Schlesische Tor-Bezirk
am 18. Mai in der Luisenstädtischen Kirche
Dietrich Wilhelm Grüne, Färbereibesitzer
Eigentümer, Köpenicker Straße 18

Mohrenstraßen-Bezirk
am 15. Mai in der Dreifaltigkeitskirche
Dr. Heinrich Rudolph Hermann Friedrich Gneist, Königl. Professor
Mieter, Mohrenstraße 16

Schloß-Bezirk[108]
am 17. Juli in der Domkirche
Jacques Gandschau, Kaufmann
(ohne Angabe), Schloßfreiheit 7

Potsdamer Straßen- und Anhaltischer Tor-Bezirk
am 9. Juni in der Mathäikirche
Ludw. Franz Gustav Haßlinger, Fabrikbesitzer
Eigentümer, Köthener Straße 37a

Neue Tor-Bezirk
am 16. Mai in der Invalidenhauskirche
Carl Gottfried Heinr. Hertwig, Dr. med. u. Professor
Eigentümer, Luisenstraße 56

Zweiter Charlottenstraßen-Bezirk
am 18. Mai in der Dreifaltigkeitskirche
Carl Constantin Heudtlaß, Hotelbesitzer
Eigentümer, Leipziger Straße 36

Schickler-Bezirk
am 16. Mai in der Domkirche
Carl Ludwig Dionysius Holfelder, Kaufmann
Mieter, Grünstraße 5/6

Büschingplatz-Bezirk
am 16. Mai in der Georgenkirche
Carl August Julius Höne, Tischlermeister
Eigentümer, Waßmannstraße 30

Münzstraßen-Bezirk
am 19. Mai in der Garnisonkirche
Herrm. Andr. Wilh. Humblot, Zuckersiedereibesitzer
Eigentümer, Münzstraße 8/9

Jägerstraßen-Bezirk
am 18. Mai in der Neuen Kirche
Friedr. Wilh. Gustav Jaeckel, Tischlermeister
Eigentümer, Kanonierstraße 30

Zeughaus-Bezirk
am 20. Mai in der Friedrichswerderschen Kirche
Carl Adolph Herrmann Jonas, Buchhändler
Mieter, Werderstraße 11

---

108 LAB, Rep. 01-02, Magistrat der Stadt Berlin, Generalbüro, Nr. 2603, handschriftliche Eintragung im *Verzeichnis der Gewählten von 1848*, fol. 4. Gandschau wurde am 10. August 1848 mit der *Bestallung* versehen. Im Schloß-Bezirk war am 16. Mai der Kaufmann Wilhelm Ferdinand Schauß, Eigentümer des Hauses Am Schloßplatz 1, zum vierten Mal gewählt worden; infolge seiner „ausgesprochenen und gesetzlich begründeten Ablehnung dieses Amtes" fand dort am 17. Juli eine Neuwahl statt; vgl. „*Öffentliche Bekanntmachung*" vom 20. 6. 1848, in: *Spenersche Zeitung* Nr. 153 vom 4. 7. 1848.

Jerusalemskirch-Bezirk
am 16. Mai in der Jerusalemskirche
Julius Wilh. Burghardt Klebe, Fabrikbesitzer
Eigentümer, Lindenstraße 61

Laufgassen-Bezirk
am 20. Mai in der Sophienkirche
Carl Albrecht Ferdinand Klix,
Schokoladenfabrikant
Eigentümer, Linienstraße 61a

Landschafts-Bezirk
am 16. Mai in der Marienkirche
Martin Carl Anton Knust, Konditor
Eigentümer, Spandauer Straße 10

Georgenkirch-Bezirk
am 15. Mai in der Garnisonkirche
Johann Friedrich Ferd. Kornrumpff,
Pfropfenfabrikant
Mieter, Neue Königstraße 63

Erste Schönhauser Tor- und Zweite Schönhauser
Tor-Bezirk
am 18. Mai in der Elisabethkirche
Carl Wilhelm Krüger, Königl. Professor
Mieter, Schönhauser Allee 2

Kammergerichts-Bezirk
am 15. Mai in der Jakobikirche
George Wilh. Robert Krüger,
Commissionswarenhändler
Mieter, Lindenstraße 33

Neue Schönhauser Straßen-Bezirk
am 19. Mai in der Sophienkirche
Carl Ludwig Kuhtz, Apothekenbesitzer
Eigentümer, Neue Schönhauser Straße 10

Posthof-Bezirk
am 15. Mai in der Sophienkirche
August Ludwig Ernst Kupfer, Kaufmann
Eigentümer, Friedrichstraße 112

Anhaltstraßen-Bezirk
am 20. Mai in der Mathäikirche
Wilhelm Ludwig. Eduard La Grange,
Materialwarenhändler
Eigentümer, Wilhelmstraße 31

Raulets Hof-Bezirk
am 16. Mai in der Gertraudenkirche
Heinrich Otto Martin Lewald, Königl.
Justizkommissar
Eigentümer, Kurstraße 51

Dönhoffsche Platz-Bezirk
am 19. Mai in der Gertraudenkirche
Aug. Otto Ferdin. Adolph Lohde, Blumenfabrikant
Mieter, Leipziger Straße 53

Kaiserstraßen- und Domkirchhof-Bezirk
am 19. Mai in der Großen Friedrichs-
Waisenhauskirche
Johann Christian Lindner, Ratsmaurermeister
Eigentümer, Kaiserstraße 36a

Friedrich-Wilhelm-Gymnasium-Bezirk
am 18. Mai in der Jerusalemskirche
Carl Heinr. Ludwig Lüddecke, Rentier
Eigentümer, Friedrichstraße 14

Nikolaikirch-Bezirk
am 19. Mai in der Nikolaikirche
Carl Ernst Lüttig, Mechanikus
Mieter, Poststraße 11

Behrenstraßen-Bezirk
am 20. Mai in der Domkirche
Friedrich Martin Magnus, Bankier
Eigentümer, Behrenstraße 46

Sophienkirchen-Bezirk
am 18. Mai in der Sophienkirche
Franz Eberhard Marggraff, Schulvorsteher
Eigentümer, Sophienstraße 12

Landgerichts-Bezirk
am 16. Mai in der Böhmischen Kirche
Friedrich Wilhelm Eduard Moellinger,
Hofuhrmacher
Mieter, Zimmerstraße 88

Alte Jakobsstraßen-Bezirk
am 19. Mai in der Jakobikirche
Johann Wilhelm Moeser, Buchdruckereibesitzer
Eigentümer, Stallschreiberstraße 34

Dorotheenstraßen-Bezirk
am 18. Mai in der Dorotheenstädtischen Kirche
Adolph Benjamin Murmann, Tabakshändler
Mieter, Dorotheenstraße 17

Dorotheenstädtische Kirch-Bezirk
am 16. Mai in der Dorotheenstädtischen Kirche
August Jacob Wilhelm Palis, Seifensiedermeister
Eigentümer, Mittelstraße 14

Dresdener Straßen-Bezirk
am 19. Mai in der Luisenstädtischen Kirche
David Adam Perkuhn, Lederfabrikant
Eigentümer, Neue Jakobstraße 8

Akademie-Bezirk
am 19. Mai in der Domkirche
Johann Prince-Smith, Privatgelehrter u. Rentier
Eigentümer, Unter den Linden 26

Brückenstraßen-Bezirk
am 18. Mai in der Großen Friedrichs-
Waisenhauskirche
Heinr. Ferdin. Adalbert Radicke, Kaufmann
Eigentümer, Köpenicker Straße 106

Graue Kloster-Bezirk
am 16. Mai in der Parochialkirche
Dr. Adolph Friedr. Johann Riedel, Königl. Geh. Archivrat u. Professor
Eigentümer, Klosterstraße 76

Ratsholzmarkt-Bezirk
am 20. Mai in der Großen Friedrichs-Waisenhauskirche
Joh. Friedr. August Rindler, Mäkler
Eigentümer, Stralauer Platz 18/19

Kurstraßen-Bezirk
am 15. Mai in der Gertraudenkirche
Carl Wilhelm Röthig, Bijouteriewarenhändler
Mieter, Kurstraße 5

Erste Markgrafenstraßen-Bezirk
am 16. Mai in der Jakobikirche
Philipp Heinr. Carl Bernh. Friedr. von Rohr, Kammergerichts-Assessor
Mieter, Besselstraße 21

Taubenstraßen-Bezirk
am 19. Mai in der Neuen Kirche
Heinrich Philipp Wilhelm Rosenthal, Juwelier
Mieter, Friedrichstraße 69

Monbijou-Bezirk
am 15. Mai in der Garnisonkirche
Johann Carl Adolph Sasse, Rentier u. Direktor
Eigentümer, Große Hamburger Straße 14

Neue Grünstraßen-Bezirk
am 18. Mai in der Jakobikirche
Carl August Schiementz, Buchdruckereibesitzer
Mieter, Commandantenstraße 76

Augustraßen-Bezirk
am 16. Mai in der Sophienkirche
Dr. August Wilhelm Ferdinand Schultz, prakt. Arzt
Eigentümer, Linienstraße 127

Waisenhaus-Bezirk
am 15. Mai in der Großen Friedrichs-Waisenhauskirche
Carl Ludwig Wilhelm Schultze, Kaufmann
Eigentümer, Stralauer Straße 10

Holzmarktstraßen-Bezirk
am 19. Mai in der Parochialkirche
Johann George Carl Spatzier, Kaufmann u. Fabrikbesitzer
Eigentümer, Holzmarktstraße 53

Rittergassen-Bezirk
am 18. Mai in der Friedrichswerderschen Kirche
Julius Springer, Buchhändler
Mieter, Roßstraße 7

Cöllnische Fischmarkt-Bezirk[109]
am 17. Juli in der Friedrichswerderschen Kirche
Johann August Wilhelm Sperber, Kaufmann
(ohne Angabe), Fischerstr. 30

Alexandrinenstraßen-Bezirk
am 20. Mai in der Jakobikirche
Carl Ludwig Thür, Zimmermeister
Eigentümer, Orangenstraße 143

Hallesche Tor-Bezirk
am 20. Mai in der Jerusalemskirche
Johann Baptist Tondeur, Zimmermeister
Mieter, Belle Alliance Platz 7

Marienkirch-Bezirk
am 20. Mai in der Marienkirche
Ernst Friedrich Treue, Licht- u. Seifenfabrikant
Mieter, Klosterstraße 18

Zweiter Markgrafenstraßen-Bezirk
am 15. Mai in der Böhmischen Kirche
Carl Friedrich Alexander Rudolph Ulfert, Königl. Landgerichtsrat
Eigentümer, Markgrafenstraße 78

Schützenplatz-Bezirk
am 18. Mai in der Klosterkirche
Johann Carl Ludwig Veit, Steindruckereibesitzer u. Lithograph
Mieter, Neue Königstraße 84

Gipsstraßen-Bezirk
am 16. Mai in der Elisabethkirche
Johann Carl Wachtler, Streichenfabrikant
Eigentümer, Gipsstraße 7

Breite Straßen-Bezirk
am 18. Mai in der Domkirche
Eduard Theodor Ludwig Zimmermann, Kaufmann
Mieter, Breite Straße 28

Unterbaum-Bezirk
am 20. Mai in der Dorotheenstädtischen Kirche
Gottlob Friedrich Zoller, Hof-Schlossermeister
Eigentümer, Luisenstraße 34

109 LAB, Rep. 01-02, Magistrat der Stadt Berlin, Generalbüro, Nr. 2603, handschriftliche Eintragung über die zweite Wahl dieses Bezirks, im: „*Verzeichnis der am 15., 16., 18., 19. und 20. Mai resp. wieder und neu gewählten Stadtverordneten und Stellvertretrer*" (gedruckt), nicht foliiert.

Die Stellvertreter von 1848

Ludwig Gottlieb Carl Nauwerck, Dr. phil.
Mieter, Ritterstraße 45

Stephan Friedrich Wilhelm Jürgens, Tischlermeister
Mieter, Blumenstraße 37b

Friedrich Wilhelm Engelmann, Kaufmann
Eigentümer, Alte Schönhauser Straße 6

Johann Carl Philipp Gaillar, Buchhändler
Mieter, Orangenstraße 135

Friedrich Wilhelm Rüthnick, Töpfermeister
Eigentümer, Landsberger Straße 76

Adolph Gustav Engels, Vorsteher in der Königl. Eisengießerei u. Vergolder
Mieter, Chausseestraße 18

Ferdinand Albert Theodor Jeserich, Gasthofbesitzer
Eigentümer, Neue Königstraße 80

Christian Wilhelm Julius Ebel, Riemermeister
Mieter, Wallstraße 17

Heinrich Ferdinand Graul, Wagenlackierer
Eigentümer, Leipziger Platz 10

Johann Friedrich August Windschügl, Maurermeister
Eigentümer, Elisabethstraße 46

Carl Wilhelm Seegert, Direktor des Königl. Taubstummen-Instituts,
Eigentümer, Linienstraße 83

Rudolph Felix Maximilian Appelius, Kaufmann
Eigentümer, Schiffbauerdamm 30

Friedrich Wilhelm Harnecker, Zimmermeister
Eigentümer, Weinbergsweg 4

Eduard Bartholomeus Galli, Königl. Kammergerichtsrat
Mieter, Dessauer Straße 15

Michael Ludwig Heinrich Rochlitz, Techniker für landwirtschaftliche Gewerbe
Mieter, Landsberger Straße 13

Johann Carl Heinrich Ungerer, Töpfermeister
Eigentümer, Neue Schönhauser Straße 11

Ludwig Schickendantz, Kaufmann
Eigentümer, Leipziger Straße 23

Christoph Friedrich Carl Krause, Rentier
Eigentümer, Holzmarktstraße 47/48

Johann Heinrich Adolph Köwa, Seidenwarenfabrikant
Eigentümer, Köpenicker Straße 74

Friedrich Wilhelm Franke, Rentier
Eigentümer, Charlottenstraße 86

Carl Albert Schwartz, Destillateur
Mieter, Große Frankfurter Straße 94

Gustav Rudolph Krahmann, Holzhändler
Eigentümer, Holzmarktstraße 6/7

Heinrich Daniel Ferdinand Ladendorff, Kaufmann
Eigentümer, Alexanderstraße 30

Ludwig Theodor Cläpius, Kaufmann
Mieter, Unter den Linden 24

Carl Friedrich August Gosewisch, Blumenfabrikant
Mieter, Commandantenstraße 62

Ludwig Heinrich Stegmüller, Kaufmann u. Eisenbahn-Direktor
Eigentümer, Rosenthaler Straße 13

Carl August Wendorff, Destillateur
Eigentümer, Schadowstraße 4

Friedrich Christian Winckelmann, Kaufmann
Eigentümer, Kleine Alexanderstraße 9/13

Carl Eduard Battré, Buchbindermeister
Mieter, Markgrafenstraße 94

Johann Joachim Conrad Bunkenburg, Tischlermeister
Eigentümer, Mauerstraße 86

Johann Ludwig Hyan, Commissionswarenhändler
Mieter, Prenzlauer Straße 46

Dr. Gustav Heinrich Hotho, Königl. Professor
Mieter, Monbijouplatz 10

Carl Ludwig Engel, Färbereibesitzer
Eigentümer, Neue Friedrichstraße 1

Carl Ferdinand August Titel, Ofenfabrikant,
Eigentümer, Steingasse 26

Die Stadtverordneten und Stellvertreter der Wahlen von 1849

Wiedergewählt wurden:[110]

Cottbusser Tor-Bezirk
am 27. Juni in der Luisenstädtischen Kirche
Friedrich Heinrich Eduard Kochhann

Kadettenhaus- und Königsbrücken-Bezirk
am 27. Juni in der Klosterkirche
Bernhard Samuel Berend

Bauhof-Bezirk
am 26. Juni in der Dorotheenstädtischen Kirche
Ferdinand Gustav Adolph Seidel

Neue Roßstraßen-Bezirk
am 25. Juni in der Luisenstädtischen Kirche
Julius Wilhelm Eduard Schneider

Zeughaus-Bezirk
am 27. Juni in der Friedrichswerderschen Kirche
Friedrich Charles Pinkert, Kaufmann u. Commerzienrat

Schickler-Bezirk
am 26. Juni in der Domkirche
Carl Ludwig Dionysius Holfelder

Zweite Charlottenstraßen-Bezirk
am 25. Juni in der Neuen Kirche
Carl Constantin Heudtlaß

Laufgassen-Bezirk
am 27. Juni in der Sophienkirche
Carl Albrecht Ferdinand Klix

Monbijou-Bezirk
am 25. Juni in der Sophienkirche
Johann Carl Adolph Sasse

Zweite Markgrafenstraßen-Bezirk
am 27. Juni in der Jerusalemskirche
Carl Friedrich Alexander Rudolph Ulfert

Neue Grünstraßen-Bezirk
am 26. Juni in der Jerusalemskirche
David Gustav Franz Vollgold jun.

Neugewählt wurden:

Friedrich-Wilhelm-Gymnasium-Bezirk
am 27. Juni in der Böhmischen Kirche
Friedrich August Böttcher, Ratszimmermeister
Eigentümer, Friedrichstr. 229

Brückenstraßen-Bezirk
am 26. Juni in der Luisenstädtischen Kirche
Ludwig Franz Friedrich Julius Dubitzky, Ziegeleibesitzer
Mieter, Neanderstr. 34

Tierarzneischul-Bezirk
am 27. Juni in der Dorotheenstädtischen Kirche
Gustav Adolph Dietz, Braueigner
Eigentümer, Friedrichstr. 128

Ratsholzmarkt-Bezirk
am 27. Juni in der Großen Friedrichs-Waisenhauskirche
Wilhelm August Albert Danneel, Kaufmann
Eigentümer, Lange Gasse 13–15

Pariser Platz-Bezirk
am 25. Juni in der Dorotheenstädtischen Kirche
Julius Conrad Freund, Besitzer einer Maschinenbau-Anstalt
Eigentümer, Kasernenstr. 4

Taubenstraßen-Bezirk
am 26. Juni in der Dreifaltigkeitskirche
Carl Friedrich Franz Försterling, Manufakturwarenhändler
Mieter, Taubenstr. 8

Raulets Hof-Bezirk
am 25. Juni in der Friedrichswerderschen Kirche
Ludwig Joseph Emanuel Guttentag, Buchhändler
Mieter, Unterwasserstr. 7

Anhaltstraßen-Bezirk
am 26. Juni in der Böhmischen Kirche
Karl Friedrich Ludwig Heinrich von Herford, Königl. Kammergerichts-Assessor
Mieter, Anhaltstr. 14

Hacksche Markt-Bezirk
am 25. Juni in der Garnisonkirche
Samuel Ludwig Hartmann, Lederhändler
Eigentümer, Haacksche Markt 3

Französische Straßen-Bezirk
am 25. Juni in der Dreifaltigkeitskirche
Friedrich von Kunowsky, Rentier
Mieter, Friedrichstr. 81

110 LAB, Rep. 00-02/1, Nr. 212, Bd. 13, *Verzeichnis der Gewählten vom 1. 9. 1849,* nicht foliiert. „*Bekanntmachung*" der Gewählten des Jahres 1849 vom 1. 9. 1849 veröffentlicht in: *Spenersche Zeitung* Nr. 205 vom 4. 9. 1849. Der Brunnenstraßen-Bezirk ist nicht aufgeführt. „*Öffentliche Bekanntmachung*" der Bezirke und Kirchen in: *Spenersche Zeitung* Nr. 124 vom 31. 5. 1849.

Unterbaum-Bezirk
am 27. Juni in der Invalidenhauskirche
Karl Philipp Krebs, Bäckermeister
Mieter, Marienstr. 3

Heiliggeiststraßen-Bezirk
am 25. Juni in der Marienkirche
Meyer Magnus, Kaufmann
Mieter, Burgstr. 16

Stadtgerichts-Bezirk
am 26. Juni in der Klosterkirche
Karl Ludwig Meyer, Kaufmann
Eigentümer, Jüdenstr. 54

Jerusalemskirch-Bezirk
am 25. Juni in der Jerusalemskirche
Johann Friedrich Wilhelm Pahl, Nutzholzhändler
Eigentümer, Oranienstr. 103

Böhmische Kirch-Bezirk
am 25. Juni in der Böhmischen Kirche
Johann Friedrich Sperber, Riemermeister
Eigentümer, Mauerstr. 91

Hausvogteiplatz-Bezirk
am 26. Juni in der Friedrichswerderschen Kirche
Friedrich Eduard Heinrich Timme, Kaufmann
Eigentümer, Hausvogteiplatz 5

Dreifaltigkeitskirch-Bezirk
am 27. Juni in der Dreifaltigkeitskirche
Julius Wilhelm Eduard Teichert, Stellmachermeister
Mieter, Mauerstr. 62

Neue Georgenkirchhof-Bezirk
am 26. Juni in der Georgenkirche
Carl August Teuert, Seidenwirkermeister
Mieter, Große Frankfurter Str. 39

Breite Straßen-Bezirk
am 27. Juni in der Domkirche
Carl Eduard Volkart, Kaufmann
Eigentümer, Gertraudenstr. 23

Neue Grünstraßen-Bezirk
am 26. Juni in der Jerusalemskirche
David Gustav Franz Vollgold jun., Kaufmann u. Fabrikbesitzer
Mieter, Kommandantenstr. 14

Waisenhaus-Bezirk
am 26. Juni in der Großen Friedrichs-Waisenhauskirche
Johann Wilhelm Heinrich Weidling, Kaufmann
Eigentümer, Stralauer Str. 55

Schützenplatz-Bezirk
am 25. Juni in der Georgenkirche
Ludwig Eusebius Wencke, Kaufmann
Mieter, Neue Königstr. 70

Hamburger Tor-Bezirk[111]
am 26. Juni in der Sophienkirche
Friedrich Wilhelm Vogel, Destillateur und Kaufmann
Eigentümer, Auguststr. 33

Die Stellvertreter von 1849

Erdmann Samuel Ferdinand Lange, Materialwarenhändler
Eigentümer, Große Frankfurter Str. 92

August Ferdinand Eduard Bünger, Glasermeister
Mieter, Mauerstr. 80

Carl Heinrich Eduard Knoblauch, Königl. Baurat
Eigentümer, Oranienstr. 101-102

Gustav Heinrich Hotho, Königl. Professor
Eigentümer, Monbijouplatz 10

Eugen Albert Jäckel, Ratszimmermeister
Eigentümer, Große Georgenkirchgasse 17

Carl Friedrich Wilhelm Burau, Siegellackfabrikant
Eigentümer, Alte Leipziger Str. 17

Carl Friedrich Wilhelm Eger, Holzhändler
Eigentümer, Holzmarktstr. 29–30

Jacob Kirchheim, Bankier
Mieter, Neue Friedrichstr. 21

Rudolph Felix Maximilian Appelius, Kaufmann
Eigentümer, Schiffbauerdamm 30

Friedrich August Siegling, Kaufmann
Eigentümer, Niederwallstr. 4

Johann Friedrich Wilhelm Sonntag, Apotheker
Eigentümer, Neue Roßstr. 21

Friedrich Wilhelm Tübbecke, Gasthofbesitzer
Eigentümer, Krausenstr. 57

Friedrich Christoph Daniel Reiff, Leinenwarenhändler
Mieter, Friedrichstr. 178

111 „*Bekanntmachung*" des Magistrats vom 29. 9. 1849, daß F. W. Vogel zum Stadtverordneten und A. L. Wibeau zum Stellvertreter gewählt und bestätigt wurden; veröffentlicht in: *Spenersche Zeitung* Nr. 236 vom 10. 10. 1849.

August Eduard Adolph Hausotte,
Posamentierwarenhändler
Mieter, Leipziger Str. 69

Carl Gustav Baucke, Kaufmann
Mieter, Breite Str. 31

Johann Heinrich Adolph Quewa,
Seidenwarenfabrikant
Eigentümer, Köpenicker Str. 74

Justus Friedrich Schneider, Partikulier
Eigentümer, Platz an der Bauakademie 5

Heinrich August Ferdinand Hahn, Kaufmann u.
Holzhändler
Eigentümer, Karlsstr. 24

Ferdinand Theodor Mencks, Bronce-Fabrikant
Eigentümer, Dorotheenstr. 8

Johann Wilhelm Eduard Bothe, Lithograph
Mieter, Linienstr. 52

Wilhelm Ludwig Eduard La Grange,
Materialwarenhändler
Eigentümer, Wilhelmstr. 31

Adolph Louis Wibeau, Seidenwarenfabrikant
Mieter, Waldemarstr. 15

4. Wahltermine

1809	am 18., 19., 20., 22. April
1810	am 30. April und 2. Mai
1811	am 5. und 6. Juni
1812	am 10. und 11. Juni
1813	am 28. und 29. Juli
1814	am 29. und 30. Juni
1815	am 28. und 29. Juni
1816	am 26. und 27. Juni
1817	am 18. und 19. Juni
1818	am 24., 25. und 26. Juni
1819	am 21., 23. und 25. Juni
1820	am 19., 21. und 22. Juni
1821	am 20., 21. und 23. Juni
1822	am 24., 25., 26. und 27. Juni
1823	am 23., 25. und 26. Juni
1824	am 26., 28. und 30. Juni
1825	am 27., 28. und 29. Juni
1826	am 26., 27. und 28. Juni
1827	am 25., 27. und 28. Juni
1828	am 25., 26. und 27. Juni
1829	am 15., 16. und 17. Juni
1830	am 11., 14. und 15. Juni
1831	am 13., 14. und 15. Juni
1832	am 25., 26. und 27. Juni
1833	am 25., 26. und 27. Juni
1834	am 23., 25. und 26. Juni
1835	am 23., 25. und 26. Juni
1836	am 23., 25. und 26. Juni
1837	am 27., 28. und 29. Juni
1838	am 11., 12. und 13. Juni
1839	am 10., 11. und 12. Juni
1840	am 15., 16. und 17. Juni
1841	am 14., 15. und 16. Juni
1842	am 13., 14. und 15. Juni
1843	am 12., 13. und 14. Juni
1844	am 24., 25. und 26. Juni[112]
1845	am 26., 27. und 30. Juni
1846	am 15., 16. und 17. Juni
1847	am 14., 15. und 16. Juni
1848	am 15., 16., 18., 19. und 20. Mai
1849	am 25., 26. und 27. Juni

112 Ursprünglich sollten die Wahlen am 17., 18. und 26. Juni 1844 stattfinden. Der Wahltermin wurde jedoch „wegen des in diesen Tagen bereits zu erwartenden Wollmarkts-Verkehrs" auf den 24., 25. und 26. 6. 1844 verlegt, in: *Spenersche Zeitung* Nr. 129 vom 5. 6. 1844. Diese Terminverlegung liegt jedoch eher in der erstmaligen Erstellung gedruckter Verzeichnisse der wahlfähigen Bürger begründet. Diese Neuerung wurde auf Vorschlag Heinrich Runges 1844 eingeführt.

5. Aufstellung der Stadtverordneten nach Berufen

Gewerbetreibende Stadtverordnete

Apotheker	31
Bäcker, Konditoren	31
Böttchermeister	1
Branntweinbrenner, Brauer	19
Buchdrucker, Buchbinder	13
Destillateure	17
Drechsler, Kammacher	4
Fabrikanten	88
Färbermeister	5
Gastwirte	19
Gärtner, Ackerbürger, Gutsbesitzer	15
Gerbermeister	4
Glasermeister	2
Handschuhmacher	1
Instrumentenmacher	3
Juweliere, Goldschmiedemeister	10
Kalkscheunenpächter	1
Kaufleute	254
Klempnermeister	2
Kürschner	1
Maurermeister	12
Mechaniker, Uhrmacher	4
Posamentiermeister	11
Riemermeister	2
Schlachtermeister	9
Schmiede-, Schlosser-, Gießermeister	18
Schneider	6
Schornsteinfeger	3
Schuhmachermeister, Sattlermeister	4
Seidenwirker	4
Seifensieder	10
Seilermeister	1
Steinmetzmeister	5
Stellmachermeister	1
Tabakspinnermeister	1
Tapezierer, Lackierer	2
Tischlermeister, Zimmermeister	33
Töpfermeister	2
Tuchbereiter	1
Webermeister	1
Zuckersieder	2

Nicht-gewerbetreibende Stadtverordnete

Ärzte	6
Beamte	17
Künstler	6
Lehrer	6
Militär, Polizei	9
Professoren	6
Rentiers, Partikuliers, Eigentümer	38

insgesamt	741

a) Gewerbetreibende Stadtverordnete

Apotheker
Appelius, Friedrich Adolph Heinrich (1837, 1840, 1843)[113]
Becker, Johann Samuel Ludwig (1824, 1827, 1830, 1833, 1836, 1839, 1842, 1845)
Behm, Carl Friedrich Wilhelm (1848)
Bergemann, Gottlieb W. (1809)
Bernard, Jacob Abraham (1842, 1845)
Bernard, Jacob Abraham (1830, 1833)
Beyrich, Carl Ernst Friedrich Ferdinand (1848)
Blell, Eduard Wilhelm (1847, 1848)
Bolle, Eduard August (1836, 1839, 1842, 1845)
Danneel, Wilhelm August Albert (1837)
Dumann, Ernst Friedrich Wilhelm (1847)
Friedrich, Ludwig (1828)
Günther, Wilhelm Gottfried (1837, 1840, 1843, 1846)
Hellming, Gottfried August (1810, 1813)
Jänicke, Samuel Friedrich (1823, 1826)
Koblank, Dr. David Emilius Heinrich (1825, 1828, 1831, 1834)
Koch, Anton (1820)
Koch, George Anton (1830, 1833)
Körber, Friedrich (1816)
Kuhtz, Carl Ludwig (1848)
Kunde, Emanuell Friedrich (1810, 1813)
Kunde, Julius Richard (1828, 1831, 1840)
Lezius, August Carl (1809, 1812, 1815)
Schacht, Julius Eduard (1845)
Schmeisser, Joh. Friedrich Wilhelm (1837)
Schönberg, Johann George (1810)
Schrader, Johann Christian Carl (1809, 1811, 1814)
Simon, Johann Eduard (1827, 1830, 1833)
Staberoh, Johann Heinrich Julius (1810, 1813)
Wendlandt jun., Fr. J. Jak. (1809)
Woltersdorff, Ernst Ludwig (1834, 1837, 1840)

Bäcker, Konditoren
Ackermann, Friedrich (1821, 1824, 1827)
Ballmüller, Christian Friedrich (1824)
Brederecke, Johann Friedrich (1816, 1819, 1822)
Caspar, Carl Friedrich (1811 eingerückt, 1814)
Dannenberg, Carl Ludwig (1811, 1814, 1820)
Dannenberg, Friedrich (1810)
Dietrich, August (1823, 1826, 1829, 1832)
Fasquel sen., Johann Andreas (1816, 1819, 1822, 1825, 1828, 1831, 1834, 1837, 1840, 1843, 1846)
Friese, Wilhelm Gottlob (1821)
Goltdammer, Carl August (1836, 1839)
Grube, Johann Heinrich Jacob (1809, 1811, 1814, 1817, 1820)
Heidenreich, Wilhelm Gottlieb Christ. (1829)
Herms, Albert Leopold Ludwig (1835, 1838, 1841, 1844, 1847)
Hönig, Johann Friedrich Heinrich (1810) Hofkonditor
Kanow, F. W. (1827, 1830)
Kleemann, Christian Gottfried (1819)
Knust, Martin Carl Anton (1848) Konditor
Kochhan, Johann Gottfried Carl (1818, 1821, 1824, 1827, 1830, 1833)
Kochhann, Friedrich Heinrich Eduard (1839, 1842, 1845, 1848, 1849)
Krebs, Carl Ludwig (1823, 1826, 1829, 1832, 1835, 1838, 1841, 1844, 1847, 1848)
Krebs, Karl Philipp (1849)
Mewes, George Wilhelm (1827)
Rauch, Joann Samuel (1815, 1818, 1821, 1824)
Reibe, Gottfried Gabriel (1839, 1842, 1845)
Schauß, Johann Gottlieb Ferdinand (1832, 12835, 1838, 1841) Konditor
Schramm, August Heinrich Ludwig (1824, 1827)
Schultze, August Gottlieb Benjamin (1839)
Schultze, Georg Friedrich (1814)
Seiffarth, Johann Daniel (1834, 1837, 1840, 1843)
Tackmann, Friedrich Wilhelm (1813)
Winckler, Carl Friedrich (1822, 1825)

Böttchermeister
Gräper, George Carl Wilhelm (1831, 1834, 1837, 1840)

Branntweinbrenner, Brauer[114]
Bier, August Wilhelm (1809, 1811) Braueigen
Bier, August Wilhelm (1841, 1844) Braueigen
Bolle, Carl Ludwig (1810) Branntweinbrenner
Brose, Johann Friedrich (1811, 1814, 1817) Braueigen
Conrad, Carl Friedrich (1823, 1826) Braueigen
Dietz, Friedrich Wilhelm (1837) Braueigen
Dietz, Gustav Adolph (1849) Braueigen
Haack, Ludwig (1825) Brauherr
Köhler, Chr. Fr. (1809) Branntweinbrenner
Krause, Peter Friedrich (1812, 1818, 1821, 1824, 1827, 1830, 1833) Branntweinbrenner/Destillateur
Lenke, Johann Heinrich (1820, 1823, 1826) Braueigen
Palm, Joachim Friedrich (1810) Braueigen
Reicherdt, Johann (1812, 1815) Essigbrauer
Stachow, August Friedrich (1841, 1844, 1847) Braueigner und Gutsbesitzer

113 Die in Klammern gesetzten Jahreszahlen geben die jeweiligen Wahljahre an. Die Bezeichnung „eingerückt" bedeutet, daß derjenige aus den Reihen der Stellvertreter als Stadtverordneter eingerückt ist, jedoch auch durch eine spätere Wahl ein Mandat besaß. Die 21 Stadtverordneten, die ausschließlich „eingerückt" sind, werden in dieser Aufstellung in den Anmerkungen aufgeführt.

114 Germershausen, Christian Friedrich Ludwig (1832 eingerückt) Braueigen.

Stachow, Joachim Fr. (1809, 1814) Branntweinbrenner
Teichert, August Friedrich (1809, 1810) Essigbrauer
Wegener, Gottfried (1811) Essigbrauer
Wegener, Gottfried (1821, 1824, 1827, 1830, 1833) Essigbrauer
Zimmermann, Johann Friedrich (1813) Branntweinbrenner

Buchdrucker, Buchbinder
Berends, Julius (1847) Buchdruckereibesitzer
Hayn, Adolph Wilhelm (1834, 1837, 1840, 1843, 1846, 1848) Buchdruckereibesitzer/Buchhändler
Hayn, Gottfried (1816, 1819) Buchdrucker
Mittler, Ernst Siegfried (1824, 1842) Buchdruckereibesitzer/Buchhändler
Moeser, Johann Wilhelm (1848) Buchdruckereibesitzer
Petsch, Johann Peter (1840, 1843, 1846) Buchdruckereibesitzer
Schiementz, Carl August (1848) Buchdruckereibesitzer
Schwarz, Heinrich Ferdinand (1838, 1841, 1844) Buchbinder
Späthen, Christian Friedrich Ernst (1809, 1811, 1814, 1817, 1820, 1823) Buchdrucker
Spener, Chr. Siegmund (1809) Buchdrucker
Veit, Johann Carl Ludwig (1848) Steindruckereibesitzer/Lithograph
Winckelmann, Johann Carl George (1841, 1844, 1847, 1848) Steindruckereibesitzer
Wunsch, Johann Heinrich (1847) Buchbinder

Destillateure
Baltzer, Carl Ludwig (1840)
Barth, Franz Adolph Ferdinand (1848)
Borchmann, Johann Heinrich (1816, 1819)
Claude, Benjamin (1809)
Gouillemot, Johann Heinrich (1835, 1838, 1841, 1844)
Katsch, Johann George Ferdinand (1820, 1823, 1826, 1829, 1832)
Miether, Carl Heinrich (1845)
Möwes, Carl Friedrich (1830, 1833, 1836, 1839, 1842, 1845, 1848)
Müller, Gottlieb August (1820, 1823, 1826, 1829, 1832)
Radicke, Carl Gottf. (1821, 1824, 1827, 1830, 1833)
Remin, Ernst Friedrich Eduard (1846)
Riese, Philipp Christian Friedrich (1841, 1844, 1847, 1848)
Rohrbeck, Carl Gustav (1845)
Schultze, Friedrich Ludwig (1838, 1841)
Seeger, Martin Leonhard (1811, 1814)
Seidel, Johann Gottlob (1827, 1830, 1833)
Vogel, Friedrich Wilhelm (1849)

Drechsler, Kammacher[115]
Bräutigam, Johann Friedrich (1812, 1815) Horndrechsler
Fretzdorff, Christian Ludwig (1823, 1826, 1829, 1832) Knopfmachermeister
Remmin, George Ernst (1809, 1817, 1820, 1823) Kammacher
Schüler, Christian Friedrich (1822) Knopfmachermeister

Fabrikanten[116]
Albrecht, Carl Heinrich (1819, 1822, 1825, 1843) Kupferwarenfabrikant
Anger, Johann Friedrich Wilhelm (1820, 1823) Dänisch Lederfabrikant
Badstübner, Carl August (1845) Baumwollwarenfabrikant
Bathow, Christian Friedrich (1824, 1830, 1833, 1836) Baumwollwarenfabrikant
Becherer, August Wilhelm (1838) Pergamentfabrikant
Bergemann, August Heinrich Ferdinand (1836) Seidengarnwarenfabrikant
Beutel, Heinrich David (1821) Stahlfabrikant
Däge, Johann Friedrich Ferdinand (1837, 1840, 1843) Wollwarenfabrikant
Devaranne, Simon Pierre (1847) Eisenkunstgußfabrikant
Dotti, Johann Baptist (1817, 1820) Lackwarenfabrikant
Dubitzky, Ludwig Franz Friedrich Julius (1849)
Ebel, Carl Friedrich Franz (1848) Posamentierwarenfabrikant
Ehmelick, Heinrich Wilhelm (1809, 1816, 1819) Kattunfabrikant
Engel, Friedrich Heinrich Christian (1848) Tabakfabrikant
Engel, Johann Samuel (1812) Tuchscherer, Tuchfabrikant
Engeler, Johann Heinrich Martin (1836, 1839, 1842, 1845) Bürstenfabrikant
Fauser, Christoph Friedrich (1819, 1822) Musselinfabrikant
Freund, Julius Conrad (1849) Maschinenbaufabrikant
Glaue, Carl Friedrich August (1847)
Gocht, Johann Gottfried (1842) Baumwollwarenfabrikant
Goldschmidt, Heinrich Ludwig (1845) Kattundruckereibesitzer
Gormann, Cornelius August (1837) Ofenfabrikant
Guthlitz, Friedrich (1818)
Haase, Johann Friedrich August (1834, 1837, 1840, 1843) Wattenfabrikant

---

115 Starke, Johann (1814 eingerückt) Drechsler.
116 Bauer, Johann Philipp (1815 eingerückt) Fabrikant; Geffcke, Johann August Heinrich (1826 eingerückt) Seidenfabrikant; Schaarschmidt, Johann David (1810 eingerückt) Fabrikant.

Haßlinger, Ludw. Franz Gustav (1848)
Haun, Carl August Gottlieb (1834)
Hänel, Johann Friedrich Christoph (1813)
Heintz, (1823) Schwammfabrikant
Hensel, Gottfried Ludwig (1828) Gold- u. Silberpreßwarenfabrikant u. Kaufmann
Herrmann, Johann Friedrich August (1826, 1829, 1832, 1835)
Herter, Karl Friedrich (1809, 1812, 1815)
Heese, Johann Adolph (1825) Seidenwarenfabrikant
Heyden, Peter Leonhardt August Hubert von der (1844, 1847) Wollwarenfabrikant
Hoffmann, Franz Lorenz (1811, 1814, 1817, 1820, 1823, 1826) Tabakfabrikant
Hotho, Heinrich (1826) Teppichfabrikant
Jäckel, Wilhelm (1816, 1819) Tuchfabrikant
Kaapcke, Johann Friedrich (1809) Tuchfabrikant
Kampfmeyer, Johann George Carl (1820, 1823, 1826, 1829, 1832) Lederfabrikant
Klebe, Julius Wilhelm Burghardt (1848)
Klix, Carl Albrecht Ferdinand (1848, 1849) Schokoladenfabrikant
Kornrumpff, Johann Friedrich Ferdinand (1848) Pfropfenfabrikant
Körner, Emanuel Wilhelm (1817) Wollzeugfabrikant
Kühne, Ernst Wilhelm Heinrich (1844) Gipsfabrikant
Kühne, Johann Christian (1821) Baumwollfabrikant
Kühne, Johann Peter (1809, 1811, 1814) Gipsfabrikant
Küntzel, Christian Gottlieb (1814) Wollwarenfabrikant
Leuther, Friedrich Wilhelm (1830, 1833, 1836, 1839) Seidenwarenfabrikant
Lohde, August Otto Ferdinand Adolph (1848) Blumenfabrikant
Lucas, Johann George (1810) Kattunfabrikant
Lüdemann, Carl (1829) Seidenfabrikant
Lütke, Johann Ferdinand (1823, 1826, 1829, 1832) Hutfabrikant
Martin, Johann Melchior (1831)
Metzenthin, Johann Ephraim (1826, 1829) Tuchfabrikant
Metzing, Carl Gottlieb (1818) Seidenfabrikant
Meudtner, Adolph Wilhelm (1831, 1834, 1837) Militärkappenfabr. u. Kaufmann
Meyer, Joel Wolff, (1846) Seidenfabrikant u. Kaufmann/Geh. Commerzienrat
Militz, Carl Ludwig (1813, 1816) Kattunfabrikant
Müller, Carl Friedrich August (1827, 1839)
Müller, Johann Friedrich Gottlieb (1840, 1843)
Neumann, J. F. (1809)
Oenicke, Christian Friedrich (1815, 1818) Tabakfabrikant
Paalzow sen., Carl Dietrich (1836) Wollwarenfabrikant
Perkuhn, David Adam (1848) Lederfabrikant
Peters, Johann George (1821, 1827, 1833) Kattunfabrikant
Pösch, Johann Christian (1814, 1817) Knopffabrikant
Prätorius, Johann August (1814, 1817, 1820) Tabakfabrikant
Reimann, Daniel David (1809, 1811, 1814, 1817, 1820, 1823) Kattunfabrikant
Reimann, Friedrich Wilhelm Daniel (1838, 1841, 1844, 1847) Baumwollwarenfabrikant
Schlag, Samuel (1809, 1810)
Schreiber, Gottlieb (1837) Baumwollwarenfabrikant
Schröder, Johann Christian Friedrich (1838) Kattunfabrikant
Sehlmacher, Wilhelm Gottfried (1835, 1847, 1848) Tuchfabrikant
Senff, Johann Nicolaus (1813, 1816, 1819) Wollzeugfabrikant
Spaltholz, Carl Wilhelm (1811, 1814, 1817, 1820) Baumwollwarenfabrikant
Spatzier, Johann George Carl (1848)
Staberoh, Johann August Jacob (1825) Tuchfabrikant u. Kaufmann
Steltzner, Johann Gottfried (1831, 1834) Tuchfabrikant u. Kaufmann
Stibs, Joachim Michael (1815, 1818, 1821, 1824, 1827, 1830, 1833, 1836, 1839, 1842) Hutfabrikant u. Kaufmann
Thomas, Gottfried (1828)
Treue, Ernst Friedrich (1848) Licht- und Seifenfabrikant
Tütel, Joh. Friedrich Carl (1840) Ofenfabrikant
Vaß, Carl Dan. Gottl. (1809)
Vetter, Andreas (1817, 1820)
Vollgold jun., David Gustav Franz (1847, 1849)
Vollgold, Christoph David (1829, 1832, 1835, 1838, 1841, 1844) Gold- u. Silber-Preßwarenfabrikant
Wachtler, Johann Carl (1838, 1841, 1844, 1847, 1848) Streichenfabrikant
Wagener, Fr. Adolph (1809) Wollfabrikant
Zechlin, Joh. Caspar Friedrich (1833) Tuchfabrikant

Färbermeister
Frick, Ludwig (1815, 1818) Schönfärbermeister
Grüne, Dietrich Wilhelm (1848) Färbereibesitzer
Louis, Jean Guillaume de (1817, 1820) Seidenfärber
Plantier, Jean Francois (1832, 1835) Seidenfärber
Werthmann, Johann Christian (1847) Färbereibesitzer

Gastwirte
Fielicke, Christoph Friedrich (1813)
Fuhrmann, Gustav Theodor (1848)
Heidemann, Johann Friedrich (1809, 1812, 1815, 1818)
Hettasch, Johann Christ. (1819)
Heudtlaß, Carl Constantin (1848, 1849) Hotelbesitzer
Hochhaus, Anton (1843)

Janck, Daniel Gottfried Heinrich (1825, 1828, 1831)
Kellstädt, (1809) Tabagist
Krause, Carl Friedrich (1811)
Lohr, Johann Friedrich (1810)
May, Johann Friedrich Wilhelm (1816, 1819, 1822, 1825, 1828, 1831)
Männer, Johannes (1824, 1827, 1830)
Müller, Christian Friedrich (1829) Gastwirt u. Administrator des bürgerlichen Schützenhauses
Müller, Christian Friedrich (1820, 1823) Oekonom
Palm, Friedrich Wilhelm (1809, 1815)
Quarckowsky, Carl George (1830, 1833, 1836, 1839, 1842)
Saust, Carl Friedrich Wilhelm (1846)
Schulze, Joachim Friedrich (1809, 1811, 1814)
Troja, Carl Ludwig (1830 gewählt u. eingerückt, 1833, 1836)

Gärtner, Ackerbürger, Gutsbesitzer
Bartel, Friedrich Wilhelm (1842) Gutsbesitzer
Bouché, Jean Pierre (1809, 1810, 1813, 1816, 1819, 1822, 1825) Gärtner
Bouché, Jean Pierre (1809, 1816, 1819, 1822, 1825, 1828, 1831, 1834, 1837, 1840) Gärtner
Friebel, Friedrich Wilhelm (1846) Kunstgärtner
George, Jean Jacques (1831, 1834) Gärtner
George, Paul (1825) Gärtner
Grunow, C.D. (1809) Gärtner
Hoffmann, Ernst Sigismund (1815, 1818) Ackerbürger
Krause, Christoph Friedrich Carl (1828) Gärtner
Krause, Friedrich Carl (1819) Gärtner
Mathieu, Carl Ludwig (1836) Kunstgärtner
Matthieu, Louis (1809, 1811, 1814, 1817, 1820, 1823, 1826) Gärtner
Rouel, Johann Christian (1822) Gärtner
Schindler, Johann Friedrich (1809, 1812, 1815) Ackerbürger
Vollmar, Christian Friedrich (1821, 1824) Ackerbürger

Gerbermeister
Dannenberg, Carl Emanuel (1811) Weißgerbermeister
Müller, Johann George (1811) Weißgerbermeister
Reuß, Johann Carl (1825, 1828, 1831) Weißgerbermeister
Schmidt, Jacob Friedrich Wilhelm (1846) Lohgerbermeister

Glasermeister
Schröder, August Friedrich Wilhelm (1831, 1834)
Walter, Johann David Gottlieb (1842, 1845, 1848)

Handschuhmacher
Arendt, Heinrich (1826, 1829, 1832)

Instrumentenmacher
André, Johann Christian (1827, 1830, 1833)
Grießling, Johann Conrad (1813)
Schramm, Carl Ludwig (1819, 1822, 1825)

Juweliere, Goldschmiedemeister
Diederich, Adolph Gustav (1843) Goldarbeiter
Friedrich, Carl Wilhelm (1843, 1846) Goldarbeiter
Fuß, Friedrich Wilhelm (1824, 1827, 1830) Goldarbeiter
Geiß, Johann Conrad (1809) Juwelier
Humbert, Johann George (1830) Hofjuwelier
Jordan, Emil (1829) Hofjuwelier
Krüger, Joachim Ernst (1833) Juwelier u. Goldarbeiter
Pinkert, Friedrich Charles (1844, 1847, 1849) Hofjuwelier/Commerzienrat
Rosenthal, Heinrich Philipp Wilhelm (1848) Juwelier
Willmanns, Carl Friedrich (1819, 1822, 1825, 1828) Juwelier

Kalkscheunenpächter
Woderb, Karl Wilhelm (1809, 1812, 1830)

Kaufleute[117]
Allardt, Carl Gotthild Heinrich (1811, 1814, 1817)
Allardt, Johann Peter (1835)
Arnous, André (1824, 1827)
Asche, Christian Ludwig (1848)
Backofen, Karl Heinrich (1817, 1820, 1823, 1826, 1829, 1832, 1835)
Ballerstädt, Wilhelm (1814, 1817)
Bandow, Sigismund (1809, 1811) Elbschiffer
Barth, Carl Ludwig (1846)
Bährendt, Carl August (1838, 1841)
Becherer, Carl Gottlob (1821)
Beck, Johann Friedrich (1812)
Behrendt, Friedrich Wilhelm (1842, 1845)
Benda, Siegfried Alexander (1842)
Berein, Edmund Herrmann (1848) Materialwarenhändler
Berend, Bernhard Samuel (1842, 1845, 1848, 1849)
Bergmann, Friedrich August (1844)
Béringuier, Chretien (1811, 1814)
Berner, Johann Friedrich (1812, 1815, 1818, 1821, 1824) Galanteriewarenhändler
Bernstein, Friedrich Wilhelm (1826)
Berthold, Ferdinand Ernst (1814, 1817, 1820)
Beyrich, Carl (1818)
Bleudorn, Joachim Friedrich (1840)

---

117 Bohne, Johann Andreas (1819 eingerückt) Kaufmann; Eckert, Martin (1819 eingerückt) Kaufmann; Glohr, Johann George (1810 eingerückt) Kaufmann; Leichert, Gottfried Behrend (1813 eingerückt) Kaufmann; Richter, F. H. G. (1827 eingerückt) Kaufmann; Stegemann, Wilhelm Ferdinand (1809 eingerückt) Kaufmann; Teichel, Ludolff Samuel Ferdinand (1825 eingerückt) Kaufmann; Walcker, Johann Heinrich (1814 eingerückt) Kaufmann; Zürn, Carl Ludwig (1813 eingerückt) Glashändler.

Blumenthal, Carl Ludwig (1841, 1844) Kunst- u. Nürnberger Warenhändler
Bohm, Carl Gottfried Friedrich (1821)
Bohnhoff, Franz Carl Heinrich (1846, 1848)
Böhme, Carl Isaak (1809)
Böhme, Heinrich Ferdinand (1837, 1840)
Braumüller, Joh. Gottfr. (1809)
Braumüller, Wilhelm Gottfried (1844, 1847, 1848)
Braun, Ludewig Heinrich Wilhelm (1815, 1818)
Bröcker, George Heinrich August (1848)
Buckatz, Carl Albert Emil (1846) Tuchhändler
Bühring, Justus Ernst (1828, 1831, 1834, 1837, 1840)
Bülow, Peter Anton Julius (1844) Buchhändler
Bürstenbinder, Johann Jacob Friedrich (1819, 1822)
Charton, Jean Pierre (1809, 1812, 1815) Lederhändler
Charton, Johann David (1830, 1833, 1842)
Colberg, Dan. Friedrich (1832)
Contal, Samuel (1809)
Crüger, Ernst Ludewig Gotthold (1816)
Crüsemann sen., Johann Conrad Christian (1822, 1825, 1828, 1831, 1834, 1837)
Crüsemann, Conrad Eduard Wilhelm (1843)
Danneel, Wilhelm August Albert (1849)
Dannenberg, August Wilhelm Friedrich (1830, 1845)
Denant, Karl Anton Joseph (1832, 1835, 1838)
Desmarets, Johann Friedrich Heinrich (1830, 1833, 1836)
Dieterichs, Franz Carl (1828, 1831, 1834, 1837)
Dietrich, (1809)
Dietrich, Friedrich Wilhelm (1819, 1822, 1825, 1828)
Dori, Carl Wilhelm (1809, 1811)
Döllen, Hans Carl (1847)
Dreher, Heinrich Julius (1846) Materialwarenhändler
Duncker sen., Carl Friedrich Wilhelm (1834, 1837, 1840, 1843, 1846, 1848) Buchhändler
Dümmler, Friedrich Heinrich Georg Ferdinand (1836, 1839) Buchhändler
Dürr, Carl Ludwig (1830, 1833, 1836, 1839) Materialwarenhändler
Ebart, Carl Emil (1844, 1847)
Ebert, Ernst Christian Philipp (1824) Haupt- Seehandlungsbuchhalter
Eisemann, Gotthilf (1823)
Elster, Alexander Christian Ludolph Joachim (1848)
Eltze, Friedrich Wilhelm (1814)
Engel, Johann Christoph (1809, 1810, 1813, 1816)
Engelhardt, Wilhelm Gottfried (1812)
Eselbach, Johann Joachim (1824)
Eysenhardt, Karl Andreas (1809, 1810) Papierhändler
Eyssenhardt, Friedrich Wilhelm (1809)
Fabricius, Robert Daniel (1839,1842, 1845, 1848)
Fähndrich, August Otto (1841, 1844, 1847, 1848)
Fournier, Friedrich Philipp (1843, 1846, 1848) Buchhändler
Fournier, Louis (1822, 1825, 1828)
Försterling, Carl Friedrich Franz (1849) Manufakturwarenhändler
Freitag, Johann Andreas Chr. (1809, 1812, 1815, 1818)
Funk, David Israel (1820, 1823)
Gandschau, Jacques (1848)
Gaum, Johann George Bernhard (1809, 1810, 1813, 1816)
Gärtner, Herrmann Martin Ludwig (1848) Commissionswarenhändler
Geest, Carl (1822)
Gelpke, Johann Friedrich Ludwig (1843) Bankier
Girard sen., David (1809, 1811)
Gleich, Gustav Eduard (1843, 1846) Tabakhändler
Grasnick, Samuel Christlieb (1813, 1816, 1819)
Gräfe, Eduard Gottfried Ludolph (1836)
Gründler, Friedrich Ludwig Wilhelm (1840, 1843, 1846)
Guillemot, Jaques André Esaie (1829, 1832, 1835, 1838)
Guiremand-Junge, Franz Edmund (1832)
Guttentag, Ludwig Joseph Emanuel (1849) Buchhändler
Güßfeldt, Johann Friedrich Wilhelm (1836, 1839)
Haack, Carl August Ferdinand (1838, 1841, 1844)
Habel, Joh. Heinrich (1836, 1839) Tuchhändler
Hamerecht, Johann Gottfried (1814)
Hartmann, Samuel Ludwig (1849) Lederhändler
Harz, Samuel Julius Theodor (1845) Eisen- und Stahlwarenhändler
Hayard, F. (1809)
Heidenreich, Christian George (1828)
Hermanni, Ferdinand (1809)
Herrlich, Carl Heinrich (1847)
Hesse, Ernst Christoph (1817)
Heyl, Ernst Eduard (1831, 1848)
Heyl, Ernst Friedrich (1809, 1810)
Heymann, Carl (1847, 1848) Buchhändler
Hindenberg, Johann Carl Wilhelm (1818, 1821, 1827, 1830, 1833, 1836, 1839)
Hindenberg, Johann Christoph (1814, 1817)
Hoffmann, Gottfried (1809, 1812)
Holfelder, Carl Ludwig Dionysius (1848, 1849)
Holfelder, Johann Heinrich Wilhelm (1831, 1831, 1837, 1840, 1843, 1846)
Holfelder, Johann Heinrich Wilhelm (1821, 1824)
Höne, Wilhelm (1809, 1812, 1815, 1818)
Humbert, Jean Paul (1809, 1812, 1815, 1818)
Jacob, Carl Friedrich (1818)
Jonas, Carl Adolph Herrmann (1848) Buchhändler
Junge, Johann Friedrich Wilhelm (1817, 1820, 1823, 1832)
Jüngel, Friedrich Leberecht (1813, 1816, 1819)
Jürst, Hans August (1836)
Keßler, Florenz Jakob Leopold (1840, 1843, 1846)
Keusch, Christian Ludewig (1816)
Klaeger, Carl Ludwig (1835, 1838, 1841)
Klug, Carl Friedrich (1828)
Köhler, Carl Friedrich Wilhelm (1831, 1834)

Koinatzky, Johann Ludwig (1825, 1828, 1831) Besitzer einer Badeanstalt
Kranske, Carl Wilhelm Eberhard (1835)
Krause, Carl (1819, 1822, 1825) Glashändler
Krause, Christoph Friedrich Carl (1840, 1843, 1846) Holzhändler
Kriebel, Gottlieb Friedrich Christoph (1817)
Krug, George Friedrich (1846)
Krutisch, Carl Friedrich Philipp (1815, 1818)
Krüger, George Wilhelm Robert (1848) Commissionswarenhändler
Kuhlmey, Johann Andreas (1829, 1832, 1835, 1838, 1841) Fouragehändler
Kupfer, August Ludwig Ernst (1848)
La Grange, Wilhelm Ludwig Eduard (1848) Materialwarenhändler
Laspeyres, Johann Ernst (1810, 1813, 1816, 1819, 1822, 1825, 1828, 1831, 1834, 1837, 1840, 1843)
Lauterbach, Ernst Heinrich (1818, 1821, 1824)
Lehmann, Heinrich Wilhelm (1836, 1839)
Leitner, Johann Wilhelm Heinrich (1844)
Lietzmann, Johann Heinrich Gottlieb (1836, 1839)
Lillié jun., Louis (1812)
Lincke, Johann Heinrich (1811, 1814)
Lohse, Friedrich Wilhelm (1815, 1818)
Loth, Carl Ludwig (1842, 1845)
Lovie, Andreas Wilhelm (1815, 1818)
Löhder, Ernst Gottlieb (1809, 1812)
Lutze, Johann August (1832)
Lutze, Johann Christian (1841)
Lüneburg, Johann Carl (1824)
Magnus, Friedrich Martin (1848) Bankier
Magnus, Johann Mathias (1815)
Magnus, Meyer (1849) Bankier
Marburg, Gottlieb Wilhelm (1821)
Meudtner, Friedrich Otto Wilhelm (1816)
Meyer, Carl Friedrich (1813, 1816)
Meyer, Johann Friedrich (1812, 1815)
Meyer, Karl Ludwig (1849)
Meyer, Moritz (1847)
Mitscher, Johann Carl Friedrich (1840)
Murrmann, Adolph Benjamin (1848) Tabakhändler
Müller, August Benjamin (1838, 1841, 1844, 1847)
Müller, August Ernst (1818)
Naetebus, Daniel Friedrich (1824)
Naumann, Carl Friedrich (1821)
Neumann, August Ferdinand (1835)
Neumann, Friedrich Wilhelm (1810)
Neumann, Friedrich Wilhelm (1825, 1828, 1831, 1834)
Nitze jun., Friedrich (1833, 1836)
Oehme, Carl Christian Gottlob (1827)
Oemigke, Heinrich (1836, 1839, 1842)
Offent, Ludwig Franz (1820)
Pahl, Johann Friedrich Wilhelm (1849) Nutzholzhändler
Palmié, Anton Friedrich (1812, 1815, 1818)
Pascal, Johann Bartholomäus (1817)
Pätow, David Gottlieb (1809, 1810, 1813)
Petersen, Franz August Christoph (1838)
Pietsch, Heinrich (1809, 1812)
Pietsch, Johann Gotthilf (1816)
Pignol, Etienne (1834)
Polchow, Friedrich Heinrich (1813)
Raabe, Heinrich Gustav (1821) Holzhändler
Raasch, Johann Gottfried (1823, 1826, 1829) Weinhändler
Rabardt, Johann Adolph Carl Wilhelm (1842) Materialwarenhändler
Radicke, Heinrich Ferdinand Adalbert (1848)
Rawengel, Ludwig Ferdinand (1845) Materialwarenhändler
Reetz, Carl Ernst Gottfried (1819 eingerückt, 1824, 1848)
Reimer, George Ernst (1846, 1848) Buchhändler
Reimer, Johann George Andreas (1825, 1828) Buchhändler
Reinicke, Johann Michael (1812, 1815, 1818)
Richter, Carl Emanuel (1835, 1838)
Rindler, Johann Friedrich August (1848)
Röthig, Carl Wilhelm (1848) Bijouteriewarenhändler
Rühl, Johann Gottfried August (1825)
Sange, Johann Gottfried (1816)
Schaeffer, Johann George Ludwig (1841, 1844, 1847, 1848) Weinhändler
Schaner jun., Carl Friedrich Eberhardt (1828, 1831, 1834, 1837)
Schaner, Georg Ludwig (1809, 1810, 1813, 1816, 1819, 1822, 1825)
Schauer, Johann Carl (1845) Kunst- u. Stickmuster-Verlagshändler
Schauß, Wilhelm Ferdinand (1839, 1842, 1845)
Schäffer, Johann Heinrich (1829, 1832, 1835)
Schmeel, Dan. Fr. (1809)
Schmidt, Heinrich Ludwig (1831, 1837)
Schneider, Johann Michael (1810, 1813, 1816, 1819) Lieferant
Schnöckel, Carl Wilhelm Gotthilf (1839)
Schönborn, Christ. Gottl. (1826)
Schüler, Benjamin (1809) Buchhalter
Schultze, Carl Ludwig Wilhelm (1848)
Schultze, Carl Wilhelm Jacob (1811)
Schultze, Johann Christian Gustav (1826, 1829)
Schultze, Johann George Carl (1838)
Schulze, Johann Joachim (1809, 1811)
Schuster, Carl Friedrich Wilhelm (1846)
Schwartze, Karl Samuel (1812, 1815)
Schwedler, Christian Friedrich (1811) u. Tabakfabrikant
Schwendy, Carl Wilhelm (1842, 1845) u. Destillateur
Schwensow, Friedrich Wilhelm (1811)
Seefeldt, Carl Ludwig (1839, 1842, 1845)
Seeger, Carl Ludwig (1840)
Sello, August Heinrich (1836, 1839, 1842, 1845)
Sello, Johann Justus (1809, 1812)
Seymer, Heinrich Franz Eduard (1835, 1838, 1841)
Sperber, Johann August Wilhelm (1848)
Springer, Julius (1848) Buchhändler

Stachow, Joachim Friedrich (1821)
Staegemann, Carl Adolph Philipp Franz Eduard (1834)
Streiber, August (1826)
Struwe, (1814)
Sucrow, Joh. Chr. (1809)
Tamnau, Johann Friedrich (1815, 1818)
Taube, Julius Wilhelm (1824)
Teller, Gottlob Conrad Eduard August (1841)
Timme, Friedrich Eduard Heinrich (1849)
Tönnis, Joh. Gotthilf Christian (1829)
Uhde, Johann Friedrich Ludwig (1822, 1825)
Ulrici, Carl Heinrich (1809, 1826)
Ulrici, Ernst Ferdinand (1823)
Veit, Dr. phil. Moritz (1846, 1848) Buchhändler
Veit, Salomon (1809, 1810, 1813, 1816, 1819) Bankier
Vetter, Carl Dettloff (1824, 1827) Buchhändler
Violet, Carl Ludwig August Fr. (1837) Materialwarenhändler
Volkart, Carl Eduard (1849)
Walcker, Wolfgang Siegismund (1822)
Weber, Carl Friedrich (1829, 1832)
Wegener, Joh. August (1824) Mehlhändler
Wegner, Ernst Ferdinand (1836, 1839)
Wegner, Johann Wilhelm (1828, 1831, 1834, 1840)
Weidling, Ernst Friedrich (1835, 1838)
Weidling, Johann Wilhelm Heinrich (1849)
Wencke, Ludwig Eusebius (1849)
Wendt, Gustav Carl Ludwig (1833)
Werkmeister, Friedrich (1818, 1821)
Wernicke, August Jeremias (1820)
Westphalen, Philipp Ferdinand (1809, 1810)
Wette, Christian Friedrich (1821)
Wetzke, Johann Gottlieb (1809, 1812)
Weydinger, Johann Heinrich (1820)
Wittkopf, Christian Heinrich (1843, 1846) Materialwarenhändler
Wockowitz, August Vincentius (1842)
Wolborg, Johann Carl Friedrich (1847)
Woltersdorff, Carl Heinrich (1809, 1810)
Zimmermann, Eduard Theodor Ludwig (1848)

Klempnermeister
Lange, Johann Gottlieb Gottfried (1834, 1837)
Steinbrecher, Friedrich Gottlieb (1822)

Kürschner
Fielitz, Carl Friedrich (1827)

Maurermeister
Bergemann, Joh. Kaspar (1809)
Herrenburger, Johann Andreas (1835, 1838, 1841, 1844, 1847, 1848)
Leckler, Johann Christian (1815, 1818, 1821, 1824, 1827, 1830, 1833)
Lindner, Johann Christian (1848)
Mappes, Heinrich Wilhelm Julius (1847)
Mertens, Ferdinand Peter Joseph (1845) Privatbaumeister
Müller, Johann Ferdinand (1834)
Müller, Johann Ferdinand (1812)
Radicke, Johann Friedrich (1836, 1839, 1842, 1845)
Sametzky, Johann Christian Gottlieb (1818, 1821)
Weltz, Joh. Carl Gottlieb (1831)
Weltz, Johann Gottlieb (1809, 1810, 1813) Hofmaurermeister

Mechaniker
Lüttig, Carl Ernst (1848) Mechanikus
Moellinger, Friedrich Wilhelm Eduard (1848) Hofuhrmacher
Neumann, Carl (1816) Uhrmacher
Wachtler, Johann Gottlob (1823, 1826, 1829, 1832, 1835) Mechanikus

Posamentiermeister
Brederecke, Johann Daniel Ludwig (1812)
Deselsky, Carl Ferdinand (1821, 1824, 1827)
Desselmann, Johann Friedrich (1822, 1825, 1828, 1831, 1834, 1837, 1840, 1843)
Friedrich, Johann George (1809, 1817)
Ganschow, Friedrich Wilhelm (1818)
Hyan, Christian Ludwig (1809, 1812, 1815)
Müller, Carl Ludwig (1821)
Schulze, Heinrich Andreas (1817)
Seeleitner, Johann Michael (1822)
Spandow, Johann Friedrich (1822)
Tancré, Jean (1809)

Riemer
Groschuff, Johann Carl (1819, 1822, 1825, 1828)
Sperber, Johann Friedrich (1849)

Schlachtermeister[118]
Bluth, Carl Wilhelm (1809 eingerückt, 1813)
Bobe, Christian Gottlieb (1841, 1844)
Eschner, Johann Friedrich (1819, 1822)
Partsch, Johann Carl (1813)
Partsch, Johann Carl Friedrich (1843, 1846)
Schack, Johann Gottfried (1820)
Schertz, Carl Friedrich (1828)
Schertz, Carl Friedrich Wilhelm (1837)
Verdrieß, Johann Friedrich Heinrich Christoph (1834, 1837, 1840, 1843, 1846, 1848)

Schmiede-, Schlosser-, Gießermeister[119]
Albrecht, Carl Heinrich (1813) Kupferschmiedemeister
Baumgärtner, Jacob Heinrich (1818) Schlossermeister
Bischoff, Johann Friedrich (1835) Gelbgießermeister
Finkbein, (1809) Formstecher

118 Voigt, Martin Friedrich (1824 eingerückt) Schlachtermeister.
119 Kelpin, Jacob Christian (1810 eingerückt) Nagelschmied; Spazier, Christian Julius (1809 eingerückt) Huf- u. Waffenschmied.

Francke, Gottlob Wilhelm Ludwig (1827, 1830, 1833, 1836, 1839, 1842) Schriftgießer
Fränckel, (1809) Huf- u. Waffenschmied
Fuhrmann, Daniel Gottfried (1823, 1826, 1829, 1832, 1835, 1838) Schmiede-meister
Haack, (1809) Huf- u. Waffenschmied
Krause, Johann Friedrich August (1835, 1838, 1841, 1844) Schmiedemeister
Raabe, J. L. (1809) Huf- u. Waffenschmied
Richter, Johann Wilhelm (1818, 1821) Gelbgießermeister
Ritze, Johann Christian (1809, 1811) Huf- u. Waffenschmied
Schultheiß, Johann Martin (1810) Huf- u. Waffenschmied
Schultze, Johann Gottfried (1814, 1817) Huf- u. Waffenschmied
Steffens, Klaus Peter (1843, 1846) Maschinenbaumeister
Violet, Jean Pierre (1809) Schlossermeister
Winzinger, David Siegmund (1825, 1828) Schmiedemeister
Zoller, Gottlob Friedrich (1848) Hofschlosser

Schneider
Freitag, Johann Simon (1825, 1828) Hofkleidermacher
Jahn, Friedrich Wilhelm (1811)
Jahns, Christian Friedrich (1819)
Wagener, (1809)
Weiß, Philipp (1809) Hofcourtier
Wunder, Johann August Heinrich (1827, 1830, 1833) Courtier

Schornsteinfegermeister
Geisler, Heinrich Ludwig (1827)
Halffter, Friedrich Wilhelm (1831, 1834, 1840)
Rolle, Johann Wilhelm (1830, 1833, 1836, 1839)

Schuhmachermeister, Sattlermeister
Braune, Johann Friedrich Wilhelm (1823, 1826, 1829, 1832, 1835) Schuhmacher
Kolbe, Johann Sebastian (1814) Sattlermeister
Reiff, Karl Friedrich (1843) Sattlermeister
Rückert, Friedrich (1815 eingerückt, 1818, 1821) Sattlermeister

Seidenwirker
Müller, Carl Ferdinand Alexander (1846, 1848)
Nothnagel, August Friedrich Wilhelm (1838)
Possin, Johann Friedrich Gottlieb (1809, 1810, 1813, 1816, 1819, 1822, 1825, 1828, 1831, 1834)
Teuert, Carl August (1849)

Seifensieder
Bergemann, Friedrich August (1831)
Glaser, Johann Michael (1815)
Kühns, Johann Christoph (1809, 1811)
Lehmann, Mart. W. (1809)
Palis, August Jacob Wilhelm (1848)
Raabe, Carl Ludwig Ferdinand (1825)
Sarre, Johann Heinrich (1829, 1832)
Sarre, Johann Georg (1819)
Tancré, Jacob (1809)
Werner, Carl Friedrich Wilhelm (1831, 1834, 1837, 1840, 1843)

Seilermeister[120]
Giesecke, Carl Jacob (1830, 1833, 1836)

Steinmetzmeister
Moser, Joh. Christ. (1809)
Moser, Johann Friedrich Daniel (1828)
Trippel, Karl Friedrich Wilhelm (1809, 1812)
Wilcke, Eduard August (1833) Steinsetzmeister
Wimmel, Philipp Heinrich (1822)

Stellmachermeister
Teichert, Julius Wilhelm Eduard (1849)

Tabakspinnermeister
Reichert, Johann Christian (1809, 1810, 1813, 1822, 1825, 1828, 1831)

Tapezierer, Lackierer[121]
Knörtzer, Johann Heinrich (1816) Lackierer
Mehlmann, Carl Wilhelm (1837, 1840, 1843) Tapezier

Tischler, Zimmermeister
Barleben, Johann Wilhelm (1821) Tischler
Biedtel, Johann Peter Wilhelm (1844) Tischler
Blancke, Johann Friedrich Jacob (1835, 1838, 1848) Ratszimmermeister
Böttcher, Friedrich August (1849) Zimmermeister
Caspar, Wilhelm August Ludwig (1845, 1848) Zimmermeister
Damm, Johann Gottlieb (1812) Ratszimmermeister
Ebel, Friedrich Wilhelm Alexander (1843, 1848) Zimmermeister
Elsholtz, Christian Friedrich (1848) Tischler
Eyffert, Christ. Gottl. Julius (1844) Zimmermeister
Eyfferth, Johann Ludwig Christian (1817) Zimmermeister
Glatz, Carl Gustav Ludwig (1842) Königl. Hofzimmermeister
Glatz, Joh. Balth. (1809) Zimmermeister
Gosebruch, Friedrich Wilhelm August Christian (1823, 1826, 1832) Zimmermeister
Haase, Friedrich Wilhelm (1827, 1830) Tischler
Höne, Carl August Julius (1848) Tischler
Jaeckel, Friedrich Wilhelm Gustav (1848) Tischler
Lamprecht, Adam Friedrich (1815) Ratszimmermeister
Otto, Johann Karl (1817, 1820) Zimmermeister

---

120 Giesecke, (1815 eingerückt) Seilermeister.
121 Sartori, Constantin Philipp George (1810 eingerückt) Stukkateur.

Raum, Johann Georg (1814, 1817, 1820, 1823, 1826, 1829, 1832, 1835, 1838) Tischler
Richter, Carl Ludwig (1809) Zimmermeister
Richter, Joh. Heinrich (1827) Ratszimmermeister
Sametzky, Friedrich Wilhelm Ferdinand (1829, 1832, 1835, 1838, 1841, 1844) Zimmermeister
Schellhorn, Joachim Heinrich (1830) Ratszimmermeister
Siegling, Johann Ernst (1827) Tischler
Sommer, Carl August Heinrich (1845, 1848) Zimmermeister
Sommer, Johann Caspar (1811, 1814, 1817, 1820) Ratszimmermeister
Steinmeyer, Johann Gottfried (1819, 1837, 1840) Hof- u. Ratszimmermeister
Stieber, Johann Gottlieb Friedrich (1826) Zimmermeister
Thür, Carl Ludwig (1848) Zimmermeister
Tondeur, Johann Baptist (1848) Zimmermeister
Voretsch, Johann Heinrich August (1832, 1841) Zimmermeister
Willing, Claus (1819) Tischler
Wimmel, Heinrich Guido (1840, 1843) Zimmermeister

Töpfermeister
Rüthnick, Friedrich Wilhelm (1841, 1844, 1847)
May, Johann Friedrich Samuel (1809, 1810, 1816)

Tuchbereiter
Schmidt, Friedrich (1810, 1813)

Webermeister
Greeb, Johann (1818, 1821)

Zuckersieder
Humblot, Herrmann Andreas Wilhelm (1848)
Zowe, Friedrich Wilhelm (1834)

b) Nicht-gewerbetreibende Stadtverordnete

Ärzte
Hertwig, Prof. Dr. med. Carl Gottfried Heinrich (1848)
Hesse, Dr. med. Johann Christian Ludwig (1823, 1829)
Könen, Dr. med. Ludwig Ernst von (1820, 1823) Königl. Obermedicinal-Rat
Krafft, Wilhelm Alexander (1846, 1848) Tierarzt, Scharfrichter
Mezelewsky/Mitzelewski/Mozelewski, gen. Bandow, Dr. G. F. (1809)
Schultz, Dr. August Wilhelm Ferdinand (1848) prakt. Arzt

Beamte[122]
Behrend, Christian Friedrich (1817, 1820, 1823, 1826) Hofrat
Bensch, Friedrich Wilhelm (1845) Kgl. Salz-Inspector
Bock, Friedrich (1848) Cabinett-Sekretär
Dietrich, Carl (1815) Hofrat
Ebert, Ernst Christian Philipp (1839, 1842) Kgl. Rechnungsrat u. Assessor
Förstner, Johann Andreas (1809, 1812, 1821, 1824) Bauinspector
Gerlach, Carl Friedrich Leopold von (1809) Kammerpräsident
Guretzky, Christoph Friedrich Wilhelm von (1831) Kammergerichts-Assessor
Herford, Karl Friedrich Ludwig Heinrich von (1849) Kammergerichts-Assessor
Hesse, Gustav Philipp (1822) Commerzienrat
Köhne, Carl Bernhard Wilhelm (1826, 1829, 1832, 1835) Kgl. Hofrat
Lewald, Heinrich Otto Martin (1848) Kgl. Justizkommissar
Mandel, August Ferdinand (1809, 1810, 1813) Bauinspector
Rohr, Philipp Heinrich Carl Bernhard Friedrich von (1848) Kammergerichts-Assessor
Seidel, Ferdinand Gustav Adolph (1843, 1846, 1848, 1849) Amtmann
Straß, Dr. Carl Friedrich Heinrich (1845) Kgl. Kreis-Justiz-Rat/Justiz-Commissar.
Ulfert, Carl Friedrich Alexander Rudolph (1848, 1849) Kgl. Landgerichtsrat

Künstler
Hoffmann, Friedrich Wilhelm (1829, 1838, 1846) Königl. Hofedelsteinschleifer u. academischer Künstler
Holbein, Friedrich Wilhelm Julius (1845, 1848) Bildhauer u. academischer Künstler
Niesner, Carl August (1816) Bildhauer u. pensionierter Polizei-Commissarius
Schadow, Johann Gottfried (1827) Direktor der Akademie der Künste
Schneider, Julius Wilhelm Eduard (1846, 1848, 1849) Landschaftsmaler
Trenn, Carl Ludwig (1816, 1819) Bildhauer

Lehrer
Bock, Friedrich Wilhelm (1811) Lehrer bei der Königl. Militärakademie
Cauer, Jakob Ludwig (1824) Schulvorsteher
Delschau, Johann Christian (1821, 1824, 1827, 1830) Schullehrer
Marggraff, Franz Eberhard (1848) Schulvorsteher
Rettschlag, Christian Heinrich (1841, 1844) Schulvorsteher
Vignolle, Carl August (1839, 1842, 1845) Sprachenlehrer

122 Büttner, Wilhelm Gotthold (1835 eingerückt) Amtmann.

Militär, Polizei

Beggerow, Ernst Friedrich Wilhelm von (1833) Major a. D.

Blesson, Johann Ludwig Urban (1830, 1836, 1839, 1842) Major a. D.

Ehm, Andreas (1827) Lieutnant a. D.

Hertzberg, August Ferdinand von (1835) Premier-Lieutnant a. D./Gasthofbesitzer

Jordan, Paul André (1809) Obrist/Juwelier

Lehne, Chr. Ferdinand (1809) Polizei-Commissarius

Pausewang, Christian Gottlieb (1809, 1813) Polizei-Commissarius/Kaufmann

Pfeffer, Johann Gottlob (1809, 1812, 1815) Polizei-Agent/Bildhauer

Wiesel, George Friedrich Peter (1812) Kgl. Geh. Kriegsrat

Professoren

Gneist, Prof. Dr. Heinrich Rudolph Hermann Friedrich (1848)

Klenze, Prof. Dr. Clemens August Carl (1833 eingerückt, 1836)

Krüger, Prof. Carl Wilhelm (1848)

Nauwerck, Dr. phil. Ludwig Gottlieb Carl (1847) Privatdozent

Raumer, Prof. Dr. Friedrich Ludwig George von (1847, 1848)

Riedel, Prof. Adolph Friedrich Johann (1848) Königl. Geh. Archivrat u. Prof.

Rentiers, Partikuliers, Eigentümer[123]

Bauer, (1809) Eigentümer

Benda, Daniel Alexander (1835, 1838) Rentier

Bohm, Carl Friedrich (1826, 1829) Rentier

Colberg, Carl Friedrich Franz (1845) Rentier

Dannenberg, Johann Gottfried (1828, 1831) Rentier

Falkenberg, Carl Hermann (1847) Rentier

Fischer, Johann Carl (1841) Rentier

Francke, Christoph Friedrich Martin (1845) Rentier

Friebe, Wilhelm Zacharias (1833) Partikulier

Funck, George Christian (1848) Rentier

Glaser, Israel (1809, 1811, 1814, 1817) Rentier

Harnecker, Jacob (1813, 1816) Rentier

Jordan, Johann Emil (1836, 1839, 1842) Rentier

Küntzel, Johann Heinrich (1824, 1827) Rentier

Kunowsky, Friedrich von (1849) Rentier

Lüddecke, Carl Heinrich Ludwig (1848) Rentier

Mann, Caspar Friedrich (1811, 1814, 1817) Rentier

Misius, Carl Wilhelm (1837) Rentier

Mohrmann, Johann Friedrich (1813) Rentier

Mütze, Johann Daniel (1821, 1824) Rentier

Petzoldt, Johann Friedrich (1814) Rentier

Plantier, Jean Stephan (1817, 1820, 1823) Rentier

Prince-Smith, Johann (1848) Privatgelehrter u. Rentier

Rausch, George Gottlieb (1834) Rentier

Rexrodt, Friedrich Wilhelm (1816) Partikulier u. pens. Polizei-Commissarius

Riebe, Carl Friedrich Wilhelm (1842) Rentier

Runge, August Ferdinand Heinrich (1844) Partikulier

Sabatier, Jean (1809, 1810) Rentier

Sasse, Johann Carl Adolph (1848, 1849) Rentier u. Direktor

Schäffer, Johann Philipp (1809, 1810, 1813) Rentier

Schäffer, Johann Gottfried (1826) Rentier

Stachow, David Friedrich (1833) Rentier

Stoßmeister, Johann Carl Gottlieb Wilhelm (1832, 1835, 1838, 1841, 1844) Rentier

Tornow, Johann Christian (1820, 1823, 1826, 1829, 1832) Rentier

Vogel, (1809) Rentier

Weiße, Christian Gottlob (1822) Rentier

Weymann, Johann Carl Friedrich (1832, 1835, 1838) Rentier

Wimmel, Johann Ferdinand (1825) Rentier

123 Mertens, Andreas Carl Wilhelm (1847 eingerückt) Rentier (ehemals Privatbaumeister).

6. Die Namen der hugenottischen Stadtverordneten

Arnous, André[124]
∗ 10. 12. 1769 Berlin
† 30. 7. 1837 Berlin
Kaufmann, An den Werderschen Mühlen 8
(1824, 1827)

Asche, Chrétien Louis[125]
∗ 1. 12. 1794 Berlin
† 27. 11. 1871 Berlin
Kaufmann, Leipziger Str. 47
(1848)

Bensch, Frédéric Guillaume Henri[126]
ohne Angaben
Königlicher Salz-Inspector, Schiffbauerdamm 4
(1845)

Béringuier, Chrétien[127]
∗ 22. 8. 1782 Berlin
† 22. 10. 1845 Berlin
Kaufmann, Poststr. 11
(1811, 1814)

Bernard, Jaques Abraham[128]
∗ 30. 4. 1798 Berlin
† 1880 Berlin
Apotheker, Poststraße 4
(1830, 1833)

Blell, Edouard Guillaume[129]
∗ 10. 5. 1804 Berlin
† 1880 Potsdam
Apotheker, Neue Markt 14
(1847)

Charton, Jean Pierre[130]
∗ 4. 2. 1766 Berlin
† 17. 4. 1817 Berlin
Lederhändler, Königstr. 41
(1809, 1812, 1815)

---

124 Archiv der Französischen Kirche zu Berlin (künftig: FKB), Kirchenbücher, Registre de Baptême (künftig: Bat.) VIII, fol. 507; Registre de Mort (künftig: Mrt.) IX, fol. 404. Mitgliederverzeichnis 1800–1816; Richard Béringuier (Hrsg.), *Die Stammbäume der Mitglieder der Französichen Kolonie*, Berlin 1887, Tafel 2. – Sohn des Louis Arnous und der Elisabeth Villain. – Die oben in Klammern gesetzten Jahreszahlen geben die jeweiligen Wahljahre an.

125 FKB, Bat. IX, fol. 413; Mrt. X, fol. 532. Mitgliederverzeichnis 1800–1816, 1833 bis 1900; R. Béringuier (Hrsg.), *Stammbäume ...*, Tafel 120. – Sohn des Jean Henri Asche und der Louise Felsing; A. wurde 1811 in die Franz. Gemeinde aufgenommen.

126 FKB, Mitgliederverzeichnis 1800 bis 1816; R. Béringuier (Hrsg.), *Stammbäume ...*, Tafel 143. – Sohn des Jean Frédéric Bensch und der Marie Cathérine Staack; B. wurde 1806 in die Franz. Gemeinde aufgenommen. Berufsangabe auch: Bausecretär/Inspector im Bergwerks-Department.

127 FKB, Bat. IX, fol. 158; Mrt. IX, fol. 729. Mitgliederverzeichnis 1800–1816; R. Béringuier (Hrsg.), *Stammbäume ...*, Tafel 17. – Sohn des Pierre Louis Béringuier und der Anne Antoinette Grand, ancien-diacre seit 26. 7. 1813. Letzte Adresse: Leipziger Strasse 74.

128 FKB, Mitgliederverzeichnis 1800–1816 und 1833 –1900; R. Béringuier (Hrsg.), *Stammbäume ...*, Tafel 97. – Sohn des Jean Jaques Bernard (David) und der Dorothée Albertine Hahn; Schreibweise auch: Bernhard(t). B. ging später nach Dessau. – B. könnte identisch sein mit dem gleichnamigen Apotheker in der Königstr. 51, der 1842 und 1845 als Stadtverordneter von den Bürgern des Post-Bezirks gewählt wurde.

129 FKB, Mitgliederverzeichnis 1833–1900. – Sohn des königl. Buchhalters bei der General-Kontrolle der Finanzen, Chrétien Auguste Blell und der Susanne Philippine Boccquet.

130 FKB, Bat. VIII, fol. 455; Mrt. VIII, fol. 576. Mitgliederverzeichnis 1800–1816. – Sohn des Jean Charton und der Dorothée Marie Noack.

Charton, Jean David[131]
* 23. 8. 1793 Berlin
† 3. 1. 1875 Berlin
Kaufmann, Königstr. 41
(1830, 1833, 1842)

Claude, Benjamine[132]
* 26. 1. 1763 Berlin
† 2. 9. 1830 Berlin
Destillateur, Leipziger Str. 100
(1809)

Contal, Samuel[133]
* 8. 2. 1765 Berlin
† 7. 11. 1848 Berlin
Kaufmann, Mehnertstr. 1
(1809)

Damm, Jean Gottlob[134]
ohne Angaben
Ratszimmermeister, Wassergasse 28
(1812)

Desmarets, Jean Frédéric Henri[135]
* 29. 1. 1795 Berlin
† 9. 12. 1881 Berlin
Kaufmann, Krausenstr. 13
(1830, 1833, 1836)

Devaranne, Siméon Pierre[136]
* 23. 4. 1789 Berlin
† 31. 8. 1859 Berlin
Fabrikbesitzer, Zimmerstr. 91
(1847)

Fournier, Henri Louis[137]
* 1784 Berlin
† 22. 5. 1836 Berlin
Kaufmann, Friedrichsgracht 50
(1822, 1825, 1828)

George, Jean Jaques[138]
* 28. 9. 1780 Berlin
† 20. 12. 1850 Berlin
Gärtner, Koppenstr. 16
(1831, 1834)

131 FKB, Bat. IX, fol. 379; Mrt. XI, fol. 6. Mitgliederverzeichnis 1800–1816, 1833 bis 1900. Sohn des Jean Pierre Charton und der Anne Susanne Wall.

132 FKB, Bat. VIII, fol. 282; Mrt. IX, fol. 188. Mitgliederverzeichnis 1800–1816. – Sohn des Benjamin Claude und der Jeanne Claude. C. wird auch als Branntweinbrenner in den Listen geführt.
Bei Claude könnte es sich auch um die folgenden Gemeindemitglieder handeln:
1) Jean Louis Benjamine Claude, geboren am 18. März 1777 in Berlin, gestorben am 13. Oktober 1854 in Berlin, Branntweinbrenner, Französische Str. 47. Sohn des Benjamin Claude und der Judith Claude (Bat. IX, fol. 46; Mrt. X, fol. 171. Mitgliederverzeichnis 1800–1816); 2) Louis Benjamine Claude, geboren am 13. 11. 1773 in Berlin, gestorben am 10. Februar 1843 in Berlin, Branntweinbrenner, Neue Jakobstrasse 26. Sohn des Benjamin Claude und der Marie Judith Claude (Bat. VIII, fol. 613; Mrt. IX, fol. 635. Mitgliederverzeichnis 1800–1816).

133 FKB, Bat. IV, fol. 346; Mrt. X, fol. 50. – Sohn des Charles Henri Contal und der Elisabeth Philpin.

134 FKB, Registre de Mariage (künftig: Mar.) IV, fol. 222. – Am 22. 1. 1832 heiratet eine Emilie Caroline Damm, Tochter des Jean Gottlob Damm und der Anne Arnold; Ehemann: David Henri Villeneuve.

135 FKB, Bat. IX, fol. 420; Mrt. XI, fol. 130. Mitgliederverzeichnis 1800–1816, 1833 bis 1900. – Sohn des Henri Desmarets und der Auguste Julienne Hertzer. Schreibweise auch: Desmaretz. Letzte Adresse: Oranienstraße 178.

136 FKB, Bat. IX, fol. 299; Mrt. X, fol. 251. Mitgliederverzeichnis 1800–1816, 1833 bis 1900. – Sohn des Pierre Devaranne und der Marie Elisabeth George. Der ursprünglich als Juwelier ausgebildete D. bezeichnete sich auch als academischer Künstler.

137 FKB, Mrt. IX, fol. 367. Mitgliederverzeichnis 1800–1816, 1833–1900. – Sohn des Isaac Fournier und der Marthe Logé.

138 FKB, Bat. IX, fol. 118; Mrt. X, fol. 95. Mitgliederverzeichnis 1800–1816. – Sohn des Jaques George und der Susanne Charlotte Richard. Letzte Adressenangabe: Koppenstr. 16.
Bei George könnte es sich auch um den gleichnamigen Gärtner handeln:
* 6. 6. 1774 Berlin, † 30. 3. 1841 Berlin, Potsdamer Str. 17. Sohn des Jean Pierre George und der Elisabeth Sarre (Bat. VIII, fol. 629; Mrt. IX, fol. 557. Mitgliederverzeichnis 1800–1816).

George, Paul[139]
∗ 8. 5. 1796 Berlin
ohne Angaben
Gärtner, Lange Gasse 35
(1825)

Girard sen., David[140]
∗ 27. 2. 1746 Berlin
† 16. 9. 1828 Berlin
Kaufmann, Spandauer Str. 81
(1809)

Gouillemot, Jean Henri[141]
∗ 24. 11. 1797 Berlin
† 20. 3. 1872 Berlin
Destillateur, Rosenstr. 26
(1835, 1838, 1841, 1844)

Guillemot, Jaques André Esaye[142]
∗ 17. 11. 1790 Berlin
† 12. 11. 1867 Berlin
Kaufmann, Poststr. 9
(1829, 1832, 1835, 1838)

Haßlinger, Louis Francois Gustave[143]
∗ 12. 11. 1806 Berlin
† 10. 7. 1890 Berlin
Fabrikbesitzer, Köthener Str. 37a
(1848)

Humbert, Jean Paul[144]
∗ 23. 8. 1766 Berlin
† 29. 4. 1831 Berlin
Kaufmann, Brüderstr. 29
(1809, 1812, 1815, 1818)

Humbert, Jean George[145]
∗ 14. 8. 1770 Berlin
† 7. 2. 1837 Berlin
Hofjuwelier, Schloßfreiheit 2
(1830)

Humblot, Hermann André Guillaume[146]
∗ 8. 5. 1813 Berlin
† 23. 6. 1875 Berlin
Zuckersiedereibesitzer, Münzstr. 8–9
(1848)

Hyan, Chrétien Louis[147]
∗ 6. 2. 1759 Berlin
† 20. 7. 1819 Berlin
Posamentiermeister, Neue Schönhauser Str. 1
(1809, 1812, 1815)

---

139 FKB, Bat. IX, fol. 504. Mitgliederverzeichnis 1800–1816. – Sohn des Gärtners Paul George und der Susanne Nicolas.
Bei Paul George könnte es sich auch um die gleichnamigen Gemeindemitglieder handeln:
1) ∗ 7. 9. 1784 Berlin. Sohn des Charles George und der Marianne Nicolas (Bat. IX, fol. 204).
2) ∗ 18. 1. 1773 Berlin. Sohn des Jean Pierre George und der Elisabeth Marie Sarre (Bat. VIII, fol. 590).

140 FKB, Bat. VII, fol. 154; Mrt. IX, fol. 146. Mitgliederverzeichnis 1800–1816. – Sohn des Pierre Girard und der Magdelaine Jassoy.

141 FKB, Bat. IX, fol. 495; Mrt. X, fol. 543. Mitgliederverzeichnis 1800–1816, 1833 bis 1900. – Sohn des Louis Guillemot und der Susanne (Elisabeth) Rose. – Spätere Adresse: Alexandrinenstr. 100/160 (?). Schreibweise auch: Guillemot.

142 FKB, Bat. IX, fol. 324; Mrt. X, fol. 426. Mitgliederverzeichnis 1800–1816, 1833 bis 1900. – Sohn des Louis Guillemot und der Susanne (Elisabeth) Rose.

143 FKB, Bat. X, fol. 241. Mitgliederverzeichnis 1833–1900. – Sohn des Jean Francois Haßlinger und der Marie Elisabeth Bourguet (Beauguet). Schreibweise auch: Has(s)linger.

144 FKB, Bat. VIII, fol. 326; Mrt. IX, fol. 203. Mitgliederverzeichnis 1800–1816; R. Béringuier (Hrsg.), *Stammbäume* ..., Tafel 26.

145 FKB, Bat. VIII, fol. 527; Mrt. IX, fol. 390. Mitgliederverzeichnis 1800–1816; R. Béringuier (Hrsg.), *Stammbäume* ..., Tafel 26. – Sohn des Jérémie Humbert und der Sophie Louise Runnecke.

146 FKB, Bat. X, fol. 435. Mitgliederverzeichnis 1833–1900. – Sohn des Pierre Humblot und der Marie Amélie Jordan.

147 FKB, Bat. VIII, fol. 168, 630. Mitgliederverzeichnis 1800–1816; R. Béringuier (Hrsg.), *Stammbäume* ..., Tafel 26. – Sohn des Jean Etienne Hyan und der Eleonore Siméon.

Jordan, Paul André [148]
∗ 29. 11. 1763 Leipzig
† 20. 8. 1830 Berlin
Juwelier, Französische Str. 20a
(1809)

Jordan, Auguste Emile [149]
∗ 5. 11. 1783 Berlin
† 21. 1. 1853 Berlin
Hofjuwelier, Jägerstr. 32
(1829)

Jordan, Jean Emile [150]
∗ 5. 8. 1787 Berlin
† 7. 5. 1852 Berlin
Rentier, Leipziger Str. 106
(1836, 1839, 1842)

Köhne, Charles Bernard Guillaume [151]
∗ 9. 5. 1789 Cöslin
† 27. 5. 1860 Berlin
Königl. Hofrat, Wilhelmstr. 101
(1826, 1829, 1832, 1835)

La Grange, Guillaume Louis Edouard [152]
∗ 8. 2. 1801 Berlin
† 30. 4. 1867 Berlin
Materialwarenhändler, Wilhelmstr. 31
(1848)

Laspeyres, Jean Erneste Chrétien [153]
∗ 3. 12. 1770 Berlin
† 6. 8. 1845 Berlin
Kaufmann, Alte Kommandantenstr. 6
(1810, 1813, 1816, 1819, 1822, 1815, 1828, 1831, 1834, 1837, 1840, 1843)

Lauterbach, Jean Erneste Henri [154]
∗ Lübben
† 4. 11. 1846 Berlin
Kaufmann, Taubenstr. 35
(1818, 1821, 1824)

Louis, Jean Guillaume de [155]
∗ 11. 6. 1777 Berlin
† 7. 1. 1842 Berlin
Seidenfärber, Stralauer Str. 41
(1817, 1820)

Lovie, André Guillaume [156]
∗ 17. 3. 1772 Berlin
† 4. 5. 1852 Berlin
Kaufmann, Münzstr. 6
(1815, 1818)

148 FKB, Bat. IX, fol. 159, 187. Gustav von Jordan/Louis Jordan (Hrsg.), Chronik der Familie Jordan, Zossen-Berlin 1902, S. 83 f. – Sohn des Paul Jordan und der Susanne Thiriot. Jordan heiratete am 30. 1. 1789 Jeanne Charlotte Lautier; er war außerdem Oberst (Obrist) der Bürgerwehr.

149 FKB, Bat. IX, fol. 181; Mrt. X, fol. 135. – Sohn des Pierre Jordan und der Jeanne Delas. Letzte Adresse: Französische Str. 40. Bei Jordan könnte es sich auch um das folgende Gemeindemitglied handeln: Emile Jordan, ∗ (?) Potsdam, † 19. 1. 1860 Berlin, Schloßstr. 33 in Charlottenburg (Berlin). Sohn des Charles Louis Jordan und der Henriette Elisabeth Mathis (Mrt. X, fol. 257).

150 FKB, Bat. IX, fol. 267; Mrt. X, fol. 122. Mitgliederverzeichnis 1800–1816. – Sohn des Pierre Jean Jordan und der Marie Dorothée Elisabeth Wlömer.

151 FKB, Bat. X, fol. 263. Mitgliederverzeichnis 1800–1816, 1826–1839; R. Béringuier (Hrsg.), *Stammbäume ...*, Tafel 90. – Sohn des Bernhard Louis Frédéric Köhne und der Charlotte Elisabeth Henr. Oldenbruch. Adressenangabe auch: Linkstr. 44.

152 FKB, Bat. X, fol. 122, 416; R. Béringuier (Hrsg.), *Stammbäume ...*, Tafel 79. – Sohn des Pierre Chrétien La Grange und der Chrétienne Guilemette Richter. Leitzower Weg 3, früher 22. Schreibweise auch: Lagrange.

153 FKB, Bat. VIII, fol. 536; Mrt. IX, fol. 724. Mitgliederverzeichnis 1800–1816, 1826 bis 1839. – Sohn des Henri Claude Laspeyres und der Elisabeth Wilhelmine Bocquet. Spätere Adresssenangabe: Kleine Präsidentenstraße 6.

154 FKB, Mrt. X, fol. 16. Mitgliederverzeichnis 1826–1839. – Sohn des Charles Lauterbach und der Chrétienne Schuster. L. starb im Alter von 72 Jahren. Spätere Adresse: Markgrafenstr. 36.

155 FKB, Bat. IX, fol. 50, 589. Mitgliederverzeichnis 1826–1839. – Sohn des Jean Michel des Louis und der Susanne Elisabeth Ribeau.

156 FKB, Bat. VIII, fol. 569; Mrt. X, fol. 122. Mitgliederverzeichnis 1800–1816, 1826 bis 1839, ohne André Guillaume; R. Béringuier (Hrsg.), *Stammbäume ...*, Tafel 130. – Sohn des Jean Lovie und der Anne Louise Coulon. Adressenangabe auch: Friedrichstr. 61.

Magnus, Johann Mathias[157]
ohne Angaben
Kaufmann, Behrenstr. 46
(1815)

Mathieu, Charles Louis[158]
∗ 12. 1. 1800 Berlin
† 31. 1. 1885 Berlin
Kunstgärtner, Stallschreibergasse 54
(1836)

Matthieu, Louis[159]
∗ 4. 9. 1759 Berlin
† 23. 12. 1826 Berlin
Gärtner, Neue Grünstr. 31
(1809, 1811, 1814, 1817, 1820, 1823, 1826)

Palis, Auguste Jaques Guillaume[160]
∗ 27. 11. 1807 Berlin
† 21. 5. 1865 Berlin
Seifensiedemeisterr, Mittelstr. 14
(1848)

Palm, Guillaume Frédéric[161]
ohne Angaben
Gastwirt, Landsberger Str. 51
(1809, 1815)

Palmié, Antoine Frédéric[162]
∗ 25. 12. 1770 Berlin
† 14. 4. 1852 Berlin
Kaufmann, Schloßfreiheit 7
(1812, 1815, 1818)

Pascal, Jean Barthelemy[163]
∗ 6. 2. 1774 Berlin
† 27. 4. 1853 Berlin
Kaufmann, Breite Str. 6
(1817)

Pfeffer, Jean Gottlob[164]
∗ Buckertorff
† ohne Angaben
Bildhauer/Polizei-Agent, Friedrichstr. 181
(1809, 1812, 1815)

Pignol, Etienne[165]
∗ 27. 8. 1784 Berlin
† 19. 2. 1865 Berlin
Kaufmann, Roßstr. 29
(1834)

Pinkert, Frédéric Charles[166]
∗ Luckenwalde
† 7. 12. 1852 Berlin
Hofjuwelier, Jägerstr. 32
(1844, 1847, 1849)

157 FKB, Mar. IV, fol. 100. – Ein Sohn des Johann Mathias Magnus und der Louise Marianne Frenckel heiratet am 2. 7. 1818 in Berlin Elisabeth Albertine Barez.

158 FKB, Bat. X, fol. 38; Mrt. XI, fol. 178. Mitgliederverzeichnis 1800–1816; R. Béringuier (Hrsg.), *Stammbäume* ..., Tafel 28. – Sohn des Louis Mathieu und der Elisabeth Gustine. M. hatte von 1835–1885 das Amt eines ancien-diacre und Secretaire des Diaconats inne. Adressenangabe auch: Neanderstr. 16.

159 FKB, Bat. VIII, fol. 185; Mrt. IX, fol. 115. Mitgliederverzeichnis 1800–1816; R. Béringuier (Hrsg.), *Stammbäume* ..., Tafel 28. – Sohn des Jean Louis Mathieu und der Anne Magdelaine Jolange. M. ist mit den Familien Claude, Pfeffer und Violet verwandt.

160 FKB, Bat. X, fol. 272, 367. Mitgliederverzeichnis 1800–1816; R. Béringuier (Hrsg.), *Stammbäume* ..., Tafel 74. – Sohn des Henri Charles Palis und der Marie Jeanne Humberdroz. Adressenangabe auch: Oranienburger Str. 54.

161 FKB, Mitgliederverzeichnis 1800–1816. Familienname erscheint in den Kirchenbüchern 1771–1772. In den Akten wird P. als Fabrikant bezeichnet; er ist mit Jeanne Elisabeth Trémeau verheiratet. Keine eindeutige Identität mit obigem Stadtverordneten.

162 FKB, Bat. VIII, fol. 538; Mrt. X, fol. 121. Mitgliederverzeichnis 1800–1816, 1826 bis 1839. – Sohn des Antoine Palmié und der Sophie Caroline Wolber. P. ist ein Bruder des Pastors Jean Michel Palmié.

163 FKB, Bat. VIII, fol. 620; Mrt. X, fol. 141. Mitgliederverzeichnis 1800–1816, 1826 bis 1839. – Sohn des Jean Pierre Pascal und der Marthe Judith Jollage. P. lebte später als Rentier in der Burgstr. 7.

164 FKB, Mitgliederverzeichnis 1800–1816, 1826–1839. – P. ist mit den Familien Claude, Hasslinger, Mathieu und Violet verwandt.

165 FKB, Bat. IX, fol. 136; Mrt. X, fol. 362. Mitgliederverzeichnis 1800–1816, 1826 bis 1839; R. Béringuier (Hrsg.), *Stammbäume* ..., Tafel 63. – Sohn des Pierre Pignol und der Judith Barez. Adressenangabe auch: Potsdamer Str. 111.

166 FKB, Mrt. X, fol. 131. Mitgliederverzeichnis 1826–1839; R. Béringuier (Hrsg.), *Stammbäume* ..., Tafel 25. – Sohn des Jean Théophile Pinckert (sic) und der Marie Frédérique Ammendorff. P. heiratete am 18. 12. 1818 Charlotte Louise Jordan.

Plantier, Jean Francois[167]
* 26. 5. 1788 Berlin
† 18. 5. 1853 Berlin
Färber, Wallstr. 3-4
(1832, 1835)

Rohr, Philippe Henri Charles Bernard Ferdinand de[168]
ohne Angaben
Kammergerichtsassessor, Besselstr. 21
(1848)

Sabatier, Jean[169]
* 4. 9. 1746 Berlin
† 25. 2. 1811 Berlin
Rentier, Niederwallstr. 15
(1809, 1810)

Sarre, Jean Henri[170]
* 3. 3. 1786 Berlin
† 17. 12. 1863 Berlin
Seifensiedermeister, Stralauer Str. 16
(1829, 1832)

Sarre, Jean George[171]
* 18. 5. 1774 Berlin
† 29. 1. 1864 Berlin
Seifensiedermeister, Hausvogteiplatz 8-9
(1819)

Schauß, Guillaume Ferdinand[172]
* Berlin
† 24. 5. 1879 Berlin
Kaufmann, Schloßplatz 1
(1839, 1842, 1845)

Simon, Jean Edouard[173]
ohne Angaben
Apotheker, Spandauer Str. 33
(1827, 1830. 1833)

Stachow, Joachim Friedrich[174]
ohne Angaben
Branntweinbrenner, Gollnowsgasse 24
(1809, 1814)

Steltzner, Jean Godefroi[175]
ohne Angaben
Kaufmann, Jerusalemer Str. 28
(1831, 1834)

Tancré, Jaques[176]
* 12. 8. 1767 Berlin
† 26. 9. 1848 Berlin
Posamentier/Bandfabrikant, Rosenstr. 18
(1809)

167 FKB, Bat. IX, fol. 278; Mrt. X, fol. 142. Mitgliederverzeichnis 1800–1816, 1826 bis 1839. – Sohn des Jean Etienne Plantier und der Marie Mazère.

168 FKB. Der Name erscheint zwischen 1790 und 1846 in den Kirchenbüchern.

169 FKB, Bat. VII, fol. 173; Mrt. VIII, fol. 417. – Sohn des Isaac Sabatier und der Marie Louise Elisabeth Witze(n). Berufsangabe auch: Tuchappreteur.

170 FKB, Bat. IX, fol. 241; Mrt. X, fol. 335. Mitgliederverzeichnis 1800–1816, 1826 bis 1839; R. Béringuier (Hrsg.), *Stammbäume ...*, Tafel 42–43. – Sohn des Isaac David Sarre und der Louise Decorty. Adressenangabe auch: Alexanderstr. 27a.

171 FKB, Bat. VIII, fol. 627; Mrt. X, fol. 339. Mitgliederverzeichnis 1800–1816, 1826 bis 1839. – Sohn des Isaac (David) Sarre und der Sophie Louise Decorty. Adressenangabe auch: Breite Str. 17.

172 FKB, Mrt. XI, fol. 88. Mitgliederverzeichnis 1826–1839. – Sohn des Jean George Schauß und der Anne Cathérine Lehmann. Schreibweise auch: Schauss. Letzte Adresse: Friedrichstr. 239.

173 FKB, Mar. IV, fol. 412, 426. – S. ist mit Auguste Charlotte Philippine Naetebusch verheiratet. Ihr gemeinsamer Sohn Charles Edouard Simon, geboren in Berlin und Apotheker, heiratet am 25. 6. 1851 Wilhelmine Elisabeth Jordan, Tochter des Jean Emile Jordan und der Jeanne Wilhelmine Auguste Würst.

174 FKB, Mar. III, fol. 405. – S. ist mit Marie Sophie Otto verheiratet. Ihre gemeinsame Tochter, Chrétienne Louise Stachow, geboren ca. 1770 in Berlin, heiratet am 28. November 1798 Jean Guillaume Hegemüller, Kunststecher aus Hanau.

175 FKB, Bat. X, fol. 184. Mitgliederverzeichnis 1800–1816, 1826–1839. – S. ist mit Sophie Tremeau verheiratet. Am 12. 12. 1804 wird die Tochter Sophie Jeanne Amélie geboren und in der franz.-ref. Gemeinde getauft.

176 FKB, Bat. VIII, fol. 432; Mrt. X, fol. 52. Mitgliederverzeichnis 1800–1816; R. Béringuier (Hrsg.), *Stammbäume ...*, Tafel 184. – Sohn des Jaques Tancré und der Marie Joly. Bandfabrikant. Adressenangabe auch: Kommandantenstr. 89.

Tancré, Jean[177]
∗ 13. 12. 1759 Berlin
† 20. 2. 1821 Berlin
Seifensieder, Roßstr. 20
(1809)

Violet, Carl Auguste Louis Fr.[178]
∗ 22. 2. 1797 Parstein
† 23. 1. 1863 Berlin
Materialwarenhändler, Brunnenstr. 52
(1837)

Violet, Jean Pierre[179]
∗ 16. 12. 1761 Berlin
† 22. 11. 1828 Berlin
Hofschlosser, Friedrichstr. 163
(1809)

Werner, Charles Frédéric Guillaume[180]
ohne Angaben
Seifensiedermeister, Mittelstr. 60
(1831, 1834, 1837, 1840, 1843)

Außer den oben aufgeführten Hugenotten befinden sich unter den Stadtverordneten noch zahlreiche Namensträger, die zwar in den Kirchenbüchern und Mitgliederlisten der Französischen Gemeinde verzeichnt sind, jedoch nicht eindeutig als Angehörige der Gemeinde nachgewiesen werden konnten. Dazu gehören die folgenden Stadtverordneten Carl Gotthild Heinrich und Johann Peter *Allardt,* Johann Christian *André,* Carl Ludwig und Eduard August *Bolle*, Jean Pierre *Bouché,* Carl Friedrich *Conrad*, Friedrich Wilhelm und Gustav Adolph *Dietz,* Friedrich Wilhelm Alexander und Carl Friedrich Franz *Ebel,* Johann Samuel und Johann Cristoph und Friedrich Heinrich Christian *Engel*, Johann Andreas *Fasquel*, Franz Edmund *Guiremand-Junge,* F. *Hayard,* Carl Friedrich *Jacob,* Carl Adolph Herrmann *Jonas*, Johann George *Lucas*, Friedrich Martin *Magnus*, Johann Melchior *Martin*, Johann Friedrich Samuel und Johann Friedrich Wilhelm *May,* Carl Dietrich *Paalzow*, Johann Friedrich Wilhelm *Pahl*, Jean Stephan *Plantier,* Johann Carl Adolph *Sasse*, Johann Christian Carl *Schrader*, Carl Ludwig und August Heinrich Ludwig *Schramm,* Martin Leonhard und Carl Ludwig *Seeger*, Friedrich Wilhelm *Tackmann*, Gottfried *Thomas*, Johann Baptist *Tondeur,* Johann Christian *Tornow*, Carl Ludwig *Trenn,* Carl Heinrich und Ernst Ferdinand *Ulrici,* Johann Heinrich und Wolfgang Siegismund *Walcker*.

177 FKB, Bat. VIII, fol. 316, fol. 659. Mitgliederverzeichnis 1800–1816. – Sohn des Jaques Tancré und der Marie Joly.

178 FKB, Mrt. X, fol. 297. Mitgliederverzeichnis 1826–1839. – Alle Mitglieder der Familie Violet bilden einen Stamm.

179 FKB, Bat. VIII, fol. 253; Mrt. IX, fol. 150. Mitgliederverzeichnis 1800–1816; R. Béringuier (Hrsg.), *Stammbäume ...,* Tafel 45. – Sohn des Jean Pierre Violet und der Anne Marie Cochet.

180 FKB, Mitgliederverzeichnis 1800–1816. – W. ist mit Marie Sophie Devaranne verheiratet.

7. Die Namen der Stellvertreter in alphabetischer Reihenfolge

Alberti, August Friedrich (1816)[181]
Albrecht, Carl Heinrich (1840)
Albrecht, Johann Gottfried (1815)
Alexander, Friedrich August (1826)
Amelang, Carl Friedrich (1818)
Aminde, Carl Wilhelm (1824)
Andrae, Wilhelm (1828)
Andreae, Johann Andreas Wilhelm Gottlieb (1841)
Andrée, Johann Christian (1842)
Appelius, Rudolph Felix Maximilian (1848, 1849)
Autem, Jaque Jedeon (1826)

Backofen, Carl Heinrich (1838)
Bade, Carl Friedrich Albert (1844)
Bading, Christian Friedrich (1837)
Badstübner, Carl August (1836)
Baerwald, Peter Friedrich Carl (1834)
Balluseck, Julius Theodor (1843)
Barthold, August (1821)
Bathcke, August Friedrich (1827)
Battré, Carl Eduard (1848)
Baucke, Carl Gustav (1847, 1849)
Baudouin, Wilhelm J. (1809)
Bauer, Johann Philipp (1813, 1815 eingerückt)
Baumbach, David Sigismund (1819)
Becherer, August Wilhelm (1835)
Becker, Johann Ludwig (1821)
Benda, Siegfried Alexander (1839)
Benda, Siegismund Alexander (1836)
Bergemann, G. W. (1810)
Bergmann, Gottlieb (1817)
Bernoully, Joh. Heinrich (1831)
Bier, August Wilhelm (1838)
Bindemann, Gottlieb Peter (1812)
Bischoff, Johann Friedrich (1832)
Blancke, Johann Friedrich Jacob (1842)
Blenz, Wilhelm Alexander (1828)
Blesson, Johann Ludwig Urban (1845)
Bleudorn, Joachim Friedrich (1834)
Blumenthal, Carl Ludwig (1832, 1834 eingerückt)
Bluth, Carl Wilhelm (1809 gewählt u. eingerückt)
Bobe, Christian Gottlieb (1838)
Bock, Joh. Friedr. (1827)
Bock, Johann Adolph Ludwig (1847)
Boetzow, Friedrich Julius Albert (1845)
Bohne, Johann Andreas (1819 gewählt und eingerückt)
Bolle, Carl Ludwig (1809)
Bolle, Martin Friedrich (1846)
Born, Johann Carl (1822)
Bothe, Johann Wilhelm Eduard (1847, 1849)
Böhme, Heinrich Ferdinand (1834)
Böttcher, Friedrich August (1842)
Brach, Jacques (1814)
Braumüller, Friedrich Wilhelm (1814)
Braun, Carl Ludwig (1846)
Bredrecke, Joh. Daniel Ludwig (1809)
Brehme, Carl Isaac (1813)
Bremer, Joh. David (1809)
Brendel, Carl Leop. (1839)
Brendel, Heinrich Friedrich (1829, 1838)
Bullerdieck, Heinrich Ludwig (1841)
Bunkenburg, Johann Joachim Conrad (1848)
Burau, Carl Friedrich Wilhelm (1849)
Burckardt, Joseph Ferdinand (1838)
Bülow, Joh. Christian (1809)
Bünger, August Ferdinand Eduard (1849)
Büttner, Wilhelm Gotthold (1835 gewählt u. eingerückt)

Cabanis, Carl Joseph (1835)
Caspar, Carl Friedrich, (1811gewählt und eingerückt)
Caspar, Wilhelm August Ludwig (1845)
Charton, Johann David (1824)
Clauß, Carl Otto (1837)
Cläpius, Ludwig Theodor (1848)
Colberg, Daniel Friedrich (1826)
Conrad, Friedrich Gottlob (1820)
Conrad, Joh. Heinrich (1830)
Conrad, Paul Eduard (1838)
Cramer, Johann (1814)

Danneel, Wilhelm August Albert (1834)
Denant, Carl Anton Joseph (1829)
Devaranne, Franz (1819)
Dhamm, Carl Friedrich (1820)
Dietert, Johann Friedrich Dietrich (1820, 1823)
Dietrich, August Ludwig (1847)
Dietrich, Johann Christian Leberecht (1826)
Dortu, Ludwig Jacob (1811)
Dotti, Johann Sebastian (1814)
Drewitz, Joh. Gottlieb (1809)
Dümmler, Ferdinand (1821)

Ebel, Christian Wilhelm Julius (1848)
Ebers, George Moritz (1836)
Eccardt, Friedrich Ludewig (1813)
Eccardt, Ludwig Wilhelm Eduard (1846)
Eckardtstein, Baron Ed. August von (1839)
Eckert, Martin (1819 gewählt und eingerückt)
Eger, Carl Friedrich Wilhelm (1849)

181 Die in Klammern gesetzten Jahreszahlen geben die jeweiligen Wahljahre an. Die Angabe „eingerückt" bedeutet, daß derjenige als Stadtverordneter eingerückt ist. In dem Verzeichnis „*Die Stadtverordneten und Stellvertreter der Wahlen von 1809 bis 1849*" sind Beruf und Adresse des Stellvertreters angegeben.

Eisenbeiß, Leonardt Stephan (1830)
Engel, Carl Ludwig (1848)
Engelmann, Friedrich Wilhelm (1848)
Engels, Adolph Gustav (1848)
Engler, Johann Heinrich Martin (1818)
Erhard, Joh. Paul (1840)
Errel, Carl Wilhelm (1836)
Eulner, Carl August (1821)
Eulner, Johann Georg Gottlieb (1827)
Eyffert, Johann Ludwig (1810)

Fasquel sen., Johann Andreas (1813)
Fauser, Friedrich (1816)
Fielitz, Carl Friedrich (1830, 1832 eingerückt)
Fintelmann, Friedrich Wilhelm (1809)
Fischer, August Ludwig (1844)
Fischer, Friedrich Ludwig Samuel (1846)
Fischer, George Christian (1836)
Fleischer, Christian Friedrich (1837)
Fleischinger, George (1828)
Fournier, Friedrich Philipp (1840)
Francke, Johann George Friedrich (1842)
Francke, Johann Gottfried David (1846)
Franke, Friedrich Wilhelm (1848)
Freitag, Joh. Simon (1831)
Fretzdorff, Ludwig (1817)
Freytag, Johann Simon (1840)
Friese, Christian Engel (1824)
Funcke, Johann Carl Eberh. Ferdinand (1826)
Funk, David Israel (1817)

Gaillar, Johann Carl Philipp (1848)
Galli, Eduard Bartholomeus (1848)
Gamet, Julius Theodor (1833)
Garcke, Martin Heinrich (1815)
Gaultier de St. Blancard, Heinrich Franz von (1812)
Gaum, August Bernh. (1834)
Geffcke, Johann August Heinrich (1820, 1826 gewählt u. eingerückt)
Geisler, Heinrich Ludwig (1818, 1824)
Genderich, Carl Christian Friedrich (1837)
Gerhardt, Wilhelm (1820)
Gericke, Friedrich Wilhelm (1837)
Germershausen, Christian Friedrich Ludwig (1832 gewählt und eingerückt)
Giesecke, (1814, 1815 eingerückt)
Gilka, Karl Joseph Aloysius (1843)
Gladebeck, Ferdinand Ludolph (1832, 1838)
Glaeser, Carl Heinrich (1824)
Glohr, Johann George (1810 gewählt u. eingerückt, 1817)
Gornow, Carl Friedrich (1813)
Gosewisch, Carl Friedrich August (1848)
Gout, Franz (1820)
Götze, Carl August Wilhelm (1836, 1839)
Graefe, Eduard (1830)
Graul, Heinrich Ferdinand (1848)
Griesling, Joh. Conrad (1828)
Gropius, Geo. Friedrich (1839)
Gropius, Wilhelm Ernst (1816)
Groß, Johann Dietrich (1825)
Grundmann, Johann Andreas (1823)
Grunewaldt, Johann Friedrich (1816)
Grust, Wilhelm (1814)
Guillemot, Jacques André Essaie (1844)
Günther, Wilhelm Gottfried (1834)

Haack, Gottfried Eduard (1846)
Haack, Karl August Ferdinand (1826, 1832 gewählt und eingerückt)
Hache, Carl Wilhelm Theodor (1837)
Hache, Johann Heinrich (1814, 1817))
Haensch, Joh. Daniel (1829)
Hahn, Heinrich August Ferdinand (1847, 1849)
Halffter, Friedrich Wilhelm (1837)
Harnecker, Friedrich Wilhelm (1848)
Hassenberg, Christian (1811)
Hausotte, August Eduard Adolph (1847, 1849)
Häring, Dr. George Wilhelm Heinrich (1847)
Heese, Johann Adolph (1834)
Heidemann, Christian Michael Heinrich (1842)
Heinsius, Carl Ludwig Ferdinand (1826)
Helfft, Beer Isaak (1818)
Hensel, Gottfried Ludwig (1831)
Hermanni, Ferdinand (1810)
Herrmann, Joh. Christian (1809)
Herrmann, Johann Friedrich August (1841)
Herrmann, Johann Gottlieb Karl (1843)
Hertel, Friedrich (1828)
Herz, Johann Gottleb (1820)
Hesse, Friedrich Christian Daniel (1833)
Heureuse, Etienne Francois August de (1846)
Hintze, Christian Ludwig (1811)
Hitzig, Johann Heinrich Benjamin (1841)
Hochhaus, Anton (1840)
Hoehnemann, Joh. Gottfried (1809)
Hoffmann, Carl Friedrich Ferdinand (1836)
Hoffmann, Friedrich Wilhelm (1832, 1841)
Hoffmann, Johann Christian Friedrich (1846)
Hoffmann, Johann Gottfried (1815)
Holfelder, Wilhelm (1828)
Hopf, Georg Leonhardt (1830)
Hopfgarten, Johann Heinrich Ludwig (1817)
Hotho, Prof. Dr. Gustav Heinrich (1848, 1849)
Hölcke, Johann Daniel (1823)
Höltz, Johann George (1811)
Höltz, Johann Wilhelm (1841)
Humblot, Peter (1828)
Hyan, Johann Ludwig (1848)

Jander, Johann Friedrich (1815)
Jäckel, Eugen Albert (1849)
Jäckel, Wilhelm (1810)
Jerichow, Wilhelm (1826)
Jeserich, Ferdinand Albert Theodor (1848)
Jordan, Johann Emil (1823)
Jordan-Friedel, Peter Johann (1826)
Jung, Daniel Ferdinand (1827)
Junge, Ernst (1820)
Junge, Joh. Martin (1840)
Jüngel, Friedrich Leberecht (1810)
Jürgens, Stephan Friedrich Wilhelm (1848)
Kahle, Philipp Leopold (1846)

Kampfmeyer, Johann George Carl (1814)
Kannengießer, Gottlieb Daniel (1824, 1830)
Kaumann, Heinrich Wilhelm (1823)
Kelpin, Jacob Christian (1809, 1810/11 eingerückt)
Kerner, August Wilhelm (1824)
Kersten, Erdmann Friedrich (1835)
Key, Karl (1827)
Kirchheim, Jacob (1849)
Kirchhoff, Joh. Carl (1840)
Kitzing, Johann Friedrich (1845)
Klenze, Prof. Dr. Clemens August Carl (1833 gewählt u. eingerückt)
Klügel, Heinrich Phil. Friedrich (1810)
Knoblauch, Carl Heinrich Eduard (1849)
Knoenagel, Friedrich Ludwig Wilhelm (1823)
Kober, Joh. Jeremias (1809)
Koch, Anton (1827)
Kolbe, Joh. Sebastian (1826)
Köhler, Carl Friedrich Wilhelm (1837)
Köppe, Carl Wilhelm (1839)
Körber, Friedrich (1813)
Körner, Emanuel Wilhelm Körner (1814)
Körner, Johann Friedrich (1812, 1818, 1821)
Köwa, Johann Heinrich Adolph (1848)
Krahmann, Gustav Rudolph (1833, 1848)
Kramer, Friedrich Otto (1812)
Krause, Christoph Friedrich Carl (1837, 1848)
Krause, Friedrich Carl (1827)
Krause, Friedrich Carl Wilhelm (1829)
Krauske, Carl Wilhelm Eberh. (1832)
Krutisch, (1809)
Krüger, Prof. Franz (1845)
Kunde, Richard Julius (1843)
Kupsch, Johann Heinrich (1819)
Küdorff, Gottlieb Adolf (1811)
Kühl, Friedrich Wilhelm (1845)
Kühne, Carl Ernst Wilhelm (1844)
Künzel, Christian Gottlieb (1810)

La Grange, Wilhelm Ludwig Eduard (1847, 1849)
Ladendorff, Heinrich Daniel Ferdinand (1848)
Lamprecht, Adam Friedrich (1818)
Lange, Erdmann Samuel Ferdinand (1849)
Lehmann, Christian Friedrich (1820)
Lehmann, Heinrich Wilhelm (1833)
Lehmann, Johann Christian Ludwig (1820)
Lehmann, Ludwig Eduard (1844)
Leichert, Gottfried Behrend (1812, 1813 eingerückt)
Leisko, Christoph Friedrich (1815)
Lencke, Johann Heinrich (1814)
Lepin, Johann Gottlieb (1816)
Leuther, Friedrich Wilhelm (1842)
Liese, Joh. Friedrich (1828)
Lietzman, August Wilhelm (1818)
Lietzmann, Joh. Samuel (1831)
Limbach, Johann Carl Heinrich Benjamin (1822)
Löhder, Carl Wilhelm (1824, 1833, 1839)
Lubow, Johann Gottlieb (1844)
Lucae, August Friedrich Theodor (1842)
Lucks, Traugott Philipp (1814, 1817, 1820)
Lutze, J. C. (1826)
Lutze, Johann Christian (1820)
Lutze, Johann Daniel (1817)
Lüdicke, Johann Gotthilf (1811)
Lüttke, Johann Ferdinand (1817, 1820)

Mahling, August Wilhelm (1827)
Mappes, Ernst Peter (1831)
Mappes, Heinrich Wilhelm Julius (1845)
Marggraff, Franz Eberhardt (1827)
Marquard, Wilhelm Julius (1834)
May, Friedrich Wilhelm (1811)
Mädicke, Wilhelm (1827)
Meißner, Johann Jacob (1842)
Memmert, F. (1813)
Mencks, Ferdinand Theodor (1847, 1849)
Mertens, Andreas Carl Wilhelm (1845, 1847 eingerückt)
Meudtner, Adolph Wilhelm (1840)
Mewes, Johann Christian (1821)
Meyer, Carl Heinrich (1835)
Meyer, Friedrich August (1833)
Meyer, Joh. Christ. Friedrich (1809)
Meyerhoff, Karl Friedrich Eduard (1843)
Mitscher, Carl (1825)
Mohrmann, Johann Friedrich (1810)
Moser, George August (1838)
Mücke, George Lebrecht (1809)
Müller, Carl Friedrich August (1824)
Müller, Christian Friedrich (1820)
Müller, Georg Christoph (1817)
Müller, Johann Ferdinand (1831)
Müller, Johann Ludwig Ferdinad (1843)
Münchenberg, Johann Rudolph (1815)

Nauwerck, Dr. phil. Ludwig Gottlieb Carl (1848)
Neiff, Carl Friedrich (1831)
Neuendorff, Johann Gottfried (1829)
Neumann, Johann (1824)
Neumann, Ludwig Ferdinand (1835, 1844, 1847)
Nicolas, (1810)
Nitze, Friedrich (1845)

Oehme, Christoph Wilhelm (1846)
Ohrenberg, Johann Christian Jacob (1811)
Otto, Carl Heinrich August (1809)

Pachtmann, Johann Gottfried (1814)
Pahl, Joh. Gottfried (1809)
Palm, Johann Christian (1816)
Palm, Johann Christian (1823)
Panzer, Gottfried Christoph (1809)
Partzsch, Joh. Carl Friedrich (1837)
Peglow, Johann Christoph (1818)
Peschke, Friedrich Wilhelm (1815)
Peters, Johann George (1830, 1836)
Pfähler, Friedrich Ludwig (1827)
Pieckenhagen, Augus Daniel (1809)
Pietsch, Heinrich (1824)
Pincson, Moses (1812)
Poppe, Johann Friedrich (1833)
Praetorius, Emil Friedrich Wilhelm (1836)

Protzen, Joachim Christian (1828)
Punschel, Christian Friedrich Traug. (1839)
Püchler, Dr. Friedrich Philipp Traugott (1844)

Quarkowsky, Carl George (1818, 1824)
Quewa, Johann Heinrich Adolph (1847, 1849)

Raasch, Gustav (1845)
Rabert, Joh. Conrad (1826)
Radecke, Carl Gottfried (1809)
Radicke, August Ferdinand (1835)
Radicke, Johann Friedrich (1833)
Rathke, August Friedrich (1839)
Rauck, Johann Gottlieb (1820)
Ravené, David (1823)
Reetz, Carl Ernst Gottfried (1818, 1819 eingerückt, 1821)
Rehwaldt, David Christian Gottfried (1823)
Reichenkron, August Karl (1812)
Reichert, Gottlieb Heinrich (1824)
Reiff, Friedrich Christoph Daniel (1849)
Reiß, Joseph Ferdinand (1835, 1841)
Reißner, Heinrich (1821)
Remmin, George Ernst (1811, 1814)
Rettschlag, Christian Heinrich (1838)
Reyher, Johann Gottlieb Heinrich (1821)
Richter, F. H. G. (1826, 1827 eingerückt)
Riedel, Joh. Daniel (1840)
Rindler, August David (1813)
Rochlitz, Michael Ludwig Heinrich (1848)
Rode, Heinrich Ferdinand (1831)
Rode, Heinrich Karl Ferdinand (1843)
Rohr, Heinrich Rudolf (1809)
Rose, Wilhelm (1831, 1840)
Roth, Johann Friedrich (1815, 1830)
Röhlich, Andreas Christian (1841)
Röse, Johann (1818)
Röse, Johann Daniel (1817)
Rösicke, Christian Friedrich (1816)
Rubens, Heinrich (1836)
Rupprecht, Leonh. (1832)
Rüthnick, Friedrich Wilhelm (1848)

Sabatier, Jean Daniel (1812)
Sametzky, Johann Christian Gottlieb (1824)
Sartori, Constantin Philipp George (1809, 1810/11 eingerückt)
Schacht, Julius Eduard (1842)
Schack, Johann Gottfried (1823)
Schaeffer, Johann Heinrich (1823, 1841)
Schaarschmidt, Johann David (1809, 1810/11 eingerückt)
Scheffer, Carl August (1831)
Scheuermann, Carl Ludwig (1835)
Schickendantz, Ludwig (1848)
Schiedler, Johann Friedrich (1822)
Schindowski, Gustav Wilhelm (1842)
Schmidt, Christian Friedrich (1826)
Schmidt, Heinrich Ludwig (1834)
Schneider, Justus Friedrich (1847, 1849)
Schönebeck, Carl Heinrich (1817, 1823, 1826)
Schrader, Gustav Theodor (1835)
Schramm, Carl Ludwig (1828)
Schultze, August Gottlieb (1830)
Schultze, Joh. Andr. Gottfried (1829)
Schulz, Christian Friedrich (1817)
Schumann, Carl Friedrich Wilhelm (1843, 1846)
Schumann, Karl Friedrich Wilhelm (1843)
Schuster, Carl (1822)
Schuster, George Carl Friedrich (1840)
Schültzky, August Wilhelm (1837)
Schüppel, Carl Wilhelm (1826)
Schwartz, Carl Albert (1848)
Schwartz, Heinrich Ferdinand (1816)
Schwarz, Carl Samuel (1809)
Schwarz, Johann Friedrich (1814)
Schwendy, Johann Gottfried (1818)

Seeger, Carl Ludwig (1837)
Seegert, Carl Wilhelm (1848)
Sehlmacher sen., Gottfried (1838)
Seidel, Ferdinand Gustav Adolph (1840)
Seidel, Gottlieb Philipp (1811)
Sembdner, Christian August (1812)
Seydlitz, Carl August Gustav von (1838)
Seyffert, Carl Friedrich (1809)
Seymer, Heinrich Franz Eduard (1844)
Siebern, Christ. Daniel (1829)
Siebert, Christian Ehrenreich (1824)
Siegel, Carl Wilhelm Eduard (1844)
Siegling, Friedrich August (1849)
Siegling, Joh. Ernst (1824)
Soltmann, Conrad Heinrich (1821)
Sommer, Johann Friedrich (1833)
Sonntag, Johann Friedrich Wilhelm (1849)
Spatzier, Christian Julius (1809 gewählt u. eingerückt)
Sperling, Johann Carl Heinrich (1821)
Staberoh, Joh. Julius (1809)
Staberoh, Johann August Jacob (1822)
Stachow, Christ. Fried. (1809)
Stachow, Christian Friedrich (1816)
Starck, Johann Friedrich (1813)
Starke, Johann (1814 gewählt und eingerückt)
Stägemann, Carl Franz Adolph Phil. Ed. (1831)
Stegemann, Wilhelm Ferdinand (1809 gewählt u. eingerückt)
Stegmüller, Ludwig Heinrich (1845, 1848)
Steinhausen, Johann Friedrich (1817, 1820, 1826)
Stier, Prof. Friedrich Gustav Alexander (1844)
Stobwasser, Christian Heinrich (1832)
Straube, Christian Friedrich (1809)
Stümer, Karl Ludwig (1817)
Stümer, Ludwig (1823)
Süßbier, Carl Friedrich (1836)

Teichel, Ludolff Samuel Ferdinand (1825 gewählt u. eingerückt)
Thieme, Johann Carl (1810)
Thiermann, Adam Gottlieb (1809)
Tiefensee, Heinrich Daniel Friedrich (1821, 1827)
Tietz, Carl Ludwig (1829)
Titel, Carl Ferdinand August (1848)
Traviez sen., Carl Friedrich (1834)

Troja, Carl Ludwig (1830 gewählt u. eingerückt)
Tübbecke, Friedrich Wilhelm (1849)

Ulrici, Carl Heinrich (1823)
Ungerer, Johann Carl Heinrich (1848)
Urban, Carl Ludwig (1844)

Violet, Johann Peter (1813)
Voigt, Heinrich Friedrich Karl (1843)
Voigt, Johann Friedrich (1811)
Voigt, Martin Friedrich (1809, 1823, 1824 eingerückt)
Vollgold sen., Christoph David (1847)
Voretsch, Johann Heinrich August (1829)
Voßberg, Gustav Friedrich (1830)

Wahnschaff, Johann Carl George (1841)
Walcker, Johann Heinrich (1811, 1814 eingerückt)
Wasserlein, Ferdinand Gustav Adolph (1843)
Weber, Carl (1815)
Wegener, Gottfried (1809)
Wegener, Johann August (1833)
Wegener, Johann Wilhelm (1819, 1846)
Weise, Joh. Carl Gottlieb (1834)
Weisse, Friedrich Wilhelm (1845)
Weiß, Christian Gottlob (1819)
Weiß, Friedrich Michael (1809)
Wendorff, Carl August (1848)
Wenzel, Friedrich Wilhelm (1813)
Wernicke, Joh. Carl (1831)
Wibeau, Adolph Louis (1849)
Wichmann, Ludwig Wilhelm (1835)
Wienecke, Johann Andreas Gottlieb (1820)
Winckelmann, Friedrich Christian (1848)
Windschügl, Johann Friedrich August (1848)
Wittcke, August (1839)
Wolff, Carl Ernst Ferdinand (1834)
Wolff, Johann Gottlieb (1829)
Wolff, Moses (1839)
Wreden, Conrad Heinrich (1811)
Wunsch, Johann Heinrich (1836)
Wutke, Joh. Gottf. (1832)
Würst, Heinrich Christian Karl (1843)

Zahrt, Carl Wilhelm (1839)
Zepp, Johann (1823)
Ziemann, Johann Friedrich (1811, 1826)
Zumpt, Prof. Carl Gottlob (1838)
Zürn, Carl Ludwig (1811, 1813 eingerückt)

8. Die Namen der Stadtverordneten in alphabetischer Reihenfolge

Ackermann, Friedrich (1821, 1824, 1827)[182]
Albrecht, Carl Heinrich (1813)
Albrecht, Carl Heinrich (1819, 1822, 1825, 1843)
Allardt, Carl Gotthild Heinrich (1811, 1814, 1817)
Allardt, Johann Peter (1835)
André, Johann Christian (1827, 1830, 1833)
Anger, Johann Friedrich Wilhelm (1820, 1823)
Appelius, Friedrich Adolph Heinrich (1837, 1840, 1843)
Arendt, Heinrich (1826, 1829, 1832)
Arnous, André (1824, 1827)
Asche, Christian Ludwig (1848)

Backofen, Karl Heinrich (1817, 1820, 1823, 1826, 1829, 1832, 1835)
Badstübner, Carl August (1845)
Ballerstädt, Wilhelm (1814, 1817)
Ballmüller, Christian Friedrich (1824)
Baltzer, Carl Ludwig (1840)
Bandow, siehe Mezelewsky
Bandow, Sigismund (1809, 1811)
Barleben, Johann Wilhelm (1821)
Bartel, Friedrich Wilhelm (1842)
Barth, Carl Ludwig (1846)
Barth, Franz Adolph Ferdinand (1848)
Bathow, Christian Friedrich (1824, 1830, 1833, 1836)
Bauer (1809)
Bauer, Johann Philipp (1815 eingerückt)
Baumgärtner, Jacob Heinrich (1818)
Bährendt, Carl August (1838, 1841)
Becherer, August Wilhelm (1838)
Becherer, Carl Gottlob (1821)
Beck, Johann Friedrich (1812)
Becker, Johann Samuel Ludwig (1824, 1827, 1830, 1833, 1836, 1839, 1842, 1845)
Beggerow, Ernst Friedrich Wilhelm von (1833)
Behm, Carl Friedrich Wilhelm (1848)
Behrend, Christian Friedrich (1817, 1820, 1823, 1826)
Behrendt, Friedrich Wilhelm (1842, 1845)
Benda, Daniel Alexander (1835, 1838)
Benda, Siegfried Alexander (1842)
Bensch, Friedrich Wilhelm (1845)
Berein, Edmund Herrmann (1848)
Berend, Bernhard Samuel (1842, 1845, 1848, 1849)
Berends, Julius (1847)
Bergemann, August Heinrich Ferdinand (1836)
Bergemann, Friedrich August (1831)
Bergemann, Gottlieb W. (1809)
Bergemann, Joh. Kaspar (1809)
Bergmann, Friedrich August (1844)
Béringuier, Chretien (1811, 1814)
Bernard, Jacob Abraham (1842, 1845)
Bernard, Jacob Abraham (1830, 1833)
Berner, Johann Friedrich (1812, 1815, 1818, 1821, 1824)
Bernstein, Friedrich Wilhelm (1826)
Berthold, Ferdinand Ernst (1814, 1817, 1820)
Beutel, Heinrich David (1821)
Beyrich, Carl (1818)
Beyrich, Carl Ernst Friedrich Ferdinand (1848)
Biedtel, Johann Peter Wilhelm (1844)
Bier, August Wilhelm (1809, 1811)
Bier, August Wilhelm (1841, 1844)
Bischoff, Johann Friedrich (1835)
Blancke, Johann Friedrich Jacob (1835, 1838, 1848)
Blell, Eduard Wilhelm (1847, 1848)
Blesson, Johann Ludwig Urban (1830, 1836, 1839, 1842)
Bleudorn, Joachim Friedrich (1840)
Blumenthal, Carl Ludwig (1834 eingerückt, 1841, 1844)
Bluth, Carl Wilhelm (1809 eingerückt, 1813)
Bobe, Christian Gottlieb (1841, 1844)
Bock, Friedrich (1848)
Bock, Friedrich Wilhelm (1811)
Bohm, Carl Friedrich (1826, 1829)
Bohm, Carl Gottfried Friedrich (1821)
Bohne, Johann Andreas (1819 eingerückt)
Bohnhoff, Franz Carl Heinrich (1846, 1848)
Bolle, Carl Ludwig (1810)
Bolle, Eduard August (1836, 1839, 1842, 1845)
Borchmann, Johann Heinrich (1816, 1819)
Bouché, Jean Pierre (1809, 1810, 1813, 1816, 1819, 1822, 1825)
Bouché, Jean Pierre (1809, 1816, 1819, 1822, 1825, 1828, 1831, 1834, 1837, 1840)
Böhme, Carl Isaak (1809)
Böhme, Heinrich Ferdinand (1837, 1840)
Böttcher, Friedrich August (1849)
Braumüller, Joh. Gottfr. (1809)
Braumüller, Wilhelm Gottfried (1844, 1847, 1848)
Braun, Ludewig Heinrich Wilhelm (1815, 1818)
Braune, Johann Friedrich Wilhelm (1823, 1826, 1829, 1832, 1835)
Bräutigam, Johann Friedrich (1812, 1815)

182 Die in Klammern gesetzten Jahreszahlen geben die jeweiligen Wahljahre an. Die Bezeichnung „eingerückt" bedeutet, daß derjenige aus den Reihen der Stellvertreter als Stadtverordneter eingerückt ist. In dem Verzeichnis „*Die Stadtverordneten und Stellvertreter der Wahlen von 1809 bis 1849*" sind Beruf und Adresse des Stadtverordneten beim Jahr der Erstwahl angegeben; bei der Wiederwahl wird lediglich der Name angeführt.

Brederecke, Johann Daniel Ludwig (1812)
Brederecke, Johann Friedrich (1816, 1819, 1822)
Brose, Johann Friedrich (1811, 1814, 1817)
Bröcker, George Heinrich August (1848)
Buckatz, Carl Albert Emil (1846)
Bühring, Justus Ernst (1828, 1831, 1834, 1837, 1840)
Bülow, Peter Anton Julius (1844)
Bürstenbinder, Johann Jacob Friedrich (1819, 1822)
Büttner, Wilhelm Gotthold (1835 eingerückt)

Caspar, Carl Friedrich (1811 eingerückt, 1814)
Caspar, Wilhelm August Ludwig (1845, 1848)
Cauer, Jakob Ludwig (1824)
Charton, Jean Pierre (1809, 1812, 1815)
Charton, Johann David (1830, 1833, 1842)
Claude, Benjamin (1809)
Colberg, Carl Friedrich Franz (1845)
Colberg, Dan. Friedrich (1832)
Conrad, Carl Friedrich (1823, 1826)
Contal, Samuel (1809)
Crüger, Ernst Ludewig Gotthold (1816)
Crüsemann sen., Johann Conrad Christian (1822, 1825, 1828, 1831, 1834, 1837)
Crüsemann, Conrad Eduard Wilhelm (1843)

Damm, Johann Gottlieb (1812)
Danneel, Wilhelm August Albert (1837)
Danneel, Wilhelm August Albert (1849)
Dannenberg, August Wilhelm Friedrich (1830, 1845)
Dannenberg, Carl Emanuel (1811)
Dannenberg, Carl Ludwig (1811, 1814, 1820)
Dannenberg, Friedrich (1810)
Dannenberg, Johann Gottfried (1828, 1831)
Däge, Johann Friedrich Ferdinand (1837, 1840, 1843)
Delschau, Johann Christian (1821, 1824, 1827, 1830)
Denant, Karl Anton Joseph (1832, 1835, 1838)
Deselsky, Carl Ferdinand (1821, 1824, 1827)
Desmarets, Johann Friedrich Heinrich (1830, 1833, 1836)
Desselmann, Johann Friedrich (1822, 1825, 1828, 1831, 1834, 1837, 1840, 1843)
Devaranne, Simon Pierre (1847)
Diederich, Adolph Gustav (1843)
Dieterichs, Franz Carl (1828, 1831, 1834, 1837)
Dietrich (1809)
Dietrich, August (1823, 1826, 1829, 1832)
Dietrich, Carl (1815)
Dietrich, Friedrich Wilhelm (1819, 1822, 1825, 1828)
Dietz, Friedrich Wilhelm (1837)
Dietz, Gustav Adolph (1849)
Dori, Carl Wilhelm (1809, 1811)
Dotti, Johann Baptist (1817, 1820)
Döllen, Hans Carl (1847)
Dreher, Heinrich Julius (1846)
Dubitzky, Ludwig Franz Friedrich Julius (1849)
Dumann, Ernst Friedrich Wilhelm (1847)
Duncker sen., Carl Friedrich Wilhelm (1834, 1837, 1840, 1843, 1846, 1848)
Dümmler, Friedrich Heinrich Georg Ferdinand (1836, 1839)
Dürr, Carl Ludwig (1830, 1833, 1836, 1839)

Ebart, Carl Emil (1844, 1847)
Ebel, Carl Friedrich Franz (1848)
Ebel, Friedrich Wilhelm Alexander (1843, 1848)
Ebert, Ernst Christian Philipp (1824)
Ebert, Ernst Christian Philipp (1839, 1842)
Eckert, Martin (1819 eingerückt)
Ehm, Andreas (1827)
Ehmelick, Heinrich Wilhelm (1809, 1816, 1819)
Eisemann, Gotthilf (1823)
Elsholtz, Christian Friedrich (1848)
Elster, Alexander Christian Ludolph Joachim (1848)
Eltze, Friedrich Wilhelm (1814)
Engel, Friedrich Heinrich Christian (1848)
Engel, Johann Christoph (1809, 1810, 1813, 1816)
Engel, Johann Samuel (1812)
Engeler, Johann Heinrich Martin (1836, 1839, 1842, 1845)
Engelhardt, Wilhelm Gottfried (1812)
Eschner, Johann Friedrich (1819, 1822)
Eselbach, Johann Joachim (1824)
Eyffert, Christ. Gottl. Julius (1844)
Eyfferth, Johann Ludwig Christian (1817)
Eysenhardt, Karl Andreas (1809, 1810)
Eyssenhardt, Friedrich Wilhelm (1809)

Fabricius, Robert Daniel (1839, 1842, 1845, 1848)
Falkenberg, Carl Hermann (1847)
Fasquel sen., Johann Andreas (1816, 1819, 1822, 1825, 1828, 1831, 1834, 1837, 1840, 1843, 1846)
Fauser, Christoph Friedrich (1819, 1822)
Fähndrich, August Otto (1841, 1844, 1847, 1848)
Fielicke, Christoph Friedrich (1813)
Fielitz, Carl Friedrich (1827, 1832 eingerückt)
Finkbein (1809)
Fischer, Johann Carl (1841)
Fournier, Friedrich Philipp (1843, 1846, 1848)
Fournier, Louis (1822, 1825, 1828)
Försterling, Carl Friedrich Franz (1849)
Förstner, Johann Andreas (1809, 1812, 1821, 1824)
Francke, Christoph Friedrich Martin (1845)
Francke, Gottlob Wilhelm Ludwig (1827, 1830, 1833, 1836, 1839, 1842)
Fränckel (1809)
Freitag, Johann Andreas Chr. (1809, 1812, 1815, 1818)
Freitag, Johann Simon (1825, 1828)
Fretzdorff, Christian Ludwig (1823, 1826, 1829, 1832)
Freund, Julius Conrad (1849)
Frick, Ludwig (1815, 1818)
Friebe, Wilhelm Zacharias (1833)
Friebel, Friedrich Wilhelm (1846)
Friedrich, Johann George (1809, 1817)

Hindenberg, Johann Christoph (1814, 1817)
Hochhaus, Anton (1843)
Hoffmann, Ernst Sigismund (1815, 1818)
Hoffmann, Franz Lorenz (1811, 1814, 1817, 1820, 1823, 1826)
Hoffmann, Friedrich Wilhelm (1829, 1838, 1846)
Hoffmann, Gottfried (1809, 1812)
Holbein, Friedrich Wilhelm Julius (1845, 1848)
Holfelder, Carl Ludwig Dionysius (1848, 1849)
Holfelder, Johann Heinrich Wilhelm (1831, 1834, 1837, 1840, 1843, 1846)
Holfelder, Johann Heinrich Wilhelm (1821, 1824)
Hotho, Heinrich (1826)
Höne, Carl August Julius (1848)
Höne, Wilhelm (1809, 1812, 1815, 1818)
Hönig, Johann Friedrich Heinrich (1810)
Humbert, Jean Paul (1809, 1812, 1815, 1818)
Humbert, Johann George (1830)
Humblot, Herrmann Andreas Wilhelm (1848)
Hyan, Christian Ludwig (1809, 1812, 1815)

Jacob, Carl Friedrich (1818)
Jaeckel, Friedrich Wilhelm Gustav (1848)
Jahn, Friedrich Wilhelm (1811)
Jahns, Christian Friedrich (1819)
Janck, Daniel Gottfried Heinrich (1825, 1828, 1831)
Jäckel, Wilhelm (1816, 1819)
Jänicke, Samuel Friedrich (1823, 1826)
Jonas, Carl Adolph Herrmann (1848)
Jordan, Paul André (1809)
Jordan, Emil (1829)
Jordan, Johann Emil (1836, 1839, 1842)
Junge, Johann Friedrich Wilhelm (1817, 1820, 1823, 1832)
Jüngel, Friedrich Leberecht (1813, 1816, 1819)
Jürst, Hans August (1836)

Kaapcke, Johann Friedrich (1809)
Kampfmeyer, Johann George Carl (1820, 1823, 1826, 1829, 1832)
Kanow, F. W. (1827, 1830)
Katsch, Johann George Ferdinand (1820, 1823, 1826, 1829, 1832)
Kellstädt (1809)
Kelpin, Jacob Christian (1810 eingerückt)
Keßler, Florenz Jakob Leopold (1840, 1843, 1846)
Keusch, Christian Ludewig (1816)
Klaeger, Carl Ludwig (1835, 1838, 1841)
Klebe, Julius Wilhelm Burghardt (1848)
Kleemann, Christian Gottfried (1819)
Klenze, Prof. Dr. Clemens August Carl (1833 eingerückt, 1836)
Klix, Carl Albrecht Ferdinand (1848, 1849)
Klug, Carl Friedrich (1828)
Knörtzer, Johann Heinrich (1816)
Knust, Martin Carl Anton (1848)
Koblank, Dr. David Emilius Heinrich (1825, 1828, 1831, 1834)
Koch, Anton (1820)
Koch, George Anton (1830, 1833)
Kochhan, Johann Gottfried Carl (1818, 1821, 1824, 1827, 1830, 1833)
Kochhann, Friedrich Heinrich Eduard (1839, 1842, 1845, 1848, 1849)
Koinatzky, Johann Ludwig (1825, 1828, 1831)
Kolbe, Johann Sebastian (1814)
Kornrumpff, Johann Friedrich Ferdinand (1848)
Köhler, Carl Friedrich Wilhelm (1831, 1834)
Köhler, Chr. Fr. (1809)
Köhne, Carl Bernhard Wilhelm (1826, 1829, 1832, 1835)
Könen, Dr. med. Ludwig Ernst von (1820, 1823)
Körber, Friedrich (1816)
Körner, Emanuel Wilhelm (1817)
Krafft, Wilhelm Alexander (1846, 1848)
Kranske, Carl Wilhelm Eberhard (1835)
Krause, Carl (1819, 1822, 1825)
Krause, Carl Friedrich (1811)
Krause, Christoph Friedrich Carl (1828)
Krause, Christoph Friedrich Carl (1840, 1843, 1846)
Krause, Friedrich Carl (1819)
Krause, Johann Friedrich August (1835, 1838, 1841, 1844)
Krause, Peter Friedrich (1812, 1818, 1821, 1824, 1827, 1830, 1833)
Krebs, Carl Ludwig (1823, 1826, 1829, 1832, 1835, 1838, 1841, 1844, 1847, 1848)
Krebs, Karl Philipp (1849)
Kriebel, Gottlieb Friedrich Christoph (1817)
Krug, George Friedrich (1846)
Krutisch, Carl Friedrich Philipp (1815, 1818)
Krüger, George Wilhelm Robert (1848)
Krüger, Joachim Ernst (1833)
Krüger, Prof. Carl Wilhelm (1848)
Kuhlmey, Johann Andreas (1829, 1832, 1835, 1838, 1841)
Kuhtz, Carl Ludwig (1848)
Kunde, Emanuell Friedrich (1810, 1813)
Kunde, Julius Richard (1828, 1831, 1840)
Kunowsky, Friedrich von (1849)
Kupfer, August Ludwig Ernst (1848)
Kühne, Ernst Wilhelm Heinrich (1844)
Kühne, Johann Christian (1821)
Kühne, Johann Peter (1809, 1811, 1814)
Kühns, Johann Christoph (1809, 1811)
Küntzel, Christian Gottlieb (1814)
Küntzel, Johann Heinrich (1824, 1827)

La Grange, Wilhelm Ludwig Eduard (1848)
Lamprecht, Adam Friedrich (1815)
Lange, Johann Gottlieb Gottfried (1834, 1837)
Laspeyres, Johann Ernst (1810, 1813, 1816, 1819, 1822, 1825, 1828, 1831, 1834, 1837, 1840, 1843)
Lauterbach, Ernst Heinrich (1818, 1821, 1824)
Leckler, Johann Christian (1815, 1818, 1821, 1824, 1827, 1830, 1833)
Lehmann, Heinrich Wilhelm (1836, 1839)
Lehmann, Mart. W. (1809)
Lehne, Chr. Ferdinand (1809)
Leichert, Gottfried Behrend (1813 eingerückt)

Pietsch, Heinrich (1809, 1812)
Pietsch, Johann Gotthilf (1816)
Pignol, Etienne (1834)
Pinkert, Friedrich Charles (1844, 1847, 1849)
Plantier, Jean Francois (1832, 1835)
Plantier, Jean Stephan (1817, 1820, 1823)
Polchow, Friedrich Heinrich (1813)
Possin, Johann Friedrich Gottlieb (1809, 1810, 1813, 1816, 1819, 1822, 1825, 1828, 1831, 1834)
Pösch, Johann Christian (1814, 1817)
Prätorius, Johann August (1814, 1817, 1820)
Prince-Smith, Johann (1848)

Quarckowsky, Carl George (1830, 1833, 1836, 1839, 1842)

Raabe, Carl Ludwig Ferdinand (1825)
Raabe, Heinrich Gustav (1821)
Raabe, J. L. (1809)
Raasch, Johann Gottfried (1823, 1826, 1829)
Rabardt, Johann Adolph Carl Wilhelm (1842)
Radicke, Carl Gottf. (1821, 1824, 1827, 1830, 1833)
Radicke, Heinrich Ferdinand Adalbert (1848)
Radicke, Johann Friedrich (1836, 1839, 1842, 1845)
Rauch, Joann Samuel (1815, 1818, 1821, 1824)
Raum, Johann Georg (1814, 1817, 1820, 1823, 1826, 1829, 1832, 1835, 1838)
Raumer, Prof. Dr. Friedrich Ludwig George von (1847, 1848)
Rausch, George Gottlieb (1834)
Rawengel, Ludwig Ferdinand (1845)
Reetz, Carl Ernst Gottfried (1819 eingerückt, 1824, 1848)
Reibe, Gottfried Gabriel (1839, 1842, 1845)
Reicherdt, Johann (1812, 1815)
Reichert, Johann Christian (1809, 1810, 1813, 1822, 1825, 1828, 1831)
Reiff, Karl Friedrich (1843)
Reimann, Daniel David (1809, 1811, 1814, 1817, 1820, 1823)
Reimann, Friedrich Wilhelm Daniel (1838, 1841, 1844, 1847)
Reimer, George Ernst (1846, 1848)
Reimer, Johann George Andreas (1825, 1828)
Reinicke, Johann Michael (1812, 1815, 1818)
Remin, Ernst Friedrich Eduard (1846)
Remmin, George Ernst (1809, 1817, 1820, 1823)
Rettschlag, Christian Heinrich (1841, 1844)
Reuß, Johann Carl (1825, 1828, 1831)
Rexrodt, Friedrich Wilhelm (1816)
Richter, Carl Emanuel (1835, 1838)
Richter, Carl Ludwig (1809)
Richter, F. H. G. (1827 eingerückt)
Richter, Joh. Heinrich (1827)
Richter, Johann Wilhelm (1818, 1821)
Riebe, Carl Friedrich Wilhelm (1842)
Riedel, Prof. Adolph Friedrich Johann (1848)
Riese, Philipp Christian Friedrich (1841, 1844, 1847, 1848)
Rindler, Johann Friedrich August (1848)
Ritze, Johann Christian (1809, 1811)
Rohr, Philipp Heinrich Carl Bernhard Friedrich von (1848)
Rohrbeck, Carl Gustav (1845)
Rolle, Johann Wilhelm (1830, 1833, 1836, 1839)
Rosenthal, Heinrich Philipp Wilhelm (1848)
Rouel, Johann Christian (1822)
Röthig, Carl Wilhelm (1848)
Runge, August Ferdinand Heinrich (1844)
Rückert, Friedrich (1815 eingerückt, 1818, 1821)
Rühl, Johann Gottfried August (1825)
Rüthnick, Friedrich Wilhelm (1841, 1844, 1847)
Sabatier, Jean (1809, 1810)
Sametzky, Friedrich Wilhelm Ferdinand (1829, 1832, 1835, 1838, 1841, 1844)
Sametzky, Johann Christian Gottlieb (1818, 1821)
Sange, Johann Gottfried (1816)
Sarre, Johann Heinrich (1829, 1832)
Sarre, Johann Georg (1819)
Sartori, Constantin Philipp George (1810 eingerückt)
Sasse, Johann Carl Adolph (1848, 1849)
Saust, Carl Friedrich Wilhelm (1846)

Schaarschmidt, Johann David (1810 eingerückt)
Schacht, Julius Eduard (1845)
Schack, Johann Gottfried (1820)
Schadow, Johann Gottfried (1827)
Schaeffer, Johann George Ludwig (1841, 1844, 1847, 1848)
Schaner jun., Carl Friedrich Eberhardt (1828, 1831, 1834, 1837)
Schaner, Georg Ludwig (1809, 1810, 1813, 1816, 1819, 1822, 1825)
Schauer, Johann Carl (1845)
Schauß, Johann Gottlieb Ferdinand (1832, 1835, 1838, 1841)
Schauß, Wilhelm Ferdinand (1839, 1842, 1845)
Schäffer, Johann Philipp (1809, 1810, 1813)
Schäffer, Johann Gottfried (1826)
Schäffer, Johann Heinrich (1829, 1832, 1835)
Schellhorn, Joachim Heinrich (1830)
Schertz, Carl Friedrich (1828)
Schertz, Carl Friedrich Wilhelm (1837)
Schiementz, Carl August (1848)
Schindler, Johann Friedrich (1809, 1812, 1815)
Schlag, Samuel (1809, 1810)
Schmeel, Dan. Fr. (1809)
Schmeisser, Joh. Friedrich Wilhelm (1837)
Schmidt, Friedrich (1810, 1813)
Schmidt, Heinrich Ludwig (1831, 1837)
Schmidt, Jacob Friedrich Wilhelm (1846)
Schneider, Johann Michael (1810, 1813, 1816, 1819)
Schneider, Julius Wilhelm Eduard (1846, 1848, 1849)
Schnöckel, Carl Wilhelm Gotthilf (1839)
Schönberg, Johann George (1810)
Schönborn, Christ. Gottl. (1826)
Schrader, Johann Christian Carl (1809, 1811, 1814)

Schramm, August Heinrich Ludwig (1824, 1827)
Schramm, Carl Ludwig (1819, 1822, 1825)
Schreiber, Gottlieb (1837)
Schröder, August Friedrich Wilhelm (1831, 1834)
Schröder, Johann Christian Friedrich (1838)
Schultheiß, Johann Martin (1810)
Schultz, Dr. August Wilhelm Ferdinand (1848)
Schultze, August Gottlieb Benjamin (1839)
Schultze, Carl Ludwig Wilhelm (1848)
Schultze, Carl Wilhelm Jacob (1811)
Schultze, Friedrich Ludwig (1838, 1841)
Schultze, Georg Friedrich (1814)
Schultze, Johann Christian Gustav (1826, 1829)
Schultze, Johann George Carl (1838)
Schultze, Johann Gottfried (1814, 1817)
Schulze, Heinrich Andreas (1817)
Schulze, Joachim Friedrich (1809, 1811, 1814)
Schulze, Johann Joachim (1809, 1811)
Schuster, Carl Friedrich Wilhelm (1846)
Schüler, Benjamin (1809)
Schüler, Christian Friedrich (1822)
Schwartze, Karl Samuel (1812, 1815)
Schwarz, Heinrich Ferdinand (1838, 1841, 1844)
Schwedler, Christian Friedrich (1811)
Schwendy, Carl Wilhelm (1842, 1845)
Schwensow, Friedrich Wilhelm (1811)

Seefeldt, Carl Ludwig (1839, 1842, 1845)
Seeger, Carl Ludwig (1840)
Seeger, Martin Leonhard (1811, 1814)
Seeleitner, Johann Michael (1822)
Sehlmacher, Wilhelm Gottfried (1835, 1847, 1848)
Seidel, Ferdinand Gustav Adolph (1843, 1846, 1848, 1849)
Seidel, Johann Gottlob (1827, 1830, 1833)
Seiffarth, Johann Daniel (1834, 1837, 1840, 1843)
Sello, August Heinrich (1836, 1839, 1842, 1845)
Sello, Johann Justus (1809, 1812)
Senff, Johann Nicolaus (1813, 1816, 1819)
Seymer, Heinrich Franz Eduard (1835, 1838, 1841)
Siegling, Johann Ernst (1827)
Simon, Johann Eduard (1827, 1830, 1833)
Sommer, Carl August Heinrich (1845, 1848)
Sommer, Johann Caspar (1811, 1814, 1817, 1820)
Spaltholz, Carl Wilhelm (1811, 1814, 1817, 1820)
Spandow, Johann Friedrich (1822)
Spatzier, Johann George Carl (1848)
Spazier, Christian Julius (1809 eingerückt)
Späthen, Christian Friedrich Ernst (1809, 1811, 1814, 1817, 1820, 1823)
Spener, Chr. Siegmund (1809)
Sperber, Johann August Wilhelm (1848)
Sperber, Johann Friedrich (1849)
Springer, Julius (1848)
Staberoh, Johann Heinrich Julius (1810, 1813)
Staberoh, Johann August Jacob (1825)
Stachow, August Friedrich (1841, 1844, 1847)
Stachow, David Friedrich (1833)
Stachow, Joachim Fr. (1809, 1814)
Stachow, Joachim Friedrich (1821)
Staegemann, Carl Adolph Philipp Franz Eduard (1834)
Starke, Johann (1814 eingerückt)
Steffens, Klaus Peter (1843, 1846)
Stegemann, Wilhelm Ferdinand (1809 eingerückt)
Steinbrecher, Friedrich Gottlieb (1822)
Steinmeyer, Johann Gottfried (1819, 1837, 1840)
Steltzner, Johann Gottfried (1831, 1834)
Stibs, Joachim Michael (1815, 1818, 1821, 1824, 1827, 1830, 1833, 1836, 1839, 1842)
Stieber, Johann Gottlieb Friedrich (1826)
Stoßmeister, Johann Carl Gottlieb Wilhelm (1832, 1835, 1838, 1841, 1844)
Straß, Dr. Carl Friedrich Heinrich (1845)
Streiber, August (1826)
Struwe (1814)
Sucrow, Joh. Chr. (1809)

Tackmann, Friedrich Wilhelm (1813)
Tamnau, Johann Friedrich (1815, 1818)
Tancré, Jacob (1809)
Tancré, Jean (1809)
Taube, Julius Wilhelm (1824)
Teichel, Ludolff Samuel Ferdinand (1825 eingerückt)
Teichert, August Friedrich (1809, 1810)
Teichert, Julius Wilhelm Eduard (1849)
Teller, Gottlob Conrad Eduard August (1841)
Teuert, Carl August (1849)
Thomas, Gottfried (1828)
Thür, Carl Ludwig (1848)
Timme, Friedrich Eduard Heinrich (1849)
Tondeur, Johann Baptist (1848)
Tornow, Johann Christian (1820, 1823, 1826, 1829, 1832)
Tönnis, Joh. Gotthilf Christian (1829)
Trenn, Carl Ludwig (1816, 1819)
Treue, Ernst Friedrich (1848)
Trippel, Karl Friedrich Wilhelm (1809, 1812)
Troja, Carl Ludwig (1830 eingerückt, 1833, 1836)
Tütel, Joh. Friedrich Carl (1840)

Uhde, Johann Friedrich Ludwig (1822, 1825)
Ulfert, Carl Friedrich Alexander Rudolph (1848, 1849)
Ulrici, Carl Heinrich (1809, 1826)
Ulrici, Ernst Ferdinand (1823)

Vaß, Carl Dan. Gottl. (1809)
Veit, Dr. phil. Moritz (1846, 1848)
Veit, Johann Carl Ludwig (1848)
Veit, Salomon (1809, 1810, 1813, 1816, 1819)
Verdrieß, Johann Friedrich Heinrich Christoph (1834, 1837, 1840, 1843, 1846, 1848)
Vetter, Andreas (1817, 1820)
Vetter, Carl Dettloff (1824, 1827)
Vignolle, Carl August (1839, 1842, 1845)
Violet, Carl Ludwig August Fr. (1837)
Violet, Jean Pierre (1809)
Vogel (1809)
Vogel, Friedrich Wilhelm (1849)
Voigt, Martin Friedrich (1824 eingerückt)

9. Register

a) Personenregister

b) Ortsregister

c) Sachregister